文藝春秋

東京大学「ボーカロイド音楽論」講義

鮎川ぱて
AYUKAWA PATTY

東京大学「ボーカロイド音楽論」講義

INDEX

イラストレーション・アボガド6
デザイン・中川真吾

本書は著作権法の示す引用に該当する範疇で引用箇所を掲載しています。
参照元情報は、当該箇所あるいは同章内の前後で示してあります。
楽曲の発表年は、動画投稿の日時に準じています。
音盤のみの発表曲は同盤の発表年に準じました。

プロローグ

この本の中には、あなたの声があります。
あなたの小さな声に、呼応する言葉がきっとある。
あなたに、あなた自身だと発見されることを、時を超えて待ちつづけています。
それは、ボーカロイド音楽が誕生以来ずっとやってきたことと同じです。
そうして発見された音楽と言葉は、あなたをきっと自由にする。

教養もまたそうです。教養はあなたを自由にします。ボーカロイド音楽と教養という、あなたを自由にするたくさんのエッセンスを凝縮したのが本書です。
世界には、それが当たり前であるかのような顔つきで、さまざまな力が渦巻いています。音楽は、性別は、恋愛はこうあるべきだ。生きることはこうあるべきだとか。この世界に潜在する、人を一定の方向に誘導しようとする力——ときにそれは「常識」とも呼ばれるでしょう——がもしあなたを束縛しようとするなら、本書はあなたを守り、開けた自由へといざなうでしょう。この世界が脱出ゲームなら、『東京大学「ボーカロイド音楽論」講義』は脱出成功のためのヒント集です。

本書は、2016年から東京大学教養学部にて開講されている講義「ボーカロイド音楽論」を全面的に再構成したものです。講義の対象は東京大学の1、2年生。理系文系両方の学生がたくさん参加してくれています。ぼくの名前にちなんで「ぱてゼミ」という愛称が定着していて、講義中のツイッター実況が推奨されている、最終課題に動画投稿コースがある、コミケでコンピレーションCDを発表しているなど、東大の中でも異色なゼミとして知られています。

なにより異色なのは、やはりテーマです。世界中の大学を見渡しても、ボーカロイド音楽をテーマに行われている講義はぱてゼミが史上初めてです。大学の音楽の講義といえば、西洋クラシック音楽を題材にするものがほとんどで、20世紀後半以降のロックを扱うだけでも進歩的なほうという世界ですから。

それはなぜでしょうか？　理由は簡単です。「これまでそうされてきたから」。クラシックはすでに語られてきているから、語る手法も確立されているし、これからも語られつづける。語られてきた一群の音楽は「語りうる音楽」として階級づけ（classified）される。

ここで危ないのが、そのような現状が、語るに足る音楽はクラシックだけなのだ、「語られていない音楽は語るに足らない音楽なのだ」という横滑りした誤解を誘発しかねないことです。「語りの流通量」は、その音楽の価値の大小を決定するものではありません。1960年代に、ビートルズというバンドが世界的な人気を博しました。その後時代が下るにつれて、研究書がたくさん発表され、教科書にも載るようになりました。そうしてビートルズの音楽は「classified music」の仲間入りを果たした。けれども、ビートルズの音楽は、「子ども騙しのキャンディ・ミュージック」と言われた時代から、姿を変えたわけではありません。

ぱてゼミこと「ボーカロイド音楽論」の開講がアナウンスされた当初、SNS上のごく一部からこんな声が聞こえました。「こんな講義を始めるなんて、東大も終わったな」。開講と同時に炎上というのも避けたかったのでツイートはしませんでしたが、ぼくは心の中でこうリプしました。「東大が終わっているのではない、あなたが終わっているのだ」。

やめておきましょうw　ともかく、その人がボカロのことを勝手に蔑《さげす》んで、「東大で語られるべきではない！」と噴き上がっていたとしても、それはボカロ自体が持っている価値とはなにも関係ありません。

批評家のスーザン・ソンタグはかつてこう書きました。

高尚で真面目な快楽だけを強調するひとは、自分で快楽を減らしているのである。彼は自分が楽しめるものをたえず制限する。そして、よい趣味をたえず発揮した結果、ついに彼はいわば自らに高値をつけすぎて市場から姿を消してしまうようなことになるだろう。

〈スーザン・ソンタグ「〈キャンプ〉についてのノート」『反解釈』〈高橋康也、由良君美ほか訳、ちくま学芸文庫、1996年〉459ページ〉

あなたは、好きだからボカロを聴いている。ヒップホップを聴いている人も、クラシックを聴いている人も、好きだからそうしている。趣味とは本来そういうものです。しかしときに、そこに階級意識や分断が忍び込むことがある。

ヒップホップは、黒人文化と深い関連性があります。乗馬は、お金がかかるので日本の中産階級の趣味にはなっていません。このように、趣味が属性集団や社会階層と連動性を持つことはあります。だから逆に、特定の趣味を持つことが階級表現になることもあるし、趣味を通して他者を見下す人さえ生まれてしまう。

では、本書が扱うボカロは？　あるひとつの属性と強い連動性を持っています。それは、「若い」という属性です。ボカロは老若男女、すべての人を受け入れるシーンですが、主役はやはり、若いみなさんです。「親に薦められてボカロを聴きはじめた」という人は20年代にはまだ少数でしょう。「先輩に教えてもらった」

なども含めて、ボカロは、あなたたちの世代が、自分たちの手で選び取ったカルチャーであるはずです。まだ大学であまり語られていないという現状も、支持層全体がまだ「若い」という属性に付随したものです。

申し遅れました。本書の著者の名前は、鮎川ぱてと言います。11年にボカロP、音楽評論家として活動を開始しました。16年から「ボーカロイド音楽論」を担当する東京大学教養学部非常勤講師、17年から東京大学先端科学技術研究センター協力研究員を務めています。

オンライン上では14歳という公式設定になっていますが、東京大学を卒業したのはずっと前。講義をする機会を与えてもらったからには、ボカロシーンの一員として、このシーンのための言葉を、批評を、あとに続くみなさんのために先んじて用意しておくのが自分の役割に違いない。そう考えて構想されたのがぱてゼミこと「ボーカロイド音楽論」であり、本書です。

この文化的階級闘争には、勝利が確約されています。あなたたちは必ず勝つ。その流れの先鞭をつける役を、こうして偶然ぼくがやらせていただくことになって、みなさんに対して恐縮しています。ただし、「勝つ」とは、既存の年長世代にclassify《みとめて》してもらうことではありません。彼らから独立した尊厳を（本来すでに存在するはずのそれを）再獲得するということ。その成功は、この困難な時代にあなたたちが尊厳を確立する一助にもなるはずです。

本書の言う教養は、高尚な階級趣味の類ではありません。それは分断をもたらすものではなく、分断を乗り越えるためのものです。乗り越えるとは、理解することです。

なぜその分断は起きるのか。なぜその疎外は起きるのか。そこにはどのような構造があるのか。ときに感覚的に捉えられがちなそのような問題を冷静に見定め、考える力。それが教養です。中でも本書が重視するのは「感覚を思考の俎上《そじょう》に載せること」です。

　なぜなら、ボーカロイド音楽は、作家たちが作り上げた作品を、あなたが聴いて感じとる、というところにこそ存在するから。本書の主役は、作品と、あなたと、そこに存在する感覚／感性です。ボカロを社会現象論、メディア環境論として語るというのは二の次です。

　むしろ本書がとるのは、個別の作品にぐっと迫ることによってこそ、全体を語るというアプローチです。人文学者のミシェル・フーコーは、ベラスケスの〈ラス・メニーナス〉というたった1枚の絵画の分析を通して、当代の時代精神の全体を描き出してみせました。本書が取り上げるのもまた、１００万曲以上あるボカロ曲のうち、レヴューを含めてもたったの２４０曲にすぎませんが、その批評を通して、ボカロシーンそしてこの20年代が持ちえたひとつの時代精神を描き出すことを試みます。


　ボーカロイド音楽とはなにか。うたとはなにか。声とはなにか。

　本書を読みながらともに考えていくうちに、あなたはたくさんのものを得るでしょう。ジェンダー論、記号論、精神分析などの人文科学の教養はもちろん、時代の行く末がわかり、（受験生であれば）国語の成績が上がり、毎朝スッキリ起きられるようになり、運気が上がる。

　そのように具体的な効能をたくさん謳いたい気持ちもあるしそれらはすべて真実なんですが（運気も？）、本書は必ず、あなたがあなた自身でいることに貢献します。あなたが何歳でも、まだボカロをいっさい知らなかったとしても。中学生も歓迎です。


　あなたは初めから、翼を失ってなどいなかったのです。

　それでは、始めましょう。

第1部

アンチ・セクシュアルの時代

第1章

ハチ＝米津玄師論

2020年代の時代精神

「ボーカロイド音楽論」の講師を務めます、鮎川ぱてと申します。こんなに集まってくれて嬉しいです。よろしくお願いします。立見はしんどいから教壇に座り込んじゃってもいいですよ。

本講義は、現代日本の音楽状況の中でもっとも重要な存在感を示す「ボーカロイド（ボカロ）」を用いた音楽群の分析を通して、近年のボカロ流行現象の本質、ひいては音楽自体の本質に迫ろうというものです。

声とはなにか。音楽とはなにか。ボーカロイドとはなにか。

16回の講義を通して、最終的にはそのような大きな問題に肉薄したいと考えていますが、前半戦となる第1部では、表現を読み解いていく「批評」という行為の面白さを体感しても

ハチ「砂の惑星」(2017)
作詞、作曲：ハチ　動画：南方研究所　歌：初音ミク

ミク10周年の「マジカルミライ」にオファーされたこの曲では、誕生日祝いとともに喪が歌われる。仮面をつけた生者かわからない一群を先導するミクは媚態がないが、もうひとりのミクは蠟燭の火を消そうとする。火の消えた砂上の楼閣はホールケーキのかたち。本書の議論すべてに向かって関係線を放つどこまでも両義的なマザーグース。

らうべく、シーン内でよく知られたボカロ曲を取り上げ、具体的に批評していきます。

第1部のキーワードは、「アンチ・セクシュアル」。ぼくの造語ですが、性や愛をめぐる通念を自明のものとせず扱う感性を広く指すものです。アンチ・セクシュアルな感性を担う「アンチ・ラブソング」が、ボカロシーンでは大きく支持されたのではないか。そのような感性があったのだとして、それはこの時代に固有の感性なのか。それはこの2020年代の時代精神なのか。

ぼくの答えはイエスです。具体的な作品の批評を積み重ねていくことによって、それを証明するというのがこれから始まる第1部です。用いる手法や理論についてもそのつど説明していきますので、現時点での前提知識はいっさい必要ありません。手法を紹介してすぐさまそれを実用してみせるというのを繰り返していきますので、いっしょに考えながら聴いてくれていたら、第1部が終わる時点でもかなりの批評的読解力がつくはずです。

楽曲に具体的に準拠して考えていくゆえに、第1部は6回も時間をかけながらも、取り上げられる楽曲数はどうしてもかぎられてしまいます。なので、時間中に取り上げられない楽曲については、身につけた読解力で、自分で分析してみるといいと思います。

いまは批評のひの字も知らなくて大丈夫。レベル1から始めて、あなたの力を短期間にぐいっと引き上げるということを試みていきます。

ではさっそく、講義本編に入っていきましょう。

ぱてゼミは、ボカロシーンが持った双璧の天才の話から始まります。それは、ハチこと米

＊1　東京大学の単位点数評価は100点満点で、90点以上を「優上」としている。ぱてゼミは制度上点数評価をしない講義にあたるので、軽口として100優上を乱発している。

＊2　日本語ボーカロイド第1号のMEIKOは2004年発売、第2号のKAITOは2006年発売。ともに「VOCALOID」（通称V1）というエンジンを採用し、のちに初音ミクを発表するクリプトン・フューチャー・メディアが発表した。日本語に限定せず世界で最初に発表されたボーカロイドはLEONとLOLA（ともに英語で2004年1月発表）。ともにイギリスのZERO-G社による。

＊3　濱野智史『アーキテクチャの生態系』（NTT出版、2008年）をはじめ、ニコニコ動画についての研究はすでに多くの蓄積がある。コメントなどで視聴者が参加できること、

津玄師とwowakaです。

ボカロをめぐる4つの数字

初回の本日は、まずは米津玄師論です。米津さんの表現を考えながら、同時にそのことを通して、これから16回にわたる講義全体の問題設定のコアを示します。なので、今日の議論には今後何度も戻ってくることになるでしょう。

本論に入る前に、まず前提を共有するためのミニワークショップをしましょう。これからボーカロイドを用いた音楽、それによって形成された「ボカロシーン」を取り上げていきますが、そもそもボカロシーンとはどういうものなのか。それを、境界画定的な定義によってではなく、端的な4つの数字を使って大づかみのイメージ共有をしたいと思います。

それでは、「ボカロをめぐる4つの数字」を書きます。それぞれがなにを示しているか考えてみてください。

①2007
②1200~1600万（ぱて推計）
③5：5
④3％（平均10％）

ヒントなしでわかりますか？　まず①は簡単かな。ではきみ。

ハチ「お姫様は電子音で眠る」（2009）
作詞、作曲：ハチ　絵：7：24　歌：初音ミク

伝説の始まり。ファンタジックな遊園地的世界の中で、異形の者は誘惑する。異形を疎外せずしかしすり抜ける身のこなし。電子音と弦楽の中を横切っていく動物の鳴き声や短い哄笑。密集する半音階。すべてがある。筆者は「第1作にはすべてがある」説を支持するものではないが、溢れる創造力が詰め込まれた本曲をあなたはどう聴くか。

学生「ミクの最初のバージョンが出た年です」

はい、完璧な回答です。１００優上[*1]ｗ

初音ミクの最初のバージョンの発売は２００７年８月31日でした。これ、「ボカロが出た年」というと不正解なんです。初音ミク以前にも、ＭＥＩＫＯやＫＡＩＴＯ[*2]など、ボカロはすでにありました。２０１７年にはミクは登場から10周年を迎え、大きなお祭り騒ぎになりました。当時の賑わいが記憶に残っている人も多いかもしれません。

この講義が対象にしていくボカロシーンは、やはり初音ミクとともに育ってきたと言えます。ここまでの規模になるまでには、奇跡としか言いようのない、偶然と偶然の重なり合いが作用していました。ひとつは、動画投稿サイト「ニコニコ動画」[*3]の存在です。ニコニコ動画のスタートは２００６年。両者はスタートのタイミングを示し合わせたわけではなく、偶然同時期に登場したにすぎませんが、ボカロが広がっていく過程において、ニコニコ動画が与えた影響は計り知れません。いまでもボカロカルチャーの主戦場のひとつはニコニコ動画です。初音ミクとボカロシーンは、ニコニコ動画とともに育ってきました。

では次に、１２００～１６００万。

学生「投稿されたボカロ曲の数ですか？」

二次創作との親和性の高さなど、かつてボカロカルチャーの固有性と指摘されたものの半分はニコニコカルチャーの性質である。ただし、ニコニコを愛好し恩恵を受けた者ながら、それでも言わざるをえないのは、プラットフォームの退嬰とともにボカロも共倒れになるわけにはいかないということである。ニコニコと、20年代初頭の主戦場であるＹｏｕＴｕｂｅ、ボカロはどちらとも心中すべきではない。ＴｉｋＴｏｋ上等。

＊4　２０２０年12月8日のニコニコニュースより。うち33万作品が初音ミクを使用。２０２０年単年で見ても１／３弱が初音ミクを使用している。

＊5　２０１１年の記事。以下引用。「同社が都内４カ所（新宿、渋谷、池袋、秋葉原）で14～40歳男女を対象に行った調査によれば、「ＶＯＣＡＬＯＩＤを知っている」という人が10代で68・4％、20代61・1％、30代41・5％、40代35・2％とい

ありがとうございます。数の大きさから推論してくれたと思いますが、投稿数はそこまでではないですね。実際の投稿数は２０２０年末時点で97万作品。[*4] これでも十分にとんでもない数ですよね。

単位をつけましょう、「１２００〜１６００万人」。

これは、日本国内でボカロを大なり小なり聞いている人の数、つまり国内ボカロファンの人数です。11年時点でボーカロイド技術の開発元であるヤマハが発表した推計が５００万人[*5]というものだったので、それから10年が経って、もうボカロを聴かなくなった人を差し引いても、世代的広がりを踏まえると少なくとも１２００万人には及ぶだろう、という程度の概算です。なのであくまで「ぱて推計」です。

あるいは、「１２００万人」という数字に別の方向から説明[*6]を与えてみましょう。みなさんは、自分と同い年の人が日本に何人いるか知っていますか？　いま30歳から20歳の世代は、だいたい１２０万人、20歳から10歳の世代は１１０万人弱で推移しています。ということは、「20代」「10代」と10歳幅で考えるとそれぞれだいたい１２００万人と１１００万人。

ボカロは、世代差の大きいカルチャーです。ある年齢以下の世代にだけ浸透度が高い。すなわちユースカルチャーです。10歳から30歳までの２３００万人を母集団とすると、３人にひとりがボカロを聴いているとして８００万人。それ以上の世代には浸透度が低いにせよ、母集団が大きいので（たとえば、団塊ジュニアと言われる１９７３年生まれは若年世代の２倍弱、２１０万人います）、４００万人は聴いているだろう。足し合わせたらざっくり１２００万人です。

「３人にひとりはボカロを聴いている」というのはみなさんの実感と合っていますか？　み

Ado「うっせぇわ」(2020)
作詞、作曲：syudou　動画：WOOMA　歌：Ado

あなたは健康だ。病気だと名指すあいつの思い上がりこそを蹴散らせ（5章、8章）。「頭の出来が違う」「俗に言う天才」だと、自分に自信を持っていろ。大人に垣間見せない内面の中では、ずっと尊大で不遜でいろ。この１曲のために6000字書いた筆者の記事がネットにあるので検索されたい。たくさんの若者をボカロに誘導した偉大なる“美しい怒り”。

なさんが当事者の話題なので、意見があればぜひ聞かせてください。ぼくの推計としては、21年の「グッバイ宣言」[*7]や「うっせぇわ」[*8]の大ヒットを経て、ボカロというより流行のネット音楽の一群としてそれらを聴いている若年層はさらに増えたかもしれないと考え、振れ幅を400万人さらに盛っておきますw

ボカロは性的イメージ消費のカルチャーではない

では3つ目。5対5。なんらかふたつのものの比率です。講義中盤ではこれを二分法的に考えることを批判していくわけなんですが……わかった人。

学生「男女比だと思います」

もう一声。なにの？

学生「えーと……ファンというか、聴いている人の」

はい、正解！　データによっては「女性のほうが少し多い」[*9]としているものもありますが、ともかくどちらかに大きく偏っているということはありません。男女比に偏りがないという事実は、この講義のアングルにとって大事な意味を持ちます。

ある種の外野の人たちが、初音ミクが少女のイメージで描かれているから、それを見て

う結果になり、特に10代女性では、「ボカロ曲（VOCALOIDを使った楽曲）を聴くことが多い」（3割以上）という人が15・6％、「ボカロ曲ばかり」という人が8・4％いたという。」

*6　ここで行っているアプローチは「フェルミ推定」と呼ばれる。正確に統計調査を行うことが難しい対象について、いくつかの既知の情報から論理的思考によって見当をつける方法。あくまで見当である。

*7　「グッバイ宣言」　20年発表のChinozoによるボカロ曲。21年8月時点で、YouTubeにあるボカロ曲中で再生数トップである。7章にレビューあり。

*8　「うっせぇわ」　20年発表、歌い手Adoの代表曲。超世代的な注目を集めた。作詞作曲をボカロPでもあるsyudouが手がけていることもあり、ボカロとシームレスに

「ああ、ボカロって萌えカルチャーなのね」と大づかみする。こういうことはいまもって少なくないようです。もっと言えば、男性が女性のイメージを性的に消費する、いわゆる男性向けオタクカルチャーなのねと誤解している人はいまだ外野には多い。

この講義は、そういう誤解を解くためにやるわけではありません。むしろ外野の誤解は放置しておいたほうがいいかもと思わなくもないですが、ともかく、内実はそうではない。だから、すでにボカロが好きな人にとっては、この男女比も驚くべきものではなかったでしょう。

シラバスにも書いた通り、この講義では、ジェンダー／セクシュアリティがひとつの重要な視点となっていきます。念のため、みなさんそれぞれの性意識を教室で発言しなければいけないというようにはしませんので、そこは安心してください。

では、最後の数字。３％（平均10％）。

これはちょっと予想が難しいと思うので、ぼくから話しますね。

ｐｉｘｉｖという画像投稿サイトがあります。途中からは小説も投稿できるようになりましたが、プロ／アマチュアの垣根なしにいろんな人が自作のイラストを投稿して活用しているＳＮＳです。

アニメ、マンガの二次創作を中心にジャンルを問わずたくさんのイラストが投稿されているので、タグによる交通整理が行われていて、ミクのイラストなら「初音ミク」というタグをつけます。そのときに、いわゆるエッチなイラストの場合、18歳未満のユーザーの視界に入ってしまわないよう、ブラウザ上でカテゴリが分けられています。

じん「カゲロウデイズ」（2011）
作詞、作曲：じん　絵：しづ　歌：初音ミク

テンションコードのしゃがれたストロークから、ギターとシンセによる２本のメロディへ。この冒頭20秒を一生忘れない人は1000万人いる（推計）。物語の予兆、映像喚起力の強さ、メロディとの合致、どの点でも見事な歌詞だが、単体で見ると散文としても完成されていることに何度も舌を巻く。8月15日はこの曲によって新しい意味を増やした。

２０２１年１月時点で、「初音ミク」というタグがついたイラストの総数は47万作品。そのうち「R-18」カテゴリに振り分けられているのは１・５万作品です。つまり３％というのは、「初音ミク」というタグがついたイラストのうち、R-18イラストの割合です。ジャンルを問わず、キャラクター一般の平均R-18率は10％程度と言われます。[*10]ミクのR-18率は明らかに低い。ほかのキャラ一般に比して、性的に消費される度合いが有意に低いわけです。参考まで、「艦隊これくしょん」がスタートした当初の島風のR-18率は20％近かったそうです。

もちろん、人のカルチャーの愛好の仕方は自由です。こうでなければいけないというものはありません。音楽よりもキャラが好きなんだというのもアリだし、キャラを性的に愛好するというのも間違いなわけではありません。性欲自体が、なにか汚いものだったり否定すべきものというわけでもありません。

ただ、このR-18率の低さから、全体の傾向としては、ミクは性欲ドリブンな愛好のされ方をしていないとは言える。まして、音楽中心にボカロを愛好する人も多いことを考えれば、ボカロカルチャー全体が、性欲ドリブンなカルチャーではないことは明らかです。

このあたりは視覚イメージに大きく関係する問題です。そもそも、ボカロ曲のPVに初音ミクなどのキャラクターのイメージがそのまま登場することが少なくなってずいぶん経ちます。「シャルル」「メルティランドナイトメア」「命ばっかり」「グッバイ宣言」など比較的近年のヒット曲はもちろんのこと、２０１１年の「カゲロウデイズ」あたりからとっくにその流れは主流化しています。

いまお話しした性的イメージ消費の文脈においてもっとも、ファンと外野の理解の乖離《かいり》が

受け入れている人もおそらく多いだろう。

＊９　これも前段と同様にフェルミ推定で考えてみるのもいいだろう。ひとつの参考情報として、本章で取り上げる「砂の惑星」をカラオケで歌う人の男女比はJOYSOUNDによると42：58（２０２１年１月時点）。曲ごとに調べてみると少し楽しい。

＊10　これをダイレクトに示すソースではなくて恐縮だが、地道に検索すれば明らかになる。R-18率が高いものに関しては左記ウェブページを参照。
「R-18率 - ピクシブ百科事典 - pixiv」

＊11　ハチ「マトリョシカ」（２０１０）
ハチ「パンダヒーロー」（２０１１）
ryo「メルト」（２００７）
蝶々P「え？あぁ、そう。」（２０１０）
wowaka「ワールズエン

大きい状況が、ずっと続いているというのが現状かと思います。

ただしそれでも、初音ミクやボカロのイメージは無化されてはいないし無化するべきでもない。ボカロが自己を透明化していく流れは、ボカロが本質的に持っている性質によってあらかじめ準備されていた、それこそがボカロの強度であり特権性ではないか。この問題については次回以降に詳しくお話しすることとします。

では、以上の４つの数字の解説をもって、これからぼくらが考えていく「ボカロシーン」の前提を共有したこととさせていただきます。

ハチとｗｏｗａｋａ　シーンが持った双璧の天才

それでは、いよいよ主題に入ります。今日のテーマは「ハチ＝米津玄師論」。

ボカロシーンが持ちえた双璧の天才。それが、ハチとｗｏｗａｋａです。もちろん、ボカロシーンには数えきれないほどの才能が集結していますし、時期によって活動の活発度が違っていたりもするので、このふたりは「２０１０年ごろのシーンにおける双璧」と言ったほうがいいでしょう。２０１０年時点でも、第4回に取り上げるＤＥＣＯ*２７さんをはじめ、厚く支持されるボカロＰはほかに何人もいました。ですがあえて、ここではこのふたりを双璧と表現させてもらいます。

２０１０年とはどんな年だったか。この年発表の「ボーカロイド伝説入り」曲（ニコニコで１００万再生に到達している曲）を挙げられますか？（学生からの挙手と発言が続く）「ローリンガール」「メランコリック」「ハッピーシンセサイザ」「マトリョシカ」「ポーカー

米津玄師「MAD HEAD LOVE」（2013）
作詞、作曲、歌：米津玄師　映像：鎌谷聡次郎

忘れられないと言うのだからもう「愛だ恋だ」を知っているが、それは「暴力」なのだと言う。表裏にある攻撃性を暴いてみせ、MVでは「それが即物的な運動」だとも、無為だとも（報われないピタゴラ装置たち）描いてみせる。米津型アンチ・ラブソング。けど同時にその渦中で翻弄されるのを謳歌している様子。イントロの不協和音、才気走りすぎ注意。

フェイス」「ネトゲ廃人シュプレヒコール」「深海少女」。そうですね。あと「般若心経ポップ」と「おちゃめ機能」の二次創作が大流行しましたね。その後もずっと聴きつづけられていくことになるシーンを代表する名曲が勢揃いの年です。

翌２０１１年、１月にハチくんが「パンダヒーロー」、５月にｗｏｗａｋａさんが「アンハッピーリフレイン」を発表し、そこからふたりとも、ボカロPとしての活動は実質上の小休止に入ります。そして3月には、東日本大震災があった。当時ハチくんが、突然の事態に不安を感じている日本中の自分のリスナーのために、「ひとりでいると不安だろうから、話そう」と言って、ニコニコ生放送をしていたことを覚えています。

以後、ハチは米津玄師としてのソロ活動、ｗｏｗａｋａは自らがリードボーカルを務めるバンド「ヒトリエ」の活動というかたちで、それぞれにボカロシーンの外へと活躍の場を広げていきます。２０１２年2月、ハチくんは本名である米津玄師の名義で「ゴーゴー幽霊船」を発表します。ボーカルはボカロではなく米津くん自身。ここからシンガーソングライター米津玄師の快進撃が始まります。

その後の活躍は説明するまでもないかもしれません。２０１８年末には紅白歌合戦に出場し、いまでは、同時代には貴重な全世代的な支持を集める国民的アーティストとなりました。誰もにとって生まれる時代は選べるものではありませんが、だからこそ、我々が同時代に米津玄師という天才を持ち、その快進撃にリアルタイムで立ち会えるということは、純粋な幸運だと思います。

知名度が上がったからこそ、まさにその証拠であると思いますが、米津玄師がかつてボカ

ド・ダンスホール」（２０１０）
DECO*27「モザイクロール」（２０１０）
黒うさP「千本桜」（２０１１）
じん「チルドレンレコード」（２０１２）
ハチ「お姫様は電子音で眠る」（２００９）
EasyPop「ハッピーシンセサイザ」（２０１０）
ｗｏｗａｋａ「ローリンガール」（２０１０）

＊12　本書において、自閉および内向するということがネガティヴに語られることはない。ここでは形容詞的にそう言っているが、狭義の自閉スペクトラムなどの傾向については8章で言及する。

＊13　調性　tonality
1オクターヴを12音の半音で構成するとしたときに、中心音（トーナルセンター）と、それに関係づけられた従属音とを選び抜いたもの。たとえば長調（いわゆるドレミファソラシド）は、ドを中心音とする代表的な

ロPとして活躍していたことを知らない米津ファンもいます。むしろこれからさらに増えていくかもしれない。ハチも米津玄師も知っていても「えっ、米津玄師ってハチだったの！」と両者が同一人物だとあとになって知るという人も、これからも出てくるでしょう。

彼が２００９年以来、ハチという名前でニコニコ動画にボカロ曲を投稿するボカロPのひとりだったことはこの後も変わらない事実です。その彼が、初音ミクが10周年を迎えるタイミングに合わせ、２０１３年の「ドーナツホール」以来4年ぶりに発表したボカロ曲が「砂の惑星」です。

それと時を同じくして、２０１１年の「アンハッピーリフレイン」からゆうに6年を置いて、ｗｏｗａｋａさんは「アンノウン・マザーグース」という曲を発表しました。その時点では思いもしなかったことですが、この曲が、ｗｏｗａｋａさんが発表した最後のボカロ曲になりました。

「砂の惑星」　ハチ／米津玄師の唯一の例外

「砂の惑星」と「アンノウン・マザーグース」。この2曲は、ともに非常に深い射程を持った名曲でありながら、ふたりの天才の対照性を強く象徴するものでもありました。そして同時に、2曲は呼応し合ってもいるのだと、ぼくは考えています。

では聴きましょう。ぱてゼミ本編でかける1曲目がこちらです。ハチで「砂の惑星」。

♪ハチ「砂の惑星」

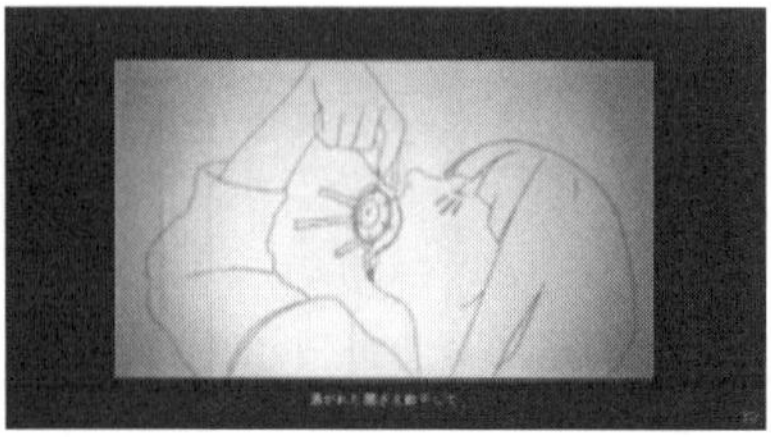

ハチ「沙上の夢喰い少女」（2010）
作詞、作曲：ハチ　動画：南方研究所　歌：巡音ルカ

ハチ＝米津玄師という事実を当人は隠していないし、ハチとしてのみ活動していた時期の曲を米津として再制作した例がこれ（シングル「ピースサイン」に収録）。夢喰いのバクがモチーフだが、悪いものを、“口から飲み込んで” なかったことにするイメージは鮮烈だし、それを機械的なモチーフで視覚化するのも非凡がすぎる。そして美メロがすぎる。

有象無象の墓の前で敬礼
そうメルトショックにて生まれた生命
この井戸が枯れる前に早く
ここを出て行こうぜ

ねえねえねえあなたと私でランデブー？
すでに廃れた砂漠で何思う
今だパッパパッと飛び出せマイヒーロー
どうか迷える我らを救いたまえ

ぶっ飛んで行こうぜもっと
エイエイオーでよーいどんと
あのダンスホール　モザイクの奥
太古代のオーパーツ
光線銃でバンババンバン
少年少女謳う希望論
驚天動地そんで古今未曾有の思い出は電子音

この曲で、ハチとしても米津玄師としてもこれまでにはしたことのない、初めてのアプローチをしています。それは、ほぼ明示的に、ボカロシーンを代表する曲群の歌詞を具体的に

調性のひとつ。この場合、12音のうち5音を疎外しているとも言える。調性は西洋音楽の根幹的概念である。14章でより詳しく考える。

＊14　サンプリング　sampling　録音した音声を、音楽の素材として活用すること。機材が低価格化した90年代以後にはごく一般的な手法となった。

＊15　「ゴーゴー幽霊船」の「あんまり急に笑うので」などもその範疇の内である。

＊16　80年代、ラップが「うた」になったことは革命であり階級闘争でもあった。調整内的な「うた」を操るには教育が要り、格差がそれを阻む。ラップはその参入障壁を破壊した。たとえば大和田俊之『アメリカ音楽史』（講談社選書メチエ、２０１１年）はラップを「うた」ではなく「語り」だとしているし、解釈依存的な部分もある。しかしどちらにせよ、ラップはずいぶん以前から大衆音楽

参照している点です。参照先は自身の曲である「マトリョシカ」「パンダヒーロー」にとどまらない。「メルトショックにて生まれた生命」の「メルト」。「ぶっ飛んでいこうぜもっと」は「え？あぁ、そう。」という解釈があります。「ダンスホール」はｗｏｗａｋａの「ワールズエンド・ダンスホール」、「モザイクの奥」は「モザイクロール」、「光線銃でバンババンバン」は「千本桜」、「少年少女謳う希望論」は「チルドレンレコード」。「思い出は電子音」の箇所は、ハチの初期作品「お姫様は電子音で眠る」とも、「ハッピーシンセサイザ」とも言われています。そして、「でんぐり返りそんじゃバイバイ」は、ｗｏｗａｋａの「ローリンガール」であるだろうと。*11

作家本人によって「ここで先行曲を参照している」と答え合わせがなされたわけではありませんが、これだけ然るべきワードが並んでいれば、ここで他曲を参照していることはほぼ明らかです。

ボカロシーンのマザーグースたち

ところで、「アンノウン・マザーグース」のタイトルにあるマザーグースとはなにか知っていますか？　イギリスを中心とした英語圏で伝統的な童謡として定着している一群の楽曲のことです。たとえば日本でも有名な「キラキラ星」や「ロンドン橋落ちた」がそう。新陳代謝の激しい現代ポップスの世界では、ちょっと前の古い曲はかっこ悪く聴こえるということもありますが、マザーグースは、そんなレベルをとうに超えて、普遍的な楽曲としてクレジットされた誰もが知るメロディたちのことです。だから、「アンノウン・マザーグース」

ハチ「リンネ」（2010）
作詞、作曲、絵：ハチ　歌：初音ミク

環状線。終わりのない世界が始まってしまったようだ。投稿者コメントによると「別れ」の歌。本曲でも輪廻は千切るべき「人を拘束するもの」として立ちはだかる（6章参照）。和的なセンスを感じるのは、手書きの縦書きの歌詞と、セーラー服がいまや和装だから。血でも錆でもあるような褐色は、舌のかたちをとって口からも噴出する。

というのは、表面的には非常に語義矛盾的な、アンビヴァレントなタイトルです。であるなら、「砂の惑星」で参照されている楽曲群は、つまりボカロシーンにおけるマザーグースではないでしょうか。どの曲も、何年前の曲だとか関係なしに、ボカロ好きのあいだでは誰もが知る曲として親しまれつづけている。

それらを取り込んだ「砂の惑星」は果たして、マザーグースの親玉のようです。1曲でありながらボカロシーン全体の似姿となろうとするかのようで、歌詞で「あとは誰かが勝手にどうぞ」と言うわりに、シーンに対する愛情でも野心でもあるような、強い思いを感じざるをえない。少なくとも、この曲自身が新しいマザーグース、すなわち、今後聴きつづけられる新しい「普遍的なボカロ曲」のひとつになろうとしている。そしてなった。

この1点をもってても、ボカロシーンは終わった、もう砂漠になってしまったんだと、ハチくんがシーンの外からシニカルに結論づけているというような印象をぼくはまったく持てません。なにしろ「応答せよ早急に」と言っているくらいですからね。

作家が、先行する楽曲に影響を受け、それを消化して自分の表現に反映するということはあります。ハチにもまた、そうやって成長した場面もあったでしょう。その上で彼は、誰にも似ていない独自の歌詞世界を構築してきた作家です。

しかし、同じことを言うにも「どんな単語を歌詞に選ぶか」という選語のセンスは、作家の個性であり作家によってバラバラです。だから外部参照は、ほかの作家の選語センスまでをも取り込むことになります。つまり他者性が混入している。その点が、この曲の触感をハチの楽曲群の中でも特異なものにしている。

である。1994年時点で、ニューヨーク・タイムズ紙の「How pop music lost the melody」という記事はラッパーのスヌープ・ドッグを論じている。

＊17　ボカロの声に慣れない上世代の人にとっては、いまだボカロの声もそうであるということを指摘しておく。

＊18　アブジェクション　abjection　abjectとは「おぞましい」という形容詞。abjectionとはabjectの名詞形として「おぞましさ」という意味を持つ。論者によって用法は多少異なるが（6章のフロイト、9章のバトラーなど）、本書ではジュリア・クリステヴァ『恐怖の権力〈アブジェクシオン〉試論』（枝川昌雄訳、法政大学出版局、1984年）の用法に準じて紹介する。同書の訳註は次の通り。「ラテン語のabjectioに由来し、放擲・棄却行為を表すjectioと、空間的な隔たり、分離、低減、除去などの意味を含んだ接

他者の言葉が原型をとどめたまま、ハチの言葉の空間の中にある。いわば異物混入状態です。白と黒とをよく混ぜて均一なグレーになっている状態ではなく、２色がマーブル状のうねりを描きながら、ともに主張している。他者を取り込みながらその顔（＝原型）を生きたまま胸に残す、あの『ｄｉｏｒａｍａ』クロスフェード映像の怪物のように。[A]そこには一心同体ではなく二心一体の迫力がある。それは禍々《まがまが》しさであり、同時に神聖さです。

「アンノウン・マザーグース」については次回に詳しく考えたいと思いますが、「砂の惑星」との対比で少し言及しておきます。「アンノウン・マザーグース」は、「私」「あなた」と二者関係を示す人称が使われながらも、これまでにないほど自己の深い孤独に沈降していくような曲です。他者性を排し、最良の意味での「純度の高い自閉性[12]」を実現している。自分の作品群の中で例外的に「他者を取り込んだ」アプローチをした「砂の惑星」とは、やはり非常に対照的です。

ハチくんは、「音楽についてｗｏｗａｋａさんほど同じ目線で語れる人はほかにいない、唯一無二の関係だ」というようなことを以前ツイートしています。ｗｏｗａｋａさんのほうも、「自分にはライバルはひとりしかいない。それがハチくんで、同時に最大の親友だ」というように言っていました。

そこには、作家同士の影響関係があったことでしょう。ですが、「砂の惑星」は２０１７年7月21日発表、「アンノウン・マザーグース」は２０１７年8月22日発表。楽曲の完成には時間がかかるものですから、ｗｏｗａｋａさんが「砂の惑星」を聴いて、「じゃあ自分はそれと対照的なアプローチの曲を作ろう」と自作の制作を始めたとは考えにくい。だから、

米津玄師「ゴーゴー幽霊船」（2012）
作詞、作曲、絵、歌：米津玄師

メジャーでの本人歌唱１曲目となる看板曲で、声はさっそくディフォルメされる。“ダブル”は声を二重以上に重ねる王道の手法だが効果が強い。MVの少女とアンドロイドの両方を二重に引き受けるかのよう。「海の幽霊」同様、幽霊は異形の他者ではなく、見られていないと自称する「あたし」。その船出を「みてろよ」と歌う始まりの歌。

ここで示したマザーグースをめぐる読解も、両曲の対照性も、作家同士の影響関係ではなく、あくまで結果的な作品同士の呼応関係です。

ただ、そもそも考えてみてほしいんですが、ｗｏｗａｋａさんが最後のボカロ曲のタイトルの中に採用したこのマザーグースという言葉、タイトルや歌詞などによく出てくる言葉でしょうか。同曲のタイトルが発表されたとき、ぼくはすごく新鮮な印象を持ったのを覚えています。ほかの曲ではほとんど見ない言葉ですよね。

それが例外的に用いられている楽曲があります。誰か思いつきますか？

学生「「ゴーゴー幽霊船」です」

はい、その通り。同曲には「継いで接いでまたマザーグース」というフレーズが登場しますね。この講義では作家の意図ではなく作品自体に準拠して考えていきますが、このマザーグースという言葉をめぐる呼応関係は、本人たちの意図や想像力を超えて非常に複雑な響き合いを形成しています。

「ハチはメジャーに行って毒を抜かれた」？

では改めて、ハチ、そして米津玄師がどんな作家であるかを考えていきましょう。作詞作曲を自分で手がけ、米津名義ではそれを自分で歌う。つまりシンガーソングライターですが、それにはとどまらず、非常に独自の作風のイラストを描くことでも知られ、また、曲によっ

＊A　アルバムクロスフェード『diorama』0分03秒より

頭辞（ab-）より成る」（347ページ）

＊19　ジュリア・クリステヴァ Julia Kristeva（1941〜）文学理論家、著述家、哲学者。記号論と精神分析を駆使した研究を展開。男性中心主義的なフロイト精神分析を女性の視点から批判的に更新した。その後バトラーらによってさらに更新されることについては、9章で言及。主な研究をフランス語で残している。パートナーは小説家のフィリップ・ソレルス。

ては動画を自分で制作している。ダンスもする。紛うことなきマルチクリエイターです。

ここからは、特定の曲の歌詞ではなく、音楽表現、歌詞表現、イラストなど視覚表現、それらにまたがって、ある一貫した特徴が見出しうるという話をしていきます。

まず大づかみで言うと、ハチくんは表現の中に「狂気的ななにか、気持ち悪いなにか」を挿入する場面がしばしばある。

たとえば音楽表現においては、とくに初期の１ｓｔアルバム『ｄｉｏｒａｍａ』のころに顕著でしたが、人によっては気持ち悪いと感じる複雑な響きの和声を、流れの中でしれっと挿入することがありました。今回、ぱてゼミ第１回の主役はハチだとツイッターで発表したら、その反応の中に彼を「不協和音の天才」と呼んでいるものがありました。然り。

なにが協和的でなにが不協和的かというのは非常に難しい問題なんですが、この曲を聴いて、そのような音楽センスの一部を直観的に感じとってもらえたらと思います。イントロの右チャンネルのギターに注意してみてください。

♪米津玄師「ｖｉｖｉ」

なんとなくわかったでしょうか？　これは音楽的に言うと、調性[*13]の外にある音を、堂々と反復的に使っているという表現です。調性外の音は、気をつけて使わないと簡単に不協和をもたらしてしまうものの、一方、調性外音を協和的に扱う手法もすでにさまざまに確立されています。ただここでの調性外音の扱いは、ほかではあまり聴かれないものです。

また、この曲のＭＶのイラストは米津くん自身の手によるものです。ハンプティダンプテ

米津玄師「vivi」(2012)
作詞、作曲、絵、歌：米津玄師

『diorama』収録曲は同じ架空の街が舞台。人とそうでないもの、その対立と混ざり合いがさまざまに変奏されるが、本文の通り、曲ごとに音楽的にも調性の内部と外部が混ざり合う。イントロでは協和的な左のギターアルペジオはサビでも繰り返され、同じものがサビでは不協和的に不安に響く。「言葉を吐」くことと「何も言えない」ことの同義性。

ィのようだけど、人でも動物でもないような、その中間のようでも異生物でもあるような気持ち悪いキャラクターが描かれている。

穏やかな、どこか懐かしさや温かみを感じる楽曲世界の中に、音楽とイラストの両方で、ある種の「気持ち悪いなにか」あるいは「異形のなにか」が自然に登場している。「ｖｉｖｉ」はそのような一例です。

ほか、歌詞だと挙げやすいので例を挙げるなら、「片足無くした猫が笑う」(「結んで開いて羅刹と骸」)とか、カラスが「君はもう大人になってしまった」と言ってくるとか(「リンネ」)。「首なし閑古鳥」はタイトルがもう強い異形のイメージを差し出しています。

さて、「ｖｉｖｉ」はいまや米津玄師初期の作品です。その後、米津玄師はどんどんメジャーになってファンを増やしていきました。だから、世の中にはこういう声もあるようです。曰く、「メジャーになっていくのに反比例するように、丸くなってしまった」。あるいは、尖った部分を隠すことで一般大衆に受け入れられていったのだとか。ハチや米津初期にあった毒が、最近では解毒されてしまったと言う人もいるようです。

ハチ≠米津玄師。果たしてそうでしょうか。ここから、そのような考え方に反論していきます。すなわち今日の講義は、そのような考え方へのアンチテーゼとしての「ハチ＝米津玄師論」です。

たとえば「Ｌｅｍｏｎ」。18年2月に発表され瞬く間に大ヒットし、同年末の紅白歌合戦で歌唱され、翌年以降も勢いを落とすことなくカラオケのチャート上位にとどまりつづけた、

＊20　テマティスム　thématisme　20世紀中盤にアメリカやフランスで登場した「新批評　New Criticism」の流れを汲む批評スタイルのひとつ。本文にある「作品と作者を切り離す」というのは新批評全体の基本的な姿勢である。

＊21　「病跡学　pathography」という手法がある。テマティスムおよび新批評とは真逆に、「作品を作者の精神兆候の顕れ」と見なし、実在の人物の内面を語ろうとするものである。関心はとりわけ芸術家など天才に向けられ、「天才は精神疾患が多い」であるとか、8章で批判する総量一定説を裏書きしようとするものも少なくない。また、病跡学の立場から作者の性指向を同定しようとする言説もあるが、学問ですと言ったらアウティングの罪を免罪されるとは筆者は考えない。ぱてゼミは病跡学を棄却する。

名実ともに国民的アーティスト米津玄師を代表する1曲です。同曲の歌詞は、喪失の感情をストレートに表現するものであり、たしかに「毒がある」というものではないかもしれません。ですがこの曲には、むしろ誰もが気づくかたちで毒が存在してはいないでしょうか。

かたちを変え反復される「嘔吐」

なんのことでしょうか。読解を始める前に、まずここで実際に聴いてみましょう。

♪米津玄師「Lemon」

「未だにあなたのことを夢に見る」のあとに最初に登場し、その後4小節毎に繰り返される「ウェッ」という声。この曲を最初に聴いたときに、この声が耳に引っかからない人はほとんどいないんじゃないでしょうか。

果たしてネットでもかなり話題になったようです。ネットで、この声を「小さいオッサンがえずいている声」と表現している人がいて、ウケましたw　この曲はテレビドラマ「アンナチュラル」の主題歌でした。金曜の夜になるたびに、この「ウェッ」が日本中のお茶の間に鳴り響いたのだと想像するとワクワクしたし、改めて、米津さんが米津さんのままスターダムに登ってくれたことを心から嬉しく思ったものです。

やはり目立つ部分なので、あるラジオ番組出演時にこの声について問われて、彼はこう答えていたようです。「声をサンプリング[*14]し、リズムの一部として反復的に使うのは、ヒップ

米津玄師「Lemon」（2018）
作詞、作曲、歌：米津玄師　映像：山田智和

国民的ヒット曲かつ前衛作品。「LOSER」以後に見られる米津のダンスも本曲の吉開菜央のダンスも、「地を這う前衛」を自称した田中泯（「カナリヤ」MVに出演）らに代表される日本の「舞踏」の遺伝子を明らかに引き継いでいる。後半の西洋的な「天を仰ぐこと」との対比。米津は天を見ない。けれども吉開とともにヒールの高さだけ地からも浮いている。

ホップの手法としてはよくあるもの」と。それはたしかにそう。でも、問題はそこではないでしょう。なぜそのように反復的に使用する声が、えずいているような「気持ち悪い声」でなければいけなかったのか。

ただ、これも以前からのハチ／米津玄師の作品を聴きつづけている人にとっては、そこまで驚くべきものではなかったはずです。このような表現はこれまでもあった。

ひとつの例は、先ほど聴いたばかりの「砂の惑星」です。イントロ冒頭からさっそく、なにを言っているかわからない加工された声で始まりますよね。「アンビリーバーズ」のイントロでも、「フェ……ッ」みたいな声が偶数小節の4拍目ごとに繰り返されます。

では次の一例として、「ドーナツホール」を聴いてみましょう。

♪ハチ「ドーナツホール」

この曲でも、イントロに「おっおっおっ、” #$%&，」みたいな、なにを言っているかわからない気持ち悪い声が入っています。

それに加え、動画の中に、こういうイラストがサブリミナルのように一瞬だけ挿入されます。みなさんの動体視力はこれを捕らえられたでしょうか＊B？

解釈によって見え方は変わりますが、女性が下を向いて、嘔吐《おうと》しているかのようなシーンです。慟哭《どうこく》しているかのようでもありますが。

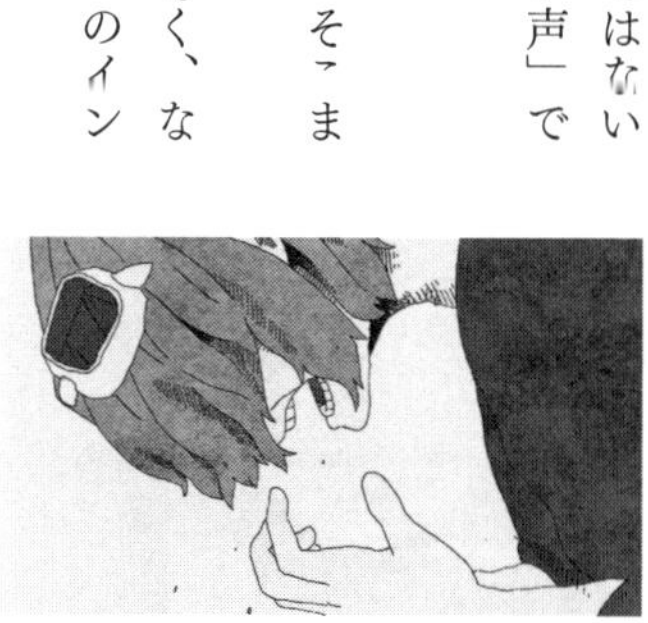

＊B 「ドーナツホール」1分25秒の映像より

＊22 蓮實重彦（1936〜）仏文学者、映画評論家。東京大学名誉教授。伝説の講義「映画論」については11章で詳細に触れる。東大の同ゼミからは中田秀夫、豊島圭介、出講していた立教大学ゼミからは黒沢清、青山真治、周防正行など多数の映画監督が誕生した。実作者に有意味だった点が同氏の批評のもっとも優れた点である。倣いたい。

＊23 蓮實重彦『大江健三郎論』（青土社、1980年）

〈1-1〉

●歌詞に登場する“嘔吐”(「」が楽曲名、右に該当箇所を引用) 作詞：ハチ／米津玄師

「THE WORLD END UMBRELLA」君はまた　唾を　その傘に向けて吐いた
「WORLD'S END UMBRELLA」君はその傘に　向けて唾を吐き
「Mrs. Pumpkin の滑稽な夢」ほら　吐き出した快楽と　火が燈る　ランタンは
「CLOCK LOCK WORKS」「下らない」と　嘘吐いて
「パンダヒーロー」ノイズだけ吐いて　犬ラジオ
「演劇テレプシコーラ」言葉を吐け／その唇が吐き出さない様
「リンネ」心は憂い夕を吐いて
「沙上の夢喰い少女」息を吐く　淡い声
「病棟 305 号室」でも不安に呑まれて吐き出して
「マトリョシカ」ああ、吐きそうだ
「白痴」私の両手に吐き出して
「遊園市街」吐き出しそうに歌っている／呟いて 息を吐いて
「街」街の真ん中で　息を吐いた　魚が泣いた
「caribou」そうやってまた吐き散らしてさ　堂々巡りもやめにしょう
「vivi」言葉を吐いて
「鳥にでもなりたい」誰彼大げさに吐く嘘には
「しとど晴天大迷惑」超弩級　火を吐く猿　天からお目覚め大迷惑
「Neighbourhood」平和も平和で反吐が出た
「クランベリーとパンケーキ」嗚呼きみは吐き出した
「Flamingo」畜生め　吐いた唾も飲まないで
「ひまわり」吐き出せ　北極星へ舵取れ　その手で

言稿(5 期メイツ)が作成

吐き気を催しているかのような声。それは聴いて気持ちのいい声ではありませんし、こちらに吐き気を催させるような声でもあるでしょう。さらには、この「嘔吐」というモチーフは視覚的にもさまざまな作品で反復されているわけです。

歌詞においてもそうです。受講生のひとりが以前作ってくれた米津玄師楽曲の歌詞に出てくる「吐く、嘔吐」の表を見てみましょう。〈1-1〉

このように、歌詞の中でも嘔吐というモチーフは何度も反復されています。音声、映像、歌詞と、その時々によって顕れる次元を変えながら、米津玄師の表現には嘔吐とい

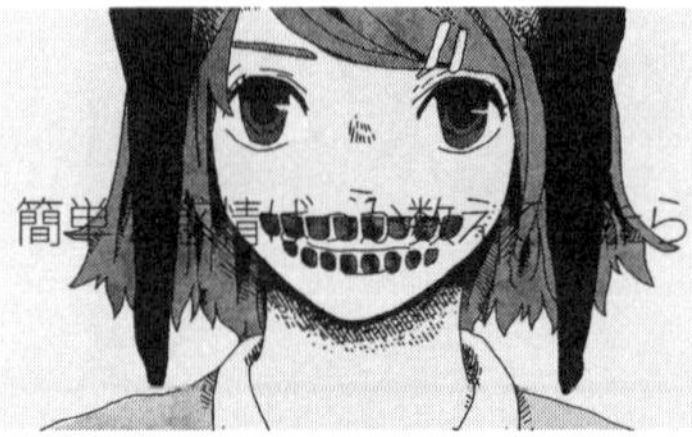

ハチ「ドーナツホール」(2013)
作詞、作曲、絵：ハチ　歌：GUMI

「それがない」ということだけがある。輪郭線は世界に穿《うが》たれた穴であり口で、キャラの輪郭線は明確に維持されるがその内側がずれていく＝忘れていく(1 番 B メロの映像表現に顕著)。シンコペーションを、A、B で抑制しサビで解放する構成が見事。『YANKEE』収録の本人歌唱版ではこの曲の「メロディの運動神経のよさ」がより如実。

うモチーフが長らくついて回っているのです。

音楽から疎外された声、クィアな声

さて、本講義は、ボーカロイド音楽の本質、さらには、そのことを通して「うた」の本質に迫ることを目標としています。シラバスには「永きにわたった人類による「うた」の私有が終わった」と端的に書きました。これはボカロの登場を踏まえた書き方ではあるんですが、ここで、みなさんに少し考えてみてほしいと思います。

そもそも、あらゆる人の声が、音楽になることを許されてきたでしょうか？　「うた」であることは、多様な声の中でも、一部の声に独占されてきてはいないでしょうか？　ではどんな声が「うた」とされてきたでしょうか。ここで、ふたつの条件によって声を4種類に整理してみましょう。

〈1－2〉

ひとつの条件は、メロディを歌っているのが明らかであるかどうか。調性内的かどうか。

もうひとつの条件は、言葉を伝えているかどうか。言語伝達的かどうかです。

①は、メロディも歌詞も明瞭な声。もっともわかりやすく「歌声」と公認される声でしょう。②もよく音楽に登場しま

〈1–2〉

メロディが ＼ 言葉が	ある	ない
ある	① 歌声	② ハミング
ない	③ ラップなど	④ 「ウェッ」

ほか、テーマ批評の傑作として『夏目漱石論』も有名。

＊24　このエピソード自体が蓮實重彦『表層批評宣言』（筑摩書房、1979年）のあとがきに示されたものである。蓮實はさらに応酬する。「その小説家が、書斎の空間を横切って雑誌を投げ飛ばすという、ピンチランナー目がけての牽制球を投げる投手のような仕草を想像させるという意味で、運動論的な感動を波及させてくれる」（同書240ページ）。つまりは、「雑誌をすぐさま捨てる」という行為に込められた大江の嫌悪（メッセージ）は切り離して、そこにある運動だけに準ずるというのである。徹底している。そして多少うざい。

＊25　湯川れい子（1936〜）音楽評論家、作詞家、翻訳家。日本レコード大賞審査委員長、日本作詩家協会会長などを歴任。戦後日本の大衆音楽とフェミニズムの交差する場所にいる最重要人物のひとり。10章で詳述す

す。ラララ、ルルルというハミングなど、コーラスにはよくありますよね。歌詞が伴っていることは必ずしも「うた」の条件ではない。③は、必ずしも音程を伴っていないけど、言葉を伝えている。[*15]これはとっくに、音楽を構成することを許された声です。ラップ[*16]がそうですよね。あるいは、音楽に乗せたポエトリー・リーディングもこれに当たります。

そして④です。この表の中では、もっとも音楽から疎外された声と言えるでしょう。メロディもないし言葉を伝えているようでもない声。

では考えてください。「ウェッ」はこの4つのどれに当たりますか？　④ですよね。この意味において、米津玄師は、疎外された声を音楽に持ち込もうとしているわけです。

さらに加えて言いたいのは、「砂の惑星」「ドーナツホール」イントロにあった、なにを言っているかわからない声についてです。

ポイントは、これが「言語伝達的かどうか」はイエスともノーとも言えないことです。えずきやうめき声なら、言葉をなにも言っていないことがわかる。それがわかるから怖くない。しかしこの「なにか言っているようでもあるけど言っていないかもしれない、わからない」という声は、えずきよりもずっと「怖い声」ではないでしょうか。

言語伝達的かどうかという二分法の、あいだにあるとも言えるし、二分法からこぼれ落ちてしまう声。[*17]フライングになりますがあえてこの時点で言っておくなら、それは「クィアな声」と言いうるものです。クィアという用語は、現代ではもっぱらセクシュアリティの議論において用いられるものですが、端的には「二項対立に収まらず、それを解体する様態」を示します。第9章で詳しく説明します。

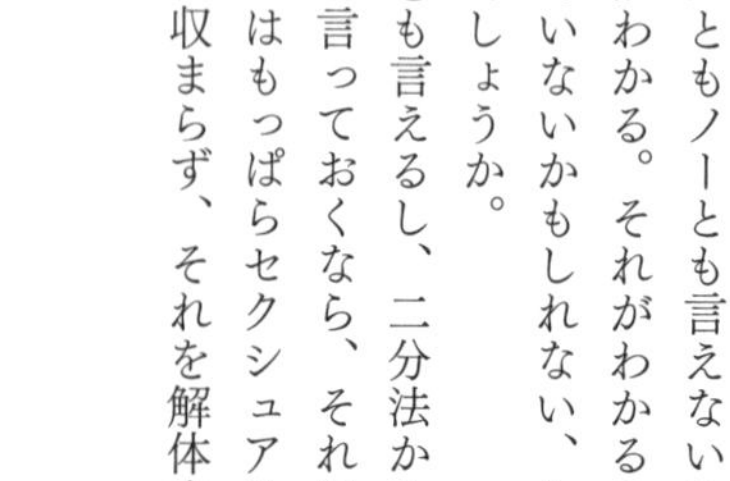

ハチ「マトリョシカ」（2010）
作詞、作曲、絵：ハチ　歌：初音ミク、GUMI

17年に「神話入り＝1000万再生」を達成。その後の高速ボカロックに「どんちゃん」要素が加わった起源かもしれない。アウトロでソフラン（加速）していくのは発明だ、と昔ぼわぼわPと熱弁した。いまだ汲み尽くせぬ解釈可能性の高さでぱてゼミレポートでも人気。524は日航機事故の乗客乗員数（wikipediaより引用）という解釈も。投稿は8月だった。

このように、米津玄師は「音楽に使う声はここからここまで」と世の中が通念的に設定している範疇を軽く乗り越えて、あるいはその範疇を自明とせず無視しながら、さまざまな声に対して音楽となる機会を開放しているのです。

アブジェクション　声は、嘔吐の仲間であることを逃れられているか

ここで、現代思想の概念をひとつみなさんと共有したいと思います。

「アブジェクション　abjection」[*18]。ブルガリア出身の人文学者、ジュリア・クリステヴァ[*19]による概念です。クリステヴァは、この講義でこのあと多く参照していくフレンチ・セオリー——日本ではフランス現代思想という名前で受容された哲学の一大潮流の一角を担った論者です。

主語はsubject、目的語はobjectと言いますね。その接頭辞を、「切り離す」を意味する「ab」に変えた「abject」という言葉の範列がアブジェクションです。これがなにを意味するか、3つのキーワードで覚えてください。

①おぞましいもの。②（にもかかわらず同時に）魅惑的なもの。③棄却。あるいは棄却したいもの。

この3つが同時であるようなものです。おぞましくも、魅惑的でもある。矛盾的に聞こえるでしょうし、たしかにアンビヴァレンスを抱え込んだ複雑な概念です。概念説明だけではピンと来ないと思うので、具体的に例を挙げましょう。

る。

作詞した「六本木心中」「あゝ無情」のほか、ポリス「ドゥドゥドゥ・デ・ダダダ」などの訳詞における独創性も光る。19年にはクイーン「ボヘミアン・ラプソディ」の訳詞を担当。

＊26　さまざまな場所で近い発言をしているが、たとえば『音楽誌が書かないJポップ批評57』（宝島社、2009年）など。

クリステヴァによると、幼児にとっての「母性」がそうであるとされます。幼児は母親を自分と切り離されず一体であるように感じているけれど、成長に伴って、あるときその未分化性を気持ち悪いと思う。そしてそれを自分から切り離したいと思う。このとき、母親を魅惑的ともおぞましいとも同時に思っていることがポイントです。

そして、嘔吐はまさに、アブジェクションたりうるものです。口から取り込んで、ひとたびは自分の一部となったはずの食べ物を、逆流させて自分から切り離す行為が嘔吐です。そしてそこには決定的に、気持ち悪さ、おぞましさがある。

人は、食べ物を口から取り込んで栄養を摂取します。そうして生命維持をする。生理機能からすれば、また進化論的に考えても、口はもっぱら入り口です。でもときに、人はそこからものを出す。胃からの嘔吐物を出すし、そして、声も出す。同じ場所から。

そう考えてみると、果たして声を出すことは、嘔吐することとどれほど違うのでしょうか。発声は、嘔吐の仲間であることを逃れられているでしょうか。思い出してください。「ドーナツホール」のイラストの女性は、嘔吐しているようにも、叫んでいるようにも見えたはずです。

声を出すことは気持ち悪いことなのではないか。「ウェッ」だけが気持ち悪いのではなくて、すべての声は気持ち悪いものなのではないか。

うたは人類文明の起源から存在していて、一般に、それは快楽をもたらすものである、気持ちいいものであるとされています。難しい哲学を参照せずとも、等身大の日常感覚で、漠然とそう思われているでしょう。しかしそれだけでしょうか。そのような通念の裏側を照ら

ハチ「パンダヒーロー」（2011）
作詞、作曲、絵：ハチ　歌：GUMI

でかい曲。歌詞タイポが画面をはみ出すからではない。ハチ型ボカロック最終形にして完成形。本人の弾き語りによるとサビの最初の和音は「G7（Ⅳ7）」（イントロも）。「E/F/F#」が渋滞するのは初期米津和声実験の予兆でありブルースだった。「歌うアンドロイドと遊」ぶというメタ視はヒトリエ直前のwowaka「アンハッピーリフレイン」にも通じる。

し出すものとして、「アブジェクションとしての声」という視点もありうるのではないでしょうか。大有名曲「Ｌｅｍｏｎ」に潜む「ウェッ」という細部は、そんな可能性への小径を拓いているのです。

さらに言えば、そのアブジェクションが生じる場所としての口も、ある意味おぞましい。口とは、人の顔に空いている穴のことで、器官のように言っているけれど、特定の部位のことではありません。外皮と内臓の境界はあるけれど、それは口唇と名指すべきであって口ではない。口は、「ドーナツの穴みたいにさ　穴を穴だけ切り取れない」ようなものです。つまり空虚《ヴォイド》であり、摑みえない闇のことです。

声がどうやって成り立っているか、現代人であるみなさんは常識的に知っているでしょう。その闇の奥にある内臓、すなわち声帯を震わせて、空気を振動させる。その空気を経由して自分の耳の鼓膜が共振するとき、声が聴こえる。

人の声を聴くという行為は、他者の見えざる内臓と自分の鼓膜を共振させることです。わざと気持ち悪い言い方をしているように感じるかもしれませんが、物理的に実際起こっているのはこういうことです。なかなか気持ち悪いことを、日常的にやっていると思いませんか？

愛され、攻撃され、執着される口

嘔吐のみならず声や口そのものもアブジェクションでありうること。米津玄師の作品こそは、それを鋭く指摘しています。米津玄師という作家の特徴は、声の拡張のほか、そのリソースである口への執着というかたちで見られるのではないか。

それを今度は、ハチ時代、米津時代を問わず視覚表現について続けて見ていきましょう。日本文化は西洋文化圏に比して、口ではなく目に感情や内面の表れを見出す傾向があり、またそのように描くことが多いと言われます。結果、アニメなどでも、目は現実の人間よりずいぶんと大きく描く一方、口は記号的にチョン、と短い線だけで表現されていたりする。

米津玄師のイラストは、（目を変わったふうに描くことも多いんですが、）日本の文化的広がりの中で見ると、口をいかに描くかという点においてとりわけ際立って見えます。

まず、先ほど「マザーグース」が登場する曲として言及した「ゴーゴー幽霊船」のMVから。目鼻がなくて口だけがあるキャラクターが目を引きます。（楽曲レビューのサムネイル参照）

次に、すでにお見せした『ｄｉｏｒａｍａ』クロスフェード映像の巨人。胸に、口が開いています。

こちらは「ドーナツホール」MVのサビあたり。目はそのままに、口元に（当人のものとは思えない）歯のレントゲン写真的なものがレイヤーされるというディフォルメーション。いわば、口に対して攻撃性を向けている表現です。（レビューのサムネイル参照）

これは「パンダヒーロー」MVから。口からチューインガムの風船を出していて、その風船に顔がついていてとりわけ口を大きく開いている。気持ち悪い。（レビューのサムネイル参照）

米津玄師「海の幽霊」（2019）
作詞、作曲、歌：米津玄師　映像：STUDIO4°C

世界的に流行した「デジタルクワイア」という変調されたコーラス（サビで全面化する）。それを取り入れたのは米津がトレンドキャッチャーだからではない。その声がクィアだったからだ。坂東祐大による壮大な管弦楽と、声の重厚なクィアネスの対等な拮抗が、さらなるスケールを実現する。おそらくそれは、生と死の対等な拮抗をも表現している。

これも「パンダヒーロー」MV。普通の人のようだけど手で大きく開いた口の中に見える歯が異常に多い。[*C]

ご存じ「マトリョシカ」。このミクも明らかに歯が多い。（レビューのサムネイル参照）

これも「マトリョシカ」ですが、GUMIのパーカーのフードに口がついていて、その口は真ん中で割られている。これも口に対する攻撃的ディフォルメーションです。[*D]

そして実は、この曲でも嘔吐していたではないか。[*E]

「マトリョシカ」の1曲前、「リンネ」の1枚絵です。その中に声帯があるところの、首を自分で締めている。あくまでぼくの一解釈ですが、口を閉じたまま縫われたのを無理やり開いて、その縫い跡が残っているかのように見えます。（レビューのサムネイル参照）

次は実写のMVより。「フローライト」です。これは明らかに米津さんがデザインしたキャラクターだと思いますが、またしても目鼻がなくて口だけが開いている。[*F]

そして、口から吐瀉物が出てくるのも声が出てくるのもアブジェクションではないかと言いましたが、このMVではなにか鉱石のようなものが出てくる。鉱石自体は美しく見えますが、口から出てくることによって、そこに「得体の知れないもの」のイメージが付与されている。だからこそ、「それを恐れずに手にする少年」の無邪気さが映えます。

そして最後に、「MAD HEAD LOVE」。（楽曲レビューのサムネイル参照）最後にちょっと飛躍します。米津くん自身が、口元に少し特徴があって、そこがかっこよくないですか。画面のフレームがこんなふうに切られているから、いやが応にも米津くんの口元に目が行きますよね。「前髪で前が見えねえ」とは「LOSER」の歌詞ですが、彼本人の写真でも髪で目元が隠れていることが多くて、結果、彼自身のビジュアルイメージにおいても口

＊C 「パンダヒーロー」2分12秒の映像より

＊D 「マトリョシカ」1分23秒の映像より

に重心があります。

批評は作者の意図当てゲームではない

声と、嘔吐と、その両方の出どころである口への執着。ときに攻撃性を差し向けたりもしているけど、なにより、これほどまでに繰り返し描くことで、つまり愛している。執着とは、両義的な愛憎を差し向けることです。

すなわち、米津玄師は、口とアブジェクションの作家である。その点において、ハチ時代と断絶していないどころか、ハチと米津玄師は強く一貫している。

これを、本日の講義の結論とさせていただきます。あくまで時間のかぎられた中での米津玄師小論でしたが、いかがだったでしょうか。

具体的な分析自体を聞いてもらったほうが興味を持ってもらえるだろうと思っていきなり話しはじめましたが、今日やったアプローチはテマティスム[*20]、あるいはテーマ批評と呼ばれるものです。

ここで言うテーマとは、「作家が作品に込めたテーマ」、いわゆる作家のメッセージのことではありません。テマティスムは、作家のメッセージをその意図の通りに読み取るということではありません。そうではなくて、むしろ、作家と作品をいったん切り離して、作品自体の具体的な顕れから、もっと言えば作品の細部から、作家自身も気づいていなかったかもし

米津玄師「Flamingo」(2018)
作詞、作曲、歌：米津玄師　映像：山田智和

声のリベラリズムはこの曲で頂点に達する。「あ、はい」と言われそうだが。咳払いも反復すればリズムだ。声帯と鼓膜のあいだが一筋縄ではない道程だと、門番としての口唇が主張するかのよう。「氷雨」から堪能できる米津流こぶしは喉の身体性＝物理性こそを前景化する。彼が「うた」を作るかぎり、声との対峙は終わることはない。

れないテーマを抽出し、作品の価値を読み替えていく。それがテーマ批評という手法です。だからこそ同時に、その分析の結果を「作家はこう考えたはずだ」と作家に送り返すことは禁じ手です。[*21]今日の議論も、「ハチは口とアブジェクションへの注目を意図しているのだ！」と言っているわけではないことにくれぐれも注意してください。

ここでひとりの人文学者の名前を挙げておきます。蓮實重彥。[*22]東京大学教養学部でフランス文学と映画論を教えた人物であり、東京大学総長を務められた人です。ある世代には有名な、彼の教養学部教授時代の伝説の講義「映画論」は、実は、いまぼくらがいるこの教室で行われていたそうです。

彼は、テーマ批評の名手としても知られていました。批評は作者の意図当てゲームではない。ただそれは、作者の意図をときに無視するものですから、作者にとって面白くないということもあるわけです。蓮實は『大江健三郎論』[*23]という単著の評論を発表していますが、それは大江健三郎が作品に込めたメッセージなどを棚に上げて、作品に現れる数字を主題に大江の作品群全体を読み解いていくものでした。果たして、大江は「出版社から送られてきた雑誌にその名前があると、すぐさまゴミ箱に投げ入れる」と言っていたそうです。[*24]

ぼくはハチさんに嫌われたくないw　素直にそう思いますが、一方で、作家の意図の従順な翻訳にはならないことによってこそ、批評は表現の魅力をさらに増幅できるのだと考えています。そもそも作者のメッセージ自体は批評を経由せずとも伝わるはずです。そのような立場から、これから、ほかのボカロPたちの表現の魅力についてお話ししていきます。

また、そのような立場をとるからこそ、米津玄師という名義で発表される作品の総体をひとつのものとして語れるのだということも付言しておきます。「フローライト」のMVは

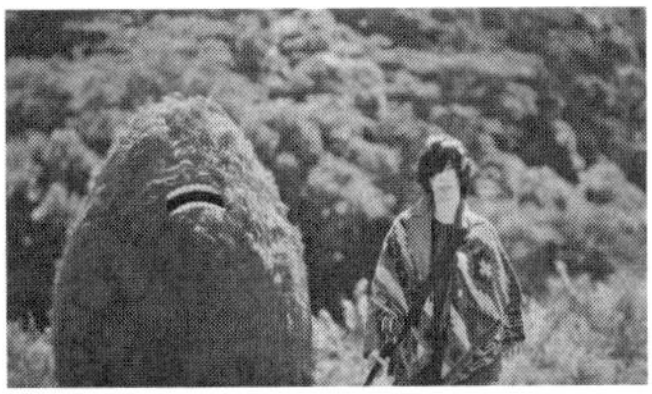
＊F　「フローライト」0分48秒の映像より

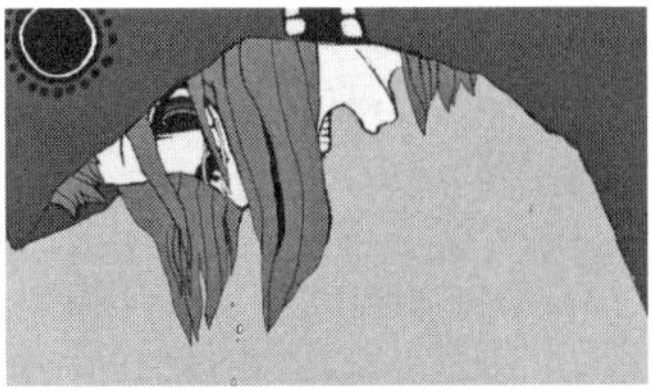
＊E　「マトリョシカ」3分13秒の映像より

関和亮という方が監督している。それでも、米津玄師という個人の内面を読解するという批評ではないからこそ、このようなアプローチが可能になるとも言えるわけです。

「感覚を思考の俎上に載せること」

また、彼の表現を考えることを通して、ぱてゼミ全体にわたる問題意識をいくつか提示しました。たとえば、声を聴くとはどういうことか。それは自明に気持ちいいものなのか。通念を自明のものとせず、自分の頭で疑ってみること。そして再解釈していくこと。それがぱてゼミのキャッチコピー「感覚を思考の俎上に載せること」のひとつのあり方です。

本講義の当面のキーワードは「アンチ・セクシュアル」です。性や愛をめぐる通念を自明のものとせずに扱う感性が、ボカロシーンには多く見られ、そして支持されました。なにに比してかというと、いわゆるふつうのJポップに比してです。Jポップのチャートを見れば瞭然でしょう。ラブソングばかりです。私のあなたへの思いを歌ったり、会いたくて震えたりばかりしている。

音楽評論家の湯川れい子さん[*25]は「人間は、思春期を迎えると、ラブソングを求めるようになる生き物なんです[*26]」とおっしゃいました。湯川さんは、戦後日本の商業音楽史に名を残す大御所評論家、作詞家です。それほどの方が言われると説得力を感じそうになりますが、ただ湯川さんが経験した時代のほとんどは、あくまで20世紀にすぎないとも言える。果たして彼女が言ったことは、超時代的な人間の普遍なのでしょうか、時代と地域に限定された有限なものなのでしょうか。我々が知っているのは、ボカロシーンの流行は、すでにその説の外

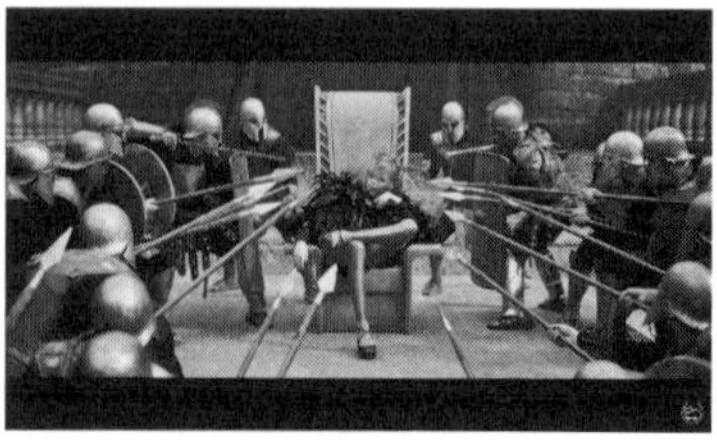

米津玄師「POP SONG」(2022)
作詞、作曲、歌:米津玄師　映像:児玉裕一

まだ第1章ゆえ欲張らず保留にした論点は、米津の“狭義の”クィアネス。ドラァグクイーン的異装(10章)、ハイヒール(「Lemon」でも)。ジェンダーイメージを軽やかに攪乱しながら「くだらねえ」と歌うこと。あまりに正統にクィアなのだ。「全部」のラブソングを仇取るこの壮大なアンチ・ラブソングが「ポップ」の名を持つのが20年代である。

を行っているという事実です。

「アンチ」と言っても、それは必ずしも単純な否定のことだけを指しません。性愛を疑ってみたり、気持ち悪いもののように言ってみたり、ときにそれは、米津玄師において見られたように、アンビヴァレントな愛憎を差し向けるというかたちをとることもあるでしょう。

そのような感性を象徴するものとして、シラバスには「ラブという得体の知れないもの」というフレーズを引用しました。そう、ｗｏｗａｋａさんの「裏表ラバーズ」の一節です。

ハチと双璧をなしてボカロシーンに大きな力を与えた作家、ｗｏｗａｋａ。彼が次回の主役です。彼の訃報を受けてから2週間、彼を弔う言葉＝批評をこの短い時間で生み出し切れるか。わかりませんが、もう全力でやるしかありません。

最後にひとつだけ、「砂の惑星」には必ずもう一度言及する、ということを宣言して、今日の講義を終えたいと思います。それでは来週、またお会いしましょう。お疲れ様でした。

第2章

近代的主体と「裏表ラバーズ」〜wowaka論〜

この場所でこそ弔うべきボカロP

「ボーカロイド音楽論」第2回を始めます。この講義は、ボカロシーンの双璧の天才の話から始まると言いました。今回の主役となるのは、ｗｏｗａｋａです。

アンチ・ラブソングという視点を持つぱてゼミにとって、彼の代表曲「裏表ラバーズ」は出発点であり、最重要曲です。２０１６年度に始まったぱてゼミの第１回の講義の主題がこの曲でした。そのときには、彼がこんなに早くいなくなってしまうなんて想像もしていませんでした。彼は19年4月5日に亡くなりました。訃報が発表された8日の午前11時、ぼくはちょうどこのゼミのことでこの駒場キャンパスにいたんですね。ここで訃報を知ったんです。

16年度の初回講義の前には、「裏表ラバーズ」を取り上げるにあたって、ｗｏｗａｋａさん本人に一言挨拶を入れました。「勝手に褒めるね」と。そのとき、あわせて「をーさんが東大出身だって勝手に言わないから安心してねｗ」とも言ったんですが、彼はあっさり「あ、

wowaka「グレーゾーンにて。」(2009)
作詞、作曲、絵：wowaka　歌：初音ミク

伝説の始まり。キャラを描かないモノトーンのビジュアルはすべてのボカロ曲で一貫（「積み木の人形」の赤紫の円痕だけが例外）。コーラスの当て方もすでに非凡。更新される前の投稿者コメから「現実逃避Ｐ」の名がついた。「サヨナラ」「独り」「嫌い」。等身大の「試験前の自分の気持ち」のはずが、灰色をしたその拒絶はどんな極彩色より遠く深い。

別にいっすよ」と答えました。なので言うと、ｗｏｗａｋａさんはみなさんの先輩にあたる、東京大学の卒業生のひとりです。ただの一度きりですが、彼といっしょにいるときに、ほかの初対面の人に向かってぼくのことを「ボカロPで、大学の先輩でもあって」と紹介してくれたこともありました。

シラバスの講義紹介に、「この講義には必ず弔わなければいけない作家がいる」と書いてあったのを覚えている人もいると思います。そのひとりが、このｗｏｗａｋａさんです。

16年以来、いやもっと前から、彼の音楽についてずっと考えつづけています。本講義での議論もアップデートを続けました。既発曲を聴くたびに新しい発見があるし、彼は前進しつづけているから、考える対象はどんどん増えていく。たいへんですが、「静止した過去ではなく、ぼくらが生きる同時代文化を分析する」[*1]醍醐味です。嬉しい悲鳴というやつですね。

その緊張に晒《さら》されながら、批評や講義を続けていくことが当たり前になっていたぼくは、今後、彼が新しく書き下ろす新曲をもう聴けなくなるのだということを、まだ理解できていません。頭ではわかっても、気持ちが追いついていません。

けれども、彼のことを言葉にしていくことがこれまで以上に重要になったのだと、責任感を強く感じています。全力で臨みますので、最後までよろしくお付き合いください。

「他動詞を自動詞化していく目的語」としてのミク

ｗｏｗａｋａさん――親愛の情を込めて、彼本人に対して言っていた呼び方で、をーさん

＊1　ぱてゼミ告知ビラに掲載していたキャッチフレーズのひとつ。

＊2　ヴィト・アコンチ　Vito Acconci（1940〜2017）アメリカ合衆国の現代美術家。前衛的なパフォーマンスやビデオアートを行った。パフォーマーと鑑賞者の境界、公的なものと私的なものの境界を問う扇動的な作品を残す。

＊3　ロザリンド・クラウス　Rosalind E. Krauss（1940〜）アメリカ合衆国の美術批評家、理論家。コロンビア大学教授。ポストモダニズムの理論を美術批評に持ち込んだ議論を展開した。批評誌『オクトーバー』を代表するひとり。同氏の議論は14章でより大きく参照する。

＊4　ロザリンド・クラウス『アヴァンギャルドのオリジナリティ』（谷川渥、小西信之訳、月曜社、2021年）「指標論パート1」299〜300ペー

と呼ばせてもらいます。前回「砂の惑星」に対置するかたちで「アンノウン・マザーグース」に少し言及しました。この2曲のコントラストに、ふたりの天才の資質の違いが端的に表れているのだと。

2曲とも、非常に射程の深い曲であることは明らかです。他者を取り込んで、1曲でありながらボカロシーン全体と一致してしまおうかという「砂の惑星」。

対して、「アンノウン・マザーグース」は、これまでにないほど深い孤独に沈降している。「アンハッピー・リフレイン」から6年ぶりに、改めてボカロに出会うことで、ボカロをインターフェイスにして、より純度の高い自閉空間を構築しているかのようです。

タイトルさながらに、そのように語義矛盾的な表現をしたくなります。なにかを媒介《インターフェイスにする》するということは、ふつうその先に到達する対象があるということですが、そうではなくて、すべてが自分に折り返してきている。歌詞には二人称が出てきているにもかかわらず。

動画の画面上部で歌詞が鏡面反転している。「映像《うつ》る」「生き写し」などのキーワードがある。この曲が言う「あたし」と「あなた」と「僕」が鏡面反射的な関係を持っていることに、多くの人が気づくでしょう。形式的には対話のかたちをとりながら、自閉性に収斂《しゅうれん》していく。あるいは、二人称が、この曲の力によって、二人称であることをやめる。ほかではありえない厳粛なことが起こっていると思います。

ヴィト・アコンチ[*2]という現代美術家の〈エアータイム〉という作品があります。作家本人が、鏡に向かって語りかけるのを40分間撮影した映像作品です。アコンチは、自分を指すために「私」とも「おまえ」とも言う。美術批評家のロザリンド・クラウス[*3]による同作の紹介

wowaka「アンノウン・マザーグース」(2017)
作詞、作曲、絵、動画：wowaka　演奏：ヒトリエ　歌：初音ミク

本書が何度も向かい合う大きな楽曲。ハートは直線の交差で構成されるが中心でマーブル状に弧を描く。「プリズムキューブ」以来ふたたび、wowaka自身もユニゾンで歌っている。ミクは、wowakaは、我々は、「ガラクタばかり投げつけられてきた」けど、その「哀しみ」を「手放す」つもりもない。「愛」を睨み抜いた果てのラブソング。あなたは「何色だ」？

を引用しましょう。

自分自身を指示するために、彼は〈私〉と言うが、しかし常にではない。ときどき彼は鏡に映った自分に〈おまえ〉と話しかけるのである。〈おまえ〉は、録画された彼のモノローグの空間のなかで、ある不在の人物、彼みずから話しかけていると想像する誰かによって満たされもする代名詞である。しかし〈おまえ〉の指示対象は不断に逃げ去り、入れ替わり、再び鏡に映った自分自身である〈私〉に戻ってくる。アコンチは、転換子《シフター》の劇《ドラマ》を――その退行的な形で――演じているのである。[*4]

そしてクラウスは、〈エアータイム〉は二重の退行空間を確立するのだ、と評します。ここで言う「退行空間」とは、簡単に言うと、自分と他者の区別を理解できる精神段階以前という意味です。クラウスはそこから、ぱてゼミでも中盤に扱う精神分析家ジャック・ラカンの主要理論のひとつ、鏡像段階理論へと議論を接続していくのですが、ここでは割愛します。

それよりも、前回最後に紹介したアブジェクションという概念を思い出してもらいたいと思います。主語（subject）でも目的語（object）でもなく、「切り離す」を意味する別の接頭辞「ab」を加えたものがabjectであり、アブジェクションも未分化性を示唆するのだと説明しました。

〈エアータイム〉へのクラウスの指摘は、「アンノウン・マザーグース」の理解の一助になると思います。ただし、この曲での「あたし」と「あなた」の関係は、「作者（ボカロP、あるいはもっと狭く、ｗｏｗａｋａ自身）」と「ミク」を連想させるものであり、その想像

ジ。

＊5　ユニゾン　unison　コーラス（副旋律）を歌ういわゆる「ハモリ」ではなく、同一のメロディを歌うこと。さらには、自分のみがリードボーカルを務めるバージョンをその後に発表していることも共通点である。

＊6　落合陽一（１９８７〜）メディアアーティスト。筑波大学図書館情報メディア系准教授、同大学デジタルネイチャー開発研究センターセンター長。『魔法の世紀』『脱近代宣言』（共著）など著書多数。「耳で聴かない音楽会」などダイバーシティ支援企画でも知られる。

＊7　ぼーかりおどP（noa）ボカロP。２００７年に「桜ノRevolution」を初投稿。「1/6 -out of the gravity-」は１００万再生を達成。ギターロックサウンドに定評があるが、歌詞世界は繊細なものから「ＹｏｕＴ

力によるならば、作者が前にしているのは鏡ではなくミクです。

ここで唐突に、この曲でのミクについて、ぼくはこう形容しておきたいと思います。

「他動詞を自動詞化する目的語」としてのミク。

あるいは、自他境界確立以前に回帰させる他者。

また、さらにふたつ、「砂の惑星」との共通点を指摘しておきます。ひとつは「アンノウン・マザーグース」にも「なにを言っているかわからない声」、すなわち未分化的な声があること。もうひとつは、両曲とも、ミクとユニゾン[*5]して作者本人も歌唱していることです。

繰り返しますが、この2曲は、非常に深い射程を持った曲です。とりわけ「アンノウン・マザーグース」の射程は、ボカロとはなにかという本質にまで到達していると考えます。それは時間をかけて紐解いていくべきテーマです。本日の講義後半にももう一度「アンノウン」に言及しますが、いったん議論を先へと進めましょう。

近代の思考フレームをすでに共有している

さて、本日のタイトルは「近代的主体と「裏表ラバーズ」」。今日は、先に理論フレームを共有した上で、そのあとに楽曲の分析に向かいます。それを通して、この講義の前半の議論にとって最重要の人文学者、ミシェル・フーコーを紹介します。

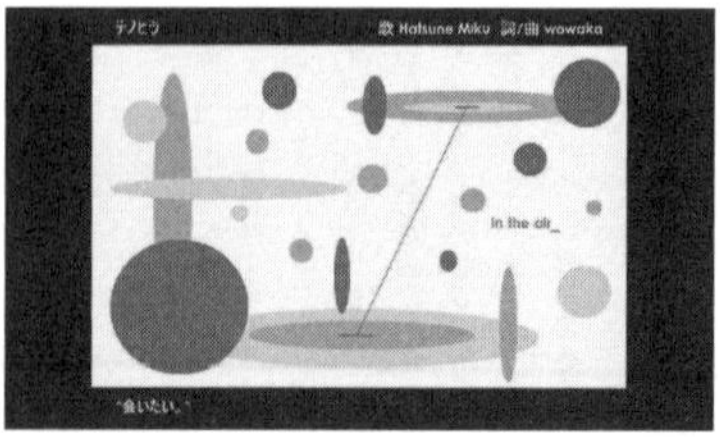

wowaka「テノヒラ」(2009)
作詞、作曲、絵：wowaka　歌：初音ミク

その後には聴けない無防備な選語にちょっとクラッとしそうになる。「恋」「さよなら」。それらは「泡のように」宙に消えてしまう。エリック・ドルフィが音楽について言ったことと同じだ。でも、誰からも見えない握りしめた「テノヒラ」の中からは、それはいつまでもなくならない。どうしてあなたたちは、残された者の語りをこそ、残して去っていくのか。

ぱてゼミではキャラクター論はあまりやりません。なので逆に、早い時点で済ませる予定です。第3回のキャラクター詳論の下準備として、キャラクター表現の原型たる我々人間のあり方について考えてみましょう。

「個人」は、英語でなんと言いますか？

学生「individualです」

そうですね。ではさらに、これの語源を知っている人はいますか？

別の学生「分割できない存在だから、dividual の否定形で individual という意味になります」

その通りです。わかりやすく言うと、「in・divide・able」。「divide・able＝divisible＝分割可能」の否定形ということです（「in」は否定の接頭辞）。「分割不能」ということが、そのまま「個人」という意味で使われている。

人は分割できない。人のひとつの身体の中を、ひとつの精神が満たしている。それを個人の都合で勝手に分割しないでね、という含意も込められています。たとえば、電車で知らないとなりの人を触って、それで「なにするのよ！」と怒られるとしましょう。そのときに「いや俺じゃなくて俺の左手が勝手にやっただけだから！（俺は関係ない）」と言っても、通用しないですよね。「俺の左手」と「俺」の責任は分けられない。責任主体として、ひとつの身体は一貫したものであると。

ubeに無断転載するな」のようなネタ曲まで守備範囲が広い。本講義第1期第1回に遊びにきてくれていた。

＊8　2013年に発表された論文で約37兆であると推計されたそうだが、推計なので未来にはまた変わっていそう。どちらにせよ本書は自然科学の専門書ではないので「2ケタ兆」という程度で把握していただければ。

＊9　みきとP　ボカロP。2010年、ニコニコ動画に「こくはく」を投稿し、ボカロPとしての活動を開始。13年にアルバム『僕は初音ミクとキスをした』にてEXITTUNESよりメジャーデビュー。5章で詳しく取り上げる。

＊10　「60兆の細胞×君の快感を」というフレーズがある。

＊11　福岡伸一（1959〜）　生物学者、青山学院大学総合文化政策学部教授。次に登場するドーキンスの利己的遺伝子論は

一方で、あなたが書いた小説がヒットして、印税が入ることになったとき、「この作品は右手で書き上げた。だから著作権は、私ではなく私の右手に与えてください」と言っても、めんどくさいよという話ですよね。権利の所在を勝手に分割せずに、一貫した権利主体をやっといてよと。

いまの話を聞いて、「いやいやその考え方おかしいよ」と思った人はあんまりいないんじゃないかと思います。むしろ「ぱてさんなに当たり前のこと言ってんの」と思った人のほうが多いんじゃないでしょうか。

ということは、我々は、「近代　modernism」という時代の思考フレームをすでに共有しているということです。人文科学の研究者たちがずっと時間をかけて考えている大テーマが「近代とはなにか」という問題です。

7年前の自分と現在の自分に、物理的同一性はない

ここで言う近代は、高校までの歴史で習った、古代、中世、近世、近代、現代という時間的な時代区分とは少し意味が違います。いま話したような、特定の思考様式のベースが整備された時代を近代と言います。我々は近代の思考フレームを共有しているから、近代人です。時間的時代区分では現代を生きているけど、近代人。アーティストの落合陽一[*6]さんは「近代を脱せよ」という標語を繰り返していますが、彼がそこで言う近代もこのような意味です。

人文科学は、人間とはなにかを考えつづける学問です。ではいまのような考え方が人文科学的かというと、実は違うんですね。身体と精神を一貫したユニットとして捉えるというの

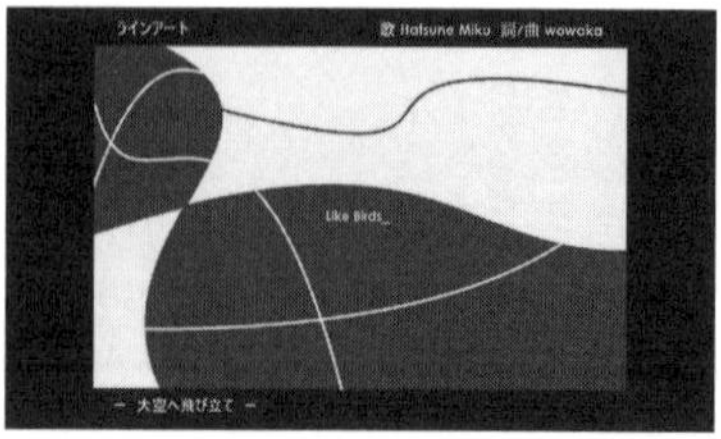

wowaka「ラインアート」(2009)
作詞、作曲、絵：wowaka　歌：初音ミク

線は実在しない、意識が作るものだ（11章）。でも、2本の線を繋ぐことができたなら——ティム・インゴルドは生きることは線を描くことだと言った。英訳タイトルは「Like Birds」。生きるなら「大空へ飛び立て」。轟音《ごうおん》の海を眼下にミクは上へ上へと飛翔していく。12年の下北沢Garage、本曲を1曲目にしたヒトリエのライヴがいまでも忘れられない。

は、非常に社会科学的な定義です。先ほど、責任や権利に関することで例示した通り、社会科学の中でもとくに法学的な前提です。人文科学は、昔も現代も「いや人間ってもっと複雑だよね」という問い立てをたくさんしている。でも、社会はたくさんの人間によって構成されているので、社会の一構成員としての個人については原則このように扱いましょう――そういうルールみたいなものです。

「それはルールじゃなくて、自明の事実なんじゃないの？」と思った方もいるかもしれません。でも人間は、時間的にも空間的にも一貫したものでしょうか。――理系の人、挙手。（ちょうど半分くらい）あ、おどさん[*7]理系だったんですねw　文理を問わずわかる人に答えてもらえればと思いますが、人の身体は何個の細胞でできているか知っていますか？

近年は約37兆個と言われるようですが[*8]、長らく60兆個と言われてきました。ボカロの講義なので、みきとP[*9]「サリシノハラ」[*10]に準じて60兆ということにしておきましょうかw

身体は何十兆の細胞でできていて、アレな話ですが、毎日お風呂に入って、垢を落とす。身体では毎日新しい細胞が生まれ、古い細胞は死んでいって、新陳代謝している。だいたい5～7年をかけて、身体すべての細胞が入れ替わるそうです。

だから、7年前の自分といまの自分には物理的な同一性はない。なのに、7年以上前に犯罪を犯した人が捕まったとして、「犯罪を犯した時点といまの自分はほとんど別の存在だから関係ない」と主張したとしても、これも通用しない。なぜなら、古い細胞が死んだら、その細胞と同じ役を果たす細胞が新しく生まれて、全体は温存されるようになっているから。変わりつづけているけれども、同一性を維持しつづけている。生物学者の福岡伸一[*11]の『生物と無生物のあいだ』[*12]は、生命の条件を「動的平衡を持っていること」と定義していました。

古い、生物は「利他的で、相補的だ」とも主張している。

＊12　福岡伸一『生物と無生物のあいだ』（講談社現代新書、2007年）第29回サントリー学芸賞（社会・風俗部門）を受賞、ベストセラーとなった。動的平衡を持つとは時間を持つことでもある。生物は「内部には常に不可逆な時間の流れがあり、その流れに沿って折りたたまれ、一度、折りたたんだら二度と解くことのできないもの」（271ページ）。

＊13　アナロジー　analogy　日本語では「類推」という訳語が当てられる。あるものに関する情報を、類似に基づいて、ほかのものの理解に活用する認知過程。普遍的な知的営為と言いうるもので、文化文明に多くのアイディアを与えてきた思考法だが、これ自体が論理であるとは言いがたい。

＊14　リチャード・ドーキンス　Richard Dawkins（1941

ぼくがこう話しているあいだにも、身体は新陳代謝を恒常的にやっている。みなさんもそうです。全員が、自覚なしに同じことをやっている。

いったんここまでの話をまとめましょう。精神に関しても、物理的な身体に関しても、個人は一貫したものであるという考え方が近代的だという説明をしました。その考え方は自明のものではない。そのように捉えましょうという、共通合意に近いものです。

それは本当に利他行動だったのか？

人間を統一体として認識するのは社会的なルールでしかない。同様のものを、みなさんは社会のあるものですでに知っています。法人という概念がありますが、これはなんのことでしょう？

学生「え、会社とかですよね？」

そうですよね。会社すなわち営利法人、社団法人、宗教法人などいろいろありますが、それらはすごく簡単に言うと、「法的に一人格です」ということです。個人に準ずる権利を、法的にひとつの統一体と見なされる法人なる組織に認めている。だから一個人と同様に、一法人が権利主体になることができる。会社が権利主体として特許を持つということも可能になっている。

法人は、たくさんの個人によって構成されています。たとえばＴＯＹＯＴＡは日本中に40

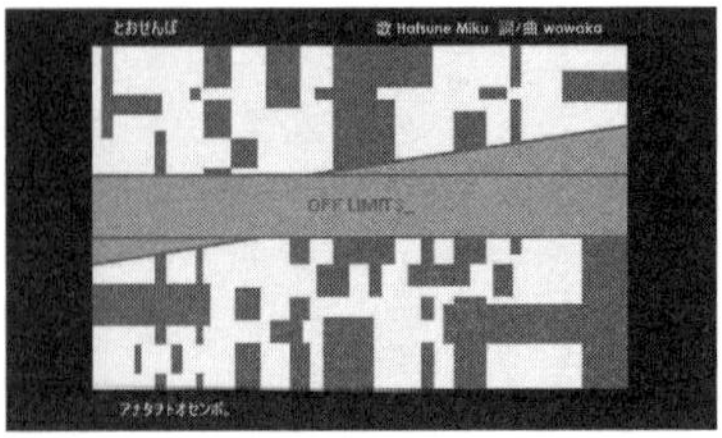

wowaka「とおせんぼ」（2009）
作詞、作曲、絵：wowaka　歌：初音ミク

あなたに会うからには心を閉じなければいけない。理解は誤解だから、近づこうとすればぼくらは離れてしまう。「独りきりでいさせて」＝立ち入り禁止。そうすればきっといっしょにいられる。本論で後述する段階的に上方跳躍を重ねるメロディは、一足跳びにすべてを否定できないたくさんの人の味方でもある。「人のフリ」をするのは疲れる。

万人も社員がいるそうです。そんな規模になると、おそらく毎日退職者がいて、毎日中途採用で新しい人が入ってくる。年単位で言えば、老衰した細胞が垢となって削り落とされていくように、毎年、定年退職で辞めていく人がいる一方、新しい細胞が生まれるように、毎年新卒1年生が入ってくる。大きい組織ほど、人間の個体と同じく動的平衡に近い状態が成り立っているでしょう。

個人：細胞

法人：個人

　このふたつのペアについて、「全体と部分」の関係が相同的です。こういうものの考え方を「アナロジー　analogy」[13]と言います。AとBの関係が、CとDの関係に対応している。そういう関係を見出すのをアナロジー思考と言います。もう少し言葉を足すとこうですね。想像上の一貫した「全体」は、「部分」が交代していくことによって維持されている。

　さらにアナロジーを続けてみましょう。次は、全体を「人類」と見立ててみます。部分に相当するのは引き続き個人。人類種という全体は、約80億の個人によって構成されています。

　およそ半世紀前、リチャード・ドーキンス[14]の『利己的な遺伝子』[15]という研究書が発表されて、日本でも世界でも世界でもベストセラーになりました。ショッキングなものの見方をしているから、驚きとともに評判になりました。曰く、「あらゆる生物は、遺伝子の乗り物でしかない」。我々各人は、自分の意志によって行動していると思っている。でも活動の全体を俯瞰《ふかん》して

〜）イギリスの進化生物学者、動物行動学者。無神論者でもあり、『神は妄想である』など著書多数。アナロジーの名手である。遺伝子を「利己的」と形容するのは、遺伝子を人間にアナロジーしている＝擬人化しているということである。

＊15　リチャード・ドーキンス『利己的な遺伝子』（日髙敏隆ほか訳、紀伊國屋書店、1991年）

＊16　諫山創『進撃の巨人』（2009〜2021）講談社『別冊少年マガジン』にて連載。アニメ、映画化などメディアミックス作品多数。冒頭で主人公エレンの母は、エレンを逃がすために自分が犠牲になる。エレンは巨人への報復を誓う。

＊17　吉田戦車『武侠さるかに合戦』（エンターブレイン、2003年）

見ると、遺伝子が自分の都合のために、個体をそう欲望するようにプログラムしているにすぎない。このように、主語を遺伝子にして捉えた視点が面白かった。

個体はときに、自分を差し置いて利他行動をする。『進撃の巨人』[*16]冒頭にもありましたが、自分を犠牲にしてほかの人を救おうとする場面は、美しいものとしてしばしば描かれます。あるいは、吉田戦車がマンガ化した『武侠さるかに合戦』[*17]。その世界ではカニは命と引き換えに強いビームを撃てる。蟹光線というんですが、母親ガニは子ガニを守るために、それを撃って死んでしまうんですね。ハチくんの好きな宮沢賢治『春と修羅』[*18]も自己犠牲をテーマにしています。しかしこれらのような個体の利他行動も、種や遺伝子を主語にすると、自らを温存するための利己行動にすぎない。

みんなは自分の意志で、いまこの講義を受けている。そのあいだにも、勝手に細胞が生まれて、勝手に細胞が死んでいっている。「ちょっとそこの細胞くん、そろそろ古くなったから離脱して」とか、自分の意志でいちいち指示しなくても勝手に新陳代謝が行われているから、まあ、楽です。

今日もたくさんの人が死んで、たくさんの人が生まれている。「人類さん」という全体を擬人化して言えば、それを勝手にやってくれると「人類さん」は楽である。だから、遺伝子を主語にして言うと、再生産したくなるように個体をプログラミングしておけば、楽に長らえられる。

そのプログラムが、性です。性はこのように、種の都合のための機能主義的なプログラムであるという言い方もできるわけです。

wowaka「ローリンガール」（2010）
作詞、作曲、絵：wowaka　歌：初音ミク

息を意識的に止めないと息をしてしまうという恐るべき事実。我々は、我々を維持しようとしてしまうようなのだ。言葉もwowakaを貫徹するテーマのひとつ（「裏表ラバーズ」、ヒトリエ「KOTONOHA」ほか）。それは意味を奏でることもあれば届かないことも失われることもある。一生聴き、歌い、演奏するに相応しい楽曲。完璧な少女の物語。

セックスしろとも、セックスするなとも言われている

さらにアナロジーを続けましょう。次は、全体を国家とします。部分に相当するのは、引き続き個人です。

全体を人類と見立てた先ほどの図式は、ほかの動物にもだいたい当てはまります。生殖したいという欲望があらかじめインストールされているから、放っておけば再生産して、放っておけば死ぬ個体もいる。個体数の増減が結果的に均衡していれば、種が温存される。これは人間だけに特有のことではありません。

文明を得た人類は、動物的な再生産にとどまらず、再生産にクオリティを求めはじめます。野犬や野良猫は、知らない相手と勝手に交配して子どもを身ごもったりする。そうではなくて、子どもが生まれたなら親はその子どもに責任を持ってくださいという方向に社会は整備されていく。再生産のクオリティコントロールです。とくに帝国主義時代に、国家は再生産のクオリティを問いはじめます。その手法として、性を家族の中に閉じ込めるということを、とくに近代に押し進めていく。

結婚するパートナーとだけそういうことをして、そこで生まれた子どもに、家族として責任を持っていってください。ご飯を食べさせて、死なせないでください。それが可能な範囲で、たくさん子どもを作ってください。そのほうが国家は強くなるから。拡大再生産です。（いまもかなりそうですが）昔であれば、人口はイコール国力です。

結婚という制度は、性を家族の中に押し込める。結婚制度自体は昔からあるけれども、こ

＊18　宮沢賢治『春と修羅』（関根書店、１９２４年）

＊19　ダブル・バインド　double bind
精神生態学者グレゴリー・ベイトソンによる概念。実験科学的な根拠がない説だが、ベイトソンは、ダブル・バインドは人の精神を分裂させる原因なのだというようなことを主張している。

＊20　ミシェル・フーコー　Michel Foucault（１９２６〜１９８４）
フランスの哲学者、歴史家。20世紀後半を代表する思想家のひとりであり、人文科学の諸分野に大きな影響を与えた。著書に『監獄の誕生』『狂気の歴史』『言葉と物』『性の歴史』など。それはいまどうしてそのような相貌なのか——その系譜を辿ることでそこに絡みついた力学を洗い出していく手法を主に用いた。本文での議論はその手法に倣っているが、フーコーの議論そのものの引用ではない。

れを国家として、より管理するようになっていったのが近代の一側面です。

国家が、その構成員である個人に対して「やれ」と言う。再生産せよと言う。けれども同時に「やるな」とも言っている。セックスしろとも、セックスするなとも言う。ほどよくやれ、あるいは、全体にとって都合よくやれ。こうしろ、こうするなという相反する命令に拘束されることをダブル・バインド[*19]と言いますが、我々は国家からダブル・バインドを被っているのではないか。

そうだとすれば、相反する命令の拘束をつねに感じていたくないから、それをナチュラルに受け入れられるように、人類は長い時間をかけて、このダブル・バインドを透明化する技術を作り上げた。それが「恋愛」という概念なのではないか。

ここまで話してきた、性の来歴を考える議論は、フランスの人文学者のミシェル・フーコー[*20]の研究に着想を得ています。フーコーの未完の遺作になった『性の歴史』[*21]という著作がとくに直接的に性を扱っていますが、それ以前からずっと、フーコーにとって性は重要な主題でした。フーコーの議論は、当面のこの講義の背骨になっていきます。

私の性が、他者の利害が交錯する場所になる

「我々は国家に再生産せよと命令されている！」なんて、敏感すぎるんじゃないの？ 極端な反国家主義思想なんじゃないの？と思った人もいるかもしれません。そういうつもりではないですし、ぼくは特定の思想をみなさんに強要することはしたくないと思っていますが、

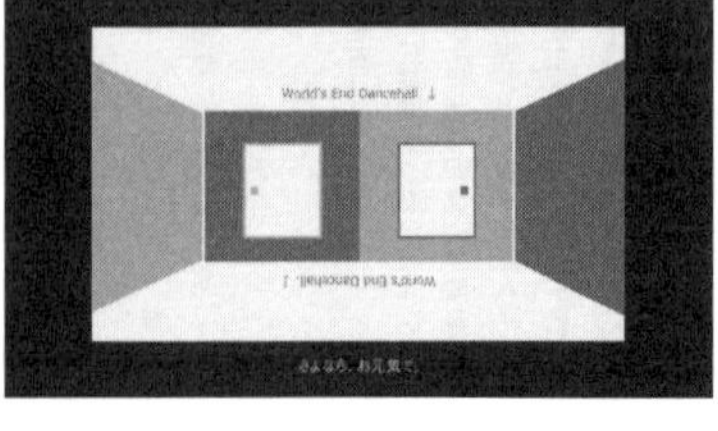

wowaka「ワールズエンド・ダンスホール」（2010）
作詞、作曲、絵：wowaka　歌：初音ミク、巡音ルカ

軽薄に断言しよう。ダンスはセックスだ。「甲高い声が部屋を埋める」し、「散々躓」くし、それは「つまらん動き繰り返す」ことだ。wowakaが特異な感受性を発揮したコーラスもつまりダンス。ハモる音が１音単位で自在に選り抜かれる。終末（絶頂）にはそのくらい自由でいいだろう。平成が終末する前に、最後に神話入りした曲。令和はきれいだよ。

ここで1本の映画をご紹介します。

今村昌平監督[*22]が撮った『女衒　ＺＥＧＥＮ』[*23]という映画です。あくまでフィクションの映画ですが、日本が帝国主義に傾いた時代に活躍した、村岡伊平治[*24]という実在の人物を主人公にしています。村岡は、戦争で大陸に進軍する日本軍の意気発揚のために、現地に国立娼館[*25]を作ろうと奔走します。その彼が、女性とセックスするシーンがあります。枕元には明治天皇と大正天皇の写真があって、それを見ながら「お上の兵隊を作るんじゃー！」と言いながらセックスする。描かれているのは、いま話しているような、国家という全体の命令を内面化し、国家に同一化する個人の姿です。

きっつい。いまのふつうの通念からしたら、きっついなと思った人は多いと思います。自分の性を国家の富国強兵のために差し出している。昔、厚生労働大臣[*26]が「女は産む機械」と発言して大問題になりましたが、それと同レベルの意識でセックスしている。フィクション映画の描写ですし、かつてすべての人が村岡のようだったわけではありません。ただ、国民全体が村岡的なメンタリティに、いまよりは偏っていた時代があった。それが戦中の、全体主義[*27]時代の日本です。

『女衒　ＺＥＧＥＮ』が公開されたのは１９８７年です。今村監督はこれ以外の作品でも、生殖と性と愛の関係は決まりきったものではなく、時代と地域が変われば同一のものではないぞということを――まさにフーコー的問題意識に等しいと言えると思いますが、それをいわば露悪的に、突きつけるように描いた映画作家でした。

戦後日本の、それ以前に比べれば自由恋愛的で脱臭された性意識に対して、「お前のそれは戦前のこれと本当に無関係か？」と問いただしていたのだと思います。十分に希釈されて

＊21　ミシェル・フーコー『性の歴史Ⅰ　知への意志』（渡辺守章訳、新潮社、１９８６年）、『性の歴史Ⅱ　快楽の活用』（田村俶訳、新潮社、１９８６年）、『性の歴史Ⅲ　自己への配慮』（田村俶訳、新潮社、１９８７年）。４巻で構想されたが、最終巻を完成させることなくフーコーは84年に死去する。最終巻『性の歴史Ⅳ　肉の告白』（慎改康之訳、新潮社、２０２０年）はフレデリック・グロによる編集。

＊22　今村昌平（１９２６〜２００６）映画監督。監督作に『楢山節考』『うなぎ』（ともにカンヌ国際映画祭でパルムドールを受賞）、ソンタグが激賞した『豚と軍艦』など。日本映画学校（その後の日本映画大学）を創設したことでも知られる。

＊23　今村昌平『女衒　ＺＥＧＥＮ』（東映・今村プロ、１９８７年）。『復讐するは我に

いるものの、むしろそのことによって自明のこととして社会に刷り込まれているもの。フーコーはこういうもののほうに敏感で、「ふつうこうするもの」として人の行動を方向づける潜在化した通念を、彼は「権力[*28]」と呼びました。

ちょっと過激な例を出したので、話を聞くだけで抵抗を感じた人もいると思います。ごめんなさい。強調しておきますが、このように性が複雑なものであるからこそ、性や、性を語ることに抵抗があるというのはまったくありうる感情だと思いますし、ある意味では、その感情のほうがこの講義の主役です。それは大事にしていい感情だとぼくは考えます。

性や愛をめぐる通念には、歴史的な経緯によって、いろいろな立場の他者の都合が周到に織り込まれている。私の性が、他者の利害が交錯する場所になる。それは、おぞましいことではないか。

ラブという得体の知れないもの

お待たせしました。ここでやっとｗｏｗａｋａさんに戻ります。

この講義は、ボカロシーンの中にアンチ・ラブソングが多いことに注目します。Ｊポップとは違って、ボカロでは、たくさんの非ラブソングが人気曲として存在感を放っていた。

明確にアンチ・ラブ的な曲はもちろん、恋愛なるものを、既知のもの、自明のものとはせずに扱っている曲までを包含して、広義のアンチ・ラブソングと呼んでいきます。既知とも自明ともしないこと。それをまさに象徴するフレーズのひとつが「ラブという得体の知れな

wowaka「アンハッピーリフレイン」（2011）
作詞、作曲、絵：wowaka　歌：初音ミク

「躓く」「もう一回」。それまでのwowakaの表現が再帰（リフレイン）する。「繰り返しの三十九秒」の呪いを抜け出せずもがくかのようでもあるけど、次に進むための総括のようでもある。（作者と作品を結びつける禁を犯すなら）その後「終わりも始まりも」ない時間から跳躍し脱出した彼が、ヒトリエのライヴで本曲を演奏したときに率直に安堵を感じた。

いもの」です。
　それでは聴きましょう。ｗｏｗａｋａで「裏表ラバーズ」。

♪ｗｏｗａｋａ「裏表ラバーズ」
良いこと尽くめ の夢から覚めた私の脳内環境は、
ラブという得体の知れないものに侵されてしまいまして、それからは。
どうしようもなく２つに裂けた心内環境を
制御するだけのキャパシティなどが存在しているはずもないので
曖昧な大概のイノセントな感情論をぶちまけた言の葉の中
どうにかこうにか現在地点を確認する目玉を欲しがっている、生。

どうして尽くめ の毎日 そうしてああしてこうしてサヨナラベイベー
現実直視と現実逃避の表裏一体なこの心臓
どこかに良いことないかな、なんて裏返しの自分に問うよ。
自問自答、自問他答、他問自答連れ回し、ああああ

ただ本能的に触れちゃって、でも言いたいことって無いんで、
痛いんで、触って、喘いで、天にも昇れる気になって、
どうにもこうにも二進も三進もあっちもこっちも
今すぐあちらへ飛び込んでいけ。

あり』に続き主演は緒形拳。村岡伊平治役を怪演。

＊24　村岡伊平治（１８６７〜１９４３）「日本で最初の国際ビジネスマン」との評もある。１８８５年に長崎から香港に渡り、東南アジアや東アジアを転々とする。中国の廈門にいた女性たちを売り飛ばしたことから女衒として活動するようになったとされる。詳細な史料は残されておらず、真相は定かではない。

＊25　こんなものは実在しなかったし、伊平治は常軌を逸した人物だった、という描かれ方が基本的なトーンである。作中でも１９２０年の廃娼令によって伊平治が力を失っていくことが描かれる。

＊26　２００７年、当時厚生労働大臣だった柳澤伯夫が自民党の集会で同趣旨の発言をし問題になった。

＊27　全体主義　totalitarian-

もーラブラブになっちゃってー　横隔膜突っ張っちゃってー
強烈な味にぶっ飛んでー　等身大の裏・表
脅迫的に縛っちゃってー　網膜の上に貼っちゃってー
もーラブラブでいっちゃってよ！　会いたいたいない、無い！

最高の1曲です。今日は理論編を先にやりましたが、その上で曲を聴くと、なにか違って聴こえたという人がいたなら嬉しいです。

まず、歌詞を見ていきましょう。Ｊポップにおける恋愛の描かれ方と比べたときに、変わった描写があまりにも多い。

「ラブという得体の知れないもの」という表現は冒頭すぐに登場します。当たり前のような顔をして存在する通念に異物感を覚え、それを突き放し問いただしている。この曲はすなわちフーコー的な問いかけを行っています。それはいつから、どのように、そこにあるのか。

加えて、ラブという得体の知れないものに「侵されてしまう」と言っている。「ラブ」は、外から到来するんですね。「あなたと出会ったとき、私の中にラブという感情が芽生えたの」ではない。

分裂によって洗い出されるアンチ・セクシュアル

「裏表ラバーズ」では、「裏と表」だったり、心内環境が「ふたつに裂ける」だったり、相

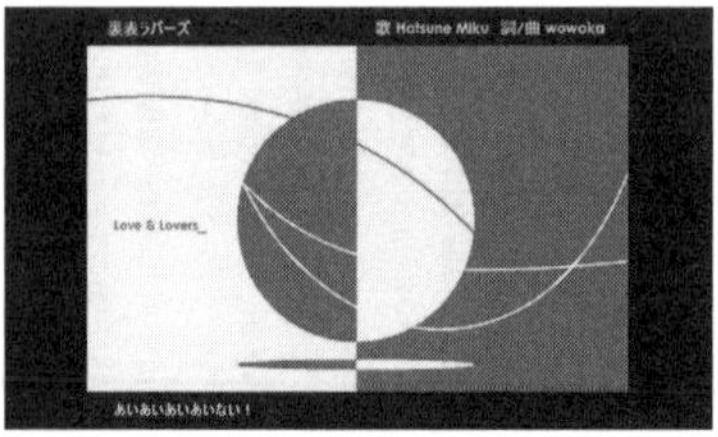

wowaka「裏表ラバーズ」(2009)
作詞、作曲、絵：wowaka　歌：初音ミク

本論は開かれた解釈可能性のあくまでひとつ。横隔膜→焼肉の部位で言えば「ハラミ」→孕み＝妊娠という読解に出会ったときには舌を巻いた。見出される生殖の即物性は同じくアンチ・セクシュアル。欲望に擬態し忍び寄る再生産の呪い。wowakaは歌いながら高難易度の演奏をこなすギター名手だったが（ニコ動版は）例外的にギターレス。

容れないふたつのものの対立が頻出します。「現実直視と現実逃避」などもそうですね。
詩歌のテクニックに「対句」というものがあります。読んで字のごとしですが、対になるイメージをワンセットで提出する技法です。「右手には太陽、左手に海」、「立てば芍薬《しゃくやく》、座れば牡丹《ぼたん》」などのことです。さらには、それ自体が対句的になっている「自問自答」を、バリエーションで翻案して、3つ連続で並べてもいる（「自問自答　自問他答　他問自答」）。
対句は、とくに歌詞においては、メロディの反復に対応させやすいので基本技法として頻出するものです。ですが、この曲での登場頻度は一般的な水準を大きく超えている。この対句の過剰によって、分裂した相容れないものの同居が強調されていると言えるでしょう。
そしてサビでは、なんらか性的な、あるいは身体的な表現が続きます。横隔膜が突っ張るとはどういうことでしょう？

学生「横っ腹が痛くなる？」

なるほど。ほかに、こう解釈しましたっていう人。おどさん、同じボカロPとしてどうですか？

ぼーかりおどP「しゃっくりかな？」

おとなりの作家の方は？

ism　個人主義の対義語。全体の利害が個人の利害より強制的に優先される政治体制。20世紀前半におけるファシズム期のイタリア、ナチズム期のドイツ、翼賛体制の日本がそうであるとされる。

＊28　フランス語では「pou-voir」。なんのことはない、英語の「power」のことである。

＊29　ライブP　ボカロP。09年「1Rinの歌（いちりんのうた）」が初投稿。代表作に「S・K・Y」「マイリスダメー!」など。18年、NGT48シングル表題曲「世界の人へ」の作曲を担当（オリコン、ビルボードともに週間2位を獲得）。ぼーかりおどPとともに本講義第1期第1回に遊びにきてくれていた。

＊30　主旋律に対して一定の音程（下三度など）で連動するというのがコーラスの王道のアプローチのひとつである。

ライブP[*29]「先言われちゃったな～（悔しそうに）」

ほんとかなwww　逃げられた感がありますがww

横隔膜は、声を出すためにある肺の下の部分ですよね。そこを「突っ張らせる」のではなく、勝手に「突っ張ってしまう」。自分の意志ではないものに、「私」が受動形で声を出させられてしまうことだと解釈できます。自分の意志ではなく、声を上げさせにやってくるものはなにか。それは性的快感ではないか。こう考えるのも過剰解釈ではないでしょう。

その「横隔膜」と、「もーラブラブに」が対置されています。「横隔膜」と「ラブ」が対句的に対置される。非常に対比的な1行です。

そもそも、横隔膜は日常語ではないわけで、大袈裟に言えば、医学的専門用語です。これをいきなりサビに投入してくる。身体の即物的な部位の唐突な登場が、そこで実際に行われていることを暴き立てています。愛や恋愛の概念はときに「イノセントな感情論」のようなかたちをとったり、キレイにオブラーティングされているものだけど、結局やっていることは身体を重ね合わせることでしょ——そのように、身体の次元を突きつけてくる表現になっていると思います。

「裏表ラバーズ」の本家動画では、wowakaさんによるグラフィックの中、日本語タイトルの下に「Love & Lovers」と書いてあります。「裏表ラバーズ」の英訳なのだろうと解釈できますが、単数形ではなく複数形の「Lovers」です。日本語のタイトルも「ラバーズ」。「ふたり」が想定されていると仮定してみても、それは、わたしとあなたなのか、わたしの

すこっぷ「ケッペキショウ」（2012）
作詞、作曲：すこっぷ　絵、動画：アボガド６　歌：GUMI

「潔癖症」は褒め言葉。本文でのこの言葉の通りで、「欲に毒され」ること、本能に汚されていくこと、「汚い色に染まって」いくこと（４章）、テーマの多くが本書に共鳴。すこっぷの伝説入り曲５曲の中でも、絶望と疾走感の相性をもっともあらわにする。本書表紙を手がけるアボガド６は初期から完成されていた。本書は「現代人間論」たりえているか。

中にあるふたりなのか。
「Lover & Lover」ではなく、「Love & Lovers_」なのです。「愛」なるものと、それを行う人たちとが対置されている。日本語タイトルでもなく、歌詞自体にでもなく、ほとんど参照されない「動画内だけで示されたタイトル英訳」で、概念と人の対置がひっそりと示されている。そして、それは「ない」のだと言って、この曲は唐突に終わります。

　この「Lovers」の複数形は、それをなすすべての人を包含しようとしているのかもしれません。

　前回話した通り、批評は「作者の意図を正解と見なして、それを当てにいく」ゲームではありません。お受験国語の問題解きでもない。「答えは必ず問題文の中にある」とはかぎらないし、作者自身も、これはこういう意味だと決めずに書いている可能性だってある。
「裏表ラバーズ」について確実に言えるのは、たくさんの対比や分裂がさまざまに変奏されているということです。

　肉体と精神の一貫性について責任を持つということが、近代社会における個人のルールである。一方、相反する感情がひとりの中に同居するということは日常的にある。難しい話ではなくて、カレーを食べたい、いやラーメンを食べたい、とかもそうです。

　多くの人は、セクシュアルな欲望を大なり小なり持っているかもしれない。けれども同時に、「作用と反作用」のように、それとは逆のベクトルのアンチ・セクシュアルな欲望を、人は持ちうるのではないか。性愛は、しょせん身体が求めてやっているくだらないことにす

＊31　主旋律の上下と連動せず同じ音高を繰り返すこと。

＊32　ネットで慣用されるダイレクトマーケティングの略語。ステルスマーケティングの対義語。

＊33　さらに言えば、リードがミク、レンであるのに対して、3声はそれぞれリン、ミク、レンである。コーラスが全体としてなす声色が、リードと一致しないように構成している。

＊34　ニコニコ動画のタグ文化（うまいこと言う文化）により、ボカロ＋エレクトロニカ→ミクトロニカ、ボカロ＋メルツバウ→ミクツバウなど、たくさんのボカロ内ジャンル名がかつて発明された。

＊35　「wowakaさんがボーカロイド界隈に与えた影響は相当なものがあって、彼が「ボカロっぽい」という概念を作り上げたのだと思う。僕も例に洩れずwowakaさんに影響を

ぎない。そのような、性を軽蔑して突き放すアンチ・セクシュアルな感性を持ちうるのではないか。

セクシュアルな感性と、アンチ・セクシュアルな感性。果たして、「裏表ラバーズ」にはまさに、その両方が同じ1曲の中に織り込まれている。そう気づいてから、ぼくはこの曲にさらにぐいぐいと引き込まれていくことになりました。

そしてそれは、「恋愛という概念できれいぶってるけど実際こうだろ！」と、今村監督のように露悪的に暴き立てるというより、自分がなにを感じているかを、徹底的に誠実に洗い出すゆえに、結果そうなっているという印象です。露悪どころか、「よくわからない概念でごまかさない」という透徹さ。思考の潔癖性とでも言うべきものを感じます。ぼくは潔癖性という言葉を、もっぱら褒め言葉として使っています。

内容と形式の美しく緊密な関係

このイメージには、歌詞だけではなくて音楽的側面も作用しているでしょう。

もう一回「裏表ラバーズ」をかけます。主旋律を歌うリードボーカルに対して、コーラスがどのように振る舞っているかを意識して聴いてみてください。

♪wowaka「裏表ラバーズ」

鮎川ぱて＠しゅわしゅわＰ「SPL」(2012)

作詞：ぜあらる。、鮎川ぱて　作曲：鮎川ぱて　絵：リューセイ　動画：せむ　歌：初音ミク、鏡音レン

……恐縮です。筆者の代表曲のひとつ。詳しくは15章に譲るが、ボカロＰになることは通行手形を得ることだった。作家は一聴で相手の実力がわかる。取材の場で「ぱてさんにはそこまで楽理的な話をして大丈夫なのね」という信頼を買うことになった。借用和音と対旋律の扱いは教科書的なほどに安定。でも習作ではなく思い入れの詰まった１曲。

なにか「ふつうのコーラス」と違う部分を感じられたでしょうか？

この曲のコーラスは非常に特徴的です。3点の指摘をします。

①まず、コーラスは1声。ということは、リードボーカルとコーラスの関係は一対一で、合わせて2声です。コーラスは何声も重ねるとサウンドの厚みを出すことができますが、そうはせず、あくまで二者の対比で展開していく。また、どちらも同じミクの声です。

②コーラスの旋律の動きはどうなっていたでしょうか？　主旋律より下を行ったり、上を行ったりしている。つまり主旋律に対して持つ関係がまったく一貫[*30]しません。さらに言えば、単なる上下関係だけではなく、主旋律に並行したり、斜行したり、ステイ[*31]したり、下といってもオクターヴ下になったりと、主旋律との関係が分裂的に、細切れに入れ替わります。

③そして、どこからコーラスが始まっていたか。「ラブという得体の知れないものに」からです。ラブの到来とともに、ボーカルは2声へと分裂するのです。

これらの3点によって、「裏表ラバーズ」におけるコーラスは、歌詞内容と呼応関係を示している。こんな例はなかなかありません。をーさんの天才性が噴出している箇所です。

その特異性を感じてもらうために、逆に、ふつうのコーラスがどのようなものであるかを聴いてみましょう。聴いていただくのは、鮎川ぱて@しゅわしゅわPの「SPL」です。

……いや、ダイマ[*32]なんですけど、人様の曲を「これはふつうです」って例に挙げるの失礼じゃないですかw　なので自分の曲で失礼します。リードボーカルとコーラスの関係に注意して聴いてください。

♪鮎川ぱて@しゅわしゅわP「SPL」

受けた人間の一人として、最大級の敬意を感じてる。とにかく最高。」２０１７年8月22日投稿、ハチのツイッターより。

＊36　本書は２００８年の「初音ミクの消失」を軽視するものではない。筆者は、同曲も必然的な切迫を抱えていたと考える。次章レビューで言及。

＊37　本書は原則作品のみに準ずるが、参考まで、ｗｏｗａｋａによる２０１８年４月３日のツイート。
「なんで君は享楽的でないのにＢＰＭがビートが速いの？って言われた 苦しいと心が騒がない？呼吸が早くならない？心臓がキュッって、ならない？」

＊38　ファルセットとは裏声のこと。ふつうは地声に比して細くなってしまうが、喉と腹の筋肉のコントロールにより両方をミックスし、裏声の声域で芯のある声を出す手法がミックスボイス。

コーラスが主旋律に対してどのような関係を持っているか、聴き取れましたか？　たぶん、聴音が得意な学生でも、あんまりはっきりとはわからなかったんじゃないかと思います。なぜなら、ぼくはコーラスを線的には聴こえないように書いているからです。

この曲のコーラスは3声[*33]です。リード1声に対してコーラスが3声。いわば、3声の作るオビの上を主役のリードが動くようにできていて、コーラスは後景、リードは前景と、主従関係がはっきりしています。図と地と言ってもいいかもしれない。主役を引き立てればそれでいい、という書き方ですね。これもひとつの王道のコーラスの書き方です。〈2-1〉だから、「裏表ラバーズ」のように2声の関係がはっきり主張していること自体も、特徴的と言えるわけです。

wowakaが発明した「ボカロ的」なるもの

ボカロをよく聴いているというほどではなくて、ちょっと知っている人。カラオケで同級生がボカロをよく歌うからそれなりに耳にはしているみたいな、間接的な距離の人。それくらいの人たちは、いわゆる「ボカロ曲っぽさ」をどのようにイメージしているでしょうか。「言葉数が多くて、音数が多くて、テンポが速い」。だいたいこんなものでしょう。もちろん、ボカロにはあらゆるジャンルの表現が結集[*34]していて、決して一様な世界ではありません。けれどもたしかに、10年代以降の人気曲にはこの特徴に当てはまる曲が多かったですし、このイメージはまんざら的外れでもないと思います。

ヒトリエ「フユノ」（2016）
作詞、作曲：wowaka　編曲、演奏：ヒトリエ　映像：島田大介

凛と冴えわたる冬は空気の伝導率が高く、それは「駆け足に去」るし「白い息」も消えるけど、いまなら届くような気がする。断念ではなく信頼がある。ヒトリエのwowakaだから、ヒトリエだから実現できた奇跡のバラード。だから彼はピアノを弾いたし、轟音を必要とせず歌った。届かないとしても、届けたいのだ。届かなくてもあなたを疑いやしない。

〈2-1〉

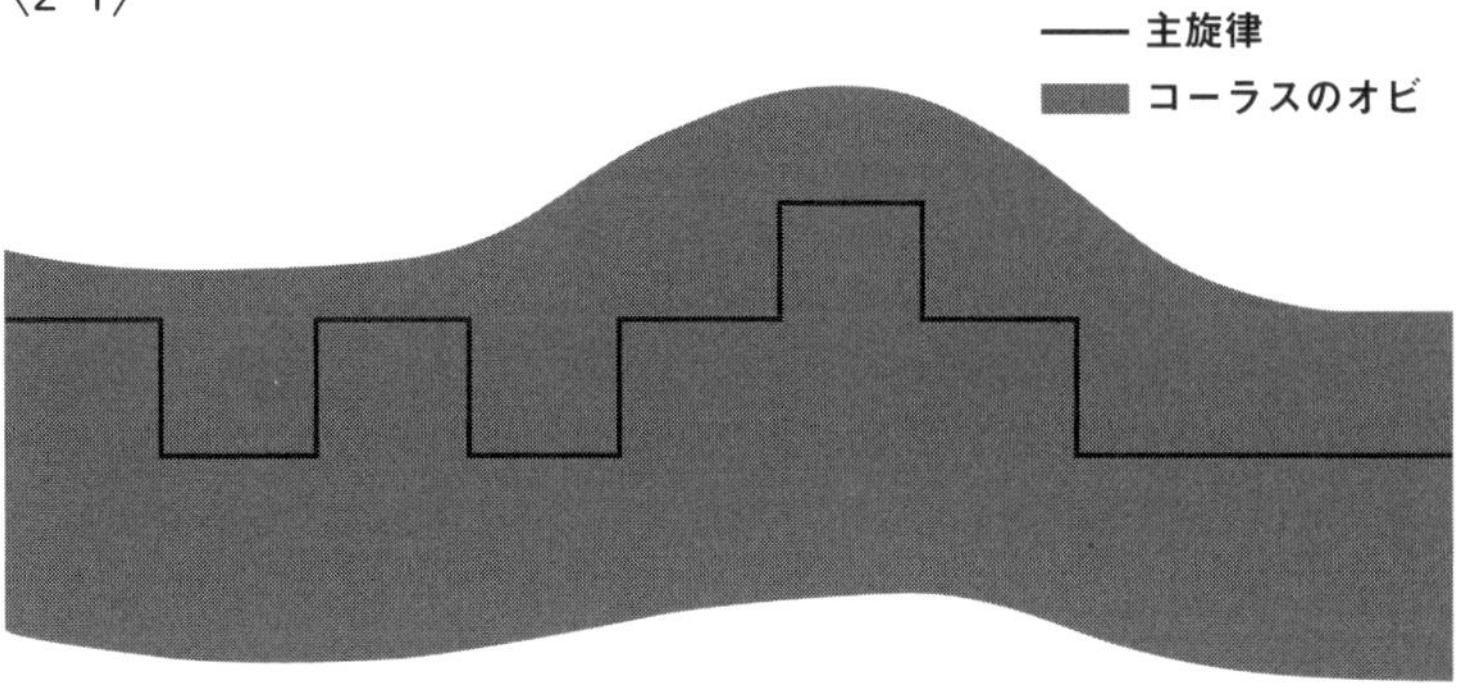

「SPL」におけるリードとコーラス

人によってはこの様式を「高速ボカロック」と呼称しました。ぼくもこのスタイルが大好きです。一リスナーとしても大好きだし、また評論家としても、それまでにない新しいジャンルの登場だったという意味において、このジャンルを強く支持しています。

このジャンルを確立したボカロPこそが、wowakaです。10年と11年にハチが発表した「マトリョシカ」や「パンダヒーロー」も高速ボカロックに該当し、シーンを代表する名曲ですが、そのハチ当人が、高速ボカロックの創始者はwowakaなのだと、あるとき明言しています。*35

こういう言葉があります。「凡人はジャンルを否定し、天才はジャンルを創出する」。音楽でもなんでも、ものを作る経験をすると、既存のフレームワークには収まりたくないという気持ちが出てくる。音楽誌のインタヴュー記事でも「ジャンルなんて関係ない／ジャンルにとらわれたくない」という発言を見たことがある人も多いでしょう。だが多くの作家がそう言っているあいだに、真の天才は「ジャン

＊39　もちろんこれはごく単純化した図式である。その一様化、収束のベクトルに対して、「先行するメロディと同じであっては意味がない」という差異化のベクトルも強く作用している。まさにその両者の緊張関係のあいだにこそ、新しい創造の可能性が豊かに広がっている。

＊40　２０１８年以前では「Idol Junkfeed」のみが「作曲　wowaka・シノダ」とクレジットされている。wowaka不在の3人体制となって最初のシングル「curved edge」はシノダが作詞作曲、21年発表のアルバム『ＲＥＡＭＰ』では3人ともが作詞作曲を担当している。

＊41　清水康彦（１９８１〜）映像監督。嵐、安室奈美恵をはじめ多くのMVを手がけ、ＣＭやドラマなどでの実績も多数。「メルト」のMV版も手がけている。

ルを創出する」。ほかの作家が追従したくなるほど魅力的なスタイルを、先例がない状況の中から作り出すのだと。

「裏表ラバーズ」は果たして、高速ボカロックの嚆矢《こうし》だったでしょう。ＢＰＭこそそこまで速くないものの、時間あたりの言葉の数の多さはまさしく高速ボカロックです。その後、既存の表現にはなかった刺激的な様式としての「早口」[*36]は、反復され移植されていきます。

強調しておきたいのは、その早口は、起源たる「裏表ラバーズ」において、表現される内容と必然的な関係を持っていたということです。

ラブの到来や、身体的な接触によって、自分でもコントロールできないほどに矛盾した裏表の感情が短時間に去来する。切迫感であり、口語的に言えば、「キャパってる」という状態ですね。[*37]その状態を表現する必然的な形式として、時間あたりの言葉の量が多かった。

高速ボカロックというジャンルの起源において、この形式は内容にとって必然だった。このことをぼくは何度も強調していきたいと思っています。「裏表ラバーズ」の内容と形式の緊密な呼応関係の前で、ぼくはこれからも何度でもちょっとクラッとしていくことでしょう。

2017年3月9日のこと

実は、ぱてゼミ開講当初は、だいたいここまでの議論で終わっていました。でも今日の講義はまだまだ続きます。

ここで少し、ごく私的な余談をさせてください。

ヒトリエ「センスレス・ワンダー」（2014）
作詞、作曲：wowaka　編曲、演奏：ヒトリエ　映像：清水康彦

ど頭２小節目の跳躍もオクターヴ。演奏密度から、MVのごとく曲終わりにはぶっ倒れるよねと思っていたのにその後ライヴではすっかり定番曲に。Bメロの恐るべき構築性。ステイするメロに対して同じ符割でアルペジオするギター。前半でオクターヴ、後半でハーモニックなコーラス。狂気はそれらをすべて突き抜けて「そちら」に手を伸ばす。

をーさんとは、２０１１年に知り合ってから、ヒトリエのライヴも何度も見に行ったし、ボカロPたちが集まる飲み会で話したり、プライヴェートでも何度も会う機会がありました。ただ、公正を期して言いますが、彼の関係の中でぼくがとくに親密だったということではなく、ぼくより親密だった人なんていくらでもいます。

そんな距離感だからこそと言うべきかもしれませんが、何人も集まる会ではなく、彼とふたりきりで飲む、いわゆるサシ飲みをしたのは１回きりです。日付も覚えています。２０１７年3月9日。今後も何度でもサシ飲みしたかったけど、彼がいなくなってしまったいまとなっては、それがぼくにとって最初で最後の機会になりました。

覚えやすい日付だから覚えているという面もあります。3月9日、いわゆるミクの日ですね。ただ、ミクの日だから会おう！と言って会ったわけではなく、ふだん通りに過ごしていたら、外出先でばったりをーさんに会った。ぱてゼミ2期が終わったところだったから、東大の講義どう？と訊いてくれたりして。で、「立ち話もなんだし、行く？」と言ってそのへんの飲み屋に入ったと。

終電がとっくにない時間まで、何時間も、たくさん話しました。ヒトリエのことはもちろん、最近のボカロ曲だとあれがいいとか、昔読んだ近代文学のこととか。ここでは詳細は話せませんが、そのとき話したことはほとんど覚えています。

ぱてゼミ第1期第1回の内容は、東京大学新聞に採録が掲載されていますが、それも読んでくれていて。「人類がどうとか、なんかでっかい話になってるw」って笑ってくれていましたね。「裏表ラバーズ」の分析として当たっているとか外れているとか、そういうことは言われませんでした。人それぞれの解釈を見たりするのは面白いと、彼はどこかのインタヴ

＊42　フロイトという「天才によって創出」された、人間の精神を分析するための学問ジャンル。その危険性も含め、6章でより詳しく紹介する。

＊43　演奏が止まること。このMVでは3分10秒にあたる。

＊44　複数のインタヴューで確認できるが、一例はこちら。「いつも頭のなかに想像上の少女を設定して、曲、歌詞、メロディだったりを作っているんですけど、それも結局は自分から出たものなんですよね。」M-ON! MUSIC「美しく、そして熱量の高いサウンドを鳴らす。それがヒトリエ」（２０１４年2月23日）

＊45　『ai/SOlate』（２０１７年）では「NAI.」という曲も書いている。

＊46　本節では「移動ド」で表記する。移動ドとは、トーナルセンターを「ド」と見なし、そこからの相対距離でほかの音に

ューでも語っていました。

なんですけど、お酒も進んできたとき、をーさんはぼくにこう問いました。「本当はどう思ってるの」と。だって昔の曲しか取り上げてないじゃないと。大人数で飲んでいるときと違って語気も強かったから、ぼくもハッとしたんですけど、正直に答えました。いまのヒトリエも大好きだけど、それでも「裏表ラバーズ」を何度も取り上げたいと思う、「いまのをーさんの作品がすばらしいことと、昔のをーさんの作品がすばらしいことはなにも矛盾しない。そこには比較はない」と。ここから激論です。ボカロ論だからボカロ曲を取り上げるのは仕方ないじゃないとか、をーさんのボーカル好きだしヒトリエのライヴも初期からたくさん行ってるでしょ、みたいな素朴な反論から、話は時間論にまで至りました。

このとき、純粋に、嬉しかったですね。何人もが集まる場所で温厚に振る舞うをーさんばかり見てきたし、それも真実のをーさんなんだけど、それまでに見たことのない真剣さで、言いたいことを遠慮なくぶつけてきてくれたことが嬉しかった。

ただ、本当に残念なことに、そうやってをーさん本人と言葉を交わすことはもうできません。もともと、ほかの話をできなかったのは時間の都合にすぎませんし、「現在の表現を見てほしい」という彼の気持ちにあらがう意図はありません。であるならば、彼を弔うべくぼくがここでやるべきは、ここまでの議論を、彼のその後の表現へと接続することです。

ここから、ヒトリエを含むｗｏｗａｋａの表現全体について、論じます。お付き合いください。

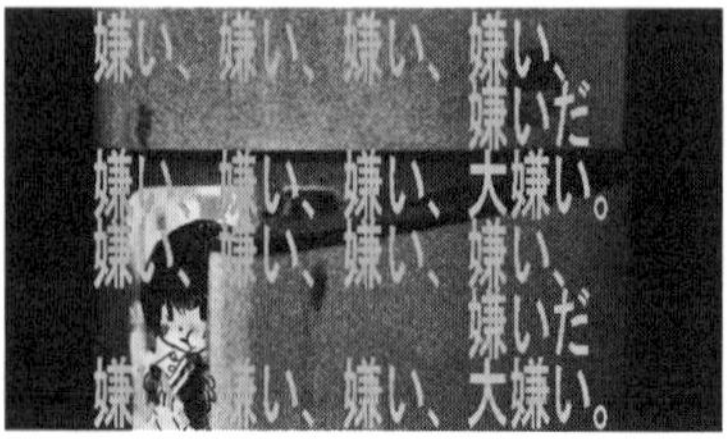

衝動的の人「食べなくちゃ」（2012）
作詞、作曲：衝動的の人　歌：初音ミク

あなたはかつて動物や植物だったものを、口に入れて飲み込まなければいけない。「食べなくちゃ」いけない。ポップなメロで反復されるその強迫と対照的に、ポリアクセントで反復される「嫌い」には本音の響きが宿る。あなたに届かない私が嫌い。だけど、最後のグリッサンドの艶めかしさ＝肉感を私は知っている。シノダ＝衝動的の人のリアリティ。

裏声で歌へヒトリエ

ひとつのジャンルを創出するということだけでも、ほとんどの音楽家がなしえない非凡な達成です。ですがをーさんはそこにとどまらず、その後もさらなる進化を遂げていきます。

2012年以来のヒトリエとしての活動を通して新しく確立したその成果は、「アンノウン・マザーグース」にも反映が見られます。

「アンノウン・マザーグース」のメロディには、ほとんどの人の耳に特徴的に聞こえるだろう個性的な1音があります。「Lemon」のときと同じ言い方をしましたが、ここではメロディの動きに注意してください。そう、「この声に」の第3音、いきなり1音だけ上に突出しますよね。これは、前後の音に対してちょうど1オクターヴ上の音への跳躍です。

この曲は、17年8月にはミクがボーカルを務めるボカロ曲として発表されましたが、その後10月、wowakaがボーカルを務めるヒトリエ版がリリースされました。

ミクはボーカルシンセサイザーですから、この1オクターヴの跳躍を正確に歌い切ります。ただそれは朗々としたものにはなっていない。この1音の、直前と直後からの断絶は、まさにその断絶によって、悲鳴のように常軌を逸した響きを持ちえています――合成音であるにもかかわらず。

ヒトリエ版においても、をーさんもまた、この突出音を歌い切ります。をーさんはボカロではなく人間なので、声域には限界がある。この突出音は明らかに彼の通常の声域を上に超えたものです。しかし彼は自らの身体を賭けて、ファルセット（ミックスボイス）[*38]を使ってしっかりと歌いきっている。そこにある緊張感を聴くにつけ、ミク版の跳躍の緊張感は、wo

階名を与える手法。

＊47　演歌などの用語である「こぶし」は「小節」。小さいメロディのことである。サビで明白だが1音1音がジャストな溜めのしゃくりあげになっている。

＊48　このような構成音をオクターブ変換したものを転回形という。コード理論の視点では、それが和声全体の最低音に差し掛からないかぎり、等価なものとして扱う。同じコードであっても、どのような転回形を選び各楽器にどう振り分けるか（ボイシングという）は作家、編曲家に依存する。

＊49　ライブPの「S・K・Y」を例に挙げさせてもらったのは、をーさんと筆者の共通の友人でもあるから。をーさんのお別れ会にはいっしょに参列した。

ｗａｋａ本人のそれを継承しているのだと感じます。ｗｏｗａｋａがミクに似ているのではなく、ミクがｗｏｗａｋａに似ている。

しかしこのような音の跳躍は、ヒトリエの活動を知る人にとっては驚くべきことではありませんでした。２０１４年のヒトリエのメジャーデビューシングル「センスレス・ワンダー」において、つまりヒトリエというバンドでｗｏｗａｋａが自分の声で歌いはじめたその最初期から、このオクターヴ跳躍は登場していました。聴きましょう。

♪ヒトリエ「センスレス・ワンダー」

サビ冒頭、「両の手を塞いで」の「りょ」と「さ」が1オクターヴ上に跳躍しています。すなわち、サビ冒頭の2小節のメロディは、オクターヴ跳躍のみでできています。

あくまで一般論ですが、「うた」のメロディにおいて、ある音の次にどのような音が来るべきかは、実はそれほど自由ではありません。ひとつには調性内部の音であること、もうひとつは、人間の声域の内部に収まることも暗黙の前提とされる。人間は大きな音程の跳躍も得意ではないから、必要がないなら避ける。とくに大衆歌において、楽曲のほとんどがその条件を踏み出さないように書かれてきているから、リスナーの耳もそのようなメロディに慣れる。結果、これらの条件を満たすメロディが、耳に馴染む「いいメロディ」とされていく。その再生産が、メロディとはどういうものかという通念を作っていく。つまり歌われるメロディがどうあるべきかということは、人間的条件に暗に限界づけられている[*39]わけです。

ヒトリエ「るらるら」（2013）
作詞、作曲：wowaka　編曲、演奏：ヒトリエ　映像：清水康彦

本文では映像を起点に「他者への到達しえなさ」を考えているが、歌詞には「あなたには僕がいるんだ」「わたしには君がいるんだ」と断定的なフレーズがある。しかしそれらはともに表記上はカギカッコつき（＝発話）。相手に向かってそう言った誰か同士は、自分が「独りぼっち」だという気づきこそを「綴じ込め」てとなりにいる。接触していないのだ。

そのような、条件内の再生産によって作られた「メロディとはこういうもの」という通念を脱出するアンチ・メロディ。前後の音とのメロディアスな持続を遮断するアンチ・メロディ。それがｗｏｗａｋａのオクターヴ跳躍です。ファルセット——裏声のことですね——であることからもわかる通り、それは彼の本来の声域を上に抜け出る音です。

メタファーで語るならば、それはトビウオの跳躍です。自らは肺を持たないから、大気中では窒息してしまう。それでも、自在に生きられる水の中から、大気の世界へと決死の脱出を試みること。生や、精神の持続を手放してでも「外」を希求すること。「センスレス・ワンダー」に準じて、「そちらの世界」と言ってもいいでしょう。それは高潔な跳躍であり、彼が到達する音高の頂点は、精神の持続とは分裂したオルタナティヴな精神、すなわち狂気とでも呼ばれるべき精神の存在を示唆するでしょう。まさにそれは、裏の声なのです。

so near, so far

ヒトリエは、をーさんを含め、４人全員がトッププレイヤーという見事なバンドです。衝動的の人としてボカロＰ活動もしていたギターのシノダ、東方アレンジバンドの石鹸屋で活躍していたベースのイガラシ、演奏してみたカテゴリで有名で、自然の敵Ｐことじんさんの楽曲でのプレイでも知られていたドラムのゆーまお。つまり全員がニコニコ動画などネットカルチャーですでに活躍していた人物であり、ｗｏｗａｋａの楽曲と才能に惚れ込んだ人たちだったと聞きます。ゆーまおくんとは昔、「どっちがをーさんの曲について詳しいか勝負しましょう！」と言われて話し込んだことがありました。その後ヒトリエのメンバーになるとも知らずに不遜なことをしたものですｗ

どこかのインタヴューで、「俺たちがｗｏｗａｋａだ」と言っていたのも覚えています。作詞はすべてｗｏｗａｋａさん、作曲は１曲を除きほとんど[*40]がｗｏｗａｋａさん。をーさんの表現は、あるとき以降はすべて——ボカロ曲として発表された「アンノウン・マザーグース」を含め——４人で最良のかたちを実現するというものになっていました。

「バンドがひとつのものになっていく手応えは、やっている本人たちにしかわからない」。例のサシ飲みのときにそう言っていたのを覚えています。ぼくから言えるのは、たとえば、「センスレス・ワンダー」のギターソロは２０１０年代ロックの中で一番かっこいいものだと思っているんですね——細かい早弾きなんていっさいなくて、跳躍だけ。最高。このシノダさんのソロは、をーさんの跳躍のセンスがそのまま乗り移ったかのようです。どこからが誰のセンスなどと外から観察しえないほど、彼らが「不可分 indivisible」に、一心同体となっていたことの証拠でしょう。

ヒトリエは初期から、ｗｏｗａｋａさんを中心にした表現がソリッドに一丸となっていた。ミュージックビデオまでをも含めてそう言えるのではないかと思います。

同じく初期の名曲のひとつ、「るらるら」を視聴しましょう。

♪ヒトリエ「るらるら」

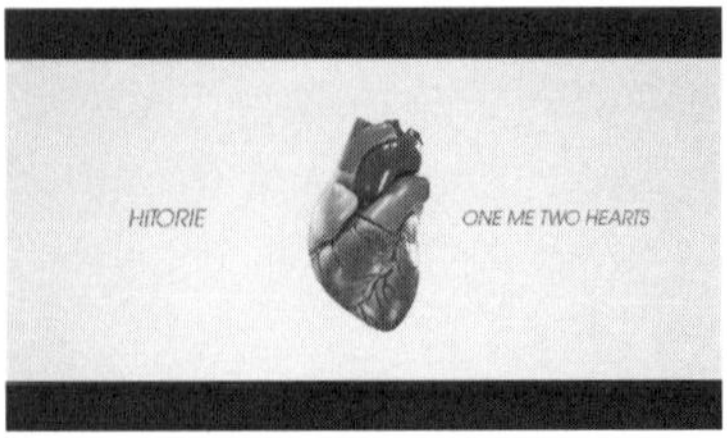

ヒトリエ「ワンミーツハー」（2016）
作詞、作曲：wowaka　編曲、演奏：ヒトリエ　映像：田辺秀伸

「ひとりきりにはなれない」。私の分裂は特権的ではない、真に独りであるほうが難しい。問いはアニメ版『ディバインゲート』のテーマと共振して深まる。「あなたを見てあげる」と他者性を騙る私は裏の裏へと逃げていく。動脈と静脈、表裏のそれでなる心臓ではなく、彼女に出会わない「one me」になろうと２本のギターは接近するが、やはりずれていく。

この曲も、サビの小節頭第1音がオクターヴ跳躍になっていることも言及に値しますが、初見の人はそんな細部に気づかないほどインパクトを感じたかもしれません。見てはいけない異世界を垣間見てしまったような。このMVの監督は「センスレス・ワンダー」と同じく清水康彦。[*41] ｗｏｗａｋａでありヒトリエの本質に接触するものすごい映像作品ですので、読解してみましょう。

まず全体について端的に言うと、あまりにも精神分析的な示唆が多い。その文脈で「読ませにかかってきている」とさえ感じます。精神分析学[*42]についてはのちの回でしっかり紹介しますが、現時点では、直観的にわかってもらえる分だけ、限定的に言及していきます。

この映像世界の中では、ふだんの論理が通用せず、別の辻褄が成立しているようです。いわば悪夢のようですよね。その世界の中では自分の振る舞いもまたおかしかったりする。冒頭が典型的にそうです。寝ていたをーさんが、おもむろに起き上がってきて、まわりの様子をいったん窺うけど、歌いはじめる。状況になんの疑問も持たないかのように。

そして、２番のあと、ソロが終わったあとのブレイク。[*43] このMVで誰もが「なんだこれ？」と思うだろうシーンです。

みんな時間が止まったかのように静止しているけれど、自分（ｗｏｗａｋａ）だけが動ける。シノダには触れられる、小突いてみたりできる。けれども、女性に触れようと、ゆっくりとおそるおそる手を差し伸べると、それは寸前で果たされない。[*A] ヒトリエのメンバー３人に見返されることによって。いわば、自分の分身の厳しい視線によって。分裂した自分自身によってブレーキがかけられ、「I touch you」が果たされず、他者に到達しない。

＊A　「るらるら」3分50秒の映像より

声帯と鼓膜のように、離れながら共振する

ここで「裏表ラバーズ」の分析を思い出してもらいたいと思います。同曲では「身体的な接触が描かれている」と言いました。であるなら、そこには当然他者の存在が想定されるはずですが、歌詞をよく見返してみてください。「痛いんで、触って、喘いで」いるのは「私」なのだろうことはわかるけれども、目的語も二人称もない。私の話に終始している。

他者の存在がこれほどまでにないセックスの歌をほかに知りません。非常に語義矛盾的な表現をあえてしますが、ここで描かれているのは、孤独なセックスです。つまり、身体的に、物理的に接触しようとも、真に相手に触れてはいない。歌詞の末尾を踏まえ、「セックスが果たされ、愛が果たされない」と言い換えてもいいでしょう。

このように、彼はこれまでも「I touch you が果たされない」物語を描いてきている。

touch は他動詞ですから、「I touch you」は、「S Vt O」という第三文型です。本日の冒頭で subject（主語）／object（目的語）という話をしましたが、他者に触れようとするとき、まさに言葉の通りに、それは他者を「対象（＝object）化」することです。また、ｗｏｗａｋａさんはある時期までの自分の歌詞世界は、「ひとりの主人公の少女を設定して、その子の物語を描いてきた[*44]」と言っていました。つまり object にではなく、subject にしていた。だが対象化したとたん、少女は到達しえない他者となる。

では「るらるら」で I touch you が果たされなかったあと、どうしたか。同じように踊るわけです。同じ振り付けで。

ヒトリエ「ステレオジュブナイル」（2022）
作詞：シノダ　作曲：ゆーまお　編曲、演奏：ヒトリエ　映像：脇坂侑希

知りえないことだけど、をーさんはやっぱり「ヒトリエの現在を見つづけろ」と言うんじゃないかと思うし、見ていこうと思う。「curved edge」から1年強、wowaka のヴォーカリゼーションをなぞるのではないシノダの歌唱、それに合うメロディと言葉が着実に結晶化している。明るくてドに終始しないメロの通り、まだまだずっと「最終回」じゃない。

それに対象として触れるのではなく、それ自体になること。これも所詮果たしえないファンタジーかもしれない、しかしそれ自体になれなくても、それと共振し同じように運動すること。つまり「同じようであろうとすること」。それがいっしょに踊るということです。

「同じようである」こと、つまりアナロジカルに一致することによって、断絶した他者と交信する。接触せずに共振するわけです。声帯と鼓膜の関係がそうだったように。空間的に離れていても、同じ振動で共振している。前回お話ししたように、それが「声が聴こえる」というときに起こっていることでした。だからそのとき、私と他者との関係は、つまり音楽なのかもしれない。

「るらるら」はそのようにして、「果たされない I touch you」のひとつの行く先を描いているのではないかと考えます。

「果たされない」という言い方を繰り返してきましたが、歌詞と音の側面に着目すると、この曲は「ない」の音で押韻を繰り返しています。[*45] ほかの子音も登場するものの、「そつがない」「くだらない」「一つもない」「応じない」など、「ない」がメインでほとんど。日本語を知る人なら誰でもわかる通り、この音はどこまでも、否定、拒絶の意味とともにあるものです。音楽の中で、否定が踊り回っている。接触が試みられる以前から、それが果たされないことを先取りして暗示するかのように。「I can NOT touch you」の「NOT」が、「I touch you」の到着を待たずに時間を超えて、先に耳に貼り付いてくる。未来に起こることを先に予見してしまうというのも精神分析的な問題ですが、ともかく、この曲においても、音と意味と映像の呼応があまりに見事なのです。

「誰も居ない道を行け」

ここまでの議論を経た上で、もう一度オクターヴの話に戻りたいと思います。

オクターヴ跳躍は、ｗｏｗａｋａさんが高速ボカロックの次に確立した自分の手法だった。だからこそ、この跳躍はさまざまな曲に登場し反復されていきます。たとえば「シャッタードール」もそう。「ワンミーツハー」のサビは上方跳躍がオクターヴで、戻りは短6度です。

オクターヴ以外の大きな音程の跳躍も試みられています。あらゆる音程にトライしていると言ったほうがいいかもしれません。「Namid[A]me」であれば、下のラから上のソ。[46]「ＳＬＥＥＰＷＡＬＫ」のしゃくりあげはラからミ。「ワールズエンド・ダンスホール」の「ワンツー」（ソ#↓ソ#）のようにオクターヴ下に飛ぶケースもありますが、基本的には必ず上方に飛びますね。をーさん本人にもこの言い方をしたことがあるんですが、そのような上方への跳躍の中で、「ｗｏｗａｋａ流こぶし」がひとつの完成を見せたのが、「イヴステッパー」[47]ではないかと思います（ミ↓シ）。

時系列関係なしにいろいろな曲にざっと触れましたが、このような彼の模索の起源は、「裏表ラバーズ」よりも前に遡ります。すでに「ずれていく」で、オクターヴの跳躍は登場しているのです。また「とおせんぼ」のサビは上方への跳躍を段階的に重ねていくという見事な構成です。作家の表現を見るときに、一元的な時間軸を想定して、未熟から完成へと収斂していくイメージを持つのは危ないことです。表現者の生きる時間はそれほど単純ではない。

ライブＰ「S・K・Y」（2010）
作詞、作曲：ライブＰ　絵、動画：りょーの　歌：鏡音リン

和音に対してメロが9thをとりつづける見事さを強調した採譜にしたが、原曲ではギターも9thをカバーしているので注意。ライブＰがボカロＰになる以前からのレパートリーだったが、リンの声を得て名フレーズ「なんだその返事は」はさらなる輝きを持った。飾らない「伝える」「手に入れる」「引き止める」の交代に「S・K」が滲む。

改めて、オクターヴ跳躍とはなんであるか。それを特別に大事にしたｗｏｗａｋａさんの表現に捧げる、ぼくからの限定的で特別なオクターヴ論を最後に話します。

オクターヴの音は、和声全体を捉える上では、同値として扱います。つまり、ドミソはＣメジャーコードだし、ミソドもＣメジャーコード。[*48] メロディもまた、アンサンブル全体の響きを構成する一要素ですから、一定のコードとメロディを加えて、アンサンブル全体の和声が成立することになります。ライブＰ「Ｓ・Ｋ・Ｙ」を例に挙げさせてもらうと、譜例の通りです。[*49] コードがドミソのときにメロディがレを歌えば、全体としてＣadd9という和音が形成されることになる。〈2-2〉

であるなら、メロディがちょうどオクターヴ跳躍することがどういうことかというと、全体のアンサンブルに影響しないんですね。全体の響きは変えないままに、自分だけがひとり、跳躍し裏返り、常軌を逸する。自分のありうべき声域を突き抜けて決死の跳躍を試みようとも、世界は変わらない。それは孤独な跳躍です。それ自体が非常に孤独な表現なんです。

自分がなにをしようと世界は変わらない。こう言うとネガティヴには聴こえますが、それは、世界に触れられるという安易なファンタジーで自分をごまかさなかったということでもあります。をーさんは、最後まで世界と和解しなかった。世界を、他者と言い換えていいでしょう。他者の遠さ、到達しえなさに、最初から最後までずっと、厳密な感受性を発揮しつづけたのがｗｏｗａｋａだった。「届かない」んです。をーさん自身は、歌詞世界にひとりの少女を設定して描くんだと言っていたけど、「ローリンガール」の少女は、をーさん自身のことだったのではないか。

〈2-2〉

「S・K・Y」サビ冒頭

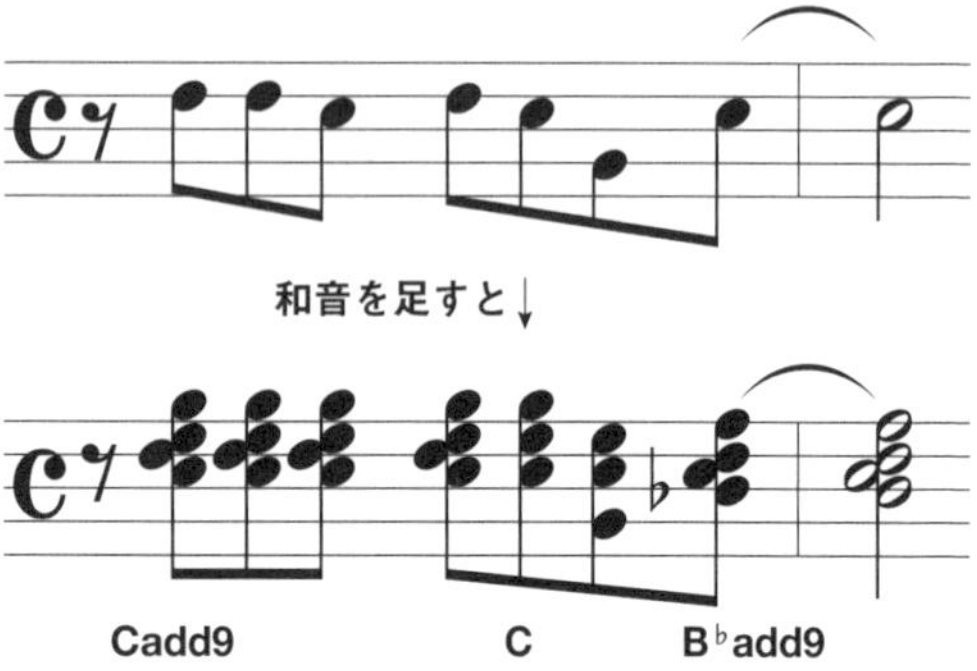

世界とは、ひとりでいることだった。

たしかに、手は届かないのかもしれない。でも「るららら」で見たように、共振することはできる。「彼は天才だから、凡人が知りえない特別な孤独を抱えていた」。よくある天才の描かれ方です。そう言いたくなる気持ちも正直あるんだけど、彼をそんな決まり文句、すなわち「記号」に収めるべきではない。そうではなく、その天才性によってこそ、彼の孤独はふつうの人それぞれの孤独と共振することができた。ぼくは彼の作家性をそのように理解しています。だからオクターヴ跳躍は、彼の感受性と共振した、彼が手にするに相応しい特別な表現だった。

そんな彼がいま、明確にあなたのほうを向いている。他者に届かないことは、いつも断念とともにあったわけではありません。これまでも何度も呼びかけ手を伸ばしてきた。その最大級の呼びかけが「ポラリス」です。

「誰も居ない道を行け」。彼のキャリア後期の中で燦然と輝く、力強いメッセージです。そしてそれは、まさしく彼自身がやったことでした。いまとは違ってまだ注目されていなかったころのボカロシーンに飛び込んで、新しいジャンルを創出して、次のステージでも新しい

ヒトリエ「ポラリス」(2018)
作詞、作曲：wowaka　編曲、演奏：ヒトリエ　映像：池田圭

夜空の星々が動くけど、ただひとつだけ、北極星はいつ見上げても同じ場所にいる。そう見えるのはあなたがそこにいるから。誰もにそれぞれの北極星があればいい。現在の北極星＝こぐま座α星は三重連星。ひとつでも3つでもあるから「バンドのようだ」とwowakaは言ったが、それはwowakaのようでもある。wowakaもヒトリエもそこで輝きつづける。

表現のスタイルを確立して。そして、「誰より「ひとり」を知って」いた。

　今日の冒頭を思い出してください。「アンノウン・マザーグース」において、私とあなたが鏡面反射的に呼応しているという話から本日の講義は始まりました。そこではひとたび、ミクとの鏡面関係によって他者のない空間が実現していると話しましたが、「ポラリス」において鏡面関係を取り結ぶのは、ミクではなく、あなたです。「きっとあなたは大丈夫」と他者に呼びかけることができるのも、呼びかけられているのも、をーさんであり、あなたです。「喜怒哀楽すべて」は、あなたの「譲れない光」です。


　今日は、をーさんをめぐってたくさんの話をしてきました。しかし、wowakaの音楽を知る人は、その総体がたった3時間だけで語れるものではないこと、今日の議論がそのかぎられた一部を語ったにすぎないことを知っているでしょう。ぱてゼミもまた、これからも何度も彼の音楽に触れていくことになります。これで終わりではありません。

　旅は始まったばかりですが、今日の最後にこの教室を埋める声は、今日ばかりはぼくでもボカロでもなく、をーさんの歌声にしましょう。wowakaという存在に最大級のリスペクトを込めて。みなさん、長時間お付き合いありがとうございました。そして、をーさん。たくさんの表現を本当にありがとう。

「誰も居ない道を行け」。このメッセージを彼の声で聴いてください。

♪ヒトリエ「ポラリス」

第3章

厨二病はなぜ中2で発症するのか？ 〜初音ミク小論〜

私たちは時間的に一貫した存在なのか？

「ボーカロイド音楽論」第3回です。ここまでは、ハチとｗｏｗａｋａの具体的な表現にいきなり取っ組み合うようにして議論してきましたが、今回は、今後展開していく批評分析のために、たっぷりと理論的な準備をする回にしたいと思います。すなわち、道具を得る回です。けれどもそれが同時に、一般キャラクター論、初音ミク論、厨二病論になる。アクロバティックに思えるかもしれませんが、その構成までを含めて楽しんでくれたら嬉しいです。

前回の前半では「全体と部分」という図式のアナロジーを4つ重ねました。全体を個人だとしたときに、部分にあたるのが細胞。部分が新陳代謝によって交代していくことで、イマジナリーな全体＝個人の一貫性が維持される。法人、さらには人類を全体としたときにも同じ図式が見出しうる。そこにおいては個人は細胞の役を果たしていて、全体の維持を一定期

田中Ｂ「ママとナルコレプシー」（2015）
作詞、作曲：田中Ｂ　絵：てん（点）　動画：とりっちょ　歌：鏡音レン

「先生の言うとおり腰を振れ」。バネの効いたオルタナティヴ・ロックに乗ってレンが歌うのはフーコー的問題意識に等しい“性”。同作家の「深海シティアンダーグラウンド」同様に鋭角的な言葉の量的圧倒が気持ちいいアンチ・ラブソング。とりっちょは拙作「BONBONBON」の動画も手掛けた多作の才人。ぽわＰ「lifeworks」に続けて聴くべきか。

間担うだけのパーツにすぎないかもしれない。そのような、ちょっと寂しい想像力を誘発するものでした。国家と個人の関係も、全体と部分というアナロジーで説明できる。そこには、再生産のクオリティを求める指向や、いろんな人の都合が織り込まれ、それが性のあり方にかなり介入しているだろう。

だからこそ、性や愛や恋愛は、あらかじめ複雑なものとして現代社会の中に存在する。難しいですよね、という話でした。

新陳代謝は時間的な交代運動です。7年で全身の37兆の細胞はすべて変わってしまっている。だけれども、そこに一貫性を見出すという社会的、法学的合意が、近代のルールとしてある。

今日はこの議論に続けて、個人の時間的な一貫性についてさらに考えてみましょう。37兆の細胞が全部入れ替わっても、7年前にやったことの責任はないという話にはならない。これはみなさんも同意するところでしょう。まして、昨日人を殺したけれどもいまの自分は人を殺してないから責任はない、ということにはなりえませんよね。

前回、インディビジュアルという言葉には「分割してはならない」という含意が書き込まれているのだと言いました。右手がやったことを自分自身とディバイドするなという含意があったのと同様に、昨日の自分がやったことを勝手にディバイドするな。つまり、時間的にも自分をディバイドするなというルールがある。これも、違和感を覚える人はほとんどいないかと思います。

ただし、一貫するということの意味は難しい。変わらず同じであるということはもちろん、

＊1　片渕須直『この世界の片隅に』（ＭＡＰＰＡ、２０１６年）　こうの史代による同名の漫画を映画化した作品。リピーターが続出し、小規模公開から異例の大ヒットを記録した。

＊2　ゲオルク・ヴィルヘルム・フリードリヒ・ヘーゲル　Georg Wilhelm Friedrich Hegel（１７７０〜１８３１）　ドイツの哲学者。ドイツ観念論を代表する思想家のひとりで、政治学や存在論などのちの西欧近代哲学の動向を決定づけた。ヘーゲルの歴史研究はのちにマルクスなどに引き継がれていく。著書に『世界史の哲学講義』『精神現象学』など。

＊3　ヘーゲル『精神現象学』（熊野純彦訳、ちくま学芸文庫、２０１８年）。原書は１８０７年に発表。共同体、宗教、芸術なども論じられる総合的な哲学書。難解であることで有名。

＊4　たとえばドイツの哲学者

連続しているという状態も、一貫しているとは言える。では「分裂している」とはどういう状態でしょうか。たとえば、思っていることが変わる、3秒前はカレー食べたいって思ってたのにいやラーメンだなというのは日常的にあると思いますが、これが分裂に相当するか。そういう問題は残りますが、いったん棚上げにして先に進みます。

明日は10回目の『この世界の片隅に』[*1]上映会行くぞ！　そう思っていたけど、次の日起きてみたらめっちゃ眠い。同じ内容なのになんで10回も観なきゃいけないのと、昨日とはてんで違う気持ちになっている。気分が変わって、判断が変わる。ごく日常的にあることです。それを律するものとして、ときに他者の存在がある。難しい話ではありません。明日『この世界の片隅に』を観に行こうぜと友達と約束していたとしましょう。次の日起きたら眠い、もう9回も観たしやっぱり行くのやめたい。そう思ったとしても、友達と約束した手前「眠いけどがんばって行くか」となるんじゃないかと思います。

近代の完成＝始まり、ヘーゲル『精神現象学』

この例の延長で紹介したいのは、内面の一貫性が、他者に依存して存在しうるという議論です。

ヘーゲル[*2]という大哲学者がいます。ヘーゲルの『精神現象学』[*3]の登場をもって近代哲学が完成したのだという言い方[*4]がなされることもあります。同書にはその後に繋がるたくさんのテーマが詰まっていて、そのひとつが、人間の精神の発達とはいかなるものかという問題で

r-906「パノプティコン」（2019）
作詞、作曲、動画：r-906　歌：初音ミク

揺り籠から墓場まで。あなたの始まりから終わりまで、そのすべてを凝視するのが近代国家であり、パノプティコンだ――と信じ込ませることが近代の本質だとフーコーは言う。「ずっと／アナタを見ています」という声はあなたが作り出した声だ。ドラムンとモーダルを軽快に操りスマッシュヒット。ガレバンで作ったというから脱帽。

す。

ヘーゲルの議論は壮大で難解なので、本日は、その議論のエッセンスを限定的に借用します。本書を読んでもヘーゲル免許皆伝にはなりえないので、そこは気をつけてくださいね。

ヘーゲルは精神の発達を三段階で説明します。①「即自 an sich」、②「対他 für anders」、③「対自 für sich」[*5]。この順に精神はステージアップしていくのだと。

順に説明します。①即自的な状態とは、他者や外界との関係性によらず、それが単に「ある」状態。英語で言うと単に「present ですよ」という状態です。あまりに端的ですが、先を急ぎます。ほかふたつの概念との対比で把握したほうが理解しやすいと思うので。

②対他とは、自分の精神が、他者、外界に依存したかたちで存在している状態。つまり、さっき言った「友達と約束したから」の延長で想像してもらうとわかりやすいと思います。この教室の片隅で、いま急に踊り出したいという欲望が湧き起こったとする。だとしても、踊り出さない人がほとんどでしょう。3秒前まで静かに座っていた人がいきなり飛び上がったりしたら、まわりはびっくりする。まわりがびっくりするだろうということに、無意識に配慮してずっと座っている——そうだとしたら、このとき、他者の存在が自分の一貫性を担保しているとも言える。こんなふうに、無意識的に他者との関係の中を生きるということを、ごく日常的に、自然に行っていないでしょうか。

あるいは、こういう例もある。会話の中で、相手が「しゅわしゅわPっていいよね」と言ったら、「いいよね自分も「SPL」好き」と返す。ところが、別の人が別の会話の中で「しゅわしゅわPってセンスないよね」と言うと、「あーわかるわかる自分も嫌い」と答えち

フォイエルバッハによる。

＊5　「即自 an sich」「対自 für sich」「即自かつ対自 an und für sich」という3つセットをまず紹介すべき、ヘーゲル自身はこれほど単純な三段階モデルへと還元してはいないなど、本書での言及と衝突する専門的議論は多数あるので注意。ここでの紹介は「非専門家による大づかみ」であり、今後の議論で利用するための本書ローカルの整序である。なので「借用」である。

＊6　フライングでこの概念を使っているが、重要概念なので11章で詳しく説明する。

＊7　アニメ『けものフレンズ』のキャラクター。同アニメの主題歌「ようこそジャパリパークへ」の歌詞に「姿かたち」という言葉が使われている。

＊8　『けものフレンズ』（2017〜）総監督・コンセプトデザイン：

ゃう。

そのとき話している相手や環境に影響されて、時間的に尺を長くとるとその中では矛盾したことばっかり言ってるんだけれども、その場ではすぐ「そうだよね」と言って合意してしまう。目の前の他者や、具体的に存在する条件によって「そのときのその人の精神」が成り立っているけれども、それがどうもその場かぎりである。

前者の例は「他者によって一貫している」、後者の例は「他者によって一貫していない」。けれどもどちらも他者依存的です。そういう様態が対他的であると、いったん把握しておいてください。

最後、③対自というのは、対他的な自分を、俯瞰できるようになった状態です。「Aさんの前では好きって言ってるのに、Bさんの前では嫌いって言ってる自分、一貫してなくね？」と自分を対象化しメタ把握できる状態。自分のトータリティを意識できるようになった状態です。

みなさんは、対自的なステージにとっくに到達しているかもしれない。でも気分が盛り上がると、他者に簡単に引っ張られてトータリティが揺るがされてしまう、すなわち対他のステージに引き戻されてしまう。そういうこともまた、一般に、みなさん経験していないでしょうか。

ところで、ヘーゲルといえば高校の倫理ではどのように習ったでしょうか。一言で言えば「弁証法の人だ」というふうに覚えた人も多いはずです。

弁証法とは、次のような思考法です。まずある命題＝①テーゼがあり、それとは相反する

ぼーかりおどP「1/6 -out of the gravity-」（2009）
作詞、作曲：ぼーかりおどP　絵：太朗　歌：初音ミク

投稿者コメには「得体の知れない「何か」から少しでも軽くなってほしい」とあり、「重力のクサリを／断ち切」ると歌い出す。本書のキーワードに満ち満ちているがアンチ・ラブソングではない。重力の外を希求しながらそれがすべてなくなればいいとも言っていない（「全部1/6」）のがこの曲の機微。16年に100万再生超え＝伝説入りを達成。

②アンチテーゼが提起される。その対立を解消し両方を止揚（アウフヘーベン）することで、より高次の③ジンテーゼが得られる。

　お気づきでしょうか。ワン、ツー、スリーで一段階ステージアップするという図式が、精神発達の三段階と対応していますよね。

　ヘーゲルは、人類の歴史は弁証法的に発展してきたのだと説明します。弁証法のポイントは、ひとたびジンテーゼが獲得されても、それをテーゼとするアンチテーゼが生まれ、そして次の次元へのアウフヘーベンによりジンテーゼが与えられ……というふうに、このワン、ツー、スリーの運動が階層的に反復されていくことです。〈3-1〉それこそが歴史の進展であると。

〈3-1〉

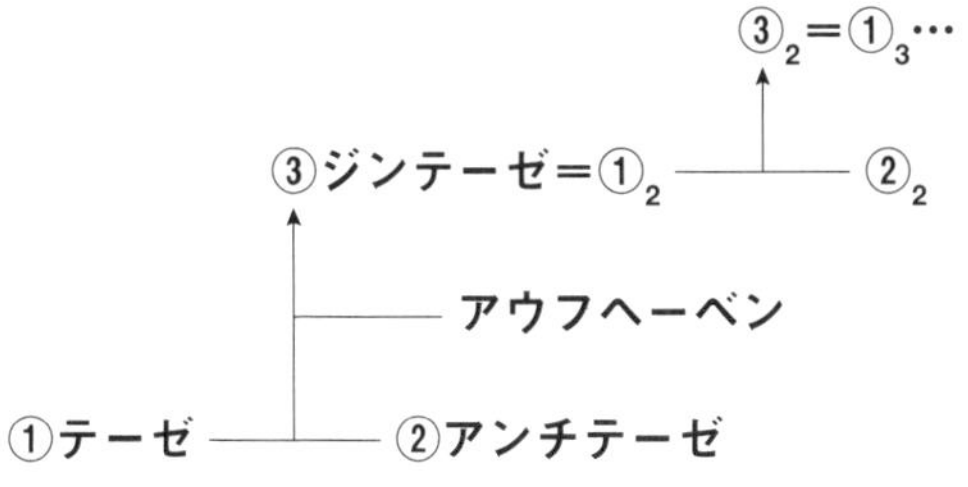

ヘーゲルの弁証法モデル

　同様に、実は精神発達の三段階も、階層的に構造を反復し発展していくのだともされます。その議論の詳細には立ち入りませんが、ひとたび対自的段階に到達すればそこで精神は完成するのだ、とヘーゲルが言ったわけではないことだけを強調して、次に進みたいと思います。

「サーバルちゃんは分裂している」から近代的である？

　ここで寄り道して、キャラクター論をやってみたいと

吉崎観音、監督：たつき、制作：けものフレンズプロジェクトA（KFPA）。テレビ東京系列にて2017年放映。

＊9　あくまで「多くは」。現代日本人の中にもアニメキャラに人格を見出せない人も一定数いる。そのリテラシーの有無は優劣ではないし、多数派が自明視し透明化するルールを共有しないことでなにかが見えるということは往々にしてある。

＊10　ここであのメタメタしいクソアニメ『ポプテピピック』（2018）を連想した読者もいるかもしれない。同作の「再放送」は、キャラクターの一貫性を意図的に揺るがしている。それが「面白い」ことはここで言う一貫性の存在をむしろ証明する。一般に、多くのメタ表現は、それが相手どる表現の前提と相互依存的である。

＊11　「エンコード encode」は符号化、「デコード decode」は復号と訳される。11

思います。この講義はキャラクター論がメインではないので、いまのうちにささっとやろうかなと。前回も同じこと言っていますがw

キャラクターは、なにによって表象[*6]されていますか。たとえばアニメのキャラクター、サーバル[*7]ちゃんは、なにとなにを足し合わせることで成立していますか？

学生「声と、姿かたちですw」

ですよねw　その通りだと思います。

描かれたイラストと、それと無関係な人間の声。そのふたつを足し合わせたものを、キャラクターと言っている。我々が良くも悪くもひとつの身体によって統合されているのとは違って、分裂したふたつの要素を足し合わせたものがキャラクターです。

そこに人格的なものを見出す想像力は、普遍的なものでしょうか。100年前の人に『けものフレンズ[*8]』を見せて、そこで演じられていることを理解できますかといったら、少なくとも全員には無理なのではないかと思います。

なぜなら、そもそも分裂しているからです。絵と声を足し合わせたものに人格を見出すという「想像力のルール」は、現代人の我々の多くは当たり前に共有[*9]できているとしても、それは文化的なリテラシーにすぎず、決して普遍的なものではありえないのではないでしょうか。

また、絵が一貫しているのに、第1話から3話までの声が4話からいきなり変わったら、それを同じキャラクターだと見なせるでしょうか。昔、ドラえもんの声を担当する声優が代

ハチ「ワンダーランドと羊の歌」(2010)
作詞、作曲：ハチ　動画：南方研究所　歌：初音ミク

街が「くだらない愛を歌」っていたとしても、きみはトンネルの先へ。始まりに満ちた晴れがましい名曲。新学期の新入生を祝う気持ちを込めて、初回講義後によくかけさせてもらった（1章に入れられなかったのでここで紹介）。他者にかつての自分自身として出会い、カンテラを託すシーンの美しさよ。歌詞1行目の倒置法が最高。犬！

替わりしたときに、新しく声を当てられたドラえもんを「ドラえもんと見なせない」という人がたくさんいました。あるいは、声が同じ声優さんでも、話し方が極端に変わったらどうなるでしょうか。[*10]

だからこそ、そのキャラクターを表現するには、それが統一された個体で、分割不可能＝インディビジュアルなものであることを強調する必要がある。インディビジュアル概念をベースにした我々の想像力がそれを理解できるように。キャラクターには、現実の人間以上に、インディビジュアル性、すなわち近代的一貫性を後づけしてやらなければいけない。結果、キャラクターという概念自体が、近代性に積極的に収まっていこうとする指向を持つことになる。この点をもって、キャラクターという概念は近代的なのだ、と言うことができます。

さらにそもそも論で言うと、キャラクターというのはどういう意味でしょう。英単語としては、性格のことですよね。せっかちだとか、おっちょこちょいだ、遅刻魔だとか。こういう形容詞的な傾向的特徴は、そもそもどういうものでしょう。

遅刻魔#とは。遅刻魔という言葉単体が示すものは、遅刻をするらしいぞということだけですよね。じゃあ、10回約束したうち何回遅刻することを遅刻魔と言うでしょうか？

学生「7回くらい、ですかね」

7回くらい。なるほど。ということは10回約束して6回遅刻しても許容してくれると――きみは優しいですね、みんな友達になったらいいと思いますｗ

章で詳しく触れる。

＊12　「拡張現実　augmented reality」のこと。詳しくはVRを論じる11章にて。

＊13　夏目漱石『坊っちゃん』

＊14　大塚英志（１９５８〜）編集者、批評家、漫画原作者。国際日本文化研究センター研究部教授。柳田國男の孫弟子に当たり民俗学の知見に基づく議論も行う。漫画原作に『多重人格探偵サイコ』、著書に『江藤淳と少女フェミニズム的戦後』など。二次創作文化の構造に搾取とネオリベラリズム性を見出す指摘は鋭い。

＊15　大塚英志『キャラクター小説の作り方』（講談社現代新書、２００３年）

＊16　筆者の編著『ポップ・ザ・初音ミク☆』（宝島社、２０１１年）でもそう語っている。

ちょっと禅問答のように感じたかもしれないけども、こういう形容詞的な特徴というのは、そもそも、現実に10回約束したら7回遅れるくらいだという事実があって、それを圧縮した＝エンコード[*11]したものとしてあるでしょう。

つまりいまの問いは、一度抽象化された形容詞を「デコードしてみて」と訊いたわけです。形容詞的特徴は、その人の現実的な振る舞いと循環関係にあり、それを縮約したものとしてある。

現実世界の中では、ＡＲ[*12]的に「遅刻魔」と空中にサインが出るわけではありません。新しい友達であれば、付き合っていくうちに「なんかこいつ毎回言い訳するけどいっつも遅れてくるなあ」ということが起こって、その縮約として「あいつは遅刻魔」という理解が成立する。だから、現実世界では本来、キャラクターは先行しない。

だからこそ、とくに純文学の世界では、キャラクター先行型の創作をちょっと見下すところがあったと言われています。それは「リアルではない」と。人は、性格があるからそうするのではなくて、現実の行動だけがそこにあるはずである。アニメやライトノベルでは、冒頭から主人公自身が「私、ぱて子！　あわてんぼうの14歳！」など自分の性格を宣言する作品もありますが、ある種の保守派はそういうのが大嫌いだったりすると聞きます。日本近代文学の初代天皇みたいな人も「親譲りの無鉄砲[*13]」というキャラ宣言で始まる小説を残してますけどねｗ

評論家でマンガ原作者でもある大塚英志[*14]は、『キャラクター小説の作り方[*15]』という著作で、タイトルの通り「キャラクター小説」という概念を提唱しました。乱暴に要約すると、キャラクターの造形さえよければ面白い小説が書けると。つまり、キャラクターを先行して発想

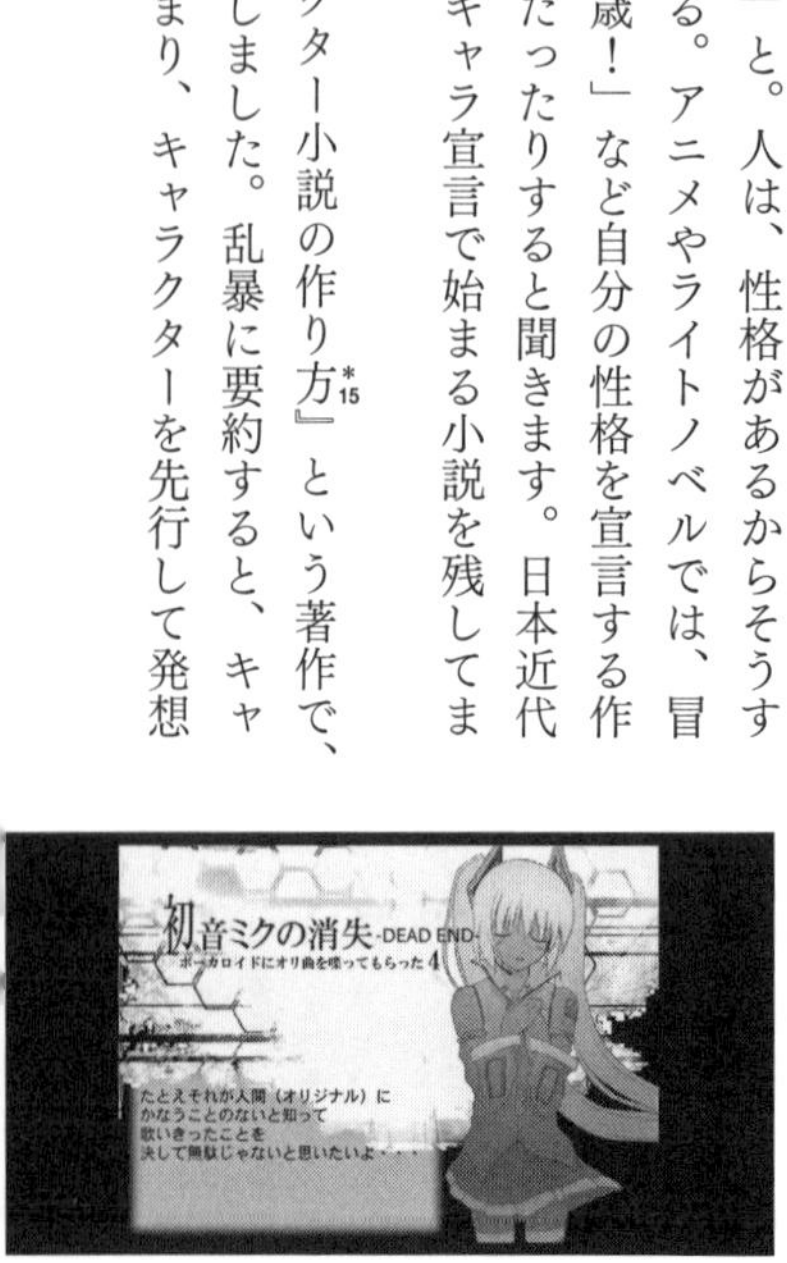

cosMo@暴走P「初音ミクの消失」（2008）
作詞、作曲、絵：cosMo@暴走P

ミク発売からたったの７ヶ月にして、ボカロのひとつのポテンシャルを射抜いた永遠の名ボカロ曲。BPM240の３連符による高速同音連打の切迫感は、「裏表」同様に歌詞と必然性で取り結ばれている。（結果的に）その後展開するジャンルとして確立したのはwowakaだったが、高速歌唱の可能性をこの時点で汲み上げてみせた本曲の功績は陰らない。

することを肯定していく創作論を立ち上げました。多くのラノベ作家が大塚の影響を受けたと言われています。直接の影響関係はわかりませんが、小説を発表したこともあるボカロPのｃｏｓＭｏ＠暴走Ｐ[＊16]も、同様のキャラクターありきの創作論の立場を表明しています。

ぼくはどちらかの立場を支持するというものではありませんが、キャラクター先行型の表現は、純文学的自然主義という既存のオーソリティに対抗するアンチでありポストだったのだ、ということを指摘しておきます。

初音ミクは「ポスト・キャラクター」である

キャラクター論からさらに小径に入って、ある具体的なキャラについて考えてみましょう。すなわち、初音ミク論です。ここまでに説明した概念を使うと、初音ミクはどう説明できるでしょうか。

ぼくの仮説を一言で言います。初音ミクは「徹底的に対他的である」。

ミクについて、開発元のクリプトンが公式設定として発表しているのは、16歳、身長体重など、ごくかぎられた設定[＊17]のみです。その制限の少なさが、クリエイターたちの自由な想像力を惹起して、豊かな二次創作（ＵＧＣ）[＊18]が生まれた。このような説明はボカロカルチャーの一般論として何度も繰り返されてきたものです。

これを、ミクを主語にして考えてみましょう。ミクは、その人が望むミクにつねになる。

＊17　間違いのないようピアプロより全文引用する。
「クリプトン・フューチャー・メディア株式会社が開発した、歌詞とメロディーを入力して誰でも歌を歌わせることができる「ソフトウェア」です。大勢のクリエイターが「初音ミク」で音楽を作り、インターネット上に投稿したことで一躍ムーブメントとなりました。「キャラクター」としても注目を集め、今ではバーチャル・シンガーとしてグッズ展開やライブを行うなど多方面で活躍するようになり、人気は世界に拡がっています。
年齢：16歳
身長：１５８ｃｍ　体重：42ｋｇ
イメージカラー：ブルーグリーン
ソフトウェアの声の担当：藤田咲（声優）」

＊18　二次創作、ＵＧＣ（user generated contents）
原作作品を一次創作物として、それを翻案、再構築するなどし

求められれば、おてんばなミクにもなれるし、すごくクールでスタイリッシュなミクにもなれる。「ミクはこうでなければいけない」という定式があって、それと矛盾するミクは存在してはいけないというルールはない。ミクは「自分を使う人／描く人」という他者に対して必ず感応するものとしてある。それは外形に関しても、内面に関してもそう。さらには、声に関してもそうです。[*19] 他者の欲望に完全依存した存在であると言えるでしょう。

緑髪のツインテールはミクを示すわかりやすい視覚記号の代表格ですが、これもあくまで可変のものです。音楽ゲーム「初音ミク Project DIVA」[*20] の中ではポニーテールにしていることもあるし、雪ミク[*21] では髪色は水色になります。公式の企画でさえどれかの要素を絶対とはしていない。

また、楽曲やイラストで、自分があるミクを存在させているとき、ほかの人も同時に別のミクを表現して存在させることができる。同時にふたつ以上のミクが存在するっていうことも許容されている。つまりミクは、遍在することができる。聴くという行為もそこにミクを存在させることだ、と言うことも可能でしょう。世界中の多くのリスナーが、ボカロ曲を聴くことでたくさんのミクを同時に存在させている。

なのでこの点をもって、ミクは「分祀《ぶんし》分霊ができる神道[*22]の神のイメージに近いのである」という言い方がしばしばなされます。これはぼくのオリジナルの説ではなくて、すでにネットでいろんな人が言ってます。天照大御神《あまてらすおおみかみ》の霊は伊勢神宮にも皇居の中の賢所《かしこどころ》にも、別の神社にも祀《まつ》られているけれど、そのどれもが本当の天照大御神の霊であり、[*23] そのように分けて祀ってもいいというのが、神道における分祀分霊という考え方です。

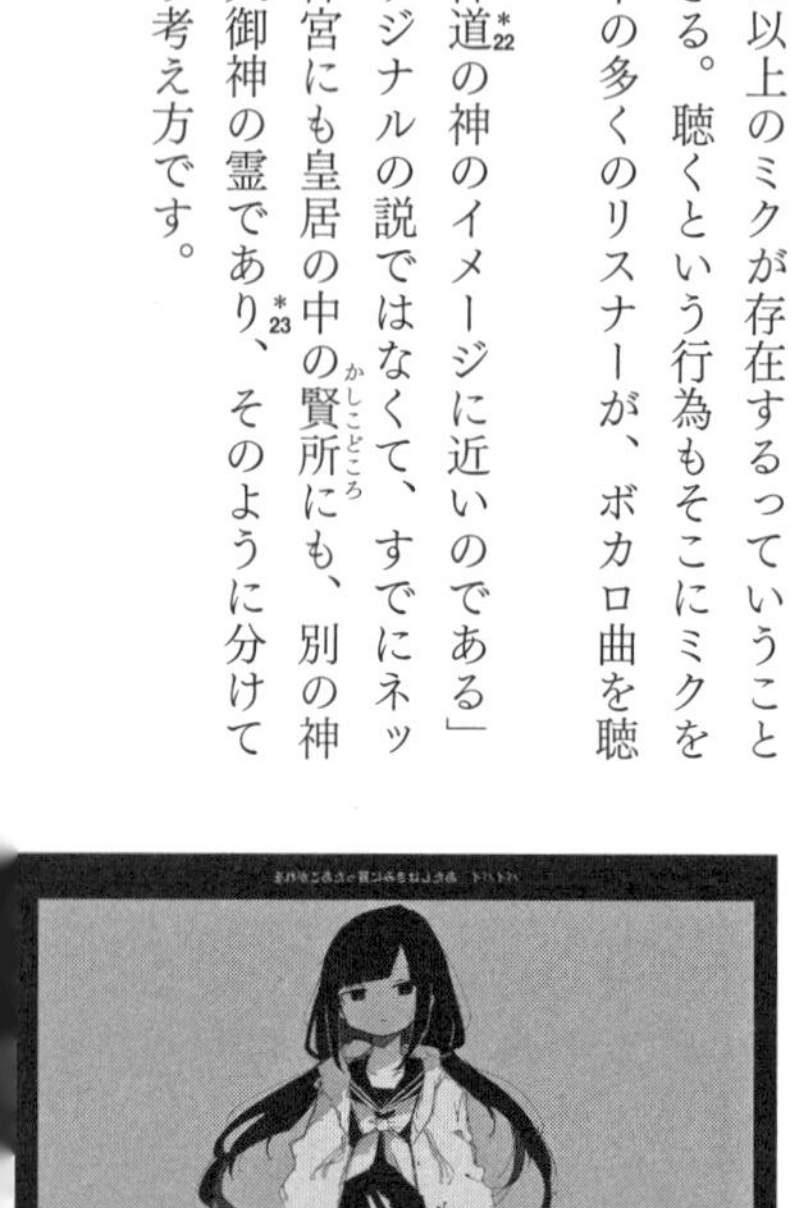

稲葉曇「ノンユース」(2019)
作詞、作曲：稲葉曇　絵、動画：稲葉曇、ぬくぬくにぎりめし　歌：歌愛ユキ、初音ミク

7曲目まで発表曲のタイトルはしりとり。そう、wowakaと同じ。“あこがれ”をほぼ公言する稲葉は音程跳躍など共通する意匠を用いながら、符割り（「ロストアンブレラ」の伸縮）やノンダイアトニックな和声センスなど独自の「その先」に到達しようとする。歌詞表示、Bメロ直前の三連符ほか明確に「アンノウン」をオマージュしながらそれに別れを告げる。

この考え方を借りて付言したいのは、ミクもまた「dividual＝分割可能」であるということです。同時に複数の個体になりうるし、それぞれに別のあり方を人が想像しても、ミクという概念はそれらすべてを許容することができる。なので、初音ミクはインディビジュアルではない。

この点において、ミクはキャラクター的想像力と衝突するわけです。インディビジュアルであることを強調せざるをえないのがキャラクターの条件だとするなら、ミクは、その条件をひっくり返してしまっている。だから、ミクはアンチ・キャラクターなのだ。そう言えそうですが、言ったそばから表現をアップデートするなら、ぼくはミクは「ポスト・キャラクター」であると考えます。

どうして単純にアンチ・キャラクターではなくて、ポスト・キャラクターと言うべきか。そのようなミクを許容できる想像力は、キャラクター的想像力が浸透した文化圏においてではないと成り立たないものだから。つまり、キャラクター的想像力以後のあり方として実現するキャラクターだからです。

これは、そのような想像力に追いつけない人——経験的には上世代に多かったのですが——を置いてけぼりにしてしまうポイントでもありました。そういう方から「結局どれが真正のミクちゃんなの？」と問われることが、これまで少なからずありました。

ボカロのポスト・キャラクター性をすくい上げる、シャープな表現をツイッターで見かけたので紹介します。ミクではなく鏡音レンｂｏｔのツイートなのですが、「いつかねー　よそのいえのぼくみたいにうたえるようになるんだ！〃(*´∀`*)ノ」[*24]というものです。「よそのいえのぼく」。ポスト・キャラクターの妙味がにじみ出た美しい表現[*25]です。

てファン（ユーザー）によって作られるものが二次創作。たとえば原作マンガのキャラと世界設定を借りた別ストーリーのマンガなど。N次創作が次のN＋1創作を惹起し文化が広がった、という物語は初期ボカロ文化の説明としてよく用いられる。ただし音楽カルチャーとしてのボカロの現在の広がりをN次創作（創作の連鎖）と呼んで一様化するのはあまりに実態とそぐわない。多くのボカロ曲は「一次創作」として作られている。UGCは「（写真映えを理由に）SNSで消費者が自主的にアップした写真」などマーケティングに資する消費者行動全般を包含する用語。

＊19　声についてもたくさんのパラメーターによって実はかなり可変幅が広い。7章で詳述。

＊20　初音ミク Project DIVA　いまやゲームセンターの筐体音楽ゲームでは一大シェアを誇り、スマホ音ゲー「プロジェクトセカイ」を成功させたセガの最初

二番目以降のものは、必ず相対化される

初音ミクは、2007年8月31日にクリプトン・フューチャー・メディアから発売されました。その後、同社から鏡音リン・レンがリリースされたり、他社からGUMIやがくっぽいど、IAやflowerがリリースされたりと、2021年時点で、日本語のライブラリだけでも50種を超えるボーカロイド[*26]がリリースされています。ぼくはボカロPで音楽評論家ですと看板を出しておきながら、いま日本国内で流通しているボカロを全部そらで言えと言われてもできませんw

ただ、たくさんいるボカロキャラの中で、ミクの覇権はなかなか揺るがないなと感じます。ほかの新しいキャラにも期待したいし、ぼくはミク信者ではないんですが、そう認めざるをえない。なぜなら、ミクが到達している場所に、ほかのキャラが簡単にリーチすることはできないからです。

その最大の理由は、ミクが準拠点になってるからです。先ほど、10回のうち7回遅刻したら遅刻魔という話になりましたが、では10回のうち3回遅刻するのはどう形容すべきものですか？

学生「えー、ちょっと遅刻魔ですw」

なるほど。遅刻しないわけではないけど、遅刻魔というほどでもないから「ちょっと」と

ろくろ「スロウダウナー」（2018）
作詞、作曲：ろくろ　絵、動画：ハヌル　歌：初音ミク、GUMI

共通性から影響関係を勝手に同定するのは危険（12章）。だが影響関係はさておき、オクターヴの活用は明らかに近年進化中。サビ「僕に居場所は」の「ば」から「しょ」への跳躍は感動的ななにも似ていない。軽妙な押韻、5度音程で分裂的に併走するコーラス、アンチ・ラブソング。ボカロの良質な部分をすべて取り込んだ「モンスター」のような名曲。

言ってくれたわけですよね。10分の7以上が遅刻魔という基準から考えてくれたということだと思います。

では、地球上にきみともうひとりしか人間が存在しない世界があったとしましょう。その人が10回のうち7回遅刻したときに、その人を遅刻魔だと言えるでしょうか。

そもそも7回遅れたら遅刻魔だというのは、「これまでの経験の中でほかの友人がどれくらい遅刻してきたか」、つまり友人一般の平均値などなにか準拠点があって、それに対する相対性によってイメージしているはずです。世界に自分以外の人間がひとりしかいないなら、「ほかの人はそんなに遅刻しないのに、あなたはよく遅れてくる」という言い方は成立しない。このように、特徴というのは、本質的に相対的なものです。

第1章でも言及した通り、初音ミクは決して「最初のボーカロイド」ではありません。MEIKOやKAITOや海外製ボカロなど、ミクよりも先行したボカロもあった。それでも、みなさんがイメージするボカロシーンは、その誕生から黎明期においてミクとともにありました。だから、ボカロと言ってまず最初に連想されるキャラクターはいまもってミクであり、シーンの中心にはミクがいる。だから、そのほかのキャラクターは、ミクとの相対的な意味づけを必ず持ってしまう。

たとえば鏡音リン・レンは、ミクと同様に最低限の設定しか持たず、どのように描くことも自由であるはずですが、傾向としては、おてんばだったりわんぱくだったり、あどけなく元気なイメージで描かれることが多い。そこには、リンレンは14歳だという設定が影響しているでしょう。つまり、準拠点（16歳のミク）よりも若いということから、クリエイターがた

の音楽ゲームはこれだった。その後の「maimai」「CHUNITHM」「オンゲキ」などの機種でもボカロ曲との蜜月は続いている。

＊21 北海道札幌市で冬期に開催される「SNOW MIKU」と連動したミクの公式バリエーションのひとつ。髪色のみならず衣装などビジュアル全体が水色のトーンで描かれる。

＊22 神道 Shintoism 日本において自然発生的に成立した土着宗教。明らかな開祖は存在せず、多神教的で、自然崇拝的。明治から終戦までのあいだ、実質上国教化されるなど（国家神道）、大きく政治利用された歴史的経緯には注意。天皇の祖先とされる天照大御神が最高神格を持つとされたのも明治時代に入ってからのこと。

＊23 伊勢神宮の霊がもっとも真正であるなど、ヒエラルキーを想定する議論もあるようだが、非専門家なのでさておく。なお天照大御神のジェンダーは不明。

ちの描き方を総体として見たときに、傾向が生じている。もし、準拠点なしに、14歳のボカロキャラが単体で存在していたなら、あどけなく元気という描かれ方は、現状ほどなされていたでしょうか。MEIKOやKAITOは、お姉ちゃん、お兄ちゃんのイメージをいまほど担っていたでしょうか。

原理的に、二番目以降のものは、必ず一番目のものに対する相対性を持たざるをえない。準拠点との比較によって、相対的特徴＝キャラクターを持たざるをえない。つまり二番目以降は、一番目がポスト・キャラクターという特権的な位置を占めているのに対して、通常の意味でのキャラクター性を持たざるをえないというわけです。

初音ミクと「大嘗祭の本義」

ぼくは、ミクの謎めいた存在感に惹かれているところがあります。

ボカロカルチャーは以前に比してずいぶんと認知されるようになりましたが、ボカロキャラの中でもっとも知名度が高いのはやはりミクでしょう。文化が一般化するということはライトファンが増えるということです。シーンの外からうっすらと知っているという人も増える。だから、ミクは一番存在感が大きく有名であると同時に、一番たくさんの無関心に晒されてもいる。

無関心な人たちは、ミクがどんな性格で、こういうときはこういう行動をするキャラだ、というような想像力を持たないでしょう。たとえばテレビの街角インタヴューで、「初音ミクは好きですか」と聞かれて「あー好きですよー」とあっけらかんと答える程度の好意と無

わか/IMBK「カラフルポップビート」(2011)
作詞、作曲：わか/IMBK　絵、動画：イクシマ　歌：初音ミク

V3以降の初音ミク公式イラストを手がけるイクシマが動画を担当。初代公式イラストのKEIも然り、一筋縄ではいかない絵師を起用するクリ社の流儀。必ずクィアが忍び込んでいる。わかの手腕による、多幸的であることを徹底した先に毒を持った音楽世界がそれと共振する。ほしいのは「愛の言葉」ではないと、人差し指を振り回せ。

関心。初音ミクはそのような、恐るべき数のすごく希釈された好意と無関心に支えられていると思います。

ここで、あくまで文化論として、デリケートな参照をさせてもらいます。みなさんの思想や信教に介入する意図はないこと、ぼくが反皇室主義者ではないことを確認した上で言及します。

ミクのあり方は、アナロジーによっては天皇陛下のあり方になぞらえることができると思うんですね。陛下は、日本で一番、希釈された好意と無関心に晒されているからです。また、憲政上、ご発言が限定的であることも相まって、大多数の日本人はその内面がどうであるかという想像力を陛下にあまり投げかけてはいない。もちろん個人の思想や感情はさまざまであるものの、日本でもっとも「漠然と好かれている」のが天皇陛下だと思います。そして、中心にいる。*27

芥川賞作家で、元東大教授の松浦寿輝*28さんの『折口信夫論』*29という著作があります。明治から昭和までを生きた民俗学者、国文学者の折口信夫*30についての研究です。折口は、日本文化のルーツをめぐってさまざまな研究を残しましたが、その中でもよく知られるのが、「大《だい》嘗祭《じょうさい》の本義」*31をはじめとする天皇研究です。

あまりにタイムリーな話題ですね。

大嘗祭とは、天皇が代替わりされた最初の年に行われる新嘗祭*32のことで、それぞれの天皇が一度きりしか行えないものです。ちょうどもうすぐ、令和の大嘗祭が行われようとしていますが*33、「大嘗祭の本義」は、昭和天皇の大嘗祭がこれから行われるという時期に行われた

女神とみなされることが多いが、古典の記述を男女二分法に当てはめる必要はない。

＊24　「ちびレンｂｏｔ」の定期ツイートより。

＊25　文学史の中にも先行例はあって、稲垣足穂『一千一秒物語』には次のような有名なフレーズがある。「ある夕方　お月様がポケットの中へ自分を入れて歩いていた」稲垣足穂『一千一秒物語』（新潮文庫、１９６９年）20ページ。

＊26　ネットの情報が最新なので、そちらを参照されたい。現在は入手不可能になってしまったものも少なくない。

＊27　言うまでもなく政治的な中心ではないし、国家にとっては象徴以上でも以下でもない。あえて付言するなら、ロラン・バルトは皇居を「空虚な中心」と言ったが、天皇もまたそのような中心であると筆者は考える。求心性を持たない中心。ドーナ

講演をまとめたものです。天皇について語ることに、いまとは違ってものすごいプレッシャーがあった時代ですから、原書の語りは晦渋《かいじゅう》ですので、ここでは松浦さんの『折口信夫論』による要約を引用します。

> 折口によれば、天皇の呼び名の一つ「すめみまのみこと」の「すめ」は「神聖な」、「みま」は「身体」を意味しており、つまるところ天皇とは、魂を入れる容器としての「身体」なのだという。「恐れ多い事であるが、昔は、天子様の御身体は、魂の容れ物である、と考へられて居た」（Ⅲ・193）。永世にわたって変わることのない唯一にして同一の「天皇霊」が、代々の天皇の身体を「容れ物」として乗り継いでゆくというのである。[*34]

その天皇霊による乗り継ぎの儀式こそが、大嘗祭であるというわけです。

ここにある想像力を、ぱてゼミで共有してきた概念を用いて言い換えるならば、天皇はインディビジュアルではなく、ディビジュアルであるということです。いまの陛下には、2700年近く前に生まれたとされる神武天皇と同じ魂が入っている。精神と身体をひとつのユニットと考えるルールを大きく超越しているし、これまで「同じ魂の天皇」が100人以上も存在してきたことを見渡すなら、天皇は時空間の中に分割可能なものとして存在してきたのだ、とも言える。

もちろん、あくまで折口による文化研究であり、非科学的な想像力の問題にすぎません。終戦を迎えるにあたって人間宣言をした昭和天皇と、その後の象徴天皇が、折口の議論とどのような距離にあると考えるべきかも難しい。それでもなお、このようにインディビジュア

ツミキ「フォニイ」（2021）
作詞、作曲、映像：ツミキ　絵：ウエダツバサ　歌：可不

「この世で造花より綺麗な花は無いわ」。可不にかぎらずすべての合成音声の叫び（と逆説）を代弁する神フレーズから始まるこの曲は1年を待たずに伝説入りに駆け上がった。「謎」「何故」。オクターヴで跳躍あるいは駆け降りる2音の連なり。2音は（音楽的に）等価だし、おそらくは「簡単なこと」だがそれはどこまでも掴みどころがない、「愛のように」。

リズムの想像力を大きく逸脱した想像力をまというる存在が日本の中心にいることは示唆的です。

「天皇制という文化を持っているからこそ、日本人はミクをこのように受容できたのだ」というような短絡的でナルシスティックな因果づけは全力で棄却しなければいけません。それは通俗的な日本特殊論です。ですが、伝統文化の中と、最新ユースカルチャーの中との両方に、必ずしも近代的ではない想像力を同時に持ちえているということは、指摘しておいて差し支えないでしょう。

他者の「自己分割」を尊重するのが現代のマナー

ちょっとスケールの大きな話をしてしまったので、等身大の話に戻りましょう。「自分を分割する」という感性を大袈裟に捉える必要はありません。そのような感性は、みなさんにとっては近しい日常的なものとしても存在していると思います。

たとえば、ツイッター[*35]。みなさんの中で、ツイッターのアカウント2つ以上ある人……って手を挙げさせませんよ、「お前ひとつって言ってたじゃん！」っておとなりの友達とケンカが始まったりするといけないのでw　でも実際、みなさんの中にはツイッターアカウントを2つ以上持っている人は少なくないと思います。

ある友達に、複数持っているアカウントのうちひとつしか明かさないというのは、必ずしも不誠実なことではないと思います。みなさんが「対自的」に自分の全体を俯瞰した上で、「この友達とはこの側面で繋がるので十分だ」と判断する。自分も相手もボカロファンなら

ツホール。

＊28　松浦寿輝（1954〜）　詩人、小説家、批評家、東京大学名誉教授。表象文化論学会の発足に携わる。00年、小説『花腐し』にて芥川賞受賞（町田康と同時）。詩や小説のほか『口唇論』など評論の著作も多数。

＊29　松浦寿輝『折口信夫論』（太田出版、1995年）。折口論であるが、実は決定的に「音」論であり、本講義にとっての重要なヒントをひとつならず与えてくれた傑作。14章でも言及。

＊30　折口信夫（1887〜1953）　民俗学者、国文学者。12歳年上の柳田國男とともに、民俗学の基礎を築く。天皇、沖縄、神など多岐にわたるテーマを扱う「折口学」と呼ばれる独自の思想体系を構築した。小説『死者の書』を上梓したほか、釈迢空の名で歌人としても作品を残した。

お互いボカロファン垢同士で繋がる。それとは別に、BLを読むのが趣味だということなら、別途BL垢を作って、BLファンの人とはその垢だけで繋がればいい。そのように「自分を分割」すればいい。きみらだとよく、大学垢[*36]を作っていたりしますよね。

昔ツイッターで、面白いツイートがRTで回ってきたことがありました。これから大学に入学する新入生へのアドバイス集なんですが、その中に「ツイッターの捨て垢をひとつ作っておこう」というのがあったんですね。

大学に入学すると一気にたくさん新しい人と出会う。そのときに、SNSで繋がろうと言うまでの距離感は、人によって違いますよね。ある種のウェイな子が、会ったその場でもう「繋がろうウェーイ」と言ってくるけど、もうちょっとお互い知ってからじゃないと趣味ツイートが多い本垢は見せたくない……ということもあるでしょう。相手のことが嫌いというわけではなくても。

でもそこで「あ、ぼくツイッターやってないんで」と言ったら、「そんなの嘘ウェイ！絶対やってるウェイ！」と疑われて、ウェーイってスマホ取られて「ほらやってるウェイ！はいフォロー、ウェイ（ぽちっ）」ということになってしまう。なので、「ぼくあんまつぶやかないけど、それでよければ」と言って、用意しておいた捨て垢のほうで繋がればいい。で、捨て垢のほうで3日に1回「なに食べた」とかツイートしておけば「あー本当にSNSやらない子なんだな」と思われるからバレませんよ、ということが新入生案内として書いてあった。現代だなと思いました。まさにディビジュアリズムと関係した話です。

最初から全部を明かせということに抵抗のある人は増えているはずです。相手がその人の

PENGUINS PROJECT「ロンリーハート」（2008）
作詞、作曲：PENGUINS PROJECT　絵、動画：huke　歌：初音ミク

作家は「チョコトレ」などの名曲を00年代のボカロシーンに残し、現在はJポップ作家として活躍。当時もイントレンドではなかったサウンド。ゆえにいまも古びないのだ。オクターヴ跳躍はソ→ソ。それ自体は素直だが、前段のオスティナート構成が見事。悔しいが鍵盤で確認しながら採譜した。動画は「ブラック★ロックシューター」で知られるhuke。

望むように自分を分割していることを尊重するのは、新しい時代のマナーです。全人格的にあなたのすべてを開示せよ、という態度はすでに時代遅れです。

　分割を尊重するというマナーは、ぼくらボカロPやシーンのみんなにとっては、10年以上前から当たり前の常識でした。ボカロにかぎらずネットカルチャー界隈ではそうだったと思います。それがときを経て、文化圏によってはこの常識が浸透した結果なのでしょうか、分割していることを隠さずに、「こっちではこういう名前、あっちではこういう名前でやっています」と分割を開示しているというスタイルもずいぶん増えました。たとえば「ハチ」と「米津玄師」もそうですよね。

　ここでリスペクトを込めて、小説家の平野啓一郎[*37]さんのお名前をご紹介しておきます。日本でディビジュアリズムを明確に打ち出した代表的な論者が平野さんです。平野さんは『私とは何か[*38]』という本で、(individual) dividual に「個人」であるのに対して) dividual に「分人」という訳語を当てて、「あなたを楽にするもの」としての「分人主義　dividualism」を紹介しています。

　また、dividual という概念が議論の俎上に載せられたのは、フランスの哲学者ジル・ドゥルーズ[*39]の論文「管理社会について[*40]」が最初とも言われています。

　ただし、ぼくが今日話しているインディビジュアル・ディビジュアルは、平野さんの議論ともドゥルーズの議論とも、呼応しつつも完全には一致しないのでご注意ください。

　では、フェイスブック[*41]は、ディビジュアリズムとインディビジュアリズム、どちらですか？

＊31　書籍としての初出は『古代研究　第一部　民俗学篇　第二』（大岡山書店、１９３０年）だが、現在は青空文庫などで無料で読める。

＊32　新嘗祭
「にいなめさい」と読む。天皇が行う宮中祭祀のひとつで、その年に収穫された農作物などを天神地祇に供え感謝する儀式。11月23日に行われる。戦前は同日は同名の国民の祝日だったが、１９４８年に勤労感謝の日と改称された。

＊33　２０１９年度のぱてゼミ第8期においてはこの回は10月10日に行われている。令和の大嘗祭の儀は２０１９年11月14日から15日にかけて行われた。

＊34　松浦寿輝『折口信夫論』（太田出版、１９９５年）、34〜35ページ。

＊35　ツイッター　Twitter
ニコニコ動画、初音ミクと遠か

学生「インディビジュアリズムです」

ですよね。基本的に本名で一人一アカウントがルールで、ひとりが複数アカウントを持ってるのがバレたら垢BAN[*42]されるというのは、まさにインディビジュアリズムです。

それに対してツイッターは、ディビジュアリズムと非常に相性の良いSNSです。そもそもツイッターは、一人が複数アカウントを持つことを公式に否定していない最初のSNSでした。1投稿が140字であることなんかよりもずっと、この点がツイッターの強い新規性だったと思います。

ディビジュアリズムが浸透していく時代において、その分割した自分の全体をちゃんとメタ的に管理できる能力はこれまで以上に問われていくでしょう。悪いディビジュアリズムというのもありうるからです。

たとえば、すごく好きな地下アイドルがいたとして、一方の垢では「一番かわいい」「今度ライヴ絶対いくね！」とリプしながら、同時に、別垢から「才能ない」「垢消せ」とリプするとか。

対象への執着ゆえに、いい言葉をかけたときの返答も、攻撃したときにどうするかも、両方見たい。同じ対象に好意と敵意を同時に感じることはあるかもしれない。ですが、ディビジュアリズムを悪用して、両方の欲望をちゃっかり満たしてしまえというのは通りません。両方ともを受け止めてくれと他者に要求するのは、甘ったれにもほどがある。

一貫性を遵守する必要はないものの、自分をどう分割して、その分割したディビジュアル

ryo「メルト」(2007)
作詞、作曲：ryo　絵：三輪士郎　歌：初音ミク

「メルト」は自由にする。“歌わされる”イメージから、“服従するアンドロイド”のイメージから。ミク登場から3ヶ月で本曲が発表された意義は大きい。20年代に加えて指摘すべきは、メロが2オクターヴに及ぶこと（ボカロに相応しい）、コード進行ではなくメロとベースという2線の構成が同曲のコアで、いま聴いても改めて優れた作曲であること。

をどう管理していくか。そのような自分のコントロールコスト*43は今後も上がっていくでしょう。この時代を生きる同時代人としてぼくからみなさんに言えるのは、「お互いがんばりましょう」ということに尽きます。

「どうもこんにちは　君の性欲です」

さて、本日のタイトルは「厨二病はなぜ中2で発症するのか？」です。ここまでの議論を踏まえ、やっとタイトルの議題に接近していきます。

「人間の三大欲求は、食欲、睡眠欲、性欲である」という言い方があります。科学的な言説ではなくあくまで通念的なものにすぎませんが、これについて考えてみましょう。

この3つを、「食欲・睡眠欲」と「性欲」に分けます。前者と後者には、どのような違いがありますか？　個人の性意識を問うものではない一般論として、なにか言えそうな人、挙手。

学生1「ひとりで満たせるかどうか？」

学生2「それをやらないと生きていけないかどうか」

なるほど。食事と睡眠は、空間的に誰かといっしょにするとしても、本質的にはひとりでしかできない。でも、性欲はひとりで満たせないでしょうか。マスターベーション、すなわ

らぬ06年にスタートしたウェブサービス。1投稿は全角で140文字が上限。

*36　大学垢　大学内での友人などと繋がる用のアカウント。

*37　平野啓一郎（1975〜）　小説家。99年、京都大学在学中にデビュー作『日蝕』で芥川賞を受賞（当時最年少）。音楽にも造詣が深く、小川隆夫との共著で『マイルス・デイヴィスとは誰か』を発表。

*38　平野啓一郎『私とは何か』（講談社現代新書、2012年）

*39　ジル・ドゥルーズ　Gilles Deleuze（1925〜1995）　フランスの哲学者。フランス現代思想を牽引した思想家のひとり。『差異と反復』『シネマ』『フーコー』などの著作がある。肺病を患い、95年に自宅の窓か

ち自慰行為で満たすこともできるでしょう。

前回言及したミシェル・フーコーの『性の歴史』は、実はマスターベーションの話から始まります。現在では完全に否定されている間違った言説ですが、ヴィクトリア期[*44]と言われる19世紀のイギリスにおいては、「マスターベーションは体に悪い」という説が医者たちによって主張されていた。当時の文化階層ほどそれを真に受けて、自慰行為をしていなかったりしたのでしょう。だからといって、当時のイギリスで人がたくさん亡くなっていたということはない。性欲だけは、それを満たさなくても生きていける、というのはたしかにその通りです。

学生3「法律で管理されているかどうか」

いい指摘ですね。性暴力の禁止はもちろん、わいせつ物の公開や売春など、性に関する事柄は法律によって厳しく管理されている。それに対して、食べすぎ罪もないし、徹夜罪もないし、絶起罪[*45]もないw　ただ、食に関しては、たとえば牛のレバ刺しを提供したら食品衛生法違反で逮捕されます。あと20歳未満の飲酒も法律違反です。睡眠が一番法に介入されていないかもしれませんね。

このあたりもフーコーの議論に非常に接近する[*46]ところですが、いったん次に行きましょう。

学生4「他者と関係するかどうか」

のりP「右肩の蝶」(2009)
作詞：水野悠良　作曲：のりぴー　絵：秋赤音　歌：鏡音リン

「切ないと云う感情を知る」のは「キスをした」あと。それは「不協和」をもたらす。シーン初期の有名曲だがその射程は本書と現代にリーチする。迷いがなく抜けのいいメロディとサウンドが、即物的でもある性愛との葛藤を描く（内出血を「蝶」と呼ぶ）言葉と美しいコントラストを描くが、それはひとつのフレッシュネスの裏表。レン ver. とともに伝説入り。

学生5「前者を満たすと個体が維持できて、後者を満たすと種が維持できる」

　そうですね。食欲と睡眠欲を満たすことは「個体の維持」に貢献する。性欲は、ひとりで満たすこともできるけれども、当人だけではなく他者とともに、ある一定の条件下でそれを満たすなら、「種の維持」に貢献することになる。自慰行為をするときにも、想像力の先に他者がいることが多いという意味でも、「他者と関係するかどうか」という指摘は妥当性があると思います。

　ではさらにもうひとつ、前者と後者の重要な相違点を指摘しますね。

　前者は生まれたときに最初からあるもの、後者はあとからやってくるものです。個体差や感覚差はありますが、一般に、性欲は第二次性徴期にインストールされるようである。以前ある学生がうまいこと言ってくれたんですが、「どうもこんにちは　きみの性欲です[*47]」と。

　言うなれば、途中からクラスの一員になる転校生のようなものです。あるとき急に、外から性欲なる他者がやってきて、「今日からおれ、お前の一部だから」と言う。実際には「ある日を境に急に」というものではないとしても、ライフタイム全体で言えば、それは急な発現であるでしょう。

　欲望は、自分を駆動するエンジンです。食欲と睡眠欲をエンジンとする「私のトータリティ」がすでに完成していたのに、あとから性欲なる別のエンジンが追加される。「私のトータリティ」が、性欲なる新参者＝他者によって乱される。その他者の登場は、対自段階に到達していたかもしれない私の精神を、もう一度対他のステージへと引き戻すかもしれない

ら投身自殺。

＊40　ジル・ドゥルーズ「追伸――管理社会について」『記号と事件――1972―1990年の対話』（宮林寛訳、河出書房新社、1992年）所収。

＊41　フェイスブック　facebook　04年にスタートしたSNS。GAFAの一角を担う。ほかのSNSもインディビジュアリズムに立脚したものが多く、そもそもSNSはそのようなものだ、という通念はいまもって強い。

＊42　垢BAN　垢＝アカウントで、BANは「禁止」などを意味する英語。つまりアカウント停止のこと。

＊43　このあたりが、平野の主張とは違ってくる部分である。同氏は前掲書で「本当の自分／ニセモノの自分」という自己把握が人を束縛しているから、この二項対立を解体すべくすべてのディビジュアルは「本当の自

〈3-2〉

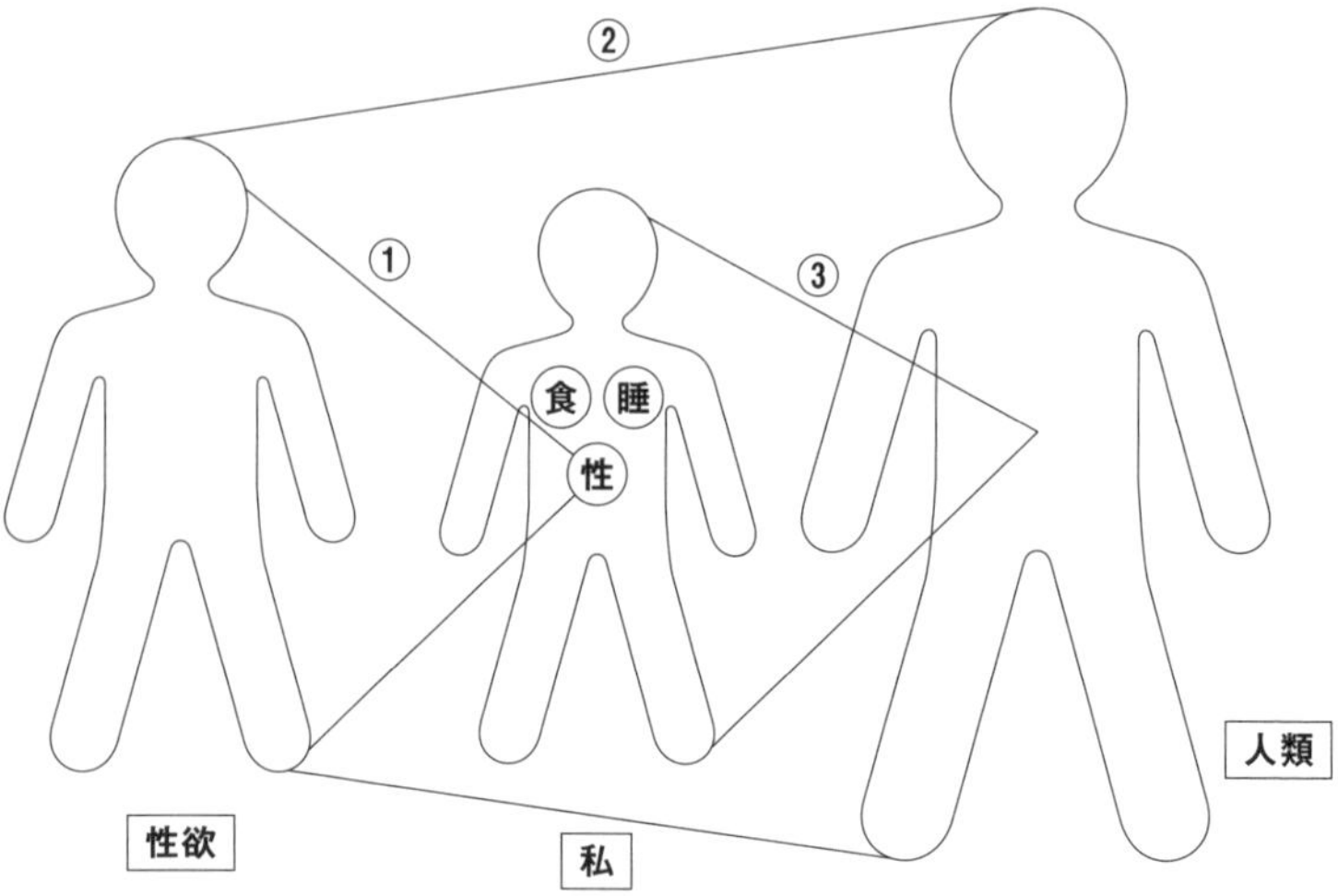

①「私」の中に「性欲」という他者が現れる
②その他者（性欲）は「人類」の代行者である
③「私」は「人類」という全体の１パーツにすぎない

「三大欲求」は、多くの動物も共通して持っているものであり、それらはどれも、ある意味では野蛮なものです。野蛮なエンジンがあとからひとつ増える。その経験は、「自分たちが所詮動物にすぎないこと」を改めて突きつけてくるものでもあるでしょう。

　そして、その新しい欲望を満たすことは、私自身ではなく、私を部分とする全体＝人類種の維持に貢献する。つまり、性欲は「自分を部分とする全体」の欲望の代行者です。だから性欲自体が、こんなもの悲しいメッセージの伝達者なのかもしれません。「自分は所詮、より大きな全体の1パーツにすぎない」。〈3－2〉

Neru「病名は愛だった」（2017）
作詞、作曲：Neru & z'5　絵：ゆの　動画：Yuma Saito　歌：鏡音リン、レン

サンプリングをもとにするボカロの歌声（14章）を再サンプリングしチョップする。歪んだ時空の中での叫びのように音高が変調し低音が顔を覗かせる。そうして実現するサビのメロディが、どこまでも美しい。だから愛は美しいなどと本曲が言うはずない。人に巣食うそれをメスで外科的に切り出そうとする、鋭利なアンチ・ラブソング。

人間は思春期を迎えると、厨二病にかかる生き物なんです

では、ここまでの議論を踏まえて、厨二病的[*48]とされる表現について考えてみましょう。

厨二病という言葉にもかなり広い意味があるものの、厨二病的表現のうちのいくらかには、次のような特徴が見出せます。

自分とindivisible（分割不能）で、uncontrollable（制御不能）な他者。

『地獄先生ぬ～べ～』[*49]であれば、左腕に、ふつうの人は持ちえないなにか強大な力が急に宿る。『進撃の巨人』であれば、主人公のエレンは、自分たちを脅かす強敵の巨人に、自分がなってしまう能力を持っている。それがいつ発動するのか本人にもコントロールできなくて、それを暴走させると味方を傷つけることになってしまう。『東京喰種』[*50]はより直接的ですね。あるときを境に、主人公の金木くんに、それまでは身に覚えのなかった新しい欲望がインストールされる。ネタバレですが、それは他者を食べてしまいたいという欲望、食人欲です。それを満たすことは他者を破壊することであり、もっとも暴力的な介入です。

重要なポイントは、どれもが「暴力の表象」になっていることです。それを放任するなら必ず誰かを傷つけてしまうような力であり欲望です。それをどうコントロールしていくかということがひとつの物語の筋になっていきます。

分」なのだ、と論じる。ここで筆者の言う「それぞれのディビジュアルを対自的に俯瞰する自分」はともすれば平野が棄却した「本当の自分」のようにも理解しうるが、必ずしもそうではない。両者の議論のアウフヘーベンは可能である。

＊44　近代化の時代であり、社会が性を管理しようとする力が過剰に顕在化した時代。すなわち「性の近代化」の時代としてフーコーは『性の歴史』をここから語り起こした。

＊45　絶起　学生用語。「絶望の起床」の略。約束などを寝すごして起床すること。

＊46　生殺与奪を管理する権力を、フーコーは「生権力 bio-politics」と言った。「勝手に死なせてくれない」。ウイルス対策などの公衆衛生管理は明白にそれに該当する。

＊47　6章参照。

これらはほぼ直接に、性欲のメタファーです。つまり、ある種の厨二病的表現は「あるとき突然課せられる性欲という克服課題」のメタファーである。

性愛は、ときにuncontrollableなものとして表現されます。ボカロ曲を見てみましょう。wowakaさんの「裏表ラバーズ」でも、ラブに侵されたのち、自分の「心内環境を制御する」ことの断念が表現されています。

のりP[*51]の「右肩の蝶」には「切ないと云う感情を知る」とあります。それまでにはなかった新しい感情の到来ですね。「狂い出した私を止めて」ともあります。この曲はラブソングですが、その中においても、誰かを強く好きになることが狂気のメタファーで表現されている。狂気もまた、uncontrollableで、自分とindivisibleなものです。

また、厨二病の意味をさらに広くとるなら、それは「ほかの人とは違って自分だけがなにか特別なものを持つ」という表現です（すでに挙げた例もすべて該当します）。自分が実はサタンの生まれ変わりだったとか。あるいは、いまやすっかり一大ジャンルになりましたが「ふつうの中学生をやっていたのに突然自分だけ異世界に転生する」[*52]というのも、自分だけが特別であるという表現です。これらについてもここでの議論の延長で説明可能です。

性欲は、自分が「より大きな全体の所詮1パーツにすぎない」という想像力を突きつけてくる。その全体とは、擬人化して言うなら「自分を部品として、交換可能なものとしか見なさない」他者であり、それは性欲の到来以前の「私が私として独立している」という自己イメージを揺さぶる他者でもある。もっと平たく言えば、「お前はふつうだ」と呼びかけてく

大沼パセリ「Corruption」（2018）
作詞、作曲：大沼パセリ　絵：ホンダソウイチ　歌：初音ミク

愛への拘泥のようでも、私への拘泥のようでもある。つまり、双方が同義だと言っているようでもある。「僕が僕のことを／抱きしめて離さない」＝indivisible なのだとして、それを“手を汚す”（corruption）と感じさせる外力はどこにあるのか。その後シンガーソングライターとして繊細な声を聴かせながら、つねに寸分の狂気を失わない同氏のボカロ時代の佳曲。

る他者です。けどその他者は、自分と不可分である。ということは、その「お前はふつうだ」という声は、内側から響いてくる——。

「そんなはずはない、自分は交換可能なモブのひとりじゃない！」

「お前はふつうだ」という声に抗って、固有のひとりでありたいと思うのはまったく自然な欲求でしょう。だからこそ、厨二病があるのではないか。さまざまなサブカルチャーコンテンツで提供されている「自分が特別である」というファンタジーは、この欲求に応えているのではないでしょうか。

自分はモブのひとりにすぎないのではないかという強迫観念は、年齢にかかわらず、あらゆる世代の人につきまとうものであり、承認欲求は超世代的なものです。ですが、性の到来は、その強迫を急にもたらしてくるのではないか。個人差はあるものの、第二次性徴の発現が明らかになってくる14歳ごろ、中学2年生ごろに、この問題に対面せざるをえない人も少なくないのではないか。

なお、第二次性徴は英語では「secondary sex characteristic」と言います。性的キャラクター化、すなわち相対化というわけです。

「人間は、思春期を迎えると、ラブソングを求めるようになる生き物なんです」。この湯川れい子先生の発言になぞらえて、こう言ってもいいかもしれません。「人間は、思春期を迎えると、厨二病にかかる生き物なんです」。

しかし、勇み足でそこまで言うのはぐっとガマンするべきでしょう。厨二病表現の需要を、

＊48 厨二病
基本的には俗語であって、医学が認定する病理ではまったくない。自分は凡百の他者とは違うという自己認識などが長じて、本文のようなファンタジックな設定を自分に課すなどすること。筆者も使う邪気眼はその典型のひとつ。広義には、伝統的な「不良」ぶることや「背伸び」することも包含される。からかいの文脈で使われることが多いが、筆者は「鋭角的な感性の発出」として肯定的に使うことしかほぼない。中学生が本書を読むことが厨二病であるならそれは最高の病気だ。

＊49 『地獄先生ぬ〜べ〜』（1993〜1999年）
原作真倉翔、作画岡野剛のマンガ作品。『週刊少年ジャンプ』にて連載。アニメ化、実写化もされた。

＊50 石田スイ『東京喰種 トーキョーグール』（2011〜2014年）

時代的、空間的に普遍的なものと見なすことは難しい。同時代の日本にあっても、それはすべての若者から必要とされているわけではありません。厨二病も、ラブソングも、文化と文脈と嗜好に依存した、普遍とは隔たったものです。

だからこそ逆に、こうも言えるでしょう。生まれる時代と場所が違えばラブソングを必要とした人が、この現代に生まれたから厨二病表現を必要とするということもあるのではないか。

厨二病表現は、しばしば嘲笑的に語られます。ときに、それを経験した当事者によって事後に「黒歴史」として自嘲的に語られたりもします。とくに、厨二病表現にこれまで興味がなかった人に気をつけてもらいたいんですが、今日のぼくの分析によって、厨二病表現の本質がわかったからもう十分と、ポテンシャルを全部知った気にはならないでくださいね。今日の議論は、厨二病のあくまでひとつの断面を切り出したものにすぎません。

批評することは、対象を矮小化することではありません。厨二病表現が、ときに悩める切実な誰かを救いうるのだということを、分析を通してお伝えしたのだと受け取ってもらえると嬉しいです。

現代日本において、厨二病的表現は必要なのだ。これが、批評を通したぼくのメッセージです。

この5曲に共通する点はなにか？

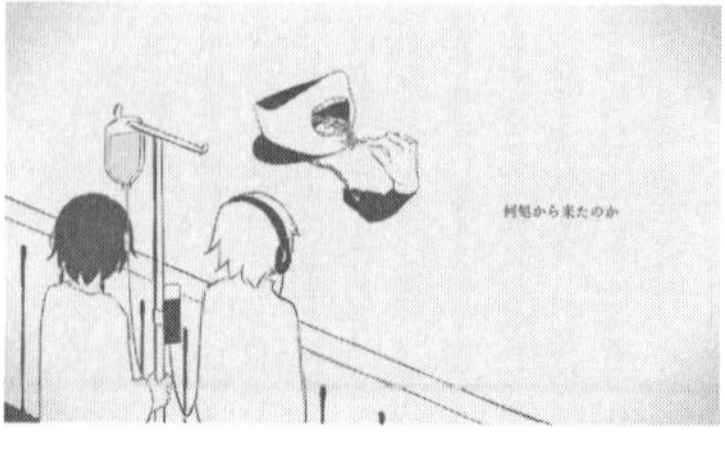

ぬゆり「祈りは空っぽ」（2019）
作詞、作曲：Lanndo／ぬゆり　絵：アボガド6　歌：flower、結月ゆかり

この5曲は総合的な判断で選んだが、時間の都合で入れられなかったのがsasakure.UK「レプリカ」とこの曲。「僕は君だ　君は僕だ」。違っていくことと繋ぎ合っていくことも、擬人化すれば互いを自分のように思っているかもしれない。アボガド6が珍しくしっかり描写した口は、決定的にアブジェクションだった（そこから垂れる言葉の質よ）。

精神発達段階論、キャラクター／初音ミク論、ディビジュアル論と接続し、それらを踏まえたぱてゼミ固有の厨二病論を披露させていただきました。かなり理論度の高い回でしたが、いかがだったでしょうか？　復習がてら最後に補助線を引いておくなら、すべてに共通するキーワードは「分裂」と「他者」です。

さて、次回からは、本日の理論と概念系を活用して、５人の作家による５曲を、並べて分析するという試みに入ります。取り上げるのはこれらの曲です。

DECO*27「モザイクロール」
Neru「ロストワンの号哭」
みきとP「心臓デモクラシー」
kemu「拝啓ドッペルゲンガー」
はるまきごはん「メルティランドナイトメア」

５人ともがシーンにとって最重要の有名ボカロPです。それぞれの作家の固有性にも迫りたいと思いますが、同時に、この５曲を並べるゆえに見えてくるものにも注視してください。曲名を聞いただけで、共通点に気づいた人はいるでしょうか？　実は、この５曲には明らかな共通点がひとつあります。次回までに、各曲を動画サイトで視聴して、なにが共通点かについて考えてきてください。批評に一番重要なのは、作品自体に触れることです。

それでは、本日もお疲れ様でした。また来週。

『週刊ヤングジャンプ』にて連載。続編は２０１４〜２０１８年にかけて連載。

＊51　のりP
ボカロP。２００８年にニコニコ動画にて楽曲を初投稿。当時高校生ボカロPとして注目を集めた。オリジナルアルバムに『Butterfly』がある。

＊52　「異世界転生もの」の物語作品は10年代を通して急増した。現世で一度死んで、別の世界に生まれ直すのが本来の「異世界転生」であり、元の世界での身体のまま異世界に行くことは「異世界転移」である……など、いまや大ジャンルなので広義の「異世界転生もの」の中にもさまざまなサブカテゴリが用意されているようである。転生の問題については4章と6章でも触れる。

第4章

人のセックスを笑うな
〜DECO*27小論〜

同じ人物であるだろうふたりが映像に登場している

今回から3回にわたって、5人のバラバラの作家による5曲を並べて批評していきます。ここからのアプローチは、口語的に言うなら「串刺しアプローチ」です。

２０１０年代という同じ時代の同じシーンに登場した5曲。どれもが、シーンのリスナーに大きく支持された楽曲です。そこには、個別の作家性を超えて、同時代のリスナーに強く共鳴した感性が共通してあるのか、あるいはないのか。

もちろんあるという見立てを持ってこの5曲を選んでいるわけですが、みなさんもそれぞれに、この5曲の共通点と相違点、そして、この5曲に見られる感性がシーン全体と呼応しているかどうかについて、自分の感性と論理を使って検討しながら議論を聴いてみてください。前回の議論は、分析の道具としてきっと使えるはずです。

そして、5人の作家はそれぞれに代えがたい固有性を持っていますから、楽曲分析に合わ

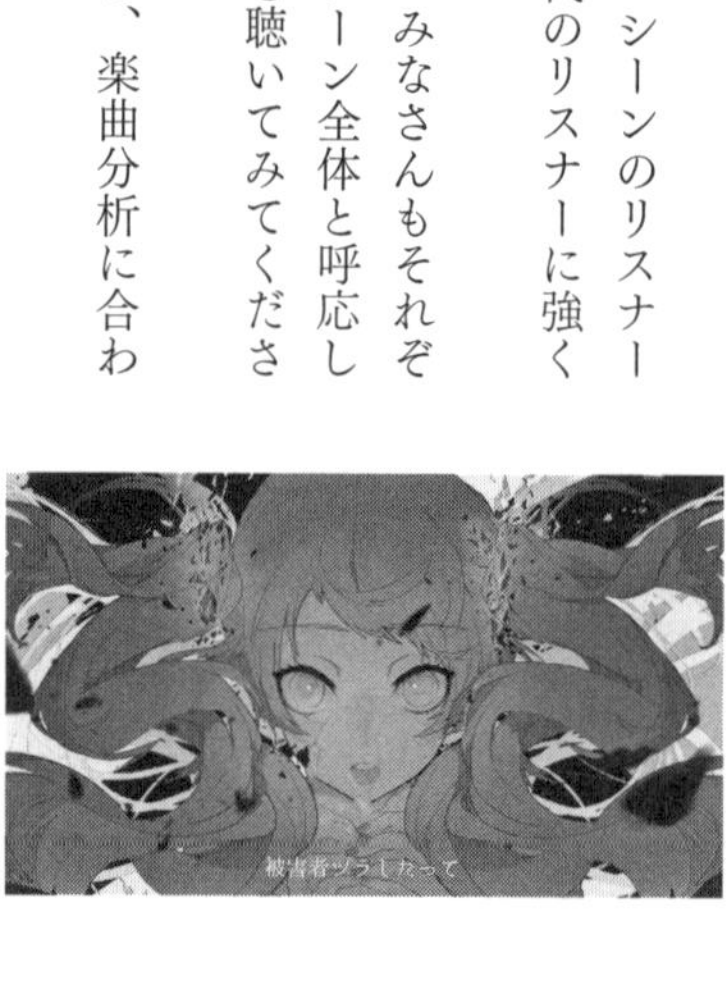

DECO*27「ゴーストルール」(2016)
作詞、作曲：DECO*27　絵：八三　歌：初音ミク

無線の遭難信号「メーデー」。この悲鳴の反復こそがボカロの16年の産声だった。同年1月のぼからんで本曲は4週連続1位を独走（史上初）。ゴーストは分人の別名だ。僕が取り憑かれているのは「僕じゃない僕」か、未分化な母性（「EGO-MAMA」）か。瞬きなしにあなたを見つめるミクにアブジェクションを見出さないほうが難しい。

せ、作家小論も展開します。ですので、本日は「モザイクロール」論&DECO*27小論です。

まず、前回最後に示唆した通り、この5曲には明示的な共通点があります。抽象的な次元の話ではなく、動画を見れば一目瞭然の共通点です。わかりましたか？

それは、「同じ人物であるだろう〝ふたり〟が映像に登場している」ことです。

1曲だけそのような例があるということなら、珍しいことではないかもしれません。しかし、同様の表現が、シーンの中の人気曲にいくつも登場しています（ここで取り上げる5曲のほかにもあります）。いわゆるJポップのチャートでは考えられないことです。この事実はなにを示唆しているのでしょうか。

そのような大きな問題設定も頭の隅に置いてもらいながら、今回も、作品の具体的な細部に踏み入っていきましょう。

トップボカロPでありつづけることでシーンを支える作家

この講義は「2010年ごろの双璧の天才」を語ることから始まりました。作家性の呼応と対比から、ハチさんとwowakaさんを対で語ることには必然性がありましたが、同じ時代にふたりに劣らぬ支持を集めていたのがDECO*27さんです。デコさんを含めて

＊1　主観ではあるが、傍証のひとつとしては、14年と15年はニコニコで「年内ミリオン」を達成したボカロ曲は各1曲ずつであり、10年代中もっとも少ない。なお楽曲投稿数は、10年代中では17年が最少である。各年の「年内ミリオン」数については2021年12月28日のいも男爵のツイートを参照した。

＊2　ぼからん　ニコニコ動画に投稿されている動画「週刊VOCAL Character とUTAUランキング」のこと。10年時点では「週刊VOCALOIDランキング」だったが、週刊UTAUランキングの引き継ぎや、初音ミクが狭義のボーカロイドではなくなったことなどを受け、21年時点の正式名称は右記の通り。時流の変化に応じて、動画制作者のsippotanによって点数の算出式は細かくアップデートされている。ほかにも日刊やキャラ別など多数のランキング動画が存在する。

＊3　隠喩　metaphor

2010年ごろの三強という言い方もできるでしょう。

デコさんは、ハチさんwowakaさんのふたりとは違う点があります。それは、2009年の初投稿以来ずっと、ボカロシーンを離れず活動しつづけていることです。そして、ずっとトップボカロPでありつづけている。

15年あたりに、一時的にボカロシーンが少し元気がないように感じられたことがありました[*1]。明けて翌16年1月にデコさんが投稿したのが、本日オープニングでかけた「ゴーストルール」です。ある学生がこう言ったことがありました。「あのタイミングで「ゴーストルール」が投稿されていなければ、シーンはいまよりも元気がなかったんじゃないか」。もちろんありえない「たられば」の話でしかないんですが、個人的には共感しました。時期によらず、ずっとトップランナーであることによってシーンを支えている作家のひとり。デコさんにそういう印象を持っています。

10年に発表された「モザイクロール」は、そんなデコさんの代表曲のひとつであり、シーンを代表する1曲です。GUMIがメインボーカルの曲で最初にぼからん1位を獲得した曲でした[*2]。動画制作はakkaさん。当時はまだ一枚絵の作品も多く、これほどダイナミックに動く映像はなかったので、その点でも強い存在感を放っていたのを覚えています。ふたりのバトルのダイナミックさはいまの目線で見ても見応えがあって、まったく古びていません。

この曲の「同じ人物であるだろうふたり」は、白っぽいGUMIと黒っぽいGUMIです。以下、白GUMIと黒GUMIと略称しましょう。これから取り上げる5曲それぞれで、ふたりがどのような関係にあるかはバラバラですが、この曲のふたりは壮絶なバトルののち一

DECO*27「ストリーミングハート」(2014)

作詞、作曲:DECO*27　共編曲:kous　動画:ががめ+α、Yuma Saito　歌:初音ミク

他者を自分の分身にしてしまうことと、そんな相手を切り離すために「嫌いになってしま」うこと。“2と1の往復劇”はあからさまに描かれる。その1と2のあいだ、「ウソと本音」のあいだを「アイマイ」に流れゆくことが呼吸をすることだとして。捏造した他者の幻像はミクで表象される。14年にニコニコで「年内ミリオン」を達成した唯一のボカロ曲。

方が消えてしまうという展開になっています。
それではさっそく、聴いてみましょう。

♪DECO*27「モザイクロール」

傷口が開いてなければよかったのに

今回は、部分抽出的にではなく、歌詞の全行を丁寧に追っていきたいと思います。詩歌の分析ではオーソドックスなやり方です。もちろん同曲は音楽作品ですし、また、映像が加わることで固有の立体感を生んでいる作品ですから、音楽、映像の要素についても順次言及していきます。

歌詞全体を見渡すと、この曲もまた、セクシュアルななにかを描いていることにほぼ誰もが気づくでしょう。ぼくの見立てを先に言うと、この曲も堂々たるアンチ・ラブソングです。

最初の2行を見てみましょう。アンチ・セクシュアルな感性がさっそく発出しています。

A1-1：
とある言葉が君に突き刺さり
傷口から漏れ出す液を「愛」と形容してみた

冒頭からさっそく、深みのある印象的なフレーズです。一読してすぐには意味をつかめな

比喩表現のうち、直喩（「〜のようだ」などと比喩であることが明示された表現）ではないもの。アナロジーと密接な関係があり、認知言語学者ジョージ・レイコフによる認知意味論においては言語活動の根幹的概念であるとされる。

＊4 異化 остранение
既知の言葉を読む行為は「再認」である。血という言葉を読んで、「血とはこういうもの」という「内面化された辞書」からイメージを得ているだけだから。そうではなくて、対象とそれが初めてのもののように（「不気味なもの」のように、とも説明される）出会わせる手法が異化である。本文同様に、シクロフスキーも即物性を突きつけるものを異化の例として挙げている。

＊5 ヴィクトル・シクロフスキー
Ви́ктор Бори́сович Шкло́вский
（1893〜1984）
ロシアの文学理論家、言語学者。のちの構造主義や新批評に影響

い。とある言葉が突き刺さると、傷口から液が漏れ出すようである。すでにもう、センシュアルで生々しい表現ですが、これはなんのことでしょうか。メタファー[3]論を兼ねるかたちで、考えていきましょう。

「傷口から漏れ出す液」とは、血のことではないか。そう解釈した人は多いでしょう。血と一言で言うことができても、同じものを改めて別の言い方で表現する。このような表現技法を「異化[4]」と言います。ロシアの文学理論家のヴィクトル・シクロフスキー[5]が概念化したとされますが、それを受けてドイツの劇作家ベルトルト・ブレヒト[6]がその演劇理論の中心概念としたことで知られています。そのまま言うと自明のものとして見過ごされそうな言葉を、あえて言い換えることで、改めて距離を持って感じさせる手法です。

たとえば、「そこの人」というのを「そこのタンパク質のかたまり」と言ったなら——現実にそんな言い方をするのはあまりに失礼なので、マネしないでくださいね——、はっとするでしょう。自分は知的な主体だと思っているけど、たしかに、即物的に言えば有機物のかたまりにすぎない。日常的には意識していない現実の一側面を突きつける言い方です。人によっては突き放されたようにも感じるでしょう。

「傷口から漏れ出す液」が血であるなら、その液が漏れ出してくるところの「傷口」は、文字通りの、身体にできた傷口のことです。その液を愛と言っているのだから、ここで愛は「痛みを伴うもの」です。この読みによっても、アンチ・セクシュアルな感性を指摘することができます。

DECO*27「モザイクロール」（2010）
作詞、作曲：DECO*27　動画：akka、mirto　歌：GUMI

18 年に GUMI のソロ曲で初の神話入り（1000 万再生）を達成。本論では王道の読解を迂回していて、それは「弱虫モンブラン」など同時期他曲との呼応の読解と、21 年発表の Re-loaded 版との対照比較である。輝きの強い星はどの星との関係でも役割（Role）を担い、必ず星座を結ぶ。分裂的でこそないがコーラスの使い分けも見事。読解可能性は尽きない。

これで終わりにせず、さらに考えてみましょう。「液」と「傷口」はそのものを示すのではなく、別のもののメタファーなのではないか。前行で「言葉が突き刺さり」、その結果液が出てきているのだから、身体的にではなく、言葉によって精神的に傷ついて、涙をこぼしたのではないか。涙を「液」と言っているのではないか。重要なのは、この解釈によると目が「傷口」になるということです。

　また、受講生のひとりがこう読解してくれました。「液は、言葉ではないか」。言葉が突き刺さって、それに対して言葉を言い返してしまった。そこで「漏れ出す」言葉はおそらくネガティヴなものでしょう、だがそれを主人公は「愛」と言っているのだと。この解釈によると、その液が出てくるところの「傷口」は、口になります。

　これらの解釈によっては、目あるいは口を、「傷口」と表現していることになります。ここでメタファーの重要な機能[＊7]が作用します。

　傷口とは、痛みが伴うもので、その口が開いているのはdamagedな状態です。本来開いていないほうがいいもの、あるいは、開いていることが不幸であるものでしょう。目や口を「傷口」と言うことは、傷口に紐づいたそれらのイメージを目や口にまとわせることです。〈4-1〉

〈4-1〉

「傷口」：「液」
文字通りの傷口：血
目：涙
口：言葉

　目なんて／口なんて、開いていなければよかったのに。こんなものが開いているばっかりに見てしまう／話してしまう――言葉を足すなら、このようなイメージが付加されるということです。

　もうひとつ、性的な解釈も提示しておきます。人の体液という

を与えた文学運動「ロシア・フォルマリズム」の中心人物のひとり。著書に『ドストエフスキー論』『散文の理論』など。

＊6　ベルトルト・ブレヒト Bertolt Brecht（1898〜1956）ドイツの劇作家、詩人。代表作に『三文オペラ』など。「異化効果 Verfremdungseffekt」を提唱した。マルクス主義の影響を受けており、ナチ体制期のドイツではブレヒトの著作は刊行禁止、焚書の対象とされた。

＊7　「Highlighting and Hiding＝ある面を際立たせ、ある面を隠す」。これはジョージ・レイコフ『レトリックと人生』3章の章題である。本文での議論に興味を持った読者はぜひ参照されたい。

＊8　歌ってみた　踊ってみた　既存の音楽作品を歌ったり、その曲に合わせて踊ったりする動画カテゴリ。ニコニコ動画で定着した呼称だったが、その後Y

ことから血、涙という解釈が引き出されましたが、性的接触のときに、性器から出てくる液を愛液と言います。この行で、愛とも液とも出てきているから、そう連想することも可能でしょう。灯台下暗しと言うべきか、ぼくはこの解釈に気がつくのに一番時間がかかりましたね。

だとすれば、それが出てくるところの性器を「傷口」と名指していることになります。性器を、それが開いてないほうがよかったものと言うことになる。この解釈によるとき、このフレーズはもっとも強くアンチ・セクシュアルな感性を発出することになります。

さらに、末尾には、愛と「形容してみた」とあります。

歌ってみた、踊ってみた、形容してみた。

ボカロカルチャーの隣接ジャンルには「歌ってみた」「踊ってみた」[*8]というものがあります。20年代にいまさら言う人は見かけませんが、昔は「試しにしてみてるだけです、別に本気じゃないです」というニュアンスをわざわざ出す言い方が気に食わない、「歌ってみた」じゃなくて堂々と「歌いました」と言いなさいよ、という声がしばしば聞かれたものでした。

まあ、一理はあると思いますw 「〜してみた」というのは、それをする本人が言うときには、「全力でやっているわけではないこと」を強くほのめかす表現です。本人が余裕を強調する表現であり、「そうしている自分をメタ視できている」ことを強調している。前回の用語で言えば、対自的な自分の存在を示唆している。自分が二重化していることを示唆しているとも言えるかもしれません。

しかし、みなさんも経験的にわかるかと思います。本当に余裕があって、対自的に自分を

DECO*27「弱虫モンブラン」（2010）
作詞、作曲：DECO*27　動画：akka　歌：GUMI

トリオになる直前、甘党コンビによる本曲発表から十数年、多様な解釈があるが、「堕」の漢字から堕胎の物語と読まれることも少なくない。その導線は他曲の読解を強力に牽引する（「モザイクロール」の間奏で攻撃が白GUMIの腹を貫いていることなど）。断言できるのは、生殖と無関係であるなら、性はいまのようなかたちをとるはずがない。

メタ視できているとき、わざわざそんなことは言わない。だからこれは、むしろ揺らぎの表現とも言える。

あるいは「それを確信しているわけではないこと」が強調されているとも読解できます。「間違っていたとしても、自分には責任はないよ、言ってみただけだから」というような。

「キミとアタシ」は孤独である

では、次の2行に進みましょう。

A1-2：
思いやりの欠如と形だけの交尾は
腐れ縁のキミとアタシによく似ている

いわゆる歌詞の言葉ではない、刺激の強い言葉が目にとまります。「交尾」。(「横隔膜」のときと同じ言い方をしますが、) この言葉が出てくるJポップはどれほどあるでしょうか。セックスを言い換える言葉はいろいろあります。「ひとつになる」「夜をともにする」「繋がる」「お互いを満たす」とか。セックスの生々しさをオブラーティングするメタファー表現はいくらでも先例がある。その中からわざわざ交尾という言葉を選択している。包み隠すどころか、むしろ生々しさを強調するワーディングです。

ここにも異化効果と、メタファーによるイメージの引き寄せが作用します。交尾はもっぱ

ouTubeやTikTokなどに文化が拡散したのちも思いのほかこの呼称は残りつづけている。

＊9　さらには、この箇所ではふたりともがシルエットなので、いよいよ等価に見える。

＊10　「ぼくは旅立つ」「欲しいものはないのよ」など。当然、男性だから／女性だからどう話さなければいけないというものではないが、昭和の通念には男言葉／女言葉というものがあった。男女の対比の明確化のために、同時代に実際に使われていた言葉以上に対比的に書かれている可能性もある。

＊11　ジェンダーを示唆する要素、という程度で言っている。ちなみにボーカロイドのソフトには声を変調するジェンダーファクターという同名のパラメーターがある。これを用いてジェンダーエクスチェンジをしたキャラ（たとえばミクオなど）にも支持がある。7章で詳述。

ら動物の性行為を指すのに使われる言葉です。行為の即物性、人間も所詮動物にすぎないというイメージを引き寄せますし、そこには、交尾をする人間を見下す軽蔑の視線がある。

この2行は、二者の関係が別の二者の関係に似ている、と言っています。これは文法的にはふたつの読解が可能です。

①思いやりの欠如：形だけの交尾　∽　キミ：アタシ

②「思いやりの欠如と形だけの交尾」が、「腐れ縁のキミとアタシ」に似ている。

①は、A：Bの関係がC：Dの関係に相同的であるという読解。二対の二者の、AがCに、BがDに対応する。つまり語順が有意味であるとする解釈ですね。②は、二者が二者に似ているというだけで、語順は重視しない。あるいは、キミとアタシの「腐れ縁＝分かちがたさ」と同様に、思いやりの欠如と形だけの交尾は分かちがたいと言っているのだ、という読解です。

繰り返しますが、批評は作者の意図当てゲームではありません。なので、この部分だけを見るかぎりではどちらの読解も間違っているということにはなりません。

いったんこの話を保留にして、次に進みましょう。

ここには「キミ」と「アタシ」という二人称と一人称が登場します。ふつうのラブソングであれば、私とあなたといえば、たいてい本人と恋人のことです。しかしこの曲の場合、果

流星Ｐ「magnet」（2009）
作詞、作曲：流星Ｐ　絵：ゆのみ　歌：初音ミク、巡音ルカ

トゥライ名義で歌い手活動もする流星Ｐの２曲目の伝説入り曲。当時の歌みたで大きく支持され、同時にニコ動的悪ノリ派生も多く生まれたが、それでもシーン初期にクィア表現が存在した功績は大きい。耽美的で古典的で直接な性表現は、異性愛条件のもとでは許容されなかっただろう。誰がなにを避けているのか。

たしてそのかぎりでしょうか。

この曲には人称が3つ出てきますね。「アタシ」と「キミ」と「君」です。耳で聴く分には後者ふたつは区別がつきませんが、動画内の歌詞では漢字とカタカナと表記が使い分けられています。1行目の「君」は漢字でした。

ですが、この箇所の「キミ」は、アタシと同様にカタカナ表記です。そのことと、「同じ人物であるだろうふたり」を描いている映像をヒントにすると[＊9]、ここでの二者（「キミ」と「アタシ」）は、ふたつに分裂した自分自身、同じ人物のふたつのディビジュアルではないでしょうか。こう考えるなら、①と②の読解はそもそもはじめから近しいのです。

先ほど軽蔑の視線があると言いました。しかし、自分だけが高みにいて交尾をしている他者を見下す、という単純な構図にはなりえません。前行で示されている通り、交尾をしている人に、自分が含まれているからです。

一方、では漢字の「君」はといえば、こちらは狭義の他者と解釈するのが妥当でしょう。1番と2番にそれぞれ一度ずつ出てきますね。ここでも「裏表ラバーズ」のときと同じ指摘をしたいと思います。「モザイクロール」もまた、狭義の他者の存在が非常に希薄ではないでしょうか。歌詞表現においても映像表現においても、自分と自分の衝突を描いているのがほとんど。この曲においても、性に向き合いながら、「自分」は非常に孤独です。

同じものが「性」でも「愛」でもあってしまうこと

次に行きましょう。

＊12　当該箇所の映像が、飛び散った液体を背景にしていることもこの解釈の根拠のひとつ。

＊13　それぞれ英語では、glasses, goggles, scissorsと、単品のものを複数形で表現する。

＊14　YouTube動画では0：51から2秒ほど。

＊15　この点から、黒GUMIのほうが鏡像であることが表現されているのだとして、白／黒に主従を見出す解釈も可能だろう。「白が本体で、黒は影なのだ」というような。ただし参考まで、デコさんは左利きである。

＊16　映像上は、前2行の箇所と同様に白GUMIは倒れていて黒GUMIの口元が動いている。

＊17　けれども、半音上に転調している。同じ言葉を、ひとつ上のステージで再演している。反復しながら変わっていくこと。

A1―2：「それでも好き…。」とか（笑）

発音されない「(笑)」。非常に特徴的な表現です。いまでこそ同様の例が見られるようになったかもしれませんが、2010年当時、すごく新鮮に感じたのを覚えています。それが動画内の歌詞表示だけで示される。「動画サイトを舞台に成長した音楽カルチャー」ゆえの表現というべきでしょう。

ここにもまた、明確に軽蔑のトーンがあります。その交尾は思いやりのない形だけのものにすぎないのに、そんなものに感情を見出している――好きと言っている。今回の講義タイトルは「人のセックスを笑うな」ですが、この曲は人のセックスを笑っているわけです。

前回、性欲は転校生のようにあとからやってきて、それまでに一度完成した私のトータリティを揺るがしてしまうのだ、とお話ししました。性欲の到来によって、自分が「性欲以前の自分」と「性欲以後の自分」に時間的に分裂させられてしまう。

性を軽蔑できる人とはどのような人でしょうか。性欲を持たない人にとっては、自分の共感しえない欲望によって行動原理を規定される他者は、バカげて見えるかもしれません。性欲以前の自分の目には、性欲以後の自分はバカバカしく見える。だが、それはまったくの他者ではない。「腐れ縁」で離れられない自分自身のことである。恥ずかしい。その結果が軽蔑です。無関係の他者の話だったならむしろ、軽蔑の感情は生じなかったかもしれない。笑

太田裕美「木綿のハンカチーフ」(1975)
作詞：松本隆　作曲：筒美京平　歌：太田裕美

13章で言及するバンド「はっぴいえんど」を言葉とリズムの面から牽引した作詞家、松本隆が、専業作詞家として手がけた初期作品であり、20年に没した昭和の大ヒットメイカー筒美京平の作曲。往復書簡の形式をとる話者交代のほか、4番構成、サビではなくAメロが主役であるなど、たくさんの特徴は当時としても斬新だったという。

っているのは、人のセックスではなく、自分のセックスです。

前回は、性欲の到来を急なものとしてひとたびは語りました。ですが、推移の過程で、性欲以前／以後の自分が混在する時期があると考えるのも自然です。推移する最中ゆえの、両者の混在と対立。この曲に登場するキミとアタシ――ふたりのディビジュアルは、それに対応しているのではないか。いまの自分を、昔の自分、もっと言えば「さっきまでの自分」の視線が追いかけてくる。

性欲以前の自分が、性欲以後の自分がまさにその性欲から人を「好き」と言っていることを嘲笑している。以前の自分は、その欲望を共有しないからこそ、それは性欲を満たす行為にしか見えない。だが、以後の自分にとって、それは「好き」の感情であり、愛である。

つまり、同じものが、性欲以前の自分にとっては「性」で、性欲以後の自分にとっては「愛」であること。あってしまうこと。そんな事態が描かれているのではないでしょうか。2番に出てくる「愛か欲か分からず」とも呼応します。

ここにある軽蔑は、セックスそれ自体に向けられているのではない。所詮交尾にすぎないものに愛なる幻想を見い出してしまえることに、向けられているのかもしれません。

話者交代していくモノローグ劇

いよいよサビです。

＊18　黒GUMIはタイツが長く、白GUMIはショートソックス。色を得た最後のGUMIは、ちょうどふたりを足して2で割ったように、膝丈のソックスを穿いている。

＊19　ヴィム・ヴェンダース　Wim Wenders（1945〜）ドイツの映画監督。70年代に「ニュー・ジャーマン・シネマ」の旗手のひとりとして頭角を現す。親日家としても知られ、85年には小津安二郎監督をテーマにした『東京画』、89年には山本耀司を追った『都市とモードのビデオノート』というドキュメンタリーを発表している。

＊20　ヴィム・ヴェンダース『ベルリン・天使の詩』（1987年）西ドイツ、フランス合作映画。その2年後に訪れる東西ドイツ統一の予感が表現されているのだと町山智浩などによって評されている。東と西の対立の解消＝アウフヘーベンによって、

S1：愛したっていいじゃないか

まずはこの、最強の1行を取り出しましょう。「愛する」という動詞の変化形の中で、これほど非凡なものはありません。「愛してる」「愛してしまった」などの定型表現と一線を画す、ここだけを聴いたリスナーをも摑む力強いパンチラインです。前行までの冷たい嘲笑を突っぱねる、逆ギレで開き直る力強さです。

「性欲以後の自分」であるなら、開き直る主体は当然、ということになります。ここで、この曲の歌詞が、部分ごとに話者交代していることが明らかになります。

いわゆるデュエット曲は、ふたりの歌い手に歌詞のそれぞれのパートが割り振られていて、対話的になっていることが多い。流星P「magnet」もそうですよね。けれども「モザイクロール」はGUMIというボカロが一貫して歌いながら、話者が交代していく。最良の意味でアクロバティックな構造ですし、まさにそのことによって、二者が同じ人物であることも示唆されている。

先行例がないわけではありません。たとえば昭和時代の有名曲、太田裕美「木綿のハンカチーフ」は、一貫して太田裕美が歌いながら、（おそらく）男女のカップルそれぞれの気持ちが交互に表現されるという形式です。ただこの曲では、話者交代をリスナーが見失わないように、男言葉／女言葉[*10]を使うことによって対比が明示されているんですね。「モザイクロール」にはそのような仕掛けはありません。あとで言及しますが、二者の対比は一聴してすぐにわかるものではなく、後半にかけてあいまいさを増していきます。

ゆちゃ「一方通行」（2011）
作詞、作曲：ゆちゃ　絵、動画：ハツ子　歌：初音ミク

「ポーカーフェイス」が伝説入りし、当時「女子高生のカリスマ」とも称されたゆちゃのスマッシュヒット。押韻の応酬、恋愛への敵意、それを戦いのメタファーで語ること（10章）。ここにある直感的な（計算ではない）「ボカロ的」なものの凝縮は忘れられるべきではない。ペンタトニックを簡潔に鋭角的に泳ぐメロディ、運動神経がいい。

　また、この曲にはジェンダーファクター[*11]は多く見積もってふたつだけです。ひとつは、2番で登場する「放つこと」が、前行の「終わる頃」を踏まえると男性の射精のメタファー[*12]であるだろうこと。もうひとつは、「漏れ出す液」を愛液とするなら、その主体は女性だろうということ。

　どちらも、直接表現ではなくメタファーの一解釈にすぎないので、ジェンダーファクターとしては非常に弱い。全体の口調も、男言葉／女言葉というべきものではなく、言葉にジェンダーの反映が少ない現代日本語で書かれています。

　結果、性を至近距離で描きながら、リスナーの性別を選別しない。この曲を聴く人のジェンダーが男性であっても女性であってもどちらでもなくても、ここで描かれる世界や主人公に移入することは阻害されないでしょう。果たして、JOYSOUNDのデータによると「モザイクロール」をカラオケで歌う人の男女比はおよそ4：6だそうです。

「(笑)」の嘲笑からの開き直り。この明確な話者交代から逆算すると、A1の2行の話者も「性欲以後の自分」なのだろうと推測できます。

　そうだとすれば、A1とS1のトーンの変化がずいぶんとダイナミックであることに気づきます。最初、おそるおそる警戒的に「形容してみた」と言っていた自分が（A1）、サビでは開き直っている（S1）。その揺らぎの根拠は明らかに、「性欲以前の自分」の嘲笑＝挑発でしょう。

　前回、性欲によって、一度完成していた自己のトータリティが揺るがされるのだと話しま

ベルリンの空は色を取り戻す。

＊21　ペーター・ハントケ Peter Handke（1942〜）オーストリア出身の作家、詩人。ヴェンダースの映画に原作、脚本などで参加。だがその後90年代のユーゴスラビア紛争に対する姿勢によってヴェンダースとは決別。2019年のノーベル文学賞受賞に際しても当時の姿勢をめぐって批判が噴出した。

＊22　本作は独仏合作映画である。ドイツ語では「Der Himmel über Berlin」（＝ベルリンの空）だが、フランス語では「Les Ailes du désir」となっている。英語はフランス語タイトルの直訳になっているので日本語タイトルのように解釈が介入したものではない。

＊23　仲谷鳰『やがて君になる』（KADOKAWA、2015〜2019年）単に百合マンガと形容するのはあまりに不足があって、これを「クィアマンガ」と呼ぶ文章を

した。ですが、「性欲以後の自分」を主語にすれば、過去の自分こそは、新しいトータリティを揺るがすものである。そんな示唆を得られる箇所ではないかと思います。

この1番サビの4行は、最後に完全に同じかたちでリフレインされます。ここでは、2行目以降の3行の解釈はいったん保留にして、次に進みましょう。

迷いは、アウフヘーベンの兆し

2番です。まとめて5行を見てみましょう。

A2-1
終わる頃には君に飽いてるよ
愛か欲か分からず放つことは何としようか

A2-2
思いやりの欠如と形だけの交尾は
腐れ縁のキミとアタシによく似ている
それでもいいいから…。

先に大きな見立てを言いましょう。2番は、1番よりも「性欲以前／以後」の立場の別が

DECO*27「アニマル」(2021)
作詞、作曲：DECO*27　編曲：Rockwell　動画：OTOIRO　歌：初音ミク

いつから自分が動物ではないと思っていた？「メイク」＝作り上げることを放棄して野生を剝き出すこともあれば、その徹底の果てに野生の欲望を実現することもある。「にゃお」と鳴くことも「しゃしゃしゃ」とあなたを引っ掻くことも同義。これらを語る言葉は映像中でいちいち口から吐き出される。サイケデリックの意匠を引用するのもシュア。

あいまいです。

「終わる頃には飽いてる」のだから、終わる前には飽きていない。ならば、A2-1の話者は「性欲以後」です。

ただ、その「以後」の自分が「愛か欲か分からず」と言っている。1番で恐る恐る「愛と形容してみ」ていたわけで、確信にはもともと及んでいなかった。けれども、1番でひしたび愛と呼んだものを、「欲かも分からない」と言い出している。「以前」の自分が突きつける疑義を、「以後」が自分から表明しはじめている。

A2-2の最初の2行は1番のA1-2と完全に同一ですね。だからA1-2と同様に、話者は「以前」の自分とも考えられる。けれども、3行目が1番とは決定的に違います。軽蔑し突き放すかのようだったものを、「それでもいい」と受け入れようとする。諦念のようなものをにじませながらも。

それを愛と呼んでいた「以後」が、「愛か欲か分からない」と言う。
それを性と呼んでいた「以前」が、「それでもいい」と言う。

このように、2番のAの部分では、「以前／以後」といったん図式化したディビジュアル同士が混ざり合ってきているかのようです。映像の結末で描かれる両者の統合が、すでにほのめかされています。なにかを確信するのではなく、「分からない」と迷い出すことこそが、統合の兆しになる。

「それは愛だ／それは性だ」と一方を盲信するのではなく、そうではないかもしれないと、両方の可能性に開かれていくこと。それは自分を「対自的」に理解していくモーメントです。

見かけたが然りと思った。

アセクシュアルあるいはアロマンティック（7章で詳述）という人物を主人公にする先進性を評価すると同時に、それを「正しい完成の前の未然の状態」のように描いてしまうとすれば危険である。ハラハラしながら追っていた。

同作の英語タイトルは「Bloom Into You」である。成長して、君になる。主語は明示されないが、この主語を「I」、そして目的語の「You」を複数形、すなわち自分以外の人たちとするなら、「私だっていつかはみんなと同じようになれる」、人と同じようになることを花開く（＝bloom）と言っている——世界が白黒からフルカラーになったように——という解釈も成り立ってしまう。果たして同作はこの解釈を超えていくのか。『ベルリン・天使の詩』的な愛の肯定の図式を超えられているのか。気になった方はぜひ読んでみてほしい。

＊24　アウトロ　outro

その端っこで、人格も姿も描かれず見えてこない漢字の「君」。個人的にはこの存在感のなさが逆に印象的です。ここでは他者が漠然と遠い。

嫌うのではなく受け入れることで、それは消える

そのあと、1番同様にサビに続くかと思いきや、次は間奏です。デコさんによるダイナミックなギターソロとともに、映像では壮絶なバトルが繰り広げられます。いまの目で見ても十分すぎるほど見応えのある、映像の山場のひとつですね。

ここから、映像のほうに注目してみましょう。

映像全体の主な登場人物は白ＧＵＭＩと黒ＧＵＭＩのふたり。そもそもこの点が、分裂したふたつのディビジュアルという読解の大きな根拠のひとつです。メガネ、ゴーグル、ハサミ[*13]と、対のパーツでできたモチーフが頻出することも印象的です。

この動画には2回、ダイナミックな戦闘シーンが入ります。1度目は1番サビ、ここでは白ＧＵＭＩが優勢。次は2番Ｂのあとの間奏、ここでは黒ＧＵＭＩが優勢で、さらには白ＧＵＭＩが腹に大打撃を食らっている。

ここで疑問が生じます。これまで「以前／以後」という対立を仮定してきましたが、ではそれぞれは、白ＧＵＭＩと黒ＧＵＭＩ、どちらに対応するのでしょうか。あるいはしないのでしょうか。

DECO*27「二息歩行」（2009）
作詞、作曲：DECO*27　絵：しらこむぎ　歌：初音ミク

言葉はナイフだと、「モザイクロール」よりも直接的に示される。それは「突き刺す」もので、それは金属で、それは必ず錆びる。「君」と「キミ」の使い分けや話者交代も明確。だが、他者同士だろうふたりは呼気と吸気を同一化させ、外部のない撞着／癒着（「"一緒ランド"」）を完成させる。物語は終わる／繰り返す。6章でも言及。

1番のサビ、「以後」が話者の「愛したっていいじゃないか」から始まる部分で、白GUMIは濃い影のシルエットのGUMIをやっつけていく。そののち、白でも黒でもないGUMIの背中に手を伸ばすと、それが黒GUMIとなって振り返りほくそ笑む。ちょうど「消える　消える　とある愛世」の箇所で、黒GUMIは霧散して消える。

「以後」を白GUMIだとすると、話者が「以前」であるA1-2の直前[*14]に、黒GUMIが一瞬だけ現れることも辻褄が合います。

A2-2最後にはまたほくそ笑む黒GUMIが現れ、ふたたび壮絶なバトルです。今度は白GUMIはやられる一方ですが、両者ともがモノトーンの線画になっているために、両者の区別がつきにくい。どちらがどちらを攻撃しているかあいまいに見える――ちょうどA2の歌詞がそうだったように。

続きを、歌詞と映像を同時に見ていきましょう。

S2
愛したっていうのですか？
しがみついて藻掻くことを
殺したっていいじゃないか
キミが嫌うアタシなんて

映像では、傷を受けて倒れ込んだ白GUMIを前に、黒GUMIの口元が映ります。この箇所を口ずさんでいるように見える。果たして、「しがみついて藻掻くことを」愛と言うの

イントロの対義語。後奏。

＊25　正確には10秒にも満たない。

＊26　井口奈己（1967〜）映画監督。2001年、自主制作の『犬猫』がぴあフィルムフェスティバル企画賞を受賞。2004年同作を自らリメイク。21年時点の最新作は竹野内豊主演『ニシノユキヒコの恋と冒険』（2014年）。

＊27　井口奈己『犬猫』（2004年）監督・脚本・撮影：井口奈己。

＊28　山崎ナオコーラ（1978〜）小説家、エッセイスト。『人のセックスを笑うな』が第41回文藝賞を受賞し、デビュー。同作含めこれまで5回、芥川賞の候補となっている。

＊29　山崎ナオコーラ『人のセックスを笑うな』（河出書房新社、2004年）

を疑うさまは、「以前」＝黒GUMIという理解に合致します。

ですが、その続きは複雑です。[*15]左手に持ったハサミを白GUMIに突き立ててとどめを刺さんばかりの姿勢で、白GUMIに跨がりながら、自分を嫌いなら殺したらいいじゃないかと黒GUMIが言っている。[*16] いままさに、殺されようとする白GUMIが「さあ自分を殺したらいいじゃないか」と言うほうが自然であるようにも思えますが、映像表現上も、前2行と同様に黒GUMIの口が動いています。このときの黒GUMIは、愛憎が同居し混乱しているというほかありません。[*A]

そして、S1と同じ歌詞でサビがリフレイン[*17]します。意識を取り戻した白GUMIは、黒GUMIの「右手」を摑みます。攻撃を制するのであればハサミを持った左手を摑めばいいものを、そうはしない。黒GUMIが自分に差し向ける攻撃性までもを受け入れるかのようです。

起き上がった白GUMIは、「誰も触れないよう」の箇所で、歌詞に反して、ふたたび黒GUMIの右手をとります。次は、自らの左手で。このときふたりは向かい合った鏡像のようです。[*B]

歌が終わった箇所の次のシーンで、両者の混乱は極まります。傷を受けたゆえか、黒GUMIを抱擁しながらも膝から崩れ落ちてしまった白GUMIが、そのまま倒れてしまうのかと思いきや、消えたのは黒GUMIでした。

象徴的なシーンです。白GUMIが「嫌う」どころか、直接触れて、受け入れたとき、黒GUMIは消えたのです。思えば、黒GUMIの攻撃は針のようなものを投げつける遠隔攻

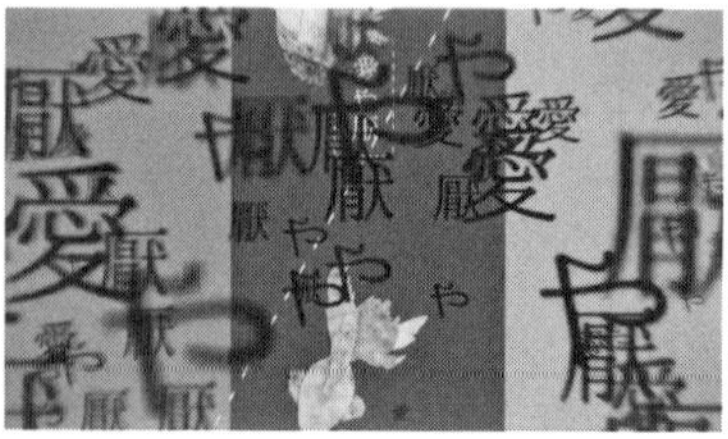

DECO*27「妄想感傷代償連盟」(2016)
作詞、作曲：DECO*27　編曲：emon（Tes.）　動画：檀上大空　歌：初音ミク

当て字、ナイフ、呼気に他者の存在を見出す感受性（「二酸化の炭素　きみの濃度」）。本来なにも意味のないスキャットにすべてが宿る——「愛や厭」。本書の長大な議論はこの5文字に等しいかもしれない。潤滑油なしであなたと触れ合うことはできないとも歌われる裏「裏表ラバーズ」でもあり、また檀上の色面構成は20年代を先取りしていた。

撃のみでした。触れられるのを待っていたかのようでもあります。

そうして、ふたりのGUMIはひとりになりました。映像上は黒GUMIは霧散していますが、楽曲後半の交錯を考えるなら、これは単に一方が残ったというより、ふたりは統合されたのだ、と考えていいでしょう。[*18]

天使は翼を失い、欲望の翼を得る

白と黒を混ぜると灰色になる。絵の具ならばそうなるはずですが、白GUMIと黒GUMIからひとりに統合されたGUMIは、ここで色を得ます。髪は緑になり、服はオレンジと黄色になり、色彩が訪れる。我々には「本来の色が戻った」ようにも見えるでしょう。

それまで白黒だった世界が、あるとき色彩を得る。このような表現をしている映像作品をここで外部参照したいと思います。

ヴィム・ヴェンダース監督[*19]の『ベルリン・天使の詩[*20]』という映画です。脚本は、2019年にノーベル文学賞を受賞したペーター・ハントケ[*21]。

簡単にストーリーを紹介すると、主人公は天使です。翼があって、自由に空を飛べる。ベルリンの街の人々の生活を高いところから眺めていたりする。人間には天使の姿は見えないし、天使が人間に触れているつもりでも、人間のほうは「触れられている」ことに気づきません。見ることも触れることも、一方通行。

そうするうちに、主人公はあるひとりの人間の女性に恋をしてしまいます。主人公は、天使であることをやめて、ひとりの人間になることを選び地上に降り立ちます。このとき、そ

＊A　「モザイクロール」2分30秒の映像より

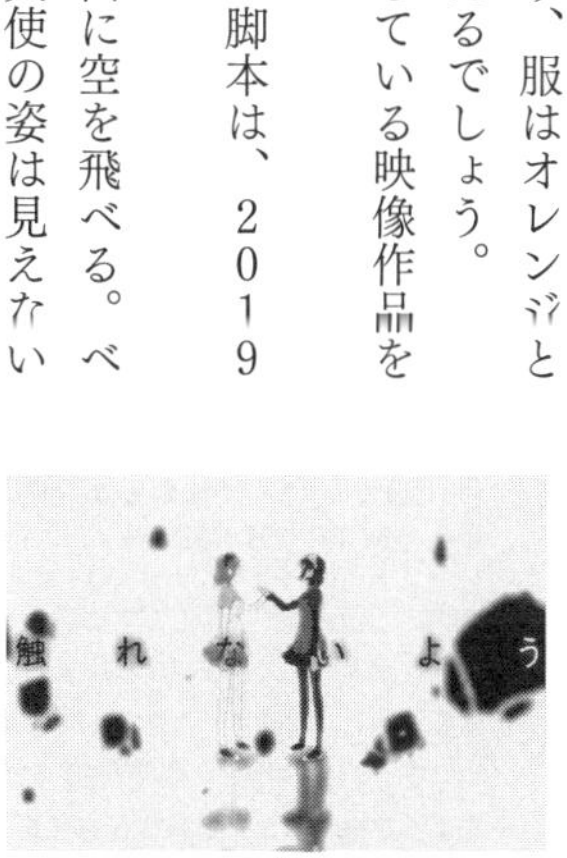

＊B　「モザイクロール」2分37秒の映像より

美大を舞台にした恋愛群像劇。人物相関図は『犬猫』と少し同型性がある。タイトルは、本屋の同性愛の本が置かれた棚の前でクスクス笑っている人を見た

れまで白黒だった画面がフルカラーになる。

この演出は、いかにもキリスト教文化圏的な「愛の肯定」を感じさせるものです。天使には翼があって空を自由に飛びまわれて、寿命もない。それでも、その全能性を失ってでも得るべき、すばらしい愛の世界があるのだ。愛を知ることが人間になることで、生きることなのだ——そのような思考がほぼ明らかに示されている。画面がフルカラーになったとき、愛を知ることで初めて世界が「真の姿」を見せたかのように見える（私たちの多くが色覚を持っているせいで、それが「本来の姿」に見える）。果たして主人公は、なんでもない日常の光景を慈しむようにベルリンを歩いていきます。まあちょっと意地悪に言うなら、図式的すぎるほどの「愛の肯定」です。

ただし、フォローアップするわけではありませんが、この作品にはこのかぎりではない複雑さがあります。タイトルは、英語では「Wings of Desire」[*22]となっているんですね。欲望の翼。作中では、愛を知ること、人間になること、翼を失うことが同義であるかのように描かれていますが、タイトルにおける翼はどうもそのかぎりではない。欲望こそが人を自由に飛び立たせるのだ、という含意を読み取りうるものです。

この作品をめぐって、翼の意味は矛盾的で、両義的です。そのことによって、単純な図式を描いてるだけじゃない感が担保されている。そのように好意的に解釈することも可能です。

そして、これまでのぱてゼミの視点から指摘しておくべきは、「Wings of Love」とは言っていないことです。「愛の翼」ではなく、「欲望の翼」で飛び立つのだと。

これに紐づけて、もうひとつ外部参照をします。愛と翼をめぐるメタファーを使った語り

DECO*27「シンセカイ案内所」（2019）
作詞、作曲：DECO*27　編曲：Rockwell　動画：OTOIRO　歌：初音ミク

18年、DECO*27を中心とする制作チーム「OTOIRO」が誕生し、発表ペースもアップし作風も多様化。やり直しを想像する言葉と、集約された都市生活の実風景（集合住宅。ひとつくらい欠けても気づかなそう感）のハーモニーの中で、akkaによる手描きアニメは服従と違和を同時に表現する。「昨日まで」を切り離すだけなら必ずしもネガティヴなことじゃない。

は、10年代のサブカルチャーが誇る名作マンガ、仲谷鳰『やがて君になる』[*23]にも登場します。これはネタバレにならないから話して大丈夫でしょう、なにしろ第1話ですからw

主人公の小糸侑は、自分以外の人たちにはあるらしい、誰かを特別に思うという気持ちが理解できない。そのことを独白する冒頭のシーンで、主人公は「ほかの人たちには羽根があるのに、自分だけにはない」と表現します。

同作は、このようなキャラクターを主人公のひとりに据えていることをはじめ、第2部で展開するジェンダー／セクシュアリティ論の視点で見ても、非常に示唆の多い作品です。彼女が持っていないのは、欲望の翼なのでしょうか、愛の翼なのでしょうか。白GUMIと黒GUMI、翼を持っていたのはどちらだったのでしょうか。

戻りましょう。「モザイクロール」も、白黒がフルカラーになるという時間的前後順は『ベルリン・天使の詩』と同じです。後者をより成長した段階として描いているのだと、『ベルリン・天使の詩』と同様に解釈することも間違いではないでしょう。

ただし大きく違う点があります。白GUMIと黒GUMIが統合されてカラーになるのは、歌が終わってアウトロ[*24]になった、3分の曲長のうちの最後の10秒だけ[*25]です。

凛とした表情で立ち上がるまでのあいだ、あっけにとられているカラーのGUMI。直観的に表現するなら、嵐が過ぎ去ったあとのような表情です。ラノベで、転生した先の世界で壮大な物語を生きたあと、転生前と同じ日常に戻ってきたエンディングみたいというか。

そこに時間的前後関係があろうとも、この動画の視聴経験の質において、主従関係は明らかです。主役なのは白黒の対立で表現される葛藤であり、着地点はあくまで「従」です。

ときに、作者が内心思った言葉だったという。

＊30 『エスクァイア日本版』（エスクァイア マガジン ジャパン、2008年2月号）

＊31 動画「【初音ミク】二息歩行でアニメPV」は、akkaがもともと自主制作で作った同動画のショート版を見たDECO*27が気に入り、その後フル版として制作されたもの。現在までに至る作家同士の蜜月の始まりである。

＊32 フレーズの中で錆びつくものとして出てくるのは「言葉」やアンドロイドの「腕」だが、錆びのイメージは歌詞や映像で登場する金属的なモチーフ（ナイフ、ハサミ、カッター）と印象的なコントラストを描いている。

＊33 植島啓司（1947〜）宗教人類学者。京都芸術大学教授。著書に『男が女になる病気』『分裂病者のダンスパーテ

ここで見たモノトーンとフルカラーの対比を、もっと一般化して「色のメタファー」と言っておきましょう。表現一般に頻出するメタファーであり、実は、今後の議論に何度も登場することになるものです。

たとえば、「アンノウン・マザーグース」は、初音ミク版である動画ではモノトーンのハートが描かれていましたが、その後リリースされたｗｏｗａｋａさんが歌うヒトリエ版のアイコンは、同じハートのフルカラー版でした。

今回の「モザイクロール」の議論も踏まえて、ここでみなさんに問題提起しておきたいのは、フルカラーはモノトーンよりつねに豊かなのか、ということです。色彩を使っているものよりも豊かなモノトーンというもののもありうる。「色彩があること／ないこと」をそのまま単純に優劣に還元してしまう考えは、もっと警戒されてもいいのではないか。

「アンチ・セクシュアル」が当面のテーマであり、性的な完成を安易に仮定しないぱてゼミとして、この時点で付言させてもらいました。お気づきでしょう。色って、それ単体で性のメタファーとしても使われますよね。

冷静に俯瞰すると、動物にすぎないということ

ここまでの分析により、「モザイクロール」もまた、ラブなるものを自明としていないことがわかりました。この曲も、強い芯を持ったアンチ・ラブソングだということです。

DECO*27「アンドロイドガール」（2019）
作詞、作曲：DECO*27　編曲：Rockwell　動画：OTOIRO　歌：初音ミク

「二息歩行」との対応関係はMVでほぼ明示される。未分化な「"一緒ランド"」の「僕」は、癒着した「君」をおぞましく思いはじめる（アブジェクション）。あなたの腕はいま錆びはじめたのではない、あなたはとっくに錆びていた。なのに何度も求めた——「許さない」。愛憎は反転するが錆びは伝播し、またしてもふたりは、ともに錆びることで同一化する。

また外部参照をします。井口奈己[26]という映画監督の作品に、こういうものがあります。

主人公はふたりの女の子。AさんとBさんとしましょう。ふたりは高校で同級生だったけど、AさんはBさんのことを内心面白く思ってなかった。同じ男性を好きになり、結局Bさんがとっていってしまったから。そのふたりが大人になって再会し、ひょんなことから同棲を始めます。

Aさんは奥手で、自分の感情を認識するのがゆっくりで、慎重。Bさんは対照的に、自分の感情を認識するかどうかの前に、もう行動しているというタイプ。結果、ふたりとも自分の感情に具体的な言葉を与えるシーンはない。性とも愛とも、「好き」とも言わない。そして、かつてあったことは繰り返されます。Bさんは、Aさんが気になっていた男性とちゃっかり先にデートしてしまう。

ぼくが言葉で要約するとどうしてもAさんの内面に寄ってしまって、Bさんの「行動だけがある」感じに動物的な印象を持ったかもしれませんが、この作品のタイトルは、その名も『犬猫』[27]。Aさんのほうが人間的だなんて、少なくともタイトルでは示されていない。むしろ、プロセスがどうあろうとも、そこで描かれている各人の行動は犬猫とどれほど違うでしょうか、という突き放した視線を感じさせるものです。このタイトリングも異化であると言っていいでしょう。映像的には、ふたりを含めた人物や空間をどれも等価に収めていっているようなトーンが印象的な映画です。

そして、この作品で高い評価を得た井口監督が、より大きな予算を得て臨んだ次作が、山崎ナオコーラ[28]の同名小説を原作とした『人のセックスを笑うな』[29]です。主演は松山ケンイチと永作博美と蒼井優。第1回で言及した映画評論家の蓮實重彦は、同作のキスシーンを「映

ィ』、訳書にウィルソン・ブライアン・キイ『メディア・セックス』など。シカゴ大学大学院に留学中にはミルチャ・エリアーデに師事。

＊34　伊藤俊治（1953〜）美術史家、写真評論家。多摩美術大学教授として同大学情報デザイン学科の、東京藝術大学教授として同大学先端芸術表現科の立ち上げに携わる。著書に『裸体の森へ』『陶酔映像論』など、訳書にジョン・バージャー『イメージ』など。

＊35　植島啓司、伊藤俊治『共感のレッスン』（集英社、2017年）自然科学におけるミラーニューロンの発見をはじめ、さまざまな分野の研究が担保するトランスパーソナルな感性の可能性を追っていく対談集。「もしかしたら僕らは本来さまざまな能力をもって生まれた錯乱した存在（ホモ・デメンス）なのかもしれない」。85ページで初音ミクが一瞬言及される。

画史に残る名シーン」[*30]と絶賛していました。

今日は映画作品の参照が続いたので映像のメタファーを使って言うならば、「モザイクロール」には、カメラを引いて、性欲以前／以後に分裂している自分を俯瞰している視点がある。「運命」や「とある愛世」などといった、衝突や葛藤の最中には出てこないだろう冷静な選語が登場することも、その印象を強めます。

まだ訪れていない、来るべき「対自的」な自分が示唆されているとも言えるし、その意味で「未来が先取られている」ようにも感じられる。同じく分裂を描いているといっても、分裂の渦中からの実況中継のような「裏表ラバーズ」とは対照的です。

今回は「モザイクロール」という1曲にフォーカスして検証しましたが、カメラを引いて他作品まで見渡して言うなら、このような俯瞰する視点はデコさんの表現にしばしば登場するものです。

たとえば「二息歩行」。「これは僕の進化の過程の1ページ目です。」と始まり、「2本足で歩く」。両腕を「浮かせた前足」と表現するのはこれも異化ですね。「交尾」と同じく我々の中の動物のレイヤーを暴き立てます。人間だけを特別視せずに、さまざまな動物のうちのひとつとして俯瞰で見ているようでもあります。

またこの曲は、口という部位に表現が集中していることも指摘するに値するでしょう。第1回で、口はそこに食べものを入れる器官だと言いましたが、ここでは、乳を吸い、他者の口を塞ぎ、息を吸い、そして言葉を吐く部位として複数のかたちで登場します。発達段階に応じて同じ部位が役割を変えていくことを描いている。いまキスというかたちで、接触によ

DECO*27「ヴァンパイア」（2021）
作詞、作曲：DECO*27　編曲：Rockwell　動画：OTOIRO　歌：初音ミク

ブラックホールはあなたを吸い込み、不可逆に同一化する。マスクが当たり前になった20年代に、その下に封印された穴――口は、牙は、そう欲望する。ここに吸血鬼というモチーフを重ね合わせたDECO*27の天才は20年代も止まらない。ダンストラックとギターロックを高度に止揚するRockwellの編曲に支えられて光る、DECO*27流オクターヴのメロディ。

る愛情の追認に使っているその同じ場所を、あなたはかつてなにに使っていたのか。「唾液」という生々しい選語にも端的に現れている通り、DECO*27の表現においてまたしても、口は愛憎を差し向けられています。米津玄師の場合と同じように。

「人類の1／3は転生を信じている」

「二息歩行」は、akkaさんによる動画版[31]ももちろんすばらしいんですが、ニコニコ動画に投稿されているオリジナル版の動画をぜひ視聴してほしいと思います。再生すれば誰もが気づくある仕掛けがなされています。

「僕が吐く言葉吸って息絶えて」と歌が終わるとともにこの曲が終わったかと思うと、また「1ページ目」からこの曲が始まる――自動ループ設定になっているんですね。放っておくとその連鎖は止まらない。この曲が描く「人間の成長のプロセス」が同じように何度も繰り返される。

このループ設定があることによって、「僕」という一人称による私的な成長のストーリーだったはずのこの歌は、誰かの特別な生ではないという様相を帯びます。そうして「僕」は、特定の誰かに私有された一人称ではなく、すべての人が移入可能な代入項になる。

そこにあるのは、繰り返される生への想像力です。この生が、唯一の代えのきかない生ではない、という想像力でもあるでしょう。「モザイクロール」「二息歩行」はいまやDECO*27初期というべき作品ですが、その後、同質の想像力はしばしば顔をのぞかせること

＊36　本書の議論と交差するかは難しいところだが、竹倉史人『輪廻転生』（講談社現代新書、2015年）は、2008年のデータ（ISSP調査）をもとに、高齢者より若年層が輪廻転生に「肯定的なイメージを抱いている」ことなどを論じている。

になります。「妄想感傷代償連盟」ならば、「その顔に生まれ変わりたいな」「再挑戦・転生・テレポーテーション／何回だって　重ねて逝くんだ」。「シンセカイ案内所」はさらに直接的です。「昨日までは前世と見做して」「旅立とう〝2周目〟まで」。もうダメになってしまったこの生を見かぎる感性が繰り返されます。

　けれども一方で、デコさんは「やり直しが果たされない」ことも何度も描いてきている。「モザイクロール」は愛の懐疑によってアンチ・セクシュアルなのだという読解を展開しましたが、デコさんの場合は、愛を、いつまでも到達しえない幻想というより「一度手にしたはずなのに、壊れはじめたら元には戻らないもの」というかたちで、愛の不在を描くことが多い。「二息歩行」の末尾もそうですね。

「モザイクロール」単体の中では読解することができなかった唯一のワード、「愛世」については、このように補助線を引いておきます。それはいつも「消える」ものとしてある。「アンドロイドガール」においても「再起動しようとも変われはしない」＝戻ってこない。「二息歩行」「アンドロイドガール」どちらとも中で、「錆び」[*32]は不可逆に朽ちていくもののメタファーとして登場します。

　前回、広義の厨二病表現として「異世界転生もの」に言及しました。ラノベや「なろう小説」の世界では、もう長らく一大ジャンルになっています。

　最後に、宗教人類学者の植島啓司[*33]さんと美術史家の伊藤俊治[*34]さんによる『共感のレッスン』[*35]という著作を紹介して終えたいと思います。みなさんを非科学的な言説に誘導するようなことはぜったいに避けるべきなので、あくまで「想像力の問題にすぎない」と強調した上

DECO*27「サラマンダー」（2022）
作詞、作曲：DECO*27　編曲：Rockwell　動画：OTOIRO　歌：初音ミク

ヒットの定式化？　劣化デコに溢れている？　（何度も繰り返されてきた）マンネリは始まりの合図で、それを打破するのはいつも「もっとも真似られた王者」だ。サビではわかりやすさ（ダイアトニック性）を徹底してきた作家が調性外音を使い、ラテンの和声の意匠を導入するのは増長でも油断でもない。王者はあなたに問う。「音楽は好きか？」

でお話ししますが、同書の最終章で語られる最後のテーマは、転生です。植島氏が実際に調査しているブータン、ネパール、チベット、インドなどをはじめ、さまざまな地域で人の転生が信じられていて、同氏は、現在の人類の1／3は転生を信じているのではないかと語ります。近代科学によっては転生は存在しないと言うべきものですが、（繰り返しますが）あくまで想像力としては、転生的想像力は地球上で決してマイナーなものではないわけです。

ただ、近代科学とインターネットテクノロジーを当たり前の環境とする日本の若年世代において、すなわち日本の現代サブカルチャーにおいて、複数のかたちで「この生を超えること」の想像力が噴出してきていることは、注目すべき動向であると考えます。[*36] この感性の噴出先のひとつが、ボカロカルチャーです。デコさんにかぎりません。複数の作家に共通して見られる感性であり、またもっと考える余地のあるテーマですので、本日はこのへんにしてのちの回に改めて考えましょう。


「モザイクロール」という1曲だけにぐっとフォーカスし、それからカメラを引いてデコさんの表現性の全体を見渡す――いわば、みなさんの知的動体視力を試すような回でしたが、いかがだったでしょうか。となりにほかの作品を並べることで、ある作品のポテンシャルをハイライトしていくというアプローチの面白さも実感してもらえていたら嬉しいです。

次回は、「モザイクロール」のとなりに「ロストワンの号哭」を並べていきます。それではまた来週。

第5章

成熟と喪失 〜みきとP小論〜

あなたの心臓はここにある　急所を射抜く批評

今回は、5曲のうちNeruさんの「ロストワンの号哭」、みきとPの「心臓デモクラシー」の2曲を続けて分析していきます。

Neruさんは第2部でもう一度大きく取り上げます。一方、みきとPについてじっくり語れるチャンスはこの回のみですので、「心臓デモクラシー」から敷衍《ふえん》して、とくにみきとPについて小論を試みたいと思います。この時点での言及量は非対称になりますが、Neruさんがとくに好きだという受講生もがっかりしないでくださいね。

すでに複数のアングルによる批評を披露してきていますが、ポピュラー音楽を批評の対象とするとき、紹介しきれないほどさまざまなアプローチが可能です。音、歌詞、映像、すべてに対して細かく言及していったら、5分程度の1曲に対して、何日かかっても語りきれないほど膨大な分析が可能という場合もあります。逆に言えば、優れた作品というのは、それ

Neru「ロストワンの号哭」(2013)
作詞、作曲：Neru　動画：456　歌：鏡音リン

ふたりの関係はどこまでも両義的だ。感情教育を強いる「国語」が嫌いなのは然りとして、1番の映像では、30歳の自分は14歳の自分を客体化して美術のデッサンをしている。一方向的に観察者になる科学（数学や理科）気取りで。しかしすぐあとに関係は逆転する。観察者気分のお前は何様だと言わんばかりに――14歳は黙っている。13章で再度言及。

だけの時間分の価値をたったの5分に圧縮したコンデンストな存在です。

そんなポピュラー音楽に対して、どこが急所だと見抜くか、それをどのような言葉で射抜くか。すべてを地道に語るのではなく、急所だけを射抜くように語るということも、音楽にかぎらず現代的な総合メディア化したコンテンツを批評するときにしばしば求められるものです。巨人の首の裏だけをすぱっと切り取るような[*1]。

それに成功している切れ味のいい批評は、特有の爽快感のある優れた文芸となります。前回は「モザイクロール」という1曲の、とくに歌詞と映像を取りこぼしなしにつぶさに見ていくというアプローチをとりましたが、今日はもうちょっと、急所を射抜くような批評をパフォームしてみたいと思います。みなさんに爽快感を覚えてもらえたなら成功と言えるでしょう。

では、今日も話すことが多いので、前口上はこのくらいにしてさっそく始めましょう。

ボーカロイドの函数性

♪Ｎｅｒｕ「ロストワンの号哭」

さっそく聴いていただきました。色褪せず力強い、「Ｎｅｒｕ前期」の代表曲のひとつです。

5曲を並べて考えてみるというアプローチゆえに、ここではとくにこの曲を取り上げますが、前回のＤＥＣＯ*27さん同様、Ｎｅｒｕくんもまた10年代のボカロシーンにおいてす

＊1　『進撃の巨人』を参照した表現。

＊2　11章の「シャノン・モデル」を参照のこと。

＊3　松田聖子（1962〜）アイドル、歌手。1980年に「裸足の季節」でデビュー。作詞を松本隆が担当するようになってから同氏の人脈で名曲に恵まれた。細野晴臣作曲「ガラスの林檎」、大瀧詠一作曲「風立ちぬ」、松任谷由実作曲「赤いスイートピー」など。神田沙也加は実娘にあたる。

＊4　松本隆（1949〜）作詞家、ミュージシャン。細野晴臣、大瀧詠一、鈴木茂らとともにロックバンド「はっぴいえんど」を結成し、ドラムを担当した。筆者は知りえた当初松田聖子の作詞家とはっぴいえんどのドラマーが同一人物とは信じられなかった。前章の「木綿のハンカチーフ」も同氏の代表作のひとつ。

っと一線で活躍しつづけたボカロPのひとりです。「ロストワンの号哭」は、そんなNeruくんにとって2曲目のミリオン達成曲でした。1曲目はもちろん「東京テディベア」です。第2部で大きく取り上げることになるのは、なにを隠そうその「東京テディベア」です。本日とはまったく別の視点から、3回をかけてじっくりと批評していくので楽しみにしていてください。

他作家の作品と5曲セットで並べているので、「ロストワンの号哭」を「自分の中の分裂と葛藤」という視点で解釈した人は多いでしょう。ぼくがこれから展開する分析も、基本的にはそのような見立てです。この曲の印象を「自分に向かって叫んでいるようだ」と語った学生もいました。

ただ、考えてみてほしいんですが、この曲が生身の人間のボーカリストによって歌われていたなら、みなさんはすぐにそのような視点を得られていたでしょうか?

一般に、楽曲を人間の歌い手が歌うと、「その人が持っているメッセージを聞き手に向かってぶつける」という情報伝達モデル[*2]＝聞き手の受容のモデルが成立することを免れません。もちろん、シンガーソングライターによる楽曲以外においては、この受容モデルはフィクションですが、それでも強固なこのフィクションを、作り手は活用しようとします。難しい話ではありません。作詞家が「あなたが好きよ」と書いてアイドルがそれを歌えば、リスナーが「自分に好きと言ってくれている!」と受容する、というような話です。昔ある作家が、「自分は松田聖子[*3]ではなくて、松本隆[*4]に恋をしていたんだと気づいたとき、作詞家としての自分が始まった」と言っていました。

ユリイ・カノン「だれかの心臓になれたなら」（2018）
作詞、作曲、動画：ユリイ・カノン　絵：片井雨司　歌：GUMI

僕の中に他者がいる。あなたがいる。「愛の言葉」なのだと決然と宣言し始まる楽曲は、しかし本章の議論とも多く響き合う。それは「醜いくらいに美しい」のだと。広義のオクターヴ跳躍があり（「こんな」と「世界」）、オクターヴで二重化するギターなど各音色は（映像によると同性である）ふたりの重なり合いを示唆するようでもある。心臓はどこだ。

また、この曲は非常にパッションフルなメロディです。とくにサビは叫ぶように高音域で歌う構成になっている。これを人が歌ったなら「オレはこう思っているんだぞー!!」と、歌い手が自分のパッションをぶつけている印象になっていたと思います。もっと暑苦しい印象だったでしょう。

けれどもそうはなっていない。なぜならボカロが歌っているからです。

ぼくはこの曲を、ボカロが歌うに相応しい名曲だと認識しています。ボカロ曲になるべくしてなった曲。ボカロが歌っているからこそ、聴き手は「歌い手の感情をぶつけられている！」とは感じず、その歌詞で表現される世界を我が事として、「僕」という一人称に自分を代入して聴くことができる。人の葛藤を聴かされているというよりも、それが自分の葛藤のように聴こえる。そこに自分を代入させられてしまうような効果が、ボーカルがボカロであることによって成立している。

これをもって、次のように言いたいと思います。

ボーカロイドには函数性[＊5]がある。

「ロストワンの号哭」も、ほかのボカロ曲同様、原曲が発表されたあとには歌い手による歌ってみた版も多く投稿されています。それでも初出が鏡音リンによるボカロ曲であるかぎり、聴き手を代入させるこの曲のポテンシャルは揺るがない。歌ってみたを投稿している人たちは、まさにこの曲の力によって、この歌詞の「僕」は自分だ、と思わされた人たちだと思います。つまり、この曲のリスナーと歌い手は、Ｎｅｒｕくんの表現力とボカロの手前で、まったく対等なのです。

＊5　函数　function
中学数学で登場する「関数」と同義だが、函（ハコ）のほうがそこになにか（もっぱら自分だろうけれども）を入れるイメージがつきやすいかと思い、ぱてゼミでは当初からこう書いている。

＊6　アダルトチルドレン　adult children
元は、アメリカにおいてアルコール依存症の親のもとで育ち成人した人物を指す俗語として生まれ、その後「機能不全に陥った環境で育った」人にも拡張的に用いられるようになったという。はぁ？　断言するが、他者をそのように名指しすることは今後、差別として厳しく断罪されていくだろう。「機能不全」？「大人として完成できていない」？　他者をそう名指せる無遠慮で醜い顔をお前は一生鏡で見ていろ。ともかくうっせぇわな概念である。あなたが思うより健康です。

＊7　80で終わっているなら、

この講義は、「ボカロが歌うということはどういうことか」という問題を追い詰めていくとも言いました。第3部でその問題を追及していきますが、「ロストワンの号哭」に紐づけて、「ボーカロイドの函数性」という問題をこの時点で指摘しておきます。

少年は教室がきらいだったのだ

それでは楽曲について考えていきましょう。

映像は教室が舞台です。けれども、どうも通常の状態ではない。椅子と机が積み上がっていたりすることも印象的ですが、そもそも、教室なのに出てくる人物は「同じ人物であるだろうふたり」だけです。あるいは、分裂した「ひとり」しかいない。

タイトルにある「ロストワン」という言葉。これを検索してみると、アダルトチルドレン[*6]の6つの類型のひとつに同名のものがあることがわかります。アダルトチルドレンとは、子ども時代を満足に過ごせなかったために、かえって、成人したのちにそれがトラウマとなって大人として完成できていない人、というような概念です。

アダルトチルドレンは、精神科医療において明確に定義された概念ではありません。この概念に批判的で、使用しないとしている医師や専門家も多いようです。ぼくは、特定の精神傾向に名前を与えてラベリングすること、そして過去に因果づけて決めつけることを支持しません。それは「この作家は暗い曲を書いているから暗い人に違いない」と決めつけるのと同様に愚かしいことです。

そう釘刺しした上で続けますが、ともかくアダルトチルドレンという概念がある。その中

石風呂「少年は教室がきらいだったのだ」(2011)
作詞、作曲、絵：石風呂　歌：IA

「ゆるふわ樹海ガール」が伝説入り、「コンテンポラリーな生活」というバンドでも活躍する石風呂の、現時点で最後の「中学嫌いシリーズ」。教室は戦場である（9章）。調性をはみ出すギターのチョーキングは喉元過ぎても熱さ忘れるもんかという覚悟であり、きみのことだ。動画にコメントした全員が団結すれば学校ふたつや3つすぐに壊せるから安心して。

のロストワンは、次のように説明されます。「集団の中にいても他人から気づかれないほどに存在感を出さず、自分の思うことに自分でブレーキをかけてしまい行動すること自体に消極的である傾向」。

この中で、これから展開する議論に引きつけうる点は、「存在感を出さない」ということです。つまり、教室にはクラスの全員が揃っているはずだけど、ひとりだけがいない。

そう考えると、この映像で描かれている「僕だけがいる教室」という状態は、「僕だけがいない教室」と裏表の関係です。アダルトチルドレンうんぬんをさておいても、「lost one」は文字通りには「自分だけが失われている」という意味になります。この曲の「ひとりしかいない」映像空間は、写真のネガフィルムのように、反転像である「僕だけがいない教室」を示唆してもいます。

拾肆／参拾　乱反射する「僕」

では、先ほど宣言した急所を射抜く批評を、「ロストワンの号哭」に対して試みましょう。題して「人称切り」。歌詞について、人称だけに注目して全体を見ていくというアプローチです。歌詞のプリントを見て、歌詞中の人称と、広義の人称にあたるもの（「あの子」なども含まれます）に傍線を引いてみてください。

本日の　宿題は　無個性な　僕のこと

この定規はライフタイムの全体を表すとも解釈できたかもしれないが、30なので、「そこまでは時間が続いていることはわかる＝現在30歳である」という解釈には妥当性があるだろう。

＊8　っていま言うのか。三角座りのほうが伝わるのだろうか。

＊9　14歳よりももっと幼い子どものころの夢を、14歳時点でもう捨ててしまっていたことを指していると考えると整合するだろう。

＊10　2番のBメロで一瞬、それも自分であることが示唆されている。

＊11　BL　boys love　主に少年同士の恋愛を描いた表現のこと。10章で再度言及する。

＊12　夢野翼　漫画家。『華子さんとメリーさん』などの作品がある。

＊13　腐女子／腐男子

過不足無い　不自由無い　最近に　生きていて
でもどうして　僕達は　時々に　いや毎日
悲しいって言うんだ　淋しいって言うんだ

黒板のこの漢字が読めますか　あの子の心象は読めますか
その心を黒く染めたのは　おい誰なんだよ　おい誰なんだよ
そろばんでこの式が解けますか　あの子の首の輪も解けますか
僕達このまんまでいいんですか　おいどうすんだよ　もうどうだっていいや
（※傍線は筆者による）

「僕」「僕達」「誰」「どなた」。「あの子」「子供」も広義の代名詞として含めましょう。それぞれがなにを指しているか、一言でぼくの仮説を先に提示します。
これらすべては、自分のことを指しているのではないか。

「僕」はもちろん一人称なのでこれは説明は必要ありませんね。次にある「僕達」は一人称複数形です。たとえばいまぼくが「この教室にいるぼくたち」と言うなら、鮎川ぱてとみなさんがそこに包含されます。つまり通常であれば、狭義の他者がそこに包含されるはずです。
しかしここでの複数形はそうではなくて、複数のリンゴをapplesと言うように、むしろ文字通りの意味での複数形として、複数の「僕」を指しているのではないか。そうすることで、「僕」だけのリフレクション、もっと言えば「僕の乱反射」を描いているのではないか。

Neru「再教育」（2012）
作詞、作曲：Neru　動画：しづ　歌：鏡音リン、レン

きみは自分がいま明日を裏切ろうとする渦中にいると知っている。「幼少年の僕達に　指差して笑われた」。きみはいつからきみのようだった？　別の時制の中にいる「ロストワン」。けれども重力に抗う方法はひとつではない。タイトルがそう語っている。教育を解除せよ。この曲のサビの転調のように目覚ましく。その本を閉じてこの本を開けろ。

フライングになりますが、分裂したどの心が自分のものなのかわからなくなっているような様態は、後半のメロディも歌詞もパッションフルになる箇所でとくに描かれています。

この解釈のヒントは動画の中にもたくさんあります。イントロの歌に入る直前で、動体視力を試すかのように、短時間中に言葉のフレーズやイメージが切り替わっていくパッセージがありますね。「僕は／教科書や宿題よりもっと大事なものを／教室に忘れてきたのかもしれない。」というフレーズが3画面[*A]で高速で示される。そのさらに直前に挿入されるイメージは、横向きの定規の目盛りのうち、「拾肆」だけが大きくなっているというもの。「拾肆」は、常用漢字で書けば「十四」です。

曲名のロゴの下にも同様の定規のような目盛りがありますが、これは左端が「零」で、右端は「参拾＝三十」で終わっている。[*7]だから、この曲が描く「ふたりの自分」とは、過去14歳だったときの自分と、いま30歳である自分という設定なのではないか――そう読解してくれた学生がいました。これは膝を打ちました。ぼくも時間的前後関係にあるふたりの自分、わかりやすく言えば「子どもの自分」と「大人の自分」という対立を考えていましたが、その読解をより具体的に根拠づける指摘だと思いました。

その説に則って、以下、便宜的に「子どもの自分」を14歳、「大人の自分」を30歳と仮定して話していきます。

＊A　「ロストワンの号哭」0分27秒の映像より

BLを愛好する女性、男性の通称。ジェンダーファクターを入れたくないので、「お腐り様」と総称させてもらうこともある。

＊14　ナルキッソス　Narkissos　ギリシャ神話中に登場する美少年。水面に映り込んだ自分の姿に恋してしまい、その「到達しえない相手」とひとつになろうとして亡くなってしまう。死して、（サザンカではなく）水仙になった。

＊15　錯時法　anachronie

大人という得体の知れないもの

歌詞の中で「無個性な僕」とあります。わざわざ言うくらいなのだから、ひとたびはあったはずの個性を封じてしまったとも解釈できる。固有の顔を隠すかのように、顔の前に紙を貼った自分のイメージはそれに対応します。

最後のリフレインのサビの映像では、紙を貼っていないほうの自分が、紙を貼った自分に摑みかかって抗議している。

これまで自分がしてきたことが、いまの自分をかたちづくる。つまり、過去が現在を作る。ふつうの話ですよね。ただ、同じことをネガティヴに言い換えると、過去は現在を拘束する。30歳の自分は、時間的に先行する14歳の自分になんらか規定されている、あるいは抑圧されている。

30歳の自分がいまこうであるのは、14歳の自分がそうだったからだ。現在の問題を解決するには過去に遡って解決しなければならない。そのために、現在の自分が教室——まだピンと来ない人もいると思いますが、それは大人にとっては過去の象徴とも言えます——に舞い戻ってきている。そう考えるなら、顔に紙を貼っていない抗議している自分が、30歳の現在の自分に対応します。

14歳の自分は顔に紙を貼って、そして机や椅子の山に縛りつけられている。「囚われの少年」といった様相です。けれども1番のサビでは、その14歳の自分を救い出すどころか、同じように向かい合わせで大人しく体育座り[*8]しているだけ。30歳も14歳に規定されているからでしょう。14歳=30歳。「宿題」は、14歳のときも解けなかったし、30歳になっても「相変

煮ル果実「紗痲」（2018）
作詞、作曲：煮ル果実　動画：WOOMA　歌：flower

背伸びをする。本当はヒールなんて履いていないのに、数センチ、かかとを浮かせてみせる。そそのかされたのだ。背伸びをしたなら、ここで展開される物語に当惑しなかったなら、私は“大人”と認められるのだと。気づく。そんな心理戦を繰り返して彼らは自己再生産してきたのだと。世界は／大人は／性愛は、自らの狡猾さを恥じない。私はそれを知る犬だ。

わらず」解けない。

　でもついに最後、30歳は号哭しながら、14歳の首を締めにかかる。示唆的なのが、ちょうどその箇所の歌詞が次のように言っていることです。「いつになりゃ大人になれますか　そもそも大人とは一体全体何ですか」。年齢だけで言えばとっくに大人の30歳が、14歳に対してそのように喚《わめ》いている。まさしく「僕の乱反射」です。前行で、「子供の時の夢[*9]を溝に捨てたのも同じ自分自身」だと知っていることが示唆されているのに、ここで噴出するパッションはほとんど八つ当たり的です。

　アウトロでは、無表情のひとりが立ち尽くしています。「モザイクロール」と同じようにふたりがひとりに統合されるという解決を迎えたのか。明らかにそうではありません。白黒の世界が色を得たように、なにかが前進した様子でもない。一瞬挿入されるイメージでは、バラバラになった球体関節人形[*10]が床に散乱している。それはどちらか一方の自分なのでしょう。

　これについて、ふたつの解釈を示したいと思います。

①30歳が14歳の首を締めていたのだから、14歳が消えたのだ。ひとつには、そのような解釈が順当であると思います。過去に現在の理由を求め、それを消去しようとも、現在は変わらなかった。そのままの30歳の自分が残っただけで、「14歳を消去すれば現在が解決する」ということが幻想だった。バラバラに散乱した球体関節人形は、むしろその「幻想の遺体」なのだ——そう解釈できるかもしれません。

②一方、以下は少しアクロバティックなSF的解釈ですが、無表情で立ち尽くす「僕」は、

本文の通りだが、ジュネット『物語のディスクール』に詳しい。時間の叙述について同氏が整理した概念系を使えば、この曲についてはほかにも、頻度の問題（同じ出来事を何度も描く）として解釈することも可能である。

＊16　ジェラール・ジュネット Gérard Genette（1930〜2018）フランスの文学理論家。『物語のディスクール』『フィギュール』など。ロラン・バルトのナラトロジーの後継者とも言われるが、バルト的な読み物としての魅力を期待して紐解くと肩透かしに遭う。

＊17　過去の自分が「この口は誰かに迫ったり」と言っているのだとすると一見整合性がとれないが、この曲における分裂は二心一体的に、同じ身体を共有している状態と考えると破綻はない。

＊18　オブセッション

14歳のほうなのだとも考えられると思うんですね。未来の自分が、過去に遡ってある時点の自分の首を締めて殺してしまうなら、消えるのはその世界線にある未来であり、すなわちここで言う「30歳の自分」である。繰り返しますが、過去は現在を拘束する。その過去が消去されるならその現在は存在しない。忘れ物をとりにきた30歳は、ミイラ取りのようにミイラになって消えた。定規＝人生の右端が30歳になった。

　そして、14歳の自分が未来の自分に消去されようとも、その直前の過去の自分（たとえば13・9歳の自分）は存在している。それは未来からの抗議に影響されないまま、時間は未来に向かって進行していく。そうしてほぼ同じ世界線が繰り返される。

　アウトロの最後に、もう一度、紙を顔に寄せる少年のイメージが挿入されます。[*B] この解釈は、このイメージについて考えていて発見したものです。未来からの抗議が何度訪れようとも、少年はやはり、個性を閉ざすこと、ロストワンであることを選びつづけるのだ。少年の冷たい視線は、未来から（もしかしたら繰り返し）やってくる30歳の自分を軽蔑し見下すかのようです。かつて14歳のときには、ロストワンであることを選ぶしかなかった自分を、誰よりも知っているくせに。

　30歳の彼には、14歳の「あの子の心象」が読めなかったのです。

　最後は少し過剰解釈であることを自覚しつつも話させてもらいましたが、いかがだったでしょうか。自己の分裂という点では「モザイクロール」と共通していても、あまり救いのない解釈になってしまいましたが。

「ロストワンの号哭」は、今回選んだ5曲の中ではもっとも、性的な示唆が少ない曲だった

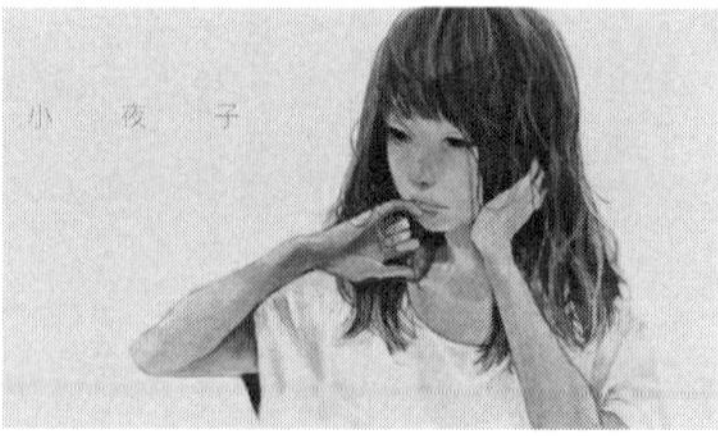

みきとＰ「小夜子」（2011）
作詞、作曲：みきとＰ　絵：たえ　動画：かごめＰ　歌：初音ミク

生きることを放棄したいときにこそ、抑圧している身体が牙を剝いてこう語る、皮脂と体臭を通して。「おまえは生きている」。死と遠ざかるとき生は抽象的で、死に接近するとき生は生々しい（14章）。――そんなことに気づいたり、音楽やお笑いが楽しくなかったりしたら、休むか、この曲を聴くかしてほしい。やつじゃなくきみが死ぬ必要はない。

と思います。ただ、「モザイクロール」について性欲以前／以後という視点を仮定した通り、性の獲得には時間の問題が並走しています。もっと狭く言えば、成熟や成長の問題です。

　大人になるということに、成功や失敗はありません。それはアダルトチルドレンという概念を批判した通りです。にもかかわらず、「正しく大人になる」というような通念がどうも社会には徘徊していて、それが人を抑圧することがある。ある人にとっては、教室は「大人になりなさい」と考えなしに言う浅慮な教師《おとな》がいる場所として記憶されていることでしょう。

　第2章のｗｏｗａｋａ論で、ぼくはこう言いました。愛という概念には、いろいろな立場の他者の都合が周到に織り込まれている。そこでは他者の利害が交錯している。詳述しませんが、大人という概念も同じです。あなたが大人になることで得をする他者がいる。そして、人をそのように誘導していこうとする権力が社会には潜在している。そのような権力装置のひとつが、学校です。

　ラブというよくわからない概念でごまかさなかった「裏表ラバーズ」のように、「ロストワンの号哭」は、大人というよくわからない概念に抑圧される多くの人、ひとり取り残されたように感じている人のための曲です。だからこの曲は、若者たちはもちろん、「30歳の自分」のように先行する過去に苛《さいな》まれる年長者たちにも必要とされ、多くの代入を迎え入れつづけるのだと思います。みなさんが、年齢を重ねたあとにも聴き直してほしい曲のひとつです。

＊B　「ロストワンの号哭」3分30秒の映像より

obsession
固定観念や強迫観念のこと。

＊19　ヨーゼフ・ボイス
Joseph　Beuys（１９２１〜１９８６）
ドイツの現代美術家。ハプニングやインスタレーション作品、絵画や彫刻の作品を残し、フルクサスにも関わった。従軍中に乗っていた戦闘機を撃墜され、死に迫るも（本人によれば）タタール人に介抱され生還する。その経験をもって「そのとき自分はドイツ人の血を失いタター

「心臓は一つになる」ことを知っている

それではシームレスに、3曲目に入っていきましょう。みきとPの「心臓デモクラシー」です。

ボカロが好きな人で、みきとさんの曲を知らないという人はほぼいないでしょう。ここまで取り上げた作家同様、みきとPもシーンを代表するトップボカロPのひとりとして、2010年代以後ずっと走りつづけました。デビューは2010年。ぼくは11年の「小夜子」で最初に知りました。代表曲と言えば、以前だったら「いーあるふぁんくらぶ」でしたが、18年以降は「ロキ」と言うべきでしょう。え、「ロキ」を作ったPって「いーある」を作った人と同じなの！といま知った人もいるかもしれません。

今回取り上げる「心臓デモクラシー」は、そんな「いーある」の大ブレイクの直前、12年1月発表の曲です。それでは聴いてみましょう。

♪みきとP「心臓デモクラシー」

美意識と切なさが隅々まで行き渡った名曲です。コメントに「BのL」[*11]というのが流れていきましたけど、夢野翼[*12]さんによるこんなすばらしいイラストがあればそうも言いたくなるでしょう。腐の女子や腐の男子[*13]のみなさんは存分に反応してもらってけっこうです。

きれいな男の子がふたり抱き合っている。気づいたでしょうか、ふたりの肩と二の腕にかけての線によって、ふたりでハート＝心臓のかたちが浮かび上がっています。

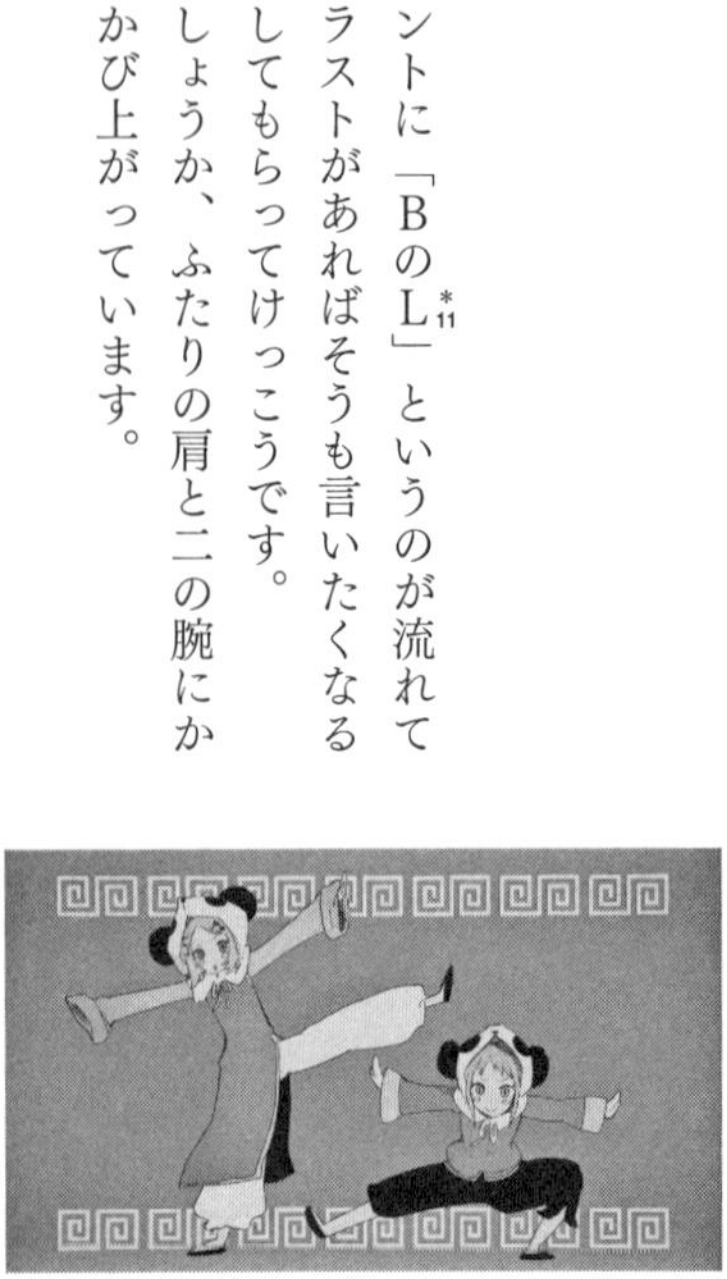

みきとP「いーあるふぁんくらぶ」（2012）
作詞、作曲：みきとP　絵：ヨリ　動画：りゅうせー　歌：GUMI、鏡音リン

たとえば「リア友」が少し減るくだりの、目眩くメジャー7thコードの連接と、その複雑さを感じさせない＝特性音を主張しないダイアトニックのメロディ。簡潔でキャッチーで、同時に精度の高い細部が随所にある（本論でも言及）。ポップソングかくあるべきという完璧な1曲。末尾で聴こえる小さい「うぉーあいにー」が届いていますように。

ふたりの男の子は、ほとんど同一人物のように見えます。「ふたりの自分」は、「モザイクロール」や「ロストワンの号哭」で鋭い対立を見せていましたが、この曲においてはナルキッソス[14]のように鏡面の自分と愛し合うのでしょうか。

うそぶいてみてもしょうがありません。この曲が「心臓は一つになる」というフレーズで歌詞が終わることを、我々はすでに知っています。ふたりは統合されるのだろう。そう予想がついてしまうわけですが、先が読めてしまうことを粛々と引き受けた上で、具体的に分析していきましょう。

最初に、それはもう始まってしまっていた

「心臓デモクラシー」の歌詞で、ぼくが急所だと注目するポイントは時制です。過去、現在、未来などですね。題して「時制切り」のアプローチを試みたいと思います。

冒頭を含め4度登場するサビのうち、3度は、ほとんどが同じ歌詞でありながら、1箇所だけ変化しています。それぞれの4行目の末尾です。

まず冒頭①では、「全てが廻りだした」と過去形になっています。意味合い上は、過去完了と言ったほうがいいかもしれません。次の②では「全てが廻りだしてゆく」。これから廻りだす、広い意味での現在進行形と言っていいでしょう。最後のリフレイン③では、「全てが廻りだして」と連用形になり、「心臓は一つになる」とそのあとどうなるかがついに明示されます。「全てが廻りだす」という同じ出来事に対して、どの時点での言い方であるかがバラバラです。

ル人になった」と言う（これを筆者はズルいと思う）。「社会彫刻」という概念を提示し、政治参加に意欲的だった。

＊20　ボイスが提唱した「社会彫刻」の標語。ドイツ語では「Jeder Mensch ist ein Künstler.」

＊21　対偶　contraposition　命題「AならばB」に対して、「BならばA」を逆、「AでないならBでない」を裏、「BでないならAでない」を対偶という。命題が正しくても、逆と裏は正しいとはかぎらないが、古典論理においては対偶は必ず真となる。

＊22　全称命題　universal proposition　本文の説明でほぼすべてだが、ひとつでも例外があれば成り立たない命題である。「すべてのカラスは黒い」は偽。アルビノのカラスもいるから（検索。ついでにbuzzGの名曲も聴いてほしい）。全称命題「すべて

ここで、錯時法[*15]という手法を紹介します。時間が「過去→現在→未来」と流れていくものであるとして、それに沿った順に語るのではなく、たとえば「現在→過去→未来」というように前後させて（錯綜させて）語るという手法です。〈5−1〉これも難しい話ではなくて、みなさんご存じの「回想シーン」は典型的に錯時法であるわけです。第2回で対句のことを「頻出する基本的な手法です」と紹介しましたが、錯時法も同様に頻出する基本技法です。フランスの文学理論家ジェラール・ジュネット[*16]によって、描写と時間の関係を整理する概念として整理されました。

〈5-1〉

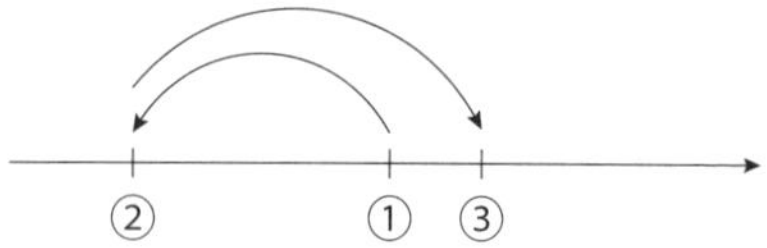

①「廻りだした」
②「廻りだしてゆく」
③「廻りだして」……

「心臓デモクラシー」ではまさに錯時法が使われています。①の、もう廻りだしてしまっている時点を現在とするなら、②はこれから廻ろうとしているのだから、②の時点のほうが相対的に過去です。③は、①と同じように見えますが、「廻りだし」た結果までわかっているという意味で、時間的には①よりもあとに位置すると解釈できるでしょう。

すでに「モザイクロール」と「ロストワンの号哭」について、どちらにおいても「ふたりの自分」に時間的前後関係を見出す解釈をしてきました。では「心臓デモクラシー」においてはどう考えられるでしょうか。

ぼくの読解では、いったん「モザイクロール」と同様に、「性欲以前／性欲以後」という

みきとP「心臓デモクラシー」（2012）
作詞、作曲：みきとP　絵：夢野翼　動画：ke-sanβ　歌：初音ミク

「全てが廻りだしてゆく」箇所では右の少年が画面に切り取られる。表示される歌詞には「その場で消えるもの」と「落下して消えるもの」が弁別されている（学生の指摘）。最後はグラスの破裂音。融和することと砕け散ることは同義で、つまり、我々が落下していくことは必然なのか。時間と重力の蜜月を憎むことは許されないのか。

二者を設定したいと思います。最大の根拠は、繰り返されるサビにある「恥を知り」という部分です。「恥」は日本語において、それ単体で性的な物事のメタファーとして使われます。それを「知る」というモーメントが歌われている。ならばそこには、恥を知る前の自分と、後の自分が想定されるでしょう。いま欲望に支配されつつある自分と、その欲望から自由だったほんのすこし前の自分。今回はシンプルに、「過去の自分」と「現在の自分」と表現します。

この曲でも「モザイクロール」同様に、どちらが話者になるかが交代している箇所があります。そもそも表現が対比的ですよね。「散々なめに遭って」いるという話者と、「散々なめに遭わせている」という話者。この前者は「現在の自分」、後者は「過去の自分」と考えていいでしょう。

つまりこうです。現在の自分は、欲望を持ってしまい、それを満たそうとしてしまうために（「何かを満たそうと」）、「散々なめに遭って」いる、自分は被害者だと思っている。だが同じことは過去の自分から見れば、「誰かに迫ったり[*17]」しているのだから「散々なめに遭わせている」側、すなわち加害者にすぎない。「誰かに迫」る自分を冷ややかに対象化して見る視線は、過去の自分の視線です。どちらにおいても、言及されているのは「現在の自分」です。

ここまでならば、すでに分析を重ねてきている我々にそこまで新鮮な議論ではありません。しかしこの曲はそのかぎりではなく、もっと複雑な構造を持っています。続けましょう。

の人はいつか死ぬ」は真か？

＊23　全称命題、全体主義、ナチズム。それらは通底している。（ナチに加担した）ドイツ人であることを健忘しようとするボイスにこそ、反省なきファシズムの残滓がある――と告発する文章を読んだ記憶がある。デュッセルドルフ芸術アカデミーでボイスの薫陶を受けた現代美術家アンゼルム・キーファーは、初期作品においてそんなボイス的身のこなしを独自のやり方で手厳しく批判していた。

＊24　「すべての人は性欲を持つ」は完全に偽である（７章で詳述）。その上で、性嫌悪やアセクシュアルも含めて、自分と性との関係を考えることをまったくゼロにすることは難しいのかもしれない、という譲歩的断念として言っている。

＊25　レスリー・チャン　張國榮（１９５６〜２００３）香港のアイドル、俳優。山口百恵や吉川晃司のカバー曲をヒッ

「取り返しのつかない未来」

翳《かげ》りゆく堕天使の　背中を抱き寄せ
囁《ささや》いた耳の奥で　添《そ》っと

いかないで　もう　いかないで
いまよりもっと　かしこくなるし
やさしくなるし　つよくもなるし
じゃまなものは　ころしてあげる

「いかないで」から始まる3回目に登場するサビは、耳で聴く分にはわかりませんが、この通りすべて平仮名表記になっています。それ以外の箇所では「哭いていた」だったり「其して」だったり、普通以上に難しい漢字を用いているので、明確に対比的です。

それは直截に幼さの印象を与えますし、主張している内容も、まるで年長の相手に請うような印象です。「いまよりもっと　かしこくなるし」を、さらにカジュアルに言い換えるなら「ねえ、ぼくもっとべんきょうするから（あれ買って）」と親におねだりしているかのようです。4行目は「ころしてあげる」。急に物騒ですが、気に入られるために急に常識的な度合いを逸脱してしまうのもまた幼さです。このサビの話者は、「過去の自分」であると明示されていると言っていいでしょう。

ただし、ここで話者である「過去の自分」は、現在形で歌っている。〈5-2〉楽曲冒頭で

みきとP「ロキ」（2018）
作詞、作曲：みきとP　絵：ろこる　歌：鏡音リン、みきとP

「それ自分じゃん」と刺さってしまうかもしれない。シニカルなフレーズは全方位に拡散しているから。それは特定の立場を全否定するわけではないことと表裏だ。全員をぎくりとさせ、全員を峰打ちしつつ、全員に「死ぬんじゃねえぞ」と呼びかける。ボカロも、作家も、きみも死ぬな。これほど見事にグロウルが決まった曲をほかに知らない。

歌われる通り（〈5‒1〉の①）、その現在はもう訪れているのかもしれない、もう「全てが廻りだし」ているのかもしれない。それでも「過去の自分」が現在形で語るとき、その（すでに訪れてしまっている）現在は、彼にとって未来時制としてあります。つまり「現在の自分」は、彼（過去の自分）にとって「いかないで」と引き止めたかったような、訪れてほしくなかった未来の中にいることを思い知るかもしれません。

〈5‒2〉

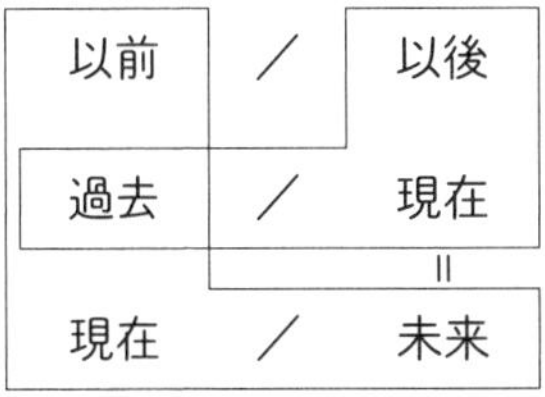

「以前の自分」にとって、「以後の自分」は未来時制の中にいる

直前には「翳《かげ》りゆく堕天使の　背中を抱き寄せ／囁いた耳の奥で　添《そ》っと」とあります。そうして囁いた内容が、平仮名のサビの4行でしょう。

堕天使。第3章で話した通り、厨二病というのは繊細で瑞々しい感性の発出だとぼくは思っていますが、堕天使は、いい意味で厨二病的なワードだと思います。

キリスト教における厳密な解釈はさておき、「堕ちた」と言っているのだから、それはかつて天使だった者です。第4章で言及した『ベルリン・天使の詩』になぞらえて言うなら、彼はいま翼を失ったのでしょう。だから、図示するならこういうシチュエーションではないかと思います。〈5‒3〉翼がないから、「背中を抱き寄せ」られる。「抱き寄せ」られてしまうのです――これはあくまで一解釈です。動画イラストのように正面から抱くことも「背中を抱き寄せる」と言うのではないかという意見を学生からもらいま

トさせたが歌手は引退し、その後90年代にはカンヌ国際映画祭でパルムドールを受賞した『さらば、わが愛／覇王別姫』、『ブエノスアイレス』に出演。晩年は鬱病を患っていたとされる。

＊26　『人間・失格～たとえばぼくが死んだら』（TBS、1994年）KinKi Kids の実質上の初主演ドラマ。私立男子校を舞台とし、いじめ、体罰などの過激な描写に賛否両論があった。体育教師は女装の姿を盗撮され（たと誤解し）体罰に走る。堂本剛演じる主人公のひとりは、不登校から一念発起して登校した日に死を遂げる。本書が取り上げる問題との呼応も多い。30年前からなにも変わらないのか。脚本は野島伸司。

＊27　横槍メンゴ（1988～）漫画家。09年デビュー。作品に『クズの本懐』『推しの子』など。岡本倫が原作を担当した『君は淫らな僕の女王』の作画を担当。

〈5-3〉

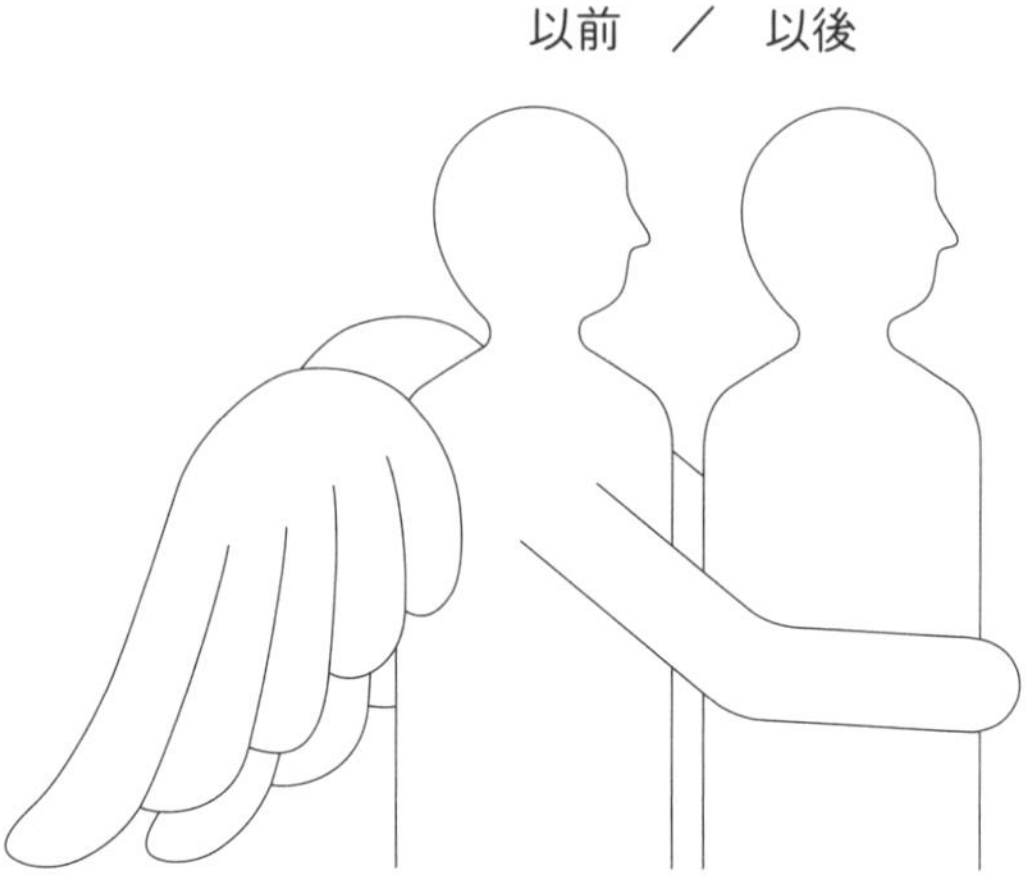

翼がないから、「背中を抱き寄せ」られてしまう

したが、それも一理あると思います。

この曲における時間が錯綜していることはここまでも明らかですが、一般論として、任意の主体は、現在時制の中にしか本来存在できません。だから自分の気持ちは現在形で発話する。ただ、ここで話者になっている「過去の自分」は、その相手を「堕天使」と言っている。この先に起こることを、もう知っているんです。

だから「過去の自分」は、こう表現できるでしょう。彼は「自分が必ず翼を失うことを知っている天使」なのだと。

「取り返しのつかない過去」という言い方がありますね。本日前半で考えた「ロストワンの号哭」にはそのようなオブセッション[*18]に苛まれる感性がありました。変えられないものとして存在している過去が、現在につきまとってくる。

それになぞらえてレトリカルに言うなら、「心臓デモクラシー」に見られるのは、「取り返しのつかない未来」とでも言うべき想像力です。誰か（過去の自分）にとって、取り返しの

sasakure.UK「アンチグラビティーズ」（2014）
作詞、作曲：sasakure.UK　絵：植草航　動画：植草航 & Ta-k　歌：GUMI

すべては思い通りだったはずだ、この世界の理（ことわり）がこうでさえなければ。万有引力にすぎないのに、特別に名を与えられた重力。それに勇ましい敵意を見せるのではなく、「クシャミ」をするのが粋人 sasakure の身のこなし。チップチューンからロックフュージョンまで、同氏のセンスを無重力空間にばら撒いたかのような隠れた名曲。

つかない未来であり、必ず訪れてしまう未来——そんな「現在」を描いているのが、この曲ではないでしょうか。自分が「いかないで」と言っても引き止められないことも、「心臓は一つにな」って、いなくなるのは（過去の）自分だということも、彼は最初から知っている。

性は我々にとって「重力」か

かつて重力をものともせず、自由に飛び回っていた天使は、いま堕天使として重力を被る。次回以降の議論に関わるので、ここで「重力」というキーワードについて話しておきます。基本的には、地球上であれば人は重力を被ります。だから端的にはこういう言い方ができる。「すべての人は、重力を被る」。だから重力は、しばしば「誰もが逃れられないもの」のメタファーとして用いられます。強く言えば、それは避けがたく覆いかぶさるもののメタファーです。

ドイツの現代美術家に、ヨーゼフ・ボイス[*19]という人がいました。少年時代は第二次大戦中であり、当時ナチスに加担したことでも長く批判された人物ですが、そういう世代の人なので86年にはすでに鬼籍に入っています。彼は戦後、社会を新しく開いていこうとする活動の中で、このようなスローガンを掲げていました。

すべての人間は芸術家である。[*20]

芸術というと、みなさんどんなイメージを持っているでしょうか。ふつうの人にはわから

左利き。

＊28　3章で言及した「隠さないディビジュアリズム」そのもの。

＊29　横槍メンゴ『クズの本懐』（スクウェア・エニックス、2012〜2017）「付き合う」とはどういうことか。過不足のない定義をできる人はいないし、感情ではなく性で繋がる主人公ふたりが付き合っていないわけではない。各話のタイトルにはさまざまな音楽ジャンルの楽曲名が引用されており、中には「アンハッピーリフレイン」「カラノワレモノ」も。

＊30　中上健次（1946〜1992）小説家。1976年に『岬』で芥川賞を受賞し、戦後生まれ初の受賞として話題になった。『枯木灘』『千年の愉楽』などの作品を残した。人によっては戦後昭和の最重要作家だとも評する。

ない、特権的な才能を有する人だけが、それを作り楽しむ権利を独占するもの。平たく言えば、一部のエリートがうんぬんかんぬんするもの。そのように、自分と距離のあるものとして感じている人もいると思います。あるいは、気取った、鼻持ちならないものとか。

ボイスは「そうではない」と言いたかったのでしょう。芸術は一部に独占されるべき概念ではなく、日常を生きるふつうの人たちがなすことも芸術である——そう言うことで、芸術という概念を「民主化」したかったのでしょう。より多くの人に開いていこうとするリベラルな姿勢自体は、いったんは支持できるものです。

ただし、ここでみなさんに考えてほしいと思います。高校数学でやった論理を思い出してください。ある命題が真であるなら、対偶はつねに真となる。では、ボイスの命題の対偶*21をとったらどうなりますか？

学生「芸術家でないなら、人間ではない……？」

１００優上、ありがとうございます。戸惑わせてしまってごめんなさい、「人間ではない」って、口にするのも躊躇《ちゅうちょ》するくらい嫌な表現ですよね。

まさに、そういうことです。「すべての〜は、」という命題を全称命題*22と言いますが、全称命題は、非常に強い疎外の響きをその裏側に隠し持っている。「誰もが芸術家になれる」という命題であれば話はまったく違ったでしょう。誰でもなろうとすればなれるし、なりたくないならばならなくていい。ぼく個人がもっとも支持できるのはこのような立場です。けれどもこの命題によっては、「芸術家ではなく人間でありたい」人の自由は否定されるわけで

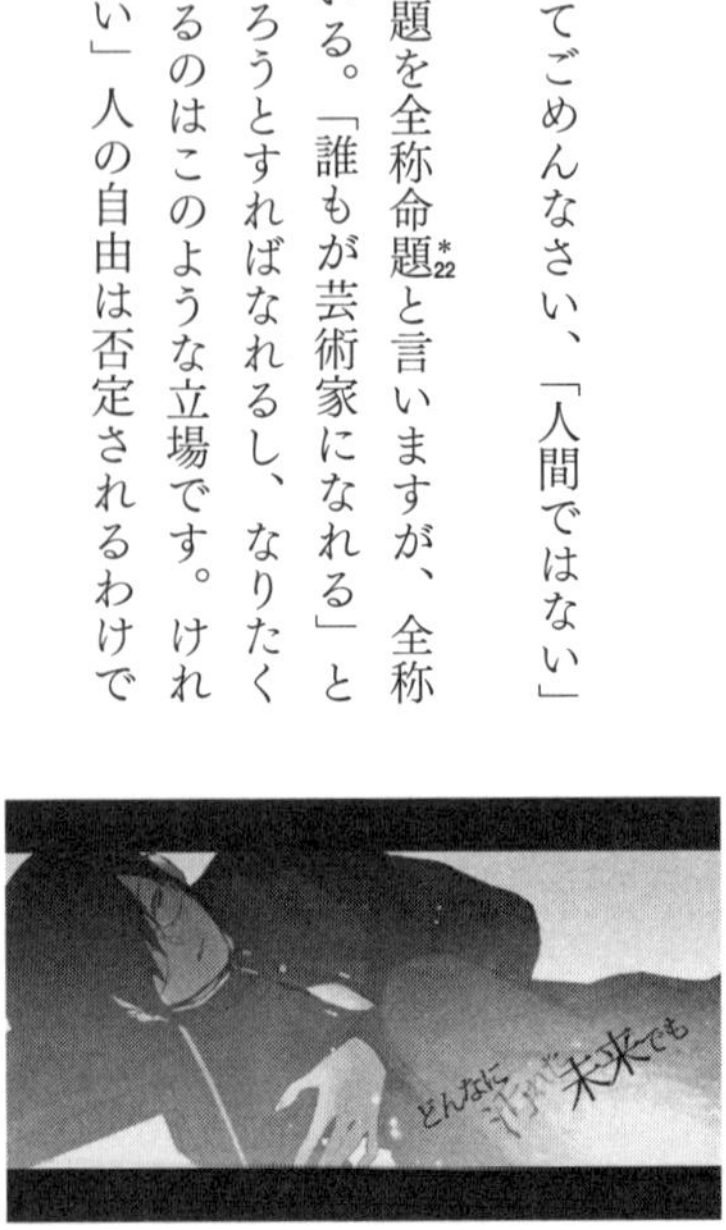

みきとP「サリシノハラ」(2012)
作詞、作曲：みきとP　動画：CHRIS　歌：初音ミク

13年に人体の細胞の数が約37兆と推計される以前、AKBから指原莉乃がいなくなる以前。そんな時代の映り込みを棚上げにすれば、未来の寂しさにここまで対峙する曲はそうないこと、それでも手を伸ばそうとする積極性の裏に、みきとP一流の"受動性"が全体に滲んでいることに気づく。未来も過去も、現在も、味方でなかったとしても。

す。それが善意であろうとも、人の自由を許さず覆い被さってくる抑圧的な命題です。端的に言って、ぼくは嫌い[*23]です。

　この講義の当面のテーマは「アンチ・セクシュアル」だと言いました。すでに、性や、性の到来についてみなさんといろいろ考えてきましたが、ひとたび訪れてしまった性は、我々に対して、重力のように、覆い被さるようにつきまとってくるのでしょうか。すなわち、「すべての人間は、性的である」のでしょうか。一面にはそうなのかもしれません[*24]。またある人はここぞとばかりにこう言うかもしれません。「重力があるから我々が遠心力で飛ばされずに地面に立っていられるように、性があるから我々は生きていられるのだ」と。しかし、そのようなある種の居直りとは別の可能性を信じ、そこにある抑圧の響きを聴き逃さない繊細さは、これまで扱った曲にもこれから扱う曲にも共通して存在するものではないでしょうか。

未来と喪失の同義性

　では改めて、「心臓デモクラシー」において性はどのように描かれているでしょうか。先ほど言及した「恥を知り」のあとは「惨めになれば」。まず最初に登場する箇所で、すでに性がネガティヴです。

　Bメロには、「色づいた山茶花《さざんか》の　血を舐め廻して」とある。艶めかしくも、生々しくもある表現です。セクシュアルな指向とアンチ・セクシュアルな指向が絡み合ってひとつにな

＊31　中上健次『千年の愉楽』（河出書房新社、１９８２年）和歌山県新宮市の被差別部落「路地」を舞台に、早逝を運命づけられた中本家の生き死にを、時空を超えてそれらを見守りつづけるオリュウノオバを語り部に幻想的に描き出す。本文中の場面紹介は筆者が補助線を引いて膨らませているが、作品中での描写はごく簡素なものである。

っている神フレーズです。

山茶花は、色によって花言葉が違うようです。赤なら「無垢」や「謙虚」、白なら「理想の恋」など。ざっと見たところ、奥ゆかしい佇《たたず》まいに似つかわしく、いかにも性的だったり誘惑的な花言葉は見当たりません。そんな山茶花が、色づいて、血を舐め廻される。無垢なものと、それが染まっていくコントラストは、1行にして静かにダイナミックです。

ここまで、性の獲得など広い意味での成長が、必ずしもポジティヴには描かれない曲が続いてます。「心臓デモクラシー」もまたその系譜のうちに並べることができますが、この曲の場合、それに加えて、喪失のトーンが強くある。性がどこかもの悲しいものとして描かれていて、それが待っている未来もまた、もの悲しい。未来は一般に、「まだ見ぬ可能性が広がっている」とか、ポジティヴに語られることが多いでしょう。しかしこの曲においては、未来も性も、もの悲しい。そこにあるのは、嫌悪というより、寂しさを見出すアンチ・セクシュアルです。

未来に向かって喪失していくこと。成長することと喪失することが同義である。

そのような感受性は「心臓デモクラシー」だけではなく、みきとさんのほかの楽曲にも共通して見出されます。

たとえば「サリシノハラ」のサビ。「新しいトビラの前で　独りで寂しくないかな」と、これから待つ未来は寂しさとともに描かれます。「どんなに汚れた未来でも」とも言っている。その続編に当たる「ヨンジュウナナ」にも「例えどんな未来が　ふたりを切り裂いても」というフレーズがあります。ここでも未来はネガティヴです。

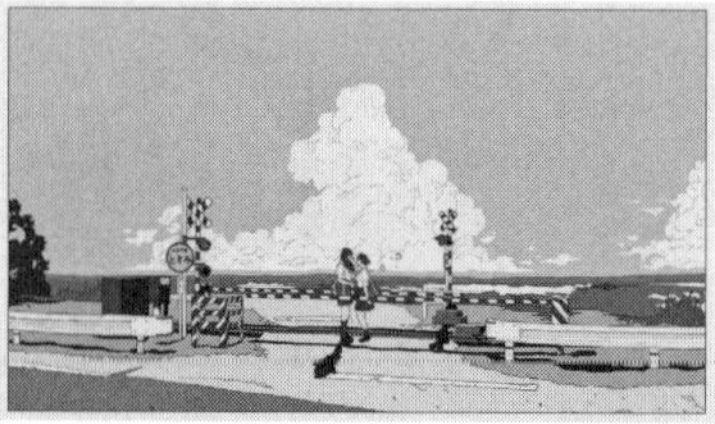

みきとP「少女レイ」（2018）
作詞、作曲：みきとP　絵：かとうれい　歌：初音ミク

むせ返る夏の暑さ、蝉の声、狂う本能。その三位一体が、ほかの誰もを外野に追いやる「透き通った」閉域を実現する。ふたりの一方は透明になり、影も色もない。色は必要ない。「君は友達」だから。清涼感のあるスティールパンと残響たっぷりの歌声を涼んだ部屋で聴く私たちは、額縁の中の積乱雲を取り返しのつかない事件の痕跡のように見守る。

そして、「ロキ」に並んで今後もみきとさんの代表曲でありつづけるだろう「いーあるふぁんくらぶ」。ポップでキャッチーで、難しいことを考えずに盛り上がれるボカロシーンの代表曲というイメージの人も多いでしょうし、実際それは一面の真実だと思います。カラオケではぼくも盛り上がります。ただ、聴きはじめた当初からここが気になったんですが、この歌詞の主人公は「天国のレスリー・チャンに／おやすみなさいって言うため」に中国語を勉強しているんですね。主人公は、レスリー・チャン[25]に生きていてほしかったでしょう。主人公は「取り返しのつかない未来」としての現在を生きている。もうできないこと（チャンと話すこと）のために自分の現在の時間を投じている（中国語を勉強している）。その主人公の行為は、それ自体が鎮魂の祈りのようです。めいっぱい明るい曲の中にもこんな1行が忍び込んでいる。

みきとPが性愛を描いている作品は、ほかにもたくさんあります。典型的な男女恋愛以外が描かれることも少なくありません。18年発表の「少女レイ」は、本人の弁によると、昔のBL的テレビドラマ[26]に範をとって、それを少女同士の関係に翻案するというアプローチをとったそうです——典型的なジェンダー描写のすり抜け方にセンスが光ります。同じく百合的世界観を持つ「夕立のりぼん」には「トラウマなど忘れさせたげる　この指が与える刺激で」とあります。トラウマという内面の問題と、この指の刺激＝具体的な身体のレイヤーが交錯する、性愛の現実をかぎられた言葉で直観させるフレーズです。「刹那プラス」の名フレーズ「君の事が心配なのさ／下心でも構わないでしょう」にも通じますね。

ところで、もう一度「いーあるふぁんくらぶ」に戻りますが、この曲のイラストを担当した絵師のヨリさんは、マンガ家の横槍メンゴ[*27]さんの別名義です。あ、同一人物だといま知った人、やっぱりけっこういますね。これは勝手にバラしているのではなく本人が公表[*28]されています。横槍メンゴさんを、アニメ化もされた『クズの本懐』[*29]で知っている人も多いでしょう。同作は、簡単に要約するのは難しいですが、性のもの悲しさが、人と人とのあいだを横切っていくモーメントを描く、ヒリヒリするような、しかし味わい深い作品です。性が、人と人とをすれ違わせる切なさに鋭敏な感受性を持った作家です。「いーある」のイラストはポップでキャッチーですよね。と同時に、本質的にみきとさんの作家性と共振する絵師によって描かれていたというわけです。

受動形のアンチ・セクシュアル

性を、突き放して否定するのではなくて、その只中に自分も身を置きながらも、どこかそれをもの悲しく思っている。受動形で、これまでもずっと人はそうやって生きてきたのだと言われればそうなのだろうと受け入れながらも、切ない。みきとPという作家のアンチ・セクシュアル性を言語化するならこういうことではないでしょうか。

最後に外部参照をします。戦後昭和を生きた小説家、中上健次[*30]の『千年の愉楽』[*31]という小説作品です。中上は和歌山県の熊野という地方の出身です。熊野は和歌山県と三重県に跨がったエリアです。その北東の伊勢には伊勢神宮があり、神の降り立った地ともされる一方、熊野は長らく産業に恵まれなかった場所でもありました。中上は熊野にある被差別部落に生まれ、その部落を「路地」と名づけ、複数の作品の舞台としました。

みきとP「バレリーコ」(2014)
作詞、作曲：みきとP　絵：田中寛崇　動画：りゅうせー　歌：GUMI

欲望されてしまうようなのだ。「なんか大変そうですね」と他人事のようでも、渦中からのアンチ・セクシュアルなSOSのようでもあるけれど、恐るべきことに、自分も欲望の主体だった。「エッサホイサ」、田中のイラスト、りゅうせーの記号表現の楷書体。生々しさとバカバカしさをないまぜにしていく和的意匠の活用が興味深いが、全部なかなかに直接的。

『千年の愉楽』は、路地を舞台とする連作短編集です。それぞれの主人公たちは、ひとつの同じ血族に属しているんですね。その産業のない土地に生まれ、金もない、仕事もない。けれどもその血族には生まれ持った匂い立つほどの色気があって、たとえば主人公のひとりの半蔵は、女性のところに転がり込んで凌いでいた。

そんな彼が、あるときふと自分の性的魅力に改めて気づいて、こう思うんです。これこそがいま自分を生かしてもいるし、自分の血族はずっとこうやって生きてきたのだろう。この遺伝子はそうやってここまで辿り着いた。千年のときを超えて繋がってきた生殖のチェイン、それを繋いできたものとしての、愉楽。そういうスケールで思いを馳せて、そして半蔵は、切なく思うんですね。

欲望することと、欲望されること。ここまで、自分が欲望を持ってしまうことを議論の主題としてきましたが、みきとさんの表現には、性をめぐる受動形の切なさ、欲望されてしまうことの切なさもまた織り込まれていることを指摘して、みきとP小論を終えたいと思います。

「私の分裂」の5曲シリーズはここで折り返しました。「生殖の問題」のバトンとともに、議論は次回のｋｅｍｕさんへと受け継がれます。それではお疲れ様でした。

第6章

融ける世界とフロイト
～ｋｅｍｕ小論&はるまきごはん小論～

すべての投稿曲が伝説入りしているボカロP

「ボーカロイド音楽論」第6回です。今日で5曲の分析がついに完結し、ぱてゼミ第1部が完結します。今日は、「拝啓ドッペルゲンガー」からｋｅｍｕ小論、「メルティランドナイトメア」からはるまきごはん小論をやります。後者は、「メルティランドナイトメア」について考えながら、精神分析の入門的ポイントを解説するという野心的なアプローチをするので、今日もきっとお腹いっぱいの内容になると思います。最後まで集中して聴いてくださいね。

それではさっそく、「拝啓ドッペルゲンガー」&ｋｅｍｕ小論を始めましょう。

それは華々しい登場でした。２０１１年11月の初投稿曲「人生リセットボタン」を聴いた

kemu「拝啓ドッペルゲンガー」(2017)
作詞、作曲：kemu　絵：ハツ子　動画：ke-sanβ　歌：GUMI

グジャラート語、ルンパッパ、動画中の文字列など、解釈を誘う細部に満ち満ちていて、本文の分析は解釈可能性のほんのごく一部（全曲そうだが)。Aメロのモード導入にとどまらず、Bメロからサビへの接続、ギターソロからサビへの接続はまた違う響きを持っているなど、シーン随一のコードの魔術師は「どうも実力派です」ぶりが止まらない。

ときのことをいまもよく覚えています。今日の講義でのちほど話しますが、堂々たる風格の1曲目でした。「どうもこんにちは　ぼくは実力派です」と言わんばかりの。

それから、物語を共有する一連の楽曲群を発表し、8曲目となる2013年5月「敗北の少年」の投稿をもって、実質上の活動休止に入りました。世間でボカロ曲と言えば「早口でアップテンポで音圧が高い」というイメージでしょう、とwowaka論のときにも言及しましたが、いい意味で、kemuもまた「世間の人がイメージするボカロ」を代表する作風の作家です。なぜなら世間のそのイメージを作ったひとりがkemuさんであり、実際にたくさん聴かれていたからです。

kemuは、「すべての投稿曲が伝説入りしているボカロP」[*1]という称号を得たことのある数少ないボカロPです。10年代前半、kemuの紡ぐストーリーに並走してこの時期を過ごしたという人も少なくないかもしれませんね。当時ツイッターには、マックのとなりの女子高生と同じくらい、「六兆年と一夜物語」を口ずさむ警官も大量発生[*2]しました。

ですが、改めて振り返ってみると、デビューから休止までのあの快進撃は、たった1年半のうちになされたことでした。文字通りの意味でボカロシーンを駆け抜けたのです。

当時シーンの中でもっとも注目を集めるボカロPのひとりでしたが、にもかかわらず、その正体を知っている人は誰もいない。そのミスティフィケーションがさらに興味を惹起していたでしょう。中の人は○○なんじゃないか、曲によって書いている人が違うんじゃないかとか、憶測が憶測を呼んでいました。その後、まさに今日取り上げる「拝啓ドッペルゲンガー」を投稿したその日に、kemuと堀江晶太[*3]が同一人物であることが明かされます。

＊1　この称号を得た作家は、新曲を投稿するたびに一時的にその称号を手放すことになるのは原理的に仕方がない。21年11月投稿の「瓦礫の塔」は本書発刊時点で伝説入りしていないが、早晩その称号は取り戻されるだろう。この称号を獲得した経歴のある作家はほかにナユタン星人である（22年5月時点）。

＊2　「知らない　知らない　僕は何も知らない」と「六兆年と一夜物語」のサビを歌いながら見逃してくれる警察官の存在が、10年代前半のツイッターではたくさん報告されていた。マックのとなりの女子高生同様、実在したのかは定かではない。

＊3　堀江晶太　作曲家、編曲家。ボカロPとしては「kemu」名義で活動している。塚本けむも同氏の別名義。バンド「PENGUIN RESEARCH」ではベースを担当。「拝啓ドッペルゲンガー」がアップロードされた5月31日は同氏の誕生日でもある。

「拝啓ドッペルゲンガー」は、「敗北の少年」から4年を置いて、ミク10周年の２０１７年に突然投稿されました。「敗北の少年」までの8曲とは世界観を共有していないように思えますが、それはつまり、ここからまったく新しい世界が始まるということでしょうか。そんなことも頭の隅に置きながら、聴いてもらえるといいかもしれません。

♪kemu「拝啓ドッペルゲンガー」

PRAY　それはずうっと続くヒトの業の連鎖
PAIN　委ねあって許しあって満たされ往く
PRAY　欠けたピース　無価値のペイン　冀望また愛も
PAIN　託し合って生まれ替わるイニシエイション
PRAY「僕のほうがちゃんと君を生きてやるから」
PAIN「君も次の誰か　ちゃんと救わなくちゃ」
PRAY「もう分かってんだろ　何をすればいいかさ」
PAIN　どうか誰か僕に奇跡をくれよ

この曲について、こう言ってくれた学生がいました。「歌詞世界が1曲で完結しているから、ほかの曲と並べて意味を見出すのが難しい」と。たしかに、これまでの3曲よりもストーリーの提示が明確だと思います。歌詞の誘導をさておいて別の視点を導入するということが、ほかの曲より難しく感じたかもしれません。

今回の分析でも、あるひとつの視点から全体を読み取るアプローチをします。と同時に、

kemu「六兆年と一夜物語」（2012）
作詞、作曲：kemu　絵：ハツ子　動画：ke-san β　歌：IA

講義では第２部にかけることの多かった「疎外の歌」。むしろ疎外以前と言うべきか、他者さえいない。言葉がない。その世界に現れた、初めての他者との出会いと喪失の物語。メロディの反復構成、ドラムパターンの展開、ブレイクの的確さなど、リズム要素のコントロールすべてが完璧。音ゲー定番曲の座をほかに譲ることは今後も当面ない。

ほかの曲を横に並べたからこその読解にもなっていますので、そこにも注意してお付き合いください。

「強くてニューゲーム」をしたい／させたい欲望

分析シリーズももう4曲目ですから、これまでの分析をヒントにできる箇所も多いですね。我々がここまでこだわってきている「分裂」は、ほかの曲以上に明示されます。なにせ1行目です。「どうもこんにちは　きみの分身です」。そして、同じフレーズで楽曲が終わる。「モザイクロール」や「心臓デモクラシー」のように二者が統合されることで決着するのではないだろうことは、ここだけで理解できます。「ロストワンの号哭」のようにどちらか一方しか残らないのか。けれども、それ以上に示唆されるのは「繰り返し」です。第4回の最後に、こういう言い方をしました。それは繰り返される生への想像力であり、同時に「この生が、唯一の代えのきかない生ではない」という想像力でもあると。冒頭で、冒頭なのに「また幕が上がる」と言っていることも示唆的です。

今回ポイントになるのは、「分身とはなんのことか」という問題です。これまでは、ひとりの人物の中で人格が分裂して存在している状態を指摘してきました。今回は、これまでの議論をヒントに、ほかの考え方をしてみたいと思います。

私を「交換可能な部分」とする全体を、人類や国家だと想定する議論を第2回や第3回で考えました。人類という全体の、自己保存欲の代行者として、生殖への欲望＝性欲はインス

＊4　サグラダ・ファミリア　Sagrada Familia　スペインのバルセロナにあるカトリック教会の大規模建築。1882年に着工したが、内戦や、資金不足による中断を経て2022年5月時点でも完成していない。

＊5　筆者は異才発掘プロジェクト「ROCKET」に参加していた。同プロジェクトが英才教育ではないことや、その詳細については8章で詳しく触れる。

＊6　乗っ取ってしまう側の悲哀というものもある。スマホゲーム「プロジェクトセカイ」の「25時、ナイトコードで。」のキャラ、宵崎奏は、父を超えてしまったことに葛藤する。自分が優れているせいで、私は父の未来を抑圧してしまうのか。否。あらゆる人は、優劣にかかわらず、要らない存在になるわけではない。

＊7　wowaka、DEC

トールされているのではないか。前回最後に話した「生殖のチェイン」で繋がれた子どもは、ある意味ではまったくの他人以上に「私と交換可能な他者」です。新陳代謝においても、そこで死んだ細胞と同じ役割を担う細胞が新しく生まれてくるのでした。

　ぼく個人としては非常に嫌いな考え方ですが、親の分身がその子どもであるという考え方も、世の中には存在します。

　大きな時間の流れの中で、個人が生きられる時間、すなわちライフタイムは有限です。でも子どもを作ったなら、その子どものライフタイムの射程は高い確率で自分のライフタイムより遠い未来に到達する。その子どもはさらに先の時間を生きられる。

　世の中にはこういうことがあると聞きます。親が、自分のしたかったことを自分のライフタイムの中では達成できなさそうだというとき、それを「代行者《エージェント》」としての子どもに託す。サグラダ・ファミリア[*4]を自分の代では完成させられなかったけど息子よ続きは任せた！みたいな。

　ようは、親が自分のやりたかったことを子どもにやらせるというやつです。芸能人になりたかった親がステージママになっちゃう。本当は音楽で成功したかった親が、物心がつく前から子どもに楽器を習わせる。東大生に引きつけるなら、子どものころから受験準備をさせるとか、あらゆる英才教育[*5]もそのうちに入るかもしれない。

　それらが必ず子どもを不幸にするのだと一般化するつもりはありません。子どもに「強くてニューゲーム」をさせてあげたいという誘惑はきっと強力で、実際に親になった人にしかわからないほどなのだろう、とは想像します。

kemu「敗北の少年」（2013）
作詞、作曲：kemu　絵：ハツ子　動画：ke-sanβ　歌：GUMI

16分音符の早口なし、長尺ワンショットの映像という絶妙な抑制によって、この曲は代え難くエンディングテーマの響きを持つ。少年は「現実」を、「平凡」を、そして「存在」を選んだ。ある受講生から、浪人時代ずっとこの曲がテーマソングだったと聞いたときには目から汗が出たものだ。負けること、すれ違うこと、地を這うこと。そのすべてが肯定だ。

戻りましょう。この曲においては、最初の自分は、分身＝代行者を求めている。そして現れた分身は「ええやりますやります　何でもやります」と言って、自分の望みを代行していってくれる。しかし、分身が自分以上に望みを達成できるのなら、それは分身が自分を乗り越えるということであって、そのとき自分の存在価値は残るのでしょうか。そうなったなら、分身にとって自分こそがいらない存在ではないか。お風呂で洗い流される垢＝古くなった細胞と同じように。そうして、「僕のほうがちゃんと君を生きてやるから」と、生きること自体を乗っ取られていく。[*6]

この解釈は、「ずうっと続く人の業の連鎖」というフレーズにインスパイアされて考えたものです。冒頭と同じ「どうもこんにちは　君の分身です」でこの曲が終わることともよく対応します。AがBに乗っ取られていったように、次はBがCに乗っ取られていく。生きることを乗っ取られていく。生殖のチェインとは、ドライに言えばそのようなものでもあるかもしれません。

痛みと悲しみの「業と輪廻」

これが、BがAを乗っ取ったなら、次はAがBを乗っ取り返せばいい、というような一者だけの交代劇ではないことは、次の箇所から明らかです。「君も次の誰か　ちゃんと救わなくちゃ」。代行者Bが、いま乗っ取られゆくAにそう声をかけているのでしょう。それが、同じ生殖のチェインの中でBの次に到来するCとは考えにくい。これはチェインの外への転

O*27対談「ボカロシーンの牽引者たちが語る「あの頃、何が起こったのか」（ナタリー、2017年）での言及。

＊8　ある意味普遍的とも言える代行の問題と、そこに生まれる悲しみを、オリジナルかコピーかの優劣なく自分と呼応する存在＝ミクに転写しているのが、「アンノウン・マザーグース」の複雑かつすばらしいポイントのひとつである。

＊9　ソーシャルゲームのこと。主にSNSで提供されるオンラインゲーム。多くのソシャゲで実装されている「ガチャ」は、射幸心を煽りすぎるとして12年に消費者庁の介入によって規制対象になった。

＊10　リセットマラソン。たとえば主人公のステータスの初期値がランダムで決まる場合、望む値が出てくるまでマラソンのように地道にリセットを繰り返すこと。

生を示唆しているでしょう。つまり、最後の「どうもこんにちは　君の分身です」は、Aだった者が別の生殖のチェインの中で、来たるべき新しい分身（子ども）として、そこでの先行者に言っている言葉なのではないか。〈6－1〉

〈6–1〉

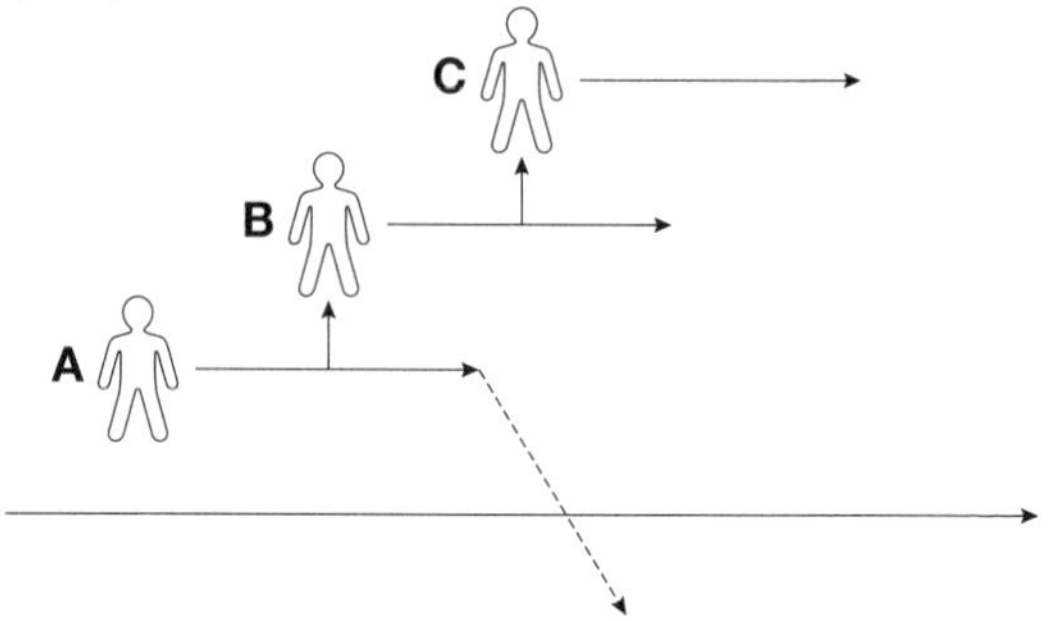

Aはおそらく、別の「生殖のチェイン」へと転生していく

輪廻とは、近代科学によってはいっさい肯定されない、あくまで宗教的な想像力というべきものですが、人間だけではなく動物やときに植物になったりもする。この現実世界における姿かたちはそのつど変わりながら、つまり現実世界の存在としてはお互いに断絶しながら、そこに魂の持続を見出す想像力です。それは、即物的な生殖のチェインによる持続とは非常に対比的なものです。後者をこの曲では「ヒトの業」と呼んでいる。

業と輪廻。ぼくは専門家ではありませんし、デリケートな話題なので深入りを避けますが、そのような仏教的用語を借用するかたちで、両者が対比されている。けれども同時に、どちらもがどこかネガティヴに、まさに「ＰＡＩＮ」を伴うようなものとして描かれている。それがこの曲の特徴ではないでしょうか。

ところで、この曲のタイトルにある「ドッペルゲンガー」という言葉もまた、横隔膜ほど

kemu「地球最後の告白を」(2012)
作詞、作曲：kemu　絵：ハツ子　動画：ke-sanβ　歌：GUMI

老いる（大人になる）ことのない不老不死とは、時間からの解放だ。あなたには世界はループして見えるのかもしれない。しかし世界は時間を生きていて、世界には寿命があった。世界を他者と言い換えてもいい。最後に告白を贈る「君」は、“有限を生きること”ではないか。16分音符がないだけで相対的にバラードに聴こえる不思議kemuワールド。

ではないけど、それほど歌詞に頻出する言葉ではないと思います。

ではここで問題です。これまでぱてゼミで取り上げてきた作品の中で、このワードを歌詞の中に使っているものがすでに1曲ありました。どれでしょう？

学生「……」（誰も答えられず）

そのままのかたちではなくて、変形されてますからね、訊き方が不親切でしたw

wowakaさんの「アンノウン・マザーグース」に、「ドッペルもどき」という言葉がありました。「もどき」ですから、ドッペルゲンガーにさえ及ばない劣化コピーみたいな感じですよね。

をーさんはあるインタヴューで「後発のボカロPたちに、自分のスタイルをコピーされていくのが耐えられなかった」と答えています。[*7]この箇所にはその気持ちが反映されているのだとする解釈は、まったく順当なものだと思います。ぼくも一定程度賛成です。

ただし、それは「純度の高い自閉空間」ということと矛盾しません。まったくの他者ではなく、望まぬ「自分のコピー」に取り囲まれるということですから。をーさんが先行して存在していて、「ドッペルもどき」はそれをコピーしていく。だから「ドッペルもどき」は――非常にネガティヴな、現実にはあってほしくない表現をするなら――望まぬ子どもと言い換えることもできるでしょう。

自分が望んでいないのに勝手に現れて、勝手に代行しようとしてくる不気味な子ども。私は私を生きているし、それは代えのきかないことなのに。そんな分身に取り囲まれることが

＊11　その後、21年11月に投稿された「瓦礫の塔」は、「拝啓ドッペルゲンガー」と世界を共有していないようにいったんは見えるが、この先どうなるかはまだわからない。

＊12　モード　musical mode　元は8～10世紀ごろからグレゴリオ聖歌で用いられていた「教会旋法」は、その後機能和声と長短調の登場によって弱体化するが、20世紀中盤のジャズによって「長短調の全面化」を打破する可能性として再発見され、「モード」として再整備された。教会旋法とモードを同義のように使う人もいるが、20世紀以後に整序されたモードの体系をわざわざ教会旋法と呼ぶことには、ときに悪意が込められている場合もあるので注意が必要。

＊13　特性音　characteristic note　主音とともに、そのモードがなんであるかを特徴づける音。

＊14　マイルス・デイヴィス

心地のいいものであるわけはないし、ほとんど悪夢です。

「拝啓ドッペルゲンガー」のとなりに「アンノウン・マザーグース」を置くことで、悪夢的な想像力を可視化してみましたが、いかがだったでしょうか。[*8]

現実の子どもに対しては、あらゆる親にそんなふうに思ってほしくないですけどね。同時に、子どもに「望まれるコピー」を演じる責任はいっさいないと念のため強調しておきます。

何層にも繰り返される「転生」

さて、「拝啓ドッペルゲンガー」における転生的想像力を抽出しましたが、この転生というテーマは、ｋｅｍｕさんの表現に最初からついて回ったものでした。なにしろ、初投稿曲の「人生リセットボタン」がまさにそうです。そのもの、「リンカーネーション」というタイトルの曲さえある。これまで何度も「再生」を歌ってきている。

たまたま得た生が、思い通りではないから転生したい。「念願の強くてニューゲーム」をしたい。ソシャゲ[*9]の世界には、リセマラ[*10]という用語があると聞きますが、「人生リセットボタン」はまさにリセマラを描いています。「人生リセマラボタン」と言い換えてもいいかもしれないｗ

冒頭でお話しした通り、「人生リセットボタン」に始まり、それから約1年半でｋｅｍｕという存在はひとつの物語を生ききった。あまりに完璧なほどに、ひとつの物語に美しく幕を下ろした。

kemu「人生リセットボタン」(2011)
作詞、作曲：kemu　絵：ハツ子　動画：ke-sanβ　歌：GUMI

海馬は記憶を司る部位。主人公は記憶の番人に「先回って受け止めて」と請う。6,000,053,124,710年という時間は、太陽系でも仏教世界観でも実現せず（最終章）、それは海馬先生が見せる「ありえたかもしれない（存在しなかった分岐の）」可能性の総量だ。だがその中にも望む世界線は存在しなかった。kemuの時間はこの「ノー」から始まった。

そのkemuが、「拝啓ドッペルゲンガー」とともに「再生」した。ここまで考えたように曲自体に転生というテーマが描き込まれているし、この曲が同氏の誕生日に投稿されていることも印象的です。この曲からふたたびkemuの物語が始まるのだ、と期待に胸を膨らませたものです[*11]。

上記に加えてさらにもうひとつ、この曲が「再生」を象徴しているポイントを指摘します。本書は五線譜的音楽理解は要求しないと宣言しましたが、ここで限定的に、五線譜的な指摘を行います。なるべく直観的にわかるようにお伝えしますので、少しお付き合いください。

冒頭の部分を、ピアノで弾いてみますね。

♪kemu「拝啓ドッペルゲンガー」(ピアノ演奏)

ピアノだけで弾くと印象がかなり変わるでしょう。和音の響きが前面に出てきますよね。「ファンタジー世界っぽい」、「北欧のイメージ」、なるほどいい直観把握ですね。

そのイメージを与えているのは、いま弾いたイントロからAメロまでのくだりが、ドリアンという教会旋法を用いているからです。ジャズの文脈では教会旋法のことをモード[*12]と言います。非常に端的に言うと、音楽の調性には長調と短調がありますが、モードとは、そのどちらにも収まらない響きを持つ音階のことです。

具体的には、Bm7(ビーマイナーセブン)という主和音に、E on Bという和音が交代して登場することにより、G♯の音が提示されています。これによって、B dorian というモー

Miles Davis(1926〜1991) アメリカ合衆国のジャズ・トランペット奏者。20世紀モダン・ジャズ最大の巨人。モダニズムとは一面には更新主義のことであり、その通りビバップ、ハードバップ、モード・ジャズ、エレクトリック・ジャズ、ヒップホップと、生涯を通して自身のスタイルを更新しつづけたモダニスト。多くの名盤を残したが筆者のベスト3は『Seven Steps to Heaven』『Nefertiti』『You're under Arrest』。

＊15 Miles Davis『kind of blue』(1959年) いまだセールスを続ける名盤中の名盤。世界中で1000万枚以上を売り上げているという。

＊16 DドリアンとE♭ドリアンの往復で構成されている。

＊17 モーダル modal/コーダル chordal 概念上は対立的だが必ずしも排反的ではない。実際の楽曲が必ずどちらかであるというわけで

〈6-2〉

ドが提示されます。シンプルな短調（Bマイナースケール）の場合、第6音はGですが、Bドリアンでは第6音がG#になります（このような音を特性音[*13]と言います）。メロディでは、「目を擦ってみる」の「を」と「す」がG#になっていますね。〈6−2〉

多くのファンを惹きつける、ロック／ポップスのサウンドの中で、非常に自然にモードを使っている。実はこの点が、先にお話しした歌詞内容以上に、「拝啓ドッペルゲンガー」を最初に聞いたときに「再生」を感じたポイントでした。

kemuはまさに同じことを、「人生リセットボタン」でやっていたからです。

進みたい欲望と、とどまりたい欲望

モードは、1959年にジャズ・トランペッターのマイルス・デイヴィス[*14]が発表したアルバム『カインド・オブ・ブルー』[*15]によってジャズに持ち込まれたとされます。同アルバムの1曲目を飾る「So What」は、まさにモード・ジャズの産声とも言いうる記念すべき楽曲だったわけですが、ここで用いられたモードもまたドリアン[*16]でした。「拝啓ドッペルゲンガー」でも「人生リセットボタン」でも、いわば由緒正しいモードを使っているんですね。

kemu「リンカーネイション」（2013）
作詞、作曲：kemu　絵：ハツ子　動画：ke-sanβ　歌：GUMI・鏡音リン

すべてを自在に操る特権的で不可視の存在を神だと仮定するなら、神こそは誰にも触れえない孤独を抱えていたのではないか。だが完璧を拒む彼だけが——私を標的として撃ち抜こうとする彼だけが、私のほうを睨んでいた。システムと抵抗者の憎しみを介した蜜月。敵意と同情の一致。だが神は、自らが空虚な箱であることを健忘していた。

少しだけ聴いてみましょうか。

♪マイルス・デイヴィス「So What」

モードは単純な長調あるいは短調の響きとは違うのだと言いましたが、もうひとつの重要なポイントは、「展開的ではない」ということです。

モーダル（モード的）[*17]という言葉の対義語は、コーダル（コード的）といいます。コード＝和音を中心に考えるやり方では、ある和音は次の和音にバトンをパスしていきます。その変化がいかにスムーズか、面白いか。よく起承転結や物語に喩えられますが、いかに展開するか（＝プログレッション）が問われるわけです。コード進行が展開的な音楽はコーダル・ミュージックと呼ばれます。ボカロやポップスなど、歌もののほとんどがそうです。

対して、モーダル・ミュージックは、展開しないんですね。アンチ・プログレッション。モードも和音で提示されはするんですが[*18]、次へ次へと推移していくのではなく、音響空間がそこにとどまりつづける。『カインド・オブ・ブルー』のライナーノーツで、同作にピアニストとして参加したビル・エヴァンスは、モード・ジャズの情緒と緊張を日本の水墨画に喩えて表現しました。

いきなり素朴な表現をしますけど、さっきの「So What」を聴いて、高級感だったり、オトナな印象を受けた人も少なくないでしょう。それこそが、モードの弱点なんです。モードを使うと洗練されて聴こえちゃう。

はなく、「モード寄り」とか「中間的」な例も多い。解釈に依存するところも大きく、あくまで形容詞である。

＊18　ふたつのコードの往復だけでひとつのモードを提示するという由緒正しいやり方を、とくに「人生リセットボタン」ではそのまま行っている。

＊19　tonal center　直訳すると「調性の中心」。理論家によっては「重力の中心」と表現する。その音で終結すると終止感が得られるような音。現代ポップスにおいては短調における第3音も終止感を伴って聴かれるし、厳密に考えすぎる必要はない。

＊20　「少年は完全を拒んだ」（「リンカーネイション」の投稿者コメントより）

＊21　はるまきごはん『ネオドリームトラベラー』（スタジオごはん、２０１８年）

なのに、「人生リセットボタン」はポップでキャッチーなわけです。なにか理屈っぽい理論を使ってそうだと感じた人はあまりいないでしょう。ｋｅｍｕさんの登場に「どうもこんにちは実力派です」と言っているかのように感じたと冒頭で言いましたが、それはまさにこの点でした。高度なのに、シンプルにかっこいいんです。

では次に、「人生リセットボタン」をピアノで弾いてみましょう。「拝啓ドッペルゲンガー」がＢドリアンだったのに対し、こちらはＥドリアンですね。

♪ｋｅｍｕ「人生リセットボタン」（ピアノ演奏）

これもイントロからＡメロまで、Ｅｍ９とＡ on Ｅのふたつのコードで、Ｅドリアンというモードを提示しています。そう、「拝啓ドッペルゲンガー」と完全に同型なんですね。

この曲の音楽的非凡さをもうひとつ指摘しておきます。Ａメロのメロディを伴奏なしで抽出したら、「転がってた」の「た」の音、すなわちＡをトーナルセンター[*19]とするメロディに聴こえませんか（弾きながら）。だから、このメロディにベタに和音をつけるなら次のような感じでしょう。〈6－3〉

しかし実際の楽曲では、ここはＥドリアン。メロディのトーナルセンターと伴奏のトーナルセンターが一致していないんですね。これによってＡメロは非常に非凡な浮遊感を獲得している。

そうやってモーダルな不安定感と緊張感を溜めて高めて、サビで一気にどーん！と王道のコーダルに転じる。カタルシスです。あまりに完成度の高い構成です。

kemu「瓦礫の塔」（2021）
作詞、作曲：kemu　絵：森田ぽも、四宮のん　動画：蓑輪翔吾　歌：GUMI

「人生リセットボタン」投稿日の11月7日からちょうど10年後、kemuの動画10本目。砂上の楼閣ではなく、今回は瓦礫の塔と表現されるそれは、「がらくた」だったかもしれないけれど、「かけがえのない」ものだった。思い出すという行為は、過去を反復することでも、それが過去であると認め、前進することでもある。「未完の僕等を続けよう」。

そんな「人生リセットボタン」における華々しい登場を、「拝啓ドッペルゲンガー」は再演するかのようでした。ここからまた物語は繰り返されていくのでしょうか。現時点ではわかりません。ｋｅｍｕが明示的にも反復している輪廻／転生というテーマ、そして彼が採用したモードという手法の性質、アンチ・プログレッションは、物語の「始まりがあって終わりがある」という性質と好対照をなすものです。

　進みたいという欲望と、とどまりたいという欲望。その両方の対立と混在を、転生というテーマのもとでこれほどまでに変奏することができるのがｋｅｍｕの作家性ではないか。この指摘をもって、ｋｅｍｕ論を完成させずにいったん[20]締めさせていただきます。

〈6-3〉

F#m　　　Dmaj7
目が覚めたら人生リセットボタンが

E　　　A
そこに転がってた

新世代のアンチ・ラブソングの名手

　いよいよ最後の曲になりました。

　はるまきごはんさんの「メルティランドナイトメア」は、２０１８年2月16日発表です。5曲の中では一番新しい曲ですね。２０１９年12月22日にニコニコ動画で伝説入りを達成しています。10年代後半のボカロシーンを代表する1曲だと思います。

　はるまきごはんさんは、作詞作曲、イラスト、動画のアニメーション制作までを手がけ、ボカロを使うことに合わせ自分で歌う歌唱力も持っているマルチクリエイターです。２０１９年には自身を中心とす

＊22　ジークムント・フロイト Sigmund Freud（１８５６〜１９３９）オーストリアの精神科医、精神病理学者。ユダヤ人で無神論者でもあった。ナチス時代には出版物が禁書処分を受けた。著書に『夢判断』『トーテムとタブー』『精神分析入門』など。本書では「言語、無意識」に重心を置いた日本で一般的な紹介をしているが、フロイトはもとは神経学者である。石田英敬、東浩紀『新記号論』は、フロイトの神経学者の側面と人文科学者の側面を現代の知見によって接合する試みを展開している。

＊23　2章の「るらるら」分析でも同じ言い方をしている。

＊24　無意識 das Unbewusste 英語では「unconsciousness」あるいは「subconsciousness」。前者はふつうは「気を失っている状態」を指し、後者はふつうは「潜在意識」を指すので、どちらも原義に一対一対応するものではない。なお、本書での紹

るアニメ制作スタジオ「スタジオごはん」を立ち上げました。

すでに十分に有名なボカロPですが、ぼくは新進のアンチラブソングの名手のひとりとして注目しています。「約束」にはこうあります。「恋のコの字も知らないからさ　ふたりは世界で　一番穢れなくいられる」。最良の意味で非常にストレートな、アンチ・セクシュアルな感性の発出です。ウォームな音像の中で、恋を知ることを「穢れ」とまで表現するフレーズが登場する。静かだけれど非常に強い拒否と攻撃性、すなわちアンチ・セクシュアルな感性を尖らせているのが印象的です。

それ以上に、より明示的にはるまきごはんさんがこだわってきているのは「夢」というテーマです。ツイッターのアイコンも寝ている女の子のイラストだったり、ファーストアルバムは『ネオドリームトラベラー』[*21]というタイトルだったり、何度となくこのテーマは反復されています。

「メルティランドナイトメア」も、夢というテーマが関わっていると考えた人は多いでしょう。今回はそれを、精神科医のジークムント・フロイト[*22]による精神分析の紹介を兼ねて考えていきます。

先に強調しておきますが、フロイトは危なっかしい。ぱてゼミの立場からすると許容できない議論も多い。それもあって以前の学期では「フロイトとは「フロイト？　ケロイド？」のフロイトです、終わり！」と言って、東大一短いフロイトの紹介ですと冗談を言ってスルーしていたんですが、今回は問題点を指摘しながら、もうちょっと踏み込んで紹介します。

まずは聴いてみましょう。

はるまきごはん「メルティランドナイトメア」(2018)
作詞、作曲、絵、動画：はるまきごはん　歌：初音ミク

精神分析を借用すると言えることは実はもっとある。メルティちゃんの反復的運動の数々。しかしまず前景化するのはビジュアルと音楽性の圧倒的なピュアネスだ。恐るべき緊張感のもとにセクシュアルとアンチ・セクシュアルが拮抗している。あまりにもスリリングなこのアンチ・ラブソングにはテンション（9th）を突くメロディが似つかわしい。

♪はるまきごはん「メルティランドナイトメア」

案外そんなフューチャー
先天的なフューチャー
案外そんなフューチャーだよ

君とは今日で五千回目　またまた悪夢を観ましたね
お母さんに何か言われたの？　クラスの誰かが冷たいの？

パパが言うには明日隕石が降って　世界が瞬く間に終わりを迎える
僕はちょっとだけ期待してみた　アダムの言いなりはお終い
もう千年前から待っていたわ　Welcome to the メルティランド

疑ってしまうような　とびきりのディナータイム
溶けあってしまいそうだ　君と僕のナイトメア
名前すら　夢ん中　触れ合うのはガラスハートだけ
正常なグッドモーニング　人生のハッピーエンディング
僕達は何ひとつ叶わないのなら
疑ってしまうような　とびきりのディナータイム
一生だけ忘れないでよね

介は入門にとどまるので「意識／無意識」という二項対立に重心を置いているが、後期フロイトの精神を「自我、エス、超自我」の3要素で説明するモデルもよく知られている（「意識／無意識」の分節はその3要素を横断する）。

＊25　精神分析　Psychoanalyse
「心理学　psychology」のルーツは16世紀に遡りうんぬんかんぬん、という説明はあなたが調べてわかることと同程度のものしか提供できない非専門家なので割愛するが、経験的主観によると、実験主義に準ずることで自然科学たろうと努力する心理学の流派からすれば「精神分析　psychoanalysis」は鬼っ子だったのだろうなあという印象である。

＊26　カール・ポパー　Karl Popper（１９０２〜１９９４）
オーストリア出身、イギリスの哲学者。科学哲学の反証可能性についての議論で知られ、フロ

自分の親が不気味であること

世界観が強くて、曲が終わらなかったら現実に戻って来られないんじゃないかというほどの吸引力がありますよね。「ナイトメア」、すなわち悪夢とタイトリングされているけれど、むしろこの曲の世界はどこか多幸的です。でも、曲は終わるし、歌詞と映像の表現の中でも、楽曲の世界が終わっていくことが描かれている。

この曲と、第2回のｗｏｗａｋａ論で批評したヒトリエの「るらるら」は始まり方が似ています。両方とも、誰かが寝ていて、そこから目を覚ますところから始まる。目を覚ますことで夢の世界に入っていくというのは一見逆説的に思えますが、目を覚ますことで現実の世界に入っていきもするし、夢の世界に入っていきもする。眠ることがふたつの世界のインターフェイスになっている。

夢の世界には、こんな性質があると思います。なにか普通の現実世界とは異なったルールが成立しているかのようで、変なことが起きる。[*23]

歌詞の中に、意味のわからないフレーズが一番多かったのがこの曲ではないでしょうか。少なくとも、表面的に受け取るかぎりでは矛盾というべき表現に満ち満ちています。

たとえば「パパが言うには明日隕石が降って」とある。ふつうの想像力によっては、これもありえないことでしょう。ありうるとしたら、世界がおかしいか、パパがおかしいか。「ふつう」という形容詞を使うことにはぱてゼミは慎重な態度をとるものの、とはいえ、想

はるまきごはん「約束」(2019)
作詞、作曲：はるまきごはん　動画：スタジオごはん　歌：初音ミク

「厨二病は治ってしまうし、あなたは大人になってしまうのだ」。この定式に全力で抵抗したか。真に抵抗した者だけが「呼吸が上手く出来ない」と、「息を吸うこと」は生きることじゃないと言うことを許されるのではないか――決然としたこの曲はそう問いただしてくる。「再会」へと続く物語のピースをすべて揃えるのが怖いのはあなただけじゃない。

像してみてほしいんですね。あるときお父さんが「明日隕石が降るよ」と言ってきたら、どうしますか？

お父さんに、知らないお父さんの表情を垣間見るうすら恐ろしさ。親しいはずのものが不気味である。そのようなありさまが1行にしてさらりと表現されています。

また、この曲にはお母さんも出てきますね。映像中に家族写真のようなものも出てくる。両親のイメージが提示されていることを最初の時点で指摘しておきます。親というのは、良くも悪くも、フロイト精神分析的には意味深長なモチーフです。

フロイトの言うことをバカ正直に聞く必要はありませんし、むしろ、現在の視点で積極的に批判することのほうが大事です。だから話半分に聞いてほしいと思いますが、フロイトによっては、父親と母親は次のような意味を持つとされます。

母に対しては、性欲を覚える。父に対しては、その「母を独占する者」だから、敵意や対抗心を持つ。だが父には勝てないし、だから母は得られない。そのことに子どもは葛藤する。この葛藤をフロイトは「エディプス・コンプレックス」と命名しました。

子どもはそれらの願望を諦めることによって、成長する。けれどもそのとき、子どもはそれらの願望を真に消失させたのではなく、母への近親相姦願望と、父への攻撃性を、自分の「無意識[*24]」の領域に追いやったにすぎないのだ。自分自身で自覚可能な範疇としての「意識」の領域に、果たしえない欲望がとどまりつづけるのが嫌だから、それを「無意識」の領域に押し込むことで（意識としては）なかったことにする。このような心的操作のことを、フロイトは「抑圧」と言いました。

イトのほか、アドラーやマルクス主義も批判の俎上に載せた。著書に『科学的発見の論理』『開かれた社会とその敵』など。

＊27　ある人が「ほかの人には見えなくても、私だけには英霊の姿が見える」と言ったとする。そのとき当人以外は検証の外に追いやられ、同時に反証可能性も否定される。では、患者当人が「私にはトラウマなどありません」と独白しているのに、精神科医が「いいやあなたの無意識は母親とのトラウマに苛まれている」と決めつけたらどうなるだろうか。当人さえ検証と反証可能性の外に追いやられてしまう。なのに医者が乱用したために社会的不信感が募っていき、精神分析は退潮したのだという議論もある。

＊28　数は二乗すると必ず正の数になる→二乗すると負の数になる虚数というものの存在を仮定してみよう、という発想になぞらえられる。8章で紹介するジャック・ラカンも自身の精神

本当に、話半分に聞いてくださいねｗ　この父母と子どもの三者構造は、子どもは男性で異性愛者が想定された図式にすぎません。女児のエディプス・コンプレックスについてもこのモデルの延長で説明しようとしていますが、ちょっと苦しいので割愛します。

無意識の存在を仮定する壮大なパフォーマンス

ここから限定的に紹介していく精神分析[*25]は、フロイトによって創始されたものです。心理学とはまったく別の発展を遂げた体系なので、精神分析は心理学のサブジャンルではありません。だからみなさんが心理学と聞いてイメージするものとちょっと違っていると思います。

精神分析は、ちょうど１９００年――19世紀最後の年ですね、この年に発表された『夢判断』によってスタートしたと言われます。それから20世紀中に大きく発展を遂げ、社会を席巻し、そして20世紀中に退潮しました。その間、医学の１ジャンルとしての精神医学を大きく切り開いていきました。

神経症やヒステリーなど精神科的な不調に対して、言語を介した治療法を模索する。現代の西洋医学を知る現代人からすると、この発想は非科学的に思えるかもしれませんが、それ以前の方法に比しては科学的で近代的なアプローチでした。１９００年ごろの医学は、内分泌のことなんて大してわかっていない。ホルモンの発見もそのころのことです。薬物療法もほとんどない。フロイト以前の精神療法はなにをやっていたかというと、催眠療法だったりしたわけです。

詳細な歴史を語ることはぼくの手に余るので中略しますが、その後、精神分析は流行しま

はるまきごはん「アスター」（2018）
作詞、作曲、絵、動画：はるまきごはん　歌：初音ミク

パパとママは観念の中に登場する。プログラムされた行動をとるだけのNPCのように形容されながら、しかしそのパパは私と無関係ではない。この夢が現実と無関係ではないのと同じに。父母も夢も不気味な憑き物のようだ。（シティポップではなく）ファンク・フュージョン的な音構造の中で、ミクは高精度で設計された符割りをグルーヴして歌う。

す。たとえば１９７０年代のアメリカでは、「かかりつけの精神分析医がいる」ことがアッパークラスのステータスだったといいます。当時、ベトナム戦争の帰還兵たちの多くが精神的後遺症に悩まされましたが、アメリカが社会全体として抱えたその問題の解決にも、精神分析に期待が集まりました。

　しかしその後、精神分析は時間をかけて臨床の現場から後退していきます。ひとつの理由は、アメリカと、その影響を受ける日本において、投薬中心の治療が主流になっていったことです。いまでもフロイト型の精神分析を臨床でしている先生は日本にもいらっしゃいますが、精神医療全体の中では劣勢になっていったそうです。

　もうひとつ、社会が精神分析に対してどのような態度をとったかという一例をご紹介しておきます。哲学者のカール・ポパー[*26]は、科学の条件として「反証可能性があること」を挙げましたが、反証可能性がないゆえに科学ではないものの代表格として、フロイトの精神分析を槍玉に挙げました。反証可能性があるとは、その仮説が間違っている可能性を、実験や観測で問うことができるということです。人がエディプス・コンプレックスを持っていない可能性は、どのように実験観察可能でしょうか。「無意識」[*27]は目覚ましい概念であると同時に、本人の独白さえも反証可能性の外に追いやり無効化するものでもありました。

　精神をめぐる議論を自然科学的な意味での人間にどう接地させられるかという問題には慎重であるべきです。ただ、ここではこの問題にはこれ以上拘泥しません。精神分析を、人文科学の言説のひとつとして扱っていきます。

　ぼくもまた、医者でないことはもちろんのこと、精神分析学で学位をとったわけではない

分析理論を、虚数や無理数のアナロジーで語っている（そして数学的理解の間違いを手厳しく批判されている）が、あくまでアナロジーである。

＊29　「いかにも精神分析的に既存の言葉を読み抜いた例」と言ったほうが正確かもしれない。なお主流のドイツ語においてはheimlichは「隠された、ひっそりと」という意味合いで使われることのほうが多く、「居心地のいい」という意味で使うのは（フロイトの出身の）オーストリア方言の用法であるという（だからといってフロイトのこの読み抜きが間違いであるというわけではない）。

＊30　たとえば、はるまきごはん「アスター」（２０１８）。

＊31　本文の通り、筆者は基本的にはフロイトに対して警戒的な視線を投げかけている。だが、それ以前の「女性には性欲がない」とするような考え方に比すると、フロイトは相対的には女

門外漢の立場ながら、「話半分に」と再三繰り返している通り、フロイト精神分析には警戒的ですが、その上で、門外漢ゆえの暴挙として、精神分析の功績を一言でまとめるなら、「無意識という概念を発見したこと」です。

　意識を、本人が主観的に、自分で把握できている欲望や感情や思考などとしましょう。その領域の外で、当人に自覚されないままに作動しつづけている別のオルタナティヴな意識領域。そのような無意識という実測不可能な領域を仮定することで、精神のより正確な全体像を描き出そうとした。あくまでアナロジーですが、無意識の発見は、実数の他方に虚数の存在を仮定する[*28]ことで、より大きな全体を語ることができるようになった、という数学の進歩にしばしばなぞらえられるようです。

　だからこそ、「私の精神は私をちゃんと律している」という近代的な個人の自己イメージを持つ人を逆なでするものでもありました。当初は感情的な反発も多くあったそうです。

heimlich＝unheimlich

　お気づきでしょうか。まだ存在しない概念を仮定してみて、より大きな全体の説明を試みる。これはすでにぱてゼミでもやってきたことです。手の内を明かすなら、ぱてゼミはすでに「精神分析を正確に運用する」のではなく、「精神分析的な発想を借用する」というかたちで間接的に精神分析に接触してきています。

　セクシュアルな指向に対して、それに相対するアンチ・セクシュアルな指向も人は同時に持つのだと仮定してみようとか。同じひとつのものを同時に好きにも嫌いにもなる、愛憎を

はるまきごはん「ドリームレス・ドリームス」(2017)
作詞、作曲、絵、動画：はるまきごはん　歌：初音ミク

あどけない表情で、彼女にとってheimlichなのだろうウサギのぬいぐるみを、耳だけ持って引きずる。少女の無自覚な残酷さは、つまり母の不気味さの反復でもあった。夢から覚めなければ、(天使は) きっと翼を失わない。だが夢が覚めてしまったとしても、あなたの傷はちゃんと包帯で封印されている。夢の中でだけ、耳と翼が疼くのだ。

持ちうる。米津玄師の作家性は口に対して愛憎の両方を差し向けているのだ、とも言いました。

初回講義には、アブジェクションという概念を紹介しましたね。魅惑的かつおぞましい。この概念を鍛え上げた人文学者としてジュリア・クリステヴァの名前を紹介しましたが、アブジェクションはもともと、フロイトの概念系に存在していたものでした。無意識に並び、このような相反する感情の同居というのも、精神分析が説明仮説を提出した重要なテーマでした。

具体的にひとつ、いかにも精神分析的な概念[*29]を紹介したいと思います。

ドイツ語に「ハイムリッヒ　heimlich」という形容詞があります。「居心地のいい、慣れ親しんだ」というような意味です。Heimとは家のことで、だから今様に言えば「実家のような安心感」ということですね。基本的にはそのような意味なんですが、実は同時に、隠された、秘密にされた」という意味も持っている。

一方、ハイムリッヒに否定の接頭辞の「un」をつけた「ウンハイムリッヒ　unheimlich」は、居心地がよくないというところから、「不気味な」という意味を持ちます。heimlichは「隠された」という意味もあると言ったばかりですが、フロイトによると、不気味なものとの奥底には、unheimlichがある。heimlichはunheimlichなのだ。

は、隠されるべきなのに現れ出てしまったもののことである。つまり、heimlichという言葉の奥底には、unheimlichがある。heimlichはunheimlichなのだ。

だから、近しく思えるものは、不気味なものである。そのような矛盾した意味が、heimlichという一語の中に織り込まれているのだ、とフロイトは説明します。アブジェクション

性の実存を肯定した新世代だった――つまり、より「マシ」だったのだ、という指摘もある。果たして、『精神分析入門』のもととなった1915年の講義は「正規の聴講者は十一名、うち九名が女性」（同書「解説」、413ページ）だったという。歴史が段階的にしか発展していかない難しさである。

＊32　何度でも強調するが、精神分析をわかった気になった素人が、現実の他者に対して介入行為をするのは断じて許されない。自分を医者だと幻想し、「シリツー！」と言いながら麻酔なしであなたにメスを突き立てようとする素人なんてサイコキラーでしかないでしょう？　トラウマティックな過去にあえて再会させて克服させるというアプローチは認知行動療法でも継承されているが、そのジャンルの専門家であってさえ、全員に期待した「克服」を与えられているだろうか。

「メルティ〜」が本文のように分析可能であるとしても、それ

という概念とも共通していますね。魅惑的かつおぞましい。そのあとアブジェクションの具体的な例としてなにを挙げたか覚えているでしょうか。母親がそうだと、クリステヴァは言っていました。そしてフロイトは、heimlich＝unheimlich の例として、母親の胎内がそうなのであると言っています。

ここではるまきさんの他曲を参照してみましょう。

♪はるまきごはん「ドリームレス・ドリーム」

間奏に入るシーンを、誰もが見逃さなかったでしょう。母が、自分の首を吹き飛ばす。heimlich な母があまりに恐ろしい。「メルティランドナイトメア」では、パパは慣れ親しんでいるのに、不気味だった。親の不気味さは、はるまきごはんさんの複数の作品に登場する[*30]表現です。

念のため、いま話しているあたりもフロイトの「危なっかしいところ」のひとつです。すなわち、男性（父親）と女性（母親）を非対称のものと考えすぎているという点です。

時代背景がそうだったからといって、フロイトの精神分析理論が男性中主義的体系であることを現代人の我々が擁護すべき理由[*31]はありません。その後１００年のうちにすでに何度も批判されていますし、その批判者のひとりがクリステヴァです。だがそのクリステヴァでさえも――と後進のフェミニストに批判される話は、第９回で言及することにして、いったん先を急ぎましょう。

doriko「ロミオとシンデレラ」(2009)
作詞、作曲：doriko　絵：nezuki　歌：初音ミク

「もう寝る時間」だと大人を切り離す儀式から始まるが、その後も父母の観念がずっとつきまとい、末尾では欲望する客体としても描かれる。私の欲望が、(切り離した) 父母の欲望を反復しているにすぎないと発見してしまう恐怖と、その否定。それが性に身を任せるという自傷行為として発出する。傷つけ合うピアノとギター。音も言葉もヒリヒリする。

克服が目指される「嫌なもの」としてのセックス

直観的に大づかみできるように、エッセンシャルなポイントに絞ってご紹介しましたが、もうひとつ直観的に把握してもらえるアプローチは、精神分析のアイディアを使って作品を見るということを、実際にみなさんに披露することだと思います。それでは改めて、「メルティランドナイトメア」を見ていきましょう。

第1回で話した通り、病跡学アプローチとは違い、以下の読解を作家の精神徴候として見るわけではないという点を再度強調しておきます。

まず動画の登場人物を確認しましょう。

映像中には、ピンク色の少女と水色の少女が登場します。前者のピンク色の少女は作家によって「メルティちゃん」と名づけられています。これまで5曲の共通点を「映像中に、同じ人物であるだろうふたりが登場する」と言ってきましたが、5曲の中でもっとも、二者の描かれ方に差があるかもしれませんね。ほか4曲と並べることによって、この曲の二者も同一人物に見えるという効果があるので、ぼくの文脈操作に引っ張られすぎないよう注意してくださいねw　とはいえぼくの見立てでは、この二者は同一人物の分裂したディビジュアルだというものです。

そして、父母が登場する。歌詞中には言葉で登場し、映像中には一度だけ、3人の家族写真のようなイメージの中に登場します。

は「作者と作品を切り離した上でのひとつの読解可能性」にすぎず、作者はリスナーを精神分析的にうんぬんしようとしているはずはない。あなたと作品の関係を、なんぴとも、フロイトも、犯すことはできない。

＊33　「夢にこれが出てきたらこういう意味だ」というような夢読解の本は一般書として多く出版されているし、フロイト『精神分析入門』（高橋義孝・下坂幸三訳、新潮文庫、1977）などにおいて、フロイト自身も事物と意味の具体的な対応を説いている。筆者は、その種のものは話半分に受け取っておくのが妥当だと考える。

＊34　そういうものを迂回する最大の理由は、「男性的象徴／女性的象徴」というように男女二分法的な読解があまりに多くてとっくに時代遅れだから。

＊35　否が応でも、歌詞にあるアダムとの繋がりを連想させるモチーフだが、歌詞には「アダ

一般論として訊きますが、ラブソングの中に、父や母はよく出てくるものでしょうか？ あまりないと思います。性の二側面を恋愛と生殖とするなら、ラブソングが描こうとする恋愛にとって、その背面にある生殖を示唆しうる親子の関係はときに邪魔でさえあるでしょう。もっと言えば、父母の存在自体が、恋愛と生殖の表裏一体性を示唆します。親の存在が出てくること自体、アンチ・ラブソング的だとまで言っていい。

親の存在が出てくる作品、なにか思いつきますか？ ぼくはすぐにふたつ挙げられます。DECO*27「二息歩行」。歌詞に「パパ　ママ　ニーナ」とありましたよね。もうひとつも同じくデコさんの「愛言葉Ⅲ」。「ほら〝Ⅰ〟を嫌って　また〝Ⅱ〟に戻って」というのは、ひとりだった自分がパートナーを得るというメタファー表現としてキレイですが、続けて「〝Ⅲ〟になって」と言うとき、数字で抽象化するという表現が、とたんに即物的な印象に反転する。全体としてはラブソング的な曲の中にこんな表現を忍び込ませて不意打ちする、したたかなアンチ・ラブソングです。

果たして「メルティランド〜」の少女は、父母とともに「3」人でフレームの中に「閉じ込められて」います。この世界ではそうして生殖のチェインが追いかけてくる。

夢の中では、ふつうの意味での辻褄の合わないことが成立すると言いました。フロイトによると、夢は抑圧している無意識が噴出してくる世界です。自分だけの安寧な世界ではあってくれず、嫌なものも噴出してくる。

あるいは、現実に経験した嫌なことが、夢の中で再現されて反復的に起こる（「ずっと前の空想が／今日の君の白昼夢」はそう言っているとも解釈できます）。けれどもそれは、自

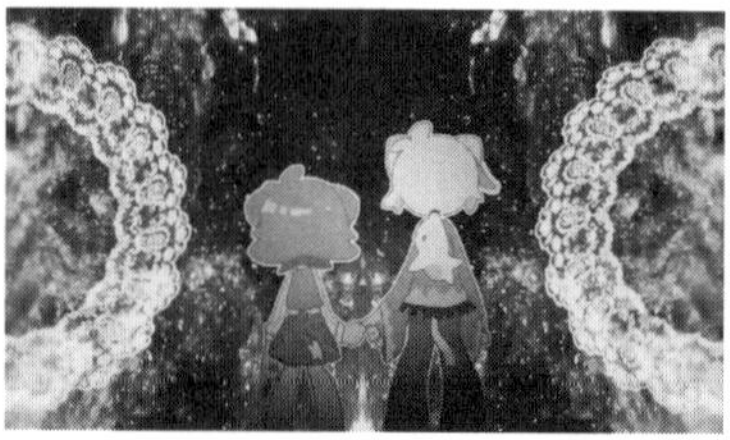

3396「雨と狼」（2012）
作詞、作曲、動画：3396　絵：めろ子　歌：初音ミク

『銀河鉄道の夜』といえば筆者にとってはこの曲。当時高校生の3396（ささくろ）が書いた、圧縮された疎外の歌。「青　黒　空　白　色」。音、言葉、映像、すべてがその美学のもとに濁りなく結晶した奇跡的な透明感。時間までも氷漬けになったかのような世界を支えるのは anti progression なベースライン。どうも特別なふたりは鯨を見ることになっているようだ。

分の無意識が自分自身を苦しめようとしてそうしているのではない。過ぎ去ってしまったその嫌なものともう一度向き合うことによって、そのトラウマを解消しようとしているのだ。出会いが一度きりであるせいで、やられっぱなしで終わったままなわけです。意識はそれをもう二度と見たくないと言っていても、それをあえて再召喚することで、克服しようとするのが無意識の作用なのだ。嫌なものと出会い直すことが、それを解消する手段なのだ。

非常にアンビヴァレントな考え方ですよね。これも精神分析の真骨頂です。自分を苦しめている根源的な理由がわかったときに、その苦しみは消失する。理解することが治癒なのだという。[*32]

映像中にはさまざまなモチーフが登場します。それらを逐一、精神分析由来の「記号と意味の対応表」[*33]に照らし合わせて読解するということは割愛します。[*34]

その上で全体的な指摘をすると、やはりほぼ明らかに、性を連想させるモチーフが多い。世界がピンク色でもこもこな形状なので、どこか肉感的である。画面の四辺をそれが埋めているシーンは胎内を連想させます。[*A] その世界を流れ星（隕石でしょうか）が横切っていきますが、まるで精子のようにも見える。世界のピンク色に対して対比的に水色だから、外部からの侵入者のような印象もあります。[*B] そのほか、世界が水しぶきをあげたり、落下するリンゴ[*35]が床にぶつかると液体になって飛散してしまったり、水の形象も多く見られます。

性的ですが、誘惑的だったりエロティックだったりはしない。性の、もっぱら即物的な、生殖的な側面ばかりが形象化されていると言っていいでしょう。第4回の「モザイクロール」で、液と表現すること自体がアンチ・セクシュアルなメタファーの用法だということも

＊A　「メルティランドナイトメア」2分03秒の映像より

＊B　「メルティランドナイトメア」2分14秒の映像より

考えました。
歌詞によれば「五千回」[36]も向き合っている「悪夢」＝嫌なものは、そのように性的な世界です。

必ず終わりがやってくることを知っている

それにしても、夢の世界に水色ちゃんがやってきてくれて、目覚めを待っているメルティちゃん、めちゃめちゃかわいいですよね。本当に嬉しそうで。水色ちゃんが大好きなんでしょう。

水色ちゃんとメルティちゃんはそれぞれ、意識と無意識に対応するのだと言えそうですが、それでは不足があります。メルティちゃんはピンク色で、この世界もピンク色。地続きの「メルティちゃんと世界」が無意識に当たるのだ、と言ったほうがいいでしょう。

無意識はトラウマを再演するが、それはその解消のためなのだ。無意識は意識の敵ではない。だから、その世界はあまりに性的だけど、メルティちゃんは水色ちゃんが大好きだし、果たして水色ちゃんをハグするシーンもある。癒やそうとしている。

この曲の主人公に当たるのは、メルティちゃんのほうなのだと思います。「愛したって君は僕を忘れる」。このトラウマが解消されたとき、自分が必要なくなることを知っている。それは最後のアウトロだけで示されるのではなくて、実は冒頭から先回りして言っている。「先天的なフューチャー」。未来は「先天的」に決まっていて、いつかそれが訪れることを知

sasakure.UK「カムパネルラ」(2009)
作詞、作曲、動画：sasakure.UK　絵：茶ころ　歌：GUMI

『銀河鉄道の夜』といえば2。紙飛行機、気球、宇宙舟。どれも届かない。けれども届かないことは、この世界のどこかに「君」がいる可能性を否定しない。もう終わってしまったのではなく、きっと遠いだけなのだ（16章）。ストラクチュアルな転調と、静かにジャコ／スクエアプッシャー化するベースで生まれるささくれワールド。英題は「For Campanella」。

っている。前回「取り返しのつかない未来」という表現をしましたが、メルティちゃんもおそらく同じような未来を見ているのではないでしょうか。

ここで唐突に外部参照をしたいと思います。宮沢賢治の有名な小説に『銀河鉄道の夜』[*37]という作品がありますね。主人公のジョバンニとその親友のカムパネルラの美しい物語です。ふたりで夢の世界を旅して、その旅の終わりに、ジョバンニはカムパネルラがいなくなったことを知ります。対のふたりが、片方だけいなくなってしまう物語の、日本における古典的名作のひとつです。

「メルティランドナイトメア」は、カムパネルラを主人公にして描いた『銀河鉄道の夜』のようだ。実は、映像の夜のイメージも相まって、この曲に最初に抱いていた印象がこういうものでした。これまでに見てきた5曲の中にも、たとえば「性欲以前／以後」と仮定した二者のうち、消えていくほうだけを主軸にした語りはありませんでした。「自分が失われていく」というセンチメントが表現された類いまれな作品だと思います。

はるまきさんは作家性において、ふたりの物語をそれぞれの視点で描くというセンスに優れています。「再会」と「約束」は、「「ふたりはひとつ」と言える」ような関係のふたりの、映像に異同のある2バージョンが、一方はニコニコ動画に、もう一方はＹｏｕＴｕｂｅに投稿されている。ニコニコ版は初音ミクが歌唱、ＹｏｕＴｕｂｅ版ははるまきさん本人が歌唱。「ふたりはひとつ」と歌詞中で言われているわけで、ここでミクとはるまきさんがとり結ぶ関係性[*38]も、をーさんにとっての「アンノウン・マザーグース」のように興味深いものです。

最後に、はるまきさんが、時間に対する独自の感受性を発揮していることを指摘しておき

ムとイヴ」の両方ではなくアダムだけが登場する。限定的に男女の別を想定した指摘をするなら、アダムは「言いなりはお終い」と敵視される対象で、リンゴは無為に液体になって四散する。ここは男性的なるものが他者として存在する世界なのだ。

＊36　毎日悪夢を見るのだとすれば、5000日はおよそ14歳くらいになる、と学生から指摘があった。

＊37　宮沢賢治『銀河鉄道の夜』　宮沢賢治（1896〜1933）が生前の1924年ごろから手がけ、晩年まで推敲を繰り返した作品。現在流通しているものは70年代に詳細な検討を経て最終形と見なされたものとのこと。それ以前は結末の違う別のバージョンがもっとも読まれていたという。

＊38　作家のマイリスト中の「再会」のコメントには、「二度と来ない再会」とある。はるま

ます。
お気づきでしょうか、これまでの5曲について、「同じ人物だろうふたり」の関係性についてはもちろんのこと、そこで時間がどう描かれているかについて必ず言及してきました。「モザイクロール」であれば「性欲以前／以後」、「ロストワンの号哭」であれば「子ども／大人」というように。「心臓デモクラシー」では錯時法と、過去の自分の現在形の語りによって、構造が複雑化していることを指摘しました。

では、この曲において時間はどのように描かれているか。ふつうの想像力をもってすると辻褄の合わない描写がいくつもあります。「千年前から待っていたわ」もそうだし、「一生だけ忘れないでよね」もそう。後者は「一生」をほんのちょっと「だけ」のように言っているのが特徴的です。

ただし、それぞれは1番で「十年前から待っていたわ」、「一瞬だけ忘れないでよね」と言っていた箇所の2番の部分です。「十年と千年」、「一瞬と一生」が対比されているとも言えるし、それらは等価だと表現しているようでもあります。そして、この世界では時間は止まることもある。時間の長さも、それが流れていくということも、この世界では自明ではないかのようです。

けれどもその世界には「タイムオーバー」がある。終わりがあるということ、それだけは現実世界と同じであり、またその点をもって現実世界と接続する。

「大人になること　水を飲むこと　私達が永遠じゃないこと」。これは「セブンティーナ」の一節ですが、終わりがあることと対峙する表現は、はるまきさんのほかの曲にもしばしば登場します。同曲では、10年後は「わかんないよ　フューチャー」で、1000年後は「わ

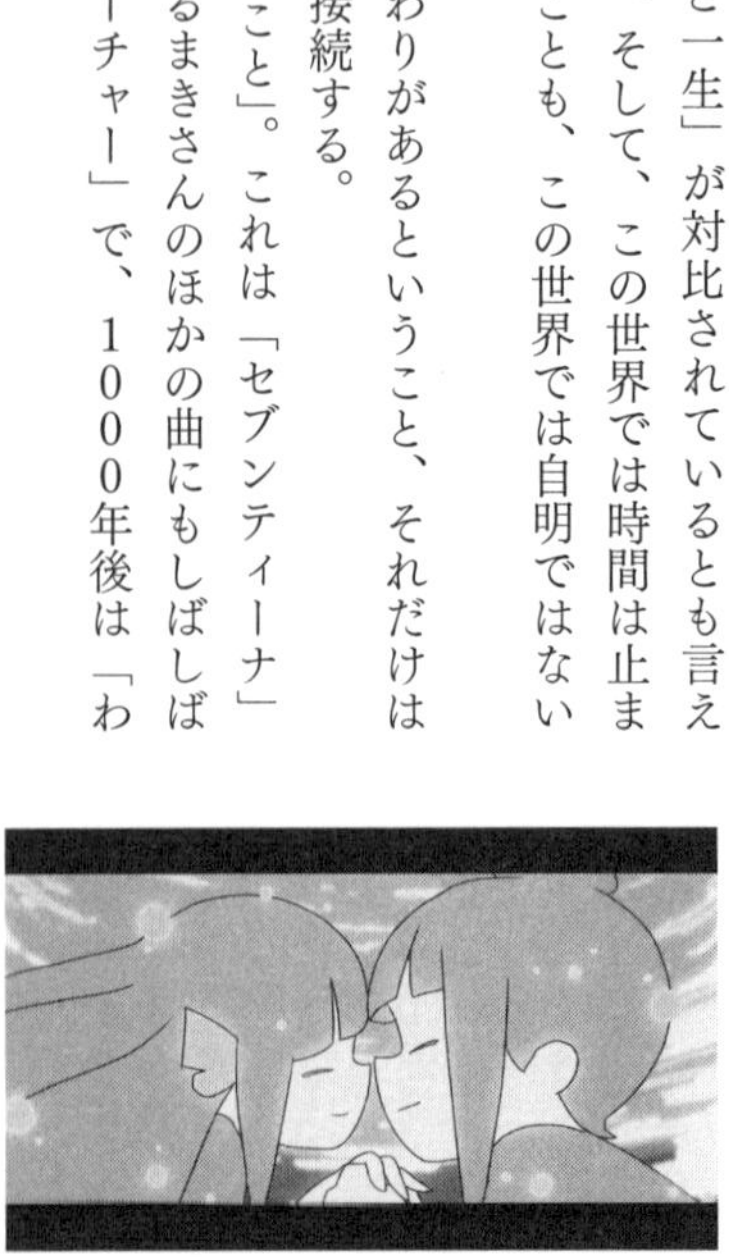

はるまきごはん「セブンティーナ」（2018）
作詞、作曲、絵、動画：はるまきごはん　歌：初音ミク

時間的前後関係にあるふたりの自分――第1部で追ったそのものの表現だが、17歳のあの子は17歳の自分が「作ったもの」。歌詞では思い出せば何度も救いに来てくれる“特別な時間”として17歳が描かれるが、映像では27歳の自分も17歳を救う。永遠じゃなくても、ふたりは救い合いつづける。「対角線上点Me」なんてなに食べてたら書けるんだろう。

かっちゃうよ　フューチャー」と表現されます。そう、どうやら我々は1000年後には存在しないようなのです。

私たちはいつから悲しかったのだろうか

5曲の分析がついに終わりました。音楽、歌詞、映像をつぶさに見ていくと、「分裂した自分」の二者の関係にはかなり大きな振れ幅があったと思います。そして5曲それぞれに性の問題を描きながら、性をストレートに肯定するのではなく、軽蔑したり、悲しく思ったり、恐れたりと、それぞれのかたちでアンチ・セクシュアルな感性を発出していました。

それが「遅れてやってくる」ものだからでしょう、性の到来は時間の観念と初めから結びつけられていたかのように、5曲ともに、時間というテーマとの対峙が描かれていました。「性が悲しい」。アンチ・セクシュアルというテーマを掲げて楽曲を見ていくかぎり、そのような結論はほぼ最初から先取られていたようなものですが、ここまで実際に見てきた上で加えて言えるのは、次のことかもしれません。私たちは性を得てしまうし、未来は必ず訪れてしまうし、遺伝子が愉楽と生殖のチェインに乗って1000年先まで続いていこうとも、私たち自身には終わりが来てしまう。すなわち、「時間が悲しい」。

DECO*27、Neru、みきとP、kemu、はるまきごはん。

5人ともがシーンを代表するボカロPですが、言うまでもなくあくまで別々の個人です。同じテーマを描こうと口裏を合わせたわけがありません。それぞれが自由に創作して発表し

きごはんとミクの声は二度と出会わないのだろうか。

た曲が、シーンで発見されこれほどまでに人気を集めた。そしてそれらはぱてゼミ固有の視点によると、アンチ・ラブソングとして分析可能なものだった。

改めて、これはどういう意味なのでしょうか。ありえない「たられば」ですが、もし同じ楽曲群が20年前の日本で発表されていたとしたら、いや10年前でもいいでしょう、時代が違っていたらこれほどまでに支持を集めていたのでしょうか。

以前こう問いました。「ラブソングを求めることは、時代と地域によらない普遍的なことなのか」。現代日本の若者たちに、これほどまでにアンチ・ラブソングが支持されていることは――5曲の中にマイナーな曲はありません――、その反証として十分でしょう。その一方、ではここで見られたアンチ・セクシュアルな感性の射程はどれほどなのでしょうか。それが時代と地域に限定されるものだったとして、それはどうしてボカロの登場とともに成立したのでしょうか。ボカロとともにあるとき、性は悲しく、時間は悲しくなるのか。性と時間という普遍的な概念との向き合い方に、たった十数年前に登場したボーカロイドの存在は影響を与えうるものだったのでしょうか。

ぱてゼミ第1部はこれにて終わりを迎えました。もちろんあくまで第1部の終わりです。いま話した大きな問いとともに、バトンは第2部へと引き継がれます。次回からの第2部では、第1部で共有したテーマを引き継ぎつつ、狭義のジェンダー論を学びながら、1曲についてこれまで以上にじっくりと考えるというアプローチをしていきます。お疲れ様でした。

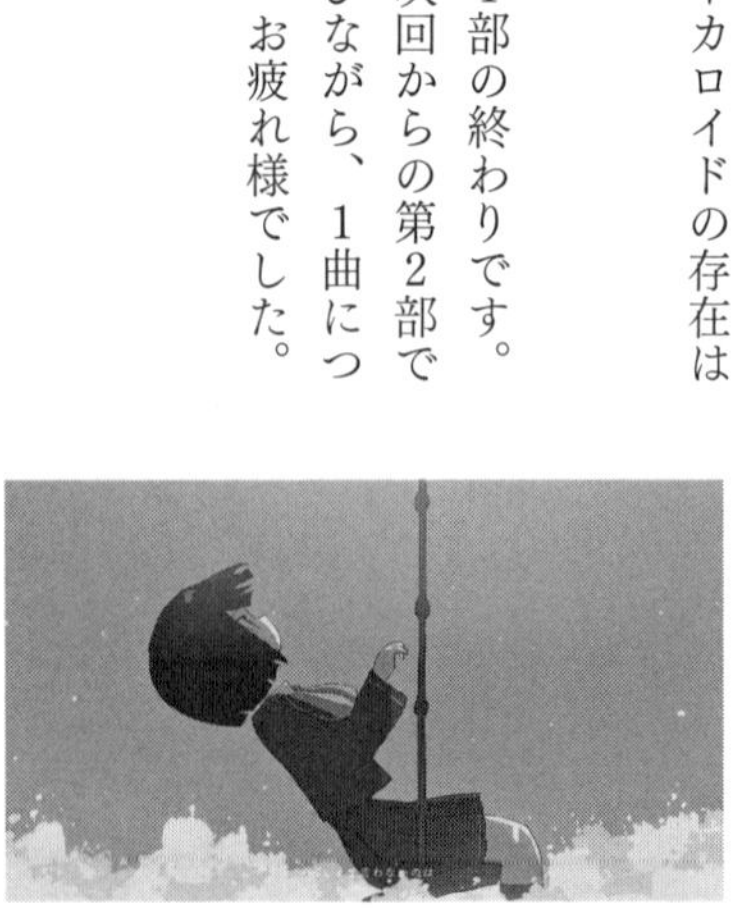

はるまきごはん「第三の心臓」（2021）
作詞、作曲：はるまきごはん　動画：スタジオごはん　歌：初音ミク

後期フロイトは精神を「自我、エス、超自我」の3概念で説明する。Esとは？　本章の説明する無意識――私のことを全部知っていて、私を先回りする「影法師」のことである。ふたりはどうしてふたりでいられなくなったのか。「ひとつになったから」。それならどんなによかったろう、3になることでも2は容易に崩れてしまうのだった（8章へ）。

第2部

2020年代のジェンダー／セクシュアリティ論

第7章

2020年代のジェンダー/セクシュアリティ論入門 〜flower小論〜

「2020年代以降の常識」を先取りするジェンダー論

ぱてゼミ第2部のスタートです。第1部でも性とはなにか、それがボカロシーンの表現の中でどのように登場しているかを独自の視点で考えてきましたが、第2部では、狭義のジェンダー/セクシュアリティ論入門を、エッセンシャルに圧縮したかたちでご紹介していきます。

これからぼくが話す内容は、いまは少し先取り的に感じられる部分があったとしても、すぐに全員が知っている常識になるでしょう。また、ボカロを通して時代の感性にキャッチアップしつづけてきているみなさんにとっては、それほど難しい内容にはならないはずです。

そしてその議論が、ぱてゼミ最重要曲のひとつ、Nｅｒｕさんの「東京テディベア」の批評へと繋がっていきます。スリリングな議論になると思いますので、ご期待ください。

ルワン「ヒール」(2020)
作詞、作曲：ルワン　絵、動画：ねこぜもん　歌：flower

配役は3人。王子と姫とキラワレモノ。じゃあきみの役は当然「シンデレラじゃない」。そんな物語なら――中に入れ、中から壊してしまえ。と王子を倒す場面がクライマックスに思えるが、そのあとの余生で王子に負けてやること（特別な交歓）までを含めて、解釈可能性が無限に広がる快作。確実なのは、きみだけのヒールがあるということだ。

アンチ・セクシュアル。

これがぱてゼミの当面のキーワードだと言って、これを境界画定的な定義を与えないままに使ってきました。そして、アンチ・セクシュアルな感性を発出している楽曲がアンチ・ラブソングであるとして、たくさんの楽曲を実際に分析してきました。

今日は、アンチ・セクシュアルにほかの概念を紐づけて、この概念を段階的に拡張していきます。先に宣言するとこうです。「アンチ・セクシズム」、そして「アンチ・ヘテロセクシズム」。

「セクシズム　sexism」とは、直訳の通り、性別主義ということです。たとえば「男尊女卑」はもっとも悪しきセクシズムのひとつです。これは明示的に一方の性を下に見ているので完全に否定されるべきセクシズムですが、ここまで差別的でなくても、「男性はこうあるべき、女性はこうあるべき」という考え方はすべてセクシズムです。人は自分の性別に準拠して振る舞うべきであるという考え方がセクシズムであり、これからそのような考え方を批判していきます。

「ヘテロセクシズム　heterosexism」とは、異性愛中心主義のことです。異性愛だけを正しいものと見なし、それに該当しないものを否定する考え方です。現在の世の中では「異性愛者　heterosexual」は多数派ですが、「数が多い」ということと「正しい」ということは無関係です。それを混同する考え方がヘテロセクシズムだと言えます。今日はセクシュアリティの多様性を紹介することを通して、ヘテロセクシズムを批判、相対化していきます[*1]。

これまでの議論を思い出してください。作品の表現を見ていく中で、性というテーマには

＊1　セクシストは「性差別主義者」という強い意味で用いられる。レイシストが「人種差別主義者」という意味であるのと同型である。ヘテロセクシズムも同様に、「非異性愛者を非難、中傷する考え方」という強い意味で用いられる。

＊2　瀬地山角（1963〜）　東京大学大学院総合文化研究科教授。専門はジェンダー論、東アジア研究。実社会に接近する労働などの議論が多い。著書に『炎上CMでよみとくジェンダー論』など。

＊3　清水晶子（1970〜）　東京大学総合文化研究科教授。専門はフェミニズム、クィア理論、身体とその（自己）表象、クィアディスアビリティ論、ポストコロニアルフェミニズムなど。一般公開のクィア理論入門講座も企画している。著書に『フェミニズムってなんですか？』など。

＊4　坂口菊恵（1973〜）

触れながらも、ぼくは男性がどう、女性がどうという議論をしてこなかったと思います。

第1回で、ボカロは性別によらず支持されているカルチャーであることを確認しました。第5回では、ボカロは函数性が高いとも言いましたが、それは「男性でなければ／女性でなければ移入できない」ということがないという意味においてもそうです。これまでに取り上げてきた曲の中で、特定の性別のリスナーにしか理解できない曲は1曲もなかったはずです。ボカロは、誰もが性別によって疎外されないカルチャーです。だから「男性は／女性は」という言及が必要ありませんでした（限定的に性別に言及したのは「モザイクロール」と「メルティランドナイトメア」のごく一部です）。

これから本編に入っていく前に、一言付言しておきます。

今後、ジェンダー／セクシュアリティ論は学校教育の中で必修化されていくとぼくは確信していますが、現在の東京大学教養学部では、自由選択科目として関連講義が開講されている状態です。代表的な担当教員は、瀬地山角先生[*2]、清水晶子先生[*3]、坂口菊恵先生[*4]、飯田麻結先生[*5]、野田潤先生[*6]、少し離れて、鮎川ぱて先生。なんで最後で笑いが起きるんですかw　ぼくは「ボーカロイド音楽論」という自分のテリトリーの中にジェンダー論を引きつけて話しているわけですが、そのように、自分の領域に引きつけてジェンダー論を紹介されている先生はほかにもたくさんいらっしゃいます。

強調しておきたいのは、同じジェンダー論という看板を掲げていても、その内容や主張は論者によって完全一致しているわけではないということです。同じ方向を向いていて、無限に時間があるならばほぼ同じ講義をするかもしれない先生同士でも、かぎられた時間の中で

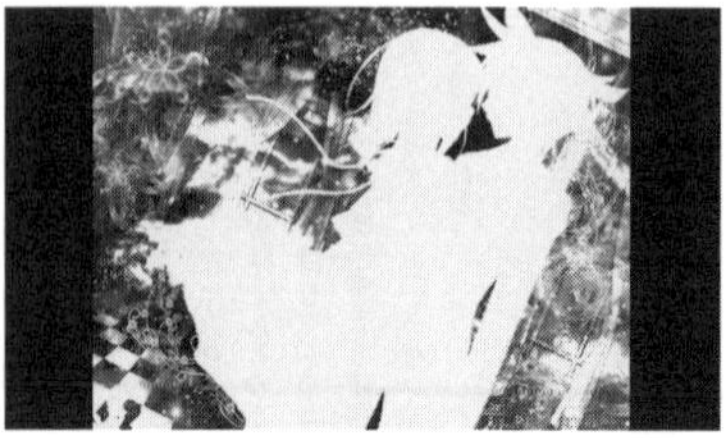

Dios／シグナルP「アドレサンス」（2008）
作詞：orange　作曲、動画：Dios／シグナルP　絵：田村ヒロ　歌：鏡音リン、レン

この性別も、成長することも、自分で選んだ覚えはない。双子はズレていくことを選んだわけではなかったはずなのに、一方は胸が膨らみ、一方は声が低くなり、あなたは私の鏡像ではなくなっていく。鏡に映った私があなたでないなんて。「サンドリヨン」とは鏡像を結ばない別の残酷さを持った物語だが、2曲は結末の願いで一致する。「時よ止まれ」。

それを切り詰めなければいけないとき、重心を置く場所が違っているということもある。名前を挙げさせていただいた駒場の先生方とぼくについては、およそそのような状況ではないかと思います。決定的な対立はないけど、（時間の都合上）重心が違う。

だから、ぼくの講義以外にも、複数の論者の議論に接してみることを強く推奨しておきます。同じことを裏返しにして言うと、「私のジェンダー論だけが完璧ですから、ほかの人の議論はいっさい聞かずに私の議論だけに帰依しなさい」と言う人がもしいたら、それは警戒してください。また、とくにセクシュアル・マイノリティ当事者の人に伝えておきたいんですが、相性が合わない、聴きつづけるのが辛いという議論があったら、途中でやめていい。書籍であればそこで本を閉じて大丈夫です。あなたにフィットするジェンダー論は必ずあります。

性を語ること、自分が何者かであることの負荷

先ほどお名前を挙げた坂口菊恵先生ですが、ご本人が各所でお話しされているので、エピソードを少し紹介します。坂口先生は高校卒業後、20歳のときに家出して東京に来て、数年間フリーターをやってから、思い直して東大に入られたそうです。その当時のことを、先生はこうおっしゃいました。「女って、学歴がないと人権がないんだなって思ったんですよね」。

ハッとする重い言葉です。性別や学歴にかかわらず、あらゆる人に人権はあります。坂口先生は当然そんなことは知っている。けれども、男女が同権ではないかのような嫌な経験があって、その環境を脱出するためには勉強が必要だと考えた、ということでしょう。先生が

東京大学教養学部特任准教授。専門は行動生物学。著書に『ナンパを科学する　ヒトのふたつの性戦略』、編著に『科学の技法：東京大学「初年次ゼミナール理科」テキスト』。性教育先進国オランダを訪問研修するゼミ、「LGBTの法と健康」というゼミを開講していた。

＊5　飯田麻結
専門はフェミニズム／メディア論。21年度に東京大学教養学部前期課程にて「ジェンダー論【人文学】」を担当。論文に「感情／情動のポリティクス」（『現代思想』2020年3月臨時増刊号「総特集：フェミニズムの現在」所収）など。

＊6　野田潤
東洋英和女学院大学専任講師。専門は社会学。21年度に東京大学教養学部前期課程にて「ジェンダー論【社会科学】」を担当。共著に品田知美編『平成の家族と食卓』（晶文社、2015年）など。

メインのご専門に併せ熱心にジェンダーの講義をしていたのは、その経験も関係しているのかもしれません。

2019年度の東大の入学式では、上野千鶴子先生[7]が来賓祝辞を述べられました。同先生は東京大学名誉教授で、80年代以降の日本のフェミニズムを牽引された非常に重要な論者のひとりです。名演説でした。新入生がいま通過してきたばかりの大学入試に関する話から始まり、社会がまだ温存してしまっているセクシズムに敏感でいてください、というメッセージが込められたものでした[8]。多くのメディアがこれを取り上げました。一方、祝辞に対して、男子学生が「自分が批判されている気持ちになって聞いているのがしんどかった」と反応したことも併せて取り上げられました（いったんぼくはその男子学生の感情吐露を非難しないでおきます。続けます）。

坂口先生がかつて性差別を経験した時代から時間が経ち、我々は現代を生きている。なのにまだ、セクシズムが過去のものになっておらず、社会はそれを温存してしまっている。フェミニズムの役目は終わっていない。だから上野先生が来賓に招待されたわけです。これこそが東大が発信したメッセージではないでしょうか。果たして、ダボス会議による世界各国のジェンダーギャップ指数ランキング[9]で、日本は10年代のあいだ先進国中最下位レベルをひた走りました。

フェミニズムは、このテーマだけで何時間でも語るべきことがあるジェンダー論の中の最大カテゴリのひとつです。その多様性と歴史は本来一言でまとめられるものではありませんが[10]、初学者にまず大づかみしてもらうために、あえて1行要約します。

さつき が てんこもり「男の娘メモラブル」(2011)
作詞、作曲：さつき が てんこもり　絵：えびら　動画：y0c1e　歌：鏡音レン

20年代においてそれは非常事態ではないし、「紙と文字で出来た壁に苛まれている」の表現もいまや懐かしい。だが最強のパンチライン「カテゴライズをポイ」はまだ役目を終えないようだ。さつきは「ネトゲ廃人」やエビ中への提供でも知られる名トラッカーだが、ネットの多様な欲望を吸い上げるシャーマン＝作詞家としての顔も真髄。デストロイ。

歴史的に男性は女性を抑圧してきた。そうして組織された男性中心主義を解体する言説。ぱてゼミはこれから、フェミニズムと、セクシュアルマイノリティの尊厳を擁護するジェンダー論を展開していきます。その開始にあたって、ぱてゼミ型ジェンダー論の前提ルールをいまから作ります。この教室だけに適用されるローカルルールです。

いま言ったように、歴史的には、男性は女性を抑圧してきた。図式的に単純化するなら、やはり男性は加害者で、女性は被害者です。

では、これからぼくの質問に、心の中で手を挙げて回答してください。次の選択肢のうち、ぜったいにどれかは選ばなければいけないとしたら、どれを選びますか？

1．Born to be 加害者。
2．Born to be 被害者。
3．両方嫌だ。

（一息置いて）

はい。ぼくは邪気眼でみなさんの心の中が見えるんですが、やはり、３番にもっとも多く手が挙がりましたね。

＊７　上野千鶴子（１９４８～）
東京大学名誉教授、社会学者。家族社会学、ジェンダー論についての研究・著作で知られる。筆者は同氏の業績に敬意を払うひとりである。だが、近年の著作の中でＬＧＢＴについて不用意な記述を見たことがあるので、ＬＧＢＴ当事者で初学者の学生には、最初に同氏の著作に触れることは勧められない。

＊８　全文が東京大学公式サイトにて公開されている。
日本では女子のほうが大学進学率が７％も低い。東大の入学者の女性比率は長らく２割を超えない。女子は子どものころから「かわいい」が期待され、「親の性差別」による「意欲の冷却効果」が社会に残存してしまっている。まったく同意できる内容であり、筆者も、自分が学生だったときから何年も経って16年に講師として舞い戻ってきて、東大の女子学生比率が上がっていないことに愕然とした。

総体としての男性／女性が、みなさんの固有の時間に先行してやってきたこと、すなわち過去はたしかに存在します。ただ、この世界に生まれたからには、性別という自分で積極選択したわけではない属性によって、その属性の過去と接続されるということには、抵抗を感じて当然とも思うんですね。そういう感情にも慎重な態度をとりたい。みなさんは初学者として、フラットな地点から考えはじめたいのではないかと思います。

だから、このぱてゼミ第2部では、「ジェンダーやセクシュアリティなど、性に関する自分の属性を、この場では棚上げにしていい[*11]」ものとします。当然、言わなくていい。

これから議論に出てくる「男性／女性」をつねに自分と接続しながら考えなくていい。そして、その男女二分法に収まらない人も、議論からの疎外を感じなくていい。

そうして、気持ちに余裕を持って、議論を聞いてみてほしいと考えています。

強調しておきますが、これはあくまでぱてゼミローカルの、例外的なルールです。ほかの場所ではいっさい通用しないと思っておいてください。世の中には、逆のルールを設定する場所のほうがおそらく多いです。「自分が何者かを明らかにして発言してください」と。

なぜなら、こういうことがありうるからです。「現代社会には性差別はもう存在しないと思う」とある人が発言したとする。それに対して「あなたが男性だから、差別の存在に気づいていないんじゃないですか？」と批判することはまったく有用です。先ほどの「女って、学歴がないと人権がないんだなって思ったんですよね」という言葉も、坂口先生が言うから批判であり抗議の意味になりますが、もしそれが男性の発言だったなら、とたんに暴力的な差別発言になります。どのような属性の人物が、どのような文脈で言ったかということは重

はるふり「右に曲ガール」（2015）
作詞、作曲：はるふり　絵、動画：非狐　歌：重音テト

みんなで「左を指差」したり「後ろ指を差」したりすれば、他者の行動を強制変更できると妄想してしまった人がいるらしい。もっと恐ろしいことに、彼らは他者を指差しているうちに気づけばその一生を終えているらしいのだ。そんなことはどうでもいい。ヌケのいいサビの転調さながらに、そんな世界には見切りをつけて、きみだけは右に曲がれ。

要であり、それを発言から切り離すのは、このように本来非常に危険です。

それでもぱてゼミは棚上げルールを採用します。もうひとつ重要な理由があるからです。「自分が何者かをまわりに開示することの負荷」は、あらゆる人にとって公平なものとしてあるでしょうか。それはまったく公平ではない[*12]のです。

男の娘Aちゃん　答えないことはつねに正当である

はい、ルール共有が終わったところで、ではいきなり、ケーススタディをしてみましょう。あくまでフィクションですが、こんなシチュエーションのお話です。〈7−1〉

ぱてさんと、男の娘[*13]のAちゃんが、初対面であるBさんという人に会いに行くことになりました。Aちゃんはもともと知っている子で、まあジェンダーに関連する非典型性がある大人しい子でもあるので、Bさんと会ったときにそのへんのことを訊かれたら、なんて答えよう。ぼくが横からサポートするから口裏を合わせておこう。そう言って、前日にメッセで打ち合わせをしました。内容はだいたいこんな感じでした。

ぱて「そのへん訊いてこられたら、男の娘って言っとく？」

Aちゃん「じゃあそれで笑」

ぱて「それか、時期によって変わるんですって言う？」

＊9　ダボス会議とは、スイスのダボスで開催される世界経済フォーラムの年次総会のこと。06年から男女平等の実現度＝「Gender Gap Index」を発表している。21年は156カ国中120位。

＊10　多様な女性のために、多様なフェミニズムがある。清水晶子『フェミニズムってなんですか？』（文春新書、2022年）は、その多様性と歴史の厚みを捨象しないままに、親切で簡潔なので（つまり初学者も捨象されない）、オススメである。

＊11　再度強調するがローカルルールである。初学者に、怖がらずに聞いてもらう意図、セクマイ当事者の恐怖を減らす意図ゆえである。同時に、他者（その場にいない他者を含む）への言及はふだん以上に慎重にするよう、すなわち他者を棚上げにしてはいけないとも強調している。筆者もほかの場所では、不用意な発言に対し「あなたはどの立場でそれを言うのか」と問

Ａちゃん「じゃあそれで笑」

　Ａちゃん適当ですねｗ　ともかく、男の娘という言い方は、本人が積極選択しているという感じでもなかったと。

　次の日、実際にＢさんに会ったら、果たしてＢさんは訊いてきました。

「男なの？　女なの？」

　それに対してＡちゃんはどう答えたか。「……」。無言でした。

　ではここで質問です。Ａちゃんは、なぜ答えなかったんでしょうか？

　フィクションのケーススタディですから、正解はありません。Ａちゃんの内面を言い当てにいくというより、「答えないという選択をするとき、どのような理由がありうるか」という可能性のバリエーションを考えてみてください。妥当性を勘案する必要もないです。だから「大宇宙の創造主からの電波を受信中だったから」でもいいですｗ　では、ぼくからは当てないんで、挙手で。はい。

学生１「うまく表現できないから」

学生２「まだ、自分で自分のことを定義できていないんじゃないかと思います」

学生３「Ｂさんは、男性か女性かっていう二分法の選択肢で訊いてきているけど、Ａちゃんは自分のことをどちらとも思ってないから？」

学生４「自分を説明するために、自分に近い言葉を知っていても、その中に当てはめたくな

cosMo@暴走Ｐ「ディストピア・ジパング」（2011）
作詞、作曲、絵：cosMo@暴走Ｐ　歌：GUMI

そう、日本はやばい。「深刻な“未来”不足」。歌詞のすべてが切実かつ正しい。いまやマイノリティとなった若者の叫びは、セクマイの叫びと同型性を持つ。という話を某所で書いたらまんまと団塊ジュニアの教員から的外れな因縁をつけられた。この絵が描く老いた“過去”がお前の世代のものだと気づくといい。言葉同様にメロも鋭いcosMoの隠れた大名曲。

いっていう感情もあると思います」

学生5「初対面の人にそういう訊き方をしてくる、無遠慮さが嫌だったんじゃないですか」

みんなしっかり考えてくれました。ありがとうございます。うん、みんな、優しいですね。

〈7-1〉

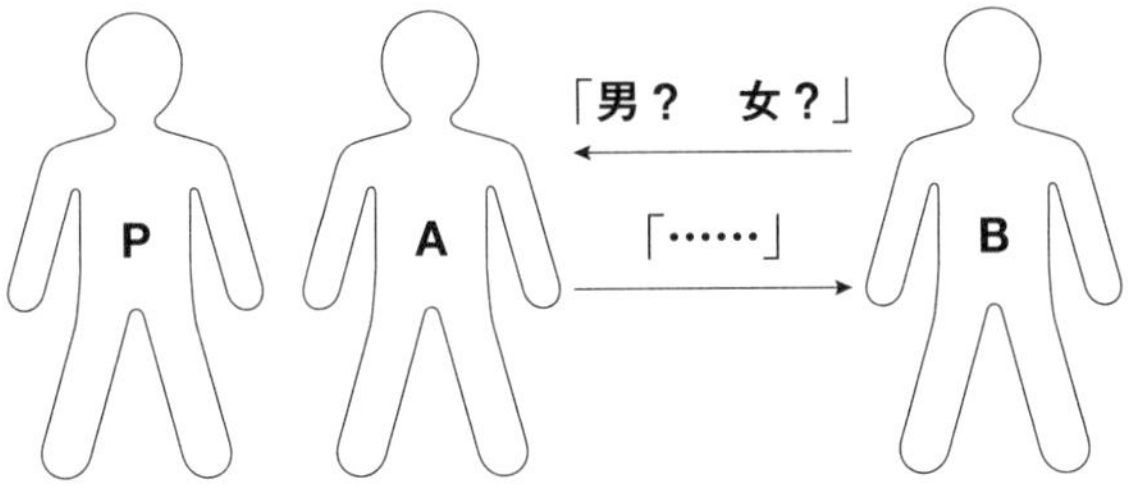

そもそも論ですが、人は、質問をされたときに、必ず回答しなければいけないのでしょうか。そんなことはありません。「訊いてるんだから答えなさいよ」みたいな態度は個人的にも大嫌いですね。自分が勝手に質問してきただけのくせに、勝手に権利者になるなよっていう。ぼくはそういう人にまで優しくある必要はないと思っていますw

もっと言えば、こうです。Aちゃんには非典型性がある。相対的に、Bさんはマジョリティで、Aちゃんはマイノリティです。そうだとして、マジョリティは、いかなる意味でもマイノリティに対して権利者ではありません。マイノリティは、他者に自分を説明する義務を負うわけではないし、マジョリティは説明を受ける権利を債権のように持っているわけではない。

ジェンダーの問題だけにかぎらず、自分がマジョリティ側であるとき、自分を権利者かなにかのように勘違いしてしまう人は、残念ながらいます。以前ある受講生が、そういう人

いただすことはふつうにある。

＊12　シラバスの講義紹介文でも「個人の性意識については、講師から指名してみんなの面前で語らせるようなことはぜったいにしない」と約束している。当事者学生にとって、講義がアウティングリスクの場になってしまうという事例を聞くし、それが怖いからジェンダー論の講義を受けたくないという声を聞いたのだ。

＊13　いったん明確に定義せずに話を進める。いかにも典型的ではなくジェンダー横断的である、という程度に把握して読み進めてもらいたい。

＊14　セクシュアル・ハラスメント　sexual harassment　性的嫌がらせ。通称セクハラ。性をめぐることで相手を不快にする言動、行為などを広く指す。

＊15　相手に性別を訊くことが正当である場面は非常に限定的である。一度考えなしに訊いて

のことを、目いっぱいのイヤミを込めて「マジョリティ様」と呼んでいました。

Aちゃんは Bさんに「マジョリティ様」感を直感して、イラッとした。それで答えなかったという可能性もあるかもしれませんね。

ぼくは、ボカロに関連してこういう気持ちになることはいまだに多いですね。初回講義で、ぱてゼミは「外野のご理解を乞うためにやっているわけではない」と言ったのを覚えているでしょうか。それはいま話したような意味だったわけです。

マジョリティの側が勉強しなければいけない

人にはつねに「答えない権利」がある。答えないなら答えたくない理由を説明しなければいけないということもない。むしろ、「他者は答えないのが普通で、答えてくれるときには理由がある」くらいに考えておくほうが望ましいと思います。

その人ともっと仲良くなりたいなら、答える。どうでもいいなら答えない。だからぼくがAちゃんが答えなかった理由に仮説を立てるなら、「Bさんと仲良くなりたいと思わなかった」ですかね。5人目の最後のきみの意見に一番近いかな。

3人目のきみの回答もいいですね。言葉を足すならこうでしょうか。「男性か女性か」と訊いてきている時点で、Bさんにはおそらくジェンダーに関するリテラシーがない。そんな人に一から説明するのは面倒くさい。だから答えない、と。そういうこともありうるでしょうね。たしかに、多少リテラシーがある人は初対面でそんな無遠慮な訊き方をしないでしょう。

みきとP「夕立のりぼん」（2012）
作詞、作曲：みきとP　絵、動画：CHRIS　歌：MAYU

性か愛かわからなくても、これだけは確実にわかる。これは「隠し事」なのだと。女性同士だからではない。「隠し事」とはかけがえのないものの別名で、それを暴く権利は誰にもない。傘を要さず肌に直接触れる夕立。指。声は物理現象で、耳への刺激であること。距離がゼロになること。文字通り“手探り”だから、すべてが触覚のイメージで描かれていく。

なお、Aちゃんのケーススタディにはまだ続きがあります。ぼくがとなりにいるわけですから、前日の口裏合わせの通り、ぼくは「まあ、時期によって変わるっていうか」とフォローしたわけです。「そこ触らなくていいから」というニュアンスを込めつつ、ごまかすように。

でもBさんは汲んでくれなかった。そのあと、ぼくはちょっとお手洗いに立ったんですが、戻ってきてみたら、Bさんはまた訊いていたんです。「で、結局、男なの、女なの？」と。「はっきり言えばいいじゃん」とも言いました。

断言しますが、これは明確にセクシュアル・ハラスメント[*14]です。1回目に性別を訊いたこともよくありません[*15]が、そこで答えなかった相手に、追い打ちをかけたわけですよね。2度目は同情の余地のない、非常に強いセクハラです。

Bさんに必要なのは、権利者のように居直る傲慢さではなく、学習です。

こういう意見があります。「立場や属性が違っても、人は対等だ。だからこそ、お互いが納得するまで考えをぶつけ合って、お互いに学び合えばいい」。

一般論としては、悪い姿勢ではないと思います。学生時代に、時間を贅沢に使って量子論の可能性について飽きるまで議論するとか、そういうのは基本的にはいいことだと思います。

でも、考えてみてほしいんですが、そこにマジョリティ／マイノリティという非対称な関係性がある場合、生じる負荷は対等になるでしょうか？　10人のコミュニティがあって、9人がマジョリティでひとりがマイノリティだとしましょう。9人がそれぞれに「立場が違う

しまって、相手を無言にしてしまったことから、反省して謝ったり話を変えたりするなら、2度訊くよりはギルティではない、という程度の意味である。

＊16　コスト・パフォーマンス　cost performance　費用対効果。すべての時間が生産的である必要なんて当然ないし、筆者も雑談やだらだら飲みも好きだが、嫌だ、退屈だと思う時間は途中でも離れたらいい。急用とか思い出せばいい。

＊17　電通ダイバーシティ・ラボによる12年の調査では5.2%、15年の調査では7.6%。博報堂DYグループによる16年の調査では8.0%。数値の妥当性については検討の余地があり、その点を石田仁『はじめて学ぶLGBT』は詳しく解説している。

＊18　性的少数者　セクシュアル・マイノリティ　セクマイと略称されることもある。多数派でないと特定の呼称をつけられるということ自体非

人と対等に話をしたい」と言って、一対一の議論を申し込んでくる。マジョリティの9人はそれぞれに「3時間じっくり、知らない立場の話を聞けて、学びを得られた」と言う。しかし同じときに、マイノリティのひとりは「9人に合計27時間もとられて、自分が一方的に説明するばかり、得られる学びはなし」という状態で、ひとりクタクタに疲弊していたりしないでしょうか。

先ほど「自分が何者かをまわりに開示することの負荷」は人によって等価ではないと言いましたが、この話もそれに関連します。語らない権利を行使することはほとんどの場面で正当ですし、「このマイナー属性を明かしたら、興味を持って話しかけてくる人多そうだから黙っておこう」といって、時間のコスパ[*16]を理由にその権利を行使することも当然正当です。

だから、みなさんは勉強するわけです。みなさんが学べば学ぶほど、「語らない権利」を行使する人は減るでしょう。ジェンダーにかぎらず、数学でも歴史でも同じです。本当に考えていることを教えてくれる人は増えるでしょう。断言します。

性に関して、ヘテロセクシュアルでシスジェンダーの男性／女性はおよそ9割いるとされ、社会の中でマジョリティです。その性質に収まらない多様な性質の人は、セクシュアル・マイノリティと呼ばれ、データによりますが、近年の調査では7〜10%[*17]がセクシュアル・マイノリティ[*18]当事者であると言われます。

Bさんは、世の中にはマジョリティしかいないと思っている人かもしれません。「性に多様性が存在することを知らなくても、ほとんどの人とは衝突が起こらないのだからそのまま

鮎川ぱて＠しゅわしゅわＰ「BONBONBON」（2015）
作詞、作曲：鮎川ぱて　絵：いろた　動画：とりっちょ　歌：鏡音レン

クィアな主人公を持つジェンダー・パニックもの『ボンボン坂高校演劇部』（90年代少年ジャンプに連載されたことは画期的だったと評価される）へのオマージュ。いろたのアイディアでボカロ・マザーグースへのオマージュが、とりっちょのアイディアでＬやＴの要素が追加。コラボ最高。2番Ａメロのフリー演奏は既成観念からのフリー。

生きていけばいい」。そう思っているのかもしれない。

ただ、社会はそうあってはいけない。社会は、そこにたしかに存在する人を認識しなければいけない。10%って、どれくらいか想像つきますか？　初回講義で、ぼくはボカロリスナーは１２００万人ほどではないかと推計しました。これは日本の人口の10%です。また、「みなさんの世代は1学年でおよそ１２０万人」とも言いました。だから10歳幅で考えるなら、みなさんの前後としましょうか、15〜25歳の日本人はおよそ１２００万人であり、総人口の10%です。

言いたいのは、「10%は大きい数だから無視するな」ということではありません。全体の中でマイナーとされる属性で区切ってみても、その中にいる人たちはまったく一様ではなく、多様であることを、みなさんは実経験として知っていますよね、ということです。

同世代の友だちの顔をなるべくたくさん思い浮かべてみてください。少数者をいないものとするということは、いまきみが思い浮かべた全員をいないものとするということです。そういう「暴力」です。

ボカロで言えば、このシーンの中でリスナーたちと作家たちがゆっくりと育ててきた感性を、すなわち我々がいま批評して言語化しようとしている感性を、すべて存在しなかったことにするということです。そういう「暴力」です。

セクシュアリティの三層構造

では、学んでいきましょう。性の三層構造というモデルを紹介します。

対称で不当なことであり、その問題については次章で言及する。

＊19　１９５０年代のアメリカでは、ゲイは中性的あるいは女性的な振る舞いをする男性を包含する概念として用いられ、男性同性愛者のみを指すようになったのは90年代になってからだという。これは、セクマイの運動がゲイに「代表」（12章）され、レズビアンやトランスジェンダーの存在が相対的に不可視化されていたことと表裏の関係にある。歴史的経緯についてはさまざまな入門書があるが、森山至貴『ＬＧＢＴを読みとく』はクィアの解説も含め充実している。

＊20　だからこそ、性を「ＳＯＧＩ（ソジ）」で表現する言い方も提案されている。「ＳＯＧＩ」とは「sexual orientation and gender identity」の頭文字をとったもので、つまり「③性指向＆②ジェンダー」という意味。本書の3層構造モデルから「①セックス」を除いたもの。

ぱてゼミはこれまで何度も、いったん大づかみしてから詳細を詰めていくという説明の仕方をしてきましたね。それと同様に、これも初学者向けの大づかみの説明にすぎず、妥協的で、不足があるものです。その妥協には問題も伴います。いったん把握してもらったあとに詳細を詰めていきますので、できれば第2部の解説全体でひとつのセットだと思って理解してください。

これまで「性」という言葉を境界画定的には定義せずに使ってきましたが、それはひとつには、「セクシュアリティ　sexuality」の訳語だと言いえます。セクシュアリティとは、人の性に関するあり方の総体です。まだ循環定義的ですが、それを説明するラフなモデルが、この「性の三層構造モデル」です。〈7−2〉

〈7−2〉

性の三層構造モデル（不完全なので転載禁止）

①sex	男性	女性	どちらでもない
②gender	男性	女性	どちらでもない
③sexual orientation	男性	女性	どちらでもない

①sex　男性　女性　どちらでもない
②gender　男性　女性　どちらでもない
③sexual orientation　男性　女性　どちらでもない

性の全体像を、①「セックス　sex」、②「ジェンダー　gender」、③「セクシュアル・オリエンテーション　sexual orientation」の三層に分けることで「大づかみ」しようというモ

すりぃ「テレキャスタービーボーイ（long ver.）」（2020）
作詞、作曲：すりぃ　絵、動画：coalowl　歌：鏡音レン

自分の思う自分であることを本書は完全肯定する。と同時に、三羽鳥の視線を跳ね飛ばすのも労力で、若者世代には簡単でないことも重々わかる。「また何処かで会いましょう」と一度やりすごして、力をつけてから同じ世界に再来することも全肯定する。大人になることではみ出し者になれることもある。ギターがよすぎて「まっ」って言っちゃう。

デルです。それぞれに訳語を当てながら、説明していきましょう。

①「セックス　sex」は、生得的性。あるいは身体的性。

生まれたときに、医者によってどの性だと言われたか、ということです。

②「ジェンダー　gender」は、性自認、あるいは社会的性。

本人が、自分の性別をどれだと自認しているかということです。社会、すなわち他者との関係の中で、自分がどの性別として振る舞うかということでもありますから、後者の訳語も加えておきます。社会の中で、他者の性別に言及する必要がある場合、単にこのレイヤーの性、すなわちジェンダーのみが言及されるのが望ましいです。

③「セクシュアル・オリエンテーション　sexual orientation」は、性指向。

どのような性の人を好きになるかということです。②ジェンダーがどれである人を好きになるか。

これら3つのレイヤーについて、それぞれ、「男性／女性／どちらでもない」という項目を立てることができます。この時点で、3×3×3だから、このモデルは27通り以上の性のあり方があることを示しています。各レイヤーについて1項目しか選択できないわけではないから、27通り以上です。

＊21　ミスジェンダリング　misgendering
とくに、トランス男性やトランス女性に対する暴言などを指すことが多いが、たとえば、筋肉量が多く身体能力の高い女性を「あいつはすでに男だ」というのも性差別である。そういう物言いがスポーツする女性の意欲をどれだけ削いできただろうか。

＊22　井手上漠（2003〜）
タレント、モデル。19年より島根県の親善大使「遣島使」。第31回ジュノン・スーパーボーイコンテストにてDDセルフプロデュース賞を受賞。22年5月時点のツイッターのプロフィールは「いでがみばくです、性別ないです」。

井手上漠『normal?』（講談社、2021年）

次に、「LGBT」という言葉について説明します。これは、「セクシュアル・マイノリティ＝性的少数者」の中の4つの属性の呼称のイニシャルを並べたものです。性のあり方はラフなモデルによっても27通り以上あるわけで、くれぐれも、セクシュアル・マイノリティの属性が4つかぎりであるわけではありません。この4つがセクシュアル・マイノリティを代表する言葉として用いられるのは、歴史的経緯[*19]によるものです。この4つがすべてではないことを示すべく、「クィア　queer」のイニシャルを足して「LGBTQ」という言い方も定着しています。

L　レズビアン　lesbian　②③
G　ゲイ　gay　②③
B　バイセクシュアル　bisexual　③
T　トランスジェンダー　transgender　①②

「レズビアン　lesbian」は、女性同性愛者。②と③が女性ということです。

「ゲイ　gay」は、男性同性愛者。②と③が男性ということです。

「バイセクシュアル　bisexual」は、両性愛者。③が、男性と女性の両方であるということです。

「トランスジェンダー　transgender」は、無理に訳語を当てるのではなく、このままカタカナ語として覚えてください。①と②が一致していない（「trans」は「越える」などを意味する接頭辞）ということです。反対に、①と②が一致しているあり方を「シスジェンダー

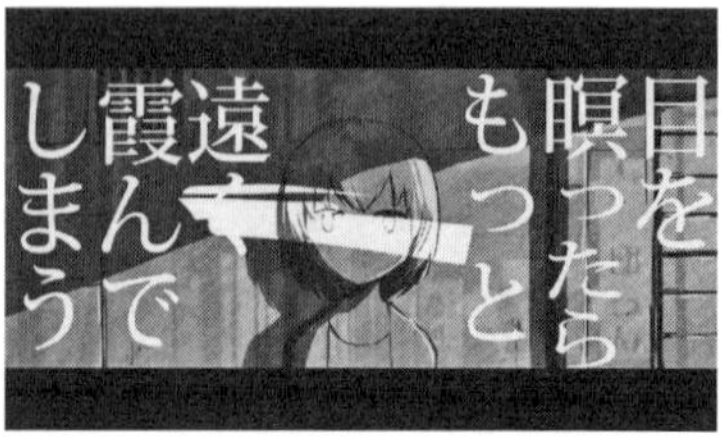

バルーン「雨とペトラ」（2017）
作詞、作曲：バルーン　動画：アボガド6　歌：flower

雨が視界を塞ぐから、雨が涙も世界も隠してくれるから、いま言える。「少しだけ先の景色が見たいだけなのにな」。絶望とペシミズムの先の、ほんのひとつまみの隠し味のような期待が、スネアドラムのリバーブに滲む（13章）。アボガド6の映像はもっぱら光景を描いていく。魚眼レンズで覗いたように歪んだ世界を止すべく、きみは目を閉じる。

cisgender」と言います。

②性自認が男性で、①生得的性が女性である方を「トランス男性」／②性自認が女性で、①生得的性が男性である方をトランス女性と言うこともあります。②性自認がどちらでもないことを、「Xジェンダー」という言い方が日本を中心に存在します。

おわかりでしょうか。「LGBT」と並列的にセットにされているけど、それぞれどのレイヤーについての概念であるかがバラバラなんですね。バイセクシュアルは③性指向だけに関する呼称で、その人の②ジェンダーは言葉の定義の中に入っていません。だから当然、トランスジェンダーかつバイセクシュアルという方もいる。（レズビアンかつゲイということはあまりないかもしれませんが、）LGBTは互いに排反な概念ではありません。①が男性で、②が女性で、③が女性という方は、トランスジェンダーでレズビアンということになります。

だから、三層構造をまず把握してから、LGBTという言葉を理解するほうがわかりやすいかと考え、このような順で説明させてもらいました。

セクシュアリティに「他称」はない

性は、あなたの私的な領域です。あなたが「自分は女性である」と自認しているならあなたは単に女性です。「トランス女性」という言い方は、本人に「トランスであることも含めて理解してほしい」などの動機があって、自分からまわりに言っているというケースでない

＊23　「男性の服装／女性の服装」というのは、社会が持つ「男性／女性はこういう服装を着ているものだ／着ているべきだ」という服装をめぐるセクシズムにすぎない。「その服は女性的とされているから、「私は女性的な服を着る」という自覚においてそれを着よ」という意見を筆者はいっさい支持しない。

＊24　Q同様に、Pもふたつあるとして、同時に複数のパートナーと関係を築く「ポリアモリー polyamory」を紹介することも多い。

＊25　医学においてはDSD＝disorders of sex development（性分化疾患）と言う。性染色体は「XX」「XY」の組み合わせが比較的多いにすぎず、その組み合わせや、ホルモンのバランスは少なくとも60種以上のあり方があるという。重要なのは、そのことにかかわらず、性別は当人の性自認だけに準ずるということである。

なら、当人以外はその人を、②のレイヤーだけに準じて単に「女性」と呼ぶのが望ましいでしょう。つまり、他人が誰かに対して「あなたはトランス女性です」と言う場面／言っても問題でない場面は非常に限定的です。[*20]

当人が女性ですと言っている人に対して、「あなたは女性ではない」などと言うのは性暴力です。女性のことを、他者が、①セックスのレイヤーを掘り起こして「あなたは男性である」と言うのは、ミスジェンダリング[*21]という強い性差別の一形態です。

ここで、ひとりの人物を紹介したいと思います。

井手上漠[*22]さん。20年、21年の東京ガールズコレクションのランウェイを歩くなど、モデルやタレントとして活躍されています。18年の第31回ジュノン・スーパーボーイ・コンテストに出場し、DDセルフプロデュース賞を受賞したころから注目が集まりました。

いま「あなたの性別はあなたが決める」と言ったばかりですが、漠さんは、ツイッターのプロフィールにこう書いていました。「性別ないです」。どの性別を選択するかではなく、先ほどの三層構造のうち②ジェンダーのレイヤー自体がないのだ、と言っている。

通念的に言えば、漠さんはかわいい少女のように見えます。ただそれは、漠さんの①セックスとも②ジェンダーとも関係のないことです。どのようなファッションをしているか、どのような見栄えかは、その人の②ジェンダーと連動している必要はありません。当人の自由です。

性の三層構造モデルは大づかみであって、不足のある妥協的なものだ、と言いました。気をつけなければいけないのは、「漠さんを三層モデルに当てはめると、②が「どちらでもな

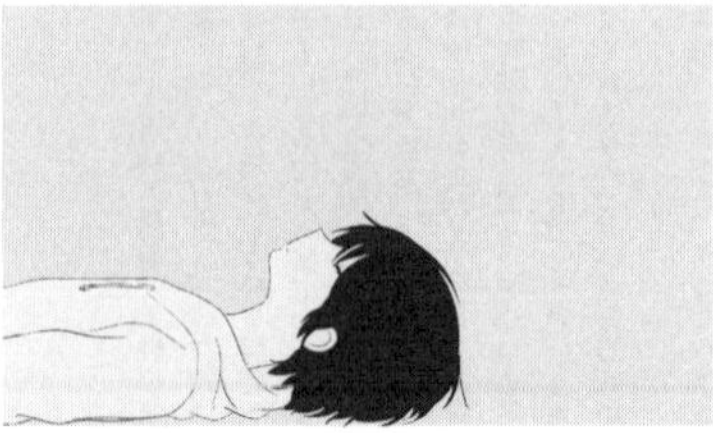

有機酸「lili.」（2016）
作詞、作曲：有機酸　絵、動画：東洋医学　歌：flower

「君になれたらいいのにな」。レゾナンス・シンセが効いた80's マナーかつ現代的なトラックは、触覚的でセンシュアルな言葉を紡ぎながら最後にそう終止する。その断念は、ノンバイナリーなイラストとflowerの歌声によって、アンチ・セクシュアルな響きを持ちえる。現在シンガーソングライターとして活躍する神山羊のひとつの種明かし。

い」ということかな、Xジェンダーなのかな」と、モデルの中に無理やり押し込めてはいけないということです。「どちらでもない」と自認することと、「性別という概念がない」ということは別です。少なくとも文字面が違います。それを他者が「だいたい同じ意味だろう」とイコールで短絡させることには慎重でなければいけません。

また、漠さんのような方もモデルの中に回収できるように、性の三層構造に「表象する性 sexual representation」（どう見えるか／見られたいか）の層を足して、四層構造で説明したほうがいいのだという意見もありますが、ぼくはあまり支持していません。個人の私的領域たる性の構造に、外部観測的な「他者が持つ男性／女性の外装のイメージ」（それ自体が単なるセクシズムです）を混入させないほうがいい[*23]とぼくは考えます。

気づいていただきたいのは、三層構造のモデルが漠さんの性意識には当てはまらないこと、つまり三層構造モデルがあらゆる性のあり方を包摂するものではないという事実です。

ほかにも、このモデルにはさまざまな点で不足があります。それがどんな点か、みなさんも考えながら続きを聴いてもらえたらと思います。

ここで1曲聴きましょう。19年4月にショート版が投稿され、瞬く間に大人気曲になった「テレキャスタービーボーイ」ですが、20年に公開されたMVつきのフルバージョンによって、この曲のテーマが、いまぼくらが考えているものであることが明らかになりました。「通念的な男性／女性の外装のイメージ」に則ってマルバツで審査してくる鳥が、かわいいキャラなのがまたムカつきますね。いかにも悪者然とした顔ではなく、こういう悪気のない顔で近づいてくるから、世間は厄介です。

当事者の方の中には「性の多様性の紹介の中でDSDに触れられること自体が不快である」という意見があることを筆者も認識している。本文の通り、本書は①セックスのレイヤーに他者が言及することに根本的に批判的である。ある女性に対して「あなたは女性ではなくインターセックスだ」などと言うのはミスジェンダリングである。当人が望めば医療が提供される状況であることにも、もちろん賛成である。本書の立場はそのようなものであることをご理解いただきたい。

＊26　近年認知が進み、以前よりは可視化されてきているが、たとえばウェブ『WIRED』によるレポートはこう伝える。「2004年にイギリスで行われたある調査では、人口の約1パーセントがアセクシャルという大きな分類に属すると推定されている。ほかの調査では、その数値には0.6～5.5パーセントまでの幅があった。」「セックスを拒絶する若者たち

♪すりぃ「テレキャスタービーボーイ」

私たちの性は、つねに「対自」的に統合されるべきか？

ＬＧＢＴという言葉を理解してもらったところで、ここからさらに概念を足していきます。近年はセクシュアル・マイノリティのことを「ＬＧＢＴＱＩＡＰ」と8つのイニシャルのセットで表現することも増えました（再度強調しておきますが、この8つがすべてではありません）[*24]。

Ｑ　クエスチョニング　questioning
Ｑ　クィア　queer
Ｉ　インターセックス　intersex
Ａ　アセクシュアル　asexual
Ｐ　パンセクシュアル　pansexual

Ｑはふたつあるんですね。説明していきましょう。

「クエスチョニング　questioning」は、現在分詞ですから、現在形で「問うている」。つまり、セクシュアリティについて考え中で、「決まっていない」ということです。注意すべき

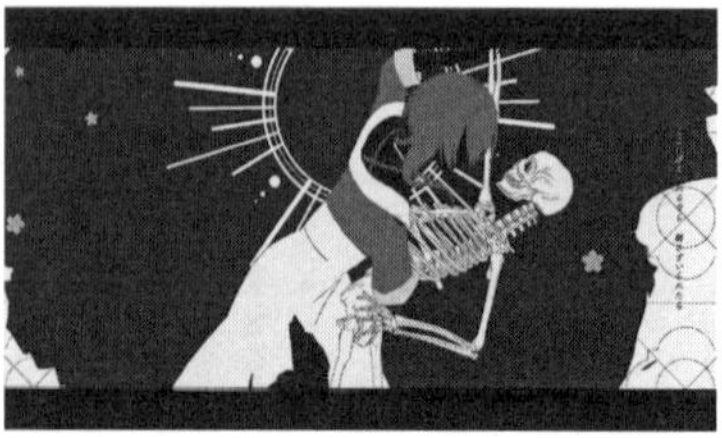

ぬゆり「ロウワー」（2021）
作詞、作曲：ぬゆり　絵：春私宜　動画：みず希　歌：flower

lower/flower。約分すると1／f。踊るふたりに1／fゆらぎがもたらす安らぎが訪れるといい。そう願うのは、この曲が描くふたりの生きる世界がまだ正しくないことを知っているから。妄想する理想が常軌を逸しているなら、それは現実の愚かさと対照関係にある。一人称が「僕」であることで立体感を増す、20年代最上級のプロテストソング。世界を正せ。

は、まだ決まっていないというわけでは必ずしもないことです。考えているうちに決まる人もいれば、一生決めずに過ごしていく人もいる。ですので、クエスチョニングの人に対して「未然の前段階的ステージにいるんだね」という言い方をするのは望ましくありません。

「クィア　queer」は、初回講義でも少し紹介した概念ですね。二項対立に収まらず、収まらないことによってその二項対立自体を解体するのだ。そう説明しましたが、広く「既存の概念系に収まらない」様態を包含する言い方として用いることもあります。三層構造モデルは所詮弁別的なので、それに収まらないあり方はいくらでもありうる。

　クィアにはさらに積極的な意味もありますが、これについてはさらに延期して、第9回で説明します。これが重要概念であるゆえに、です。

「インターセックス　intersex」は、①セックスのレイヤーが、典型的に男女のどちらかではないということです。染色体遺伝子や、男性／女性ホルモンの分泌のバランスは、二分法的に語りうるものではなく非常に多様です。それらの関係で、身体的表徴が、典型的に男性的／女性的ではない人全般[*25]のことです。その当人が「こういう人がいることをもっと知ってほしいから、言及してほしい」と言ってくれているので言いますが、ぱてゼミの過去受講生にもいます。

　ただ、これは①セックスに関する事柄ですから、他人がそのことに安易に踏み込むべきではありません。自認する②ジェンダーに①セックスを寄せていくために、医療を受ける人もいれば、②性自認として「どちらでもない」というアイデンティティを持つ人もいます。繰

――アロマンティック・アセクシャル」『WIRED』

＊27　ジェンダー・ファクター　gender factor
4章で言及したのとは別の、音楽ソフトとしてのボーカロイドに備わっているパラメータ。可変幅中央の64だと一般的にイメージされるそのボカロの声の通りになるが、各作家はこの値を自由に調整できる。たとえば「はるまきごはんさんちのミク」は明らかにこの値を小さくしている。
同じ音高の歌声であっても、フォルマント（周波数特性）によって高くも低くも聴こえる。つまり、女性的に聴こえたり、男性的に聴こえたりする。示唆的なのは、それが無段階的でシームレスだということだ。「ここからが男性の声」などという境界はない。

＊28　ニコニコ大百科では「性転換VOCALOID」という項目にまとめられている。ジェンダーイメージが横断的だから

り返しますが、ある人の性別はその人の性自認＝②ジェンダーにのみ基づくべきです。またジェンダーについても、それをわざわざ問うていい場面は日常の中ではほとんどありません。Aちゃんのケーススタディの通りです。

「アセクシュアル　asexual」は、セクシュアルに否定の接頭辞「a」がついているわけですが、つまり、他者に性欲を持たないということです。性欲自体がないという人も、性欲が人間など外部対象に向かわないという人もいる。

関連する概念として「アロマンティック　aromantic」も紹介しておきます。性欲はあっても、他者に「恋愛感情を抱かない」というあり方です。第4回で言及した『やがて君になる』の主人公はそういう設定でした。

お気づきの通り、この両者は、ぱてゼミがこれまで見てきたアンチ・セクシュアルな感性とも関連が深いものです。性欲がある／ない、恋愛感情がある／ないというのは、二分法的ではなくグラデーション的ですし、性と愛をどう着地させるべきかをめぐる葛藤は、それこそはぱてゼミが時間をかけて追ってきたものです。

なお、ある種のレポート[*26]は、アセクシュアルやアロマンティックを新しい感性のあり方として報告しています。

「パンセクシュアル　pansexual」は、「すべての」を示す接頭辞「pan」がついていて、「全性愛」と訳されます。だから字義通りには、③性指向が、男性でも、女性でも、どちらでもない人も、すべての人が対象になりうるということですが、実際に使われるニュアンスとし

羽生まゐご「阿吽のビーツ」（2017）
作詞、作曲：羽生まゐご　絵：瀬川あをじ　歌：flower

弱いこと、未練がましいこと、それでも「貴方から言って」ほしいこと。「優しくしてね」と言ってはいけない誰かはいない。喪失をめぐる正直な独白は、ジェンダーを超越するflowerに似つかわしい。10年代後半随一の和的意匠の操り手は、上滑りすべくして上滑りする言葉の本質をも操る。不在のときだけ語られる「愛」。「啓蒙したいのどうして」？

ては「誰かを好きになるときに、相手の性別が理由にならない」という意味合いで用いられることが多いです。

ここで、「バイセクシュアルとパンセクシュアルって同じじゃないの？」と思った人もいるかもしれません。結論としてはもちろん違うんですが、またケーススタディで少し考えてみましょう。今度はぼくの実際の友人の実話です。

友だちの女の子のCさんが、以前、女性と付き合っていた。その後別れて、最近会ったら「彼氏ができた」と言っている。ということは、女性とも男性とも付き合ったことがある。この事実から、Cさんがバイセクシュアルであるかパンセクシュアルであるか、判断できるでしょうか？

繰り返しますが、セクシュアリティの属性は、原則的に「自称するもの」です。「男性も女性も好きになりうる」ことと、「男性か女性かにかかわらず、好きになるときは好きになる」ということは別であり、外部観測できるものではありません。本人が「私パンセクシュアルなんだよね」と言っているのに、「いや、あなたはバイセクシュアルだ」と否定しうるシチュエーションは存在しないでしょう。

このケースからさらに考えてみましょう。Cさんが、「彼女と付き合っていたときは自分はレズビアンで、いまはヘテロセクシュアルになった」と言ったとして、それを他者が「いや、あなたはバイセクシュアルかパンセクシュアルでしょ」と水を差すべきでしょうか。

ここまで紹介してきたセクシュアリティの概念は、（クエスチョニングを除くと）いわば

といって安易に「性転換」という言葉を用いるのは、本書の立場としては好ましいとは言えないが、ともかくジェンダー攪乱的な表現がシーン初期から存在していたことが確認できる。

＊29　flower
14年に発表されたVOCALOID3エンジンを採用する初期バージョンは「v flower」と表記され、その後15年に発表されたバージョンはVOCALOID4エンジンに対応し、「v4 flower」と表記される。公式アルバムのアーティスト名はflowerとなっているので、本書もシーンでの通称の通り単にflowerと呼称していく。

＊30　v flower公式サイト（v4 flowerのプロフィール）より。

＊31　20年代初頭、歌声合成キャラクターは新しい群雄割拠状態に突入している。ボーカロイドではなく「CeVIO」をエンジンとして採用するキャラも増えた。「可不」は、声のもと

「対自」的に自分の時間を見渡して、その全体に対して過不足のない名前を与えているとも言えます。ですが、誰かを好きになるということは、たまたま出会った他者によって、「対他」的に、自分の感情が書き換えられるという経験であったりもする。

属性が他称されるべきではないのはもちろんのこと、個人の経験としてある、個別具体的な出会いによる対他的な変化の連なりは、属性を示す言葉に圧縮されなければいけないのでしょうか？「10回待ち合わせをしたうち、あの時は間に合って、あの時は忘れ物をして遅刻して、でも次は時間前に来たけど……トータル7回遅れた」という具体的な事実は、「遅刻魔」の一語にいつも圧縮（エンコード）されなければいけないのでしょうか。そうだとしたら、その自称は誰のためなのでしょうか？

flowerのさらなる透明性　ポスト・ポスト・キャラクター

さて、ずいぶん久しぶりに「対他」「対自」などの概念が登場しました。忘れていませんでしたよね？w　また、第3回でこう言ったのを覚えているでしょうか。

「初音ミクは、徹底的に対他的である」。ミクは、その人が望むミクにつねになる。ボカロPや絵師や動画師の思うイメージに順応して、その姿になってくれる。ミクの対他性は、当人のほうから（あるいは公式のほうから）、自己定義がなされていないことが最大の根拠でした。

では、初音ミクのセクシュアリティについてはどう考えたらいいのでしょうか。性という私的領域も対他的と言いうるのでしょうか。

柊キライ「ボッカデラベリタ」(2020)
作詞、作曲：柊キライ　絵、動画：WOOMA　歌：flower

（クィア）²。横断的なflowerの声をさらに変質させた歌声は20年代の産声だ。依存なしに、憎悪なしに、つまり「対他性」なしに──あなたがあなたのままでいられるなんて思い上がりじゃないの？　真実の口がそう唆す言葉に、図星をつかれ狼狽するのが幼さか、自分と無関係と牧歌的に思っていられるのが幼さか。だが成熟せよと言うお前は誰だ。

「magnet」は同性愛を描いていましたが、曲の歌詞が任意の性愛のあり方を描いたからといって、それを歌う歌手がそのセクシュアリティを持つということではありません。ミクのセクシュアリティは「知りえない」というのが妥当でしょう。公式設定として自分のほうから言っているわけではないのだから、人間と同様にその私的領域性を尊重すれば、これ以上のことは言えません。公式の図像は、通念的には少女のように見えますが、公式サイトなどで公表されている説明文をよく読んでみると、実は、女性だとは明言していない。だからミクのジェンダーも、わかりません。現実の人間相手のときと同様に、詮索しないということでいいんじゃないでしょうか。

ただ、公式設定で明言がなかったという事実が、クリエイターの想像力に間接的に影響するということはあったのかもしれません。ボカロシーンには初期から、通念的なジェンダー・イメージを攪乱する表現がありました。

ボカロはソフト上の設定で声質を変えられるようになっていますが、調整可能なパラメータの中に「ジェンダー・ファクター」[*27]というものがあります。0から127まで連続的にその数値を動かすと、声質はいわゆる女性的な声と男性的な声のあいだをシームレスに動いていく。これを活用して、ミクを男声化した「ミクオ」、リンを男声化した「リント」、レンを女声化した「レンカ」などの二次創作キャラ[*28]たちが生まれました。また、さつき が てんこもりくんの「男の娘メモラブル」は、レンきゅんをレンきゅんのままに、いわゆる男性のイメージと関係なしにポップでキャッチーに描いている、アンチ・セクシズムの名曲です。こういう感性がシーンにおいて十分に支持されるということは、近年に始まった現象ではなか

となった「花譜」との対応関係を隠さないどころか「音楽的同位体」という独自のワーディングによって強調している。だが可不もまた、視覚的にはあまり描かれていないのが興味深い。数年後、本書の記述はどう振り返られることになるだろうか。

＊32 syudou「孤独の宗教」（初音ミク）てにをは「ヴィラン」（flower）柊キライ「ボッカデラベリタ」(flower) Kanaria「KING」(GUMI)

＊33 トニー・クシュナー Anthony Robert "Tony" Kushner（1956〜）アメリカの劇作家、脚本家。映画『ミュンヘン』などの脚本も担当。

＊34 エンジェルス・イン・アメリカ Angels in America: A Gay Fantasia on National Themes 邦訳は、トニー・クシュナー

ったわけです。

ここで唐突にクイズです。次に挙げる曲の共通点はなんでしょうか？

「シャルル」「lili.」「命ばっかり」「阿吽のビーツ」「8.32」「ベノム」「オートファジー」「ヴィラン」「グッバイ宣言」。

はい、その通り。これらは全部、歌唱がflower[*29]の伝説入り曲です（２０２１年9月時点）。10年代後半以降の人気曲が並びますね。

flowerは、２０１４年に発表されたボーカロイドです。それまでは、大ヒットになる曲の使用ボカロはかぎられていた感がありましたが、16年、バルーンさんの「シャルル」の大ヒットを嚆矢に、まるで新しい時代の感性の受け皿であるかのように、10年代後半以降に活躍するボカロPたちはflowerを用いてたくさんの名曲を発表していきました。

flowerの公式サイトにはこうあります。「中性的な彼女の声質は、少年のように伸びる中～高音域、憂いを帯びた儚《はかな》く切ない低音域と、さまざまな魅力にあふれています[*30]」。flowerの場合、ミクのように明言しないだけにとどまらず、「中性的」「少年のように」という言葉によって、ジェンダー横断性が積極的に示唆されている。△○□×《みわしいば》さんによるv4 flowerの公式イラストも少年のようです。

その結果と言うべきか、21年時点で、flowerはミク以上に透明です。「多く使われることで自己透明化していった」ミクとは異なり、最初から透明だったかのようです。flowerは最

てにをは「ヴィラン」（2020）
作詞、作曲、動画：てにをは　絵：ねここ　歌：flower

禿頭《とくとう》の江戸川乱歩は、禿頭の役柄を依頼されて、禿頭のカツラを被って出演した。演じるとはときにこういうことだ。あなたが同性愛者だとして、同性愛者を／異性愛者を演じさせられてはいないか――社会に抗うにも従うにもつきまとう演技。茶番を免れる「多種多様」は皮膚の下にある。そこでだけ蠢《うごめ》くサド、ボードレール（12章）、フロイト（6章）。

初から、動画の中でキャラとしてほとんど描かれていません。公式のテコ入れが限定的であることがかえって功を奏しているとか、仮説としてはいろいろな理由が考えられますが、最大の理由はやはり、ミクというポスト・キャラクターが準備した環境に、14年から後発で参入したことでしょう。20年代において、flower の呈する様相は、「ポスト・ポスト・キャラクター」とでも言うべきさらなる零度に到達していると思います。

逆に、それを準拠点にして見ると、ミクさえもがふつうに見えてくる……「ふつう」とはこの場合、キャラクターだということです。[*31]

誰もが性によって疎外されないカルチャーである

ぼくらはすでに、2020年代を迎えました。本書は10年ごろのシーンの話から語りはじめましたが、それからちょうど10年経った2020年という年は、シーンにとって重要な年だったのではないかと感じています。この年に、年内中にニコニコで100万再生に到達した曲は4曲。[*32]そのうちの半分、てにをは「ヴィラン」と柊キライ「ボッカデラベリタ」で使用されたボカロは flower でした。

ここで、てにをはさんの「ヴィラン」を聴いてみたいと思います。

♪てにをは「ヴィラン」

きっと手を繋ぐだけでゾッとされる
馬鹿げた競争《ラットレース》一抜けたら通報される

『エンジェルス・イン・アメリカ——国家的テーマに関するゲイ・ファンタジア〈第一部〉至福千年紀が近づく』（吉田美枝訳、文藝春秋、1994）

＊35　ロナルド・レーガン　Ronald Wilson Reagan（1911〜2004）第40代アメリカ大統領。共和党。大統領以前はハリウッドで俳優として活動、労働組合も率いた。2期を務めたので、1980年代はほぼずっとレーガン政権である。次代も共和党の父ブッシュ。アメリカ保守の時代。

＊36　後天性免疫不全症候群AIDS　HIV（ヒト免疫不全ウイルス＝human immunodeficiency virus）の感染により発症する。81年に未知の病として発見され、多くの著名人もこの病のために倒れた。ミシェル・フーコー、フレディ・マーキュリー、キース・ヘリングなど。当初は不治の病とされたが、現在は抗ウイルス薬治療を適切に行うことに

突然変異《ミュータント》じゃない　ただの僕さ
XとかYとか
べき論者様は善悪多頭飼い
僕が君を〝侵害〟するって言いふらしてる
Oh…

Mr.Crazy Villain Villain
夜行性の花弁
違う服着て君の前では男子のフリする
拝啓　Dr.Durand-Durand
迎えにきて下さい
顔も知らない誰かにとって僕はもうヴィラン

ヴィラン＝悪役。そう自称するこの曲の主人公は、「君の前では男子のフリ」をしたり、「逸脱の性《さが》をまたひた隠」したり、「雄蕊《おしべ》と雄蕊じゃ立ち行かないの？」と問うたり——なんらかのジェンダー／セクシュアリティの非典型性を抱えながら、自分を悪役と名指す世界と対峙しています。これ以上は解釈を狭めないでおきますが、マイノリティの歌だ、とは言っていいでしょう。これは、アンチ・ヘテロセクシズムの歌です。

この曲をまさしく発見し、トップ級のヒット曲へと押し上げた現在のボカロシーンを、ぼ

Chinozo「グッバイ宣言」(2020)
作詞、作曲：Chinozo　絵：アルセチカ　歌：flower

引きこもり、それは力強い前進。コロナ時代とも共振してか、21年にYouTubeでのボカロ曲再生数トップに。「街」も頻出するがそれは捨てられる第三者で、私の内的なものに錯覚していた「Nervous」の外的根源だった。「俺の私だけの」と一息で接合される二者関係の鏡面性も示唆的。ギターソロにおける弱度（↔強度）は天才の芸。パット・メセニーか。

くはその一員として誇らしく思います。今日冒頭で、ボカロは「誰もが性別によって疎外されないカルチャー」だと言いました。いま改めて言い直しましょう。ボカロは「誰もが性によって疎外されないカルチャー」です。

そしてそれは、先ほど「近年始まった現象ではない」と言った通り、シーンがすでに持っていた側面でもありました。flowerを得てそのポテンシャルをさらに開花させたボカロシーンからは、これからもマイノリティの味方をする名曲が生まれることでしょう。

この機に乗じて、てにをはさんとChinozoさんという最高の作家ふたりの表現をちゃっかり借りて、今日のメッセージを繰り返しておきます。あなたを傷つける世界＝他者に、自分を開示してやる必要はありません。「骨まで演じ切ってやれ悪辣に」（「ヴィラン」）。あるいは、自分の本心を自分の中だけに引き籠らせることも「絶対ジャスティス」（「グッバイ宣言」）です。Aちゃんにも、あなたにも、「自分を開示しない権利」はつねにあります。なんらかのプレッシャーで自分から言わなければいけないような気がしたときには、こう思い出してください――そうだ、初音ミクもflowerも開示してないんだった。

「家《うち》に籠って狂い咲く」こと。そうして力を溜めてから、外に打って出るということを、ぼくは全力で肯定します。

「トランプを作ったゲイ」の巨大なアンビヴァレンス（と言葉）

さて、最後に恒例の、外部作品参照をしたいと思います。

劇作家のトニー・クシュナー[*33]による『エンジェルス・イン・アメリカ』[*34]という戯曲があり

より余命の短縮や生活が変わることは避けられるようになった。

＊37　ペストであればユダヤ人差別、COVID-19であれば、武漢・中国・アジア人差別。

＊38　20年、ローマ教皇は同性カップルにも婚姻に準じた権利を認めるべきだと表明した。

＊39　ロイ・コーン　Roy Marcus Cohn（1927〜1986）アメリカの検察官、弁護士。ジョセフ・マッカーシーによる赤狩りを主導したひとり。失脚し住む場所も失った最晩年のコーンにホテルの一室をあてがったのはトランプだったという。

＊40　ドナルド・トランプ　Donald John Trump（1946〜）第45代アメリカ大統領。「俺はゲイを差別しない。なぜなら俺は、ロイ・コーンの友人だからだ」と『トランプ自伝』では言っているが、大統領就任以後の

ます。ピューリッツァー賞も受賞した、90年代アメリカを代表する戯曲の名作です。アメリカでは劇場で何度も上演されているほか、テレビドラマ化もされています。

ストーリーは、80年代アメリカを生きたゲイたちの群像劇。当時のアメリカは、ロナルド・レーガン[*35]という保守的な政治家が大統領で、この時代に、エイズ[*36]という正体不明の死に至る病いが現れました。人類は、ペストなど、絶滅をもたらすかもしれない脅威と何度も遭遇してきている。20年代であれば、COVID-19がそうです。エイズは20世紀最大の脅威のひとつでした。

歴史は繰り返されます。正体不明の病気が発見されるとき、そこに差別が生じる[*37]ことも悲しい通例でした。当初は「男性同性愛者だけがかかる病気だ」と誤解されていた。その誤解を根拠にした同性愛者批判の風潮も強かった。アメリカはキリスト教徒の多い国です。過激な一部のクリスチャンは「エイズは神が同性愛者に与えた天罰なのだ」などと暴力的なことを言ったそうです[*38]。同情すべきは、当時アメリカにいたクリスチャンの同性愛者たちであり、『エンジェルス・イン・アメリカ』はそんな彼らの物語です。

同作はあくまでフィクション作品ですが、実在した人物をその登場人物にしています。主人公のひとり、ロイ・コーン[*39]がそうです。なにしろ、あのドナルド・トランプ[*40]の顧問弁護士だった人物です。彼は民主党員でしたが、共和党の戦略に参加していました。そうして参加したひとつが、共産党員と同性愛者を政府機関から排斥する施策[*41]で、コーンはその実行委員会の委員長でした。ゲイでありながら（それを隠しながら）、ゲイ弾圧の急先鋒だったのです——想像が及ばないほどにアンビヴァレントな実人生を生きた人物でした。実際に行ったことの悪辣さはいっさい肯定できませんが、彼はある意味、演じ切っていた。

P.I.N.A.「レッド・パージ！！！」（2014）
作詞、作曲：P.I.N.A.　絵、動画：Lotta　歌：鏡音リン、レン

全共闘のカリスマ、高橋和巳の『わが解体』が引用される投稿者コメントをほかに見たことがない。映像の生々しい赤色と、繰り返ししゃくり上げるクィアな歌声と、敗北の官能を隠そうともしない耽美的な言葉。それらが政治と性の絡み合いの粘度を正確に活写する。「大統領は女装が趣味」でいいに決まっているが、赤狩りはここ日本でも起こった。

『エンジェルス・イン・アメリカ』の、コーンがエイズを発症していることを宣告される場面で、コーンはエイズであることもゲイであることも否定すべく、次のように言います。

　ゲイは弱い。だが俺は強い。だから俺はゲイではない。*42

　謎のロジック。形式上三段論法のかたちをとっているけど、わけがわからない。第2回で言及した「俺の右手が触っただけで、俺は触っていない！」と主張する人のようです。破綻しているというか、分裂しています。論理が破綻しているか、言葉が破綻しているかでないと成り立ちえない。コーンはこう言うことでなにをしたかったのでしょうか。あるいは、なにがコーンにそう言わせたのでしょうか。

　ここで3人を並べてみたいと思います。男の娘のAちゃん、井手上漠さん、ロイ・コーン。3人とも、言葉がふつうに機能することを三者三様のかたちで回避していると言いうると思うんですね。それぞれのかたちで、言葉が自分を定義しにかかってくることに抵抗している。

　ここからぱてゼミ型ジェンダー論は、「言葉とはなにか」という問題へと接続していきます。次回、ぱてゼミ型言語論、ご期待ください。お疲れ様でした。

マイノリティ施策は散々だった。「言ったもん勝ち」でウソを広めていくトランプのポスト・トゥルース的手法は、まさにコーンから学んだものなのだとも指摘される。

＊41　ジョセフ・マッカーシーは「赤狩り　red scare」という共産主義者弾圧で知られるが、同性愛者も反国家的だとして「同性愛者狩り　lavender scare」もしていた。ラベンダーは当時の同性愛者のシンボルカラー。

＊42　前掲書、77〜84ページ。晦渋な駆け引きの中で語られる。コーンは自身を「男とファックするヘテロだ」と言う。

第8章 （言語という）かなしみのなみにおぼれる ～あるいは「Neruによるラカン」～

「東大生は勉強ができるだけ」は本当か？

今日は第2部の第2回です。講義全体としてはちょうど真ん中あたりになりますね。なのでそろそろ、ちょっとエゴを出させてもらって、少し勝手をやらせてもらおうかなと思います。すなわち……自分語りですw　前半はゆるい話から始めますが、後半はけっこう理論的な話をしますので、前半で気を抜いてしまわないように、最後までついてきてくださいね。

鮎川ぱてとは何者だったか。初回にも手短に自己紹介しましたが、ボカロPであり音楽評論家であり、東京大学教養学部非常勤講師であり、東京大学先端科学技術研究センター協力研究員です。今日はとくに、最後の所属についてお話ししたいと思います。

先端研は、その名の通り未来を見据えた先進的な研究を行う研究室が集まっている機関です。ぼくは17年から21年のあいだ、人間支援工学分野の中邑賢龍教授[*1]（当時）の研究室に所属していて、同研究室が運営するプロジェクト「異才発掘プロジェクト　ROCKET[*2]」に

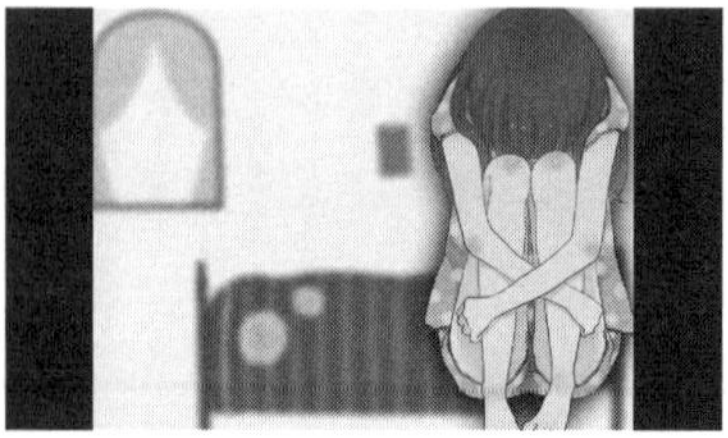

ナノウ「ハロ／ハワユ」（2010）
作詞、作曲：ナノウ　絵：mztm　動画：蛍草　歌：初音ミク

たくさんの若者を救ってきた曲。「喉元まで出かかった言葉」を口に出せないときもあれば、口にしたことで叱られるときもある。ダブルバインド（2章）じゃないか。支度が進まないのは、きみがきみを守ろうとサインを出しているとき。理由をつけて休んで、ふかふかのソファのようなこの曲のシンセベースに身を沈めよう。きみの仲間もそうしてきた。

参加していました。21年からは、身体情報学分野の稲見昌彦教授の研究室に、引き続き協力研究員として所属しています。VRなどを研究する稲見研の取り組みについては11章で詳しくお話しすることとして、今日は、前者のROCKETについて少しお話しします。

ROCKETは、小中高に通っていない、不登校の子どもたちにオルタナティヴな学びの機会を提供するプロジェクトです。14年に発足し、21年まで活動していました。これに参加できる子どもの条件は、不登校の子どもが本人の意思で応募してくること。それだけです。

メディアでもよく取り上げられていたので、当時このように声をかけられました。「発達障害の子どもに教育を提供するプロジェクトですよね」と。これは誤解なんですね。中邑先生は「発達障害という診断があるかどうかはメンバー選抜に関係ない」と明確に立場表明をされていました。

発達障害[*3]は広汎な概念ですが、あえて大づかみをすると――他者とのコミュニケーション、すなわち「意味」のやりとりにおいて、マジョリティを基準にするかぎりでは不器用である様態[*4]が知られています。発達障害のうち、アスペルガー症候群、自閉症スペクトラム（ASD）という言葉を聞いたことがある人も少なくないでしょう。

ROCKETとして公正に選抜した結果、メンバーとして選ばれた子どもたちの中に、医師から発達障害の診断を受けている子は一定数います。それはあくまで結果の話で、それよりも伝えたいのは、とにかく多様な子どもたちが集まっているということです。さかなクン[*5]が魚に詳しいように、キノコ類にとんでもなく詳しい子もいる。宇宙物理学に熱中している子もいる。映像制作で大作を作っている子もいるし、なんと、ボカロPをやっている子しい

＊1　中邑賢龍（1956〜）東京大学先端科学技術研究センターシニアリサーチフェロー。ICT（情報コミュニケーション技術）の活用により、バリアフリーや教育格差の解消に取り組む実践研究をさまざまなかたちで行っている。

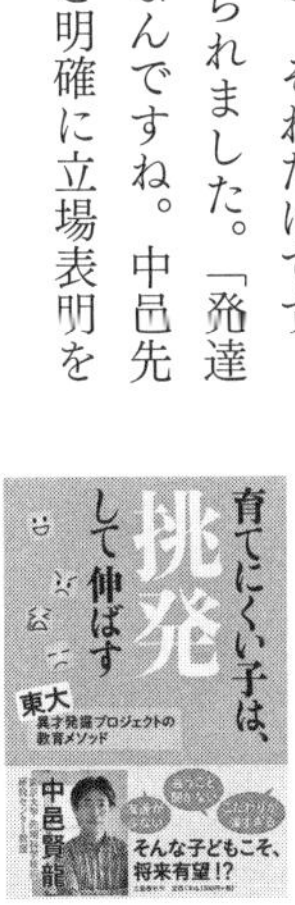

中邑賢龍『育てにくい子は、挑発して伸ばす』（文藝春秋、2017年）

＊2　異才発掘プロジェクトROCKET（2014〜2021）

私見では、「学ぶ」という概念をより自由に拡張するための実験空間である。既存の学校教育を否定し対抗するものではなく、学校教育が掬いきれない可能性を補完的にフォローすることが目指される。「異才」とあるが、いわゆるギフテッド教育を行っ

たんですね。

そんなROCKETの歴代メンバーの中からひとりを紹介します。濱口瑛士[*6]くん。イラストで才能を発揮して、小学生のころから個展を開いたり著書を出版したりと、すでにいろいろな活躍をしています。そして、発達障害傾向を持っています。濱口くんの場合は、書くことに困難がある「識字障害　ディスレクシア」という傾向を持っています。そのことも相まって、小学校のときに、学校から足が遠のいていった。なお、読むことには支障はないので、同世代の子よりよっぽど難しい本を読んでいて、本人と話すと難しい議論を吹っかけられることもありました。言うまでもなく、読み書きの能力と知的能力は別物です。

みなさんは、東京大学の入学試験を突破したからここにいる。でもその選抜では、学力だけではなく、暗にほかの能力も前提とされていなかったでしょうか。いま話した識字能力は明確にそうですよね。理系の数学（文系の国語も）は試験時間が2時間半。そんな長時間、じっと席について熟考できる能力も暗に要求されています。

「東大生は勉強ができるだけ」。これは本当でしょうか。なんと驚くべきことに、東大生の多くは、勉強ができるほかに、識字能力がある、じっと座っていられる。真に、教科の能力だけで公平に選ばれてきているわけではないのです。ディスレクシアで、2時間半座っている力がなくて、東大生の平均よりずっと頭のいい子。そういう子も世の中にはいると思います。そういう子に対して東大は真に門戸を開いているのでしょうか[*7]。

「総量一定説」批判　能力はトレードオフではない

DECO*27「ネガティヴ進化論」（2019）
作詞、作曲：DECO*27　編曲：Rockwell　絵：津田　動画：OTOIRO　歌：初音ミク

梨屋アリエの小説『きみの存在を意識する』に登場する中学生たちは、ディスレクシアをはじめ、まだ認知度が高くない（ときに本人にも理解されない）障害や、個性を抱えている。同作を原案としたこの曲は、本章の取りこぼす重要な要素を射抜いている。ネガティヴでいいということだ。その上で堂々と生きて、いいに決まってる。

ここで、ひとつの言説を批判します。

総量一定説。「人は、なにか劣っている部分を持っている場合は、その分だけ、ほかで優れた部分を持っているのだ」という言説です。〈8-1〉どんな人でもそれらを足し合わせると総量は同等になっているものなのだ。世の中はそんなふうに平等である。そのような考え方を、ぼくの造語で「総量一定説」と名づけたいと思います。そういうものが、世間には存在しているのではないか。

だから、なにか不得意なことがあったとしても怖がることはない。自分に自信を持っていいんだよ、というように、人をエンパワーする善意の言説として、総量一定説が語られることが世の中にしばしばある。メディアが障害当事者を描くときに、このような見方を採用しがちです。

まさに濱口くんの場合もそうでした。「彼は、ふつうの人ができる会話のキャッチボールや文字を書くことがうまくできない。だがその代わりに、絵には類いまれな才能を持っていた」。そのような描き方を、ある番組は結局してしまっていました。直接そうは言っていなくても、説明の流れがほぼ明示的にそのような「ストーリー化」を行ってしまっていた。中邑研として、そういう描

〈8-1〉

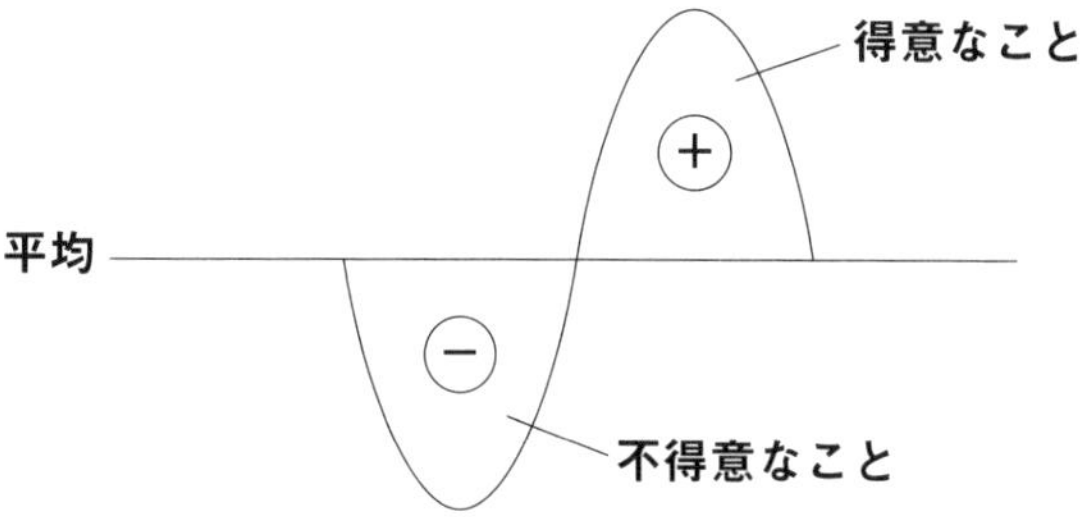

（間違った）総量一定説

ているわけでもない。21年からは、ROCKETの成果を引き継いだ「LEARN」という発展形のプログラムがスタートした。

＊3　発達障害　developmental disability
日本では、05年に発達障害者支援法が施行された。それによると「自閉症、アスペルガー症候群その他の広汎性発達障害、学習障害、注意欠陥多動性障害その他これに類する脳機能の障害であってその症状が通常低年齢において発現するもの」とされる。典型的な精神発達のイメージに疎外される様態が広く包含される。
本書の立場から伝えるべきは次の3点である。素人が他者に向かって「お前は発達障害だ」などと名指すことは強い暴力であること。医師による診断であっても、その恣意性（指標があいまいなために個別の医師の裁量に多くが依存すること）に疑義が呈されていること。いまだ発展途上の脳科学による「生得

き方はやめてくれと釘を刺したけれども、結局蓋を開けてみたらそうなっていた、ということのようです。

　たとえば、全体平均においては、100人にひとりが芸術の才能があるのだとしましょう。[*8] それに対して、発達障害児の場合、100人のうち10人が芸術の才能があると研究でわかった、としましょう。才能がある確率が10倍なのだとしたら、それは有意に差があるという状態です。〈8―2〉

〈8-2〉（根拠のない例示なので転載禁止）

	才能ある	才能ない
全体	1%①	99%③
発達障害	10%②	90%④

　こういう話を聞いたことがあります。自分の子どもが発達障害であると知った親御さんが、「であるからには、この子にはなにか才能があるに違いない」と考え、子どもを音楽教室に連れて行く、絵画教室に連れて行く、有名人に会わせる。そうやって連れ回して、子どもが疲弊してぼろぼろになる――親が持つ総量一定説の先入観によって、子どもが犠牲になっている状況です。ここまで過剰ではなかったものの、ぼくもこれに近い親御さんの振る舞いを見かけたことがあります。

　考えてみてほしいのは、このときの子どもの気持ちです。もっと言えば、発達障害当事者の9割を占める、④に当たる子どもの気持ちです。

　子どもはこう考えてしまうのではないでしょうか。発達障害がある人は才能がある（親が総量一定説を信じていれば、子どもはそれを正しいものとして受け取ってしまうでしょう）。それなのに、自分には才能がない。ほかの発達障害児は苦手なことがある代わりに才能を持っているのに、自分は例外的にそれさえも持っていない。そのように、自分を追い詰めて

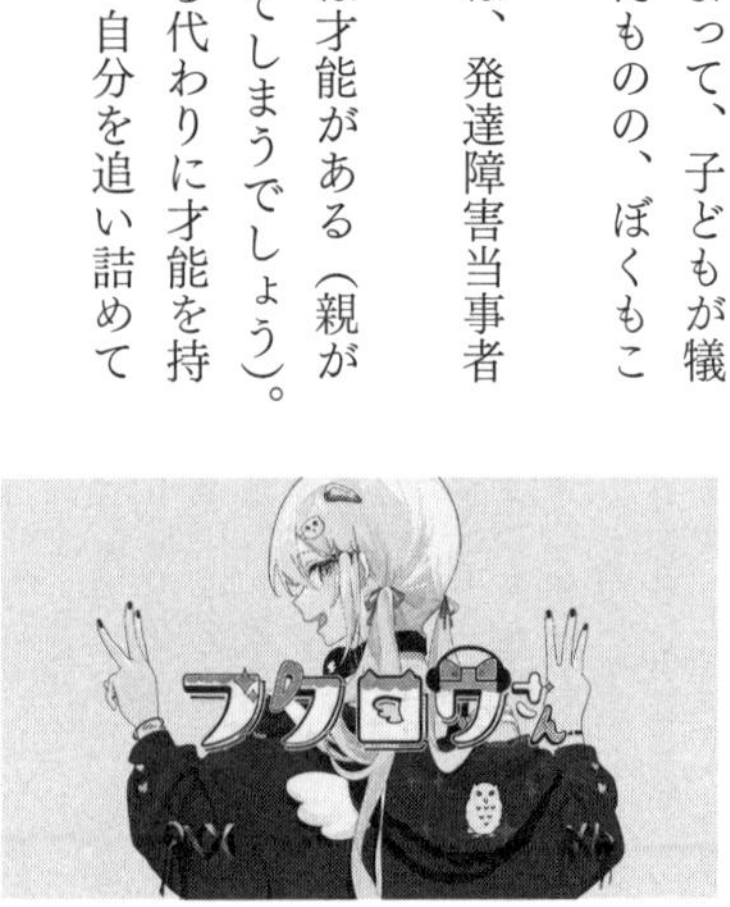

すりぃ「フクロウさん」（2022）
作詞、作曲、動画：すりぃ　絵：カンミ缶　歌：鏡音レン

歌詞全行をここに写経したいくらい本章の議論と共振する名曲だが、選り抜いて引用するなら「何も背負わないで」。符割りを8分音符中心に簡単にしてあるのは、全部どうでもよくなったときでも歌いきれるようにって優しさかもしれないと気づいてなんだか泣けた。社会、世間、美徳、将来、根性、苦労。全部を叩きのめすように大声で歌おう。

しまわないでしょうか。

　子どもにどんな言葉をかけるべきかを簡単に定式化することはできませんし、ケースバイケースです。ですが、善意で語られる通念的言説が、このように人を苦しめてしまうことがある。そのことに、言説を拡散するメディアにはとくに慎重でいてもらわないと困ります。

『さんまの東大方程式』は誰を傷つけていたか

　マイナスがある代わりに、プラスがあるはずだ。そのような順番の総量一定説をまず考えましたが、次にその逆の順の総量一定説を考えてみましょう。

　たとえばこうです。「勉強がとくにできる人は、代わりになにかが不得意なはずだ」。

　東大生のみなさんは勉強が得意なわけですが、近年、東大生を集めていじり回すテレビバラエティ番組が増えていました。『さんまの東大方程式』[*9]という番組は、端的に言って、このような考えに則って東大生を「ふつうとずれた人たち」として描く番組でした。会話のコミュニケーションが得意ではないとか、東大生がなにか不器用なことをする場面ばかりを切り取っていた。番組がセッティングした合コンで、器用に振る舞えない東大生をカメラ越しに観察するという俗悪な企画もありました。

　さらには、「東大生の歪んだ恋愛事情」というタイトルがついたコーナーがありました。ムカついていいと思います。このタイトルだけですでに差別的です。

　そのコーナーの中で、出演している東大生のひとり[*10]が「他人に恋愛感情を持ったことがない」と言ったんですね。それに対して明石家さんまをはじめとする大人のタレント勢が　大

性」を定義に採用することに疑義が呈されていること。

＊4　本文で言う「不器用さ」とはたとえばこうである。18時に駅で待ち合わせをする。「余裕を持って来てくださいね」と言われる。それは駅に30分前に着くことなのか、5分前に着くことなのか、「余裕を持って」というあいまいな条件に対して見当がつかない。ASDにはこのような「厳密すぎる」傾向が指摘される。マジョリティによる多数決的な「度合い感」に見当をつけられないことを病理化すべきか。ひとりの非専門家としての筆者は、懐疑的である。

＊5　さかなクン（1975〜）魚類学者、タレント。東京海洋大学客員准教授。幼少期から魚類への高い関心を持ち、10代ころから専門家顔負けの知識に注目が集まった。著書に『ギョギョギョ！おしえて！さかなクン』など。

学生にもなってそれはおかしい」と言う。前回の通り、アセクシュアルの人もいるし、何歳であるかにかかわらずクエスチョニングであってもいい。けれども番組では（大人が寄ってたかって、という図式も醜悪でしたね）、それをおかしいことのようにリアクションしていた。そこには、勉強ができる代わりに恋愛意識についてはおかしい＝マイナス[*11]がある、というような文脈が言外に示されていた。総量一定説に則った暴力的なストーリー化であり、まるで「優れたところがある人に対しては、その分なにかマイナスの部分がないか粗探しをしていい」とでも言うかのような姿勢もあった。最悪の意味で「マジョリティ様の姿勢」と言うべきものでした。

　ここでまた考えてみてほしいと思います。この番組を見て嫌悪感を持った東大生や東大出身者はたくさんいます。でもそれ以上に多くの人を、この番組は傷つけたのではないでしょうか。

　コミュニケーションが得意ではない人や、アセクシュアルやクエスチョニングの人は世の中にたくさんいます。それは東大生であることと関係のない個人の性質です。そういう人はどこにでもいます。なのにその番組のように総量一定説によって文脈づけされてしまうとどうなるでしょうか。前段の議論と同じ図式です。「自分は勉強ができるわけではないのに、（会話が下手など）マイナスだけを持っている」と自分を否定しまう人を作りかねない。

　最初に話した通り、総量一定説は、善意によって語られることも多い言説です。「あらゆる人にはなにか得意なものがある」という言説であれば、個人的にもまったく支持できる考え方だし、そういう言い方で誰かを勇気づけるという場面はぼくにもあるかもしれません。

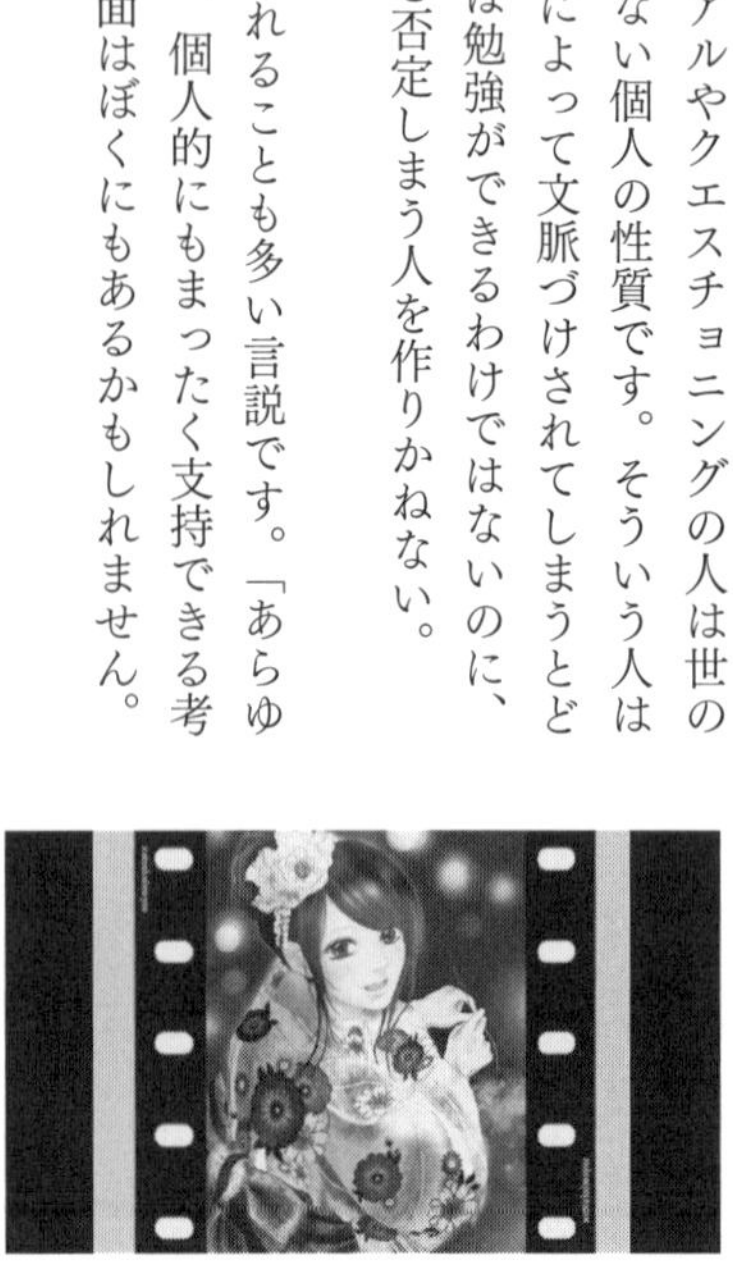

謝謝Ｐ「永遠花火」（2009）
作詞、作曲：謝謝Ｐ　絵：菌うさぎ　歌：初音ミク

マジョリティとは違って、目が見えない。それはふたりが出会い惹かれ合うことには関係がない。本書の読者は同意してくれるだろう。だが、「叱」り、「一晩中泣」く母——世間に苛まれる母を責められる誰かもまたいない。すぐ先の未来で全員が救われますように。飽くなく展開を続ける謝謝Ｐ一流のメロディのように、花火は永遠に灯る。

総量一定説の問題は、ある特徴を、ほかの特徴とトレードオフのように言ってしまうことであり、それがエスカレートして、その特徴同士を因果づけてしまうという非常に人間的な誤解を生じさせかねないことです。そして、マイナーな属性によって疎外感を持っているかもしれない人に、追い討ちをかけるようにさらなる疎外感を与えかねないところです。第6回で話した、全称命題の疎外についても思い出してもらえたらと思います。

マイナーであるとはどういうことか

ここで、話を一般化して「マイナーであるとはどういうことか」について改めて考えてみましょう。

ぱてさんはマイノリティにシンパシーを持っている人なんだな、と思いながら聞いてくれていると思います。実は、ぼく自身、ふたつのマイナー属性を持っているんですが、それゆえに問題に気づくことができたという部分もあるかもしれません。

まずひとつは、もうみなさん知っていることです。これのことですね（チョークを持った手を挙げる）。そう、ぼくは左利きです。

いまの社会では10％ほどが左利きと言われています。10人にひとりですから、明らかなマイナー属性ですよね。でもぼくが左利きだと知って、へーそうなんだ、というふうにとくになんの感想もないという人がほとんどでしょう。

＊6 濱口瑛士（2002～）画家。ROCKET第1期スカラー候補生。15年に初作品集『黒板に描けなかった夢～12歳、学校からはみ出した少年画家の内なる世界』、17年に『書くこと描くこと ディスレクシアだからこそできること』を発表。

＊7 ぱてゼミは東大生を対象に行っているので東大を例に問題提起しているものの、東大はかなり尽力しているほう。東京大学は「点字解答」「代筆解答」など障害のある受験生に対する個別対応を以前から行っている。脳性麻痺を持つ熊谷晋一郎准教授（東大先端研、当事者研究）が東大に合格したのは90年代のことである。バリアフリー支援室も設置され、入学後の学びにも不利がないよう代読、ノート作成、実験補佐などの支援が取り組まれている。障害を持つ中高生は安心して東大を目指してほしい。だが日本の高等教育全般においては教育が暗に求める「健常性」解消の課題はいまだ完全解決されていない。中邑・

左利きの人は、統計的には右利きの人よりも寿命が短い傾向があるそうです。[12] 理由づけはさておきます。一般化して、健康の問題としましょう。

俗説としてはいろいろ言われています。世の中は右利き用にできている、たとえば駅の改札とかそうですよね。右利き用の社会の中で生きていると本人に自覚はなくても微小なストレスが蓄積していて、数十年単位では健康に差が出るのだ、とか——これはあくまで「素人の直感には訴えるけど科学的証明はない俗説」ですからねw

子どものころこういうことがありました。中学1年のときにギターを買ってもらったのがぼくの音楽事始めなんですが、同じモデルのギターが、左利き用だと2万円高かった。[13] 母はこう言うんです。「ギターはこれからゼロから始めるんだから、その2万円分ランクの高い右利き用ギター買ったほうがいいんじゃないの?」と。なるほどたしかに、と納得してしまったぼくは、そこで右利き用のギターを買うんですね。

いまとなっては、これがある種の「屈服の記憶」になっています。母を恨んでいるわけではない、ぼくに嫌な思いをさせようとしたわけはなく、よかれと思って言ったアドバイスなのは明白です。そのほうが得でしょ、と。

けれども、もしそのときに左利き用のギターを買っていたら、「ジミ・ヘンドリックス、[14] フランク・ザッパ、[15] 鮎川ぱて」と並び称される世界的ギタリストになっていたかもしれないw それは冗談ですけど、そのときの分岐がいまもどこか引っかかっているんですよね。そのときなにに屈服したのかがすぐにわからなかったことも含めて。ぼくが屈服したのは母にではない、ぼくはなにに屈服したのでしょうか。

n-buna「ラプンツェル」(2016)

作詞、作曲：n-buna　絵：No.734　動画：あわしま　歌：初音ミク

「対価」「罪」「赦す」。手にした分だけ手放さなければいけないとか。そんな思考に苛まれてしまうときはあるし、そうすることで理由が見えるなら——いや、見えなくてもそうするだろう。なにが見えて、なにが見えなくなったのか。時間は過ぎていく。4分音符で鳴りつづけるドラムのキックが秒針の音のようで、この曲の切なさに似つかわしい。

ともかく、この問題を単純化して、お金の問題としましょう。

最近では昔より言われなくなったと思いますが、上世代の人でこういうことを言う人がいます。「左利きの人は芸術的才能に優れている。天才が多い」とか。ぼくは自分が左利き当事者だから、左利きの有名人を覚えちゃったりはするんですけどね。レオナルド・ダ・ヴィンチ[16]もそうだったとか、坂本龍一[17]さん、ポール・マッカートニー[18]、DECO*27さんとか。

必ずしも悪く下に言うような言説ばかりではないとしても、俗説がついてまわる。俗説の問題としましょう。〈8-3〉

〈8-3〉

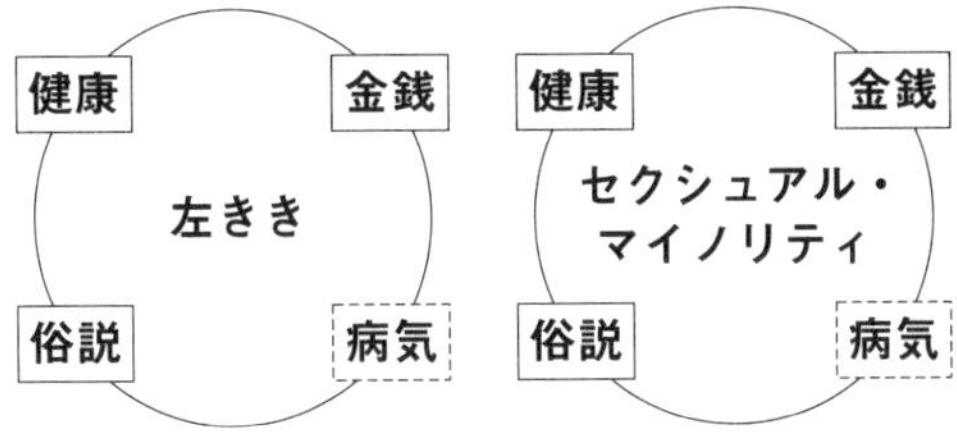

たった50年前の「命がけの綱渡り」

左利きのとなりに、セクシュアル・マイノリティを並べてみましょう。

健康の問題。セクマイは、統計的に、うつ病などの発症率が高いことが指摘されています[19]（言うまでもなく、心の健康も健康の問題です）。

お金の問題。お金を得るために人は働きますが、セクマイ当事者は、満足な就労環境が得られないことなどによって、マジョリティよりも収入が低くなりがちであるというレポートがあります[20]。

近藤研究室の近藤武夫教授の「DO-IT Japan」プロジェクトはこの問題解決のための働きかけを長らく続けている。

＊8　このような研究結果が実際にあるわけではなく、仮定の話として言っている。なので数字も有意差が生じるように適当に仮定している。

＊9　「さんまの東大方程式」（２０１６年～、フジテレビ系）20年までに不定期で9回放送された。ライターの池田渓も著書『東大なんか入らなきゃよかった』の中で、同番組を「世間の東大生に対する偏見を大いに助長するもの」として紙幅を割いて厳しく批判している。

＊10　明石家さんま（１９５５～）芸人。自分が老いたときに、半世紀も歳の離れた若者に「お前の恋愛観はおかしい」などと講釈を垂れる老人にはなりたくないものである。

俗説の問題。これはかつての左利きと同じと言っていいでしょう。芸術の才能が優れている、美的センスに優れているとか、メディアの悪影響もあってそういうことを言う人はおそらくいまでもいる。これは俗説の問題であり、「ステレオタイピング stereotyping」[*21]の問題でもあります。

左利きであることとセクシュアルマイノリティであることはまったく別のことですが、マイナーであることについて抽象化するなら、このように相同的な図式を描くことができます。そして、これら3つに加え、非常に重要な共通性として4つ目を書き足したいと思います。両方とも、「かつて精神病とされていた」ということです。

左利きがかつて精神病とされていたと聞いて、驚いた人もいるでしょう。過去にはそう主張する研究者がたくさんいて、警戒対象だったようです。[*22]ぼくも知ったときは驚きました。その時代に生まれていたら、ぼくは治療されたり、入院、隔離されたりしていたんでしょうか。想像にすぎませんが、人前では右手で書くなりして、左利きであることを隠したりしたのでしょう。

2020年現在において、左利きも、同性愛も、精神病ではありません。ただし、同性愛が病気ではないとされたのは、左利きのように遠い過去の話ではなくて、たった50年前のことです。

DSMと略される『精神疾患の診断・統計マニュアル』[*23]では、1973年に発表された『DSM-Ⅲ』から、それ以前は「人格障害」の分類に含まれていた同性愛の項目が削除され

ryo「罪の名前」(2016)
作詞、作曲:ryo　絵:優　歌:初音ミク

「差別」。婉曲なしにこの言葉を歌詞に持ち込む気概が、12年「ODDS & ENDS」以来4年ぶりの本曲にはみなぎっている。幸せは、傲慢な神様の意地悪とトレードオフではなく、自分でたしかに掴めるはずだ。同時に、なぜ私は私なのかを問うてしまうことも否定しない。ますます精度が上がった調声、管弦楽のドラマティズム。王者の貫禄と優しさが詰まった曲。

ました（逆に言えば、72年まで有効だった第2版『DSM-Ⅱ』ではそのように書かれていたということでもあります）。

ここで、ひとりの女性について話したいと思います。

女優のカルーセル麻紀*24さんという方です。お生まれは１９４２年。戦中生まれですね。ご本人が公表されているので言わせていただきますが、トランス女性であるという個性を活かして、テレビ番組などにもよく出られていた方です。外科的な手術によって、自分の性自認に体を合わせるということを30歳のときにされました。１９７２年ということになりますね。

いろいろな点で、２０２０年代とは時代が違います。高校生のころ（58年ごろでしょうか）、親に男性が好きであることがばれた。そのときは男子高校生として振る舞っていたのでしょうから、親に「うちの子が同性愛みたいなんです」と言って医者に連れて行かれる。そして当時の医者は「それは治療しなければいけませんね」と言って、矯正治療をする。いまではぜったいにあってはならないことです。電気ショック治療だと言って次のようなことをしたそうです。男性の写真を見せるときには電気を流し、女性の写真を見せたときには電気を流さない。つまり痛みによって条件反射を植え付けるという暴力的介入を、治療だと言ってやられたそうです。ぞっとする野蛮なやり方です。その手法も、そうやって性指向を変えようとすることも、ともに野蛮です。

麻紀さんはもう家にはいられないと言って、15歳にして家を出て夜の街に飛び込みます。未成年が身寄りなしで飛び込めるのはそういう世界しかなかったという面もあったでしょう。

前回話した通り、人の性別は本人の自認によるものですが、麻紀さんの場合、身体の性を

＊11　本章全体でお伝えしている通り、マイナーであることはおかしいわけでもマイナスであるわけでもいっさいない。コミュニケーションが苦手であることもマイナスではない。念のため強調しておく。

＊12　91年にスタンレー・コレンが発表した論文による指摘だが、発表後すぐに多く批判された。同研究者は左利きを障害であるかのように語っていることも非難されているようである。

＊13　需要が大きいもののほうが大量生産によって単価を安くできる。左利き用のものは、ギターにかぎらずたいてい高い。

＊14　ジミ・ヘンドリックス　James Marshall Hendrix（１９４２〜７０）アメリカのギタリスト、シンガーソングライター。右利き用のギターを左に持ち替えて演奏していた。ジミの存在を中学時代に知っていれば……。

自認に一致させたいと思った。そうして手術によって身体改変[*25]することを選びます。けれども当時の日本では合法的に手術ができなかったので、モロッコに渡航してそこで手術した。

ここから刺激が強い話になるので注意してください。手術が終わって、自分の性器を見てみたら、傷口が化膿してしまっていてきれいになっていない。それで、看護師に賄賂を握らせてメスを持ってこさせて、トイレで自分で直したというんですね。50年前の話ですから、いまより衛生管理の水準も低い。そんな中で、それでもそうするしかなかったのでしょう。壮絶な話です。


彼女は、彼女にとって当たり前の状態を得るために、文字通りの意味で、命がけの綱渡りをしなければいけなかった。そしてこれは、フィクションでも並行世界の話でもなく、いまと地続きのこの世界で、たった50年前にあった話です。

２０１８年４月から、日本では性別適合手術が保険対象となりました。誰もにとって生まれる時代と場所は選べるものではありませんが、同じ属性を持った人であっても、これほどまでに時代の違いに翻弄されることがありうるのだということを、考えてほしいと思います。

それは同時に、次のように考えることでもあります。すなわち、「２０２０年代に生まれてしまったために、不自由を感じている人はいないか」。

庇護するために病理化した歴史

図示を追加していきましょう。左利き、セクマイに続けて、右に発達障害を置いてみます。

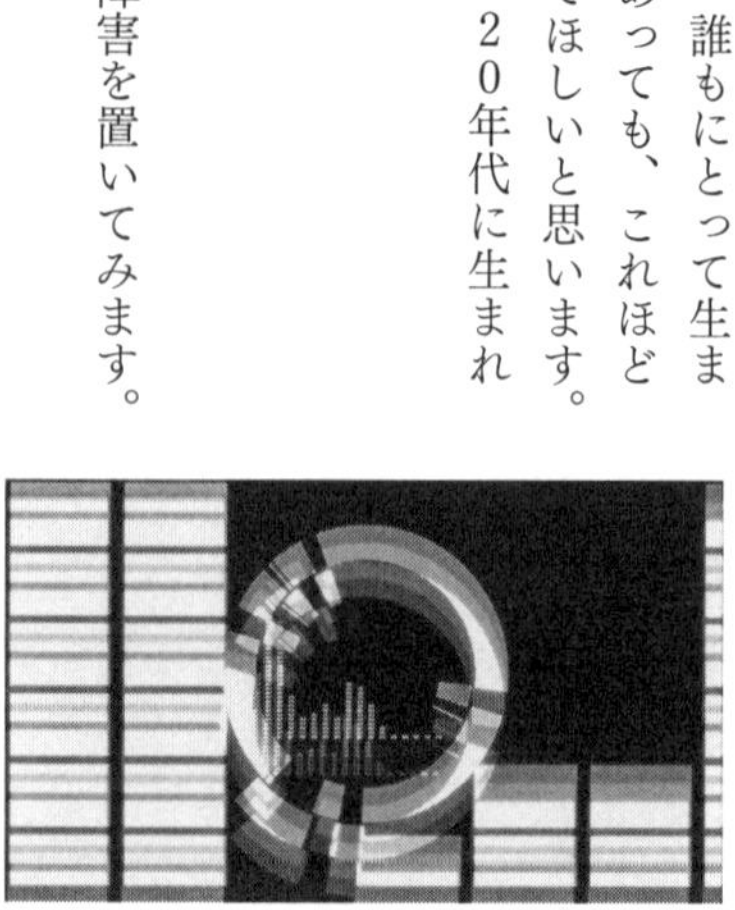

kamome sano「サイエンスフィクション」(2012)
作詞、作曲、動画：kamome sano　歌：VY1

忘れるから孤独になる／憶えているから孤独になる。「だけど生きて」(リフレインがオーバーラップすることで「だけど生きてる」がそう聴こえる)。世界に従順ではなく、けれども断絶せずむしろポップという彼女のメロディ／和声センスは、ボカロを得るときひときわ輝く。多彩な提供活動で知られる彼女がボカロと「また出会」うときを待つ。

〈8-4〉

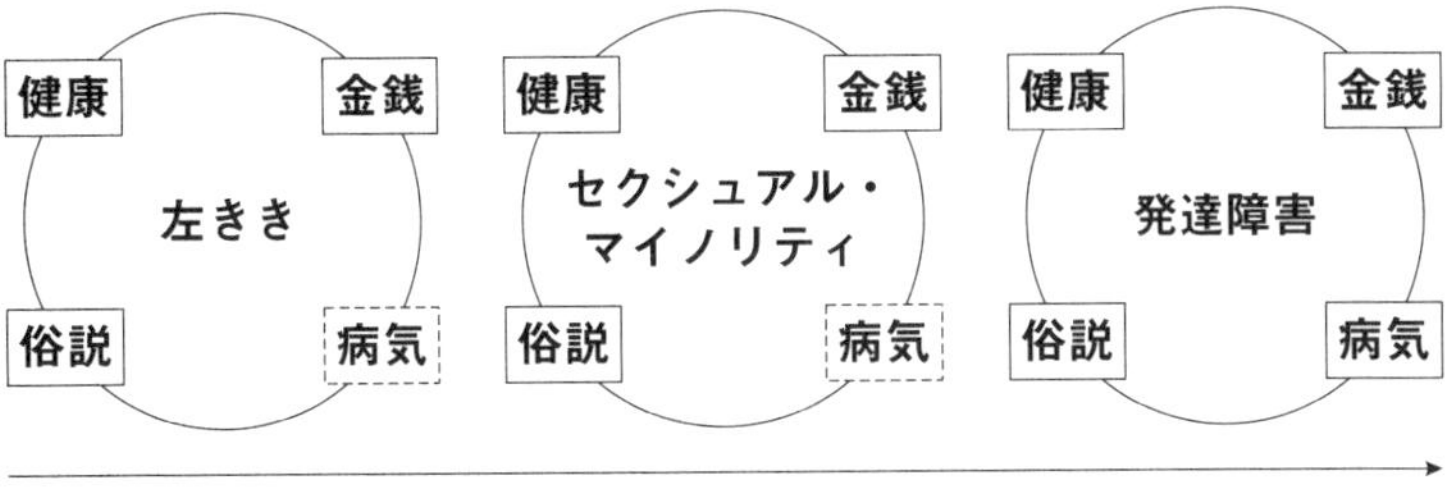

〈8−4〉

10年代のはじめに比べて、2020年現在、発達障害が言及される機会は増えましたし、社会的認知度も上がりました。では左利きとセクマイに比して、いまどういうステージにあると言えるか。

健康については、やはり心の健康のリスクが予想されるでしょう。お金の問題は、就学や就業に関連して生じそうです。俗説の問題、これは濱口くんが総量一定説に見舞われた通り、3つの中でもっとも現在進行形で俗説につきまとわれているのではないかと思います。ここまで、3つともに同型性がありますね。

そして最後に、病気認定の問題。左利きとセクマイが病気でなくなったのに対して、発達障害はまさにいま、精神科の範疇の治療対象とされています。

いま3つマイナーな様態を並べていますが、時間的前後順は、左利き→セクマイ→発達障害の順と言っていいでしょう。あくまで一側面を切り出したものにすぎないものの、同じ道筋を辿っているとも言えます。

医学によって病気の範疇とされること＝病理化されること

＊15 フランク・ザッパ Frank Vincent Zappa（1940〜93）アメリカの奇才ギタリスト、シンガーソングライター。政治や宗教の批判、人種差別批判などを音楽を通しても行ったことで知られる。率いるバンドからは多様な名ミュージシャンを輩出した。ギター演奏においては「跳躍」が特徴のひとつ。

＊16 レオナルド・ダ・ヴィンチ Leonardo da Vinci（1452〜1519）イタリアの芸術家。画家としての活動でもっとも知られるが、数学、解剖学、天文学など多岐にわたる領域に功績を残した。

＊17 坂本龍一（1952〜）日本のミュージシャン、作曲家。細野晴臣、高橋幸宏とともに結成したイエロー・マジック・オーケストラ（YMO）で世界的な成功を収める。映画『戦場のメリークリスマス』『ラストエンペラー』では音楽を担当したほか俳優としても出演。後者の

について、少し説明しておきます。同性愛は病気ではない。ぱてゼミは何度でもそう断言していきますが、では、それなのになぜ、かつて同性愛は病気だとされていたのか。

同性愛を病気なのだとしたのは、19世紀ドイツの医者[*26]でした。実はその医者は、同性愛を迫害しようとしたのではありませんでした。むしろ、ある意味ではそれは庇護でした。

同性愛は、それ以前は、キリスト教文化圏においては、天罰であるとか……つまり宗教によって否定され疎外されていた。それを、非常に口語的に言うなら「病気だから仕方がないんです」として、つまり医学の問題にすることで宗教からかくまったのだ、という側面があった。医学は自然科学のひとつですが、結果的にそのような社会戦略性を持っていたわけです。同性愛を病気としたことは間違った過去ですが、社会が段階的にしか進展していかない難しさがここにはあるでしょう。

それを敷衍して考えてみてください。発達障害はつまり、「病気だと認定することでまず庇護しなければいけない」段階に、いままさにあるということではないでしょうか。

会話のキャッチボール、文字を書くこと、ずっと座っていること。そういう、いわゆる「ふつうのこと」ができない。同級生や教師や、ときに親も、努力が足りないと言って、つまり本人の問題にして、理解を示してくれない。そうやって疎外される。そういう人を「これは病気だから仕方がないんです」とラベリングすることでいったん守らなければいけない。まだそれが必要とされるステージにあるということかもしれません。

だから、左利きが病気でなくなり、同性愛が病気でなくなり、当然の多様性の一部として受け入れられていったように、いつか発達障害を「病気とラベリングすることで庇護する」

wowaka「僕のサイノウ」(2009)
作詞、作曲、絵:wowaka　歌:初音ミク

「凡人たちが綺麗に見えた」ことはありますか? 「サイノウ」が疎外の同義語でありえていいはずがない(15章でも詳しく考える)。透徹にどこまでも無防備になれること、誰かに対して対他的に「伝えたいこと」がない場所まであなたは立ち戻れるか。この曲が一番好きという声も多い。wowakaは永遠に、不器用な誰かのヒーローだ。

必要がなくなるのはひとつの理想なのではないでしょうか。いい意味で同じ道筋を辿るかたちで、そういう未来がなるべく早く来るのが望ましいのではないかと、ぼくは考えます。ROCKETの選考では発達障害であるか否かは関係ないと言いましたが、そもそも中邑教授は、発達障害という概念を疑問視しているとおっしゃっています。「障害」とラベリングする必要なく、それがひとつの個性だとフラットに受け入れられていく未来にすでに準拠されている、ということだと思います。

　セクシュアルマイノリティ当事者は、現代であっても、ストレスや疎外を感じている人が多いと言われています。それは左利きの人以上でしょう。左利きだからといって過剰に関心を持たれることは、ぼくはほぼありません。だから隠しもしません。そういう現在の左利きの段階に、セクマイの受け入れられ方も早く近づいていったらいいと思いますし、発達障害についても同様です。

言葉は「マジョリティの味方」なのか

　さて、このアジェンダの最後になりますが、先ほど、ぼくにはマイナー属性がふたつあると言いました。左利きともうひとつは……頭がいいことです。自分で言ってめっちゃ恥ずかしいですがw

　どれくらい頭がいいかというと、だいたいみなさんと同じくらいでしょう。お受験の偏差値がそのまま頭の良さというわけではないものの、東大とか国立大医学部に入れるくらいの偏差値は、全体の1％くらいです。一般に、勉強ができるということは得をする様態である

音楽によって、88年、日本人で初めてアカデミー賞作曲賞を受賞。14章以降で再度言及。

＊18　ポール・マッカートニー James Paul McCartney（1942〜）イギリスのシンガーソングライター。弦楽器は、主に左利き用のものを弾くが、右利き用でも弾けるし、（ジミヘンのように）右利き用を左に構えて弾くこともできる。そんな人もいると中学時代に知っていれば……。

＊19　次の論文に詳しい。メンタルヘルスの問題のほか、HIVリスクの問題も詳述している。日高庸晴「社会調査から見た性的指向と健康問題」『女性学評論』（神戸女学院大学女性学インスティチュート、2007年）所収。

＊20　次の論文に詳しい。マイノリティ属性それぞれについて、媒介要因を詳細に精査している。平森大規「職場における性的マイノリティの困難――収入およ

とされがちですが、プラスマイナスの評価はともかく、マイナーであるとは言えます。

みなさんに増長してもらうために言っているのではありません。むしろ、自分を基準に「ふつうこれくらいわかるでしょ」と他人に言ってはいけないと釘を刺しているのだと思ってください。

その上でみなさんにこう問いかけてみます。

優れていることによって、疎外された経験はありますか？

自分語りを続けると、ぼくはありました。ぼくは地方出身で、地方の中では成績のいい高校でも、そこから東大に進学するというのは、ごく珍しいことでした。そういうコミュニティの中で、疎外されないために、ある種の知的能力を隠したりするということもありました。いまこうやって東大で講義をさせてもらっていますけど、どこか懐かしさとともに居心地の良さを感じるのは、東大がそういうことを隠す必要のない場所だった、という記憶とも結びついています。でもこれでも美化した言い方にすぎなくて、もっと平たく言うと、ここでは「目立たなかった」のが居心地良かったんだと思います。

社会的に優れているとされる属性であっても、マイナーであることに意味や負荷が生じることがある。先ほどの俗悪なテレビ番組の問題も、この1フレーズに集約できるかもしれませんね。そして、マイナーであることには目立つことがついて回って、偏見が払拭されようともその負荷がゼロになるわけではないかもしれないこと。今後に関わる伏線として、この時点で言及しておきます。

こんにちは谷田さん「波に名前をつけること、僕らの呼吸に終わりがあること。」（2018）

作詞、作曲：こんにちは谷田さん　絵：ACH　動画：みぞれなし　歌：初音ミク

その後キタニタツヤとして活躍するこん谷が描くテーマは、言葉、水、海。すべての生まれては消えていくもの。つまり命のことで、音のことでもあるだろう。けれども音＝水は重力のなすままに落ちるのではなく、水らしく自然でありながら想定外に蛇行してみせる。私には名前があるのだと。

「マイナーであるとはどういうことか」について、ぼくらは考えてきました。それがどういうことであるか、本来なら、一言で済みます。マイナーであるとは、数が少ないということ。それだけです。それは、真偽とも正誤ともなにも関係がありません。

なのに、社会は多い人のことを「ふつう」と言って、そうではないマイナーな様態だけに名前をつける。それ自体が非常に不対等なことです。マイナーだったら名前をつけられなければいけないのか。トランスジェンダーはそう名づけられて、その反対は「ふつう」だから名づけない。そうあってはいけない。トランスジェンダーの対概念にはシスジェンダーという呼称があります。

ジェンダーのことにかぎりません。教壇からざっと見たところ、今期はたまたま、腕が2本ある人が多いようです。『五体不満足』で有名な乙武洋匡さんは、両腕がありません。医学上「四肢欠損症」と名前がついているそうです。一方、手足が2本ずつある人のことを「手足2本ずつ症候群」とは言わない。「ふつう」と言っている。これは不当ではないのでしょうか。自分を取り囲む「名指されないふつう」について考えてみてほしいと思います。

言葉とはなんでしょうか。「名指さないこと」によってつねにマジョリティの味方をするもの。そのかぎりであるとすれば、そのとき、言語とはかなしみそのものであるでしょう。果たして、言語の本質はそのかぎりなのでしょうか？

ずっと話し通しだったので、ここで1曲聴きましょう。

び勤続意欲の多変量解析」『Gender and sexuality: journal of Center for Gender Studies, ICU』（国際基督教大学ジェンダー研究センター、２０１５）所収。

＊21　ステレオタイピング stereotyping
ステレオタイプとは、ある属性について一般にそうである、というかたちをとる先入観や偏見のこと。その先入観に基づいて決めつけを行うのがステレオタイピング。「〜出身だから〜な性格に違いない」だとか。観察例は少ないのに一般化してしまうという短絡思考がなせるものである。根深い。

＊22　「左利きは脳異常、または性格異常のどちらか一方、または、その合併の現れであるとあえて表明した科学者も多かった」ジーニー・ヘロン編『左きき学』（近藤喜代太郎、杉下守弘監訳、西村書店、１９８３年）52ページ。同書は続けて、左利き病理仮説の信奉者が宗教

♪Neru「かなしみのなみにおぼれる」

言語論的転回　言語は世界に先行する

さて、前回最後に、ジェンダー／セクシュアリティの議論が言語論に接続していくのだと宣言しました。Aちゃん、井手上漠さん、ロイ・コーン。3人ともが言語が通常通りに機能することを回避している。この問題について考えるために、今日は「言語論的転回　linguistic turn」という議論を紹介します。

前回、性の三層構造モデルを紹介し、LGBTQIAPというそれぞれの名称についても説明しました。具体的な語彙が増えれば増えるほど、世界の解像度は上がっていきます。だから知っている言葉を増やしていくことは基本的に有用なことです。

現代だから、解像度というメタファーもそのまま通じると思いますが、少し視覚のメタファーを続けてみましょう。[*27] 仮に、世界の解像度が、タテヨコそれぞれ3マス、面で9マスという視覚を持った人がいるとしましょう。この人に対して、「円なんですよ」というイメージを伝えようとしたらどうなるでしょうか。

X「円なんですよ」（こう見えている→○）
Y「ああ四角ね、理解理解」（こう見えている→□）
X「四角じゃなくて、円ですよ。ちゃんと見てください」
Y「いや見てるから。四角じゃん」

Neru「かなしみのなみにおぼれる」（2013）
作詞、作曲：Neru　絵、動画：りゅうせー　歌：鏡音レン

私は私になるために、私に大きな穴を開けなければならなかった。そこから漏れ出るかなしみ＝言葉。MV時代になって、Jポップから映像喚起力のある歌詞表現が失われたという議論が昔あったようだが、Neruには当てはまらないしJポップ作家ではない。「教室の隅」「始発の小田急」。言葉が喚起する映像とりゅうせーの映像が絡み合い立体化する。

〈8-5〉

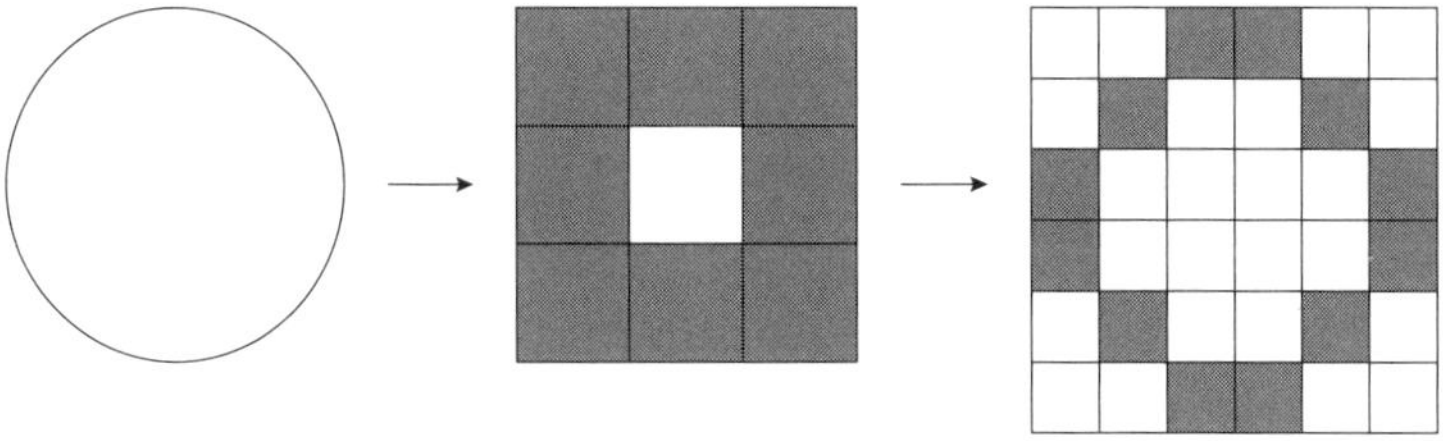

解像度が上がるともとの円に接近する

Ｙさんは見ていないわけじゃない。たしかに見ている。けれども解像度が９ビットだったら、円の曲線とか細部は捨象されて、四角に見える。コミュニケーションの齟齬《そご》は、しばしばこのようなかたちで起こっていると思います。

語彙が増えるということは解像度が上がるということです。グリッドが増えていけば、円そのものに一致はしなくとも、四角よりは円に接近していきますよね〈８-５〉。なので、語彙を増やすことは基本的に善です。その作業を、各自で続けていってほしいと思います。ジェンダー論に関しても、本書で紹介する用語はまだまだ限定的で、ほかにもたくさんあります。

セクシュアリティは一様ではなく、多様なのだ。そのシンボルとして、虹を模したレインボーフラッグが世界的に使われています。もっともポピュラーなものは、６色で構成されているそうです。ただ、知っている人も多いでしょう、現実に存在する虹の色彩は、無段階的なグラデーションです。けれども、その同じ虹が、何色かの帯に見えたりするし、その色の数は人によって違ったりする。言語に依

的通念の影響を受けていた可能性を指摘している。

＊23　精神疾患の診断・統計マニュアル　Diagnostic and Statistical Manual of Mental Disorders　アメリカ精神医学会が発表している精神疾患の分類と診断基準の体系。全世界的に支持されているわけではないが、グローバル基準のひとつ。22年時点では、13年に発表された第5版（DSM-V）が最新である。

＊24　カルーセル麻紀（１９４２〜）　タレント、歌手。本文の通り、15歳から日本各地の夜の街で働いたのち、63年に芸能界デビュー。２００４年の性同一性障害特例法施行を受けて戸籍上の性別も女性に変更した。元男性であることを各所で語っているが、トランス女性一般がそうしているわけでは決してない。

存して違ったりもする。

言語のあり方が世界の現れを規定する。すなわち、言語が世界に先行する。言語論的転回とはこのような考え方です。20世紀前半に言語学者のフェルディナン・ド・ソシュール[*28]や哲学者のルートヴィヒ・ヴィトゲンシュタイン[*29]らによって散発的に示唆され、その後の現代哲学のあり方を「転回」させるほどの影響を与えたと言われます。

しかし、言語には得意不得意があります。その言語の性質が人の認識を限界づけてもいる。たとえば、ぼくがいま立っている場所を「そこ」などの指示語なしで言葉で説明しようとしたらどうなるでしょうか。「日本の東京都目黒区駒場3−8−1の東大駒場キャンパスのアドミニストレーション棟3階の学際交流ホールの教壇の……」と、ちょうどぼくが立っている位置を完全に言い当てるためには、つまりそれと一致するためには、たくさんの言葉を重ねなければいけません。これは言語が、本質的に「切り分けること」のみを得意とするからです。それは同時に、全体をAとBに分けたなら、認識は前進するけれど、セグメント化されたAの中でどこであるかは指示されないということです。一様なAの広がりの中でどこを指すのかはわからない。

精神分析家ジャック・ラカンの「象徴界」

ここで問題です。

ご存じでしょうか、東京大学駒場キャンパスは、目黒区の際に位置しているんですね。裏

葵木ゴウ「毒吐く」(2021)
作詞、作曲:葵木ゴウ　絵:涼夜ちも　歌:可不

すべての言葉は「諸刃の剣」なのかもしれない。私と別れようとして吐いた言葉は翻って私の輪郭線を鮮明化する。「綺麗な言葉も今や吐瀉物」。独白はアブジェクション。——補助線を引くことはできるが、たしかなのは、午後ティーこと葵木ゴウは“自分の言葉で”本質を歌っているということだ。真摯な格闘の果てにある言葉だけが、拘束を突き抜ける。

門から一歩外に出ると、ちょうどそこから渋谷区になります。でも、実空間的には完全に連続していますよね。RPGみたいにそこからフィールドに出るとBGMが変わるということもないw　なのに、ある一線を越えると呼び名が変わる。

では、きみが、無邪気な子どもから――ショタぱてとしましょうかw、理由を問われたらどう説明しますか？「なんでそこから渋谷区に変わるの？　ねーなんでなんでー？」

これはジェンダーに関係ない質問だから、当てていきますよw　はいきみ。

学生１「えーっと、昔そこには川があったんだよ」

ほんとですか??w　まあたしかに、いまはなくなっていても歴史的にかつて存在した地形的特徴で分かれていることはありますよね。千葉県と茨城県が、利根川のかつての流路で分かれている。いまは利根川の流路は変わっているけど、過去の姿が自治体の境界としてだけ残っています。

ほかの回答はありませんか？

学生２「昔からそう決まってるんだよと言って終わらせますw」

なるほど。子ども相手ですからね、難しいことを言っても聞いてくれないから、説明しようのないものは「それはそういうものなの！」と言っておくというのは、まあわかる。国土地理院がそう決めたからだよ」と言った学生もいましたw

カルーセル麻紀『女は一日にしてならず』（幻冬舎、２００５年）

＊25　外科的手術によって身体的性（セックス）を生まれた状態から変えた（トランスさせた）人をトランスセクシュアルという言い方がある。「狭義のトランスジェンダー」はこの概念に対置され、性自認（ジェンダー）のみがトランスしている、つまり身体改変を行っていない方が該当することになる。ただし、本書はこの概念区別にはあまり立ち入らない。広義の「トランスジェンダー」は前記のトランスジェンダー／トランスセクシュアル」を包含する言葉であり、前章の通り、他者が「あなたはそのどちらなの？」と聞いていい場面はほとんどないからである。カルーセル麻紀

でもそも、子どもがなんでその境界線のことが気になったかというと、別にほかでも成り立つのに、なんでそこなの？という疑問でしょう。

言語もまさに、そのような性質を持ちます。ほかでもありえたかもしれないけど、たまたまそのようになっている。これを「言語の恣意性」と言います。

ここで、大物の論者を紹介します。フランスの精神分析家、ジャック・ラカン。[*30] パリ・フロイト派を組織し、精神分析理論を大きく発展させた人物です。その後の現代思想にも大きな影響を与えました。「フロイトに還れ」というフレーズを掲げていた通り、フロイト同様に言語の経験を非常に重視した理論構築を行いました。

例によって、ぱてゼミを受けてもラカン派精神分析の免許皆伝にはなりえませんが、その壮大な理論から一部を限定的に紹介します。

ラカンによると、人間にとっての世界は次の3つの次元で存在します。

現実界　le réel
象徴界　le symbolique[*31]
想像界　l'imaginaire

日本語では「〜界」とするのが定訳になっていますが、元のフランス語がどう言っているかというと、「le」という定冠詞をつけることによって、「象徴的なるもの」という含みのあ

100回嘔吐「ことのはぐさ」（2013）
作詞、作曲：100回嘔吐　絵、動画：金子開発　歌：GUMI

言葉にしてしまうと、それがこの私に成り代わってしまう。「だって言えばそれが僕になっちゃうから」。けれども言葉は残る。遺伝子よりも狡猾に、人に憑依《ひょうい》してここまで来たのだ。言葉との魔の契約に絶望するけど、抱きしめるだけじゃ足りない。音にも言葉にも吐くほど真剣な作家が書く「悔しい」の強さが、絶妙なEm7♭5とともに沁みる。

るニュアンスを出しながら抽象名詞化したものです。英語で「the authentic」と書いたら「いかにもオーセンティックなもの」という意味になるのと同じ感じです。

この３つの概念のうち、ぱてゼミが注目するのは象徴界です。これを一言で言うと、いま我々が拘泥している「言語」のことです。日本語、英語、フランス語などの狭義の言語はもちろん該当しますが、住所のように、言語的に振る舞う記号体系のことを広く含みます。より踏み込んで言うと、分節体系――世界をどのように切り分けるかという体系すべてを包含します。それらはすべて広義の言語であり、象徴界である。「象徴」については、ぱてゼミ後半でより明快な説明をする機会がやってくるので[*32]、この時点ではいったんそのようなものだと大づかみしておいてください。

「我々はすでに去勢されている」

あなたが生まれる前から、りんごはりんごと呼ばれていた。すなわち、象徴界は「あなたに先立って存在している」。だから、きみら（学生ふたり）の回答はジャストだったわけですね。昔からそうだったのです。

また、言語による世界の分節は恣意的なのだとも言いました。今日からりんごのことを「らへむ」と呼ぶことにしましょうと言っても、そうはならない。りんごはりんごと呼ぶことに決まっている。そうでなくてもいいかもしれないのに、そういうものと決まっている。

だから言語は、父権的[*33]なものである。

氏は、手術以前からトランス女性であり、彼女はずっと、単に女性である。

＊26　マグヌス・ヒルシュフェルト　Magnus Hirschfeld（1868～1935）ドイツの内科医、性科学者。「科学人道委員会」を組織し、「科学を通じての正義」の標語のもとに、同性愛を犯罪であるとする当時のドイツ刑法に抗議した。「それは魂の問題ではない」。そこまではいいとして、「分泌異常の問題である」としたのが、病理化という回り道の始まりである。

このあたりの経緯はサイモン・ルベイ『クィア・サイエンス』（伏見憲明監訳、勁草書房、2002年）に詳しい。本文の記述は複雑な経緯をごく単純化したものにすぎない。医学の歴史は失敗の歴史である。と同時に、玉野真路が訳者あとがきで指摘するように「どんな失敗＝犠牲があったか」こそが忘却されていく歴史であり（12章）、同書はそうして正史から排除さ

「父」というワーディングにはもうひとつ意味があります。父は、私より時間的に先行して存在している他者ですよね。私の時間は、私が生まれたときに始まった。すなわち、世界は私とともに始まった。そのはずなのに、どうやらそうではないらしい、私が生まれる前からこの世界は存在していて、時間は存在していた。すでに存在する世界の中に、自分があとから参入したようだ。そのようなことを、人は言語を獲得することによって思い知る。

そして、言語は強権的でもあります。「私の分類に収まりなさい」という命令を内包している。Aちゃんに「男なの？　女なの？」と訊いたBさんが思い出されますね。言語はいわば、根源的にBさん性を持つわけです。Bさんは、私の前に立ちはだかる他者です。遍く世界を満たすこの言語もまた、立ちはだかる他者である。ラカンは言語のことを「大文字の他者」[*34]とも呼びました。

なんの説明によらずとも、あなたは存在している。即自的に。そのように存在しているはずだけれども、我々は、言語の世界の中に、自分を言語化可能なものとして差し出していく。言語を獲得するというのはそのような事態である。ラカンはそのように言って、言語を獲得することを、ラカン派精神分析特有の強いワーディングで「去勢」[*35]と言います。いま言葉を話し生きている我々は、とっくに去勢されている。そうすることによって「主体化」したのだと。

去勢というのは本当に強いワーディングですが、ポイントは、言語の獲得と主体化が、喪失の経験とされていることです。

主体は英語でsubjectと言いますね。これまでも既知で自明の概念として何度も使ってき

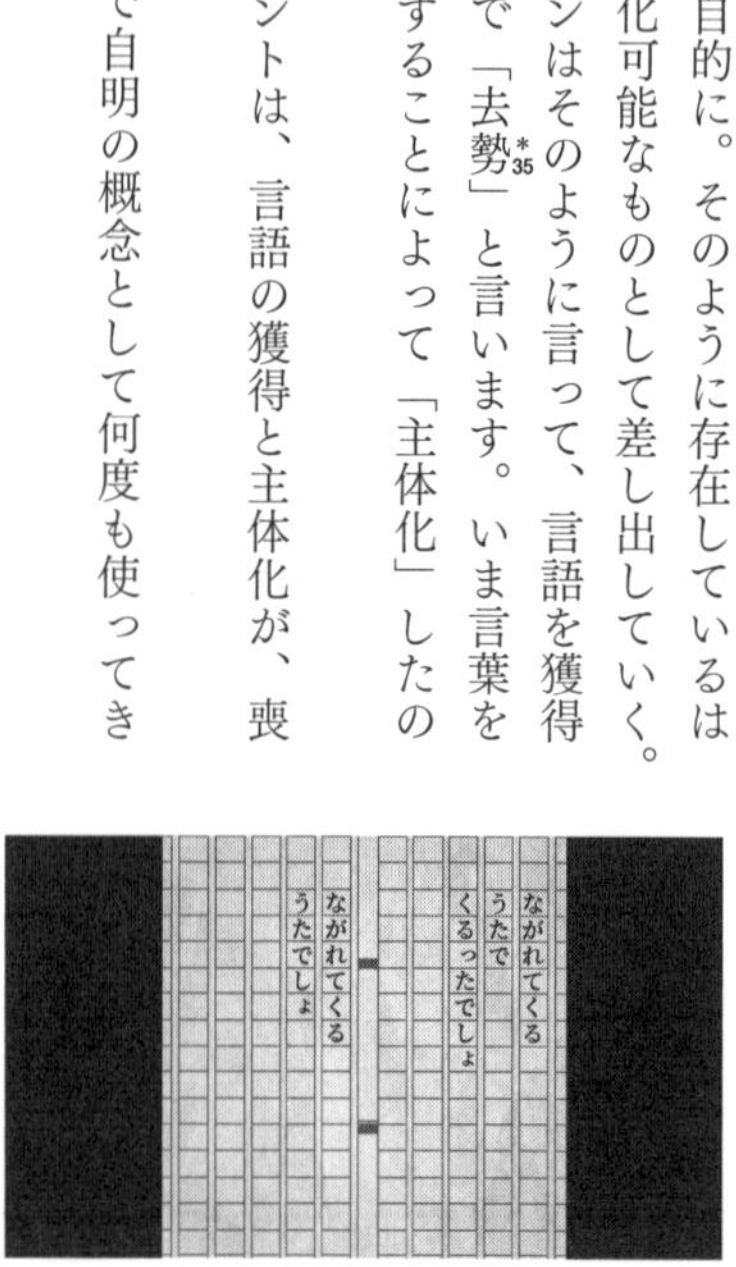

フロクロ「ことばのおばけがまどからみている」(2020)
作詞、作曲、動画：フロクロ　歌：重音テト

アイディアフルな作品で知られる奇才Pが、言葉を操る――ではなく言葉自体にメスを入れるとこうなる。取り出されたのは狂気と、「ただ選択があった」と同じく“輪廻”というテーマ。放たれた言葉は宙に消えたはずなのに、遅れて、ズレて、舞い戻ってきて、他者の相貌であなたを見返す。リフレインの迷宮。そう、ことばはおばけなのだ。

ました。ただ、このワードの接頭辞の「sub-」は、「下に」という意味です。たとえばサブカテゴリは下層カテゴリという意味ですよね。主体を確立するというと、自立するというのが一般的なイメージですが、それがなぜ「下」なのか。ここでの説明によって、ひとつの理解が得られるかと思います。主体化することは、言語を受け入れること、言語の傘下に入ることである。言語に服従することが、主体化なのである——。

ラカンによると、去勢は、１歳半くらいの幼児の時期にすでに果たしていることになっています。けれども、この図式を借用して考えてみたいのは、去勢の経験が幼児期にひとたびで完了してしまうのではなく、同型の経験がいわばイニシエーションのように、何度も人を見舞うのではないかという仮説です。そしてそれは、ぱてゼミがここまでずっと拘泥してきている性の獲得をめぐって、改めて立ち現れるのではないか。我々は性を獲得することによってこそ、去勢されるのではないか。

言語とは、自分の力でままならない体系です。自分に先行して、すでに整序されたかたちで存在している。その中に自分を置きたくないという感情もまた、普遍的にありうるのではないでしょうか。言語は他者であり、第３章で考えた通り、性も遅れてやってくる他者だったはずです。

ここでもう一度、前回のＡちゃんのケーススタディに戻ってみましょう。前回時点ですでに、「自分を言葉の中に当てはめたくないという感情もあるんじゃないか」という意見がありましたね（学生４）。ラカンの議論を考えた上では、その指摘がまったく妥当であること

れる犠牲をこそ記述しようとしている。

＊27　あくまでたとえ話である。健常性のもとに視力のよくない人を疎外する意図ではない。

＊28　フェルディナン・ド・ソシュール　Ferdinand de Saussure（１８５７〜１９１３）スイスの言語学者、言語哲学者。記号学を確立した最重要人物のひとり。11章で詳しく紹介する。

＊29　ルートヴィヒ・ヴィトゲンシュタイン　Ludwig Wittgenstein（１８８９〜１９５１）オーストリア出身の哲学者。のちにケンブリッジ大学教授となり、イギリス国籍を取得。１９２１年に発表された生前唯一の著作『論理哲学論考』は、その後の論理哲学に決定的な影響を与えた。

＊30　ジャック・ラカン　Jacques-Marie-Émile Lacan（１９０１〜１９８１）

がわかるでしょう。前回は、Ｂさんとその問い方が問題の中心になりました。Ｂさんは、上から目線で頭ごなしに訊いてくるから感じが悪かった。

でも、そんなＢさんが相手じゃなくても、Ａちゃんは答えなかったんじゃないか。言葉にすること自体が問題だったのではないか。そういう可能性も考えられるわけです。果たして、Ａちゃんはぼくから「男の娘って言う？」と訊いたら「じゃあそれで笑」と合意しましたが、自分から進んで自分を言語化したわけではありませんでした。

言語化する暴力／言語化しない暴力

世界は言語に規定される。だからこそ、言葉にすることによってそれは存在する。言葉にしないことは、それを存在しないものとすることだ。「言語化しない」ことには、そのような暴力性があると言えるでしょう。

ただここで考えてきたように、言葉にすることにも、別の暴力性があるわけです。選択肢が、Ｂさんの提示したように男女の二択ではなかったとしても、ＬＧＢＴＱＩＡＰ、あるいはもっとたくさんの選択候補があったとしても、言語化することは「分類に収まりなさい」という言語の命令に相手を屈服させることです。その分節体系への服従を強いることです。

言葉をめぐって、「言葉にしない暴力」と「言葉にする暴力」という真逆のベクトルの暴力が存在する。その両者のあいだで、言葉とどう付き合っていくべきか、他者をどう言葉にすべきか。どこまでも難しい問題です。悲しいけれども、ぼくらにできるのは、どんな条件でも必ず正解となる唯一解はない、と無力に言うことだけかもしれない。

KEI「Hello, Worker」(2011)
作詞、作曲、動画：KEI　歌：巡音ルカ

あなたをB4の紙切れなんかに要約できるはずがない。けれども世間は強いてくる、その紙に収まってみせろと。やつが問うているのはこうだ。「お前は服従する能力があるか」。だが主人公は強い、欲望までをもを社会に乗っ取られるつもりはない＝「何がしたいかわからない」ことは尊い。言葉や欲望の介入の手前にあるもの、それがきみだけの今日だ。

本日の最後に、重要な「新しい言葉」を覚えて帰ってもらいたいと思います。「アライ　ally」。とくにジェンダー／セクシュアリティに関連して、セクマイ当事者が負荷を抱えていることにシンパシーを持って、味方をしてあげられる人のことを指します（アライ当人が当事者である場合も含まれます）。真剣に議論を聞いてくれているみなさんには、よかったらアライになってほしいと思いますし、進んでそう考えてくれる人も少なくないだろうと思います。

ただし、「イキリアライ」にはならないでほしい。ネット語を踏まえたぼくの造語ですが、今日の講義も踏まえて、これを強調しておきます。

講義をするようになって以来、受講生からの相談もしばしば受けていますが、こういうものがありました。ほかのどこかでジェンダー論を学んだ学生が、自分はジェンダー論免許皆伝だ、さあアライとしてセクマイの人たちの味方をするぞ！と力んでしまって、セクマイかもしれない学生を見つけては「ぼくはアライだよなんでも話してさあさあ！」とずいずい迫っていっていると。これいいんですかね？と相談されたんですね。それは困ったね……と受講生といっしょに悩みました。

新しく学んだことがあって、それをさっそく使ってみたい。それを使って人助けをしたい。そういう感情は一般的なものです。ぼくも新しい音楽のテクを学んだら次の曲ですぐに使いたくなりますｗ　ただ、語ること自体が人にとって負荷になりうるのだということを、今日の言語論つきのジェンダー論を聴いてくれたみなさんは理解してくれるでしょう。「ぼくにはジェンダーのリテラシーがあるんだ、だからなんでも話して大丈夫だから！」と言って他

フランスの精神分析家、精神科医。フロイトの精神分析を構造主義的に独自発展させた。書き下ろしの著作はなく、口頭発表原稿をまとめた『エクリ』、弟子のジャック＝アラン・ミレールが編集した『精神分析の四基本概念』などが広く知られる。

＊31　ラカン理論において、「現実界」は直接には触れえないものとされる。人は言語（象徴界）を得ることによって現実を語ることができるようになる。だが同時に、言語が必ず、現実に直接触れることを阻むようになる。そのようにして、直接は触知しえなくなった次元としてあるのが「現実界」である。想像界は、イメージの次元。象徴界のように分節的ではなくて、茫漠としていて、ぼくらが日常語で「イメージ」というあの感じの世界である。

＊32　12章で詳述する。

＊33　威厳によって（理由なしに）上から決めつける者として

者に迫っていくということは、ぱてゼミ的にはまったく推奨できません。あげく、「話していいって言ってるのになんで話してくれないの！」と逆ギレしようものならもう最悪です。

そうやって他者に迫るのが「イキリアライ」だとすれば、みなさんには「イキらないアライ」になってほしい。気づいた人もいますね、ぼくが自分のツイッターやこの本のプロフィールに書いている「イキらないアライ」というのはこういう意味でした。

ジェンダーやセクシュアリティのことにかぎらず、友人や同級生が、非典型性を持っているかもしれないと気づく場面があったとしても、自分のほうから相手に言語化を強いないこと。つまり、相手が話そうとするまでは単に待つこと。それがイキらないアライの基本姿勢です。

逆に言えば、マイノリティ当事者かもしれない人が、あなたに対して本音を言ってくれてないような気がしたとしても、それはあなたを信頼していないということでは必ずしもありません。それを責めないことです。「本音を言ってくれないということは信頼してくれてないんだね！」というように問い詰めるようなことは言語道断です。

だから当事者の人は、言いたくないことは言わなくていい。第3回の通り、特定の相手に自分を全人格的に開示しなければいけないということはないし、自分をディビジュアルに分割していい。友人になにかを言えないということは、友人を信頼できていないということでもないし、友人を裏切っているということでもない。ただでさえ負担のある当事者が、そういうところでさらに後ろめたさまでをも感じる必要はいっさいありません。

カルロス袴田「ちがう !!!」（2016）
作詞、作曲、絵：カルロス袴田　歌と漫才：初音ミク、音街ウナ

現代には「ちがう」ことと「似てる」ことを同時に求めるダブルバインドがある。ほどよく、都合よく、違って似ていろという命令だ。突破手段は、この曲のように道＝未知を爆走すること。違いきること。その先に出会いがある。最高速の「少数派のための少数派の音楽」。地球上でもっともツインボーカルの応酬が見事なスピードメタル。

ぱてゼミ型ジェンダー論の第2部は、これをもって半分が終了しようとしています。まだ折り返し地点で、半分が残っていますが、この時点ではどんな印象でしょうか。

前回、先生によって重心の置き方が違うと言いましたが、手の内を明かすなら、ぼくは意図的に、介入批判と相対化に重心を置いています。理由はシンプルです。みなさんが若いからです。

言語、社会、時代、そしてそこに潜在する通念。みなさんは、そういうものと出会ってから（大人に比べれば）まだ時間が経っていない。だからみなさんにとっては、世界のすべてが「最初から決まっていて変わらないもの」として迫ってくるように感じられてしまうかもしれません。でもそうではない。いま絶対的に見える定式も、しょせん時代と地域が交差する場所で限定的に成り立っているにすぎない。だから、その狭い常識や通念や処世術を受け入れる＝介入される必要はない。自分に先行して存在し父権的に振る舞う「言語」でさえも、実はそうです。可能なる父殺し。

次回、ジェンダー論第3回は、序破急の急に相応しい速度によって、議論はついに「東京テディベア」に到達します。お疲れ様でした。

父と言っているわけだが、こういうところに存在するセクシズムにも注意してほしい。

＊34　大文字の他者　Grand Autre
本文におけるBさんのような個別具体的な他者を「小文字の他者　petit autre」と言うのに対比して、このように言う。

＊35　去勢　castration
（性的な言及注意）フロイトおよびラカンの精神分析は、男性器をめぐって理論構築している側面がある。そのあたりで性別の非対称性を基礎づけてしまうのは危うく、また明白にセクシズムであり、次章で紹介するジュディス・バトラーはこの問題に深く切り込み批判している。ラカンの言う去勢は「ファルスが傷つけられること」を想定しているが、正確な説明を二の次にすることにより、ラカンのせっかくのアイディアをすべてのジェンダーの読者に開いておこうと思う。

第9章

「東京テディベア」論 〜あなたの身体は誰のものか〜

言葉は少年を浪費する

第2部、ぱてゼミ型ジェンダー論の第3回です。これまでの議論の積み上げが、ついに「東京テディベア」に到達します。それに相応しい密度と速度で一気に展開していきますので、今回も最後まで集中して聴いてくださいね。今日、我々の「アンチ・セクシュアル」の議論に新しいアングルが加わります。先に宣言しておくと、そのキーワードは「アンチ・フィジカル」です。

前回の復習を兼ねて、少しだけ小話をしましょう。小説家の三島由紀夫[*1]の名短編とされる作品に「詩を書く少年」[*2]というものがあります。おおよそこのような内容です。

詩作で、評価をほしいままにしている中学生の天才少年がいた。彼にとっては、ひとつの語彙を得ることはそのまま、ひとつの感情を得ることに等しかった。「経験したことのない

Omoi「テオ」(2017)
作詞、作曲、動画：Omoi　歌：初音ミク

疾走する感傷。速度と轟音は描き出していく、隠すことは屈しないことだと。それは「奪われてた分」を「取り戻す」ことなのだと。擬態語の反復から散文へ、そしてハーモニックなメロディへ。サビの構成の完璧さに惚れ惚れする。ラストではシンセがコーラスと融和して叫びにも似た響きを得る。取り戻されるべき「全て」＝世界全体が合唱するかのよう。

感情」という概念はありません。彼の内面は彼の語彙と完全に等しい。語彙を得れば得るほど、表現は豊かになっていった。

あるとき、同じく天才と思える敬愛する先輩が、恋に思い悩んで、詩を書けなくなります。少年は先輩の独白を聞きます。この感情はどんな言葉でも言い表せない――「こんな感情どうしようか」ということですね。そう煩悶《はんもん》しながら語る言葉のほとんどは、過去の死んだ文学のドッペルもどきのようです。先輩は生きている、なのに凡庸だ。少年は幻滅します。

けれどもその先輩の姿から、少年は悟ります。自分は詩人ではなかったのだ。自分も先輩と同じように、「いつか詩を書かないようになるかもしれない」。そしてこう考えます。ひょっとすると、僕も生きているのかもしれない」――

「言葉」と屈託のない蜜月にあり、その世界に淫していた少年と、当人にとっては一回的で特別な経験（恋愛）によってこそ、言葉を凡庸化させていく先輩。そのさまを目の当たりにして少年が気づいたのは、言葉の残酷さだったのではないでしょうか。言葉は先輩を裏切ったし、おそらく自分をも裏切るのだろう。そうして彼は、言葉とはなにか、言葉が私になにを失わせるかを発見していきます。言葉と蜜月にあった自分は詩人ではなかった。その発見は喪失です。私はすでに失っていたのだ。すでに裏切られていたのだ。

前回の議論に引きつけるなら、言葉は暴力性を持つ。名指す対象を一様化するし、だから、その言葉を口にするその人自身をも凡庸化するでしょう。そして、名指すことは、言葉が持つ「私の分類に収まりなさい」という命令の代行者になることです。父権の代行者。それは父そのものより醜いかもしれない。言葉は、それを吐く人を醜くする。

＊1　三島由紀夫（１９２５～１９７０）小説家。16歳のときに「花ざかりの森」で雑誌デビュー。東京大学法学部在学中に学生作家として活躍したのち、大蔵省入省。だが1年を待たず辞職し、専業作家となる。後年について、また稲垣足穂との関係については15章で紹介する。

＊2　三島由紀夫「詩を書く少年」『花ざかりの森・憂国』（新潮文庫、１９６８年）所収。

＊3　2章でｗｏｗａｋａさんと近代文学の話をしたと書いたが、その中で名前が上がったのが、この三島と川端康成である。この節は「ＫＯＴＯＮＯＨＡ」にこだわりつづけた彼を思い出しながら書いた。

＊4　厚生労働省発表の２０１７年のデータでは、10歳から39歳までのすべての年齢区域で死因のトップは自殺である。

＊5　日高庸晴「社会調査から

少年は詩人ではなくなった。では詩人とは誰でしょうか。言葉の残酷さに絶望しながらもなお、言葉にしようとすること。その絶望の先に行こうとする人を、詩人と呼んだらいいのでしょうか。少年は先輩に幻滅しながらも、むしろ先輩に詩人の萌芽《ほうが》を見ているようにも思えます。「詩人であること」と「生きていること」を対置するのはおそらく偽の仮定です。

これは同作の主張を一意に定めるものではなく、一解釈にすぎません。同作は20ページほどのごく短い掌編ですので、ぜひ実際に読んでみてください。言葉や表現をめぐる考え方として、いまもって重要な示唆を持つ作品だと思います。本作は三島の自伝的作品と言われていて、その後三島は、詩ではなく、小説を書いていくことを選びます。*3

若者の自殺のうち、ほとんどは他殺ではないか

では本編を始めましょう。ここ2回で、ジェンダー／セクシュアリティの多様性を強調し、マイナーであること、そしてそれを言葉にするとはどういうことなのかを考えてきました。前回の通り、言語化する暴力／言語化しない暴力という逆ベクトルのふたつが同時に存在してしまう。言葉という存在自体を慎重に警戒しなければいけない。

これらの話を先に持ってきたことには理由がありました。まだ10代の人も多い場所で、こう言うのは緊張を感じますが——10代の死因のトップはなんだと思いますか？

学生「自殺……ですか？」

ナノウ「文学少年の憂鬱（Ver.2）」（2010）
作詞、作曲：ナノウ　絵、動画：オサレP　歌：初音ミク

行ごとに絶妙に跳躍するサビの歌詞は、完全に文学である。ニコ動のコメントにはリスナーの座右の書が流れていく（太宰が少し多いようだ）。書名の壁とシューゲイズなギターの壁が繭のようにその憂鬱を囲む。ただの人に憧れたり、ただの人になったり、生きることは忙しい。コヤマヒデカズ（＝ナノウ）が全身から振り絞るように歌うCIVILIAN版もぜひ。

残念ながら、正解です。日本では、交通事故より病気よりも、自殺がトップ[*4]なんです。そして、セクシュアルマイノリティ当事者は希死念慮を持った経験がある割合が高い[*5]という研究が発表されています。

ジェンダーをめぐっては本当にたくさんの問題がありますが……まず誰もが死なないように。当事者にとってそれだけ切実になりうる問題だからこそ、まずそれを先行させました。

「アウティング　outing」という言葉があります。本人の同意なしに、勝手に「あの人は性的少数者だ」と言うとか、他人のセクシュアリティを勝手にバラすという行為を指します。人を精神的に著しく傷つける行為です。アメリカでは10年に、アウティングを行った者が有罪判決を受ける事件がありました[*6]。18年には一橋大学のある国立市が、21年に三重県がアウティングを禁止する条例を採択しています。

2015年、一橋大学法科大学院で、ある学生がアウティングされたことによって亡くなるという事件がありました[*7]。その事件のあらましはこうです。ある男子学生が、好意を寄せる相手の男子に自分がゲイであることを含め好意を告白した。しばらくあとに、その相手学生は「ごめん、自分だけの秘密にしておけない」と言って、LINEグループで当該学生がゲイだと言った。

そのグループに参加していたほかの学生たちは、とくに差別的な反応を示したようではなかったようです。ただしだからといって、当事者が恐怖を感じないとはかぎりません。

まわりが「恐れる必要はないよ」と声をかけてあげたり、恐怖を外から慰撫してあげるこ

見た性的指向と健康問題」（『女性学評論』（神戸女学院大学女性学インスティチュート、2007年）所収）によると、「ゲイ男性の64％がこれまでに自殺を考えたことがあり、15％は実際に自殺未遂の経験があった」という。

＊6　セクシュアリティを公表していない大学生が、ルームメイトに勝手に動画を撮られネットで配信されてしまった。そのことを苦に大学生は自殺してしまう。ルームメイトはプライバシー侵害によって有罪判決を受け、刑務所に服役した。

＊7　一橋大学アウティング事件　詳細をすべて書くのは紙幅が許さないが、複雑な細部もあるのでネットで検索されたい。遺族はアウティングした学生と一橋大学を相手どり提訴した。学生とのあいだには和解が成立したが、大学との民事訴訟は第二審に及んだ。一審、二審とも訴えは棄却されたが、二審の裁判長

とはできるかもしれない。けれどもそれが「恐るべきではない」という考え方へとスライドしてしまうと大問題です。当事者を囲む人間関係の中に、仮に、疎外する人が実際にいないのだとしましょう。そうだとしても、当事者には「恐怖する権利」がある。「あなたの恐怖は不当なものだ」と他者が介入的に断定していいものではありません。本人が怖くないと納得したときにだけ、言えばいいと思います。「もう差別意識を持つ人なんていないから」と断定的に言って、カミングアウトを促すというのは、非常に危険なイキリアライ的行為です。

当該学生は、まわりがどう反応したかにかかわらず、秘密にしておきたかったことを知られたことで、強く傷ついたのだと思います。それで大学院に通えなくなってしまった。でも大学院を修了するのにあともう少しというところだったから、ある日、「今日は勇気を出して大学院に行ってみる」と家族に言って、一念発起して、なんとか足を運んだ。けれども、大学の中で調子を悪くして、6階から転落してしまった。

遺族は「被害を申告した後の対応が不十分だった」として一橋大学を訴えましたが、大学側の言い分はこういうものでした。「同性愛を苦にした、突発的な自殺で予想することは不可能だった[*8]」。結審としては、一審、二審とも、訴えは棄却されました。

ぼくは、この事件は「他殺である」という解釈を表明しておきたいと思います。

ほかのなにかの「外的」条件が違えばその学生は死ななかった。一橋大学が然るべき庇護を与えていれば死ななかったかもしれないし、そもそも、この社会がセクシュアルマイノリティに負荷を与えるようにできていなかったら、すでに左利きと同じようにセクマイを受容する社会に到達していたら、その子は死ななかったんじゃないか。そう考えるなら、社会が

Neru「人間失格」（2009）
作詞、作曲：Neru　絵：potchi　歌：鏡音リン、レン

Neruの第3作。ツーバスの轟音の中で、声は掻き消されようとして掻き消される。込められた「届くな」というメッセージ（翌年に再制作されたが初版のほうが拒絶が強い）。プログレッシヴ・ロック的に壮大な間奏が印象的だが、歌詞に準ずるならそのドラマは悲劇なのだろう。それを喜劇名詞（『人間失格』作中の用語）である人間が行うかぎり。

その学生を殺したのだとも言えます。社会による他殺です。

社会がこのようでなかったなら死ななかったかもしれない人の死も、死因を理由に自殺と整理されます。10代の死因のトップは自殺だと言いましたが、彼らは本当に自殺したのでしょうか。そこに「社会による他殺」がたくさん含まれていないでしょうか。

私の身体を舞台に権力が交錯する

なお、アウティングという言葉は、ルーツとしては『エンジェルス・イン・アメリカ』のロイ・コーンのような人を糾弾する行為を指していたそうです。当人がゲイだけれどもそのことを隠して、むしろそれを隠すためにこそ、ゲイを攻撃し批判する。しかもコーンの場合は社会的な弾圧行動までとってしまっていた。当事者からしたら「お前もゲイなのになんでなんだよ」という意味で、ストレートの批判者以上に憎く見えたかもしれない。そういう人物を、「あんなことやっているけどあいつは本当はゲイだぞ！」と告発するのが、かつてのアウティング[*9]だったそうです。

ただ、あえて考えてみましょう。現実の彼が行ったことは厳しく断罪されるべきとした上で、コーンの中でいったいなにが起こっていたんでしょうか。

セクマイと自認している受講生が、「取り上げても大丈夫です」と付記してくれていたので、当然匿名化しつつ、少し要約して引用させてもらいます。

　自分は典型的ではないとはわかっていたし、ぱてゼミはセクシズムやヘテロセクシュアル中心主義

はアウティングについて「許されない行為」と言及した。アウティングの違法性に言及された日本で初めての判決だという指摘もある。

＊8　「アウティング被害後に転落死　一橋大の賠償責任認めず」『朝日新聞デジタル』2019年2月27日

＊9　アウティングに加担したメディアや人物たちはそこに社会的、道義的な正当性があったことを主張するが（マイノリティが社会に実際に存在するのだということを可視化するためだったなど）、そう語るだけでいいならゴシップ・メディアもすべて免罪されてしまう。あるいは本文に例示したような懲罰的な意図があるなら、それは私刑であり、私刑は非常に危うい行為である。ともかく、現代においてアウティングは自明に悪であるということを強調しておく。

＊10　ミシェル・フーコー『監獄の誕生』（田村俶訳、新潮社、

を相対化してくれて聞いていて楽になれる。けれどもそれでも、「シスヘテロがふつう」という通念が自分の中から簡単には消えてくれなくて、それが自分を拘束する。通念的に思考する自分と、そうじゃない欲望を持つ自分との衝突、葛藤がある。

いわばディビジュアルな状態ということだと思います。ロイ・コーンの中で起こっていたことも、そういうことだったのかもしれない。『エンジェルス・イン・アメリカ』は、ぱてゼミでは象徴的な1シーンを引用するにとどめましたが、コーンだけに固有ではないセクシュアリティの複雑さに、フィクションの力で精緻にメスを入れていきます。彼らは自分から分裂したのでしょうか。社会によって分裂「させられた」のではないでしょうか。

第7回で、ふたつ目のケーススタディとしてCさんという女性の話をしました。かつて同級生だった友人のアーティストなんですが、彼女は昔、女性のパートナーがいた。その後彼氏ができて、「いまはヘテロ・セクシュアルだ」と言っていた。

この話には続きがあります。その彼女が、町端のカフェでお茶してたら、向こうの席に女性のふたり連れがいて、キスをした。そのときにとっさに、気持ち悪いって思ってしまったそうです。彼女は聡明で、自分の身体感覚を疑う力をちゃんと持っている人でした。だからこそ、そこで当惑した。かつて自分もそうだったのに、いま女性と女性がキスするのを見たときに、ゾワッとする――すなわち生理とか身体のレベルとして体感される直情的な反応によって、それに拒否感を覚えてしまった。そういう自分に、ショックを受けるわけです。

ポイントはふたつでしょう。勝手ながら彼女の内面を代弁させてもらうと、「ほかでもな

Heavenz「それがあなたの幸せとしても」(2013)
作詞、作曲：Heavenz　絵：飴村　動画：ke-sanβ　歌：巡音ルカ

この曲は、特別なバラードになるほかなかった。あなたの決意を止める誰かの「我儘」を受け入れたことのある人にとって、あるいは、誰かの旅立ちを見送ったことのある人にとって。シーン随一の「完璧な1行目」に始まる言葉は、「Strangers」などに顕著な同氏の音楽的構築力に似て、踏み込む覚悟と、伴う誠実な緊張が美しい。人を救った曲だ。

い自分がかつてそうだったというのに、喉元過ぎたら差別側かよ」ということ。もうひとつは、それが筋道だった理性的な判断としてではなく、身体的反応として自分に現れたこと。そこから、「通念に拘束された自分」というディビジュアルを強く発見した。もっと言えば、「通念に拘束された身体」というディビジュアルを発見した。

ここで問いかけを投げておきます。今回のタイトルに、副題として「あなたの身体は誰のものか」と書きました。このエピソードのように、どうも自分の思い通りではない身体というのが、ときに現れることがある。

ミシェル・フーコーはこう書きました。「精神は身体の監獄である*10」。私の身体が思い通りではない他者性を持つとき、しかしその他者性の根拠は、精神（脳と言ってもいいでしょう）への刷り込みである。権力は身体を通して私にアクセスし、そうして植えつけられた他者性（通念）は身体反応となって表出する。つまり身体こそが、権力が交錯する場所としてあるというわけです。そんな身体が、つねに「この私」と一致するでしょうか。

科学が人間を扱うにはまだ早い？

ここで、改めて理論編に入ります。ジェンダー論にとって重要な対立概念を紹介します。

本質主義　essentialism／構築主義　constructionism

ぱてゼミはこれまですでに、男性だからどう、女性だからどうというセクシズムを批判し

2020年）37ページ。精神は「身体のまわりで、その表面で、その内部で、権力の作用によって生み出される」（36ページ）とも書いている。

＊11　『男女共同参画白書（概要版）平成29年版』「第5章　教育・研究における男女共同参画」によると、理学分野の女性比率は27％、工学分野は14％。なお、学問と男女差の問題については隠岐さや香『文系と理系はなぜ分かれたのか』（星海社新書、2018年）が詳しくかつわかりやすい。

＊12　「OECD生徒の学習到達度調査（PISA）2015年調査の結果」『男女共同参画白書　令和元年版』（男女共同参画局、2019）より。

＊13　「男女の学力、環境が左右」　OECD事務次長に聞く」（NIKKEI STYLE、2015年4月11日）PISA2015の調査によると、スウェーデン、フィンラン

てきています。でもこう考える人もいるかもしれない。「とはいっても、世の中には男性と女性がいて、違う存在であって、別々の傾向を持っているじゃないか」。

日本の大学進学を例にとってみると、男性は理系に行きがち、女性は文系に行きがち。[*11] 男性のほうが理数科目でいい点数をとる傾向がある。[*12] これはたしかに観察される事実です。

本質主義というのは、この事実から「男性は生得的に理数的な思考能力において秀でている傾向にあるのだ」という結論を引き出してしまうような立場です。社会における性差の現れ、つまり社会的性としてのジェンダーと、セックスの次元との対応関係を強く見出す考え方です。脳に根拠を見出したり、自然科学的な体裁をとることも多い。性別の本質としてのセックスのレイヤーが、ジェンダーを作り出している――そのように、身体的な=物理的な性のドミナンスを自明視する、ひとつのイデオロギーです。

この「男女どちらのほうが理数的能力が高いか」というのは、実は国によってバラバラなんですね。OECDの国際学力調査「PISA」によると、各国は「男性のほうが高い」「女性のほうが高い」「有意差なし」という3タイプに散り散りに分布している[*13]ことがわかります。「男子は理系、女子は文系」という傾向は日本ローカルのものでしかない。この時点ですでに、これを生得的性の反映と考える本質主義的立場が疑われます。

この「男性は理系、女性は文系」という傾向は、本来的性質によってではなく、社会がそのように促す潜在的な通念=権力を持っていて、そのために後天的に構築される傾向にすぎないのではないか。そのように懐疑する立場が構築主義です。社会構築主義とも呼ばれます。

「女の子なのに数学が得意なんだね！」「やっぱり女の子だから国語のほうが得意だよね〜」

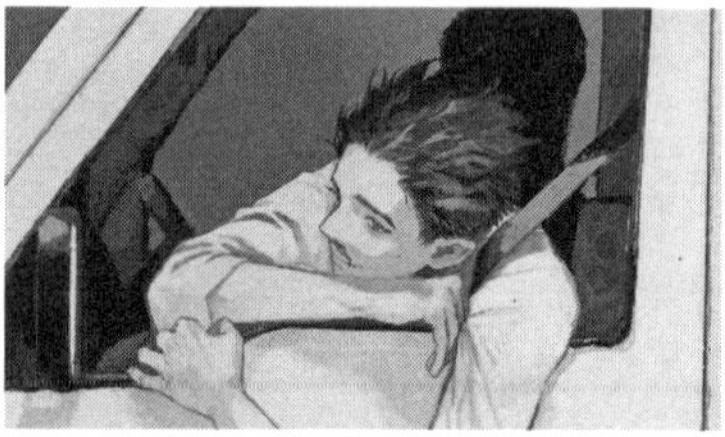

こめだわら「自堕楽」(2020)
作詞、作曲：こめだわら　絵：ヤスタツ　歌：音街ウナ

他殺するな。代わりにやるべきは、ゴミ箱に入れられた「希望も志望も願望も欲望も」全部、埃を払ってアイロンをかけて返してあげることだ。社会よ。でもこの曲は知っている、いっしょに弱音を吐くことが誰かを救うことがあることを。こめだわら一流の衒《てら》いのないメロディは、心が疲れているときに黙ってとなりにいてくれる友達のようだ。

などと、まわりから言われつづけた結果そうなっているだけではないか。その属性の本来性と関係ないところで事後的に、社会的に構築されていないか。

ぼくは、どちらかの立場を思想信条として支持するというより、こうです。「構築主義的視線による厳密な検討を経由していない本質主義的議論には耳を貸さない」。

ぼくは、自然科学については学位を持った専門家ではありません。だからこそ、自説にフィットする論文が見つかったからといって、自説の補強のためにその論文を根拠にすることには慎重であるべきだと思っています。果たして、みなさんご覧の通り、ぼくは実験科学系の研究の参照をここまであまりしていません。

素人のぼくから、同じく素人である前期課程のみなさんに釘を刺すように言わせてもらいます。

論文という体裁で発表されている言説がそこにあるからといって、それがいつも正しいとは思わないほうがいい。

いま話しているような、人間についての実験科学についてはとくにそうです。同じ問題について別の結論を出している論文が、いくつも並行して存在しているということもある。科学とは、21世紀においても、そのくらいおぼろげなものです。それを警戒するのが「プロの素人」としての振る舞いです。

科学とはなんであるか。ぼくから言えるのは、科学とはどこまでも「人間のなすことだ」ということです。駒場には科学哲学[*14]という学問の専門コースがありますが、理系に進学する学生は全員科学哲学の入門講座を履修するべきと、ぼくは以前からずっと言っています。

ド、アイスランドでは女性のほうが数学の成績が高い。

＊14　科学という営みがどのような条件によって成り立っているか、また科学がほかの知的営みに比して特権的に「真実」に触れているわけではないことを自省するための学問。14章でも言及する。東京大学教養学部には科学史・科学哲学研究室があり、大森荘蔵、廣松渉、村上陽一郎、野矢茂樹などの著名な研究者が在籍した。

＊15　ほとんどは故意ではない、人間にとって普遍的とも言える認知の歪み＝「認知バイアス」のひとつ。

＊16　オンラインでも公開されている。

＊17　稲見昌彦（１９７２〜）東京大学先端科学技術研究センター教授、東京大学バーチャルリアリティ教育研究センター応用展開部門長など。光学迷彩の開発は世界的に知られ、日本の

実験科学は、対象に対して実験と統計によって接近しようとするものですが、これは同時に、実験と統計によって対象と隔てられているということです。たとえば、仮説を証明するために都合のいい情報ばかりを集めて、都合の悪い情報を無視してしまう「確証バイアス」[*15]。実験科学には、こういう人間的な問題が忍び込む隙がたくさんありますが、これは実験と統計が根源的に持つ限界です。

Group Author: Open Science Collaboration "Estimating the Reproducibility of Psychological Science" (2015)[*16] という有名かつ衝撃的な論文があります。心理学系の１００の論文が示す結果を再現実験したところ、論文の通りに結果を再現できたのは39％にとどまったそうです。

稲見昌彦[*17]教授は、「専門家であるということは、その学問のリミテーションを理解しているということだ」と言われました。みなさんには、科学という思想のリミテーションについて、それぞれに考えながら歩んでいってほしいと思っています。

「セックスは、つねにすでにジェンダーなのだ」

戻りましょう。現代のジェンダー論者で、本質主義的立場をとる人は、基本的にはかなり減ってきています。元気な女の子、かわいらしい男の子がいてもなにも悪くない。性別にかかわらず本人の自由な性質をのびのびと発揮すればいい——いまではこの主張は多く見られるようになりましたが、昔は必ずしもそうではありませんでした。女性には女性固有の慈愛がある。たとえば先にお名前を挙げた湯川れい子先生やジュリア・クリステヴァは、わりと

末代雨季。「理科室のアンコール」（2020）
作詞、作曲、絵：末代雨季。 歌：初音ミク

忘れているだけで、きみも昔は理科が好きだったんじゃないか？ というのが主題なわけではないけど、宇宙、温度、半径、交点、引力——理系的なワーディングが続くのが清々しいセツナポップ。それらと、忘れられないことはなぜか相性がいい。末代自身が手がける性別を思わせない人物イラストは、自分にもこんな友人がいたような気にいつもさせられる。

そういう主張をしていました。

セクシズムはやはり、男女が対等なのだと言っても、「男性はこう、女性はこう」とカテゴリ化する時点で、結局男性中心主義に利してしまう。「女性固有の感性」というような議論を主張することの問題はシンプルです。女性は言語的感受性に秀でていると仮にしましょう。その考え方は、言語系ではなく理数系に強い女性を疎外してしまう。そういう女性に対して「女性なのに理数系が得意なんだね」と言うことを許容してしまう。本質主義的に女性を語ることは、女性の誰かを疎外してしまう。つまり女性と女性を対立させてしまう。それはフェミニズムの望むところではない――と、段階的に合意がとれてきているということかと思います。

ジェンダーは社会に構築されたものです。言語がそうであるのと同じです。わたしが存在する前からその概念はあって、そこには根拠の正当性と関係なしに、通念とイメージがまとわりついている。

「女の子ならピンクが好き」。そんな通念に基づいてピンクのものを与えられつづけていれば、ピンクが好きになっていく人も多いでしょう。構築主義というのは、これ以上ないほど単純化して説明するなら、「言われつづけたらそんな気になっていく問題」です。社会はそう言ってしまっているだろう。それがいかに「語られるか／語られてきたか」に依存しているし、語られることで、言説＝通念は自己再生産していきます。

ジェンダーは、ほとんど言語それ自体のように、構築されたものにすぎない。

VR研究の重要人物のひとり。11章で詳しく触れる。筆者は21年より先端研稲見研（身体情報学分野）の協力研究員を務めている。

＊18　ジュディス・バトラー Judith Butler（1956〜）アメリカの哲学者。カリフォルニア大学バークレー校修辞学・比較文学科教授。90年代以降のフェミニズム、クィア理論を牽引するひとり。著書に『ジェンダー・トラブル』『欲望の主体』『問題＝物質となる身体』など。

＊19　ジュディス・バトラー『ジェンダー・トラブル』（竹村和子訳、青土社、1999）29ページ。

＊20　ジュディス・バトラー『ジェンダー・トラブル』（竹村和子訳、青土社、1999年）フェミニズムのためにこそ、「女というカテゴリー」がいかに捏造されたものであるかを批判的に明らかにすることから本書は始まる。バトラーはフーコ

そうであるとして、ではセックスのレイヤーはどうであるか。男性や女性を社会が歴史的にどのように扱ってきたかとは関係のない、ピュアなレイヤーとしてありうるのか。

そうではない、とジュディス・バトラー[*18]は言います。「セックスを前‐言説的なものとして生産することは、ジェンダーと呼ばれる文化構築された装置が行う結果なのだと理解すべきである」[*19]。つまりセックスは、ジェンダーが言説的であるのに対して、相対的に、あるいは逆算的に、前‐言説的＝自然なものと仮定されたものにすぎないというわけです。

本質主義は、セックスが先にあり、その社会反映としてジェンダーがあると、両者に主従関係を確信する立場だと説明しました。バトラーは、そこで仮定される主従関係を完全に転倒しているわけです。セックスは、「ジェンダーではないもの」というふうに、ジェンダーの次元に意味論的に依存して存立したものにすぎない。であるならば、「セックスは、つねにすでにジェンダーなのだ」。

バトラーは、90年代以来クィア理論とフェミニズムを牽引しつづけている人文学者であり、同氏が90年に発表した『ジェンダー・トラブル』[*20]はいまもって参照されつづけるクィア理論の金字塔です。「自然なセックス」なるレイヤーは存在しないと喝破したこのフレーズは、その後の学問的研究としてのクィア理論のみならず、現場の社会運動としてのＬＧＢＴＱ運動をエンパワーしたと言われます。いまでも象徴的なフレーズとしてよく引用されるものですので、その前後を含め正確に引用しておきます。

> セックスの不変性に疑問を投げかけるとすれば、おそらく、「セックス」と呼ばれるこの構築物こそ、ジェンダーと同様に、社会的に構築されたものである。実際おそらくセックスは、つねにすでにジェ

Neru「脱法ロック」（2016）
作詞、作曲：Neru　絵、動画：りゅうせー　歌：鏡音レン

この世界が嫌いだろう？　だったら負けろ。勝者とはゲームルールにもっとも服従できた者のことだ。ルールを設定したら誰もが勝ちに向かって競走する、と確信するお前（世界）は醜い。だから社会不適合に、クィアになるのだ、首を吊る前に。Neruとりゅうせーがさらに壁をぶち抜いた、パリコレの「黒の衝撃」を凌駕する極彩色の衝撃。阿修羅は戦いの神だ。

ンダーなのだ。そしてその結果として、セックスとジェンダーの区別は、結局、区別ではないということになる。[21]

第7回の「性の三層構造」のマップは、妥協的で問題のあるものと留保しました。この議論を経た上で、三層構造モデルを批判していきましょう。

まず、一番上にセックスのレイヤーを置くことは、それがほかに先立って第一にあるかのような印象を与えかねない点で問題です。

同様に、まず左に男性を置いて次に女性を置くことには本来必然性はありません。本来対等であるべきものを、ときに序列化してしまう、というのも言語の本質的な弱点のひとつです。英語では、まさにそうなってしまっていますよね。「man」に対して「woman」と言う。まるで「man」がまずあって、その亜種、あるいはサブカテゴリとして女性があるかのようにも見えかねない。人類を総称するときに単に「man」と言って、男性に全体を代表させてしまうことも問題です。

『ジェンダー・トラブル』の中では、シモーヌ・ド・ボーヴォワール[22]やリュス・イリガライ[23]による、言語自体がジェンダーの非対称性を再生産する構造を持っているという議論への言及があります。端的には、男性は普遍の位置につき、「自分が否認し蔑んだ身体性を女の領域に投影して[24]」、男性の身体は「究極的な自由らしきものを媒介する非肉体的なもの[25]」とする。男性が普遍的で透明な準拠点の位置を占めることで、女性を相対的にそのような位置に追いやるということです。

第3回を思い出してください。「2番目以降のものは相対化される」という言い方で、示

ーやクリステヴァを批判していくが、真に厳しく批判されるのは、異性愛機構を前提にし性差の生産を支配する「象徴界」であり、つまりフロイト―ラカンの精神分析である。

＊21　前掲書、28〜29ページ。

＊22　シモーヌ・ド・ボーヴォワール　Simone de Beauvoir（1908〜1986）フランスの作家、哲学者、フェミニスト。「人は女に生まれるのではない、女になるのだ」というフレーズで知られる主著『第二の性』は世界的に大きな影響を与えた。

＊23　リュス・イリガライ　Luce Irigaray（1930〜）ベルギー生まれのフランスの哲学者、フェミニスト。ラカンに師事した経歴を持ち、ラカンの設定した「象徴界」の男性中心主義性を鋭く批判した。言語につきまとう男性性を超えた「女性的に書くこと＝エクリチュール・フェミニン」を模索した。

カロの準拠点にあるミクの存在を特権的なものだと、ひとたびはすばらしいことのように語りました。しかし同じ視線によると、社会と言語は、女性という性を相対的なものとして構築してきてしまってはいないか、という批判が可能であるわけです。

脱構築　私の呼び名を（父から）奪還せよ

二項対立的であるとされる概念を、その対立に内在する矛盾や前提を暴き出すことで、対立自体を解体し無効化する。このようなアプローチは、フランス現代思想の最重要人物のひとり、哲学者ジャック・デリダ[*26]が「脱構築　déconstruction」[*27]と名づけ確立したものでした。バトラーは、セックスとジェンダーという二項対立を、まさに脱構築したわけです。

第1回に言及し、第7回でも先延ばしにしてきた「クィア　queer」の説明についに到着しました。ここまでぱてゼミ型ジェンダー論も、男性／女性であったり異性愛／同性愛であったり、ジェンダーとセクシュアリティをめぐる通念的な規範を対象化し、相対化してきましたが、クィアとは、それらを解体するほどまでにラディカルに問うていく実践のことです。

第1回には、クィアは「攪乱的であること」[*28]だと言いました。だから、あの整序的にすぎない三層構造モデルに収まりきらないあり方はすべてクィアだとも言えるし、ゆえにLGBTにかぎらない多様な性のあり方の総称としても用いられます。

クィアは力強い言葉ですが、実はこれは、20世紀初頭には非常に強い侮蔑語でした。長らく「変態」[*29]という訳語が与えられていましたが、日本ではこの言葉はカジュアルに使われす

Neru「テロル」（2014）
作詞、作曲：Neru　絵、動画：りゅうせー　歌：鏡音リン

テロとは「恐怖　terror」のこと。やつは怖がった、だから排除した、だからあなたはテロを起こした——すべては必然だ。この世界の権力構成は／セクシュアリティは、テロを起こされるべくして起こされている。シャッフルのリズムに乗る軽快な管弦のように、さわやかに六畳に立て籠もれ。そしてどこか懐かしいメロディは正論を語る。「やられたらやり返せ」。

ぎなので、原語のニュアンスを表現できていない。もっと見下し疎外する、悪い意味で強い言葉だった。非当事者＝マジョリティが、当事者＝マイノリティに向かって使う蔑称でした。

第7回で、セクシュアリティは他称ではないと言いました。果たして、当事者たちはクィアという言葉を自称として奪還していきます。「それが私たちを名指す言葉であるならば、その定義は私たちによってなされるべきだ」と、当事者が誇らしく自称する言葉として、語義を書き換えていきました。これを「reappropriation」[*30]と言います。

前回、ラカンによると象徴界＝言語は父権的で、「それはそのように決まっているのだ」と理由なしに不変のものとして振る舞うのだ、と説明しました。そのような定式を、クィアという言葉は覆しているわけです。言語の性質であり、言語の境界画定的な既存の布置をまさに「攪乱している」。クィアという言葉をめぐって起こったこと、それ自体がクィア的実践なのだ、と言えます。

それでも、言語の刷り込みと規定は強固です。第7回で、セックスのレイヤーは「医者にどの性だと言われたか」であると定義しましたが、バトラーは、出生の時点で言語の介入がすでに始まっていることを指摘します。たとえば、元気な男の子ですよ／かわいい女の子ですよ、という定型句的な言い方がなされる。定型句とは、いかにも言語的で、言語の悪いところを煮詰めたような表現です。それは過去に言われた言表の反復であり、過去に新しいものを結わえ付けていく。新しいものを「過去の反復」として書き換えることです。そうやって、まだ元気か大人しいかわからないはずなのに、新生児をジェンダー規範の中へと再生産していく。

著書に『ひとつではない女の性』など。

＊24 前掲書、36ページ。

＊25 前掲書、36ページ。

＊26 ジャック・デリダ Jacques Derrida（1930〜2004）アルジェリア出身のフランスの哲学者。日本では「フランス現代思想」として受容された世界的哲学潮流の最重要人物のひとり。本書でも何度か参照するので、そのつど解説する。著書に『声と現象』『グラマトロジーについて』『精神について』『盲者の記憶』など。

＊27 脱構築 déconstruction 暴力的な「破壊 destruction」ではなく、construction（構築）の外へ（「dé-」という接頭辞）と誘わせること。構築を解体することである。12章で、本節の「セックス／ジェンダー」の脱構築を復習するほか、デリダによる有名な「パロール／エ

第3回で、「キャラクターは現実に先行しない」と言いましたが、バトラーによるとそうではない。性に関して、キャラクターづけが現実に先んじてなされてしまっていないか。私たちは、「遅刻魔です」と最初に言われたから、いま遅刻しているのではないか。「遅刻しなければならない」とさえ思いながら。

ジェンダーは、自認です。当人が自称できるものです。だからと言って容易に着脱可能なほど軽いものではない。バトラー自身がそう釘を刺しています[*31]。逃れようとも拘束しにかかってくる、身体に忍び込んでくる。それでも、クィアという言葉の意味が変わったように、男女だってどうしても変えられないものではありません。

たとえば「レンきゅんの性別はレンきゅん」。ボカロをすでにある程度知っている方の多くには、これは違和感なしにそのまま受け入れられるでしょう。これが、「ボカロカルチャーを知っている」という程度の共通知識で伝わるのならば、そのようなジェンダーの書き換えを、世界規模で進めていけばいいだけです。これはすでに始まっている我々が渦中にいるプログラムです。いま、変わりつづけている最中です。

ハウトゥー世界把握

理論的に高度な議論が続きましたが、ここで、等身大の経験に引きつけて考えてみましょう。題して、「ハウトゥー世界把握」。

いきなりですが、厨二病的なことを言いますね。

Neru「ハウトゥー世界征服」(2013)
作詞、作曲:Neru　絵、動画:しづ　歌:鏡音リン、レン

絶望するなとは言わず、むしろ絶望を歌う。けれども、そこは行き先のない袋小路ではないと表現する。抜けるような曲展開(転調はいつも的確だ)、そして映像内では教室の天井が抜けている。ここは閉所ではない。「優しい人になりたい」とは同氏がバンド名にも冠していたテーマだが、それは「背中の値札を引き剝が」すこととおそらく繫がっている。

あなたは世界の中心です。

どうでしょう、間違ったことを言っているでしょうか。少なくとも、物理的には必ずそうであるはずです。あなたはこの世界を自分の位置から、すなわち中心からしか眺めることができない。自分が中心ではないかたちで世界を視認するということは、テクノロジーを用いて間接的に見ることを除けば、不可能です。

だから、非常に逆説的な言い方ですが、「世界はFPS」です。FPSとは「first person shooter」[*32]の略で、いわゆる一人称視点のゲームのことですね。対義語は「TPS＝third person shooter」。三人称視点のゲームのことですが、昔のドラクエを想像してもらうと早いと思います（シューティングゲームではないですが）。主人公が画面の中心に固定されていて、その主人公を三人称の引きのカメラで見ている状態。だから、主人公のとなりに壁があっても、その向こうになにがあるかプレイヤーには見えていたりする。こんなことは現実にはありえませんよね。

それに対して、現実において、自分自身は世界の特権的な中心である。嫌でもそうなっている。だから、FPSの世界で主人公プレイヤーの姿は腕くらいしか画面の中に映らないのと同じように、あなたの世界も、まず外界に広がる世界を認識することが先立つ。

たとえば、ぼくは色白なんですが、人様のことを見ていて、あの人色白だな～と思って、近寄ってみたら自分のほうが白かったということがあります。ようは、認識の中心点としての自分を棚上げにしてしまっているんですね。みなさんもこういう経験はあるでしょうか。

クリチュール」の脱構築についても紹介する。

＊28　撹乱　subversion　またしても「sub-」という接頭辞である。下に、つまり既存の分節にいったんは従属しながら、その内部に忍び込みながら、別の「あり方　version」へと内側から書き換える。なおversionの語源はラテン語の「回転する　vertere」である。

＊29　あるいは、「おかま」。ウィリアム・バロウズに『Queer』という原題の作品があるが、その邦訳タイトルは『おかま』（山形浩生・柳下毅一郎訳、ペヨトル工房、1988）。森山至貴も『LGBTを読みとく』において「オカマ」に当たると指摘する。

＊30　reappropriation　この言葉はこういう意味と、ひとたび「appropriate＝割り当て」されたものを、再割り当てし直すこと。ほかの例として「ニガー　nigger」が挙げられ

自分の顔は、もっとも自分では見られないものとしてある。自分のイメージの全体像は鏡像を通してしか把握できないものとしてあるはずです。

ここで外部作品参照をしましょう。浅野いにおの『おやすみプンプン』[*33]というマンガがあります。あるひとりの少年の10代からの成長を描いたビルドゥングスロマン[*34]です。00年代後半に、現代的な感性を捉えた作品だとして若者を中心に支持された名作です。

その主人公が、プン山プンプンくんと言うんですが、これなんですね。（書影参照）ヒヨコみたいな謎のかわいい生き物として、記号的に描かれる。それに対して、ほかの登場人物はふつうの身体を持ったものとして描かれる。では、主人公とその親族だけが人間とは別の生物として別の身体を持っているのかというと、そうではない。マンガを読み進めていくとだんだんわかってくるんですが、それが決定的にわかるのが、プンプンが初めてセックスを経験するシーンです。そのとき初めて、それまでずっと記号的に描かれてきたプンプンが、年齢相応の具体的身体の輪郭を持った存在として（シルエットではあるけれども）描かれる。プンプンは、自分が物理的身体を持ったほかの人間と同じ存在なのだということを、セックスという、他者との性的な直接接触を通して、初めて思い知る。

『おやすみプンプン』の世界の描き方は、「自分が特権的な中心である」というFPS的世界認識を、TPS的に描いていると言えます。そして、その世界認識を瓦解させるのは、プンプンの場合、セックスだった。

こんな表現は映画には不可能です。マンガという形式の特性を生かした、発明と言ってい

Neru「FPS」(2015)
作詞、作曲：Neru　絵、動画：456　歌：鏡音レン

恐るべきことに、私を中心とするこの主観世界はほかの誰にとっても存在せず、他人の世界では私は無視され、「安く値踏み」され、私に「終わる番」が来ても世界は続いていくようなのだ。間奏の夢幻的なギターが酩酊を誘おうとも、「夢だったら」の祈りが届かないことも知っている。銃口を突きつければゲームが終わる誰かはいない。ここは戦場だ。

い優れた表現です。自分自身だけは認識の外にあるという世界認識を、主人公を記号的なキャラで描くことで、その主人公の世界認識までを含めた三人称の視点で捉えている。
プンプンが、抽象化された「かわいい」キャラであることも重要な意味を持ちます。抽象化されることで、自分だけは例外的に性的表徴を持たない[＊35]のです。

他者によって「存在させられる」

どうやら自分も、他者と同じように現実世界の中に物理的実体を持って存在しているようである。そのことを意識せざるをえない立場にあるのは、この教室の中ではぼくではないかと思います。ぼくが教壇の右手に行けばここに視線が集まるし、左に行けばそこに視線が集まる。みなさんの視線がこちらに向かっているということは、ここに物体が存在しているのだろう。そう理解せざるをえない。

見られることよって、リフレクティヴに、ここに自分がいることを自覚する。自分が単に自動詞的に「存在する　exist」のではなく、他者の視線によって、いわば「存在させられる　be forced to exist」。そのような受動形の存在の経験がある。

外界の情報からリフレクティヴに自分の身体性を自覚すること。そのように一般化するなら、痛みもそのようなものとしてあるでしょう。ふだん健康なときなら自分にどんな臓器があるかなんて意識していないけど、胃が痛いときに初めて、自分の身体の中に胃が存在していることを自覚する。タンスの角に足の小指をぶつけて初めて、自分が物理空間中に占めて

る。歴史的には非常に侮蔑的な言葉だったが、黒人当人が仲間の黒人を親近感を込めて呼ぶときにも使われるようになった。ただし現在も非当事者が使う場合には侮蔑ととられる。クィアも同様に非当事者が他者を安易に名指す言葉ではない。

＊31　『ジェンダー・トラブル』発表後、バトラーの議論は身体の次元を軽視するものだ、という批判が起こり、バトラーは次作となる著書で応答している。「私自身は一度も、ジェンダーが服のようなものだと、あるいは服が女性を作ると考えたことはない」（ジュディス・バトラー『問題＝物質となる身体』（佐藤嘉幸監訳、以文社、２０２１年）３１６ページ）。

＊32　first person shooter　敵を銃で撃つシューティングゲームは、ゲーム機の演算能力の向上を受けて、よりリアリティを追求すべくＴＰＳからＦＰＳに移行していった。……と門外漢の筆者は認識している。

いる横幅を自覚するとか。

Ｎｅｒｕくんの盟友であり、「アブストラクト・ナンセンス」のギターを弾いていることでも知られるボカロＰ、やまじくんがあるとき美しいツイートをしていたので、ここで引用させてもらいます。

時折吹く冷たい風に身体が縮こまる度に、霜焼けになりそうな手の甲を擦る度に、ヒトという生き物の〝機能〟に自らが存在することを否応なく突き付けられる。[*36]

自分の意識とは関係なしに、寒さに感応した身体が「機能」として自動的に縮こまる。その事実からリフレクティヴに、「自らが存在すること」を自覚させられる。「身体の他者性によって」と補助線を足してもいいでしょう。「裏表ラバーズ」や「モザイクロール」などを通して、身体を即物的な言い方をすることで突き放すという表現を何度も見てきました。これらは異化表現であり、同時にまた「身体に他者性を見出す」感性の発出だったとも、いま改めて言うことができるでしょう。

ではいよいよ、「東京テディベア」です。ここまでの議論も頭の隅に置きながら聴いてもらえると幸いです。

♪Ｎｅｒｕ「東京テディベア」

全智全能の言葉を　ほら聞かせてよ

n.k「このふざけた素晴らしき世界は、僕の為にある」(2015)
作詞、作曲、動画：n.k　絵：うにちゃわん　歌：初音ミク

ふざけてるし、くそったれだし、友達の作り方もわからないけど、きみは世界の中心だ。お祭囃子《ばやし》的リズムフィギュアやペンタトニックなど和的要素が主な印象を形作るが、コーラスの出し入れ、オルガンのカウンターリズムなど、歌詞同様に一筋縄ではいかなくてクセになる。「最終的にはきっと／皆幸せになってる」から、いまは引き籠ろう。

脳みそ以外　もういらないと
why not, I don't know
近未来創造　明日の傷創　ただ揺らしてよ
縫い目の隙間を埋めておくれ
（中略）
存在証明。あー、shut up　ウソだらけの体
完成したいよ　ズルしたいよ　今、解答を
変われないの？　飼われたいの？
何も無い？　こんなのボクじゃない！
縫い目は解けて引き千切れた

煮え立ったデイズで　命火を裁つ
誰だっていいのさ　代わりになれば

第6回の議論を踏まえると示唆的ですが、これまでの議論を踏まえると、歌詞全体を通して身体の部位がたくさん登場していることに気づくと思います。「膝を震わせ」「親指しゃぶる」、「踵《かかと》潰した」、「口を零《こぼ》した」、「顔を切り取るのさ」。1番のAメロだけでこんなにあります。サビはあえていったん保留としましょう。2番も「高鳴った胸に」[*37]「涎が垂れる」。落ちサビ[*38]の部分にも印象的な身体の部位があります。「細胞」ですね。途中ですけど、細胞という言葉が出てくる曲は、第2回で言及したみきとPの「サリ

＊33　浅野いにお『おやすみプンプン』（小学館、2007〜2013）
どこにでもいるふつうの男の子の物語。かなり刺激が強い作品だが、プンプンの成長とともに大人の得体知れなさに順に出会っていく構成なので、ある意味親切なのかもしれない。彼らは、得体の知れる理想的な大人でないことによってこそ、プンプンを成長させていく。第13回文化庁メディア芸術祭マンガ部門の審査員委員会推薦作品に選出。

＊34　ビルドゥングスロマン
Bildungsroman
成長譚。主人公がビルドゥング（ドイツ語で「自己形成」）していくさまを描いていく物語。教養小説とも訳される。

シノハラ」以外に思いつくでしょうか。かなり特殊な、身体を即物的に突き放す異化表現のひとつの極としてある言葉だと思います。ボカロシーンの有名曲に2例もそれが見られることは興味深い事実です。

　こののち、トーンが変わります。叫ぶように切実になっていく。同時に、「存在」という抽象概念的な言葉が登場します、「ウソだらけの体」と対句的に対置されるかたちで。そして、「父さん母さん　今までごめん」と、血縁者との決別で始まったこの曲は、「誰だっていいのさ　代わりになれば」という最終行で終わります——自分の交換可能性、第6回で考えた「代行」の問題が嫌が上にも脳裏をよぎります。

自分＝他者のすべての言葉を抹消する「全智全能の言葉」

　なぜこれほどまで身体の部位が登場するのでしょうか。明らかなのは、ここにある語りは、（かつてのプンプンとは違い）自分の身体に無自覚ではありえないようだということです。

「東京テディベア」が発表されたのは2011年。それから現在まで、さまざまな解釈がこの曲に与えられてきています。ネット上では、このような解釈[*39]が多く見られます。いわく、この曲は「整形手術の歌なのだ」と。

「愛され」たくて「顔を切り取る」という箇所はその読みと整合するものだし、「縫い目」という言葉のイメージにも合致する。生まれ持った顔を手放すのだから父母に謝っている。「これじゃまだ足りない」というのは外形を理想に近づけたい欲望のエスカレートを示していて、その果てに「帰る場所すら何処にも無」くなってしまう——悲痛でシリアスなストー

Neru「アブストラクト・ナンセンス」（2011）
作詞、作曲：Neru　絵：しづ　歌：鏡音リン

「東京テディベア」と対をなす曲かもしれない。「首から下が空中分解」。身体忌避＝アンチ・フィジカルな感性はここでも直截に表現される。そして身体の社会化も（「ワタシに値札付けて」）。「東京〜」とは重複しない多くの身体の部位が登場する。両方を寄せ集めるとゴーレムができてしまいそうだ。雨で濡れたアスファルトの匂いがする音楽。

リーです。「皆さんさようなら　先生お元気で」という箇所は、手術入院が終わって退院するときに、執刀医の先生たちに挨拶しているんだという解釈もあって、急に微笑ましい場面になる感じもしますけど、たしかに辻褄が合うのでなるほどと思いましたw

　3回にわたるジェンダー論ゾーンの議論を踏まえた上でぼくが示したい解釈は、実はこの「整形手術説」とも共通した方向性を持ちます。ぼくの解釈を一言で言うとこうです。

「東京テディベア」は、身体を再構成される歌である。

　我々は単に存在している＝即自的に存在している。そうだったはずなのに、他者や、他者の総体である社会と相対する中で、自分は意味づけられていく。「世の中には男性と女性という性別があるらしい、どうやら私は、男性のようである／女性ではないようである」というように。当然「どちらでもない」場合を疎外するわけではありませんが、しかしそれをも含めて、自分は世界の広がりの中において意味を持っているようである。他者がそうであるように。他者が重力を被りこの社会に立っているように、同じく私の足も地面についている。ついてしまっている。

　そこで地面（社会）に接地させているものが、身体です。それは「世界の特異点」なる例外ではありえず、外界と同じように、膝、親指、顔と、言葉にして名指すことができる、象徴界によって十分に分節されている。

　象徴界とは、狭義の言語はもちろんのこと「分節体系全般なのだ」と説明しました。たと

＊35　例外的に、プンプンの親族もプンプンのようにキャラ化して描かれるが、これもこの解釈に合致する。親族とは性的関係が想定されないから、彼らは自分にとって性的身体を持った実体として存在しないのである。

＊36　旧アカウントのツイートで、現在は転生済みのため削除されている。

＊37　非常に生々しい体液なので広義の「身体の部位」とする。

＊38　サビのパートでありながらオケ（バックの演奏）が静かに抑えられているようなサビ。

＊39　ネット上ではこのアングルによる解釈はたくさん見受けられる。最初のアイディアがどれであるかを起源同定するのは筆者の手に余るが、これはおそらく集合知的に「みんなで作った解釈」であるだろう。

＊40　次章で詳しく論じる。

えば、「足が長いことは短いことよりも美しい」だとか、価値判断の体系もそこに包含されます。美醜もそうです。だから、言語化される身体は、価値づけられ、値踏みされていきます。自分が作ったものではない価値体系の中で、「身体」は意味を持たされていく。かつて単に「私」だった身体は、そうして新しい身体へと再構成されていく。新しい身体とは「社会的身体」です。

「東京テディベア」には、再構成されていく身体の軋《きし》み、叫びが噴出している。なぜならそれは、喪失でもあるから。再構成された「ウソだらけの体」はもはや帰る場所ではなく、かつての「ボク」は投げ捨てられる。他人が作った価値体系の中で「飼われ」、そして「変われない」。ボクと新しい身体のあいだには「隙間」がありながらも、縫いつけられ繋がっていたけれど、最後、ついに「縫い目は解けて引き千切れた」。

ジェンダーとは社会的性ですから、つまり他者との関係性の中での性です。社会的身体とは、性的身体（ジェンダー的身体）のことでもある。

我々はここまで性について考えてきましたが、抽象化したかたちで、いわば脱臭したかたちで主に扱ってきました。しかし一方で、性は「さまざまな立場の利害が交錯する場所」だとも言いました。口語的に言えば、性の実態はもっとノイジーなものです。

それは獲得競争のバトルフィールドです。Ｎｅｒｕくんの楽曲には、「ＦＰＳ」など、戦場のメタファーがよく出てきます。性という戦場においてなされるのは、一面にはキレイゴトではない「値踏み合い」です。そこで人は、さまざまな要素をパラメータ化してチェックされ[*40]、それらスペックの集合体として「存在させられる」。

やまじ「Astral Domination」(2014)
作詞、作曲：やまじ　絵、動画：しづ　歌：鏡音リン、レン

こんな構成を聴いたことがない。リズムのアイディアとギターリフが贅沢に注ぎ込まれ、交代あるいは複線化し展開するツインボーカルの調声にもこだわりが如実。「意味のrhythm」「宇宙人」——本書に通じるキーワードにも満ちていて、儚い言葉たちは聴くあなたの存在を半透明にしていく。中でも「君を隠しました」というフレーズの代え難さよ。

値踏みにうんざりする感性は一定の普遍性を持つでしょう。Neruくんのほかの曲でも、「俺って人からみたらこの程度の価値しかない」という葛藤がしばしば描かれます。ただし、値踏みとは、いつも具体的に存在する他者がするものではなく、自分が自分を値踏みするという場面もありうるはずです。「他者は自分をこう値踏みするに違いない」という先見的想像力は、他者の価値基準を内面化した自分自身による値踏みです。

「東京テディベア」の投稿コメントには「人生なんて椅子取りゲーム。」と書かれています。ただ、そのように言っているのは、具体的に実在する特定の他者（小文字の他者）ではなく、内面化された他者（大文字の他者）ではないか。

内面化してしまった他者は、すでに自分の中のディビジュアルのひとつです。他者が私を構成している。すっかり他者に塗《まみ》れている。私と他者がいるのではなくて、私はすでに他者だったのだ――「ボクいないよ」。いわばこのような「自他の脱構築」がおそらく起こっている。

叫びは悲痛さを増します。「こんなのボクじゃない！」。そう言って、かつてとは違ってしまった新しい私、他者の依《よ》り代となってしまった私＝身体を手放すのです。

「もはや、自分の声しか聞こえていない」。これは彼のメジャーファーストアルバム『世界征服[*41]』のオビにあったコピーです。自他の脱構築を逆側から言えば、すべての他者は私である。私を値踏み、私を脅迫するすべての醜い視線や声は、すべて私のものなのではないか。

そのことに、その悪夢に、私は気づいてしまった。

だから、「全智全能の言葉」を求めているのではないか。いまや自分自身を内側から構成

＊41　Neru『世界征服』（EXIT TUNES、2013年）

＊42　bust（胸）、waist（腰）・hip（尻）のスリーサイズ。まさしく数値化＝外部観測された身体イメージである。

＊43　通説的によく言われるものだが、たとえば平芳裕子「性差を突きつける／突き破る」（西谷真理子編『相対性コム デ ギャルソン論』所収）などに詳しい。

＊44　年に2回（春夏・秋冬）、パリで開かれるファッションブランドの新作発表週間。ミラノ、パリ、ニューヨーク、ロンドンの4都市で行われるものが世界4大コレクション。

＊45　川久保玲（1942〜）東京、パリを拠点とするファッションデザイナー。ブランド「コム・デ・ギャルソン」創始者。デザインの着想源としてスーザン・ソンタグ「キャンプに

し拘束する、内なる声＝他者＝象徴秩序をすべて瓦解させてしまえるほどの、象徴界にとどめを刺すことのできる最強の言葉を。

「性の喪に服している」——アンチ・フィジカル

サビの2行目に「脳みそ以外もういらない」とあります。あるとき、このフレーズの重要性が急にわかって、そのとたんに出てきたのがいまお話しした解釈です。「脳みそ以外もういらない」というのは、身体がいらないということです。そこにこの曲のコンセプトを見出すという点で、ぼくの議論は整形手術説と根幹を共有しています。

なぜ「いらない」か。なぜそう言う必要があるかというと、それを目下意識させられているからでしょう。他者の声との対応物になってしまった自分の（社会的）身体。強迫的に自分に張り付いてくるその身体イメージを「切り取る」、「傷創」、「引き剝がされ」、「投げ捨てられ」、「引き千切れた」。自傷的な鋭いイメージが矢継ぎ早にモンタージュされていきます。ここに見られるのは、強い身体否定の感受性です。すなわち、アンチ・セクシュアルのバリエーションとしての「アンチ・フィジカル」な感性が噴出しています。

最後に外部参照をしましょう。これまで映画、マンガ、文学などさまざまな他ジャンルを参照してきましたが、カルチャージャンルの広がりの中にファッションというものがあります。そのジャンルの表現を享受するとき、ファッションはほかのジャンルと少し性質が違っていると思います。その服を着て、そして「見られる」ことによって成立する。表現の享受

Neru「少年少女カメレオンシンプトム」(2012)
作詞、作曲：Neru　絵、動画：りゅうせー　歌：鏡音リン

宣戦布告を伴う攻撃はテロではない。そう、「此れは戦争だ」。本文で論じたことは映像でほとんど答え合わせされている。「本当のワタシが／もう既に居ないこと」。「ヘッドフォンをレンジでチン」し「焦げた音」に聴き入っている彼——音で隔たった彼に、それでも声を届けたいのだ。笑う他者と、暗闇と向き合っても、断念しない最強の応援歌。

の条件に他者に対する受動性が入っているわけです。イラストだったら「描くことで表現する」のに対して、ファッションでは「見られることによって表現する」。

西洋の文脈において、ファッションの基本は「BWH[＊42]をそのままに見せること」だとされます[＊43]。その人が生まれ持っている身体のフォルムをそのまま美しく見せるのが基本であると。それに対して、日本のふたつのファッションブランドが、80年代初頭にパリ・コレクション[＊44]に参加し、世界的な脚光を浴びました。川久保玲[＊45]というデザイナーによる「COMME des GARÇONS[＊46]」と、山本耀司[＊47]による「Yohji Yamamoto[＊48]」です。

ふたつのブランドは、驚きをもって迎えられました。簡単に言うと、身体の輪郭をまったく出さなかったんですね。身体のフォルムを見せるという西洋ファッションの基本を真っ向から覆していた。今日はこの説明のために、COMME des GARÇONSのシャツを着てきています。立体裁断という技術によって、両肩の2点に支点が与えられれば、そこからシャツのボリュームが自然と立ち上がる。シャツの生地がボディラインに沿うわけではないから、つまりどんな人が着ても同じシルエットが立ち上がる。各人の固有のBWHの差を隠蔽してくれるとも言えます。

もうひとつ、当時の両ブランドの共通点がありました。カラフルな色を使うのではなく、黒を中心とした無彩色でイメージが統一されていたんですね。そのことをもって、このふたつのブランドの登場は世界の服飾評論家に「黒の衝撃」と呼ばれることになります。さらには、ある評論家はこのように評したと言われています。「性の喪に服している」。ほとんど文字通り「アンチ・セクシュアルだ」と評したわけです。

アンチ・フィジカルでアンチ・カラフル。そんなアンチ・セクシュアルな表現を、「見ら

ついてのノート」（『反解釈』所収）を挙げたことがある。

＊46 コム・デ・ギャルソン COMME des GARÇONS 邦訳すると「少年のように」。1969年に設立されたファッションブランド。現在の旗艦店はパリにある。95年春夏のテーマは「Transcending Gender」、コム・デ・ギャルソン・オム・プリュスの12年秋冬のテーマは「Neither Man nor Woman」。

＊47 山本耀司（1943〜）東京とパリを拠点とするファッションデザイナー。72年に株式会社ワイズ（Y's）を設立。81年にパリ・コレクションにデビュー。ヴィム・ヴェンダースは89年に、山本耀司を追った『都市とモードのビデオノート』という映画を制作している。

＊48 Yohji Yamamoto ここでは山本耀司が手がけるブランドを総称して言っているが、同名のものはレディースのコレクションライン。

れる」ことによって完成するファッションの世界で実現したのです。

日本あるいはアジア特殊論には慎重にならなければいけませんが、日本の歴史の中でアンチ・セクシュアルな美学が登場する例はいくらか散見されます。そもそも、「成熟した男女の身体を美しいものとする」というテーゼは「人間は神の似姿として作られている」という宗教的前提によるものです。そうではなくて、成熟以前と成熟以後、すなわち未完成である少年期と枯れた老年期こそが美しいのだ。白洲正子[*49]は世阿弥の『風姿花伝[*50]』にそのような美学を読み取りました。

身体の成熟には、我々が相対化して考えてきた男女二分法が並走するでしょう。それが君臨する圏域に突入することが成熟であり、その前と後に、自由がある。だとすればその自由は、性からの自由であることは明白です。性の三層すべてから。

最初で最後の、ルール逸脱

これまで3回の議論を積み上げたからこそ、この曲にあるアンチ・フィジカル＝アンチ・セクシュアルな感性が、みなさんの中で改めて輝きを増してくれるといいなと思いますが、いかがだったでしょうか。

この通り、第2部は「東京テディベア」1曲のために3回をかけました。それだけに値する重要な曲だと思っていますし、だからこそ、大きく取り上げたいんだということを、実はＮｅｒｕくん本人に挨拶して伝えたんですね。

Neru「東京テディベア」（2011）
作詞、作曲：Neru　絵、動画：しづ　歌：鏡音リン

「let me be your teddy bear」と歌ったのがプレスリー（15章）だったように、「愛され」るべく私を再構成することは性と無関係ではない。本論で触れなかったもうひとつの本質は、身体否定の感性と、メロディの運動神経のよさ——逆ベクトルの拮抗だ。符割り、各音の「とめ、はね、はらい」、すべてが完璧。歌う喉（身体）は喜ぶ。そして私たちは引き裂かれる。

ぱてゼミの批評は、作品と作者を切り離すのが基本姿勢であると言いました。なのに、講師自らその禁を犯すということを限定的にさせてもらうと……ここでした話の大筋を、実はそのままＮｅｒｕくんに話したんですね。少し酔っていたとはいえ、危なっかしいことをしたものですｗ

曲の解釈については、Ｎｅｒｕくんもまた、「ぱてさんはそう思ったんですね」と言って、合っているとも間違っているとも言いませんでした。またしても。をーさんと同じく。

その上で、ぱてゼミのテーマについて話しました。性や身体が、自分にとって望ましくないものとして立ちはだかる、だからそれらを嫌だと思うアンチ・セクシュアルな指向というのを、人は持ちうるんじゃないか。この話については、彼はこう答えました。

「性がなかったらよかったなんて、考えたことない人いないんじゃないですか」

そうか。「誰でも考えること」なんだ、Ｎｅｒｕくんにとっては。そういう作家が、「東京テディベア」を書いたんだ。

何気ない会話の中でのキャッチボールでしたが、印象的な回答でした。ジェンダー／セクシュアリティ論は次章のフェミニズム論へと続きますが、「東京テディベア」論の最後の締めは、今回だけは例外的に、Ｎｅｒｕくんという傑出した作家本人の弁とさせてもらいます。

それでは、長時間お疲れ様でした。

＊49　白洲正子（１９１０〜１９９８）随筆家。４歳から能を学び、14歳で能舞台に立つ（伝統的には女性の演能は受け入れられてこなかった）。批評家の小林秀雄のサークルにいた唯一の女性。世阿弥と両性具有を生涯のテーマとし多くの著作を残した。パートナーは白洲次郎。

＊50　世阿弥『風姿花伝』日本最古の演劇論。「序破急」も登場する。白洲正子は著書『世阿弥』において、わざが身につく以前と、ひとたび得たそれを手放す以後に美性を見出している、と読む。さらには、それは幼少期の将軍からの寵愛が根拠なのだ、とクィア・リーディングかつＢＬ読みをしている。

第10章 サブカルチャーと書いてフェミニズムと読む

誰が周縁化されているか／しているか

第2部は4回目となる今回が最後です。今回は、ボカロから出発しつつ、ジャンル的に、また時間的にカメラを引いて、サブカルチャーがどのようにジェンダーを描いてきたかについて、より大きなパースペクティヴで考えていきます。そして最後に、この第2部全体の総括を行いたいと思います。

まずその前段として、時事に関連したショート批評パフォーマンスから始めましょう。オープニングでかけた曲は、OSTER project[*1]さんの「マージナル」です。動画の投稿者コメントがすばらしいので引用させてもらいます。

どのカテゴリにも帰属感を得られない状態、マージナル。
たとえその個性がコンプレックスになったとしても、たとえ奇異の眼を向けられようとも、それが自

OSTER project「マージナル」（2008）
作詞、作曲：OSTER project　絵：はるよ　動画：baker　歌：初音ミク

ニコニコが清廉潔白であった試しはなく、ボカロが最初から多様性に開かれていたわけではなかった。だからこそ、初期ボカロシーンで決然と表現を行った作品は美しいし、きっとその後のリベラリズムと繋がっている。歌詞中の色の布置が見事で、まさに「七色のマージナル」。そしてシーン随一のリハーモニーの操り手は最初から完成していた。

分の本当の姿であるならば、見失ってはいけない。
アイデンティティを蝕むパラダイムなんかに負けるな。
僕らはここにいるんだ。[*2]

「マージナル marginal」という形容詞は、日本語訳すると「周縁的な、欄外の」というような意味です。古い議論ですが、昭和の批評家の鶴見俊輔[*3]は、芸術の領域の際《きわ》にあり、専門家（プロ）による芸術とは見なされないもの、非専門家（アマチュア）による表現のことを「限界芸術[*5] マージナル・アート」[*4]と名づけ、論じました。ぱてゼミではそのような議論に与しませんが、ボカロをマージナル・アートなのだと言って語りたい人も世の中にはいるかもしれません。

ともかくこの曲は、力強い投稿コメントに似つかわしい決然とした名曲です。彼女は、2013年にサンリオピューロランドで同性カップルとして挙式したことでも知られています。

ここで、この曲と同名のマンガ作品、萩尾望都《もと》[*6]の『マージナル』[*7]を紹介します。萩尾望都さんは、「花の24年組」[*8]と言われた少女マンガ家たちのひとりです。少女マンガの世界に新風を吹き込んだとされていますが、そのポイントのひとつが、物語の中で同性愛を描いたことでした。いまで言うBLやGL[*9]ですね。萩尾望都の『マージナル』も、果たしてBL作品と言いうるものです。

BLなどの呼称はここ20年でかなり定着し、また一般の認知度も上がりましたが、それ以

＊1 OSTER project
ボカロP。別名、ふわふわシナモン。2007年、初音ミク発売から2週間の9月13日、「恋スルVOC@LOID」を投稿しボカロPデビュー。14年からはaikoの楽曲の編曲にも携わる。音ゲーやJポップアーティストへの楽曲提供も多い。

＊2 「【初音ミク】マージナル【オリジナル曲】」（ニコニコ動画、2008年12月15日）の投稿者コメントより引用。

＊3 鶴見俊輔（1922〜2015）
哲学者、評論家。戦中にハーバード大学を卒業、プラグマティズムの輸入者となる。丸山真男らと『思想の科学』を創刊、小田実らと「ベトナムに平和を！市民連合」（べ平連）を結成するなど、戦後昭和の進歩的文化人を象徴するひとり。著作に『限界芸術論』など。

＊4 鶴見が想定したのは、落書き、民謡、言葉遊びなど、生

前に存在しなかったわけでは当然ありません。少年同士とか、男性同士が恋愛をする物語作品をＢＬと言いますが、ＢＬはかつては「やおい」と呼ばれていました。「ヤマなし、オチなし、意味なし」の頭文字をとってやおい。作品の中で実際にヤマもオチも意味もないということは必ずしもないんですが、アマチュアで二次創作[*10]を行う同人作家が、自分たちの表現を言わば自虐的に謙遜するという当事者ゆえの言い方だったのだと思います。それが転じて同性愛を描く作品の通称になっていった。

　ボカロカルチャーは同人カルチャーでもあります。世界最大の同人即売会であるコミケ[*11]は、ボカロＰや絵師などボカロ関係作家にとっての主戦場のひとつであり、我々ぱてゼミも何度もサークル参加しています。みなさんご存じでしょうか、コミケは75年開催の第1回から現在に至るまで、サークル参加者は女性のほうが多いそうです。第1回に至っては一般参加も含め全体の9割が女性だったと言います。「やおい／ＢＬ」は、当時から一貫して、女性参加者の重要な駆動力のひとつでした。

　オタクカルチャー（ぼくはあまり使わない用語ですが）は、世間の一部ではいまだ「男性ばかりカルチャー」と短絡的に捉えられていたり、メディアがそのように扱う[*12]状況が続いていると思いますが、実情は違う。ボカロカルチャーに対する外野の誤解と相同的ですね。ここにある問題は、実情と乖離することによって、女性が「いないことにされている」ことです。この場合女性は多数派でさえあるのに、周縁に追いやられている。追いやっているのは、誰でしょうか？

世界の中心で、ひとりの女性を犠牲にしつづける

OSTER project「恋スル VOC@LOID」（2007）
作詞、作曲：OSTER project　歌：初音ミク

ミク発売から14日目、文字通りシーン最初期の作品。本章後半で言及する「私をうまく歌わせて」と歌う初期曲のひとつだが、いかにも服従的には描かなかったOSTERのセンスはその後に“よい”影響を与えたに違いない。メタ言及性は手探りの証拠。慣らし運転にも初めましてにも聴こえる「ドレミファソラシド」というフレーズを導入する的確さよ。

『マージナル』の世界では、男性のほとんどは男性を好きになります。それが「ふつう」という世界。そのはず、なぜならその世界には男性しかいないから。他者を愛することは同性を愛することと同義である。そういう単性空間なんですね。ネタバレは最低限にとどめますが、全人類はあるウイルスに感染して、男性の子どもしか生まれなくなった。時間が経って、その世界における現代人はそれを自明のこととして受け入れている。

けれどもその世界では辛うじて子どもが生まれつづけている。世界でひとりだけの「マザ」と呼ばれる存在、すなわち最後の女性が出産を続けているから。彼女ひとりが再生産の命綱で、高齢でふつうであれば出産能力を失っているはずなのに、必要のないときは強制的に眠らされることで身体を温存されて、出産行為だけを続けさせている。その後、「そうだと教えられていたが実は……」と物語が転がっていくんですが、ネタバレはできないのでそういう世界として仮に説明しておきます。

この作品は、ヤマなしオチなし意味なしではありえない、非常に高度に構成された見事なSFマンガです。そして、強い批評性を持っています。いま要約した設定だけですでに、ジェンダーの視点から批判がなされていると言っていい。

すなわち、『マージナル』の世界は、ひとりの女性を犠牲にしつづけることで成り立っている。世界の中心で女性を非常に強力に抑圧している。だがそれは、現実の世界とどれほど違うだろうか。女性を犠牲にしつづけることで、男性だけによる単性社会が成り立っているという意味では現実そのままの戯画じゃないか。現実社会のホモソーシャリティ[*13]を過剰化して告発するという批評的表現になっているわけです。

活に密着して現れ出てくるもの。純粋芸術や大衆芸術（このふたつはともにプロの表現という点では共通する）と対立する。

＊5 疎外されたものを肯定していくいわゆるリベラルな言説であろうとも、「限界」だとか条件づけをしながら、結局自らの範疇に対象を回収しようとする「芸術」の欲望。「私の分類に収まりなさい」という命令と征服欲。権力とは、自らの欲望を誰かに（たとえば鶴見に）無自覚のうちに代行させる力のことである。ともかく、表現には、芸術と名指されることを嫌だと思う権利がある。

＊6 萩尾望都（1949〜）漫画家。女子美術大学客員教授。代表作に『ポーの一族』、『トーマの心臓』、『11人いる！』など。12年には少女漫画家として初めて紫綬褒章を受章。19年には、漫画家として4人目、女性漫画家として初めて文化功労者として顕彰された。

さらに踏み込んで考えてみましょう。『マージナル』の世界はなにのアナロジーたりえているか。

昨日と今日、[*14] 天皇陛下一代にあたり一度しか行われない特別な儀式が行われています。第3回で言及した大嘗祭ですね。そのとき同様にもう一度念押ししておきますが、ぼくはいろいろな考えがあって反皇室主義者ではありません。留保つきで象徴天皇制を支持します。

天皇陛下は、日本国憲法によると、「国政に関する機能を有しない」象徴である。[*15] そして「主権者としての国民」ではない。国民は、言論の自由、結婚の自由、信教の自由など、さまざまな基本的人権が憲法によって保障されている。けれども、皇室の方々は憲法が示す国民の権利保障の範疇には入らない。

天皇陛下の御即位により、雅子様[*16]が皇后陛下となられました。戦後、すなわち日本国憲法制定後、民間から皇室に入られた方はまだ数人しかいらっしゃいませんが、それは強い言い方をすると、国民の中から誰かを、国民としての権利を失わせるかたちで、中心に送り出さなければいけないという図式になっている。

知っている人も多いでしょう、雅子様は学業においても非常に優秀な方です。卒業されたのはハーバード大学ですが、その後一時期東京大学にも在籍されていました。だからちょっと先輩、ですねw 87年に、外務省に入省されます。同期の外交官試験合格者は28名で、そのうち女性は3名のみ。そもそも、キャリア外交官に女性がなりはじめた最初期が雅子様の世代でした。これは驚くべき事実であり、ダボス会議によってジェンダーギャップ指数が低いと評価される由縁のひとつです。管理職など上位職についている男女の差が大きく、総合

Kanaria「KING」(2020)
作詞、作曲：Kanaria　絵：のう　歌：GUMI

天皇は王ではない。どちらかと言えば、あなたのほうが王だ。「レフトサイド　ライトサイド」を「邪魔くさいね」と言っても許されるから。だが好き勝手を言う他者に微笑で応えるときのあなたは王とも天皇とも等しく不自由で、それが世界の中心にいる者の振る舞いなら、いまや誰もが王だ。力強くも半音階を等しく撫で上げるリフはその微笑と同義か。

職キャリアは男性、一般職ノンキャリアは女性という図式が長らく温存されている。残念ながら、30年以上が経った2020年代においてもこの傾向は払拭されず、新卒キャリア官僚は男性が7割です。

昔、友人がこう言ったことがありました。雅子様は、巡り合わせが違っていれば――別の世界線では、ともすれば最初の女性総理大臣[*17]になられていた可能性もあったんじゃないかと。もちろんあくまでも軽口ですが、もし雅子様が政界に興味を持たれたなら、多くの国民に支持されたんじゃないかと。

しかし皇室に入られたからには、政治に介入してはいけないし、思想の表明も実質上禁じられます。ぼくも、象徴天皇制のもとで両陛下には政治的発言はしないでいただきたいと考えるひとりです。そのルールを支持しつつも、ただ一方で、ひとりの人間としての雅子様の心中を想像していろいろ考えてしまいます。

駒場キャンパスの裏門を出ると渋谷区。第8回でこう言いましたが、その渋谷区松濤《しょうとう》というエリアを少し歩くと、あるフレンチ・レストランがあります。雅子様が民間を離れられる前、最後に小和田家として外食されたのがそのレストランだそうです。雅子様はそこで、なにをお考えになったでしょうか。

象徴天皇制は、人を疎外するシステムではない

93年、結婚の儀をもって、雅子様は正式に皇室に入られました。その後の世論はこうです。

＊7　萩尾望都『マージナル』（1985〜87）西暦2999年を舞台としたSFマンガ作品。本文で触れているマザの表向きの設定は作品冒頭ですぐに揺らぎはじめる。wikiにも書いてあるので明かしてしまうと、マザが暗殺されるところからこの物語は幕を開ける。

＊8　花の24年組　昭和24年＝1949年前後に生まれた少女マンガ家たちを指す。ほかには竹宮惠子、大島弓子、山岸凉子、木原敏江など。70年ごろ、萩尾と竹宮を中心に仕事場兼住居「大泉サロン」にて共同生活をしていたが、のちに萩尾と竹宮は決別する。

＊9　BLはボーイズ・ラヴの略で、GLはガールズ・ラヴの

「子どもはまだか」。もっと言えば「男の子はまだか」。大塚英志の『感情天皇論』[*18]は当時の様子を「一億総姑《しゅうとめ》化」と表現しました。

同書の議論を部分的に紹介します。その後ネット用語としても転用されることになった「お気持ち」という言葉がありますが、陛下の発言は、社会に介入的な意味を持ってはいけないから、表明するのは「お考え」ではなく「お気持ち」でなければいけない。いまの上皇陛下、明仁様は、象徴としての天皇の「機能」を感情労働することに見出した。だから当時の陛下は、国民の気持ちに寄り添う感情労働を行われてきた。天皇陛下を、第3回で「日本でもっとも漠然と好かれている」と表現しましたが、陛下に対して、国民は好意＝感情だけを送り返すことで、天皇と国民は感情のみで交歓してきた。

ただ国民が送った感情はポジティヴなものだけではなかった。90年代には「お世継ぎはまだか」という感情を強く送っていた。雅子様というひとりの女性は、その高い個人能力を発揮することではなく、妊娠することだけを社会から期待されました。当のその社会の中心で。

湯川れい子さんが作詞した小林明子「恋におちて――Fall in love」のサビにある1フレーズを引用しましょう。

I'm just a woman[*19]

これは、フェミニズムのメッセージです。――単に女性ですと言うだけでなんでフェミニズムなの？と思った人もいるかもしれませんが、言葉を足すとこうです。「妻ではなく、母ではなく、単に女性なのだ」。

てにをは「Empress」(2021)
作詞、作曲：てにをは　絵：Nico-Tine　動画：まきのせな　歌：鏡音リン

いとけなき子どもは育ち、(人によっては) パートナーを得る。皇族に生まれ、そして女性だった人にはそれは特別な意味を持つ。愛子様はなぜティアラを黒田清子《さやこ》さんに借りた？ルッキズム、老い。本章の重要テーマだが、それら暴力の根元にあるのは家父長制だ。てにをはのファンクネスが誘う通りに、あなたの中の女帝を猛り狂わせろ。

社会や家庭が特定の性に期待してきた役割を「ジェンダー・ロール gender role」[*20]と言います。外で働く夫のために家庭を守る妻、子育てを一手に担う母というのは、いかにもジェンダー・ロールであるものの例ですね。通念のかたちをとって人を拘束するセクシズムの一種です。それらに囚われることなしに、「私は単に女性である」。これはフェミニズムのメッセージたりうるものでした。

『マージナル』の世界は「マザ」を、日本社会は雅子様を、ひとりの女性としただろうか。ひとりの国民を皇室に送り出すということは、国民であることも、女性であることも、彼女から奪ってしまってはいないだろうか。

天皇制がどうあるべきかというのはあまりに難しい問題です。ぱてゼミではこれ以上の深入りはいったん避けておきますが、ひとつ言えるのは、現状の規範の通り、男系のみの血族が皇位継承権を持つということが維持されるなら、今後も、皇室に入ることで国民でなくなる人物は、つねに女性でありつづけるということになるでしょう。ぼくは、みなさんを思想的に誘導することはしませんが、個人の意見を表明しておくなら、反皇室主義ではないからこそ、「皇族には人権がない」などという暴論はいっさい許容しません。皇族に入られる方もそうだし、生まれつき皇族であった方もそうです。あらゆる立場の人が生得権としての人権を尊重されることを望みます。

文化人類学者の山口昌男[*21]はかつて、「中心と周縁」という対概念を立てて、それらが両義的に作用することで社会は安定性を得るのだと論じました。これも古い議論なので詳述は割愛しますが、両義的とはつまり、社会は周縁に向かっても疎外するし、中心に向かっても疎外する。そうして逆ベクトルで疎外された聖と俗がなんらかのかたちで一致する――このよ

略。8章の通りマイナーなほうだけが名指されるのは不当であるので、異性愛にはＮＬ（ノーマル・ラヴ）という呼称がある。ノーマル（ふつう）？　これも不当なのでＨＬ（ヘテロ・ラヴ）とも言う。

＊10　既存の作品（一次創作）のキャラクター、世界観、物語などを借用あるいは再構築して行われる創作。著作権の視点から見ると、それらの多くは「引用」ではなく「翻案」なので、著作権者の許諾を得ていない場合は同一性保持権などに抵触する可能性がある。

＊11　コミックマーケット。通称コミケ。コミックと称しているが、現在は同人でさえあればあらゆるサブカルチャー創作物を許容するオールジャンル同人即売会となっている（近年は企業の参加も別条件で受け入れている）。96年以降は東京ビッグサイトで開催され、19年冬の動員は4日間でのべ75万人に上った。

うなモデルは、山口以外によってもしばしば語られるものです。

しかし21世紀において、象徴天皇制とは、誰かを中心に据えることで、その人を疎外するシステムであるべきではない。そして、我々が3回かけて考えてきたジェンダーとセクシュアリティの自由は、生得権としての人権に確実に包含されるものであると、ぼくは考えます。みなさんに思想強要するわけにはいきませんが、ともかくこれが、ぼくの「お気持ち」です。

恋愛シジョウ主義　バトルフィールドとしての合コン

はい、ここまでが時事に関連した前口上パフォーマンスでした。いかがだったでしょうか。これまで以上に、みなさん自身で考えてみてほしい問題です。かつ、ジェンダー論ゾーン第4回目にして、もっとも明示的にフェミニズムに接触する議論でした。今回の後半の議論にも関わってきますので、ただの前口上だと思わず覚えておいてくださいね。

さて、前回最後に、存在させられること、値踏みされる身体という話をしました。その問題をさらに考えるべく、ここからタイムスリップをしてみましょう。

ときは20世紀。その最後のディケイド、１９９０年代の話です。みなさんは生まれる前だったり、生まれていてもまだ物心がついていなかったころでしょうか。

90年代は、「恋愛シジョウ主義」の時代でした。これはダブルミーニングです。どういうことかわかりますか？

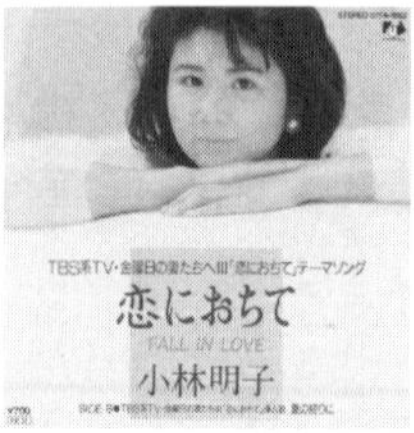

小林明子「恋におちて—Fall in love—」(1985)
作詞：湯川れい子　作曲：小林明子　歌：小林明子

フェミニズムの曲だが、「居酒屋」など「不貞を歌う歌謡曲」の系譜にあることを付言しなければ公平性を損する。「土曜の夜と日曜の／貴方がいつも欲しいから」というフレーズはEXILE「Ti Amo」にも引き継がれる。本書はもちろん不貞を肯定しない。「待つ女」を美的に描くことは誰に利するか。ドラマ『金曜日の妻たちへIII・恋におちて』主題歌。

学生1「恋愛が最高だっていう至上主義と……」

もうひとつ。わかりますか？

学生2「マーケットの市場ですか？」

そう、その通り。「恋愛至上主義」と「恋愛市場主義」。その両方が同義化して前景化したのが90年代でした。同義化——つまり、恋愛を最重要事としながら、同時に（だからこそ）、相手の価値を市場での取引のようにシビアに値踏みし合う側面を強めていた。

当時を象徴する2曲のJポップ楽曲を紹介したいと思います。時代を席巻した、みなさんの親御さん世代なら誰でも知っているほどの大有名曲であり、我々が追ってきたアンチ・ラブソングとは真逆に、双方とも紛れもないラブソングです。

まず1曲目は広瀬香美さん——ニコニコ的に言えば「ゲッダン[*22]」の人ですね。93年の「ロマンスの神様」という曲を聴いてみましょう。

♪広瀬香美「ロマンスの神様」

この曲は当時175万枚という大ヒットを記録したそうです。結論から言うと、この曲は合コン[*23]のことを歌っています。1番のサビ直前に「性格よければいい　そんなの嘘だと思いませんか？」とあります。歌詞としてはなかなか見かけないフレーズですよねｗ　慎ましや

＊12　88年から89年、ちょうど時代が昭和から平成に変わるころ、幼女4人が犠牲となる東京・埼玉連続幼女誘拐殺人事件が起こった。犯人の宮崎勤（62年生まれ）は自室に6000本のビデオテープを所有し、コミケにも出展していた。メディアを通した大衆のオタクのイメージの、負の起源のひとつは確実にこれである。事件後、どこかのメディアがコミケ会場を「ここに10万人の宮崎勤がいます！」と報じたという噂があるが、真偽は定かではなく当事者の共同幻想だという説もある。

＊13　ホモソーシャル　homosocial　同性同士の精神的な連帯によって、異性を疎外する論理。当人たちは「我々は異性愛者なので、あくまで非性的に交歓しているのだ」と思っているし、その追認のためにむしろ同性愛嫌悪（ホモフォビア）を表明したりするが、同性愛願望とその禁止こそがこれらを駆動していると

かに「ほしがりません」と言うだけではなく、性格以外のスペックだって要求したい。そんな本音を高らかに歌い切るこの曲に共感したのは、明らかに男性ではなく女性だったでしょう。2番にはさらに具体的にこうあります。「年齢　住所　趣味に職業／さりげなく　チェックしなくちゃ／待っていました　合格ライン」。そのあと顔面のチェックもありますね。主人公の女性が相手の男性のスペックを値踏みしているパッセージです。

一言で断言しましょう。「ロマンスの神様」は、フェミニズムの楽曲です。この曲はあるセクシズムを決定的に批判しています。それは「男性は選ぶ主体で、女性は選ばれる客体である」というセクシズムです。

先ほど見た皇室の問題にまさに色濃く残っているところの、家長はつねに男性であるという家父長制。それに利するかたちで、性愛行動において男性が積極的であるべきで、女性は慎ましやかにそれを待つべきだという通念が存在していました。たとえば、愛情の告白というのは男性からするもので、女性からするのは女性らしくない、だとか。

そうではない、女性だって選ぶ主体である。陳列棚に並んで品定めされるのを一方的に待っているのではない、こちらだって男性を品定めして値踏みしているのだ。それを堂々と宣言している点で、当時の女性たちに「よくぞ言ってくれた」と支持されたのだと思います。

続けてもう1曲ご紹介します。DREAMS COME TRUE の92年作、「決戦は金曜日」です。

♪ DREAMS COME TRUE「決戦は金曜日」

広瀬香美「ロマンスの神様」（1993）
作詞、作曲、歌：広瀬香美

「週休二日　しかもフレックス」と労働する女性の顔を捨象しなかったのも進歩性だっただろう。それは作家の実人生の吐露ではありえない。戦場の論理を、他者のために代行して戦っている曲だったと思う。検索すれば（おそらく男性からの）批判がいまでも見られるが、時代の理想を一定距離を置いて描いていた作家の冷静さはなかなか分析されない。

ドリカムことDREAMS COME TRUEも、90年代Ｊポップを代表する人気ユニットです。そして「ロマンスの神様」と同じく、これも合コンの歌なんですね。

バブル経済に沸いた80年代後半から平成初期90年代にかけて、「花金」という言葉が生まれました。土日休みの社会人にとって、金曜日は次の日のことを考えず一晩中夜遊びできる日。だから金曜日は「花の金曜日」だと。それを略したのが「花金」という言葉です。

タイトルは、その金曜日こそが「決戦」なのだと言っているわけです。待ち遠しく楽しみで、緊張を感じながら本気を出すべきは、至上の恋愛が待っている金曜日。「ぬかりない」準備のもと緊張とともに赴く先には勝負が待っているのでしょう。だからこの曲を「合コンに向かう主人公の話」と解釈するのは一定程度妥当です。[*24]

この曲の最大のポイントは、戦いのメタファーを使っていることです。「決戦」がまさにそうですし、１番には「戦闘の準備は　ぬかりない」とあります。合コンで人でも殺すんでしょうかｗｗ

果たして、市場とはバトルフィールドです。価値によってドライに取引され、「椅子取りゲーム」のように勝者と敗者が生まれる。獲得競争に負けないためにはときに他者を欺くことさえ必要となるかもしれない。ぼくは合コンに詳しくありませんが、合コンはそのような場所であると伝え聞きます。そうであるなら、それはまさに「恋愛シジョウ主義」を象徴する場としてあるでしょう。

Ｎｅｒｕくんの曲にもまた、戦場のメタファーがたくさん出てきます。Ｎｅｒｕくんの曲においては、戦場はつねに性愛の舞台のメタファーになっているわけではなく、性愛にかぎ

イヴ・セジウィックの『男同士の絆』は描き出した。ニコニコカルチャーの淫夢は典型的にこれである。

＊14　２０１９年度には、この回は11月15日に行われていた。

＊15　日本国憲法第４条「天皇は、この憲法の定める国事に関する行為のみを行ひ、国政に関する権能を有しない」

＊16　雅子様（１９６３〜）19年より皇后陛下。ハーバード大学で数理経済学を修め、卒業論文は成績優秀な学生に贈られる「マグナ・クム・ラウデ」を受賞した。87年から93年まで外務省に勤務。01年に第１皇女子・敬宮愛子内親王を出産する。

＊17　逆に言えば、２０２２年まで、日本の総理大臣は全員男性である。

＊18　大塚英志『感情天皇論』（ちくま新書、２０１９年）

らない人間同士の関係すべてに「恋愛市場」のような市場性が全面化していないか？ということを示唆していると思います。

いまの議論を経た上で「東京テディベア」をもう一度聴いてみると、さらに聴こえ方が変わってくるかもしれません。

メイル・ゲイズ「見ること」をめぐるセクシズム

90年台の2曲は、主人公である話者がともに女性であり、当然のこととして主体的です。先ほど「男性は選ぶ主体で、女性は選ばれる客体である」という間違った通念がかつてあったと言いました。それと並行して、「男性は見る主体で、女性は見られる客体」というセクシズムが広く文化社会に浸透していた。これまで何人もの論者がそう指摘してきています。たとえば、美術。教科書に載っている歴史的に有名な西洋絵画は、なぜ裸体の女性が多かったのでしょうか。72年に発表された、視覚文化論の古典的名著とされるジョン・バージャー『イメージ』[*25]の中で、バージャーは端的に次のように言います。

平均的な西洋の裸体画では、主役は決して描かれない。主役は絵の前にいる鑑賞者であり、男であると想定される。すべてが彼に向けられ、すべてが彼のためにあらわれるのでなくてはいけない。女がヌードになったのは彼のためである。しかし彼は明らかに見知らぬ他人であり、服を着たままだ。[*26]

バージャーは、西洋美術においては「鑑賞者＝所有者」なのだと論じます。男性は見るこ

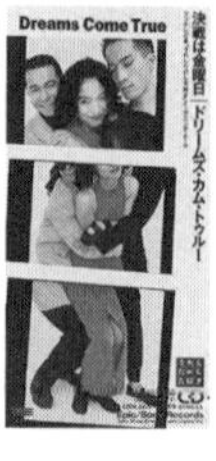

DREAMS COME TRUE「決戦は金曜日」(1992)
作詞：吉田美和　作曲：中村正人　歌：DREAMS COME TRUE

本章で後述の通り、女性が性的主体であるのは当然。「ふくれた地下鉄が核心へ乗り込む」。性のメタファーに満ちているのはドリカムの本質のひとつだ。合コンの歌ともとれるし、「裏表ラバーズ」同様に直接的な性の現場を描いているとも読める。即物的なアンチ・セクシュアルの前段には、暗喩を使って静かに性を前進させていた先人がいたのだ。

とによって、そこで描かれ客体化されている裸体の女性を「所有する」という欲望を満たしている。「所有する／所有される」という非対称性がそこにあるのだと。

　非対称性を隠し持つ視線の問題は、映画理論家のローラ・マルヴィによって「メイル・ゲイズ　male gaze」[*27]と概念化されます。マルヴィは、映画は男性の「窃視欲望」を満たすものとして成立していると指摘します。窃視とは、自分は「見られる」ことなしに、一方的に「見る」ことです。

　これらは西洋美術や映画など、確立された文化ジャンルにおいてのみ見られる問題でしょうか。等身大の我々の日常に引きつけて考えてみましょう。日本ではいまだ、とくにオーバーグラウンドのテレビなどのメディアの中では、女性を「見られる客体」として描きつづけていないでしょうか。外国からの留学生であるぱてゼミ受講生のひとりは以前「日本に来て、電車の吊り広告が水着の女性ばっかりで驚いた」と言っていました。バージャーは前掲書で「インド芸術やペルシア芸術、アフリカ芸術、プレ・コロンビア芸術などの非西洋的な伝統文化において、裸がそのように受動的なものではなかった」[*28]、性的に能動的にも描かれていたと書きました。果たしてこれは、２０２０年代日本の一般文化状況に当てはまるでしょうか。我々（ときに女性を含みうる「Ｗｅ」です）はいまだに、ほとんど裸体の水着姿の女性ばかりを広告イメージなどの中に見ることに、慣れきってしまってはいないでしょうか？

　だからこそ、オーバーグラウンドではない同人カルチャーこそは、女性の味方でした。ＢＬカルチャーでは、作り手としても鑑賞者としても、主体は女性です。ＢＬは男性のあいだの性愛を多く描くものですから、そのとき女性は性的にも主体です。

＊19　ほかにも、アン・ルイス「WOMAN」には「MY NAME IS WOMAN」とあったり、湯川れい子は「単に女性である」というメッセージを複数の作品において変奏している。

＊20　ジェンダー・ロール　gender role　カタカナ語として覚えるので十分だが、ときに「性役割」とも訳される。「男は泣かないもの」というような通念的な行動規範もこのジェンダー・ロールに含まれる。

＊21　山口昌男（１９３１〜２０１３）　文化人類学者。東京外国語大学教授、札幌大学学長などを歴任。日本、アフリカなど世界中を調査対象とし、両性具有、トリックスターをテーマとしていた。

2016年にぱてゼミ開講直前に東京大学新聞から受けたインタヴュー[*29]の中で、ボカロカルチャーの隆盛についてこのような説明をしました。「若者世代は、少数者になったゆえに、市場価値を見出されなくなった。与えられないなら自分たちで作ってしまえ。そうして自分たちのためのカルチャーを自分たちで作ったのだ」。この図式は、かつて女性が強いられた状況とそれに対してとった行動を、そのまま同型に反復していると考えます。

登場ののち時間をかけて、BLもいまや商業出版の一大ジャンルになりましたし、ボカロも若者世代を中心に一大カルチャーになりました。また、多くの人が声を上げて変えようと行動してきたおかげで、「女性を受動性のもとに客体化する」傾向も「昔に比べればマシ」になりました。

けれども考えてほしいのは次のことです。同人カルチャーはオルタナティヴですばらしい。その通り。しかしどうしてオルタナティヴであるかというと、メジャーカルチャーが女性や若者を周縁に疎外する力を持っていたからです。この起源はいつまでも忘れるべきではありません。

ルッキズムとセクシズムの過渡期的衝突(に抗う)

これまでの議論に関連して、ここで、今後の時代を生きていく上で、必ず覚えておいてほしい概念をご紹介します。

「ルッキズム　lookism」。直訳すると外見主義です。カタカナ語でも人の見た目のことをルックスと言いますが、容姿で人を判断する考え方のことです。セクシズムやレイシズムがそ

HoneyWorks「金曜日のおはよう」(2014)
作詞：shito、Gom　作曲：shito　編曲：黒須克彦　動画：ヤマコ　歌：GUMI

ドリカムから20年後、10年代の「金曜日の歌」はこれ。花金ではなくて、週明けまで2日も会えない日。だから「頑張らなくちゃ」いけない日。後述の「スキキライ」に通じるほんのちょっとの先走った想像力(「おやすみ」)がエッセンスとして効いている。この社会が老いていこうとも、若者の恋愛を想像力の中に、そしてぎこちなさの中に取り戻せ。

うだったように、「それで他者を差別する考え方」という含意を持つことがあります。
身長が高い低い、太っている痩せているなどの体つき、肌の色、目鼻立ち、美醜、それらさまざまな要素の集合体として語られる容姿の評価体系であり、「東京テディベア」を通して考えた「身体を性的に／社会的に再構成する」強固なイデオロギーです。身体にとっての象徴界と言っていいでしょう。特定の他者によらずとも、そこに実際に人がいなくても、私の容姿をゲイズして、値踏みしてくる視線。ときに人を「脳ミソ以外もういらない」とうんざりさせるようなものです。

セクシズムはまだまだ残存していますが、これでもかつてよりは少しマシになった。いまそう言ったばかりです。ここからは定量的に語りにくいところですが、あくまでぼくの責任範疇で、ひとつの主観として次のように言おうと思います。

社会の中の「セクシズムの総量」は減ったが、一方「ルッキズムの総量」は増えた。

ひとつの根拠はこうです。男性だけが「見る／値踏みする主体」であるというセクシズムが解体されて、「ロマンスの神様」が示したように、女性も「見る／値踏みする主体」になった。これが完全に果たされたなら、「値踏みする主体」の総人口は単純に2倍になります。だから過渡期としての現代においては、セクシズムの解体とトレードオフに、社会の中のルッキズムの総量が一時的に増えざるをえない。これは当然のこととも言えます。
だからといって、セクシズムの解体というプロジェクトがダメなわけではありません、

著作に『天皇制の文化人類学』『文化と両義性』など。

＊22　広瀬香美「promise」をラマーズPが動画的にアレンジしたものが昔のニコニコ動画の中で流行し、広瀬本人もその動画を「ゲッダン」と呼んで好意的に受け入れている様子だった。現在は削除されておりニコニコ動画では視聴できない。

＊23　合同コンパの略。パートナーを求める男女が集まる飲み会のこと。男性幹事が男性陣を集め、女性幹事が女性陣を集め、それぞれに気になる相手を探す場となることが多いとされる。

＊24　向かう先にいるのは複数人がいる場所ではなく、特定のひとりなのではないかという解釈可能性もある。

＊25　ジョン・バージャー『イメージ』（伊藤俊治訳、ちくま学芸文庫、2013年）バージャーはイギリスの美術評論家。同時代のアメリカン・モ

止まるべきではありません。女性ばかりが容姿を値踏みされたり、容姿について好き勝手言われていた過去のほうがいいということにはならない。

男性は、自分たちがルッキズムの負荷を被らないで済むための通念を構築していた。たとえば「男は顔じゃない」という言説です。化粧をしたりして自分の見栄えをよくするのは女性の役割で、男性の役割は稼ぐことに尽きる――ジェンダー・ロールとルッキズムが絡み合っていますね。男性が髪や眉毛をいじっていると「男のくせに」「女々しい」と同性から揶《や》揄《ゆ》される。言葉を足すなら、「ルッキズムを被るのは女性たちだけでいいという通念を男性たちで一致団結して維持しようとしているのに、その統一を乱すな」というようなことだったのでしょうか[*30]。もっときれいに見られたいという男性の欲望が同調圧力によって抑圧されていたという側面もあるでしょう。

ともかく、性別が条件となってルッキズムを免れられるという時代ではありません。身近なネットカルチャーでも、半ば冗談とはいえ「かわいいは正義」「ただしイケメンにかぎる」という標語が10年代には流行ったりしました。マンガやアニメなどのサブカルチャーでは、キャラクターは描いたら描いたようになるから、性別に関わりなく基本的に全員が美形だったりする。そしてぼくらはそれを当たり前に享受している。だから、「東京テディベア」の叫びに、性別を問わず任意の聴き手は移入できる。

ルッキズムは美醜に集約されることばかりではありません。ジェンダー・イメージと密接です。骨格が細いかどうか、体毛が濃いかどうかなど、通念的なジェンダー・イメージとの対応関係を見出されやすい要素は存在するでしょう。同じ男性であっても、男性的表徴が強

HoneyWorks「ラズベリー＊モンスター」(2013)
作詞：Gom、shito　作曲：Gom　動画：秋赤音　歌：初音ミク

「愛（め）と愛（め）が苦手です隠れたいよ」――それは私を存在させようとするから。ではどうすればいいか。攻撃せよ。それが最大の防御だ。なぜならここは戦場だから。やつを殴り飛ばす「君は僕だ」。最後のイケメンはジョニーでも、あなたのディビジュアルでもあるだろう。貴重も貴重な「ハニワのアンチ・ラブソング」かつ「ハニワのオクターヴ」。

いかどうかにも差異はある。

第7回に、井手上漠さんという人物を紹介しました。あえて無防備に言いますが、井手上さんはきれいな人だと思います。漠さんは自身の活動を通して、性別に囚われる必要はないんだというメッセージを発信している。それによって救われた人はきっとたくさんいる。そのことすべてを、ぼくは肯定的に考えたいと思います。

その上で言わざるをえないのは、過渡期としての現状の日本の文化環境では、そのメッセージを発信できる人が、美しく中性的な人物だけになってしまっていないかということです。気をつけなければいけないのは、ジェンダーを越境でき、アンチ・セクシズムを体現できるのは、美しく中性的な人だけの特権ではないという点です。

ここで、井手上漠さんのとなりに、レディビアード[＊31]さんというプロレスラーの方を見てもらいたいと思います（画像を並置）。髭とか胸毛とか、いわゆる男性的身体表徴を強く残したかたちで、女性的な衣装を着ている。

ふたりは、ジェンダー越境的であるという点では同じはずです。でもレディビアードさんのほうは、笑っていいもののようにされていないか。もっと踏み込んで言うなら、「これは笑っていいものだ」という演出がなされてしまっていないか（当人や関係者は否定するでしょう、しかし少なくとも、笑われることに譲歩している）。それで誰かは傷ついていないだろうか。ここにある通念が、誰かが自分の望むジェンダーを自認するのを阻むのだとすれば、ぼくはそれに抗議するほかありません。

さらにもうひとり、となりにこの方を紹介させてもらいます。ジョナサン・ヴァン・ネス[＊32]

ダニズムが純粋な視覚経験を追求していたのと対照的に、「見ること」がいかにノイジーな行為であるか、歴史的に構築された行為であるかを平明に解き明かしていく。訳者の伊藤俊治による70ページに及ぶ解説は、現在のVR技術までをも射程に捉え、視覚の現代的複雑化を高速で総覧する。

＊26 バージャー、前掲書、80ページ。同書3章「「見ること」と「見られること」」より。

＊27 マルヴィはイギリスの映画研究者、実作者。1975年の論文「視覚的快楽と物語映画」でラカン派精神分析の手法を用いメイル・ゲイズの問題を指摘した。邦訳は岩本憲児ほか編『「新」映画理論集成：1 歴史／人種／ジェンダー』（フィルムアート社、1998年）所収。

＊28 バージャー、前掲書、77ページ。

さん。Netflixの人気番組『クィア・アイ』に出演し、アメリカで人気を博している美容の専門家です。これは、世界的に知られる女性誌『コスモポリタン』のイギリス版で、2019年に35年ぶりに女性以外がソロで表紙に起用されたときのものです。髭に女性的な衣装、それはレディビアードさんと同じです。でもそこにある差はほとんど歴然ではないでしょうか。ヴァン・ネスさんは、自分をコミカルになんて見せていない。「髭は男性の表徴[*33]」とか、そんなルッキズムの分節体系は二の次にして、堂々と、自分であることを楽しんでいる。これは、誰かを勇気づける笑顔ではないでしょうか。

ルッキズムの問題は必ず、よりシビアに問われていく

「考える上で自分をいったん棚に上げていい」。それがぱてゼミのローカルルールでしたが、このルッキズムの問題についてはとくに、そのルールを設定した上でも、聞いていてしんどいと言う人も少なくないかもしれません。自分と無関係ではありえないから。値踏みする側としても、値踏みされる側としても、自分はルッキズムと完全に無縁であると断言できるような人はほぼいないでしょう。ぼくも例外ではありません。

だからと言って、みんなしているのだからそのまま温存すればいいという話にはなりません。より美しい人を愛好するのは「本能」なのだとか、本質主義的な主張をする人はいます。しかし、どんな外見が美しいとされるかは時代と地域に大きく依存していて、文化的に構築されたものにすぎません。

端的な例を示すにとどめますが、平安美人といまの美人のイメージは違うし、19世紀末の

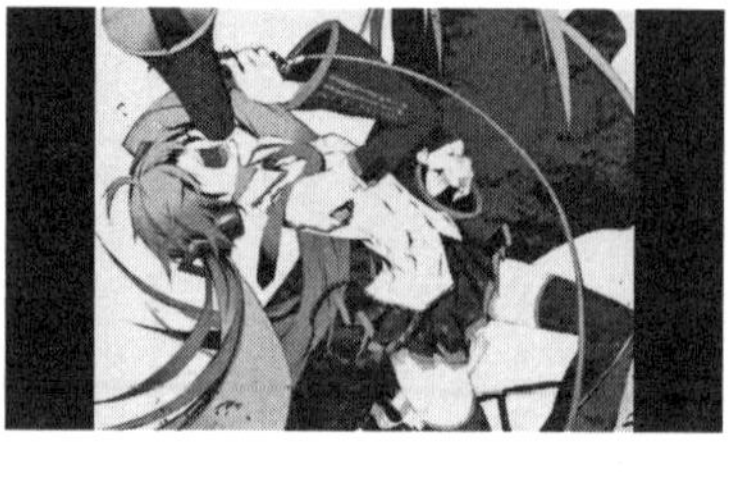

ryo「恋は戦争」(2008)
作詞、作曲：ryo　絵：三輪士郎　歌：初音ミク

この曲を紹介しないわけにいかない。タイトルが本章で語ることそのものすぎる。だがそれを、当時でも珍しいBPM87のダウナーでラウドな音像、同主調の往復、9thの叫びなど、音楽的精度をもって表現した作家はいまもってほかにいない。熱量の主体である主人公はメガホンが壊れようとも言う。戦場では「手段なんて選んでられない」。

アメリカでは太った体型の男性はモテた[*34]と言います。肥満は豊かな食生活、すなわち富の象徴だったから。ここでルッキズムは明白に自律的ではなく、ほかの価値基準＝権力がひしめき合う場所としてあります。本質主義者が言う「本能」が希求する美しさとは、少なくともそのようにノイジーななにかです。

「かわいい」もそうではないか。自分よりも「弱い」こと――支配可能で下克上しない対象である、という価値判断が潜在していないか。一方それを自演する者にとっては、無害であることによって他者に魅力的だと感じてもらう戦略である。少なくともかつてはそうでした。いまも、対象を積極的に矮小化する[*35]マウンティングの言葉として「かわいい」が用いられる場面もある。

「かわいい」はこんにち、より自律的な美性としての側面も持つかたちへと進化していきました。誰かのための「かわいい」でなく、自分のための「カワイイ」。そうして「かわいい」は「カワイイ」に進化した――そのような理解にぼくも基本的には賛同するところですし、ある特定のファッションスタイルをまとっている人を「媚態的だからいけない」「セクシズム温存的だ」と断罪してしまうことには慎重であるべきだと思います。けれども、これを消費する側が自己正当化するロジックとして濫用することにはそれ以上に警戒すべきです。「かわいい」が進化したことは、ノイジーではなくなったということではない。そう理解しています。

予言しましょう。2020年代を通して、ジェンダーの議論におけるルッキズムの問題は

＊29　「初音ミクでエンタメはどう変わったのか？　東京大学初のボカロPによるゼミに迫る」（東京大学新聞、2016年）

＊30　このようなところから転じて、セクシズムの解体が自分の損になると考え（あるいは無意識にそう感じ）、セクシストとなっている人もいるのだろう――と、あくまで個人の実感としては思う。

＊31　レディビアード　Ladybeard（1983〜）　オーストラリア出身の女装プロレスラー、ミュージシャン。13年より日本での活動を開始。

『永遠の髭少女　レディビアード（DVD）』（DDTプロレスリング、2014年）

よりシビアに検討されていくことになります。外見の美醜や身体的特徴について言葉にするのは、もっとデリケートなことになっていくはずです。もうすでにその萌芽は見られますし、ぱてゼミが開講した２０１６年から現在までのあいだにも、その高まりは感じます。

明らかなのは、ルッキズムは少なくとも、すべての人を幸せにする論理ではないということです。セクシズムの総量は以前よりは減ったけど、ルッキズムの総量は上がった。後者の増大を、特定の性別の問題としてではなく、すべての人にとっての問題として解決していくことが、今後のジェンダー論の課題のひとつとなっていくと予想しています。予想が的中したら褒めてくださいねｗ

ルッキズムに抗うとはどういうことでしょうか。通念＝権力＝身体の呼び声によって誰かを選択し好むことを禁じ自罰するということでしょうか。あるいは、身体の呼び声に抗って、選ばなかったはずの誰かを選ぶことでしょうか。自分自身をより美しく／かわいく見せようとする欲望は自罰されるべきでしょうか。

本当に難しい問題ですし、ルッキズムをめぐる「ふつう」が推移するとは断言できても、具体的にどのように推移すべきかまではぼくから解答を提供するみたいに話すことはできません。みんなそれぞれに考えてみてほしいと思いますが、思考の補助線にしてもらうべく、ここでふたつの作品を外部参照したいと思います。

ひとつは、ＳＦ作家テッド・チャン[*36]による短編小説「顔の美醜について」[*37]。タイトルが直球ですね。ＳＦなのでまだ現実には存在しない技術が登場します。それは「美醜失認処置

Last Note.「恋愛勇者」（2012）
作詞、作曲：Last Note.　絵：スオウ　動画：cao.　歌：GUMI

「つーちのこ Yeah!」という空耳を惹起するのは非凡さであり、ラスノ押韻ワールド（12章）の開幕である。ボクシングや現代戦ではヒット＆アウェイが鉄則と言うが、この曲の白眉は、猪突猛進のようでありながら同時に、「優しくし」たり「長く喋っ」たりしたら「恋されちゃう」リスクを示しアウェイも示唆していること。惚れろ、だが惚れられるな。

（カリーアグノシア）」。「容貌の評価を専門とする神経回路を閉鎖[*38]」することによって人の顔の美醜を感じなくなる技術で、手術も要らず、かつ可逆である。それを導入しようとするコミュニティと反対する勢力の言説による攻防を通して、ルッキズムの本質を問う鋭い作品です。導入派はこう言います。「あなたのお子さんを、外見の問われない環境でのびのび育ててあげたくないですか？」。反対勢力の代表格は化粧品業界と広告代理店。ルッキズムは、強者を優位に立たせるだけでなく、劣等感を煽ることで儲けたい人にとって必要なものなのでしょう。さまざまな立場の人の意見が矢継ぎ早にモンタージュされていく構成で、先ほど話した「ルッキズムは本能だ」と主張する学生や、人工的な神経回路への介入ではなく、教育で解決すべきと主張する学生も出てくる。結論断定的な作品ではありませんが、カリーをひとたび外した少女は、もう一度カリーをつけることを決断してこの小説は終わります。

もうひとつの作品は、D［diː］『キぐるみ――（で、醜さを隠そうとした少年のはなし）[*39]』。これもいわばSF作品です。主人公の住む街では、醜いことは罪である。美しくない人間には着ぐるみの着用が義務づけられるという「「かわいい」至上主義」の街。説明するだけで気分が悪くなるようなディストピアですが、その内側にいる人間にとっては「ディズニーランドのように楽しげで清潔な」ユートピア。そのかわいい姿を外から来る観光客に「見られる」ことによって街の経済が成立している。「かわいい」の束縛に絶望した主人公は街を飛び出します。しかし外の世界もルッキズムの市場にすぎなかった。あの街が単に世界の縮図だったことを思い知ります。さらには、主人公はルッキズム強者でないからには性的価値を差し出せ、という暴力的扱いを外の世界で受けてもいる。バッドエンド作品ですね。

＊32　ジョナサン・ヴァン・ネス Jonathan Van Ness（1987〜）アメリカの美容師、活動家、テレビパーソナリティ。インスタグラムのフォロワー数は500万人を超える。自著『どんなわたしも愛してる』の中で、HIV陽性であること、薬物に依存した時期があったことを告白している。

COSMOPOLITAN, January 2020

＊33　ジュディス・バトラーは、ドラァグ・クイーン（ゲイカルチャーの中に歴史的に存在する異性装のパフォーマンス）がジェンダー規範を攪乱する政治性を持つと言う。女装することが模倣的で滑稽なのだとすれば、女性が女性的であることも滑稽

ボカロはいかにして性表象の搾取を迂回したか

結局みんなかわいいものが好きなのだから、みんなかわいくなってしまえば解決ではないか。全員がルッキズム強者になればいい。たとえば10年代後半から、VチューバーことバーチャルｙｏｕＴｕｂｅｒという文化が生まれましたが、みんなバーチャル空間で理想の身体を持てば、それはルッキズムの克服である。——そのようなアイディアが解決になりえないことを、とくに『キぐるみ』のほうは描いていると思います。

10年代後半、Vチューバーの登場とともに一部に「バ美肉」という言葉が生まれました。「バーチャル美少女受肉おじさん」の略であり、男性が女性の身体表象をまとうVチューバーのことです。この言葉はぼくには支持できるものではありません。「受肉」という部分がとくにダメです。ここで「美少女」のイメージは外形的な肉体のみに還元されています。

ここまで女性を客体化して消費することを批判してきましたが、自己のイメージとしてまとっているなら、それが「女性の客体化」という批判を免れる口実になるということは決してありません。

今日の冒頭で、オタクと言って男性のみを想定するのは不当なセクシズムであると言いました。それはそうとしつつ、いわゆる男性オタクの文化がジェンダーの視点から批判されるべき問題を抱えていたことは事実です。

最大の問題は、そこに女性がいないことです。典型的に図式化して言うところです。男性

蝶々Ｐ「え？あぁ、そう。」（2010）
作詞、作曲：蝶々Ｐ　絵：riria009　歌：初音ミク

「気が済むまで私も満足したいわ」。アンチ・フェミニストがもっとも恐れる声のひとつがこれ。恐るべきことに、あなたは満足させておらず「嬉しいとか気持ち良いとか」は「自己満足」。だがそう言い当てられたとして、その声にどうしてそこまで怯えるのか。「逃げる」のか。男だから？　動画の幾多の腐女子コメントはセクシズムの解放を促す。

が、理想とする女性キャラを表現し、それを男性の受け手が消費する。現実の女性の内面はいらない。女性は男性の望む身体表象としてあればよくて、その内面は男性にとって理想的なものを（フィクションなのだから）インストールすればいい。女性への欲望をエンジンとしながら、理想を設定するのも消費するのも男性ばかりでホモソーシャル。女性排除的。つまり、ミソジニーの結果として理想的女性の客体化がある。これがフェミニズムの視線からの男性オタク向け二次元カルチャー批判のひとつです。「バ美肉」[*40]はまさにこの図式を反復しうるわけです。

とくに創作の上では、実在しないどのような人物も描出できてしまいます。「私は私的欲望としてこのような女性を描きたいと思ったのだ」。そのような創作の自由は制限されるべきと言いたいわけではありませんが、しかし、描かれた女性表象は、その一方的な客体化や描き方の質によって、多くの人に検討され批判されていくでしょう。それらの声との交渉の結果、10年代を通して、アニメなどにおける女性の描かれ方は全体には改善傾向にあった[*41]と伝え聞きます。

トランスジェンダー当事者の方をはじめ、現実の自己身体イメージに違和を持つ人たちにとって、バーチャル空間で自分の身体イメージを書き換えられることは、大きな福音になるでしょう。その自由と尊厳が尊重されるべき一方で、「Vチューバーは身体イメージを描くことで外部化しているのではなく、そのイメージを自身にまとっているのだから、これは客体化ではない」という言い方が、前段の批判を解消するものになったわけではありません。いま技術によって、「それになる」ことによる客体化、そして搾取が可能になった。新しい技術が、新しく誰かを救った一方、同時に「新しい搾取が生まれた」というのが正確だと思

だろう。両者は起源なき模倣を演じる点で同根であり優劣はない。それに気づかせる「バカバカしさ」（本書第1部で何度かこう言った）には価値があるし、滑稽であるものすべてが非難されるべきというわけでもない。また「笑われる権利」という議論の立て方も可能だろう。それをわかった上で本文でこう書くのはどうしてか、誰のほうを向いているのか。クィア理論中級以上の読者各位はそれを踏まえて考えてほしい。

＊34　「アメリカ人が考える、男性の「理想体型」――150年の変化を振り返る」（BUSINESS INSIDER、2017年7月14日）

＊35　真剣に怒っている人を「ムキになっちゃってかわいい」と言うことで、自分のほうが精神的余裕があるかのようにマウンティングするなど。

＊36　テッド・チャン Ted Chiang（1967〜）

います。

前者を肯定しながら、後者を警戒すること。そこには困難もあります。両者を区別し裁定できる他者とは誰か。前者が後者だと誤解されるとき、「新しい傷つき」が生まれないか。新しい問題はいつも難しい。またしてもぼくは明確な解答を提出するようには話せませんが、問題がすぐに解けないからと言って、そこに問題があること自体から目を逸らすわけにはいかないとは強く思っています。

ここで、有名なフェミニズムのスローガンを紹介します。

個人的なことは、政治的なことである　The personal is political

ぱてゼミでは、フーコーの言う権力が、「ふつうこうするもの」という通念のかたちをとって個人の内的欲望を方向づけてくるということを何度も問題化してきています。たとえばある人が「結婚したい」という欲望を持っているとする。遍く欲望が個人的なものだとしても、それは社会（政治）と無関係だろうか。社会がこのようではなく別のあり方だったら、その欲望は同様に存在しただろうか。上記のスローガンは、１９６０年代以降のアメリカにおける第2波フェミニズム運動が、婚姻や、前出のジェンダー・ロールの問題を問うていく中で、広くフェミニストの中で共有されたものとされます。

第2部初回で、ぼくも「性は私的な領域」であるとひとたびは言いました。ただし、それは政治的でもある。

断言しますが、私的欲望を内面に持つこと自体は、断罪されるべきではありません。ただ

halyosy「Fire ◎ Flower」（2008）

作詞、作曲：halyosy　編曲：is　絵：わかな　動画：that　歌：鏡音レン

お気づきだろう、本書の中で本章のレヴューだけがラブソング特区だ（「夜空に大輪を咲かす」＝夢を追う側面も強く単純なそれではないが）。「男も女も／ちぐはぐ」にしたのはきみではないし、性別関係なしにぼくらはそれぞれだ。Gom同様、歌い手出身ゆえか“喉の快感”をこれでもかと掴むヴォーカリーなメロディはいつ聴いても秀逸。

しそれに基づいて、実在する誰かを選んだり、能動形で自由にキャラクターを描いたり、あるいは特定の身体イメージをまとって「それになる」ことは、他者＝社会との関係を免れません。つまり政治的なものになるし、特定の場合には、そのアクションは（その根拠となる欲望の質までを含めて）他者や社会から断罪される場合もあるでしょう。

　バーチャル・リアリティについては次回により詳しく触れますが、身体の自己表象を自由にコントロールする技術は今後も進化していきますし、基本的にはそれは歓迎されるべきものです。一方で、フロンティアの自由においてむしろ旧来的なセクシズムやルッキズムを温存どころか増長させないように、慎重さが求められるとも考えます。開拓地においてこそ倫理が必要であることは世界史も語っているところです。

　ボカロというフロンティアのシーンには、リスクが明白にありました。人間が入力した通りに歌ってくれるのだから、ミクを「主人の意のままになる服従的な少女アンドロイド」として主従関係の中に置く想像力はありえたものだし、実際にそのように描いている有名曲も初期にはあった。しかしそれは主流をなすことなく現在に至ります。

　誰かが倫理を高らかに謳ったわけでもない。むしろ、資本の介入しない感性のリベラリズムが実現するかつてのニコニコ動画において、シーンに自然に選ばれたのがアンチ・セクシズム的な楽曲群だった。その事実と、それを象徴するかのような「砂の惑星」が描くミクのイメージ[*A]を、ぼくはシーンの一員として誇らしく思います。

アメリカの小説家。寡作の作家で、書くべきことが見つかったときにしか書かないという。99年発表の「あなたの人生の物語」はネビュラ賞中編小説部門、シオドア・スタージョン記念賞などを受賞し、16年に映画化された。

＊37　テッド・チャン『あなたの人生の物語』（浅倉久志ほか訳、早川書房、2003年）所収。評論家のグレッグ・ベアは「チャンを読まずしてSFを語るなかれ」という。同時代最重要SF作家との呼び声も高いチャンの代表的作品集。

＊38　同書、428ページ。

＊39　D［di:］『キぐるみ――（で、醜さを隠そうとした少年のはなし）』（文春文庫、2009年）02年に、小説とマンガの形式を合流させた「ノベルコミック」というスタイルで当初発表され話題となった同作の小説版。

湯川れい子に敬意を込めて　かつて恋愛主義はリベラリズムだった

恋愛シジョウ主義、そしてルッキズム。自由競争の名の下にそのようなバトルフィールドが存在している。戦いが嫌いだから行きたくない人もいれば、そもそも行こうという内的動機がない人だっている。

「人は思春期を迎えると戦場に行きたくなる生き物なんです」というのは、少なくとも人間すべてには当てはまらない。

果たして、湯川れい子さんのテーゼをここまで批判してきましたが、名前を挙げて批判するということは、その議論の続きを書き足していくに十分な先人としてリスペクトするということでもあります。バトラーがフーコーやクリステヴァを批判したのと同じように。

湯川さんは、戦後日本の音楽文化史上で最重要のフェミニストのひとりです。女性で初めて日本のラジオでディスクジョッキー[*42]を務めた人でもあり、男性中心主義的だった音楽評論の世界に切り込んでいった論客であり、前述の通り作詞家としても活躍されました。

いま我々は湯川さんの恋愛主義を批判的に更新しようとしていますが、湯川さんの恋愛主義は、先行世代の批判的乗り越えとしてありました。湯川さんよりも前の世代にとって、恋愛によってパートナーを獲得するのは誰もに許されたことではなかった。湯川さんのお母様は、配偶者になる人の顔を結婚式で初めて見たそうです。[*43]個人同士ではなく家と家の問題とされる。皇室の話にも繋がりますね。

湯川さんにとっての恋愛主義は、家的なものから個人が解放される自由を謳歌する思想と

キズナアイ「FL-AI-YER」(2020)
作詞、作曲、絵、動画：メゾネットメゾン　絵：湯木間　歌：キズナアイ

「僕らはそれを AI と呼んだんだ」。人工知能と愛を一語で包含する名前を冠し、最初期から「分人」のアイディアを持った「世界初のバーチャル YouTuber」キズナアイ。ボカロ P の kous とボーカリスト Q.i と絵師の湯木間によるユニット＝メゾネットメゾンが咀嚼すると、キズナはセツナに置き換わった。この時間に接地することは、飛翔すること。

してもあった。つまり、湯川さんにとっての恋愛主義は、リベラリズムだった。

冒頭で引用した小林明子の「恋におちて」に加え、湯川さんの作詞家としての代表曲をもう1曲ご紹介しましょう。アン・ルイスの「あゝ無情」。86年の作品です。

♪アン・ルイス「あゝ無情」

歌詞のそのすべてが非常に濃厚ですが、注目したいのは「本音をいえば結婚したい　キさか愛してる」という箇所です。ふたつのベクトルが交錯していて、深い。

歌詞全体には「悪いけど　良くモテてます」と自分の魅力に自信ありげで、「強がりが出ちゃう」と言っているけれどもそれは本気ではない。では強がりや建前ではない、個人的な本音がなにかというと、「結婚したい」。世間や家は結婚を強いてくるけど、本音の感情では別の人を愛しているの――そういう古典的な不遇の図式ならばわかりやすいのかもしれません。けれどもそうではまったくなくて、「結婚」を私的な欲望のレイヤーに置いている。「まさか」と自分にとってアンコントローラブルな感情としての「愛」との対応物として、結婚を置いています。

これを、恋愛主義的に結婚という行為を「個人的なこと」へと奪還したのだ、というようにも解釈できるかもしれません。しかしそれでも、結婚は社会契約のひとつです。同じ恋愛主義といっても、この曲の7年後の「ロマンスの神様」が象徴する合理判断的な「恋愛シジョウ主義」とはずいぶんとトーンが違います。

ここで、例外的に歌詞中に「結婚」が登場するボカロ有名曲を聴いてみましょう。

＊A 「砂の惑星」1分15秒の映像より。

＊40 学生から出た意見によると、「中の人が男性（同性）だからという安心感のもとに、現実の女性に対しては言えないような性的なことを言ったり、性的なリクエストをしたりする」という。

＊41 あくまで、学生との意見交換を通した認識である。いかにも男性向けではなく男女にシームレスに観られるアニメが増えたこと、問題がなくなったわけではないがそれ以前がひどかったので相対的にはマシである、など。

２０１１年の曲です。

♪ HoneyWorks「スキキライ」

ぱてゼミはアンチ・ラブソングを追ってきていますが、ボカロシーンで正統派のラブソングの名手といえば、ハニワ[*44]こと HoneyWorks です。先行世代の継承ではなく、「自分たちの世代のための恋愛主義」を確立しようという気概があって、同時代にとって重要なアーティストだと考えています。ボカロは、ユースカルチャーであることもあり、結婚が描かれる例は多くありませんが、ハニワ曲の中でもこの曲だけ、例外的に結婚が登場します。では見ていきましょう。

「「Wedding」そうヴィジョンは完璧！　そうだ、住むのは松濤あたりがいいな♪」というフレーズがありますね。リンちゃんもレンくんも中学生。レンくんが勢いのままに好き好き言っていて、勝手に結婚するところまで想像して嬉しくなっちゃっている。

結婚というものが出てくるニュアンスが「あゝ無情」とはずいぶんと違いますよね。「好き」が「結婚したい」にすぐに短絡する想像力が、あどけなさの表現になっている。つまり「まだお子ちゃまだから期待を膨らますもの」という文脈で、結婚が出てきている。

「あゝ無情」における、成熟した女性が本音のレイヤーで要求するものとしての結婚と、「スキキライ」における、子どもだから憧れられる結婚。あまりに差のある2曲だと思います。もちろんあくまで端的な一例ずつであるとはいえ、結婚という社会契約の相対化の手つ

ラマーズＰ「ぽっぴっぽー」(2008)
作詞、作曲：ラマーズＰ　歌：初音ミク

この曲や「おちゃめ機能」を何百回リピったことか。ラマーズＰほど“中毒性”をほしいままにした作家はいない。本質はエロくなかったこと。強気で「お前好きだろ？」と言う（逆に“萌え”（死語）を感じた人こそいたものの）ミクを描いたラマーズＰも、それを支持したみんなもすばらしい。エロは即効性はあるが射程は狭いのだ。ドラえもんはエロいか？

きがそれぞれに味わい深い2曲であり、そこには25年という時間の幅を感じざるをえません。

ぱてゼミ型ジェンダー論はどう形成されたか

「スキキライ」はラブソングですが、それ以前の感性との距離感において、ぱてゼミが注視している新しい感性の受け皿としてのボカロシーン、中でもそれが濃厚に現れた先としてのアンチ・ラブソング群と共通する時代性の中にあると言っていいでしょう。ボカロに現れた感性の新しさと、それが「それ以前の感性の乗り越え」であることを明確に表現している点で、それ以前との蝶番《ちょうつがい》の役を果たすような重要な曲だと思います。

この講義は「ボーカロイド音楽論」であり、その中の第2部＝ジェンダー論ゾーンでは、前回の通り「東京テディベア」という1曲がとくに主役になりました。それ以前に見てきたアンチ・ラブソング群と同様に、それは新しいものではあったけれど、日本の文化状況の中で離れ小島のように独立して浮いているということではありません。時間的前後関係や支持層の隣接関係などによって安易に表現同士を関係づけて「歴史」にすることは警戒しなければいけませんが（12章で詳しく話します）、少なくとも、そこにボカロを包含する大きなカテゴリとしての「戦後日本サブカルチャー」の中で、ジェンダーの視点を導入すると見えてくることはたくさんあります。個別の表現作品同士の呼応関係はさておいても、確実に言えるのは、サブカルチャーを通して「旧来的なジェンダー／セクシュアリティ観」に対する抵抗がさまざまなかたちで試みられてきたという事実です。ときに直感的に、ときに戦略的に。

＊42　ラジオパーソナリティ、ラジオで曲をかけて紹介するという旧来的な意味でのDJ。

＊43　『文藝春秋』2016年9月号、308ページ。特集「戦前生まれから日本への遺言」への寄稿、「憲法九条が世界をリードする」より。

＊44　「ハニワといえば」という言い方をするなら、ボカロPのHaniwa氏を忘れるわけにもいかない。

さて、4回にわたってたくさんの話をしてきましたが、ぱてゼミ型ジェンダー論もついに終盤です。

最後に話すのは、とある種明かしです。

第7回では男の娘Aちゃんのケーススタディをしましたね。勘のいい人はもしかしたらその時点でうっすら気づいたかもしれない。作り話だと言ったわりに、前日にどうメッセしたとか、細部がちゃんと整合しているぞ、と。

というわけで種明かしです。Aちゃんの話は、残念ながら、実話でした。AちゃんもBさんも実在します。2016年3月の出来事でした。

この講義は「ボーカロイド音楽論」という題目だけど、思った以上にジェンダー論をしっかりやるなと思った人もいると思います。そんな現在のぱてゼミの構成に影響を与えたのが、Aちゃん事件でした。

というのも、Bさんはその当時の東大の院生だったんですね。

東大生だったら、とくに専門的に勉強したわけではなくても、一般常識としてジェンダー理解を多少は持っていてほしいという期待があった。けれども、たまたま会ったひとりの学生にすぎないとはいえ、その期待は完全に裏切られた。

Aちゃん事件はぱてゼミ開講直前の出来事でした。この経験をもって、ぼくは自分が預かった講義時間の中で、もっとジェンダー論をやったほうがいいと考え直して、当初予定よりも急遽分量を増やしました。「まだまだ」なんだ。まだまだ足りてないんだと。

Aちゃんに嫌な思いをさせたことを、申し訳なかったと、いまでも反省しています。

アン・ルイス「あゝ無情」(1986)
作詞：湯川れい子　作曲：NOBODY　歌：アン・ルイス

れい子先生が昔、作詞家の星野哲郎の「4行で書ける詞は5行で書くな」という弁を引用していたのを思い出す。縮約に伴う飛躍はポエジーだ。ポエジーは性と愛と取っ組み合い、結婚を発見する。だが「1000年先まで」を夢想しようとも近景のサングラスこそはその確信の根拠だ。遠景と近景の飛躍を、街の霧が接合する。昭和末期のもっとも完璧なリリック。

すべてが繋がっているということ

ぼくをここまでアライに育てたのは、紛れもなくボカロシーンです。シーンで出会った仲間には、ＬＧＢＴＱＩＡＰのすべての当事者がいます。前回アウティングを強く批判した通りですので、当然誰がどうということは意地でも言いませんし、カムアウトしている人以外はどう検索してもわからないはずなので言いますが、それだけ多様な仲間が実際にいる。

作家とリスナーの境が比較的弱いシーンだったから、本当にたくさんの人とコミュニケーションしたし、その多くは当時みなさんと同世代、10代だった人でした。ぼくは年長者ゆえに相談を受けることも多かったんですが、そのうちの少なからずが、ジェンダー／セクシュアリティの悩みでした。

講義の中で当然のこととしてお話しした「同性愛は病気ではない」とか、そういうレベル1の説明を何度繰り返したかわかりません。それは主に当人たちに対してでしたが、スカイプ越しに、その子の親御さんに説明するということもありました。「家出する」と言い出すから何事かと思って聞いたら、親御さんが「同性愛を治すために精神科に連れて行く」と言い出したと。カルーセル麻紀さんのケースと同じです。社会に情報が行き渡っていないために、いまでも当時と同じことが起こりえてしまっている。止めなければいけない。そのためには、間違ったことを教えられないから、本を買ってきて勉強して――そうするうちにアライになったようなものです。

また、自分が典型的ではないことに悩んで、学校から足が遠のいている子も複数人いました。そこで不登校の子たちと少し接点を持ったことが、ぼくがＲＯＣＫＥＴに参加していたことのほぼ直接的な動機です。すべて繋がっているんですね。

この話を聞いて「ボカロシーンにはマイノリティ当事者が多いのだろうか?」と仮説した人もいるのではないかと思います。実はぼくも最初、少しそう考えました。それ以前に比べれば、一気にと形容していいくらい、短期間に多様なみんなと触れられたから。ぼくの主観観測はそう誤解した。

でもその仮説は正しくないのだと思います。ボカロシーンにも、ほかの日常空間にも、本当は同じだけ当事者がいる。日常空間では彼らは言わないだけ。日常の人間関係とは切り離された「オンラインのディビジュアル」同士の関係性だったとか、ぱてさんが年長でなんとなく温和そうに思えたとか、いろいろな条件が相まって言ってくれたのだと思います。同級生などの、いわゆる「リアル人間関係」にはいっさい言っていないという子がほとんどでした。本来どこにでもいる彼らが、ぼくとっては、たまたまボカロシーンを通して「可視化」されたということだったと思います。インターネットというアンチ・フィジカルな場所だったことも大いに関係するでしょう。学校では世を忍ぶ仮の姿としてヒラヒラのスカートを穿かなければいけないけど、ぼくはネットでは自由だぞ、とかね。

「10%がセクマイ当事者」と聞いても実感と合わないと思っていた人は、この話を踏まえて、その実感と実態を隔てる構造がどのようなものか、考えてみてくれると嬉しいです。

第2部の最初に、ぼくは「今後、ジェンダー/セクシュアリティ論は学校教育の中で必修化されていくと確信している」と言いました。それはできれば中学校や高校など早い段階だ

HoneyWorks「スキキライ」(2011)

作詞:フェルナンドP　作曲:Gom　絵:ヤマコ　動画:ziro　歌:鏡音リン、レン

「まっ」と言えば長らくこの曲だった。告白実行委員会(最高の名前!)以前のハニワも魅力的だし、当時のシーンへの応答も魅力的。「裏表」を多幸的に口ずさむレンくん。ブラボー山田の客演。この感情が性と無関係でなくても、それは否定されるべきではないし、この問題をひた隠ししない点でもシーンそしてアンチ・セクシュアルと繋がっている。

と望ましい。みなさんは大学でこの議論に触れたわけですが、日本の若者の全員が大学に進学するわけではありません。こうも言いました。ここでやった議論は「2020年代に常識になる」ようなものなのだと。言い換えると、「知らなかった」では済まされない話になっていくということです。それほどの話が、大学に行かないと触れられないという状態であってはいけません。

そしていま話した通り、実際に多様な若者たちがいる。どうしてぼくがシーンの若者たちにジェンダーのことを教えたかというと、そもそも、学校が教えてくれなかったからですよね。Aちゃんのケーススタディのときに、Aちゃんは自分のことを表現する言葉を持っていないんじゃないかという意見もありました。たしかにそういうことも起こりえてしまう。そこに男女差別があっても、フェミニズムに触れる機会がなかったせいで「大人がしているのだからそれが正しいことなのかな？」と看過してしまうとか。ぱてゼミ型ジェンダー論が終わったあと、もっと早く聴きたかった！という感想を寄せてくれた学生はこれまでもたくさんいました。そうだろうと思いますし、ぼくとしても、ジェンダー／セクシュアリティ論をすでに必要としている中高生に早くお届けしたいという気持ちです。

社会がジェンダーをどのように扱うかは時代と地域によってさまざまです。いま自分を取り囲む状況が普遍的な姿であったり、正解であったりするわけではありません。そしてまた、それは「変えられる」ものです。まだまだ過渡期ですが、それでも着実に、変わってきている。

教育に関しても同様で、それは変えられるものです。今後、若年世代へのジェンダー教育はどのように変わっていくのが望ましいでしょうか。必修化すべきだ、というぼくの意見を押しつけることこそしないものの、みなさんもいっしょに考えてくれると嬉しいです。高校までの教育を終えてきたばかりだからこそ、より鋭い意見を出せるということもあると思うので。

本書におけるジェンダー論パートは、あくまで入門的で限定的なものです。ぱてゼミを受講したからもう免許皆伝！なんて思うことなく（繰り返しますが、あくまで入門編ですから）、東大のほかの講座はもちろん、関連書籍を手にとるなど、ほかの議論にもぜひ触れていってほしいと思います。ぼくも、自分の責任のかぎりでここまで講義しましたが、免許皆伝ではないという意味ではみなさんと同じです。だから、ぼくも引き続き勉強していきます。学べば学ぶほど、本音を言ってくれる人は増えます。

それでは、4回にわたるぱてゼミ型ジェンダー論はこれにて終了です。みなさんがアンチ・セクシスト、そしてイキらないアライになってくれると、ぼくはすごく嬉しいです。本日もお疲れ様でした。

cosMo@暴走Ｐ「R-18」（2009）
作詞、作曲：cosMo@暴走Ｐ　絵：ノッツ　歌：初音ミク

タイトルは国道18号線（ルート18）の意。第2部ラストに相応しい「みんなの歌」。本書を読んだあなたはもう「すれ違う人の全員にきっと／それぞれの生き方が」と思っている。これから始まるのだ。いますぐじゃなくてもいい。実年齢は関係ない。ありうべき声域なんて関係なしに、高く高く飛翔するミクの声のように、大気圏にだって届いてやれ。

第3部

あらかじめ思い出だったすべての声のために

第11章 身体のディスコミュニケーション～表象文化論入門～

「あらゆる歌は性的呼びかけである」？

本日からついに第3部です。第1部ではシーンの代表曲からアンチ・セクシュアルな感性を読み解き、第2部では狭義のジェンダー／セクシュアリティとその背景にある構造について考えました。

ぱてゼミは、「精神分析、ジェンダー論、記号論」をアプローチに使うと宣言していましたが、第3部の最初の主役になるのが記号論です。記号論を入門的に解説しながら、それを実際に用いて考えていきます。その積み重ねを経て、第3部の最後、すなわち本書の最後には、ボカロとはなにか、音楽とはなにかという本質に迫りたいと思います。

第1回目の講義で、ぼくはこう言いました。具体的な作品を追いつつ、その上で、ボカロとはなにか、ボカロが歌うということとはなにかという問題を追求していきたい。今日からの後半戦がその議論であり、そこでぱてゼミがとるアプローチが記号論です。

彼女は全ての音楽を許可します。

Haniwa「VOCALOIDと区別される音楽の解釈。」(2015)
作詞、作曲、動画：Haniwa　歌：結月ゆかり

「誰もが同じ声を聴き、分類を企て、やがて失敗し、放置された彼女は泣いているのでしょうか？」。16年、ぱてゼミ第1期第1回で最初にかけた曲。あなたは言葉と音楽の関係を真に問うたことはあったか？　全員の分まで考えてくれそうなHaniwaに任せきりにせずともに考えよう、泣かずに。現代ポップスの広がりをアメリカ民謡と名指す勇気をきみに。

初回講義で「米津玄師の表現には、クィアな声の扱いがある」と言いました。クィアという概念を第9回でやっと説明したわけですが、しかしそもそも、声とはなんでしょうか。「うた」とはなんでしょうか。

音楽にはさまざまなジャンルがあります。ロック、テクノ、EDMとか、サウンドの様式でカテゴライズされるジャンルもあれば、消費のされ方で示されるポップス＝大衆歌というのもジャンルと言っていいでしょう。歌もの、器楽（インストゥルメンタル）という分け方もあります。そしておそらく、「歌もの」の中に「ボカロ」もある。ともかく、音楽という全体集合の中に、サブカテゴリとしてそれらのジャンルがあるというのが一般的な認識ではないかと思います。そのように考えるなら「うた」は音楽のサブカテゴリです。

しかしこのようにも考えられないでしょうか。「うた」という全体集合の中に、サブカテゴリとして、音楽がある。日本では俳句や短歌なども「うた」と言いますよね。だから和歌も音楽も同じく「うた」のサブカテゴリです。では、サブカテゴリのひとつである音楽の、さらにサブカテゴリとしてある器楽はどうなるのか。この認識によると、それはある意味「うたではないうた」という逆説的な「うた」なのではないか。〈11-1〉

以上は物事の見方を変えてみるためのぼくの仮説ですが、同じように「うた」は音楽に先立つと考えた哲学者がいました。ジャン＝ジャック・ルソー[*1]という18世紀フランスの哲学者は、音楽の起源は歌であり、さらには、歌が言語の起源だと論じたんですね。世界史の教科書だと『社会契約論』の人として1行紹介されるルソーは、『言語起源論』[*2]という著作も残

＊1　ジャン＝ジャック・ルソー Jean-Jacques Rousseau（1712〜1778）フランスで活躍した哲学者、作曲家。政治哲学の議論がもっとも知られ、ホッブズ（14章で言及）を批判的に更新するかたちで社会契約説を説いた。著書に『社会契約論』『言語起源論』『エミール』など。作曲家としても超有名作を残しており、あの「むすんでひらいて」はルソー作曲である。

＊2　ルソー『言語起源論』（増田真訳、岩波文庫、2016年）同時代の作曲家・理論家ジャン＝フィリップ・ラモーが、音楽の起源は和声であるとしたのに対し、ルソーは歌（＝単旋律）こそが起源であると反論した。両者の対立はブフォン論争として長く続いたが、ルソー側の応答の完成版。

＊3　前掲書、11ページ。

＊4　我々は動物を食べる。同

しています。

同書の第1章の1行目はこう始まります。「ことばを話すことによって、人間はほかの動物から区別される」[*3]。そこから、この人間をほかの動物から切り離す言語なるものの起源について想像力豊かに語り起こしていきます。ただし、歴史上の大哲学者が書いているからといって、同書の議論を額面通りに受け取る必要はありません。「見てきたわけじゃないでしょ」というツッコミはまったく有効です。

西洋哲学は、「人間、動物、無生物」という3つのカテゴリがどう違うかを言語化することに長らく拘泥[*4]してきました。それはもっぱら、人間を特権化したいという欲望の表出です。「人間は優れているから、この世界を自分たちの種の利得のために利用していいのだ」。そのような、選民思想ならぬ選種思想としての「人間中心主義 homocentorism」を根拠づける議論であり、ゆえに長らく批判[*5]されつづけています。

選種思想の多くは、次のように言います。人間は、技術を持ち、技術としての言語を持つことで、自然から切り離されることができる。人類も動物的段階においては言語を持たなかったけれども、言語の獲得をもって、ほかの動物よりも上のステージに立った。言語を持つことによって人間を特権化するのはこの種の言説の王道のひとつです。

ルソーの場合、さらに次のように続けます。一方で、そうでありながら、自分たちは人工物ではなくて生物であり、自然の延長でもある。だから人間は、その両者をアウフヘーベンする特別な存在なのだ。ざっくりですけれども、このように人間を称揚する。そしてその象徴として、「うた」に言及するんですね。

歌は、動物の鳴き声に由来する。動物の鳴き声は、繁殖のための誘引の表現である。その

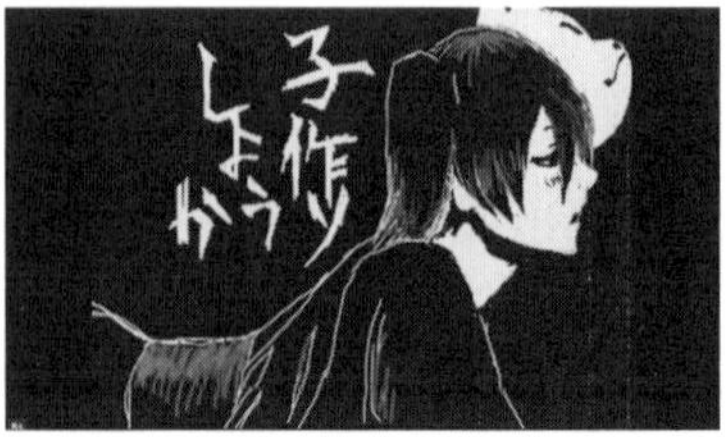

ハチ「結ンデ開イテ羅刹ト骸」(2009)
作詞、作曲、絵、動画:ハチ　歌:初音ミク

ルソーの当該曲と同じことを歌っている。人は結んだり開いたり、生きたり死んだりしているのだろう、ずっと。歴史だと？　子作りしてきただけだろうが。人間なんて野菜で描ける――アルチンボルドがそう言ったとするなら、ハチはお前の髑髏《どくろ》なんて言葉（と少しの音楽）で描けると言う。アンチ・セクシュアル=アンチ・ホモセントリズム。

〈11-1〉

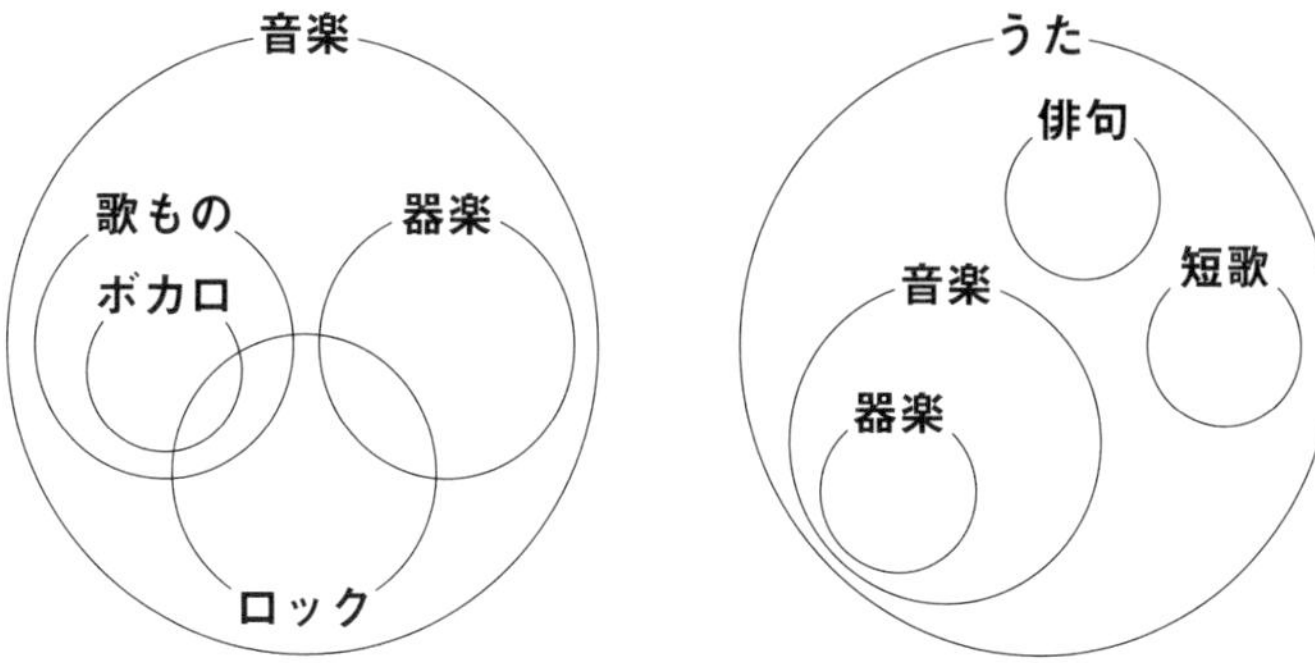

ような機能的なものであって、歌はそこにルーツを持つから「あらゆる歌は性的な呼びかけである」。これも王道の言説で、最初に誰が言ったかという言い方をできなくて申し訳ないですが。

その一方で、「うた」は高度に構成されている。無作為に適当に「ああああ」[*6]って声を出しても（怖かった？w）、歌とは受け取られない。音楽が一定のルールのもとで作られているということは直感的にもわかるでしょう。無段階的にあらゆる周波数の音を使っていいわけではなくて、現代的な音楽なら、五線譜という言語システムで記述可能であるような、特定の音程を時間的に構成したものが音楽です。ルソーが見定めた原初的段階においても、うたは、ある分節体系に準じて作られる知的な構成物である。ということは、それは広義の言語である。それが狭義の言語が生まれてくる母体となった。人工的かつ動物的であるという両者の条件を満たすもっとも人間的な営為として、歌が引き合いに出されているわけです。[*7]

ぼくは2011年、当時『CDジャーナル』という

じ動物を。――そうではない、人間は動物ではないので同種族を食べてはいない。そう信じるためには哲学が必要だった。ディネシュ・J・ワディウェル『現代思想からの動物論』（井上太一訳、人文書院、2019）などに詳しい。

＊5　21世紀初頭のブルーノ・ラトゥールやポスト・ヒューマン論、さらには思弁的実在論の流れも広義の人間中心主義批判論と言いうる。ただしこれは新しいブームではなく、ジェイムズ・ラブロックのガイア理論ほか、20世紀からずっとなされてきた批判である。SDGsは新しい問題ではない。

＊6　五線譜的ではないめちゃくちゃな音程の歌唱をした。

＊7　ルソーの議論をより正確に言うと、動物性（自然）と人工性（人為）の対比を、母音と子音に対応させている。母音は自然的なものだが、それを人間は子音によって分節し「うた＝

雑誌でやっていた連載「ボカロのじかん」[*8]の中でこう書きました。いま紹介した仮説をいったん受け入れて考えるなら、ボーカロイドの歌声は、「歌から動物的な起源に由来する部分だけを切り離したもの」であると言えるのではないか。ボカロは、生殖しないが歌うのだから。ボカロによって初めて、「あらゆる歌は性的な呼び声である」という全称命題の重力を逃れられる「アンチ・セクシュアルなうた」の可能性が拓かれたのではないか。

シラバスには「ボカロの登場は、人類の〝うた〟の私有を揺るがしたのだ」と書きました。なのに、そのインパクトに気づき損ねているんじゃないかという問題意識は、こういうところにルーツがあります。今後の議論では、11年時点の自分の仮説を乗り越え、より深い議論に到達したいと思います。

大衆歌は、最大の文芸ジャンルである

さて、後半戦に入るにあたって、ここまで我々がなにをやってきたかを振り返ってみましょう。

具体的なボカロ曲を取り上げながら、ｗｏｗａｋａさんのオクターヴ跳躍や、ｋｅｍｕさんのモード手法など、サウンドの側面にも注目してきましたが、分析全体としてはわりと歌詞分析をやってきました。この講義は「ボーカロイド音楽論」だけれども、歌詞を分析していくことは「音楽論」なのか。

ぼくの答えは当然イエスです（そうでないとこんなにやらないですｗ）。そもそも、ここで我々が扱っているのは「うた」であり、「大衆歌」です。

YM「十面相」（2011）
作詞、作曲：YM　絵、映像：はんにゃＧ　歌：GUMI

仮面を被ることと多重人格であることは似て非なるけれどもやはり似ている。自己分裂はある一面ではアブジェクションで、「受け入れたくない」自分を切り離すことでもありうる。その自己防衛を突破しに現れる残酷な他者を発見することを恋と呼ぼう。テンポが変わってもどちらも似て非なるものとして成立するメロディの秀逸さよ。

以前からずっと強調していることなんですが、日本の文化状況において、大衆歌は最大の文芸ジャンルです。文芸ジャンルといったら、小説、詩、戯曲といったものを通念的には連想すると思いますが、それらに肩を並べながら、かつ受容規模が最大のものが「大衆歌」、いわゆるポップスである。音楽論として大衆歌を扱う上で、歌詞の側面を考えることはむしろ必須のことだったとぼくは認識しています。

言葉を扱うから文芸ジャンルたりうるのはいいとして、しかしなぜ、鮎川ぱては大衆歌を「最大」だというのか。ぼくの根拠はシンプルにふたつです。

小説と比較してみましょう。商業規模において、小説は商業音楽に比べて相当小さい。なぜなら、あらゆる小説が、あらゆる日本語話者に読めるようにできているわけではないからです。ある種の小説は、知的能力によって読者を選別します。誰もが分厚い本格小説を理解しながら最後まで読み切れるかといったら、そうではない。「読む権利」が公平に開かれていたとしても、です。

大江健三郎はノーベル文学賞を受賞しました。ノーベル賞は人に対して与えられる賞ですが、文学賞の場合、実質上の受賞作品がそれぞれにあると言われています。大江については、『万延元年のフットボール』[*9]という作品がそれに当たる。文庫で450ページ、そして文章は訳文的だったりと硬質で、物語も高度に構築された小説です。つまり、難しい。世界が評価したこの日本の名作を、本当に読み切った人はいったい何人いるでしょうか。

それに対して大衆歌はどうか。これは大衆歌にかぎらない音楽一般の特性ですが、どんな曲でも、5分の曲なら5分スピーカーの前に身を置いていれば（聴力があるなら[*10]）聴けます

言葉」にしていったので、「うた＝言葉」は自然＋人為の構成物である。説得的かどうかは別に、アイディアフルだとは思う。

＊8　『CDジャーナル』（音楽出版社、2011年5月〜12年11月号）

＊9　大江健三郎『万延元年のフットボール』（講談社文芸文庫、1988年）。初出は67年。冒頭は『死者の書』さながらに、主人公が闇から起き上がる。

＊10　聴力にも多様性がある。「健常な身体」だけを想定した全称命題にならないよう書いた。

＊11　メディウムとは媒体のこと（複数形はメディア）。「小説を読み上げた音声」なら誰でも「聴き進められる」ではないか、という批判は有効である。詳しくは後章にて。

＊12　川端康成『雪国』（新潮文庫、1987年）正解は「国境の長いトンネルを

よね。小説のように、難しいせいで「聴き進められない」ということが原理的にありえない。同じ曲なのに聴く人によってかかる時間が違うということもない。表現のメディウムが大きく作用した特性[*11]ではありますが、「能力によって聞き手を選別しない」——音楽のこのリベラルな側面が、ぼくはすごく好きです。結果として、大衆歌のほうが小説よりもたくさんの人にアクセスされ、支持されている。

もうひとつ、規模とは別に、大衆歌がほかのジャンルより優れて有している傾向があります。日本の文化状況の中では、もっとも「そのまま暗誦されている」ということです。

現時点で、大江ともうひとりのノーベル文学賞受賞作家といえば川端康成ですが、受賞作品と目されるのは『雪国』[*12]です。『万延元年のフットボール』以上に有名で、知っている人も多いと思いますので、ここでいきなりクイズです。

この小説の1行目はなんと書かれていましたか？　えっと、クイズが得意な学生はこういうの覚えてるんでしょうから、ＴＱＣ[*13]とクイズノック[*14]の学生は避けて当てますw　はい、ではきみ。

学生「クイズ苦手なんですけどw　えっと……『国境のトンネルを抜けると、そこは雪国だった』、でいいですか？」

はい、ではみなさん検索して審査してください。

シャノン「深夜徘徊」（2021）
作詞、作曲、絵、動画：シャノン　歌：GUMI

深夜は重力が弱いなんて秘密をバラして逮捕されないか心配だ。はるまきごはん（次曲ではギターで客演）のスタジオごはんにアニメーターとして参加するシャノンの作。重力異常という最高な条件を得た世界で、きみは分身を（カムパネルラを）得る。地球創生、神話——特別な時間に接続していく深夜にカットアップのギターが似つかわしい。

学生「怖いですよｗｗ」

ごめん冗談ですｗ　えー、ぼくも暗記はしてないんですが、「そこは」はいらないのと、「だった」ではなくて「であった」ですね。揚げ足取りみたいで申し訳ないｗ　伝えている「内容」はほとんどそれで合ってますけどね。厳密に正確な「記述」かというとちょっとだけ違う。『雪国』は、夏目漱石『坊っちゃん』や折口信夫『死者の書』[15]などのように、いわゆる「名1行目」で知られる作品ですよね。そういう作品であっても、クイザーでなければ記憶はそんなものでしょう。

たとえば三島由紀夫の『仮面の告白』[16]を読んだ人はいますか？　ぼくの記憶では、冒頭は、主人公が「自分は自分が世界に生まれ落ちたその瞬間の記憶を覚えている。幼少期の記憶は成長すると失うとされ、医者に話してもそれを覚えているなんてありえないと全否定されるが、しかし私は確実に覚えているのだ」と主張するものだったと思います。でも、1行目がなんだったかなんて覚えてない。どのような内容が語られていたかは覚えているけど、どのような記述で語られていたかは覚えていない。

それに対して、では「千本桜」のサビはなんと歌っていましたか？　はいきみ。

学生「めっちゃプレッシャーじゃないですかｗｗ」（このあと正確に暗誦）

すばらしい！　この通り、小説などほかのジャンルに比して、大衆歌は一字一句違わず記憶されている。もちろんこれも、みなさんが直感的に思った通り「メロディに乗っているか

抜けると雪国であった」。

＊13　東京大学クイズ研究会の略称。

＊14　人気YouTuberチーム。クイズを中心に知的好奇心を触発するコンテンツを多メディアで発信している。こうちゃん、河村拓哉をはじめ複数名がぱてゼミを受講していた。

＊15　折口信夫『死者の書』（中公文庫、1999年）初版の刊行は43年。折口が残した数少ない小説作品のひとつ。1行目は「彼の人の眠りは、徐かに覚めて行った」。

＊16　三島由紀夫『仮面の告白』（新潮文庫、2020年）49年発表の長編第二作。（坂本龍一の実父として知られる）編集者の坂本一亀は、当時三島の勤めていた大蔵省に乗り込み執筆を依頼。辞職の決心を促したとも言われる。本文の1行目よりも、「私は無益で精巧な一個の逆説だ」という創作ノートの

ら」というメディウムに強く関係した特性でしょう。とはいえ事実として、ほかの文芸ジャンル[*17]から嫉妬されてもしょうがないほど、大衆歌だけがほとんど特権的に、内容と形式を正確に記憶されている。

実はこれは本日の記号論入門の伏線です。覚えておいてくださいね、だいたいでいいので。

「コンピュータの生み親」による言語伝達モデル

では、記号論の理論編をスタートしましょう。記号論ゾーンもジェンダー論と同じく、初歩的な段階から短時間で一定レベルに効率的に到達できるよう、ぱてゼミ型に咀嚼《そしゃく》してアレンジしてあります。

最初にお品書きとして、これから紹介していく記号論の論者の名前を紹介します。

クロード・シャノン（情報学者）
フェルディナン・ド・ソシュール（言語学者）
チャールズ・パース（哲学者）
ロラン・バルト（批評家）
ロザリンド・クラウス（美術評論家）

各人についてはメインで触れるタイミングで具体的に紹介していきますが、肩書きがシンプルに「記号論者」だけになる人がいなくて、バラバラ。これは、記号論が生まれた20世紀

ナユタン星人「エイリアンエイリアン」（2016）
作詞、作曲、絵、映像：ナユタン星人　歌：初音ミク

私は「あなたのエイリアン」。宇宙人という設定で隔たりを表現しているのがすばらしいし、準拠点を「あなた」に置いているのもすばらしい。遠いのは「私」のほうなのだ。シンプル＝キャッチーであることで当時の動画クオリティのインフレに一石を投じた宇宙人は、ディスコミュニケーションどころか10年代真ん中の蝶番としてその前後を接続した。

〈11-2〉

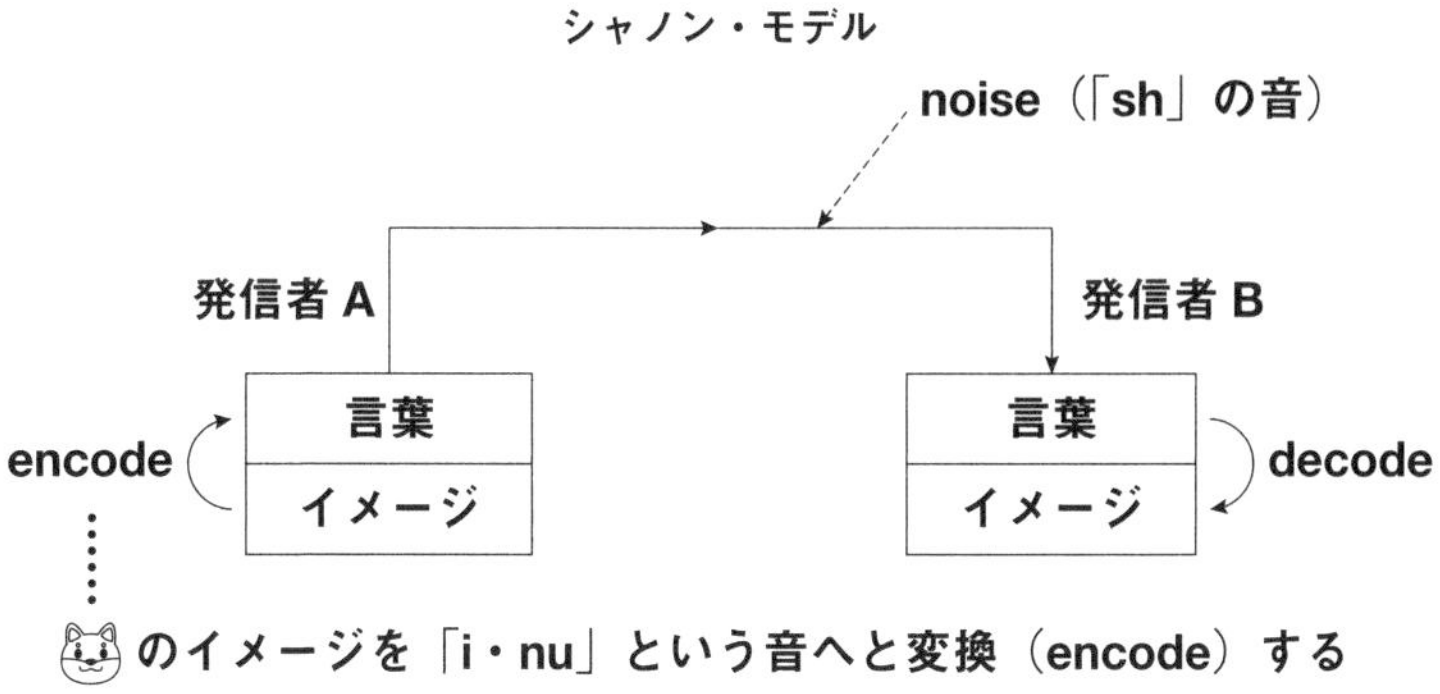

初頭が、記号論にかぎらず新しい学問が多く胎動した時期で（たとえば精神分析もそうです）、それから時間をかけて学問ジャンルの再編成が行われていったという経緯が関係しています。

記号論はさまざまなジャンルの議論に接続しやすい、応用可能性の高い理論です。なので、初年度のうちに知っておくのは非常に有用です。今日もこれまでのように、「学んだそばからそれを実用して考えていく」ということをやっていきますのでお楽しみに。

まず紹介するのは、クロード・シャノン[*18]による情報伝達モデル、「シャノン・モデル」です。

クロード・シャノンの名前を「情報」の講義で聞いたことがある人もいるでしょう。現代のコンピュータの生みの親のふたりというとアラン・チューリング[*19]とジョン・フォン・ノイマン[*20]ですが、3人という場合、そこに加わるのはこのシャノンです。

シャノン・モデルはシンプルでわかりやすいので導入にいったん用いますが、不足もあり、人によっ

1文のほうが有名かもしれない。

＊17　時代が違えば、日本でも、暗誦できる詩があることがインテリの条件だったこともある。あるいはキリスト教圏であれば聖書のフレーズを暗誦する文化はいまも存在しているだろう。

＊18　クロード・シャノン　Claude Elwood Shannon（1916〜2001）アメリカの科学者、数学者。情報理論の父とも呼ばれ、ベル研究所在籍中の48年に発表した「通信の数学的理論」をはじめ、通信技術の発展に貢献する研究を多く発表し、その影響は現代までに通ずる。本文で紹介するモデルは、正確には49年のシャノンとウォーレン・ウィーバーの共著『コミュニケーションの数学的理論』に初出。

＊19　アラン・チューリング　Alan Mathison Turing（1912〜1954）イギリスの数学者、計算機科学者。52年、当時存在した同性愛

ては「ここから説明しないほうがいい」とも言うモデルなので、用語は覚えなくて大丈夫です。

発信者Aが、自分の頭の中のイメージ（メッセージ）を、言葉に変換（エンコード）する。その言葉が受信者Bに伝わると、Bはその言葉をイメージへと再変換（ディコード）する。言語コミュニケーションにおいて起こっているのはこういうことだろうと。

たとえば、ネコのイメージを伝えたいとする。あの4本足のかわいらしい生き物のことを、「ね」と「こ」という音の組み合わせに変換する。そのイメージと言葉の一致関係はコード（象徴体系としての言語）が保証している。だからBも、「ね・こ」という音から、あの4本足のかわいらしい生き物のイメージを受け取ることができる。わかりやすいですよね。オンラインでデータを送受信するとき、送信者がデータを「圧縮」して、受信者がそれを「解凍」して元のデータに戻すというのと構造は同じです。

シャノンはこのモデルで、ディスコミュニケーションが起こる場面を考えます。それは、途中で音にノイズが乗るということです。たとえばAが「い」と「ぬ」の音を発信したとしましょう。ところが途中で「sh」というノイズが乗ってしまう。「し」と「ぬ」という音を受け取ったBは「えっ、どうしたのAちゃん死なないで！泣」と心配する。たしかに起こりうるディスコミュニケーションかもしれない。

シャノンは、ベル研究所[*21]の研究員でした。シャノン・モデルは、ようは電話のモデルなんですね。受話器口で受信した音声＝空気振動を、電気信号に変換する。電気信号のほうが空

バルーン「シャルル」（2016）
作詞、作曲：バルーン　絵、映像：アボガド6　歌：flower

動画が主に描くのは光景と言葉で、人型は限定的に、残像あるいは瞬間的なフラッシュバックのように描かれる。まるで人がトラウマのようだ（そんな曲がflower最初の大ヒットとなった）。だがこの曲は人間こそを惹きつける。恐るべく高度な音韻によって、文字量にもかかわらず、歌いやすいのだ。22年時点、日本でもっとも歌われたオクターヴ跳躍。

気振動より距離で劣損しにくいので、遠くに運べる。受信者のもとで、その電気信号をもう一度空気振動＝音声に戻す。電話の原理はこういうものですよね。これを知るとシャノンが「途中でノイズが乗る」ということを問題化した必然性もわかると思います。

シャノン・モデルは表現の受容モデルではない

ただ、ディスコミュニケーションと言われて、みなさんはどのようなものを想像するでしょうか。コミュニケーションの失敗は、ノイズが乗る、あるいは聞き間違いよりも、ほかの理由の場合のほうが頻度が高かったりしないでしょうか。

たとえば「お水でいいですか」「大丈夫です」というやりとりがあったとする。「お水は必要ないです」という意味で答えたつもりだったけど、言われたほうは「お茶やほかのものではなくて、水でＯＫ」なのだと解釈する。こういうすれ違いのほうがよく起こっているのではないかと思います。このすれ違いは、エンコード／ディコードの前提となる両者のコードがずれている（code≠code'）という状態でしょう。コードは、言語のように振る舞う象徴体系ですが、そこには「一般に、こういうときには人はこうする（答える）もの」という経験的知見も含まれます。

シャノン・モデルは不足のあるモデルだ、と最初に留保しましたが、いま話しているのがその不足です。このモデルは誰もが同じコードを共有していることを自明視している。コードがずれうることはモデルの中には書き込まれていない。もとは言語コミュニケーションの説明のために作られたものではないので、シャノンに非があるわけではないのですが。

行為を犯罪とする法律「ソドミー法」（その後撤廃）によって逮捕され、矯正治療として女性ホルモンを投与される。その2年後に青酸を服して死去。社会的他殺ではないだろうか。

＊20　ジョン・フォン・ノイマン　John von Neumann（1903〜1957）ハンガリー出身の数学者。ユダヤ系ドイツ人で、30年代にナチスを逃れるためにアメリカに移住し、原爆の開発にも加担する。後述のノーバート・ウィーナーとサイバネティクスの共同研究も行ったが、のちに決裂。

＊21　ベル研究所　Bell Laboratories　2020年代の現在も存在するアメリカの通信研究所。名前は、電話を発明したアレクサンダー・グラハム・ベルに由来する。

＊22　性指向にかかわらず、「お金を払って女性に話し相手をさせる＝服従させる＝セクシストをやる」ということがスト

コードの自明視、絶対視は非常に危ういことです。狭義の言語についてもそうですが、たとえば「身体のコード」というものもあります。同意したときにうなずくとか。狭義の言語以上に普遍的だと誤解しかねないものなので強調しますが、これも時代と地域によってさまざまです。インドでは同意すると小首をかしげるそうです。

さらには、広義の「身体のコード」には、前回まで考えてきたジェンダー論が大きく関係します。よくないオトナの世界の例ですが――男性が「この人も男性だから、女性が接待してくれるお店が好きに違いない」と考え、つまり広義の身体のコードとして「欲望のコード」を絶対視することで、ズレが生じて誰かが嫌な思いをするとか。[*22] そういう事故にはより慎重であるべき時代だと思います。

もうひとつ、シャノン・モデルは、これまでにぱてゼミがとってきた態度と衝突します。ぱてゼミでは「批評は、作者の意図当てゲームではない」と宣言してこれまで分析を続けてきました。作家と作品をいったん切り離すのだと。これは言い換えれば、「表現をシャノン・モデル的に受容しない」ということでした。

作家が「言いたいこと」を作品にエンコードして、受け手は作品をディコードして「言いたいこと」を読み取る。ぱてゼミではそういう態度と距離をとりました。けれども、いまでも一般の音楽誌などではこのような受容態度はメジャーなものです。さらには、作家本人に「この作品に込めたメッセージは?」とインタヴューで問うているというのも、よく見られる光景です。

作品について考える行為としての広義の批評は、古来より普遍的になされてきたと言って

livetune「Tell Your World」(2011)
作詞、作曲：kz　動画：わかむらP、ファンタジスタ歌磨呂、TAKCOM　歌：初音ミク

片平タヒりん氏はかつて、円のイメージをこう読み解いた。「作り手もリスナーも、有名無名を問わず、すべての点（人）は中心から等距離。だから円なのだ」と。その中心こそが、初音ミクであると。10年が経ち、中心が例外となる事例も見てきた本書読者は、この曲を“いま”どう再解釈するか。すべての図形がひとつの中心を持つわけでもない。

よさそうですが、文芸ジャンルとしての批評の成立はおよそ19世紀であり、小説以上に後発[*23]です。そして、「近代批評の父」とも言われるシャルル＝オーギュスタン・サント＝ブーヴ[*24]がとったアプローチこそは、徹底的な周辺資料の洗い出しも駆使して「作品に作者を見出す」ものでした。ほぼ同時代には、「近代詩の父」（父ばっかだな）とも言われるシャルル・ボードレール[*25]が、美術について印象批評というスタイルの批評を行っていました。印象批評とは、その作品が自分にどのような印象を残したかという自分の主観を重視するものであり、無手勝流的で不純なスタイルです（だから、ときに作品に作家のメッセージを見出したりもします）。そのように、直感的あるいは主観的になされてきた素朴批評としての印象批評から、そうではなくて「作品の奥にある作家及びメッセージを尊重すべき」というルールを立ち上げたのがサント＝ブーヴの批評でした。以降の近代批評は、ひとたび確立された作品と作者の対応関係を解体する方向[*26]で進化していくことになります。さらに詳しくは次回、ロラン・バルトを紹介するパートで再度言及します。

念のため付言しますが、作家を切り離すということは作家という個人を矮小化するということでは決してありません。作品は本人の実人生を超えたポテンシャルをときに持ちうるし、「作者のメッセージの入れ物」として作品を矮小化することこそを避けるのが、ぼくにとっての作家と作品を切り離すことの最大の主眼です。だから結局、「こんなすばらしい作品を作ったこの作家（の作家性[*27]）はすごい」と最後に言うけれども、それは許してもらいたいと思いますw

レスな若年男性が多いことにオッサン世代は気づくべきである。

＊23 『世界大百科事典』は、「職業的批評家が発生したのは、フランス革命以後19世紀」であるとしている。

＊24 シャルル＝オーギュスタン・サント＝ブーヴ Charles Augustin Sainte-Beuve（1804〜1869） フランスの文芸評論家。本文には「作品から作者を見出す」と書いたが、逆に、「作者から作品を見出す」＝作者の実像がしょぼいから作品もしょぼいに違いないと決めつける場面もあったと。それはダメだろ。

＊25 シャルル・ボードレール Charles-Pierre Baudelaire（1821〜1867） フランスの詩人、評論家。生前唯一の詩集『悪の華』が代表作。日本の「三大訳詩集」の上田敏、永井荷風、堀口大學の3人ともが翻訳を試みている。同作の、破裂する爆竹のような感性の閃

ソシュールの記号モデル　点と線と円

さて、シャノンの紹介はこれくらいにして、本日の真打ち登場と行きましょう。

次に紹介するのは、フェルディナン・ド・ソシュール[*28]による記号モデルです。ソシュールによる記号の概念整理は、現代においてもかなり一般活用されていますので、このゾーンは用語も含めてしっかり覚えてもらえたらと思います。

これは、なにに見えますか？

学生「え、顔ですよね？」

ブッブー！　正解は、「点と線と円」です。

……うっざ！　ぱてさんうっざ！と思った人も多いでしょうごめんなさいｗ　「点と線と円」でもあるけれども、ふつうに言えば、[*29]顔ですよね。

ここで起こっていることを冷静に言語化するならこうだと思います。

「点と線と円」が「顔」を示している。

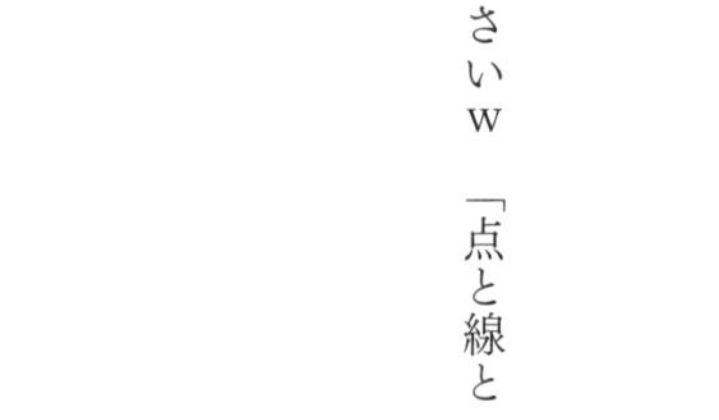

とあ「アイディスマイル」(2021)
作詞、作曲：とあ　歌：初音ミク、鏡音リン

線、円。モチーフを継承しながら、こちらは繋がりながら繋がらないことのあわいを模索する。マイノリティへの繊細な視線は、プロセカ内ユニット「25時、ナイトコードで。」との呼応でもある（投稿時間も25時）。リズムやメロディの構成が多要素的なのは音ゲーとの呼応でもあるだろうけど、この完成度で編み上げられるのはとあしかいない。

〈11-3〉

「記号　signe」の構造

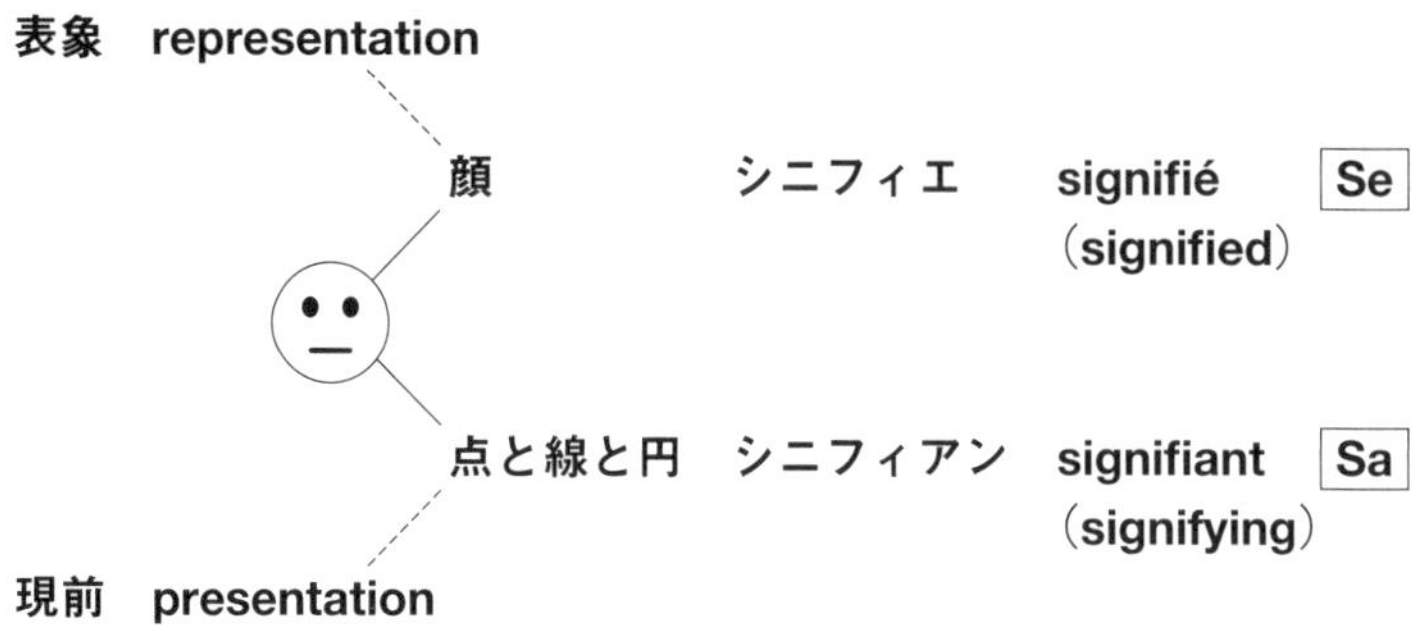

ソシュールは、「記号　シーニュ（signe）」を「意味するもの　シニフィアン（signifiant）」と「意味されるもの　シニフィエ（signifié）」という二側面の複合体として基礎づけました。この場合、「点と線と円」がシニフィアンで、「顔」がシニフィエということになります。

ソシュールはスイス人ですが、主要な研究をフランス語で残しているため、用語系はフランス語になっています。「ぱてゼミの使用言語は日本語と英語」と宣言していますので、英語で置き換えて説明しましょう。シニフィアンとシニフィエは、英語の「指し示す　signify」という動詞の現在分詞「signifying」と過去分詞「signified」にそれぞれ対応します。シニフィアンとシニフィエという用語はすでにかなり定着していて、一般の評論や、お受験国語の現代文の問題でも既知のものとして出てくることもあるので、訳語を無理に与えるのではなく「シニフィアン／シニフィエ」とそのままカタカナ語として覚えておくのがいいと思います。

光は、公序良俗に反するとして罰金刑を受けた。

＊26　入門的に、印象批評→作者主義→作者の死、と単線化して解説したが、この解体は同時代のポール・ヴァレリーによってすでに宣言されてもいる。要約を経ない実際については専門書へ。沼へようこそ。

＊27　あくまで有効範囲を本書にかぎる前提でこの言葉を定義するなら、一定の作品群を創出するディビジュアルとして「作家」を仮定して、作品に見出される特徴の受け皿として作家性という言葉を使っている。作家としてのAと、個人としてのAに、関連はあるに決まっている。だが両者を、少なくともいったん間接化するのがAへのリスペクト、ということである。

＊28　フェルディナン・ド・ソシュール　Ferdinand de Saussure（1857～1913）スイスの言語学者。言語論的転回の立役者のひとり。個別言語

教えたそばから実地運用するというのをまたやっていくので、この段階でもうそれぞれの略記も示しておきますね。シニフィアンはSa、シニフィエはSeと今後ぱてゼミでは略記[*30]していきます。

「記号は、シニフィアンとシニフィエが表裏一体となった複合体である」。このモデルはシンプルかつ簡潔なので、広汎に応用されていくことになります。ここでは図像的記号を例に説明しましたが、もとは言語記号の説明論理です。だから、犬という単語（シーニュ）において、「い」と「ぬ」という音の連節がシニフィアンであり、「あの4本足の人懐っこい哺乳類のイメージ」がシニフィエということになります。シニフィエは、基本的には世間でシンプルに「意味」と言われるものと対応することがほとんどです。

作品の固有性は「なにを言っているか」ではない

この記号モデルが優れているのは、単位構造がシンプルであるゆえに、複合的に階層化して用いることができる点です。たとえば次のような単語の複合を考えてみましょう。ちょっと例が不穏ですが、繰り返しますがぼくは反社会的な人物ではありません……w

国家の犬

これはどういう意味でしょうか。日本という国家が国家予算でわんちゃんを飼育している

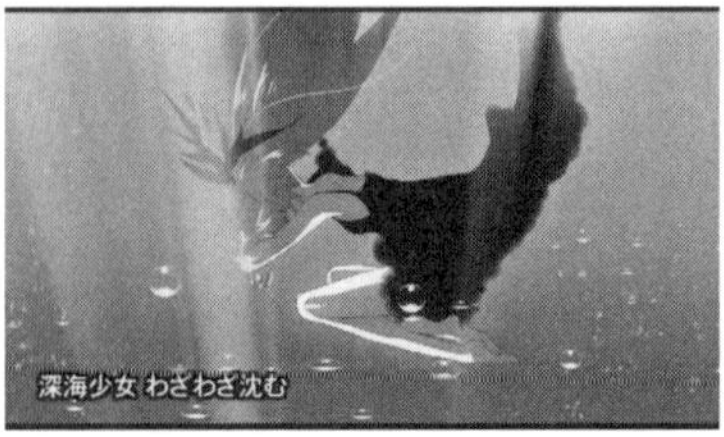

ゆうゆ「深海少女」(2010)
作詞、作曲：ゆうゆ　絵：はるよ　動画：マクー　歌：初音ミク

トビウオは命をかけて海面の向こうへと跳躍を試みる（2章）。対してこの少女は底へ底へと沈む。だが差し込む光は距離をものともせず、あなたの「腕を引」く。汚れ、醜さ、色。分散和音的に展開するメロディさながらに、肯定と否定が両義的にちりばめられる。そして最後は海の外へと跳躍する。素朴なんて言いようのない深淵のラブソング。

〈11-4〉

（警察）
（そういう共同体）　Se2　（そういう動物）
Se1＝Sa2＋Sa2＝Se1
Sa1　国家の犬　Sa1
（「kokka」という音）　（「inu」という音）

ということではないわけで、「国家」と「犬」という言葉が結びつくことでもっと別の意味が提示されることになる。これを記号論的に説明していきましょう。

「国家」のシニフィアン／シニフィエは「ｋｏｋｋａという音／そういう共同体のイメージ」であり、「犬」のシニフィアン／シニフィエは「ｉｎｕという音／あの４本足の哺乳類」ですよね。これはレベル1です。それが連接されると、上の図のような記号構造になります。〈11-4〉

すなわち、レベル1におけるシニフィエ（Se1）が、次の段階においてはシニフィアンとして振る舞い（Sa2）、それより高次のシニフィエ（Se2）をもたらす。犬という言葉は単体ではあの哺乳類を指すのみですが、「国家の」という言葉と連接されることで、その犬のイメージは今度はシニフィアンとなって（Se1＝Sa2）、次の「（犬といえば）従順な者」というシニフィエを呼び寄せる。果たして、「国家の犬」という複合文は、2段階目のシニフィエとしては「国家に従順な者」＝警察という意味を持つことになる。

この説明における「Sa1／Se1」の関係のように、単体の単語がひとつの意味と結びつけられる一次的な意味作用のことを「デノテーション denotation」[*31]と言います。それに対して、それら単語が組み

の歴史的変遷や隣接言語との関係を観察する従来的な「比較言語学」とは一線を画した、「一般言語学」の確立に尽力した。06年から11年にかけて3回行われた講義を、弟子たちがまとめた『一般言語学講義』がのちの学問に大きな影響を与えた。

＊29　第2部ではあれだけ「ふつう」を警戒したわけであり、これは「あえて」言っている。

＊30　いったんぱてゼミローカルな定義と言っておくが、メジャーな略記法である。

＊31　デノテーション　denotation　「外示作用」あるいは単に「外示」などと訳される。そのシニフィアンとシニフィエの対応関係は、内在的に保証されているわけではなく、たとえば辞書など「その両者の関係を保証する外部」を参照することで成立している。次章の議論で詳述する。

＊32　コノテーション　con-

合わさることにより、組み合わせによって（ほかの単語との内的関係によって）持つ意味作用のことを「コノテーション connotation」[*32]と言います。

　これはメタファーの説明論理ともなります。第4回の「モザイクロール」分析において、「液」と「傷」の対比を考えましたが、「液」という流体（Se1＝Sa2）が涙（Se2）ならば、「傷」（Se1＝Sa2）が示すものは「目」（Se2）になるだろうという読解は、記号論的に説明するとこのような構造にあったということです。

　では、この記号の階層モデルを使って小説という言葉の集合体を考えるとどうなるでしょうか。

〈11-5〉

小説の記号階層モデル

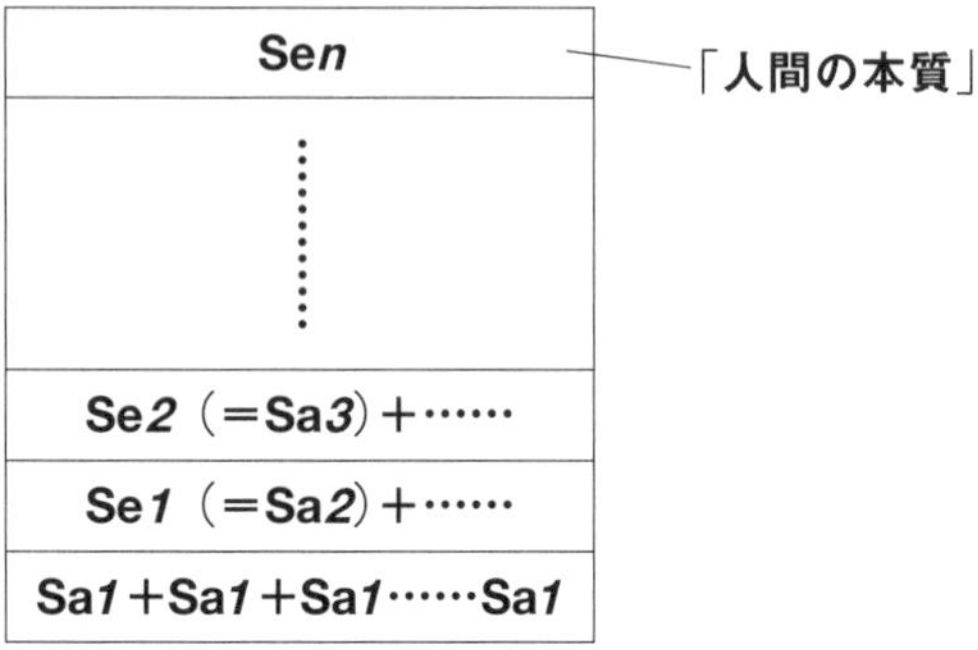

『雪国』の「国境のトンネル」は「国境」と「トンネル」の複合体であって……中略しますが、言葉の複合で文章が成り立つ。文章の複合で段落が成り立つ。段落の複合で章が成り立つ。章の複合で、小説全体になる。そのような階層構造を小説一般に見出すことはできるでしょう。Sa1はSe1を与え、Se1はSa2で……ということが繰り返されて、全体としてn段階目にSenという「作品全体で言っていること」がある。〈11-5〉

　ここで、熱心に講義を聴いてくれている（本書を読んでくれている）みなさんをえこひい

n-buna「ウミユリ海底譚」（2014）
作詞、作曲：n-buna　絵、動画：あわしま　歌：初音ミク

「第一作には作家のすべてがある」という言い方がある。本作は第一作ではないものの、その後反復される空、海、列車が１曲中に登場。少女はもっぱら歩いている。歩行と背景との断絶こそが彼女の孤独を表象していて、落下するときだけ、彼女と世界は一致するのだ。ぼわぼわＰが最後に手にしたCDは本曲を収録した『花と水飴、最終電車』だった。

きして、とっておきのチート技[33]を教えたいと思います。もし今後、読書感想文の課題が出されていたけど、締切3分前で課題図書を1ページも読んでいないということがあったとしましょう。そうしたら、大急ぎで「人間の本質が描かれていると思いました！」と書いて提出すれば、たいてい大丈夫です。なぜなら、近代文学のほとんどは、人間とはなにかを問い、人間とはなにかを最終的には描いているから。ほとんどの小説のSenは「人間の本質」だからです。……念のため、これで課題がなんとかなるというのは冗談ですからねｗ

ポイントは、小説の固有性は、作品全体でなにを言っているかではないということです。最終的に言っていることがほかの作品同様に「人間の本質」であったとしても、それがどのような言語表現の積み上げによって語られたか。すなわち、Senではなくて、それがどのようなSanとの関係によって表現されているか、つまりシニフィアンとシニフィエの関係性のほうにこそ作品の固有性があるということがほとんどです。だから、実際の記述＝シニフィアンに注目しない批評はありえない。先ほどの「シャノン・モデル的に表現を受容する」ことの危うさもここにあります。シニフィアンを「作者のメッセージ」の媒介役として透明化するなんてもったいなさすぎる。

だからこそ、Sa1レベルのシニフィアンを一字一句記憶されている大衆歌は、記号論的に作品の固有性を分析していく対象として相応しい。広くみなさんから、ちゃんと作品として扱われる準備ができている有利さが他ジャンルに比してあるのだ、という言い方ができるわけです。

ここまでの知見を踏まえて振り返るなら、ぼくは『仮面の告白』の（章単位の）シニフィ

notation　「内示作用」などと訳される。論者によって用法が多少異なるが、ほかの言葉との組み合わせのほか、文脈によって生じる含意など、広く「デノテーションではない意味作用」を包含する。

＊33　チート　cheat　ここではちょっとずるいちゃっかりテクくらいの意味で言っている。

＊34　この記号を見て、時代と地域を超えてすべての人が顔だと思うかどうかは筆者にはわからないが、心理学では、これが顔に見えるのはシミュラクラ現象（類像現象）という普遍的な脳の働きなのだとも語られる。

＊35　明治期に海外の言葉が一気に流入してきたときに当時の学者が大急ぎでこしらえたため、その後の理解にとってはズレがある用語も存在すると言われる。その代表格のひとつだろう。

＊36　映画も、文学部が伝統的

エは覚えているけど、シニフィアンは覚えていない。いわばシニフィアンをすっ飛ばしている。同作を分析しようとするなら、実際の記述に立ち戻って改めて向き合う必要があるでしょう。当然のこととして。

ぼくらはずっと「表象」について考えてきた

シニフィアン／シニフィエは非常に汎用性の高い重要な対概念ですが、ここで、さらに汎用性の高い重要な対概念を紹介したいと思います。ふたつでセットとして覚えてもらいたいと思います。

現前　presentation／表象　representation

先ほどの「😐」の議論に再度戻りましょう。繰り返しますが、これはふつうに言えばやはり顔です。けれども、そこに実際になにがあるかというと、点と線と円である。

presentation は、対概念との対比において「現前」という訳語が与えられています。言語体系、文化的コード、解釈などの前に先立って存在する。漢字の語感が正しくニュアンスを伝えていると思います。観察者の主観によって変わらない事実の次元。文脈に応じて「実在」とも訳されます。この記号に顔のイメージを見出すのは文化的コードが関係[*34]しているかもしれないけれども、たしかにそこに「点と線と円」が現前している、とは言える。

representation は、表象という訳語が主に当てられます。😐は顔に見えます。顔の

じん「チルドレンレコード」（2012）
作詞、作曲：じん　絵、動画：しづ　歌：IA

すべての少年少女のオープニングテーマ。この曲を構成するすべてのパーツが始まりの合図だ。総合体としてのこの曲は呼びかける。疾走せよ。今後何歳になっても、Re: boot しつづけろ。世界や親が見ていなかったとしても、カゲロウデイズはあなたを gaze している。この曲を聴くかぎり、スーツを着ていようともあなたをパーカーが包む。メカクシ開始。

イメージをそこに見ている。だからこれは「点と線と円によって顔が表象されている」という状態です。

さらに踏み込んで、表象という概念把握のために補助線を引いておきます。何度も繰り返した通り、ほとんどの人はこれを自明に顔だと思う。そこに現前するわけではないのに、改めて（＝re-）、現前（presentation）であるように振る舞うものでもあります。

だから、表象が持つ副次効果として、「表象の自己自明化」あるいは「現前の透明化」というべき作用が生じることが少なくありません。ふつうに言えば、これは自明に顔であって、我々がそう思っているとき、それが「点と線と円」であるという次元を意識せずにすっ飛ばしていますよね。つまり現前の次元を透明化している。

哲学の文脈などでは、representation は「再現前」と訳されることもあります。日本語的に座りをよくするなら「再現前化されたもの」というところでしょうか。逐語訳的な硬い表現ではありますが、「現前であるかのようになりすます」という側面を言い当てている意味では、我々の文脈でもかえって適訳かもしれません。（「表象」概念の弱点は、訳語がかっこよすぎる[*35]ことです。漢字の字面から「表現」の類語のようにイメージされかねない。）

「いぬ」ってなんだっけ？と問われたとして、ふむ、それは「い」と「ぬ」の音を合わせたものだね、とは答えない。「え、あの4本足のかわいい哺乳類のことでしょ？」と、自明に、意味＝表象の次元でのやりとりになる。表象はそのように、自明に（＝解釈に先立って）そこに存在するかのように扱われる次元である、という言い方もできます。

だから表象は、我々が日常的に行っている意味活動にとって、非常に基礎的な概念です。

に扱ってきた文学などに比すればまったく後発の文化ジャンルである。「大衆的エンターテインメントにすぎず大学で扱うに足らない」とする言説もあっただろうし、大学で映画論の講座があるということは、そのようなアカデミック・スノビズムに対抗する意味合いも持ちえていたことだろう。階級闘争は続く。

＊37　なお、たったこれだけの要素で「海」のイメージが与えられるのは、この曲のタイトルが「深海少女」であると視聴者が知っているからではないかと学生から指摘があった。これは完全に正しい。言葉が、表象を特定の方向に誘導している。

＊38　モンタージュ　montage　もとは映画の用語で、狭義には、異なったカメラ位置からの映像を繋ぎ合わせること。ここでは広義に「画面が切り替わっていくこと」を指して言っている。

＊39　線は二次元的な概念である。そもそも、概念は表象の次

そもそも、我々が「意味」と呼んでいるところのものは、表象の次元にしか存在しえないものとしてあります。意味を表象する（＝signify する）シニフィアンが、😐のように明示的に実体を持っていることもあるけれども、あまねく「意味を考えること」というのは「表象を考えること」になる。

東京大学には、この言葉を専攻名に冠しているコースがあります。教養学部後期課程超域文化科学分科にある、表象文化論コースです。表象は、どのような文化や表現にも関わる根幹的概念であるからこそ、さまざまな専門研究をされている研究者が集まっています。出身者にはポピュラー・カルチャーの専門家もいるし、クィア理論がご専門の清水晶子先生もこちらの専攻にご所属です。

表象の逆算　「深海少女」と「ウミユリ海底譚」

ちょっと概念的な説明が続いたので、ここで気分を変えて、いま話した表象／現前の問題をより身近に感じられるミニレッスンをしてみましょう。

表象文化論コースは、東大の人文科学系の専攻の中では比較的後発で、86年に新設されたそうです。その創設に尽力された先生方のひとりが、第1回で言及した蓮實重彦先生だったと聞きます。そして、まさにぼくらがいまいるこの教室で、伝説の「映画論[*36]」講義をされていた。

蓮實先生は、各学期の第1回目の講義には、必ずこのようなことをしたと聞きます。映画のパッセージを学生に見せて、「なにが映っていましたか？」と問う。（適当に作って言いま

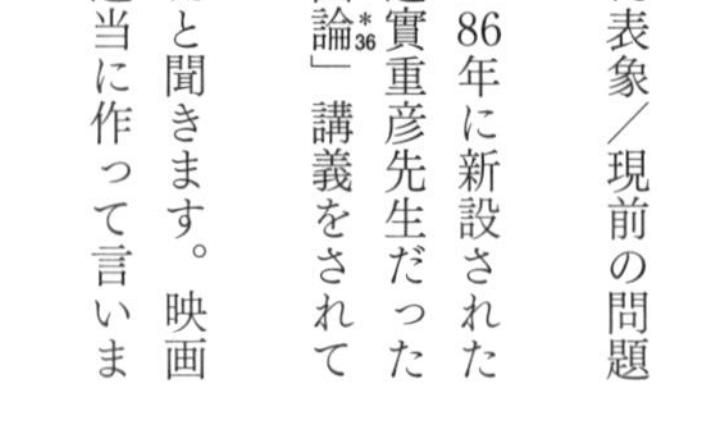

ぬゆり「命ばっかり」（2017）
作詞、作曲：ぬゆり　絵、動画：アボガド6　歌：flower

顔の前で視界を遮るその紙は、言葉でもあるだろう。薄っぺらで、「僕」でもあるのだろう。つまりそれは鏡だった。「ロストワン」との照応も見出しうるし、中島／円城『文字禍／渦』に次ぐSa/Seの呪いでもある。アボガド6の描く人物は本曲でも本書でもいつもネオテニー（幼形成熟）的で、その絵柄自体が、水を知った呪いを表象するかのようだ。

すが〕学生は「男性が、女性のことを好きで声をかけたいのにできなくて、去っていく女性の背中を見ながら悲しむ」などと答える。すると蓮實先生は「あなたは画面を見ていない！」とピシャーンと否定する。男性が「女性を好き」「声をかけたい」「悲しむ」というのは、映像によって表象された「男性の内面」であって、それ自体が画面に映っているわけではない。つまり、ドラマや物語など映像が「表象しているもの」ではなく、画面に実際に映っている（現前している）ものを見よ、という啓蒙的儀式だったのだと思います。

これを、ぱてゼミでもやってみたいんですね。題して「蓮實ごっこ」。ぼくはみなさんをピシャーンと否定するような性格ではないし、そういう時代でもないので安心してくださいw　すでに表象／現前概念を説明したあとですしね。ぱてゼミ型に少しアレンジしてやってみます。

次の動画を見て、画面が表象しているものではなく、画面に実際にあるものを答えてください。

♪ゆうゆ「深海少女」（2番サビ　1分32秒〜1分48秒）

はい、みんな大好き「深海少女」でした。それでは行きます。なにが映っていましたか？

学生「ミクが、海の底に沈んでいっている？」

元にしか存在しえない。

＊40　ルネ・デカルト　René Descartes（1596〜1650）
フランス出身の哲学者、数学者。信仰や経験から出発する哲学とは一線を画し、論理的徹底によって真理に近づこうとする近代哲学の態度の出発点とされ、ゆえに「近代哲学の父」とも称される。著書に『方法序説』『省察』『情念論』など。

＊41　ルネ・デカルト『方法序説』（谷川多佳子訳、岩波文庫、1997年）
1637年発表。デカルトの哲学の根幹は、方法的懐疑＝徹底的懐疑である。身体を経た感覚は懐疑の俎上に載せられ、主体が感得する表象と外界の断絶を考えた。プラトン以来の伝統哲学を決定的に批判＝更新するものだった。

＊42　独我論　solipsism
この私の思惟《しい》と同じように、他者の思惟、つまり他我が存在す

はい、では……あなたは画面を見ていない！（ピシャーン）

結局言っちゃいましたｗｗ　ごめんなさい、まだ最初ですからね、大丈夫です。いっしょに考えていきましょう。

ふつうに言えば、たしかに、ミクが海に沈んでいっているなあと思うはずです。そのようなイメージがまさに表象されている。一方、画面に実際に映っていたのはなんだったでしょうか。

実は、見ていただいた16秒のあいだには、４つの運動しかなかったはずです。①ミクらしき少女の図像がサビいっぱいの時間をかけて画面下方に移動する（少し縮小している）、②複数の白い丸が画面上方に向かって移動していく、③背景にあるグラデーションの青色がだんだん濃くなっていく、④垂直方向に白のグラデーションの柱が揺らめいている。

たった４つの現前する運動だけで「ミクが海に沈んでいっている」という表象を成り立たせている。この映像を担当されたのは動画師のマクーさんです。最良の褒め言葉として言いたいんですが、表象に対するコスパが見事だと思うんですね。見せたいイメージがあったときに、それをいくつの要素によって表象するか。映像作家の制作の一部は、このようなことだと思います。すなわち、「表象の逆算」をやっている。それが非常に的確に成功している動画だと思います。[*37]

では、２曲目に行ってみましょう。

♪ｎ－ｂｕｎａ「ウミユリ海底譚」（２番サビ　１分01秒～１分18秒）

ぬゆり「フラジール」（2016）
作詞、作曲：ぬゆり　絵：廣田痛　歌：GUMI

「命ばっかり」に遡る本曲でも「言葉の過入力」が冒頭に登場する。Seは読まれることを拒絶する、Saを自壊させることによって。私の言葉が、私を意味することを拒絶していく。けれども歌詞世界と同様に私はやはり複雑で、覗き窓から垣間見えた一瞬の横顔のように、過入力は断片だけを残像として残していく。「自転車で天国に行」きたいものだ。

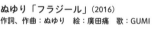

はい、これも本当にいい曲ですね……。最後まで聴きたいところですが行ってみましょう。なにが映っていましたか？

学生「女の子のイラストが……最初は中央にあったけど後半は画面内をけっこう移動して、背景が……下から上に流れている？」

恐る恐る警戒しながら言ってくれましたが、いいですね、かなり画面を見ていますね！ 動画はあわしまさん。表象としては、少女がフリーフォール的に落下していっているように見える。けれども、その落下のイメージは、指摘してくれたように下から上に流れていく背景と、少女の髪とスカートのはためきだけによって表象されていると言っていいでしょう。とくに髪が重力に逆らうように上方向に向かってはためいていて、さらに言えばその「はためき」という運動は、おそらくかぎられた数枚のイラストの短時間での入れ替えで表象されている。短時間のあいだにイラストを交代させることで運動を表象するというのは、ご存じの人も多いでしょう、アニメーションの根幹の原理ですね。

疾走と葛藤 「チルドレンレコード」と「命ばっかり」の過入力

だんだん楽しくなってきたでしょ。では3曲目行ってみましょうか。

♪じん「チルドレンレコード」(1番サビ 1分04秒〜1分21秒)

ると素朴に言うことはもうできない。いまや他者と世界はあまりにも遠い。8章では「私の固有の時間が大きな時間の中に置き直される」と書いたが、それこそは幻想ではないか。私以前の過去なんて経験していないし、私の中にある実経験した過去の記憶さえ、「それまでをも含め世界のすべては5分前に始まったのだ」と言われれば、その可能性を完全に否定できないことだけが明らかだ（イギリスの哲学者バートランド・ラッセルが提示した「世界五分前仮説」）。

＊43 大江、前掲書、8ページ。

＊44 「太陽を裸眼で直視してはいけない」が大原則なのでぜったいにマネすべきではないが、それをやると、光量の強さに応じて太陽の残像が視界に残りつづける。その残像は世界の写像ではない。

＊45 耳鳴りなど。

＊46 グスタフ・フェヒナー

最高ですね。永遠の名曲です。では、なにが映っていましたか？

学生「……」

えっと、これは難しいですごめんねw　なにが映っていたか――「いっぱい映っていた」と思います。先の2曲とは時間あたりの情報量が段違いですよね。簡単に言語化できるものではないでしょう。

この動画における現前と表象の関係は、まさにその点が重要です。動体視力を試すかのようなダイナミックな運動がたくさんあって、把握しきれないほどの要素が現前している。いわば「現前の過入力」によって、疾走感が表象されているという状態ではないかと思います。ある表象の把握は、それを成り立たせる現前の正確な把握につねに基づいているわけではありません。現前が把握できないからこそ成立する表象もある。

もっと言えば、動画のしづさんや、カゲプロの世界全体を描くじんさんが表象したいのは、根本的には「かっこよさ」かもしれない。「疾走感がカッコよさを表象している」とも言えますが、その次元をどんな具体的な映像の現前で成り立たせるか、精緻に構成してある名作だと思います。

……「青春の表象が見えた」？　なるほど、それは、そうかもしれない。いい表現ですね。では、いまの話を踏まえて、次の動画を見てみましょう。

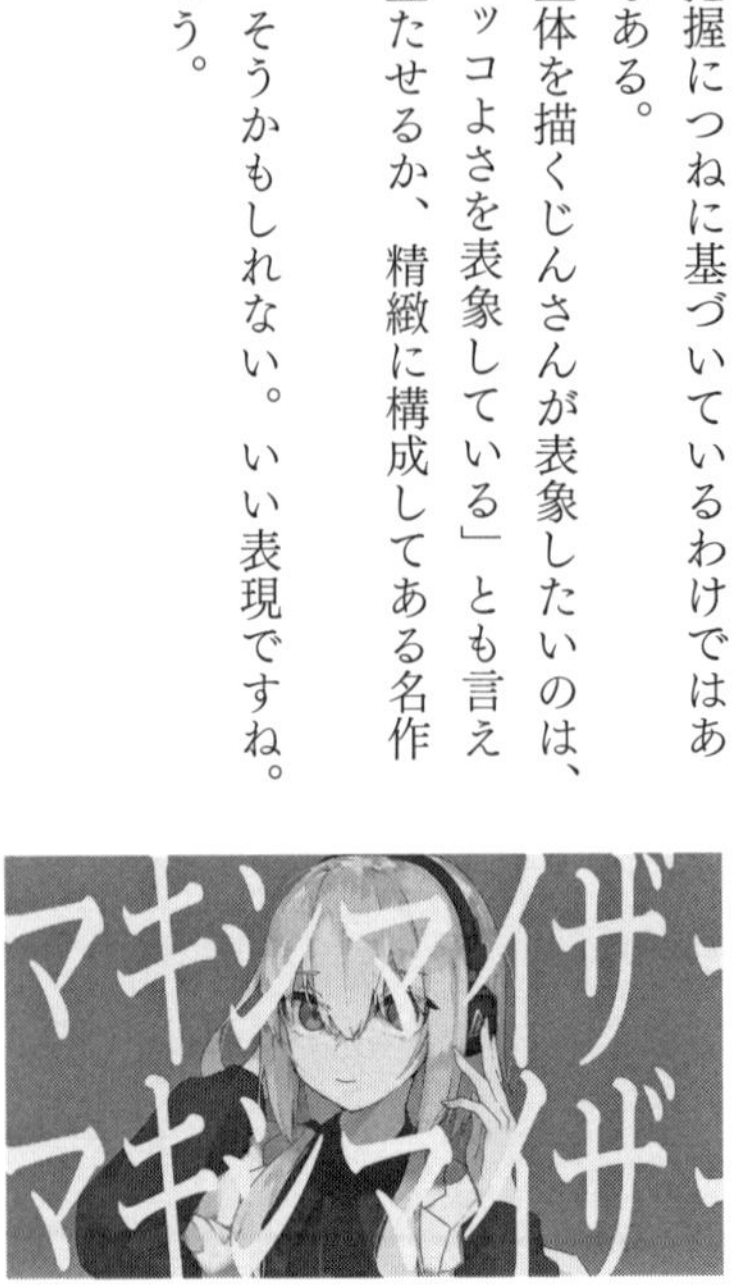

柊マグネタイト「マーシャル・マキシマイザー」（2021）
作詞、作曲：柊マグネタイト　絵：あさ　歌：可不

独我論は一度通るといい。ハシカじゃあるまいし早めに済ませようという意味ではない。突き詰める価値もある。本曲の主人公はこの世界を傍観者のように見ていて、臨界実験さえ他人事の様子。間奏の画面中テキストは同氏が独我論とともにあることを示唆する。それは同位体の宿命であり特権だ。意味と韻（Se/Sa）両方の過入力さえ涼風のよう。

♪ぬゆり「命ばっかり」（イントロ　0分00秒～0分15秒）

すばらしいですね。10年代後半を代表する名曲のひとつだと思います。動画はアボガド6さん。歌詞とは別に、歌われないテキスト情報が挿入されるという手法はボカロシーンでしばしば見られるものですが、この曲の場合、イントロ前半に明らかに読みきれない量の文字情報がモンタージュ*38されていきます。これも「現前の過入力」でしょう。視聴するぼくらも把握しきれないし、ここで描かれている少年当人もおそらく把握できていない。本人にさえ把握しきれないほど、脳裏をさまざまな想念が去来していく——つまり、自分で自分のことがわからないという状態を表象していないでしょうか。

第2回に、「裏表ラバーズ」の早口は切迫感の表象になっていて、歌詞内容と対応していると話しました。「命ばっかり」の場合、それが文字でなされているために、外からは静的に見えても当人は切迫しているという引き裂かれた様態を的確に表象していると思います。

身体によって世界と隔てられている

今日説明したばかりの表象と現前という対概念をさっそく運用して、みなさんしっかり考えてくれました。今日の最後に、この対概念について重要なポイントをお伝えしておきます。

表象は、相対概念だということです。

ここで、屁理屈合戦をしましょう。屁理屈合戦と言って色めき立つみなさんがぼくは大好

Gustav Theodor Fechner（1801～1887）ドイツの物理学者、心理学者。物質的現実（身体）と内的感覚（精神）の関係を研究し、精神物理学という学問ジャンルを創出する。エルンスト・ヴェーバーとの研究による「ヴェーバー－フェヒナーの法則」は五感すべてについて刺激の強度と内的感覚量が対数法則で示せることを発見した。

＊47　稲見昌彦（1972～）東京大学先端科学技術研究センター教授、東京大学バーチャルリアリティ教育研究センター応用展開部門長など。開発した光学迷彩は世界的に知られ、日本のVR研究の重要人物のひとり。著書に『スーパーヒューマン誕生！』、共著に『自在化身体論』など。研究室のエントランスには「人機一体」の言葉が掲げられている。

＊48　「反実仮想」というような言葉もあるので。

きですｗ　東大生は屁理屈が大好き。

😐をめぐって、「顔」が表象、「点と線と円」が現前だと言いました。これを懐疑してみてほしいんですね。わかりやすく、この線だけを取り出しましょう。この線は現前ですか？（学生から意見が飛び交う）

鋭い意見がいくつもありましたが、段階的に説明していきましょう。

線は、幅を持った概念だったでしょうか。この線は拡大するとこうですよね（[redacted]）。だから、ここに実際にあるのは「面」です。つまり、面によって線[*39]を「表象している」という状態です。

〈11-6〉

rep　線
↕
pre　面　＝　rep　面
↕
pre　粉の集まり

さらに懐疑可能です。これは面でしょうか？　微視的に言えば、これは黒板についた離散的なチョークの粉の集まりであって、連続的な面ではない。粉の集まりで面を「表象している」という状態です。——ね、本当に屁理屈でしょうｗ　とはいえ、これも一面の事実です。

表象が相対概念だというのは、このような意味です。「これを表象とするなら、それに対応する現前はこれ」というふうに、議論によって使い分けていかないと、きりがなくなってしまいます。だから、「顔の表象を支えているのは現前する点と線と円だ」という言い方はこの議論を経た上でも間違いではないと。

有形ランペイジ「世界五分前仮説」（2012）
作詞、作曲：sasakure.UK　絵：茶ころ　歌：有形ランペイジ

プロデューサー、サンプラー奏者としてsasakure.UKを擁する有形ランペイジの初期曲。敬意とは全力でぶつかることと言わんばかりに、「人間卒業」と形容される最上級のメンバーたちに向けてささくれの構築力が火を吹いた。演者は変拍子を自在に横断しながら即興で応酬する。5分ちょうどの開闢《かいびゃく》神話。この曲の前に世界は存在しなかったそうだ。

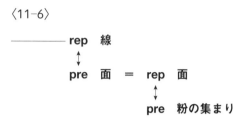

せっかくなので、「それは本当に現前か？」という問いただしを続けてみましょう。黒板にチョークの粉の集まりがついていることを、それが反射光を発しているからみなさんは知覚している。これは「現前する反射光が、そこにあるチョークの粉の集まりを表象している」ということです。さらには、光を知覚するというのは、網膜に光が届いたときに、それに反応して発せられる神経信号としての微弱電流を脳が受信するということです。だから、真に現前しているのは、微弱電流だけではないか。

「そんなことを言ったら、世界はすべて表象ということになってしまうじゃないか」。

その通りです。懐疑を徹底するならば、真に実在するのは外界でも、それを感受する身体でもなく、それを疑いえている「思考としての自分」がなんらか存在するということでしかない――ルネ・デカルト*40が『方法序説*41』で示した「我思う、ゆえに我あり Cogito, ergo sum」というのはこのような考え方です。その先にある独我論*42は、簡単に論駁《ろんばく》できるものではありません。『万延元年のフットボール』の冒頭にはこのような一節があります。「眠れ、眠れ、世界は存在しない*43」。

戻りましょう。ぼくらは視覚、聴覚など、五感を通してこの世界が存在していることを知っています。身体を介して世界に触れている。それは、身体によって世界と隔てられているということと同義である。だから、身体が外界の写像を正しく与えてくれるならば世界を正しく把握できるけれども、もしそこにエラーが起こったならば、私と世界はディスコミュニケーションになる。しかし、「存在しない光を見る*44」とか「鳴っていない音を聴く*45」という

＊49　ハプティクス　haptics　触覚研究やそのテクノロジー。たとえば超音波を使って、現実にはなにも存在しない空気中に指を伸ばすと、そこにモノがあるように触れた感触がする、というような技術は、すでに実装されている。視覚などほかの五感と併せて用いること（マルチモーダルという）でより大きな「実在感」を実現しうる。

＊50　並置混色　spatial color mixture　絵具を混ぜると明度が落ちていってしまうが（減法混色）、並置混色はその作用を被らないので、明度を落とさず混色することができた。

＊51　クロード・モネ　Claude Monet（1840～1926）　フランスの画家。「筆触分割」によって並置混色を行い、淡い水面の表情を捉えた〈印象・日の出〉（Impression, soleil levant）という作品が、印象派という名称の由来となった。いま

ことを、我々はそこまで珍しいものとしてではなく経験することができる。

　グスタフ・フェヒナー[46]という19世紀ドイツで精神物理学を提唱した科学者は、自身の世界把握と世界とのディスコミュニケーションを、自らの身体を賭けて実験しました。裸眼で太陽を見る実験を続けて、その後彼は失明してしまいます。

来たるべきポスト・フィジカルのために　Virtual Reality（not Insanity）

　我々は身体＝五感によって世界と隔てられている。だからこそ、五感を書き換えることによって、世界を書き換えることができる。

　ここで、ひとりの研究者を紹介したいと思います。稲見昌彦[47]先生。東京大学の先端科学技術研究センターと工学部計数工学科のご所属で、バーチャル・リアリティ（ＶＲ）の研究者として世界的に知られる方です。ぼくは21年から、先端研の稲見研究室に協力研究員として在籍しています。同研究室は「身体情報学」分野に属し、ＶＲをはじめ、さまざまな身体拡張研究が行われています。

　みなさんはＶＲと言ったら、ヘッドマウントディスプレイ（ＨＭＤ）をつけて別世界を体験するアレ、というように想像する人も多いと思います。それは間違った認識ではありませんが、そもそも、バーチャルとは、英語的にはどう訳すべきものだったでしょうか。お受験英単語帳にはなんて書いてありましたか？

学生「仮想の、とか、事実上の、とかだったと思います」

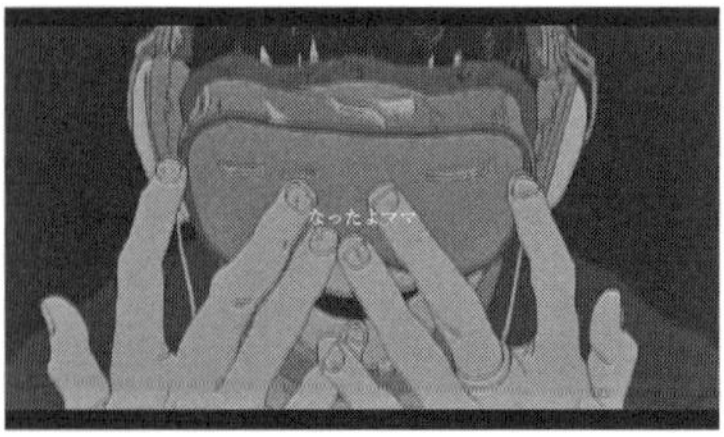

syudou「ビターチョコデコレーション」（2019）
作詞、作曲：syudou　絵、動画：ヤスタツ　歌：初音ミク

食うことで食われていくこと、世界＝性と折り合いをつけることを促してくる母と男性の影――それらのおぞましさは本書が追うアンチ・セクシュアルな感性と呼応するものだが、「大人にやっとなったよママ」の箇所で主人公はVRゴーグルを着ける。VRを、世界に合流することと言うのか（痛烈な皮肉だ）、「一糸まとわずに」やることをそう言うのか。

なるほど、ありがとうございます。ぱてゼミとしては「実質上の」という訳を与えておきたいと思います。「事実上の」というと、今日の文脈だと「現前」のニュアンスが出てしまうのでちょっと避けたい。「仮想の」というのは、ＶＲはいまでも「仮想現実」と訳されたりするけれども、日本語の語感としては「空想の」[*48]というニュアンスが出るのでそれも避けたい、という感じです。

「ＶＲとは、実質上の現実である」。つまりこういうことです。その先に現前がなかったとしても、実質的にそれを感じられているなら、それは現実である。なぜなら我々はすでに表象の世界を生きている（しか生きられない）のだから、その表象の世界に、別の表象がシームレスに接ぎ木されているなら、それらは等しく現実である。

だから、ぱてゼミ的にさらに言い換えるなら、ＶＲとは「五感をハッキングすること」です。ＨＭＤは「視覚をハッキングしている」状態だし、同学科の篠田裕之先生は、ハプティクス[*49]という触覚をハッキングする研究をされている。これはすでに実現している技術です。

実空間中での接触を制限される２０２０年代のコロナ以後の社会にとって、ＶＲには大きな期待が中長期的に集まりつづけるでしょう。現在もリアルタイムで、高度な技術を用いた高度なＶＲが次々に実装されています。

ここで参考に、非常に原始的なＶＲをひとつ紹介したいと思います。我々は身体に限界づけられているゆえに、こういうことが起こる。本書のこれは、グレーの下地が敷かれているように見えますよね。でもこれは、グレーではなくて、拡大すると細かい線の集まりなんで

でこそ西洋絵画の大人気ジャンルだが、当時はマージナルな様式であり、印象派という呼称自体、批評家が批判を込めて名づけたものだった。

＊52　ジョルジュ・スーラ　Georges Seurat（１８５９〜１８９１）フランスの画家。筆触分割の技法をさらに発展させ、点描画法を確立する。最後の印象派展で発表された〈グランド・ジャット島の日曜日の午後〉は、批評家によって「新印象派」と評された。

＊53　サイバネティクス　cybernetics　人間（生理学）と機械（制御工学）を統合的に扱うことを目指した総合科学。「サイバー空間」などの接頭辞「サイバー」の語源でもある。ウィーナーが目指したサイバネティクスはいわゆる自然科学にとどまるものではなく、人文科学、社会科学をも射程に収めるものだった。

すね。だから出版業界では、これをグレーではなく「網掛け」と呼びます。

同様の原理を用いたもので、絵画の技法に「並置混色」というものがあります。黄色と青色の線をこのように並べて細かく描くと、緑色に見える。絵具を混ぜてしまうのではなく、並べて置くことで混色するという技法[*50]です。

並置混色は、クロード・モネ[*51]、ジョルジュ・スーラ[*52]など19世紀の「印象派 impression-ism」の画家たちが使いはじめたものでした。ここで言う印象とは、今日の議論に即して言うと、つまり表象のことです。画面に現前しているのは黄色と青色だけど、我々には緑色の表象が与えられる。実質的に緑色である。どうしてそれが混ざって見えるかというと、人間の視覚の解像度がその程度だから。つまり身体のハッキングをしているわけです。印象派はVRだった。


すべては表象である、だから世界は自由に書き換えられる。この主張に直観的に怖さを感じた人もいるかもしれません。それはありうることだと思います。アンチ・フィジカルなのだと言って身体を脱出しようとすることに、どれくらい、どのようなリスクが生じうるかも精査されなければいけません。たとえば、そのとき精神にはどのようなリスクがあるのか。アンチ・セクシュアルという概念がそう作用したように、アンチ・フィジカルの実践は、フィジカルのなんたるかを改めて洗い出すことになるでしょう。それらを止揚《アウフヘーベン》したポスト・フィジカルこそが期待されるところです。

稲見先生は、計数工学科は「本当はサイバネティクス学科[*53]」なのだと言われます。サイバネティクスは、ノーバート・ウィーナー[*54]によって提唱された、（人間を含む）動物と機械の

蓮実重臣「J・O・S・H・I・B・U」（2009）
作詞、作曲：蓮実重臣　歌：梅枝高校女子合唱部

アニメ『ささめきこと』劇伴からの１曲。変拍子と思わせない変拍子、歌詞や音の分節はシュールで、脱力的なユーモアで“ふつう”をすり抜けていく。重臣氏は重彦氏の長男で、17年に急逝。PACIFIC 231として細野晴臣のレーベルからアルバムを発表するほか、アニメや映画の劇伴を手がけた。気まぐれに電話をかけてきてくださるのが嬉しかった。R. I. P.

あいだに引かれた既存の境界画定を取り除き（あるいは引き直し）、その全体を包括する総合システムを考えようとする学問です。それは通念的な人間像を乗り越えていく指向を持ちえたし、サイバネティクスに触発されるかたちで、20世紀中盤のアメリカではさまざまな人間拡張の研究が試みられました。ただその流行の中で、疑似科学や、さらにはそれを教義に据える新興宗教までをも生み出してしまった。[*55]そのせいで、人によっては警戒する言葉になってしまった。けれども、サイバネティクスという言葉のイメージをウィーナーが提示した原義に戻したい。つまり、言葉を取り戻したい（「クィア」のように）。稲見先生はそのような思いでそう言われているのではないかと思います。

稲見先生が標榜する身体情報学、そしてサイバネティクスは、新しく誰かを救うことになるはずです。「身体のままならなさ」を複数のアングルから考えてきた本書は、ポスト・フィジカルというフロンティアが持つ可能性に大きく期待するものです。それと同時に、フロンティアにこそ倫理が必要であると、前回Vチューバーについて言ったセリフを改めて繰り返しておきます。

というわけで、記号論入門の今回は、とくに表象という概念が主役でした。繰り返しますが、基礎的かつ根幹の概念なので、よく理解しておいてください。来週からはこれを積極的に活用して議論を展開させていきます。お疲れ様でした。

＊54　ノーバート・ウィーナー Norbert Wiener（1894〜1964）アメリカの数学者。数学、動物学、哲学などを順に修めていき、ケンブリッジ大学留学時にはラッセルに師事。19年にMITに着任。戦中の軍事研究で得た知見を総合し、戦後、サイバネティクスを提唱する。その経験（反省）から、科学者は倫理的であるべきとも主張していた。著書に『サイバネティックス』『人間機械論』など。

＊55　通念的には、科学と宗教は相容れないように思うかもしれないが、20世紀以降の新興宗教はむしろ科学を標榜するものが少なくない。科学を標榜しているからこれは宗教ではない（から安心）などということはありえない。というか、科学と宗教がお互いを取り込もうとする攻防がなかった時代などない。14章ではその一例を紹介する。

第12章 声の肌理《きめ》という神話（を引き剝がす）〜現代押韻論〜

ジェンダーもセックスも、つねにすでに表象なのだ

はい、ぱてゼミ型記号論の第2回です。前回のお品書きで名前を挙げた5人の論者のうち、今日はチャールズ・パースとロラン・バルトの議論までを紹介します。今日のタイトルには勇ましく「引き剝がす」とありますが、バルトは「声のきめ」という短い論文を書いているんですね。これは「声とはなにか」を論じるときに長らく引用されつづけてきました。バルトは大好きな書き手のひとりなんですが、今日は同氏の議論を、ぱてゼミ固有のかたちで批判的に相対化することで、より深いところにリーチしたいと思います。

前回は「表象／現前」という対概念について丁寧に解説しました。非常に根幹的な重要概念ゆえにそうしたわけですが、それはこれまでの議論にも大きく関わるものでした。たとえば第3回でみなさんに「キャラクターとはなにでできているか？」と問うたわけですが、表

DATEKEN「起起落落—中国歴代王朝史—」（2019）
作詞、作曲：DATEKEN　絵：Say HANa　動画：まきのせな　歌：鏡音リン

「ワンルーム・オール・ザット・ジャズ」などで知られる同氏が書籍『ボカロで覚える高校世界史』に提供した１曲。「紡歌」に通じる和中折衷のサウンドとメロディで、中国の王朝史を総覧していく。栄枯盛衰を語ることは、一度栄えもしなかった誰かを想像することに繋がる。なお作家は現在、神経科学を専門とするアカデミシャン。

象概念を得た我々は、これが「キャラクターはなにによって表象されているか」という問いだったと理解することができます。実際にそこにある（現前している）のは分裂した「声と図像」だが、我々はそこにキャラクターの表象を見ていると。

前回最後に、「それは本当に現前か？」という問いを突き詰めていくという屁理屈合戦もしました。今日は別の方向から手短に復習してみましょう。

重要なポイントとして、表象は相対概念であるとも言いました。第9回で、ジュディス・バトラーは「セックスとジェンダーの関係を脱構築したのだ」と説明しました。これを表象／現前という概念を用いて復習するとこういうことです。

ジェンダーは通念的な性別イメージのことであり、明白に表象である。ただしそれは、現前するセックスのレイヤーの対応物として成立している。つまりセックスが現前していて、それに対応する表象がジェンダーである。このように両者の関係を自明視するのが本質主義とも言えます。あるいは、対応関係が明白でなくとも、現前の次元における「性別」は存在するだろう、と考える立場もあるでしょう。

しかし前回、ある表象が把握できても、そこから遡行的に対応物としての現前のレイヤーを把握できるということでは必ずしもないことを示しました。むしろ表象だけを経験するという機会のほうが多いかもしれない。表象の次元とは別に「現前としての性別」が存在するということ自体、仮定であり、そのような想像力にすぎない。そのときセックスは、ジェンダーではないもの、表象ではないものと、逆算的に否定形で想像されるしかなく、つまりジェンダーによって表象されたものでしかない。だから「セックスは、すでにジェンダーなの

＊1　循環定義　circular definition
Aを説明するのにA自体が用いられる定義の様態。成立しない定義とされる。

＊2　バラク・オバマ　Barack Hussein Obama II（１９６１～）
第44代アメリカ大統領。民主党。09年から17年まで2期を務めた。初のアフリカ系、初の有色人種、初のハワイ生まれの大統領。

＊3　represent は意味が広いゆえに訳語が拡散する。それが厄介な点だ――指摘しておきながら同じ口で言うなら、ここでの represent は「背負っている」とでも意訳したいところ。

＊4　ヘイドン・ホワイト　Hayden White（１９２８～２０１８）
アメリカの歴史家、文芸批評家。スタンフォード大学で教鞭をとった。『メタヒストリー』のほか『実用的な過去』『歴史の喩法　ホワイト主要論文集成』な

だ」というテーゼは、「セックスもジェンダーも、ともに表象にすぎない」と言い換えられる。「ジェンダーの根源である」と本質主義者が想像するセックスは、ジェンダーを規定する。なぜならセックスは、その仮定によって想像される表象であるから。――このように単に循環定義的[*1]であると。一方向的な現前／表象の主従関係を転倒してもいますが、両者はともに表象なので、まさに二項対立が無効化されています。

そこですっ飛ばされているのは誰か？

表象概念は、ぱてゼミのような表現系／哲学系のみに登場する概念ではありません。根幹的ゆえに、ほかのジャンルでも登場しますし、ジャンルによって扱いが違っていたりします。たとえば、representation はときに「代表」とも訳されます。日本は代表制民主主義という政治形態をとっていますが、これは選挙で選ばれた政治家が、国民の意志を代表するというシステムです。だから衆議院議員のことを「代議士」と言ったりもする。実際にはひとりの人間だけど、たくさんの国民を「代表　represent」しているということです。前回、表現における表象の理解を促すべく、表象には「自己自明化」の作用があり、現前を透明化する作用があると補助線を引きましたが、政治における representation はちょっと質が違いますね。選挙で選ばれた政治家が国民を represent することは、法的に定義されている。

２０１６年、当時任期の末期だったアメリカ大統領のバラク・オバマ氏[*2]が、広島を訪問し、原爆の犠牲者の慰霊碑に献花しました。それまでの歴史の中で、もっとも「アメリカを代表

じん「アメリカ」（2013）
作詞、作曲：じん　絵：赤坂アカ　歌：IA

カゲプロ全盛期に唐突にドロップされた隠れた名曲。かつてカフカが想像だけでアメリカを描いたように、本曲の一枚絵にはインディ・ジョーンズやら宇宙人の侵略やらペンギンやら想像のアメリカが荒唐無稽に詰め込まれる。インディ映画の荒唐無稽な展開を劇伴が辻褄合わせていたように、じんのギター愛こそが本曲全体を力強く統合している。

する」立場にある人物の広島訪問に、世界中が注目しました。オバマ氏は未来に向けての核兵器廃絶を語り、そして、周到に、原爆投下という過去については謝らなかった。オバマ氏はアメリカを代表しているからこそ、彼の行為はアメリカの行為です。オバマ氏は、それまでの原爆投下を正当化してきた歴代大統領や、同時代の国内世論と無関係であるわけにはいかず、彼らのこともまさに represent している。[*3] だから、謝れなかったということではないかと思います。この出来事が「アメリカが広島に謝った」という意味を表象することを慎重に避けなければならなかった。

大きな話になりましたが、戻りましょう。同様に「表象＝代表」の用例としては、ヒップホップの文脈で「レペゼン渋谷」みたいな言い方があります。このカタカナ語の「レペゼン」は represent のことです。「自分は渋谷を代表しているぜ！」という意味になります。

もっと柔らかい例も挙げておきましょうか。こういうのあるじゃないですか。「大坂城を作ったのは誰ですか？」「豊臣秀吉」「ブッブー！　大工さんです」みたいなやつw　ふつうに言えばこれも、うっざ！という話なんですが、しかしやはり一面の真実なわけです。実際に汗水垂らして大坂城を作ったのは大工さんなり使役されたふつうの人たちだけど、築城を指示した為政者の豊臣秀吉に代表させてしまっている。「豊臣秀吉が大坂城を作った」。これはふつうに歴史の教科書にもありうる記述ですが、歴史という学問ジャンルの語りにも、このように「表象＝代表」の問題は関わってきます。代表者で語ることが自明化されていて、そこに実際にいた（present な）人々の次元が透明化されている。

A国とB国が戦争をして、A国の勝利に終わった。表象のレイヤーでそう語られるとき、

どが邦訳されている。

＊5　ヘイドン・ホワイト『メタヒストリー』（岩崎稔監訳、作品社、2017年）副題は「一九世紀ヨーロッパにおける歴史的想像力」。歴史の語りの「詩的・言語論的」性質について詳細に分析していく。

＊6　過去を時系列順に記述していく形式。年表的なイメージ。均質な「クロノス時間」なるものの疑わしさは最終章で詳述する。

＊7　🤔

＊8　ヘーゲルの弁証法的歴史観はまさにこれに当たる。果たして『メタヒストリー』はヘーゲルの歴史哲学を批判している。事実から法則性を抽出しようとする欲望は、観察者を事実から遠ざける。自然科学と同じである。法則性への執着を科学の本性とするなら、つまり、科学は科学を遠ざける。

そこですっ飛ばされている現前のレイヤーには誰がいて、なにが起こっていたのでしょうか。

（暴力性を自覚せずに歴史を語る）バカと付き合うな

また大きな話をしてしまいますが、そもそも歴史とはなんでしょうか。英語では history といいますが、その語源は古典ギリシャ語の「ιστορία（historia）」にまで遡る歴史があるようです。一方、語源とは関係なしに、文字面としては「his story」に似ている。

繰り返しますが、高校までの教科書で触れてきた「為政者、あるいは支配的なものの交代劇」としてイメージされる歴史は、過去の表象形式として非常に限定的なものです。歴史という表象は、現前した過去に対してノイズレスな対応関係を持ちえているだろうか。誰か特定の立場にとっての都合のいい物語――まさに his story になってしまってはいないか。

さらには、歴史上の為政者は、ざっくり言って男性ばかりです。前章でも、なぜか「父」ばかりが続きました。（あえて極端な言い方をしますが、）歴史の教科書だけを眺めていたら過去には男性しかいなかったの？　と思いかねない。当然そんなことはなく、人類のおよそ半分はかつてもいまも女性だったはずです。his story の裏側で可視化されてこなかった「ハストリー　her story」があるのではないか。

ここで言った「his／her」の対比は、歴史の語りにおけるジェンダー・バイアスを文字通り指摘するものであるとともに、同時に、アナロジーでもあると理解してください。「男性／女性」のようにかつて非対称な関係にあり、可視化されなかった者の歴史。たとえば、為政者に対して、民衆がそうです。昔の「ふつうの人」はどのように生活していて、それはど

円盤P「ステップをふむ」（2013）
作詞、作曲、MMD：円盤P　歌：初音ミク

音数は少ないのに、絶妙な音価（長さ）などのコントロールによって、円盤Pの作品は必ずグルーヴしている。DTMの隆盛により音楽はMIDI（音高もリズムも離散的にビットマップ化された世界）へと退化するのだと非難した音楽家がかつていたがそれを退けて余りある。13年以降、DVAでずっと使われているBGMが円盤P作だって知ってました？

のように変遷していったのか。そのような民衆史が後発で発見されていきました。あるいは、オーソライズされた芸術の歴史に対して、サブカルチャーの歴史。プロの創作文化の歴史に対して、アマチュアや二次創作文化の歴史。

　歴史を語ることの限界や暴力性はなにかという懐疑を、歴史学という学問は長らく重ねてきています。ヘイドン・ホワイト[*4]という歴史学者は、『メタヒストリー』[*5]という名著によって、歴史学に言語論的転回をもたらしたとされます。同書は、歴史を語ることのメタ分析がたくさんの事例研究から展開されていく難解で重い本なんですが、ホワイトは、たとえば編年体[*6]のうち、何年になにがあった、翌年なにがあったと時間を等間隔に割って羅列していく形式でさえも、客観的でも公平でもありえない物語表象であると喝破します。

――ぱてさん話が逸れちゃってない？　ぱてゼミは歴史の講義じゃないでしょ？　という心の声が邪気耳[*7]を澄ますと聴こえてきそうですが、そう、その通りなんです。「ぱてゼミは歴史の講義ではない」。

　ぱてゼミはここまで時間と紙幅をかけてたくさんの話をしてきていて、たくさんの作家や表現を取り上げてきました。しかし、歴史についてはあまり言及してこなかったはずです。それは、意図して避けたことでした。ボカロの講義だから編年体的に2007年から語りはじめるものだと思ったらそうではなかった、期待と違ったから受講しませんという学生も過去にはいましたが、残念ながらそれは仕方ない。

　ぼくは一般論として、過去を歴史化して語ることに慎重であるべきだと考えています。さ

＊9　歴史を語ることの難しさと向き合って、それでも可能な歴史とはなにか？という真摯な自己批判を経由した者が歴史家であり（たとえばヴァルター・ベンヤミンやカルロ・ギンズブルグ）、そうして語られるのが歴史である。22年現在、ボカロの歴史はいっさい語られていないと言っていい。ボカロにかぎらずサブカルチャー＝大衆音楽について全体にダメである。若手の後進の登場を待つ。

＊10　アルフレッド・ホワイトヘッド Alfred North Whitehead（1861～1947）イギリスの哲学者、数学者。17世紀以来のケンブリッジ・プラトン学派の流れを汲むとされる。主著に『過程と実在』、バートランド・ラッセルとの共著に『数学原理』がある。

＊11　プラトン Πλάτων（紀元前427～紀元前347）古代ギリシアの哲学者。理想的な概念（イデア）の形而上世界こそは実在で、この現世はその

らに、ボカロはとりわけ慎重にしなければいけない、歴史化することが難しい対象であると考えています。

歴史化の危ない落とし穴のひとつが、因果づけです。AがあったからBが起こった、と時間的前後関係にある出来事に因果関係を見出し、物語化していくこと。それこそが歴史の語りであり、意義があるものだと考える立場も世の中にはある。[*8] ものの見方のひとつを提供する言説としてまったく無価値だとも言わないし、たとえば１９６０年代におけるもっとも重要な出来事はビートルズの登場で、それは後進の音楽家に影響を与えたのだという語りが、すべて否定されるべきとも思いません。ぱてゼミも限定的にはそのような語りをしています。をーさんのスタイルの発明は、「ボカロ的なるもの」の成立に強く関わっただろうとか。

ただ、それがすべてではない。とりわけボカロシーンについてはそうです。ぼくも何人かの作家を「シーンを代表する」と形容してきましたが、代表的な作家を語ることが歴史になるわけではない。代表的な作家がシーンの質を、オバマのように代表する責務を負うということでもない。作家の創作はもっと自由です。音楽スタイルのトレンドの変遷を見出しうるとしても、そのとき同時に、トレンドとはまったく関係なしに自分の好きな音を出しているボカロPも、トレンドと関係なしにボカロ曲を聴いているリスナーも、どの時期にも必ずいる。彼らのことはもちろん、どんなに再生数の少ないボカロ曲でも、（優に１００万曲を超えるという）それらをすべて包含するものが、ぼくが言っているボカロシーンです。

トレンドが成立しているからといって、後発の創作がそこからの因果によって生まれているわけではない。まるで第５回、第６回で語ったような、先行するもの（過去、親）がその後の存在（現在、子ども）を拘束するという想像力のもとに、作家や作品たちを「因果のチ

トーマ「エンヴィキャットウォーク」（2011）
作詞、作曲、絵：トーマ　歌：初音ミク

猫は猫なのに妖艶な人間のメタファーに使われつづけて気の毒である。「欲情論理」「尻尾で誘惑」と媚態が描かれるが、紛れるように「聡明」で冷静な視線が横切るのが白眉。「アダムとイヴに始まり、此処で終わる」ことを「禁断の果実」と名指すなど、アンチ・ラブソングの表情も併せ持つ。当時この高速押韻の応酬が目覚ましかったことは忘れない。

エイン」の中に付置していくことを歴史だと言うなら、そのとき歴史は暴力と言い換えられるべき抑圧でしかありません。

過去の豊かさを抑圧せずに、そこにあった掛け替えのない感性のひとつを掬い上げていく。ぱてゼミがやっているのはそういう作業であり、本書は少なくとも representation の論理の暴力性に無自覚なままにボカロの歴史を語ることを、引き続き避けていきます。[*9]

抑圧するプラトン　声は魂の表出なのか？

それでは本編に入っていきましょう。「うた」とはなにか、声とはなにか。

ジャック・デリダは（そしてジュディス・バトラーも同じ用法で）、西洋哲学の流れを「現前の形而上学」の系譜だと指摘します。徹底的な懐疑によると世界は表象であり、それでも疑いえない「私」だけが現前する。その現前から出発する形而上学は、表裏一体に、私の他方にある他者＝世界の現前を「到達しえないもの」として仮定し、同時にその存在を前提にしてしまっている、確信している。

先行するこれまでの論者がそう考えてきたから、その前提が共有されつづけるということがあります。たとえば、次のような二項対立です。

聴覚／視覚

感性／理性

不完全な対応物（仮象＝representation）と考える、いわゆるプラトニズムの始祖。本書は逆の立場を主に紹介するが、14章でも言及。

＊12　演技がうまい――つまり「つねに身体と蜜月にある」人物が、つねに真正だということでいいのか？など。

＊13　音声中心主義　phonocentrisme　私がここにいる、という presence の実感を「声を出す」という（パロールの）経験こそが根拠づけている。西洋哲学の出発点たるその「現前の実感」をデリダは解体していく。その批判の的とするひとりがルソーである。

＊14　1001年ごろに完成したとされる中世文学の古典、清少納言『枕草子』の1行目。

＊15　文節　日本語文法において、文章を区切ったときに不自然にならない

ここに、新しい二項対立を足しますね。

parole / écriture

「parole　パロール」というのは、話し言葉。声による言語のことです。対する「écriture　エクリチュール」は書かれた言葉。文字による言語のことです。これまでも言語を何度も問題にしてきましたが、言語をいっしょくたにせず媒体で区分けする概念です。

哲学者のホワイトヘッド[*10]は「すべての西洋哲学はプラトン[*11]への注釈にすぎない」と言いましたが、果たして、プラトンは「声は、魂の真正な表出である」と言っています。パロールとエクリチュールにヒエラルキーを設定するようなことを言っているわけです。声は魂そのものである。我々が得た概念系を使って言うなら、声はpresentなもので、文字はそれを置き換えた＝representしたものにすぎないと。

これから、プラトンが設定したその主従関係を批判的に吟味していきますが、気をつけなければいけないのは、21世紀を生きる我々も「たしかにそうかもなあ」と直感的に思いかねないことです。たとえば、ウソをついているときは「そそそそんなことはないよ」と狼狽《ろうばい》が声に現れ出てしまう、魂の正直なところがそのまま出てしまう。けれども「そんなことはないよ」と印字された文字には狼狽は表出しないとか。これも自分の経験から「本当にそうか？[*12]」と懐疑してもらいたいところですがw

デリダのもっとも重要な仕事のひとつと言われるのが、このパロールとエクリチュールの主従関係の脱構築です。デリダは、西洋哲学は音声中心主義[*13]なのだとも批判しています。

ユジー「ミルククラウン・オン・ソーネチカ」(2014)
作詞、作曲：ユジー　絵：房野聖　動画：柊南　歌：初音ミク

同音連打による音韻の渋滞は本曲の固有性だが、よく構成されたポップネスとは対比的に言葉はネガティヴでヴァルネラブル。検索されたいが、ソーネチカは疎外のキーワード（8章に通ずる）。彼女がささやかに望む「tiny」な世界とは、小さな不浄が見逃される世界。この曲は微笑みながら問う。清廉潔白であるのは強者の特権ではないですか？

では次に、音楽についてはどんなことが言われてきたか。これは声についてよりも議論に振れ幅がありました。時期によってけっこう違う。

中世には、音楽を聴くという経験は快楽的で感性的だから、それは知的な構成物ではなく、芸術の中ではレベルの低いものであるとされていた。いわば、先に挙げた二項対立の左項をグルーピングする考え方と言っていいでしょう。

しかしその後、建築や絵画などほかの芸術ジャンルに比して、「もっとも純粋な芸術形態である」として称揚する哲学者が現れます。それが近代哲学の始祖、ヘーゲル先生です。近代の到来をもって、音楽がいきなり芸術の最上位に置かれることになる。

なぜでしょう？　今回は紹介にとどめますが、実はヘーゲルの言う根拠は、表象の問題に深く関わっています。第14回で、その議論にもっと具体的に踏み込みながら、ぱてゼミ刑のやり方でヘーゲルを批判していきます。

「音楽は感性的なものである」批判

歴史的な大哲学者が言っているからといって、同じように考えなければいけないということはありません。みなさんも、たとえば自分の「感覚を思考の俎上に載せる」ことなどを通して、考えてみてほしいと思います。

ぱてゼミ開講が決まったときに、ツイッターでこんなリアクションをした人がいました。

「音楽は「音を楽しむ」と書くんだから、感性で楽しめばいいんだ、議論なんてしてんじゃ

最小単位（と学校文法では説明される）。「春はね、」と「ね」を挿入することでわかると教わった人も多いだろう。

＊16　マイケル・ジャクソン　Michael Joseph Jackson（1958〜2009）アメリカのシンガーソングライター＆ダンサー。「キング・オブ・ポップ」と称された。82年発表のアルバム『スリラー』の「世界でもっとも売れたアルバム」というギネス記録（17年時点で6600万枚）は今後塗り替えられることはないだろう。

＊17　韻を踏む　rhyme　同じ音を繰り返し登場させることでリズム、心地よさを作り出す手法。頭の音をそろえる頭韻、末尾の母音をそろえる脚韻が代表的。日本の伝統的な詩歌にはあまり見られなかったが、近代以降、日本の詩歌への押韻の導入は何度も試みられた。マチネ・ポエティク、那珂太郎など。それとは別に、西洋の韻文を「リズム？　日本語には音数律

ねえ」。音楽の語源はそういうものではありませんが、ともかく直情的に怒ってらっしゃるような感じでした。「音楽に論理を持ち込んでほしくないというあなたの精神を精神分析したい」とリプしたら、「おれを分析するな！」という返事ののちブロックされてしまったんですけどねw　とはいえ、中盤には言語という分節体系に自分を置き直すことの抵抗やストレスについても言及しているくらいですから、一定の同情を示すことはできるし、音楽に意味や論理は必要ないのであるという通念は、それなりの市民権を得ていると思います。

　ぱてゼミは、講義自体のコンセプトとして「感覚を思考の俎上に載せること」を謳っています。ここで、具体的なミニワークショップを通して「音楽は感性的なものである」という通念を批判していきます。

「春はあけぼの」[*14]というフレーズがありますね。これを4拍子のリズムに乗せて口ずさんでみましょう。譜面で表すとこうなりますね。〈12-1〉

　文節[*15]で分けると「はるは／あけぼの」ですから、ふたつ目の文節の「あ」だけが16分音符だけ前の拍にフライングで入っているような状態になりますよね。その「あ」の音が前のめっているように感じる。このように、音のアクセントを拍子の頭など標準的な位置から前後にずらすことをシンコペーションと言います。リズムに複雑さとダイナミックさを与える基本技法で、ロックというジャンルのアイデンティティとも言えるものです。

　では、これを誰かにやってもらいたいと思います。はいきみ。ぼくがテンポガイドのリズムを出すからそれに合わせてやってみてください。

オワタP「トルコ行進曲―オワタ＼(^o^)／―」(2008)
作詞、動画：オワタP　作曲：モーツァルト　絵：Yおじさん　歌：初音ミク

シンコペを直観的に理解したければこれと原曲を聴き比べればいい。「パラジクロロベンゼン」ほかその後の佳曲に通じる符割りのコントロールの原点はここ。絶起、遅刻はおそらく普遍的な営為であり、そのとき動画のミクのように絶望と緊張を感じリカバリを考えることこそが大事だと、つまり居直るなと、非常に啓蒙的なメッセージを持つ作品。

学生「はーい。春はあけぼの、春はあけぼの……」

（テンポをだんだん上げて高速にしていく）

学生「春はあけ……いやもう無理ですw」

はい、ありがとう、でもかなりがんばりましたねw　できてるほうだと思います。拍手！

テンポが速くなると、シンコペーションのところが難しくなっていきますよね。これが「春は、あけぼの」というふうに文節の頭と拍子の頭が一致していれば難しくないんですけど。

実はですね、ぼくこれうまいんですよ。テンポ速くてもぜんぜんできるんですよね。

（テンポアップの「春はあけぼの」やってみせる）

うまいでしょ？　これでもボカロPなんでねw

実はコツがあって、種明かしすると、ぼくはこう発音していました。「はるわーけぼの」。こうすると「は」と「け」を拍の頭に合わせるだけでいいから、16分音符を意識せずにいくらでもできるんですよね。そして、「わー」と単に長音にする

〈12-1〉

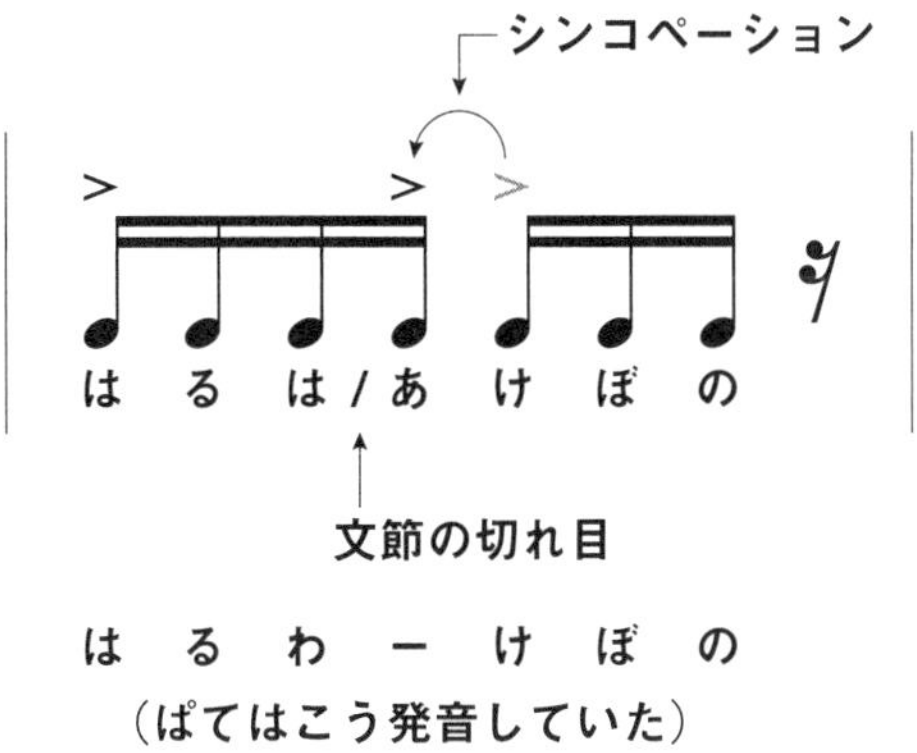

があるではないか」といって七五調で翻訳した上田敏らの訳業は、なんというか粋だと思う。

＊18　学生用語の「絶起＝絶望の起床」にかけたボケである。

＊19　五言絶句　絶句は4行（句という）からなる漢詩で、1句は5語（漢字）から成る。漢詩のもっとも短い詩形である。第2句と第4句の末尾の語で韻を踏む。

＊20　散文詩　poème en prose　押韻しない詩。自由詩。フランスでは19世紀末、ボードレールの『パリの憂鬱』をもって完成を見たとされる。そもそも、押韻することだけが言葉のリズムではないし、音律がいいことは韻文の専売特許ではない。萩原朔太郎はその詩論の中で「散文律」という概念を提唱した。

＊21　萩原朔太郎（1886～1942）　詩人。「日本近代詩の父」とも言われる。17年発表の第一詩集

だけで、「春はあけぼの」を知っているみなさんは、「わー」を「は／あ」とそこに意味の切れ目を見出してくれる。

ところで、「あけぼの」という単語のアクセントはどこにあるでしょうか。「あけぼの」とは言いませんよね。「あけぼの」でしょう。だから、言語記号の意味、すなわちシニフィエを意識せずに、シニフィアンを純粋に音の側面だけで捉えると、音のアクセントのありかは最初から「は」と「け」で、拍子の頭と一致しています。

だからこそ、オンリズムで「春はあけぼの」と聴いたときに、「あ」が16分音符前のめって聴こえるというのは、完全にシニフィエのレイヤーの問題です。シニフィアンにはなくて、シニフィエにだけあるシンコペーション。これは、非日本語話者には聴こえないシンコペーションなのです。

リズムの経験は、純粋にそこに実在する（present な）音の経験だけではない。意味は完全に表象であって、現前ではないけれども、意味がわかるからこそ生じるリズムの経験というものがある。

先ほど「音楽に意味や論理は必要ない」という考え方を引き合いに出しましたが、意味理解があるからこそ成立する体感があるということを、この例で証明させてもらいました。

記号論的リズム解析　シニフィエのシンコペーション

続けて、ほかの例でも考えてみましょう。音高なしで、リズムだけの譜面を書きますね。これだけでなんの曲か、わかる人はいるでしょうか。〈12-2〉

Michael Jackson「Beat It」(1983)
作詞、作曲、歌：Michael Jackson　映像：Bob Giraldi

ジェフ・ポーカロ、エドワード・ヴァン・ヘイレン。当時頂点にいた演者を集結させた、アメリカ音楽の「我が世の春」。同時に、タイトルと映像は『ウエスト・サイド物語』の引用で、人種、赤狩り、セクマイ差別など、紐解けば負の問題も織り込まれている。振付師はエイズで早逝。「我が世の春」ではなくアメリカそれ自体だ。だからこそ世紀を超える名曲。

学生「『裏表ラバーズ』ですよね」

さすがですw　正解。１小節目と２小節目は完全に同じメロディを反復しているので、歌詞を重ねて書くとこうなります。また文節の切れ目も書いておきましょう。

もーらぶ　らぶに、なっちゃってー
おーかく　まくつ、っぱっちゃってー

〈12-2〉

もー ラ ブ ラ ブ に / なっちゃってー
おー か く ま く /つっ ぱっちゃってー
8分音符分シンコペーションしている

文節の切れ目が、１小節目では３拍目の頭にちょうど「な」が来ている。けれども、２小節目では、文節の頭の「つ」が半拍（８分音符）前にシンコペーションしていますよね。

メロディ（シニフィアン）の音型はとくにシンコペーションしていない。けれども、日本語の意味がわかる人には、「つ」のシンコペーションが聴き取れる。さらにこの例では、１小節目は切れ目が素直だけれども、２小節目だけにシンコペーションが登場する。音型は反復しているけれども意味のアクセントだけがずれている。この点に、音楽的味わいが際

『月に吠える』が高く評価され、森鷗外などが絶賛した。私事だが、筆者の「言葉の音」論の原体験は朔太郎である。「なまめかしい」という言葉のなまめかしさよ（nとmという子音の粘性を論じていた）。

＊22　萩原朔太郎『青猫』所収の詩論「自由詩のリズムに就て」などに見られる。

＊23　ポール・ヴェルレーヌ　Paul Verlaine（１８４４〜１８９６）　フランスの詩人。ボードレール、ステファヌ・マラルメ、アルチュール・ランボー（恋仲にあった）とともにフランス象徴派と称される。有名な「秋の歌」は、上田敏の訳詩集『海潮音』では音数律で訳された。「秋の日の／ヴィオロンの」。

＊24　BARBEE BOYS　82年結成のロックバンド。本文の指摘は、前者は「チャンス到来」、後者は「ショート寸前」などによく現れている。両曲と

立って感じ取れると思います。この「つ」、これまでも気になっていませんでしたか？

もうひとつ例示しましょう。これもみんな大好き、「マトリョシカ」。部分的に書きますね。

もっといっぱい　まってちょうだい
ぜんぶぜんぶわ　らっちゃおうぜ

この例では、「舞って頂戴」の「ま」はすでに8分音符前にシンコペーションしています。それに対して「笑っちゃおうぜ」はさらに8分音符前に突っ込むので、結果的に「裏の裏は表」ということで、4拍目頭に意味のアクセントが来るということになっています。

ぼくは音楽評論家という看板を出していますが、これは実はボカロに出会う前からそうなんですね。その当時からのテーマだったのが、メロディ単体でもなく、歌詞単体でもなく、「歌詞とメロディのマッチング」によって生じる音楽性というものでした。今日話しているのは「鮎川ぱて以前」からずっと考えている問題です。

そしてこれは完全に、「うた」の問題です。ここで示した通り、メロディに言葉が乗るということは、単に言語的意味表象を加える以上に、楽器には不可能な音楽的経験を作り出している。あるポップソングが不思議と耳に残るというときに、こういう効果が作用しているというケースがあります。優れた作家は計算もなしにさらりとこういうことをやったりする。

では最後の例を挙げましょう。「日本語を知らない人にはわからない」という疎外的な言

Last Note.「セツナトリップ」（2012）
作詞、作曲：Last Note.　絵：のん　動画：こみね　歌：GUMI

音韻と並行して、ボカロはバックビート帝国主義に対しても更新を試みてきた。ときに揶揄されるアタックの弱いミックスも、２拍４拍固定ではないスネアを違和感なく聴かせることに貢献した。ブラウン管（！）越しに並ぶ複数の自分を眺める彼女は、音楽のありえた可能性を俯瞰するかのよう。冒頭とラスト、彼女は２度目覚める。あなたは目覚めたか？

い方が続いてしまって申し訳なかったので、公平に、次はぼくのように英語が得意でない人が弱者になる例ですｗ　マイケル・ジャクソン[＊16]という世界的に有名だったポップシンガーの曲です。はい、リスニングの時間です。サビでなんと歌っているか聴き取ってみてください。

♪ Michael Jackson「Beat It」

はい、みなさん聴き取れましたか？　サビの3小節目は「No one wants to be defeated」と歌っています。これは、少なくとも中学生のころのぽて少年の耳には「be defeated」ではなく「beat it beat it」と聴こえました。譜面は書きませんが、「タータ／タータ」と音型も反復していますからね。けれども「be defeated」だから、単語＝意味の分かれ方でいえば「ター／タタータ」ですよね。ここでもメロディに対して意味がシンコペーションしている。そしてそれは中学生のぼくには「聴こえないシンコペーション」だった。ぴえん。

ところがいまは聴こえるわけです。歌詞カードを見てなんと言っているかを知ったら、シンコペーションが聴こえるようになった。記号の二側面は、シニフィアンの分節体系が先行してあって、それぞれのシニフィアンにシニフィエが対応しているという一方向的な関係ではない。シニフィアンとシニフィエはそれぞれに別の分節体系を持っていて、ふたつの分節体系が対応関係を持っている。だから、シニフィエ（意味）の切れ目がわかることで、シニフィアン（音）の切れ目がわかるということが起こりうる。

意味を学習することで新しく得られる体感があるということです。学びによって音楽経験が豊かになる例として、最後に紹介させてもらいました。

も作詞作曲はいまみちともたか。

＊25　相対性理論　06年結成の音楽プロジェクト。伝説の名盤『シフォン主義』（同作1曲目が「スマトラ警備隊」）のリリースは07年6月。初音ミク発売の2ヶ月前のことである。鈴木慶一、渡邊琢磨、黒沢清など、関係する作家の広さも飽きさせない。

＊26　やくしまるえつこ　シンガーソングライター。相対性理論のボーカルやソロ活動や、イラスト、ナレーションなど多方面で活動する。『ユリイカ』やくしまるえつこ特集号（11年11月号、青土社）には筆者も寄稿した。タイトルは「RECONSTRUCTING GIRLS　やくしまるえつこと初音ミクをめぐって」。

＊27　散種　dissémination　ある表現が一義的ではないということを、デリダは「多義的」であることと「散種」であることとに弁別し、前者をパロールに、

押韻のださから遠く離れて

ぱてゼミでは前半からずっと歌詞の側面も重視して考えてきていますが、「歌詞　lyric」を包含する「詩　poetry」という文芸ジャンルは、西洋文化圏においては、言葉の音に関する形式です。ソネットであれば、全体が14行で成っていて、何行目と何行目の最後で韻を踏む[17]など、押韻構成が決まっています。漢詩でもそうですよね、五限絶起[18]とか。……冗談です、五言《ごごん》絶句[19]とか。

日本の詩歌では、俳句や短歌のように押韻よりも音数を重視してきているのでピンと来ないかもしれませんが、「詩の対義語は散文である」と考える立場もあります。散文とは、平たく言うと韻を踏まない「ふつうの文章」全般のことですから、詩は基本的に韻文であると。現代日本では散文詩[20]の文化も豊かに広がっていますし、ぼく個人は支持しない考え方ですが。

ともかく、韻文は、それを読み上げると音のリズムが現出するというひとつのシステムです。広義の音楽を現出させると言ってもいいでしょう。ソネットはプロヴァンス語とイタリア語では同じく「小さな歌」という意味を持つそうです。また、日本の近代詩人、萩原朔太郎[21]は詩作をすることを「作曲する」[22]と表現していました。

意味があいまいだったり、一意に収斂しない言語表現のことを、嘲笑的に「ポエム」と名指す言い方がありますが、それは失礼であるだけでなく、あまりに無知な物言いなのです。

そもそも「押韻=韻を踏む」というのは、強く一般化して言うと、同じ音を反復的に登場

かいりきベア「ベノム」(2018)
作詞、作曲:かいりきベア　絵:のう　歌:flower

中田ヤスタカはかつて「ダサい人にダサいと言われるものが一番かっこいい」と言った。本曲の「愛をもっと」は長らくダサいものとされてきた16分音符のシンコペを蘇らせる(capsuleもしていた)。同時に、愛と毒をこれでもかと言うほど重ね合わせながら、lでもrでもあるラ行は表記上では異物化される。問いはこうだ。「ラブを正しく口にしてみせろ」。

させる技法です。「表象の構造を早々に飄々《ひょうひょう》と、現前を完全に燦然《さんぜん》と淡々と理解！」みたいな。前半は「ｏｕ」の音で、後半は「○ん○ん」という音型を反復することで韻を踏んでいます。果たして、21世紀日本の文化状況において押韻を一般に知らしめたのは、まず第一に「日本語ラップ」の功績です。

押韻は日本の詩歌の伝統の中にはあまり登場しません。しかしそれは日本文化の中に、決定的に存在しました。「布団がふっとんだ」。そう、ダジャレです。

ポール・ヴェルレーヌ[*23]の「秋の歌」の書き出し、「Les sanglots longs / Des violons」が押韻していて美しいと言われる反面、「布団がふっとんだ」はどこまでもださい。好意的に言っても面白い止まりで、美しいとはならない。なぜ押韻がださいかの深みには立ち入らないにせよ、日本語での押韻の困難はこの「ださささ」との葛藤であったとは言うことができるでしょう。ださささ、あるいはばかばかしさ。

日本語ラップは、韻を踏むことを技術としてひとつの評価基準にし、押韻がうまいことをかっこいいことに書き換えていった大きなムーヴメントです。その詳述は専門家による他書に譲るとして、ここでは、日本語ラップ以外で「押韻とださささ」の解決を試み、それに成功したと思えるいくつかの例を散発的に紹介します。

まずは80年代に活躍したバービーボーイズ[*24]。キザなことを言うのに照れ隠しする印象だったり、斜に構えて冷笑している印象だったりと、とくに自分をからかうという意味合いでばかばかしさが作用するという、独自のトーンによって押韻を使いこなしていました。

次に、初音ミクと同じ07年に登場した相対性理論[*25]と、そのヴォーカリストのやくしまるえ

後者をエクリチュールに紐づける。両者の違いは、端的には、決定不能性だ。複数の読みが「たしかにある」ということと、そのどれもが優劣せずどれもを正しいと言えないままばら撒かれている＝決定不能であるという状態を弁別している。パロールは話者の現前による説得力のせいで、決定不能性を退けてしまうというのだ。

だが、デリダはすべてはエクリチュールなのだとも言う。少なくとも、パロールがエクリチュールとして散種的に振る舞う場面はある。ボカロが歌っていることによって「話者の現前」が弱いことは、この散種性に影響しているかもしれない。ボカロはエクリチュールなのだ！という早計な結論が誘惑するところだが、本書はそれとは別の議論へ向かう。

なお、散種は男性的なメタファーでもある。「ベノム」の「どくどく」がそうであるように。

さらに知りたい方は、東浩紀『存在論的、郵便的』（新潮社、1998年）14ページからの解

つ[*26]このソロ作。ともに全時期において押韻への高い意識が感じられるアーティストです。相対性理論の初期代表作「スマトラ警備隊」は、目の前で起こる非常事態をまさに「あくびをし」ながら眺める冷めた目線と、押韻する言葉のイメージの飛躍のさせ方（「街破壊」と「冬長い」など）が絶妙に無関心の表現になっている名作でした。どうでもいいから、くだらない押韻遊びをしていられる、というような。その後、やくしまるは10年に「COSMOS vs ALIEN」という「音韻と日本語と16分音符の和解」を試みた傑作を発表します。

そして最後は、我らがボカロです。聴いてみましょう。

♪ Last Note.「セツナトリップ」

名曲ですね。これも、早口で時間あたりの言葉の量が多いという「ボカロ的」な1曲です。そして、たくさんの押韻がある。「裏表ラバーズ」以来、言葉の量の多さがキャパっていることの表象になっているという指摘を何度かしてきていますが、この曲ではそれに加え、言葉の意味（シニフィエ）ではなく音韻（シニフィアン）が次の言葉を口寄せしているかのようで、フレーズの向かう先が読めない。押韻するのがダサいかもしれなくても、かっこつけてる余裕なんてねえ！という勢いがあって、まさに「出たとこ勝負！」と言わんばかり。押韻はここにおいては、キャパって「やぶれかぶれ」である状態の表象になっています。同様の効果が見出しうる「早口で押韻」しているボカロ曲はほかにもたくさんあると思うので、みなさんも考えてみてください。

ボカロシーンには音韻表現の先端を行く楽曲がたくさんあります。傾向とまでは言いませ

R Sound Design「帝国少女」（2017）
作詞、作曲、動画：R Sound Design　歌：初音ミク

後景のスカイツリーはぼやけていて、ピントが合っているのは東京タワーと六本木。そこはビル群の背が高いから、果たして少女が這い回る地表は写真に映らない。3連符のシームレスな導入や、サビのメロは1番はハネて2番はハネないなど（正確にはより複雑に混在している）、ポリリズミックな「2と3」の往復が気持ちいい。17年3月9日の投稿。

んが、広義の漢語（音読みする漢字熟語）の脚韻を16分音符とマッチングさせ、そして押韻する技術は10年代を通して大きく進化し浸透しました。「妄想感傷代償連盟」はタイトルがすでにそうですよね。

たったの8音節が、それを幾通りにも読める私を暴き出す

ではこのパートの最後に、目が眩《くら》むほど——耳が眩むほどって言ったらいいんですかねw、高度な言葉の展開に圧倒される名曲を聴きましょう。

♪かいりきベア「ベノム」

あらま
求愛性　孤独　ドク　流るルル　愛をもっと
頂戴な　ねえ　痛い痛いのとんでけ
存在感　血ドクドク　零るルル　無いの？　もっと
愛　愛　哀　哀
叫べベベノム　めっ

サビ冒頭は、動画では「求愛性　孤独　ドク」と表記されます。音としては、8音節。しかしこのたった8音節は、動画内で表示される文字《エクリチュール》、すなわち「求愛性」「孤独」「ドク」という分節（シニフィアン）にとどまらない言葉を呼び寄せます。「求愛」「性交」「性行動」

説が簡潔かつ詳しい。

＊28　チャールズ・パース Charles Peirce（1839〜1914）
アメリカの哲学者、論理学者、数学者。学問ジャンルを超えて多くの達成を残したが、生前は不遇で、死後にやっと理解された業績も多い。邦訳の『パース著作集』（勁草書房、1985〜86年）は3巻出版されており、それぞれ現象学、記号学、形而上学にまとめられている。

＊29　記号論　semiotics
パースの研究に端を発する流れを「記号論　semiotics」、ソシュールの研究からの流れを「記号学　semiology」という。両者はほぼ同時代に研究を立ち上げたが、当人たちに交流はなく相補的な両者が合流するのはのちの話である。石田英敬『記号論講義』（ちくま学芸文庫、2020年）2章に詳しい。Sa／Seというソシュールの概念を使って3分類を説明するというのは決してパース自身のやっ

「毒」「どくどく（注がれる液体の擬音）」。動画の表記が示さない分節を我々は受け取れてしまう。それらの言葉の意味（シニフィエ）の強さを知っているから。いわば、シニフィエからシニフィアンを発見してしまう。〈12−3〉

そうして発見される言葉たちは明らかに性的なものばかりです。それらの言葉を拾えてしまうぼくらリスナーの存在を洗い出すかのようです。つまり、私はそれを別様に読めてしまうことによって、私が「存在させられる」。この曲もまた、性の存在を独自のかたちで暴き、そして突きつけてくる点において、アンチ・セクシュアルな名曲と評価しうるものです。

川端康成のノーベル文学賞受賞講演のタイトルは「美しい日本の私」というものでした。その26年後、大江健三郎がノーベル文学賞を受賞したとき、大江が行った受賞講演のタイトルは「あいまいな日本の私」。これは川端に対する批判的応酬というか、まあ、イヤミです。「美しい日本の私」というのは、「美しい日本」の「私」とも、「日本の私」が美しいということともとれる。「美しい」はどちらにかかるのか。どちらともに理解できるし、どちらの意味なのかを一意に示していない書き方です。だから「あいまい」で、ダメなのだと。それが日本的ダメさであり、世界に対して開かれていないと。

文意が一意に収束する文章を書く能力は、まず第一には身につけておくのが望ましいものです。学術論文などでは重宝しますし、その一意性は、外国語への翻訳可能性にも大きく関わるものです。けれども、そのような記述が言語運用の完成形ということはありえない。むしろ、1文によってふたつの意味を同時に指し示すことが、より効率的だったり、より精度の高いイメージ伝達を行える場面もあるはずです。

ジャック・デリダは、一義に収束することなく、意味を撒き散らす表現のことを「散種

sasakure. UK「トンデモワンダーズ」(2021)
作詞、作曲：sasakure. UK　絵、動画：APO+　歌：初音ミク、KAITO

こちらはスカイツリーではない、たぶん。期待と昂揚を煽るミクソリディアン・モードでできたAメロから意外な結末のラストまで、ノンストップのジェットコースター。押韻のツボも音ゲのツボも熟知したささくれがリミッター解除するとこうなる。オルガンの即興風のオブリガード、すなわち岸田勇気の客演もナイス。しかし「斜界」っていい表現。

dissémination」[*27]と呼びました。デリダに従うなら「美しい日本の私」は散種的でよい。デリダは、散種性は本来あらゆるエクリチュールに潜むものだとも言いますが、難しい議論に立ち入るのはここではさておきます。

　ここでぼくらが「ベノム」について注目すべきは、このたった8音節が、たくさんの音味を振り撒きながらも、読解が一意に収斂することはないということです。動画が提示する文字表記こそは正当な読みをもたらすものだ！とそれに準じようとしようとも、それ自体がすでにあいまいで散種的で、ほかの読みを抑圧するものにはなっていない。だからこそ、ほかの読解可能性は抑圧されずぼくらの脳裏を巡ることになる。この8音節において「順当な読み」というものはなく、可能な複数の読みは決定不能性の前で対等に存在するのです。

〈12-3〉

きゅうあい せい こう ど く ど く

〈動画で示される分節〉

求　愛　性／孤　独／ド　ク

〈ほかの分節可能性〉

求　愛／性　交／ど　く　ど　く

性　行　動　／　毒

「ボカロは早口で言葉が多い」。第2章でも紹介した10年代以来のボカロの通念的認識であり、「ベノム」もまったくそれに該当する楽曲ですが、この認識はより正確には、次のようにアップデートされるべきだと思います。「ボカロは言葉が多いが、それ以上に意味がひしめき合っている」。

　議論の途中で「はて、なんの話をしていたかな？」と思った人もいるかもしれませんが、とも

たことではなく、ぱてゼミ独自の単純化なので、本章の説明は例によって入門者向けの大づかみである。

＊30　プラグマティズム　pragmatism
19世紀後半にアメリカで生まれた反形而上学的な哲学の潮流。実用主義、実際主義などと訳され、観察可能な形而下（現実）に即する考え方は、実験科学を正当化する根拠ともなった。

＊31　楽音　musical tone
「ギョーカイ人は音楽のことをそう呼ぶのかと思いました」と言った学生がいてウケた。ギロッポン、シースーとかの仲間だと思ったそうである。

＊32　具体音楽　musique concrète
音響技師でもあった作曲家のピエール・シェフェールが48年ごろにその実践を始めた。「具体」とは、伝統的な音楽の抽象性（インデックス性の猶予）との対比でそう名づけられたが、シ

かく、ぼくらがボカロについて考えているうちに、日本語の押韻はださいという定説はどこかに霧散してしまったようです。

パースの「記号学」による記号3分類

はい、それではここから理論パートです。前回のソシュールの記号モデルを踏まえ、今回は哲学者チャールズ・パース[*28]が確立した「記号論 semiotics[*29]」における、記号の3分類を紹介します。先に書いてしまいますね。〈12-4〉

また3点セットですね。3点セットがよく出てきますが、これまでのも覚えていますか？即自／対他／対自とか、現実界／想像界／象徴界とか。それぞれ説明していきましょう。

「①イコン icon」は、パソコンのインターフェイスにもアイコンというものがありますが、あれのことです。スピーカーの機能をいじりたかったら、スピーカーのアイコンをクリックしますよね。シニフィアンが、それが示すシニフィエの似姿になっている。前回の😐もそうですね。完全一致は当然していないけれども、ニアイコールと書いておきます。訳語を当てるなら「類像」です。〈12-5〉

「②インデックス index」は、英語的にもいろいろな意味がありますが、文脈を踏まえて「痕跡」という訳語を与えておきます。たとえばきみが森の中を歩いていて、そこにある木

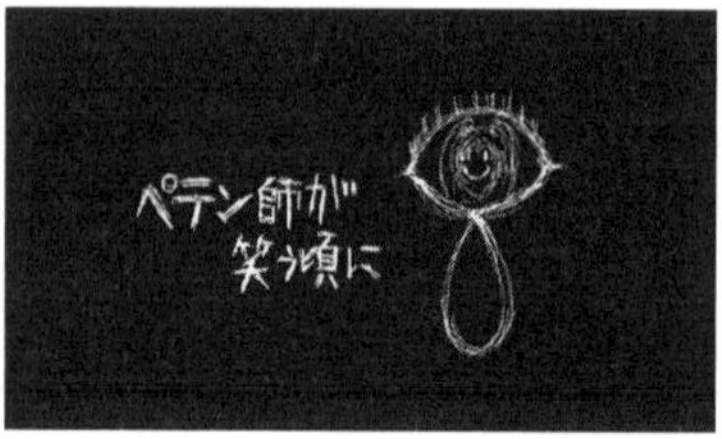

梨本うい「ペテン師が笑う頃に」(2009)
作詞、作曲、動画：梨本うい　歌：初音ミク

本書の議論はほとんど先取りされている。醜い身体を忘れたいし、ラブソングは聴きたくないし、自分以外を愛することはできない。できるのは念仏を――この歌を歌うことだけ。「都会に咲く花」＝あなたは途方に暮れるだろう。最後のキーワード「死ね」こそはあなたの生きる根拠だ。言葉の名指す先はきみではない、あいつだ。21世紀の「So What」。

〈12-4〉

①	icon	類像		Sa ≒ Se	Sa is Se（第 1 文型）
②	index	痕跡		Sa → Se	Sa means Se（第 3 文型）
③	symbol	象徴	言語	Sa……Se ＼／ L（language）	L gives Sa Se（第 4 文型）

に動物の爪跡がついていたらどうするでしょうか。「このへんに熊がいるかもしれない」と警戒しますよね――というのはいいとして、解釈を遡ると、「爪跡」というシニフィアンが指し示すシニフィエは、一次的には、爪状のものが木に接触したという事実です。ひとつの物理的事実と一対一対応して、それを指し示すことになる記号がインデックスです。

「③シンボル　symbol」は、訳すと象徴です。象徴という言葉はすでにどこかで出てきましたね。ラカンの理論の中では、広義の言語的なものを象徴界と言っていました。その理由が今日をもってよりよく理解できるはずです。

シンボルとは、あるシニフィアンがあるシニフィエを示しますよということが、第三項の存在によって保証されている記号全般のことです。逆に言えば、①イコンとも②インデックスとも違って、シニフィアンそれ自体にはそのシニフィエと対応する内在的根拠がない。りんごがなぜりんごという名前なのか、それは言語体系という「第三項」がそう決めているからです。だから狭義の言語はすべてシンボルです。ほかにはたとえば、道路標識も完全にシンボル

ェフェールが目指したのは各音をインデックスとして聴取することではない。その逆に、雑音を音そのものとして聴くこと――すなわち、雑音からインデックスとしての機能を猶予することだった。シェフェールはそのような聴取態度を「アクースマティック　acousmatic」という概念で説明した。

＊33　ジョン・ケージ　John Cage（1912〜1992）アメリカの作曲家、キノコ研究家。現代音楽に多大な影響を与えた実験音楽の第一人者。前衛芸術運動のフルクサスとも関わりを持つ。主著に『サイレンス』。

＊34　美術批評家のクレメント・グリーンバーグは、芸術におけるモダニズムを「自己批判による自己純化の過程」と論じる。音楽については、不純化する実験を繰り返していたように見えなくもないが、それらの解体的試みを経てもそれでも残る音楽の本質が希求されていたと言え、やはりモダニズム的ジャ

〈12-5〉

Sa　≒　Se

iconは、指示対象（Se）と似ていることで機能する
絵：家の裏でマンボウが死んでるP、協力：梨本うい

に相当します。⊖が「進入禁止」という意味を示すのは、「⊖は進入禁止という意味です」と定められているからですよね。

①、②、③とナンバリングしましたが、これには必然性があります。イコンは、（本当はニアイコールですけど）イコールなのだから、一項関係である。インデックスは、記号と事実の二項関係。シンボルは、三項関係。

パースは、高校倫理の教科書だと「プラグマティズム[*30]という哲学の創始者です」と1行解説されている感じでしょうか。パースはさまざまな学問に精通した上で、普遍的で基礎的な哲学を打ち立てようとした哲学者でした。世界のすべては「第一性　firstness」「第二性　secondness」「第三性　thirdness」で説明できると。パースの記号の3点セットは、これに対応しているんですね。

ふたつのリベラリズム　米津玄師とジョン・ケージ

ぱてゼミ恒例の「学んだそばからそれを実用してみる」を今日もやっていきましょう。

パースの記号3分類を使うと、音はどれに相当しますか？

「クワガタにチョップしたらタイムスリップした」

家の裏でマンボウが死んでるP「クワガタにチョップしたらタイムスリップした」（2011）
作詞、作曲：タカハシヨウ　絵：竜宮ツカサ　歌：GUMI

「未来人にコンプレックスを指摘された」と歌う曲でなぜ泣かされるのか。未来のあなたは、目の前に現れた過去の自分が話し出そうとするのを、シンコペで制して、そのままでいいと断言する――生を全うした彼女は、現在を全肯定する。ライヴでは「たったひとーつ！」で叫ぶのずるいエモい。

学生1「インデックスですか？」
学生2「シンボルかと思いました」

なるほど。正解は……全部です！　実は、みんながどれと答えたとしても説明可能な仮説を3つ用意していましたw

説明しやすい順に話していきますね。まず、第一義的には、インデックスと言えると思います。音が鳴っているということは、そのような音が生じる物理現象があったということだ。鉛筆が転がる音がしたのは、鉛筆が転がったからだ。小泉進次郎的（同語反復的）ですが、事実そうですよね。シンセサイザーなど電子的に作られる音についても、その音が聴こえるとき、スピーカーがそのように空気を振動させている。あらゆる音は、インデックスとしての性質を必ず持ちます。音は、インデックスとして、必ず音源に紐づけられていると言ってもいいでしょう。

これを踏まえて考えましょう。「楽音／雑音」という対概念があります。楽音[*31]とは、音楽を構成する音で、対する雑音は、あまねく存在する音一般のことです。音楽は、雑音の中から、音楽を成すために選りすぐられた楽音によって構成されている。

この楽音なるものを、今日の記号論理解を踏まえてぱてゼミローカルで定義します。

楽音とは、インデックスとしての機能を猶予された音である。

ンル純化指向なのである。

＊35　ピアノ　piano　楽音、調性、つまり西洋音楽というパラダイムの権化。ゆえにしばしば破壊されるので気の毒に思わなくもないが、これ以上の権化もないから、やはりしばしば破壊されたほうがいい。

＊36　ぱてゼミは作者と作品を切り離して解釈するので本文の通り話したが、作者の自己解説は次の通り。楽曲は無音だが、そうするとコンサートホールの中にすでにあった音――椅子の軋む音、服の擦れる音、咳払いなど、なかったことにされていた「雑音」がハイライトされる。完全な無音状態というものは存在せず、世界はいつも音に満ちている――そんな気づきを与えるのだ。

＊37　ドップラー効果など、完全に一致しない反例は挙げられるのだが、それはいったんさておく。次章では、ある方向からここでの議論を大きく相対化し

音楽を聴いているとき、物理現象が起こっている〜と思いながら聴いているわけではありませんよね。音楽に内在的な楽音同士の関係を楽しんでいる。理論的な理解があるかないかは関係なしに、ドとミの音が協和するのを楽しんだりしている。バイオリンの音を聴いて、物体としてのバイオリンの外形をイメージしたりしていないと思います（部分的にはそういう場面もあるかもしれませんが）。

前後しますが、「雑音」とカテゴリされた「ふつうの音」を聴くときには、たとえば外を歩いているときに後方から「ブォン」という音が聞こえたら、車かな、避けなきゃと思ったりするでしょう。音というインデックスから外界の情報を得るということを、意識せずとも日常的に行っているはずです。それに対して、起こっている物理現象や音源の様態を想像されることなく、それ自体として聴かれるという特権性を、楽音は持っている。

世界にはたくさんの音が存在しているのに、一部の音だけが楽音としてそのような特権を享受している。擬人化して言うなら、彼らは特権階級ではないか、不公平ではないか。

そうではなくて、あらゆる音に、音楽を構成する権利を解放しようじゃないか。そんなアイディアのもとに、１９４０年代末のフランスでは「具体音楽 musique concrète」[*32]という運動が起こりました。それこそ鉛筆を転がす音とか、いわゆる「ふつうの音」、すなわち雑音で構成される音楽パフォーマンスがさまざまなかたちで試みられました。

ここで、ひとりの大物の現代音楽家を紹介します。ジョン・ケージ[*33]という作曲家です。「現代音楽 contemporary music」というジャンルは、実質的にクラシック音楽の一ジャン

稲葉曇「ラグトレイン」（2020）
作詞、作曲、動画：稲葉曇　絵：ぬくぬくにぎりめし　歌：歌愛ユキ

進入禁止マークは道路標識で、電車にも歩行にも関係ないはずだけど、ともかく世界は行けとも止まれともささやく。世界的なヒットとなった本曲だが、日本の目線で見ても、海外の目線で見ても、ここで聴かれる稲葉のメロディズムの到達点はきっと新奇だった。冒頭5音目（「離れ離れ」の「ば」）ではCmaj11が8分音符の長さだけ一瞬構成される。

ルのようになっていますし、逐語訳の「同時代音楽」というより（それならボカロが現代音楽ですw）、20世紀中盤に隆盛した「音楽とはなにか、なにを前提にしてしまっているか」を問い直す指向性を持った音楽のことを一般的には指します。自己言及的だったり、自己解体的[＊34]だったりします。

ケージは、「楽音と雑音の区別を解体する」試みをさまざまに行いました。たとえばピアノ[＊35]の弦に釘打ちすることで、ふだんなら純粋な楽音ばかりを鳴らしている楽器に、雑音の音源としての相貌を持たせるというパフォーマンスをしました。そうして、いわば「音のリベラリズム」を実現しました。

覚えていますか？　ぼくは同型の表現をすでに一度しています。そう、第1回の「ハチ＝米津玄師論」において、米津玄師はあらゆる声に音楽を成す権利を開放することで、「声のリベラリズム」を実現しているのだと表現しました。それは、ぼくのケージ理解をもとにした表現だったわけです。特権的な一部の「歌声」だけでなく、「えずいている声」のようなインデックス性の強い声も音楽の仲間に入れていた。

ではここで、ケージの代表曲をみんなで聴きましょう。「4分33秒」という曲ですが、この講義は「ボーカロイド音楽論」なので、今日は同曲の初音ミクバージョンを聴きましょう。

♪Ｅｃｈｏ「初音の4分33秒」

時間も押しているので、恐れ多くもケージ大先生の楽曲をＢＧＭに話を続けさせてもらいますがw、これは4分33秒のあいだ、無音が続くという楽曲です。動画コメントはまんまと

ていくので期待されたい。

＊38　Saは音として感知される鼓膜の振動、Seは音源の振動である。

＊39　三島由紀夫『音楽』（新潮文庫、１９７０年）17ページ。

＊40　パスカル・キニャール Pascal Quignard（１９４８〜）フランスの小説家。幼少期からピアノ演奏に習熟し、音楽をテーマにした小説作品も多い。

＊41　パスカル・キニャール『音楽の憎しみ』（博多かおる訳、水声社、２０１９年）音楽への憎しみが、神話や近現代史を巻き込みながらさまざまに変奏されていく。「恐れと音楽。音楽と不安。地域と時代をたがえても、このふたつの言葉は永遠に結びついているように思える。性器とそれを包む下着のように」（同書11ページ）

＊42　ロラン・バルト『第三の

大喜利大会ですねｗ　ケージ本人によるこの曲の意図[36]の解説もよく知られているんですが、ぱてゼミとしては、次のように解釈したいと思います。

「4分33秒」は、雑音だけではなく無音にまで、音楽を構成する権利を開放したのである。

アンチ・ミュージック　間接接触のファンタジー

さて、我々は、音楽を構成する楽音の中でも、とりわけ声に集中して考えてきています。声をパースの分類を使って考えるとどう言えるでしょうか。

先ほどの問いに、3種のどれと答えても正解になる説明を用意していると言いました。声を想定すると、音がシンボルとして振る舞う場面は容易に想像できます。日常会話でも歌の中でも、その声がパロールとして言語伝達をしているとき、そのすべての声はシンボルとして機能していると言えます。

最後に、音がイコンであるとはどのような意味において言えるのか。これは少しパースの記号整理を独自に拡張した解釈ですが、初回講義でぼくはこのような言い方をしたはずです。「人の声を聴くという行為は、他者の見えざる内臓と自分の鼓膜を共振させること」だと。音には必ず音源がありますが、さらに言えば、ある音が聴こえるとき、あなたの鼓膜と音源は同じ運動をしている。440Hzの音が聴こえるとき、音源は440Hzで振動しています。[37] これをもって、SaとSeが一致している、「Sa＝Se[38]」というイコンの状態が成り立っているのだと解釈できる。

Echo「初音の4分33秒」(2007)
作曲：John Cage

原曲は52年発表。ぱてゼミの教室にはグランドピアノがあり、筆者は同曲初演者のデヴィッド・テュードアに準じた演奏を行った。楽章が始まると蓋を閉める。しかしピアノの体内で、弦たちが静謐《せいひつ》でいられたはずがない。外界の雑音の中から、自らに共振する音を選別しては静かに共振しただろう。蓋の中では西洋音楽帝国主義こそが響いていた。

一般に、ふたつの物体が同じ運動をするというのはどのようなときか。想像しやすいのは、両者が無距離でひとつになっているときです。だから、非常に語義矛盾的な表現をしますが、音を聴くことは「間接接触」である。無距離のファンタジーをもたらすものでありうるし、だからこそ、ときに文学的想像力によっては「聴覚は触覚に近いのだ」と語られたりする。音楽は原理的に、接触の官能性、すなわちエロティシズムを持つのであると。

ひとつの逆説的な例ですが、三島由紀夫による、その名も『音楽』という小説の中で、性的不感症を持つ女性は精神分析医に対して自分のことをこう表現します。「私、音楽がきこえないんです[*39]」。

三島は、いわゆる文化人の中では例外的に、音楽嫌悪を表明していた人物でした。先ほど話したように、ヘーゲルによっては、音楽はもっとも優れた芸術形態とされる。ひいては「音楽をたしなむ」ことが、ときに一種の階級表現にもなる。いまでもあるでしょう、もっぱらクラシックになるでしょうけど、音楽を知っていることはある種の階級の「たしなみ」だというような通念。だから文化人のほとんどは音楽に一家言を持っていたりする。

三島も上流階級なりに音楽的教養を持っていたでしょうけれど、その上でこのような持論を語っています。晩餐会だとかに呼ばれて行くと、室内楽の演奏がなされていて、それをBGMに人は会話をして社交を楽しんでいるけれど、それが自分には信じられない。見たくないものがあるならばそちらに顔を向けなければ視界に入らないけれど、人と会話をしたければ耳栓もできないし、会話と同時に音楽までもが侵入してくる。侵入してくる快楽的なものに身を任せながら同時に知的な会話をしようなんて、洗練された態度だなんて思えない。

意味』（沢崎浩平訳、みすず書房、１９８４年）所収、１８５～１９９ページ。

＊43　バルト、前掲書、２０３ページ（「音楽、声、言語」）。

＊44　バルト、前掲書、１８８ページ。

＊45　前者はドイツの歌手ディートリヒ・フィッシャー＝ディースカウ。後者はスイスの歌手シャルル・パンゼラ。フィッシャー＝ディースカウにおける「表現的であること」は、表現性のコード＝象徴体系に則った安全運転にすぎない、とバルトは感じたようである。

＊46　「表現的で、劇的で、感情的に明晰な彼の芸術が平均的文化の要求にうまく合致している」バルト、前掲書、１９３ページ。

＊47　バルト、前掲書、１９２ページ。

真のインテリによるブルジョアのスノビズム批判という感じがして嫌いではないですしw、むしろ聴覚的感受性に優れているとさえ思います。視覚と対比するなら、聴覚のほうが対象を選別できない。

同じく音楽嫌悪を表明する例外的な小説家、パスカル・キニャール[*40]の『音楽の憎しみ』[*41]の第2章のタイトルは「耳にはまぶたがない」と題されています。たしかにそうですよね。そこでは、フランス語の「聴取 audition」がラテン語の「服従 obaudientia」にルーツを持つことなどが語られます。日本語でも、「言うことを聞く」という表現においては、そこに「従う」の意味が込められていますよね。

バルトが幻視した「声の身体性」（の外へ）

ここでやっと、今回のタイトルに到達です。批評家のロラン・バルトは、記号論者の先鋒のひとりと目され、果たして彼が生きた同時代文化を記号論的発想を用いて文芸、服飾、美術などジャンルを問わず読み抜いていった批評家でした。

「声のきめ」[*42]は、バルトが残した短い論文です。音楽を語るときに頻繁に引用され、都合よく誤読されつづけているものです。ほかの論文で、声は「いかなる科学をも免れる場です。どのような科学も（生理学も、歴史学も、美学も、精神分析学も）声を分析しつくすことはできない」[*43]とも書いていますが、それゆえに「声のきめ」は、分析的な分節を免れる言語化

GYARI「何でも言うことを聞いてくれるアカネチャン」(2017)
作詞、作曲、絵、動画：GYARI　歌：琴葉茜、結月ゆかり

歌から言葉が生まれたのだから（11章）語りは歌に包含される……ともかく、琴葉茜はボイロだが調性内的歌唱もしているのでクレジットは上記で。GYARIはボカジャズを牽引するひとりだが、毎度ラテン濃度が高いので同氏はいわば「ボカロ界のミシェル・カミロ」。ネットミームを駆使する手腕も併せ持ち、結果この曲自体が壮大なネットミームに。

しえないもののようにイメージされ、声を神秘化し特権化する文脈でしばしば引用されます。これは貧弱な誤読と言わざるをえない。結論がそうであったとしても、バルトは同論文で、クリステヴァの概念系を引くなどしながらもっと複雑な議論をしています。

肌理とは、「声が、言語と音楽という二重の立場、二重の生産にある時の、声のきめだ」[44]とひとまずは定義されます。ぱてゼミでの整理と合流させるなら、声は、言語であるときシンボルで、音楽であるとき「非インデックス」なのだから、記号論的に言うなら「シンボルかつ非インデックス」であるときに生まれるなんらかが肌理であると。ふたりの歌手[45]を対置して、一方は、音楽表現的語法において完成度が高い[46]が息のコントロールに終始していて「身体がない／肌理がない」とし、もう一方はある特定の発音（「r」の巻き舌）が「(運動する喉に根差している点によって）完全に物質的である」[47]と称揚する。その後再度、肌理は「歌う声における、書く手における、演奏する肢体における身体である」[48]と言い直される。

音楽を構成する一部でありながら、つまり楽音＝非インデックスでありながら、シンボルとして言語伝達もしながら、それでもその先にある身体のファンタジーをもたらすもの。そもそも、肌理は本来皮膚の表現であり、明確に触覚のメタファーです。

ただバルトが感じているものは、ドライに言うと、歌声に対して一般に否定されるインデックス性を再度呼び込んでいるだけとも言える。またそれは、物理的には空気振動を経由した現象にすぎないのだから、バルトが言う物質性や身体性は、どこまでも意味論的ファンタジーでしかない。

楽音としての声、すなわち歌声を先に考えましたが、楽音でない声一般は、インデックス

＊48　バルト、前掲書、197ページ。

＊49　それゆえに、この声の論理を憎むセクマイも少なくない。「声を出さずに済むならいいのに」というアンチ・ボイスな感性は筆者の中にも少しある。

＊50　バルト、前掲書、211ページ（「音楽、声、言語」）。

＊51　「私はあなたに触れたくない、だから声を出さない」。そのような「黙る論理」もありうるし、これは7章で紹介した「黙る論理」とも相性がいい。接触を求めて粘着するアンチの気持ち悪さよ。

＊52　椎名林檎（1978〜）シンガーソングライター。04年からは東京事変のボーカリストとしても活動。「新宿系」を自称し登場してから四半世紀以上、一線で活躍しつづける。起源同定ではないが、ボカロ曲タイトルの「漢字＋カタカナ語」のひとつのルーツは『無罪モラトリ

としての記号性も持つし、人の声を聴いてきた経験から、話し声だけから相手の身体性——身体スケールや、ジェンダーなどに見当をつけられるときもある。[*49] 日常的に「意識的に聴く音声」の筆頭が人の声ですから。バルトは、楽音の構造体の中にあって、例外的にそれでもインデックス性が噴出する瞬間を美的に見出したのかもしれません。バルトは、音楽とは「意味の外にあると同時に、非・意味の外にあるもの」[*50] だと言います。レトリカルな表現ですが、バルトが声に見出しているものを同様に言うなら「楽音はインデックスの外にある。（優れた）歌声は楽音の外にある」。これらはともに、「裏の裏は表」というシンプルな論理を本当に超えられているのでしょうか。それは「声のきめ」を正当に証明しているでしょうか。

　前段で考えた通り、音楽にはある種の強権性がある。間接接触的でもある。無理やり触ってこようとするもの——音楽をもっともひどく言うならこうです。[*51] そして、声に身体性がつねにつきまとってくる。属人的な——属身体的なと言ったらいいでしょうか、そのような想像力が声をいつも取り囲もうとする。むしろ音楽表現的語法には、声を楽音化することによって、その想像力を厄払いする機能もあるはずです。だがその方向に洗練されてもなお、声からその支持体である身体の痕跡性が完全に消去されることはない。

　声が本質的にフィジカルで、さらに言えばセクシュアルなものとしてあるなら、アンチ・セクシュアルな感性とは原理的に相性が悪いのかもしれない。声を用いた表現はすべてエロいのである、という全称命題の重力は存在してしまうのか。アンチ・フィジカルな声というのは成り立ちえないのでしょうか。やはり「あらゆる歌は性的呼びかけ」なのか。

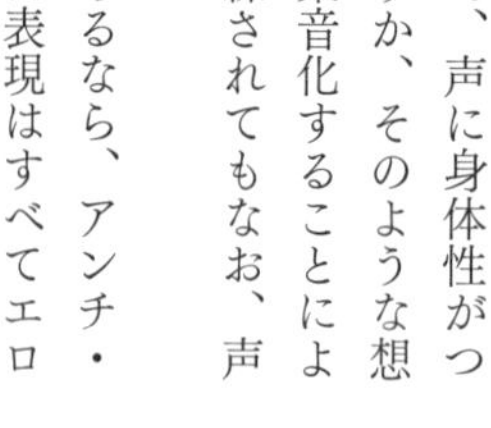

椎名林檎「丸の内サディスティック」（1999）
作詞、作曲、歌：椎名林檎

「Ⅳ→Ⅲ7→Ⅵm」というコード進行を、慣れない「Just the two of us」進行などと呼ばず丸サ進行と呼ぼう。本文の指摘は歌詞表現と両輪。性と徹底的に向き合うこと自体のアンチ・セクシュアル（『御起立ジャポン』というDVDタイトルが忘れられない）。漢語を活用した韻も先取り。20年代においても10代のカラオケ上位らしいが必然性に頷く。

「ボカロは機械だからアンチ・フィジカルである」という早計な結論の誘惑に乗るのはいったんガマンして、議論を次回に持ち越しましょう。今日は、オリジナリティのあるひとつの抵抗の例をご紹介して終わりにしたいと思います。

声がつねに性的であるなら、それをむしろ過剰化させることで内破させる。性の過入力によって、性を戯画化し、ばかばかしいものにしてしまう。椎名林檎[*52]がやっているのはそういうことではないかと解釈しています。

正直に言うと、昔は椎名林檎の歌が少し苦手だったんですね。言語伝達性や音楽表現的語法とは別に、息吹やリップノイズや、それこそ「r」の音の過剰な巻き舌だったり、その先にある身体を引きつけるインデックス性の強さが苦手でした。しかしそれは、強いというより過剰だった。セクシュアルすぎてばかばかしい。それは、逃れられない身体性を逆に露悪的に強調することで、対象化している表現ではないか——そこにあるのはむしろ性への敵意ではないか。つまりこれもアクロバティックなアンチ・セクシュアルなのではないか。そう気づいたとき、それから椎名林檎さんの歌を聴けるようになったんです。

ボカロの歌声のあとに聴くとあまりに逆方向に振り切っていて、かえって冷静に聴けていいかもしれません。それでは最後はこの曲です。昔の曲ですが、当時林檎さんはいまのみなさんと同じくらいの年齢です。

音楽と声の探究はまだまだ続きます。お疲れ様でした。

♪椎名林檎「丸の内サディスティック」

アム』『勝訴ストリップ』など同氏初期のタイトルセンスかもしれない。

第13章

残響論 〜Orangestar小論〜

分身たちが遅れてやってくる

記号論ゾーン、ラストの第3回です。イコン、インデックス、シンボルというパースの記号3分類を、覚えたそばからさっそく使って、音楽について、そして声について考えました。音が聴こえるというとき、音源と鼓膜の運動は一致している。だから音の経験は無距離のファンタジーをもたらす。前回そのように話しましたが、今回はこれを批判的に相対化したいと思います。

喉で振動が起こって、そのそばにある空気も共振する。それが空気中を伝わって自分の耳に届くけれど、鼓膜の振動は喉の振動と（たいていの場合）完全には一致しない。なぜでしょうか？　すぐに意見が思いついた人はいますか？

学生1「時間的なズレですか？」

Orangestar「Henceforth」(2020)
作詞、作曲：Orangestar　絵：M. B　歌：IA

「以後」と題された活動再開1曲目の第1行目で、ストレートに語られる不在。本章の議論とも呼応するが、本曲で繰り返される「もう一回」という言葉は、wowakaと多くのそのリスナーが繰り返したものだった。それを引き継いだようにも聴こえてしまう、永続すべき反復を途切れさせないために。「アオ」という表記もこの想像力の根拠だ。

学生2「音の大きさは変わりますよね？」

んー、ふたりともすごくいい指摘ですね！　この先の議論に関わってくる指摘です。

では、今日は冒頭から、ミニワークショップをしてみましょう。

みんな目を閉じてください。ぼくが、教室の中のどの位置にいるかを当てるゲームです。（マイクを置いて生声で発声する）立候補したい人はいますか？　はい、じゃあきみ。手で指してみて。

学生「右のこのあたりだと思います（右手60度くらいを指す）」

100優上！　ぴったり正確に当ててくれましたね。では続きです。なぜ、ぼくの位置を正確に当てられたんですか？

学生「えっ、それは……感覚的に？」

ですよね。ぼくも、理屈がどうなのかはわからないけど、感覚的にわかるという感じです。

この講義のテーマは「感覚を思考の俎上に載せること」でした。感覚的にわかっちゃうというのはぼくもそうなんですが、今日は、その理由を考えてみてほしいと思います。仮説でけっこうです。ヒントは「両耳聴」。左右のふたつの耳から入ってくる刺激の差がポイントです。では、そこにどんな差があるか。

＊1　両耳間強度差。大きく右に逸れる場合、音源と左耳のあいだに自身の顔面が差し掛かることになるから、左耳からの音量の減衰も大きくなる。

＊2　両耳間時間差。

＊3　健常な両耳聴が可能な場合、2度の精度で正確に把握できるという。

＊4　反響定位　echolocation　11章で人間の世界把握を端的に五感と言ったが（これ自体歴史的な理解でありもっと多いと定義する学者もいる）、感覚器官の分布は動物によって違う。超音波を用いて、一部のコウモリは髪の毛の太さほどの物体までもを反響定位で認知し、クジラは1000キロメートル先の仲間と交信するという。人間の場合も、聴覚に障害のある人が反響定位に健常者より高い感受性を示す例がある。『NATIONAL GEOGRAPHIC』「人にもできる！　音で周囲を知覚する「反響定位」のしく

〈13-1〉

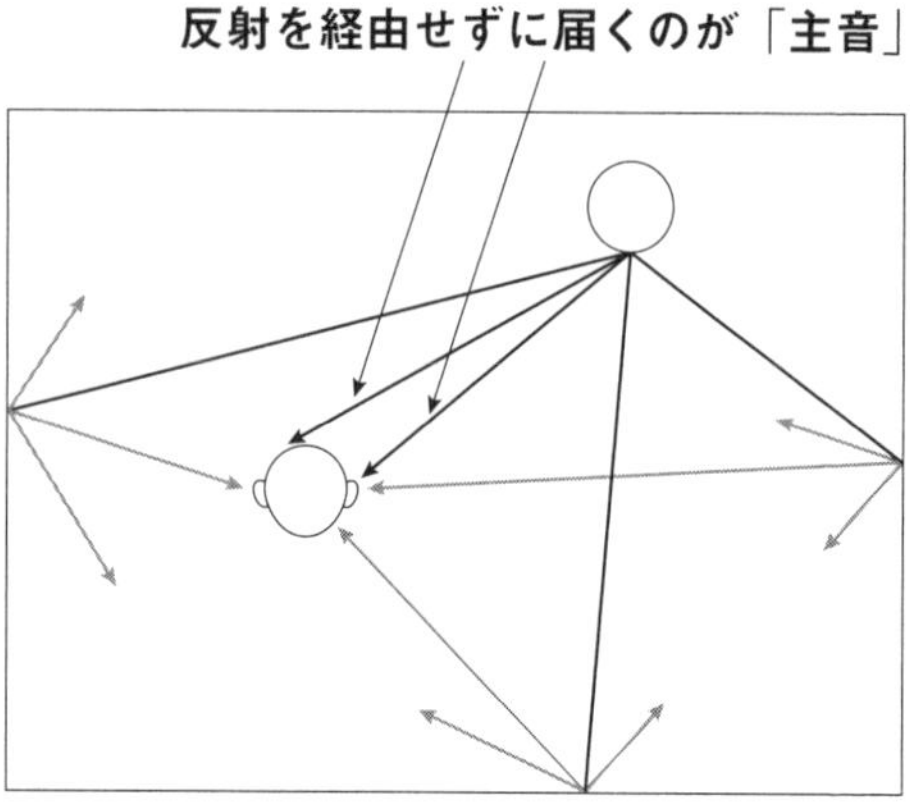

まさに、先ほど言ってくれた音量、時間的なズレが関わります。右から音が届くなら、右耳から聴こえる音量のほうが左耳の音量より少しだけ大きくなる。[*1] 頭の幅の20センチメートルほどの差にすぎませんが、ごく微小な時間だけ、右耳へのほうが左耳よりも音が早く到着する。[*2] どちらも非常に微小な差のはずだけれども、人間の聴覚はそれを知覚し、本人の自覚なしに脳内で演算がなされて、我々は結果だけを認識する。現前する差自体ではなく、それらに基づく「音源は右手60度の方向にある」[*3] という表象だけを把握する。第11回で、我々は身体によって世界と隔てられていると言いましたが、（脳を含む）身体は、当人たちにも自覚できない演算のブラックボックスとして、世界を表象化します。自分にも理解できなくて、かつ高速でそれがなされるときに、我々はそれを感覚や直観と呼んだりもしている。

それに加えて言及したいのが、反響です。音は、音源から全方向に拡散し、物体に当たるとそこで反射します。〈13-1〉非常に単純化したモデルですが、教室が直方体だとするなら、音源から直接耳に届く音（これを主音と言います）のほか、壁に反射してから届く音、壁に二度反射してから届く音もあります。音量は空気振動ですから、一度物体にぶつかるだけで

sasakure. UK「＊ハロー、プラネット。」(2009)
作詞、作曲、動画：sasakure. UK　歌：初音ミク

しゅうまつ＝「人新世」の終わり。ささくれ十八番のチップチューンで全体にはドライな音像だが、この曲では、ミクこそが残響そのものだ。メモリとはミクのことで、キミがたしかにいたことの証拠。残響とは思い出ならずや。「消失」に並び、ボカロの本質を初期に描ききっていた名曲。張り巡らされた細部までを語りきるには１章の紙幅が必要だ。

かなり損なわれますが、ともかくいろいろな経路でたくさんの反響音が耳に届く。音速は基本的に一定なので、耳に届くまでの時間は経路に依存します。最短経路で届く主音がもっとも早くて、反響音はそれより必ず遅れてやってくる。

別々のタイミングに遅れてやってくる小さな反響音の総体。それが「残響　reverb」です。これもまたブラックボックス的な脳内演算の効果によりますが、その残響の質から、音源と自分との距離、空間の広さ、空間の中での自分の位置などを把握することができます。

残響は空間のインデックスである

コウモリは目が見えないけど、口から超音波を出していて、その反射音で外界の様子や獲物の位置を空間把握している。こんな話を聞いたことがある人もいるかもしれません。これを「反響定位　echolocation」[*4]と言います。人間も、コウモリほどの精度はまったく出ませんが、多少の反響定位ができると思います。ボカロPがみんな使っているDTMソフトには、残響をコントロールするエフェクターが入っているので、それを使ってミニワークショップをしてみましょう。

3種類の違った残響を加えてしゃべってみますね。それぞれどんな印象がありますか？

A（ホールリバーブ）
B（ルームリバーブ）
C（ディレイ）

み」（2021年2月9日）より

＊5　ディレイ　delay　英語的には「遅らせる」という他動詞、あるいは「遅れ」という名詞。音楽の現場では、やまびこのように原音を時間差で反復再生するエフェクターのことを指す。現代のエフェクターでは時間差、減衰量などを細部まで設定できる。

＊6　本当は、どちらのほうがマシではなく、イヤホンも歩きスマホも両方ダメである。

＊7　実は一定ではない。これから物理を使って大学受験しようとする高校生は注意。気温によって変化し、高校物理の範疇では次のように定式化される。
$V=331.5+0.6t$ [m/s]
なお、お受験物理では右記で十分だが実際はこんな単純な一次方程式にはならないし、さらには湿度によっても変化する。

＊8　「経験的には同時」とま

学生「Aは、コンサートホールみたいなでっかいところでぱてさんが講演してる感じ？　ぱてさん偉くなったのかなみたいなw　Bは、ふつうの場所で、でもちょっと距離は離れてる気がします。Cは、めっちゃ反射する壁の部屋にいる感じです」

はい、ありがとうございます。すごくいい感じに感覚を言語化してくれました。

Aは、残響が長く残りつづけますよね。残響は主音の尻尾のようなので、現場では残響の長さを「テール」と言ったりします。長い経路が可能な空間じゃないと長いテールは成立しないので、言ってくれた通り、ホールのような広い場所にいるように感じますよね。

Bもその通りで、エフェクターでの名前は「ルームリバーブ」となっています。効果をわかりやすくするためにエフェクトを深くかけてしまったので、ふつうサイズの空間で、その中で遠くにいるように感じたというのもジャストな回答でした。

Cは、実はこれだけ「ディレイ」[*5]という別のエフェクターをかけていました。壁が硬質で、反響の経路が分散しにくい構造の空間だと、やまびこのように個別の反射音がはっきり聴こえます。実はこの教室も、エフェクターを使わずとも後ろの壁からの反射がはっきり返ってきます。耳に、前方からの音を遮るように手を当てて聴いてみてください。ね、実は後ろからもけっこう音が返ってきているでしょ。

音楽の現場では、これらをさまざまに使い分けています。たとえば、等身大の歌詞をささやくように歌っている曲なのに、Aのようにテールの長い残響をつけたら、音は壮大だし距離は遠いしという感じになってしまってちぐはぐです。Bの残響のほうが合うでしょう。前

Crusher-P「ECHO」(2014)
作詞、作曲、絵：Crusher-P　動画：MYSTSAPHYR　歌：GUMI

「鏡の中のエコー」はレトリックである。本来鏡像は時間的に遅れることがない。なのに遅れてやってくる分身（中間部の輪唱はその強迫を的確に表象する）。まさに第１部で見たディビジュアリズムだが、本曲はそれを「敵」と名指す。恐怖し振り払おうとする切迫感は、リッチな４つ打ち＋ベースと相性が良すぎて切迫しながら酩酊《めいてい》してしまう。

に受講生が「ハロー、プラネット。」を弾き語りしてくれたとき、テールの長いリバーブのほうが「広い世界の中でひとりぼっち」という感じが出ていいんじゃないかとディレクションしたことがありました。

このように、つまり残響は、距離や空間を表象する。これもまた、「音は感性的なものだ」という前回言及した通念を批判する考え方のひとつです。残響という音声記号から、（日常的にどこまで自覚的かはさておき、）空間情報という意味を得ているわけです。

だから、私事ですが、ぼくはそれを専門にするほど音楽が好きなのに、実は外出時には音楽をほとんど聴かないんです。外で、耳をイヤホンやヘッドホンで塞ぐのがすごく怖いから。視覚ではわからない後方を含め、聴覚は360度全方位の情報がわかるのに、それをシャットアウトしてしまうことがすごく怖い。

外部音の取り込みなしでイヤホンをして外を歩くのは止めてください。歩きスマホよりよっぽど危ないです。*6 いきなり良識派のオトナみたいなことを言いますが、素直な本音です。

では、これまで考察してきたことを記号論で整理しましょう。音は、あまねくインデックスである。主音は音源の物理現象と必ず紐づいている。そして実空間中においては、残響は必ずその空間と紐づいている。残響は、空間のインデックスです。

音をめぐる、ふたつの真逆の想像力

前回、聴覚と視覚は伝統的に二項対立的に考えられてきたのだと話しました。ここでも、

た近似しているが、屁理屈勢のために書いておくと、15メートル差の場合、光は0.00000005秒遅れる。

＊9　チュウニズム　CHUNITHM　SEGAが開発した筐体《きょうたい》音楽ゲーム。ウニと略称される。19年度受講生に世界ランキング30位（推定）の学生がいた。同氏はいまはプロセカのとんでもないプレイヤーになっている。東大生には音ゲー勢が比較的多いようで、東大の「B4UT」は日本最大の音ゲー大学サークルである（筆者は17年より同サークルの顧問を務めている。なおウニ銀レ）。

＊10　電気的な音響拡声装置全般をパブリック・アドレス（通称PA）と言う。PAのルーツは政治家の公衆演説にあり、その発展は政治と切り離せない。ナチスドイツの党大会が近代PAの起源だと言われる。大音量と権力。「この社会は、ナチスドイツの世界版だと」（伊藤計

視覚と対比することで改めて考えてみたいと思います。すなわち、音と光の対比です。

音は、光と違って回折《かいせつ》します。いまぼくが教卓の下で手をグーにしているかチョキにしているか、見えませんよね。でも指パッチンをしたら聴こえる。自分と対象のあいだを結ぶ直線上に物体があると、光はそこで遮られてしまうけど、音の場合はそのかぎりではない。

逆に、音のほうが劣っているポイントは、光に比すると圧倒的に遅いことです。光は1秒間に地球を7周半（30万キロメートル）する。それに対して音はたったの340メートル[*7]。

光も無時間的な存在ではありませんが、あまりに早いので、この教室の最前列と最後列で、ぼくの顔が見えるタイミングがズレるかというと、誤差とも認識できないほどの遅れ[*8]しか生じず経験的には同時です。けれども音はまったく違う。最後列までの距離を15メートルとしましょう。すると、ぼくの口からそこまで届くまでに、およそ0・05秒かかります。

これはまったく無視できる遅れではありません。たとえば「初音ミクの消失」のBPMは240ですから、1拍が0・25秒、16分音符は約0・06秒です。たったこの教室の中でさえ、同じ音を経験するタイミングが16分音符も遅れてしまう。どんなにチュウニズム[*9]がうまい学生でも、16分音符も音が遅れて聴こえたら満足するスコアをとれないでしょう。

先ほど、遅れてやってくる残響は空間の痕跡だと言いましたが、それと同時に、音が遅れてくることは、距離の痕跡です。そして、ほぼ必ず、音は実は遅れている。つまり、私と音源のあいだに距離があることを表象しつづける。実空間中の音経験には例外的な条件を除けばつねに残響が伴います。音のことを考えるにつけ、私とあなたは離れているということがつねにつきまとう。

音の経験は、無距離のファンタジー、すなわち接触のファンタジーをもたらしうるのだ。

Dios/シグナルP「会いたい」（2010）
作詞：Deadman　作曲：Dios/シグナルP　絵、動画：たま　歌：GUMI

タグが示す通りGUMIの歌唱が「魂実装済み」で、調声の細部が神懸かっているので「Jポップやんww」（褒め言葉）とコメしたくなるのもわかるが、実はメロディにJポップ性を上回る攻めがあるのが白眉（人に提供するならもっと安全なメロにしたと思う）。若くして、ボカロ以前に商業プロ経験を“済ませてきた”作家の実力が隠そうにも滲《にじ》み出る名作。

前回そう言ったばかりですが、音にはこのように、同一化の幻想を阻害する側面もあります。音をめぐって、真逆のベクトルのふたつの想像力が混在しているのです。

補論として、残響についてもう少しお話ししておきます。20世紀以降、マイクで音を拾って、それを増幅してスピーカーで鳴らすというテクノロジー[*10]が一般化しました。残響は、それ以前の時代においては、音量を増幅する重要な要素でした。いまでも、現代的な音量増幅技術を用いないクラシック向けの音楽ホールは、いかに「生楽器の音を増幅するか」という視点で設計されています。主音の分身が増えれば音の総量は増えます。弱点は、ここでこだわった通り、遅れることです。バイオリンなどの弦楽器で音の立ち上がりがゆっくりであれば、それほど気にならないかもしれませんが。

科学的な言説ではないものとして、起源をめぐる因果説をひとつご紹介しておきます。残響こそが、ハーモニー[*11]の生みの親だったのではないかという説です。音楽はもともと単線的だったが、あるとき残響のテールが長い空間で、ド→ミと歌った。もうミを歌っているときに、ドの音が残響として残っている。結果、ドとミが同時に響いている状態になった。これ気持ちよくね?? そうしてふたつの音高を同時に鳴らすというハーモニーが発見されたのだとする説です。実証しえない起源同定説のひとつにすぎませんが、まあ、そういうこともあったのかもしれない。なかったのかもしれない。

西洋音楽は、ハーモニーを複雑化して発展していきました。それに対してアフリカ音楽は、ハーモニーではなくリズムが非常に複雑です。両者の対比には残響が関係しているのではないか。つまり、アフリカは暑いので気密性を高くする建築文化がそれほどない。だから残響

劃『ハーモニー』ハヤカワ文庫、2014年、162ページ）

＊11　ハーモニー　harmony　2音以上の音声の協和。西洋音楽システムをベースにした我々が日常的に接する音楽のほとんどにはハーモニーがあるが、ハーモニーは時代と地域を超えて普遍的に存在したわけではない。単声音楽は世界中に分布している。たとえば仏教の声明など、日本の伝統音楽にも単声音楽の存在が確認される。

＊12　無響室　anechoic room　吸音材を全面に貼りつけ、反響を無視できるほど小さくした閉所空間。音響実験に用いられるので東京大学にも複数個あるが一般公開はされていない。オープンキャンパスの公開時に学生たちといっしょに訪ねたが、学生のひとりは調子を悪くしてしまった。

＊13　NTTインターコミュニケーション・センター　NTTが「日本の電話事業

が生まれる場所も少ないので、リズムを複雑化することができた。ヨーロッパは寒いので石造りなど堅牢で気密性の高い建築を発展させざるをえなかったから、豊かな残響を得た代わりに、リズムを複雑化する方向には発展しなかったのではないか。この種の因果論はすべて俗説として話半分に聞いておいていいと思いますが、インスパイアリングではあります。

もうひとつ、残響と創作が関係するエピソードを紹介しましょう。人工的に残響をゼロにした空間を無響室[*12]と言います。駒場キャンパスから近いところだと、初台のＮＴＴインターコミュニケーション・センター（ＩＣＣ）[*13]というメディア・アート美術館にあります。その中でも音は出せるし、聴こえる。けれども残響が完全になくて主音だけを聴くというのはこんなに違う経験なのか、と感じることでしょう。なかなか気持ち悪いので一度経験してみるといいと思います。真っ暗な無響室の中に長時間滞在すると精神がおかしくなってしまう——とも言われるようです。

ジョン・ケージは、無響室に入った経験から、前回紹介した「4分33秒」を着想したそうです。無響室の中で積極的に音を出さないなら、真の無音を経験できるはずです。でもそうではなかった。無響室の中でも無音になることはなく、身体を伝って、自分の心拍音が聴こえてきたそうです。

音によって「存在させられる」

音が伝播していくロジックは非常に複雑で、音響物理工学では高度な数学力が要求されますが、ぱてゼミでは非常に単純化したモデルで引き続き考えていきたいと思います。

Orangestar「快晴」（2017）
作詞、作曲：Orangestar　動画：M. B、Waboku　歌：IA

「君」との思い出はいつもより具体的な輪郭を持つけど、「でもまた出逢えますように」など、やはり狭義の他者には出てこない表現が印象的。右のギターリフはたっぷりのディレイ、左のギターはラストでたっぷりのフェルマータ。惜しむときには盛大に惜しんだらいい。卒業式は人生に何度もないから。8月31日、あんなに長かった夏の終わりに相応しい曲。

S／N比[*14]という概念があります。シグナル（信号）とノイズ（雑音）の比率を表します。情報理論を中心に広く用いられるものです。ぱてゼミではこれとのアナロジーで、S／R比[*15]という概念を作ってみたいと思います。すなわち、サウンド（音量）／リバーブ（残響）の比率です。

音源が出す音量が一定の場合、音源との距離が近ければ近いほど、自分は音量を大きく感じるでしょう。これは当然として、距離が近いほど、残響の割合は小さくなり、S／R比は大きくなる。それに対して、逆に距離が大きいと、残響の割合は大きくなり、S／R比は小さくなる[*16]。たとえば人と会話するとき、距離が近ければ小さい声で十分だけど、離れていれば多少声を張り上げたりする。そのように声量をコントロールしているから、聴き手にとっての主音の音量はそれほど変わらないとしても、このS／R比が大きく変化することになっているはずです。

これに併せて考えてみてほしいんですが、右耳だけから遠くからの音が聴こえてくるということはありうるでしょうか。ありえません。S／R比が小さいのに聴こえてくるほど遠く離れているなら、その音は必ず回折して左耳にも聴こえてくるはずです。右耳からだけ音が聴こえるというのは、実空間中では例外的な経験です。右耳のそばに小さい虫が飛んでくるとか。

音が無距離のファンタジーをもたらすという側面が完全に否定されるわけではありません。ですが、空間のことや、音源の方向や、音源との距離や、いま自分がどのような空間にいるかなど、音は現実空間のさまざまな情報を伝えてきます。それらの情報を総合して一言で言うと、根本的なメッセージはこうです。「あなたは物理的に存在している」。音がこのように

100周年記念事業」の一環として設置したメディア・アート美術館。筆者の私見としては、常設展示やアーカイヴが充実しているのでいつ行っても楽しいという点で貴重なスポットである。

＊14　S／N比　signal to noise ratio　情報理論、電子工学、音響工学などの分野で用いられる概念。この値が大きいほど信号の品質や機材の性能がよく、通信に都合がいい。シャノンはこれに関する研究を多く残した（シャノン＝ハートレーの定理が有名）。

＊15　S／R比はぱてゼミの造語だが、専門的には「direct-to-reverberant energy ratio（DRR）」という指標がある——と小山翔一先生（東京大学講師）に教えていただいた。同氏の次の記事が参考になる。「音だってVR」（日経XTECH、2017年8月21日）

＊16　同一空間である場合の話。

聴こえるということは、私はここに存在してしまっているようだ。音の経験によってその事実を思い知らされる。つまり音によって、我々は「存在させられる」。

以前同じ言い回しをしたのを覚えているでしょうか。第9回で、視線をめぐって同型の言い方をしました。自分へと向かってくる他者の視線によって「存在させられる」。自動詞的に「存在する」のではなく、外界の意味や情報からリフレクティヴに、「be forced to exist」と受動形で存在させられる。音をめぐっても、同型の経験があるのではないか。

ここで、戦後日本の音楽史上に名を残すふたりの音楽家を紹介したいと思います。大瀧詠一[*17]と細野晴臣[*18]。70年から72年、いまのみなさんと同じ年齢のころに、はっぴいえんど[*19]という伝説的なロックバンドで活動していたふたりです。細野さんはその後78年から、イエロー・マジック・オーケストラ[*20]というユニットで世界的な成功を収めることになります。こちらのほうは知っている人も多いかもしれませんね。邦楽で最初にCD化されたのは大瀧さんの『A LONG VACATION』というアルバムです。その後も長らく商業ポップスの世界で活躍したのち、13年に永眠しました。

ひとたびは同じバンドに在籍してお互いの才能を認め合い、その後もずっと音楽的親交を続けていたことが知られるふたりですが、今日の文脈から言うと、真逆の感受性を持っていたのだと思います。音楽の現場では、残響が多い音像のことをウェット、少ない音像のことをドライと言います[*21]。大瀧さんはウェットな音像で知られていました。対する細野さんは、全体的にわりとドライだった。

ふたりとも、音楽の力で、この現実空間とは違う世界に連れて行ってくれるような表現を

Orangestar「DAYBREAK FRONTLINE」(2016)
作詞、作曲：Orangestar　絵：M.B　歌：IA

夜が明けて、あなたは失う。そうだとしても、これは始まりの合図だ。あなたは知っている。姿を消した星空と、もう一度出会えることを知っている。きみがきみを「信じ切」れないとしても、そうなのだ。信じきれないのは「最前線」にいる証拠だ。「戻れない」として、どうしてそれが問題だった？　まずは「一生生きて征」ってから考えても遅くない。

した人でした。現実世界では、いま部屋の中にいるなら、残響もそのかぎりの残響しか生まれない。けれども大瀧さんの音楽は、その豊かな残響によって、いまいる部屋とは違う空間、すなわち「ここではないどこか」に連れて行ってくれるようなものでした。それに対して細野さんの場合は、曲によっては、自然な程度にも残響がついておらずかなりドライ。そういう曲をイヤホンやヘッドホンで聴くとかなり奇妙な印象ではあるんですが、これはいわば、物理的な原則さえもが無効化する「場所でさえない場所」を希求していたかのように思います。

言葉で説明すると理念的に聞こえてしまったかもしれないので、それぞれの曲を実際に聴いてもらいたいと思います。ここにある空間的想像力を、どのように感じるでしょうか。『A LONG VACATION』の1曲目ですね。

♪大瀧詠一「君は天然色」

続けて、次は細野さんの作品を聴いてみましょう。

♪細野晴臣&横尾忠則「肝炎」

細野さんが現代美術家の横尾忠則[＊22]さんとインドを旅したときに、高熱が出て死にせまる経験をした。後者は、そのときの経験をもとに書いた曲だそうです（狭義の肝炎にかかったわけではなかったようですが）。「即自、対他、対自」というヘーゲルの概念セットとは別です

＊17　大瀧詠一（1948〜2013）
シンガーソングライター、音楽プロデューサー。はっぴいえんど参加後は自身のソロ作や山下達郎のプロデュースなどが知られるが、80年代に入り、作詞松本隆、作曲大瀧による松田聖子「風立ちぬ」でチャート1位を記録。独自の日本大衆音楽史論「分母分子論」などでも知られる。

＊18　細野晴臣（1947〜）
シンガーソングライター、音楽プロデューサー。はっぴいえんど、ティン・パン・アレー、YMOなど伝説的なグループを主導したのち、80年代以後は大瀧と同じくアイドルのトップヒットを手掛けながら、民族音楽、アンビエント音楽に傾倒していった。多くの音楽家に支持されるミュージシャンズ・ミュージシャン。

＊19　はっぴいえんど
細野晴臣、大瀧詠一、松本隆、

が、いわば「脱自」的な感性が噴出している。この世界の物理原則を脱し、自分自身であることを脱してしまうような想像力――そういうものが感じられないでしょうか。

遠い声、遠い部屋

思ったよりも本当に残響論だったでしょ？ｗ　かっこいいから雰囲気でつけたタイトル[*23]ではないんですｗ

さて、次はお待ちかね、ボカロ曲です。これまでぱてゼミ本編で扱った曲の中にも、今日の視点で考察できる曲がありました。どれだと思いますか？　改めて聴いてみましょう。とくにAメロのボーカルに注意して聴いてみてください。

♪Ｎｅｒｕ「ロストワンの号哭」

改めて意識して聴いてもらうと、Aメロのボーカルがかなりウェットだったことに気づいたと思います。後ろの楽器が少ない箇所なので、残響を明確に感じられますよね。

残響があるということは、特定の空間の中にいるということである。それは言い換えると、残響があるということ自体が、閉所のメタファーになりうるということです。閉所、密室。それはどこなのでしょうか。教室なのかもしれないし、あるいは心の中なのかもしれない。

続けて、残響という視点で聴いてみると面白いかもしれないボカロ曲を新しく紹介します。

Orangestar「Alice in 冷凍庫」（2016）
作詞、作曲：Orangestar　絵：たいそす　歌：IA

冒頭の「ドレミソ」というフレーズのリフレインはエコーではない。ただの反復でもなく音量は減衰している。脳内の記憶は、思い出すたびに微小に損なわれていくとも聞く。私たちはある時間とどのように離れていってしまうのか。アウトロで冒頭のフレーズは１音上で再演される（イントロと一致はしない）。今日が昨日でないとしても、それは綺麗だ。

お待ちかね、みんな大好きOrangestarさん。２０１９年のこの回は、２０１７年に日本を離れた同氏が、ちょうど2年ぶりに帰国するというタイミングでした。

　Orangestarの曲は、全体にはドライな音像のものが多いと思いますが、その同氏が、例外的にリバーブを用いている曲があります。ウェットというほどではありませんが、他曲との差によって、発表当時非常に印象的だったのを覚えています。これもボーカルに注意してみてください。

♪ Orangestar「Alice in 冷凍庫」

　鏡の国ではなく、冷凍庫のアリス。決してテールは長くはないけど、残響が声をふわっと包むように響いているのを感じ取れたと思います。キンと凍った、硬質の空間だから残響が生まれているのでしょうか。

　Orangestarさんは、公表されている情報によると、大ヒットした２０１４年の「アスノヨゾラ哨戒《しょうかい》班」の時点で高校2年生。駆け抜けるように楽曲を発表したのち、２０１７年8月30日の「快晴」の発表をもっていったん活動を休止。２０２０年に「Henceforth」で活動を再開しました。

「Alice in 冷凍庫」には、ほとんど明らかに、時間を止めようとする感性が発出しています。でも、時間は離れていく。「また出逢えるように」「知らぬまま大人になるほど懐かしさは残るけど」「時間が音を立てながら崩れてゆく最後を」。時間が過ぎていってしまうことをゆぐ

鈴木茂の4人によって結成されたロックバンド。前身バンドは69年に結成。日本語ロックの始祖とされ、当時は英語で歌うのが主流だった中、日本語詞のロックを模索した。メロディと歌詞のマッチングにおいて多くの実験を試みている。

＊20　イエロー・マジック・オーケストラ　Yellow Magic Orchestra　通称ＹＭＯ。78年結成、83年散開。ファーストアルバムは日本とアメリカで発売、国内より先に海外ツアーを行い、海外での人気を逆輸入するかたちで日本でも火がついた。セールス以上に、アフリカ・バンバータやデリック・メイなど、その影響を公言する作家が世界中にいることが、彼らの世界的成功の証明である。

＊21　エフェクターの効かせ方　一般に使う用語だが、とくにリバーブに関して言うことが多い。

＊22　横尾忠則（１９３６〜）

るセンチメントが、眩しいフレーズでさまざまに歌われます。

あなたは特別な時間の中にいる。そして、そのことを知っている。

特別な時間は、それが特別すぎるゆえに、その最中にいるときにはそれが特別であると気づき損ねたり、そんなことを意識していられないほど気持ちが忙しかったりする。終わってみて、それが特別な時間だったのだとあとから気づく。10代、青春、恋愛もそうでしょうか。特別な時間は、しばしばそのように経験されたり、描かれたりしていると思います。

けれどもこの曲の主人公は、いま自分が特別な時間の中にいることを知っている。そして、その時間が永遠ではないことも知っている。現在にいながら、それが過去になる未来に思いを馳せている。「時の果てる」「時間が音を立てながら崩れてゆく最後を」というキーワードから、いま特別な時間の淵に立っているのだと解釈してもいいかもしれません。


残響は、主音よりも必ず遅れてやってくるのだと言いました。言い換えると、残響が聴こえたとき、その音はすでに過去になっているということです。超新星の爆発を地球人が観察したときには、その爆発はすでに終わっているのだ。こんな話を聞いたことがある人もいるでしょう。

その上で考えるなら、この曲の、ボーカルを包み膨らませているような残響は、ある音がまだ終わりきらないうちにすぐに追いついてくる。現在が現在である最中から、それを過去にする表象が追いついてくる。オブセッションと言ってしまうと情緒がありませんが、つねに現在につきまとってくる「終わり」をもの悲しく思う感性と、この曲の残響は、アナロジカルな呼応関係を描いています。

Orangestar「アスノヨゾラ哨戒班」(2014)
作詞、作曲：Orangestar　絵：M. B　歌：IA

「君がいなくても翔べる」。この主人公は（またしても）かつては翔べたのだ。高度は上がらず、みるみる下がっていく。しかし「空を舞う」という意味ではなにも変わっていない。自由落下を翔ぶこととは呼ばないと誰が決めた？　あなたはずっと、翼を失ってなどいなかった。なぜならあなたは「忘れてない」し、「今日の日をいつか思い出」すのだから。

「君は誰？」　人称論のリフレイン

いま見た時間に対する感受性は、ほかの曲にも見られると思います。あるいは、あえて端的に言ってしまうなら、Orangestarさんはずっと時間の話をしている。

たとえば、同氏の代表作「アスノヨゾラ哨戒班」もまさにそうです。「明日を嫌って　過去に願って」「明日よ　明日よ　もう来ないでよ」。ほとんど直截に言っています。なにより、タイトルがそうです。哨戒というのは軍事用語で、敵軍がやってこないようにレーダーなどで見張ることですが、そうやって敵と見なして警戒している相手というのが、「アスノヨゾラ」なんですから。

では、聴きましょう。先ほど言った通り、Orangestarの音像は全体にはドライなものが多くて、この曲も典型的にドライです。けれども、例外的に1カ所だけ、印象的な残響が聴こえるフレーズがあります。そこにも注意して聴いてみてください。

♪Orangestar「アスノヨゾラ哨戒班」

本当にすばらしい曲です。気づきましたね、「願ったんなら叶えてしまえやって」だけが例外的に残響を伴っています。音量こそそれほど変わらないものの、S／R比が大きく残響に寄っていました。

これをどのように解釈できるでしょうか。いうまでもなく唯一解ではありえませんが、ぼ

現代美術家、グラフィックデザイナー。寺山修司、三島由紀夫、久世光彦ら多くの戦後文化人と交流を持ち、マイルス・デイヴィス、サンタナなど海外ミュージシャンのレコードジャケットを手がけた。インド、精神世界、Y字路など時期によってさまざまな非合理主義的テーマを追究した。細野からYMOへの加入を促されていたが、結成記者会見を当日キャンセルし実現することはなかった。

＊23　なお、この節のタイトルはかっこいいから雰囲気でつけた。『遠い声　遠い部屋』は19歳にして早熟の天才と見出されたトルーマン・カポーティによる初の自伝的長編小説。原題は「Other Voices, Other Rooms」。さまざまな意味でクィアな人物たちとの遭遇のたびに、内なる部屋に別の声が残響を残していく。

＊24　ヴァルター・ベンヤミン　Walter Benjamin（1892〜1940）

くからひとつの解釈を提示させてもらいます。

　残響が伴うということは、あいだに距離があるということと同義です。距離があり、ということは、そこには時間的なズレもある。これらを総合するなら、この箇所は離れた別の時間からの呼びかけと考えられるのではないか。

　残響が伴っているということは遅れているのだから、順当に考えれば、その別の時間は過去かもしれない。けれども、積極的な解釈をするならば、未来もまた現在とは離れた別の時間です。未来に発せられた声が現在に届くのだとしたら、その声にも残響が伴うのかもしれない。

　いま特別な時間の最中にいながら、そのことを自覚している。そんな感性が最高のかたちで結晶化したフレーズがこの曲の「終わり」を締め括ります。「今日の日をいつか思い出せ未来の僕ら」。これはもしかしたら、「願ったんなら叶えてしまえや」という未来からの声に対する応答なのかもしれない。

　いまはまだ存在しない別の時制の中にいる自分。それもまた自分のディビジュアルでしょう。第5回、「ロストワンの号哭」の分析で「僕たち」という複数形を文字通り「複数の自分」のことではないかと考えましたが、この曲もまた、複数の自分たちのための曲と解釈することができるのではないでしょうか。果たしてOrangestarの曲には、ディビジュアリズムの感性が直接的に窺えるフレーズもしばしば登場します。「Alice in 冷凍庫」であれば「僕は何故　僕をどこまで連れてくの」がそうです。

　「一生僕らは生きて征け」。これは「DAYBREAK FRONTLINE」を締めるフレーズです。この場合ふつうの意味での当人を含む複数人を指す意味だろうと思いますが、Orangestar の

Orangestar「雨き声残響」（2014）
作詞、作曲：Orangestar　絵：巨大ねこ　歌：IA

「アスノヨゾラ」同様ドライな音像であることはタイトルを裏切らない。「精一杯に叫んだ声もまた雨に消えていく」という投稿者コメントの通り、「消えていく」ことに向けられた感性こそが世界に残響を発見する。2度だけ登場するフェイドインは残響への、時間への抵抗だ。未完成であること、生きること、希望。それらは同じものの分身かもしれない（15章）。

書く「僕ら」には、歌い手と聴き手の両方を自然に包含する響きがあると思います。「征け」と命令形で言ってくれていることがむしろ近しさ、距離の小ささを感じさせてくれる。

もう少し人称を見てみましょう。「Alice in 冷凍庫」にも「アスノヨゾラ哨戒班」にも、「君」という二人称が登場します。ぱてゼミ第1部での議論のように、これを自分のディビジュアルと考えることもできそうですが、早計に判断せず少し考えてみましょう。「君のその柔い手」（「Alice～」）だったり、「君は僕の手を」（「アスノヨゾラ～」）だったり、触覚的なイメージあるいは経験が表現されていて、「君」には単に自分の分身というには相応しくない他者性がある。一方、「君は誰？」（「Alice～」）と問うたり、「僕ら一つだから」（「アスノヨゾラ～」）と踏み込んだ確信を語ったり、狭義の恋人的な「君」を想定するのもどこかフィットしない。

その上で考えられる「君」とはなんでしょうか。「アスノヨゾラ哨戒班」においては、「君」は「今日の日をいつか思い出せ未来の僕ら」と叫んだなら、未来にもう少しともにいられるかもしれないような「君」です。どこか抽象的です。自分のディビジュアルでもなく、具体的な誰かを代入可能な他者の函数でもない。

ぼくは次のように仮説を立ててみようと思います。ここまで拘泥してきた「特別な時間」、それが「君」なのだと。ときに手を引いていざなってくれて、ひとたび別れてしまっても、いつまでも「僕ら一つ」だと思えるもの。そう考えると、「願ったんなら叶えてしまえや」と言う「君」は、未来の自分であり、未来に「君」とともにある（もう一度特別な時間の中

ドイツの哲学者、文芸批評家。ユダヤ人で、ナチスの難を逃れ亡命する途中で服薬自殺する。著書に『複製技術時代の芸術』『陶酔論』など。本文で紹介した議論は最晩年に執筆された『歴史の概念について』のもの。要素抽出的に紹介したが、もとの議論は、歴史をどう考えるべきかという前章の議論に近い。

にいる）自分である。

天使論のリフレイン　翼があるから「飛ばされる」

最後に、「アスノヨゾラ哨戒班」において、視覚的にも時間について表現されていることに触れておきます。この曲の映像には、ぱてゼミ前半で何度も注目したモチーフが登場します。そう、天使です。

MV冒頭では背景に紋章のような翼だけが映っています。次は上下倒立で静止した少女。そして「君は僕の手を」のフレーズが到来したのち、すなわち君に手を引かれて、時間が動きはじめる。そこで時間を得た世界において起こる運動は自由落下です。重力のままに（「ウミユリ海底譚」のように）髪とスカートをはためかせながらヨゾラの中を落ちていく。その後の2番では少女は画面からいなくなり、「君は言って」のフレーズののち、再度画面に登場します。同様に空の中を落下していきますが、時間が経過したのでしょう、空は明るみはじめています。そして、「またね　Sky Allow」に始まるサビのリフレインで画面が切り替わり（同曲2分22秒）、次に登場した少女の背中には翼がある。第4回には天使には翼があるから空を自在に飛べるのだと言いましたが、少女は重力に抗うことなく、落下しつづけます。

哲学者のヴァルター・ベンヤミン[*24]はこう書きました。天使は翼があるからこそ、強く吹きつける風の力を被って、飛ばされていってしまうのだ。どちらへ？　未来のほうへ。天使の顔は過去のほうを向いていて、そこにとどまりたいのだけれども、それは許されない。眼前

Orangestar「回る空うさぎ」（2016）
作詞、作曲：Orangestar　絵：日外たよた　歌：初音ミク

本論の批評を完成し、講義で披露したあと、学生に指摘された。作家によってもう答え合わせされていますよと。「君と明日はイコール」。「アス（＝キミ）ノヨゾラ」。だからこそ輝くフレーズ、「君はまだ大丈夫」。きみも時間を慰められる。時間こそは、流れていく自らを悲しんでいるかもしれない。文字通り「時間に寄り添う」あまりに優しい曲。

の過去になにが起こっていても、手を出すことができない。手は届かない。

あなたは時間を生きる。それはあなたが選んだことではなく、外力が強いることだったのだ。


翼を得た少女は、風でこそありませんが、抗えない一方向的な力――重力のままに落下しつづけます。翼を得ることは、重力に抗うことでも、時間に抗うことでもなかった。細部までは見えないものの、落下を続ける少女の顔は決して苦しげではありません。落下というその先の衝突をイメージしてネガティヴに思えてしまうかもしれませんが、画面が切り替わり、重力で少女をいざなう地球が朝焼けで晴れがましい姿を現し、その映像はなにも悲しげではない。切ないかもしれませんが。


時間とはいったいなんでしょうか。声を考え、音楽を考える我々にとって、その問題はどうしても避けては通れないものです。すべての音は、時間と無関係ではいられない。無時間的な実体ではなく、それは原理的に有時間的な現象としてしかありえないからです。髪ではなく、髪のはためきのほうが音の仲間です。凍りついた時間の中には音楽は存在しない。

今日時間をかけて考えた残響において、距離は遅れになり、遅れは距離になる。すなわち残響とは、時間と空間が交錯する場所です。

時間と同じく、ある一方向に向かって進むぱてゼミも、残すところあと3回となりました。最後までどうぞお付き合いください。お疲れ様でした。

第14章

音楽と涙の区別がつかない
～録音音楽と時間～

哲学は、科学と技術のありように規定される

いよいよ残り3回です。もうすでに名残惜しい気分になってきていますが、最後に扱う大テーマのために、今日は理論的準備を進めましょう。最後の大テーマは「時間」です。

ぱてゼミでは、多くの哲学的言説を参照してきました。それらのほとんどは20世紀以降のものだったはずです。最古でヘーゲル。つまり近代以降の哲学を参照してきました。ぱてゼミは哲学史の講義ではないので、プラトンから発展史的に説明するというようなことはしていません。また、ボーカロイド音楽論なので、ボカロを考えるために必要な議論をそのつど限定的に借用するというかたちがほとんどでした。

とはいえ、もし今後狭義の哲学や現代思想を専攻するコースに進学する学生がいるなら、未来のきみたちは、ぱてゼミで参照していた議論が、好き放題につまみ食いしていたのでは

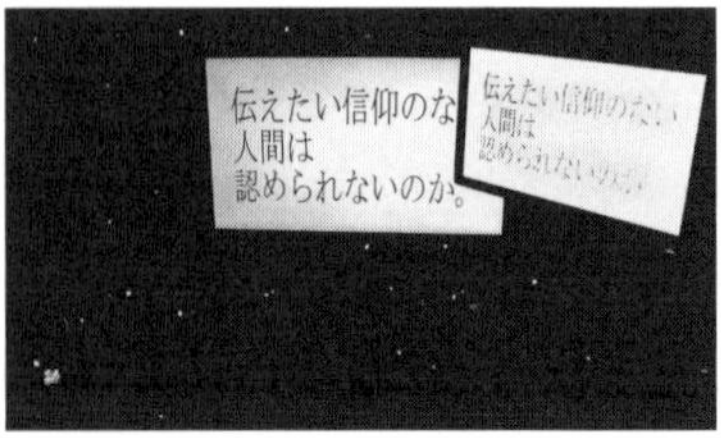

Haniwa「宗教に犯されているのではないか。」(2016)
作詞、作曲、動画：Haniwa　歌：結月ゆかり

宗教ほど、正確な意味を知られないまま常用される言葉はない。では音楽は？　思弁する言葉は本章の議論に触れるものばかりだが、「単調」というのはこの曲の自己言及ではありえない。反復的演奏の中に（おそらく）即興で生み出されていく差異もまた、生命だ。エフェクターを自作するほどのマニアが鳴らす「鉄の音」は激情的にも冷徹にも聴こえる。

なく、一定の関係性を持ったものだったことがわかると思います。一例ですが、初回講義に言及したジュリア・クリステヴァはロラン・バルトのゼミで学んだ人物で、そのクリステヴァを批判的に更新したのがジュディス・バトラー。デリダの脱構築をセクシュアリティの議論に活用したバトラーが、博士論文[*1]のテーマにしたのはヘーゲルでした。『精神現象学』を読み替えるということから出発しているんですね。

また、近代以降の哲学がほとんどだったこと自体にも理由があります。一般論として、ある時代の哲学は、同時代の科学と技術のありように規定される。

スティーヴン・シェイピンとサイモン・シャッファーによる『リヴァイアサンと空気ポンプ』[*2]という研究書があります。これは、近世の政治哲学者トマス・ホッブズと熱力学のボイルの法則で知られるロバート・ボイルという17世紀同時代人のふたりの相克を、現代の視点で追った研究です。ボイルは現代に通じる実験科学のアプローチによってボイルの法則を発見しますが、その時代にあっては、実験を根拠に世界の姿を捉えることはむしろ非科学的[*3]とされていた。ボイルは真空とはそこになにも存在しない状態であると、発明した真空ポンプの実験によって発見しますが、ホッブズは真空という物質が存在すると考えていた。ホッブズはボイルの主張を攻撃しますが、対するボイルが自説を社会に認めさせるためにとった戦略は、教会を味方につけることでした[*4]。現在における自然科学の姿が、最初からそうだったわけではないこと、社会的に構築されたものであることを、フーコー的「考古学　alchéo-gie」[*5]として描いている研究です。

そして、ホッブズの科学的世界認識――充満論は、ホッブズの政治哲学と同型性があると

＊1　ジュディス・バトラー『欲望の主体』（大河内泰樹、岡崎佑香、岡崎龍、野尻英一訳、堀之内出版、２０１９年）

＊2　スティーヴン・シェイピン、サイモン・シャッファー『リヴァイアサンと空気ポンプ』（吉本秀之訳、名古屋大学出版会、２０１６年）

＊3　まず真正な形而上の世界があり、それらがノイズを多分に含んだかたちで形而下の世界として眼前に仮の姿を現す。逆はないのであって、眼前に広がる猥雑《わいざつ》な現実世界を手がかりに形而上の世界に手を伸ばそうとするのは愚かなことだ――。このような世界把握（超訳プラトニズム）によっては、真理は真理によってしか発見されない。真理に観察が先行してはならない。
意地悪な要約ではあるが、とはいえ、「実験の独善性」に疑問を投げかけうる示唆に富んだ過去の事実である。少なくとも、実験科学は科学の唯一の姿では

指摘されます。つまりホッブズは同時代の科学によって思考を規定されてしまっていた。哲学が自然科学とアナロジカルな対応関係を持っている必要はいっさいありませんが、でもまあそういうこともある。ホッブズが1世紀遅れて生まれていたら、その時代の科学から想像力を得て、別の哲学を構築したかもしれない。

もっと一般化するなら、科学にかぎらず同時代の通念に影響されるということは、我々同様に、偉大な哲学者も免れないのだと思います。こちらのほうがよく指摘されることですが、プラトンが「人間」というとき、そこには奴隷は含まれない。女性も含まれない。遠い異国のアジア人の存在なんて完全に想像の埒外《らちがい》です。そういう哲学をまず最初に教えるということが、哲学史を知るのにもっとも妥当なのでしょうか。フロイトを紹介するときに、非常に警戒的に紹介したのを覚えてくれている人も多いでしょう。ほかの講義でも、このような問題について自分のセンサーで注意してみるといいと思います。

ヘーゲルの限界　音楽になにを幻視していたか

そして、今日のスタートは改めてヘーゲル大先生です。第12回で、ヘーゲルは音楽を「もっとも純粋な芸術形態である」と言ったと紹介しましたが、その議論をより具体的に追ってみましょう。

ヘーゲルは、芸術のジャンル別の格付けみたいな議論をしています。単純化して書きますが、だいたいこのようなヒエラルキーであると語ります。

yukkedoluce「林檎売りの泡沫少女」（2012）
作詞、作曲：yukkedoluce　絵：なじょ　動画：hie　歌：GUMI

「死んだ世界」の住人は時間を「呪い」だと言う。少女と少年は時間を生きていて、だから老いて、いつか泡沫のように消える運命があった。しかし「永遠」こそは呪いではなかったか。彼女が売る林檎は、消える権利だった。少年少女は創世記のふたりであり、音楽でもある。いつか死ぬから、それは生なのだ――と民族調かつハードなアンサンブルは語る。

音楽／詩／絵画／彫刻／建築

念のため、あくまでヘーゲルがそう考えたということにすぎないので、馬鹿正直に受け取る必要はありません。ぼくはジャンルに貴賤《きせん》はない[*6]と考えていますし、紹介したのちすぐにこの議論を批判します。また、これは建築に始まるインカ文明を下に置き、それが発展的に進歩した、現在のヨーロッパ文化こそが最高なのだ、というふうに、自文化よりも古い歴史を持つ他文化を発展史観のもとに下位に置くという傲慢な議論だと批判した論者もいます。[*7] 然り。

いったん解説しましょう。建築がなぜ下位に置かれているか。建築は形而下的なものを免れていないからだ、とヘーゲルは言います。「形而上／形而下」というのは、アリストテレス以来のいかにも西洋伝統哲学的な対概念です。雑に説明すると、それぞれ英語の訳は「metaphysics / physics」です。抽象的な概念や理念の世界が形而上で、この現実世界の実体的なものごとが形而下。ぱてゼミでは深掘りしないので大づかみで大丈夫です。

たしかに建築というと、500平方メートルの直方形の床を、角の1本の支柱で支えるみたいな建物は建てられない。それに耐えられる強度の物質があったとしても、地盤が耐えられるのかとか、現実としての物理的条件にさまざまに拘束されるでしょう。ヘーゲルは、そのことを端的にこう表現しています。建築は「重力を免れない[*8]」。

同様に、各ジャンルを格付けする根拠のひとつが形而下的なものとの距離です。これには表象の度合いも関係してきます。彫刻は、三次元的なものを三次元で表象している。絵画は、三次元的なものを二次元で表象している。つまり現前しない一次元を表象している分、表象の度合いが高い。だから絵画のほうが上だ、というように。[*9]

ない。

＊4　心霊の実在を証明する研究に協力するなどしたそうである。目的のために手段を選ばない姿勢は、まさに政治である。

＊5　考古学　archéologie　当たり前のような顔をして存在する通念について、「それはいつから、どのように、そこにあるのか」（2章）を、解釈を排して記述する方法。現在の姿を正解と解釈することなく着実に記述するのが自分の仕事＝考古学であると、フーコーは『知の考古学』で語っている。

＊6　プロローグの通り。

＊7　ウェブサイト「唐草図鑑」に紹介された青山昌文の弁を孫引きする。「自己の属する世界の芸術を、他の世界の芸術より高いものとする姿勢には驚きを禁じ得ない」。

＊8　「芸術の本性からして、

では、音楽はどうであるか。あくまでヘーゲルの考え方だと再度留保した上で言いますね。音楽は、形而上的なものを形而下的なもので表象しているのではなく、形而上的なもののそのままの表出なのである。表象の論理を経由していないのであると。

さあ、批判していきましょう。「音楽は形而下的なものを免れている」。果たしてそうでしょうか。

ここ数回の議論、とくに前回の残響論は、音楽が物理的現象として形而下的なものに拘束されていることの実証でさえあったはずです。そして前々回の通り、音は表象の論理を免れてもいません。

音は、空気の振動というどこまでも物理的な現象です。ヘーゲルの時代にもすでにそのことは知られていた[*10]はずですが、感性的には、あるいは通念的には、前時代の想像力に縛られていたゆえなのでしょうか（あるいは哲学史に縛られていたと言うべきでしょうか）、音楽に対して超形而下的なものを幻視している。

ただし同情を示すならば、音は、目には見えませんし、手につかむこともできない。ヘーゲルの時代にはリアルタイムにしか経験しえないもので、それが終わってしまえばもう存在しない。だから音楽の経験をほかのジャンル以上にミスティックなものとして感じるというのは、直観的には、いまもある程度は通用する考え方だとは思います。

ほかのジャンルに比しての優劣を語る根拠として（現代の目で見れば）非科学的なことを言っているので、ヘーゲルを槍玉に上げましたが、音楽にミスティックなものを見出してい

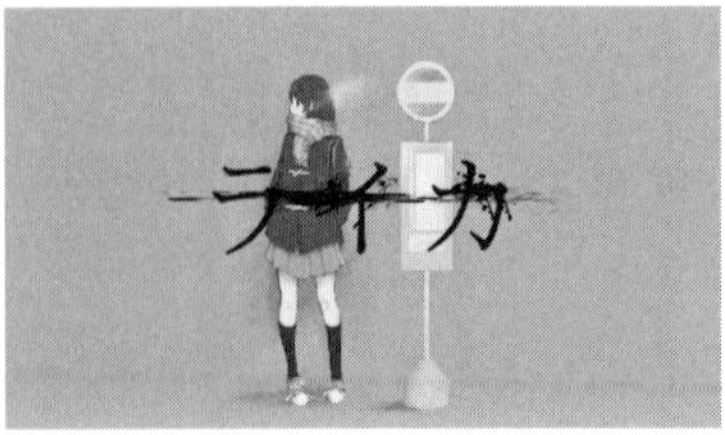

yamada「ライカ」（2016）
作詞、作曲：yamada　絵：名前　歌：初音ミク

写真がある。ということは、そこに映るものは、すでに連れ去られてしまったものなのだ。写真と「アイミスユー」の根源的同義性を、当時高校生だった作家が活写した、これ自体が写真のような名作。いつまでも霧散しない白い吐息と、それを汚すこと。物質化した瞬間へと向かうフェティシズムを隠そうとしないところがむしろ真に青春的。

る論者はほかにもたくさんいます。とはいえ、それらすべての言説をバカ正直に受け取るわけにはいかない決定的な理由は次の通りです。

我々は、21世期を生きている。20世期後半にはすでにヘーゲルの言説をバカ正直には受け取ることができない状況がとっくにあった。みなさんにとって、音楽を聴くという経験はどのようなものとしてありますか？　ほとんどの人にとっては主に、「すでに録音されたものを聴く」という経験になっていないでしょうか。ニコニコ動画でもYouTubeでも、一度完成されたものを、20世期後半であればレコードかCDに定着されたものを、いわば『過去の時間を聴く」という経験のことを「音楽を聴く」と言っていないでしょうか？

生演奏によって、いままさに目の前で音楽が生成されるのを聴くという経験のほうが、例外的で高級な経験[*11]としてあって、特権階級でも専門家でもない（あえて言いますが）ふつうの人にリベラルに開かれているのはもっぱら「録音物を聴く」ことでしょう。ヘーゲルが特権階級だからけしからん、という話ではありません。当時は、ヘーゲルであっても大衆であっても、音楽を聴くという経験はまさにそこで音楽が生成される場所にリアルタイムで立ち会うということによってしか成立しえなかった。彼らが語るのは、そういう音楽経験だけを想定した哲学です。この点の乖離が、我々とヘーゲルを遠ざけるもっとも重要なポイントです。ある時代の哲学は、同時代の科学と技術のありように規定される。

ロラン・バルトふたたび　過去は物質である

我々は、録音技術によって成り立つ「過去の時間」に取り囲まれて生きている。今日ここ

はじまりは建築にある。（中略）この最初の芸術の材料は、それ自体が非精神的な、もっぱら重力の法則にしたがって造形される、重い物質であり、（後略）」ヘーゲル『ヘーゲル美学講義〈中〉』（長谷川宏訳、作品社、1996年）221ページ。

＊9　ヘーゲル固有の概念によらずぱてゼミの概念系で言うとこんな感じ、という程度の大づかみなので注意。また、詩は音楽と同列ともされる。専門家による解説を引用しておく。

「このようにして音楽は、絵画がそうであった以上に、観照者に対してのみ存在することを顕在化する。「音楽の」外化は……そのとどまることのない自由な浮動を通して、この外化が決してそれ自体において存立を有することなく、ただ主体的な内なるものに対してのみ存在するところの伝達である、ということを示す」（136）。それゆえに、ヘーゲルは次のように述べる。「音楽は、直接心情それ自体に向かう芸術である」

の話を掘り下げていきますが、その下準備として、ほかのジャンルの議論をまず紹介します。

考えたいのは、写真についてです。ヘーゲルの格付けには写真は登場しません。現存する最古の写真は１８２５年のものであるとされ、ヘーゲルはその登場のインパクトを受け取り考える役には間に合わなかった。ヘーゲルは１８３１年に死去しています。

ですので、当然のこととして、我々はより後発の論者の議論を頼りにして考えていきましょう。すでに登場した論者を参照していきます。

写真は、パースの記号分類によるとどれだと言えるでしょうか。どれだと思いますか？

学生「ぜ、ぜんぶ……」

面白いｗｗ　過去回の話をよく覚えているゆえのボケですごくいいと思いますが、今回は全部[*12]ではありませんｗ
対象の似姿を写し撮るのだから、イコンである。もちろんそうなんですが、パースによっては、写真はインデックスであると指摘されます。
臭化銀という物質は、光が当たることによって変質します。それを用いた感光剤を塗った銀版に光が当たると、銀版に光景の写像が残る。現像などのプロセスは中略しますが、そうして生成されるのが写真です。光が銀版に当たったという物理的現象の痕跡である。だから写真はインデックスなのだ。
たしかにそうですよね。今日の前段のワーディングで言えば、形而下的なものと形而下的なものの交渉である。本来的にはそのようなものであって、シャッターを押す撮影者を棚に

Ayase「幽霊東京」（2019）
作詞、作曲、動画：Ayase　絵：焦茶　歌：初音ミク

彼の人は沈んでいたところから起き上がって、そしてそれ（夜）を駆けたのだ、と前後順を想像するのは容易いが、この曲の投稿はYOASOBIが「夜に駆ける」を発表した“2週間前”。ただ、制作は同時期だったろう。2曲は互いの分身でも亡霊でもあるだろうし、濃厚な死のにおいによってもっとも通底する。この曲において“生彩”であるネオンと対照されるミクの歌声。

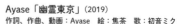

上げると、被写体とその写真との表象関係は、人為的なものはなく純粋に物理的な対応関係である。その後ロザリンド・クラウス――第2回ですでに参照しましたが、アメリカの美術評論家です――は、その純粋さ＝空虚さをめぐって、その名も「指標論」[*13]という論考を発表しています。第2回に引用したのもその中の一節です。原題は「Notes on the Index」。同論文の議論は、ロラン・バルトが写真について見出していたものとパースの記号分類を接合する、という筋道でなされたものでもありました。

　バルトの著作に『明るい部屋』[*14]というものがあります。これは、論文というより思考の逡《しゅん》巡《じゅん》をそのまま著したエッセイのようなものですが、これがバルトの遺作になりました。

　バルトは1977年に母を亡くします。バルトは父親を早くに亡くしていて、大人になってからもずっと母とのふたり暮らしをしていました。バルトは同性愛者であったことが知られていますが、長期的なパートナーを持つことはほとんどなく、独身者として生涯を生きました。コレージュ・ド・フランスという高等教育機関で教授職を得たときに就任講演をしましたが、当時のフランスの文化では、そういう晴れがましい場所にはパートナーを伴って登場するものだった。そこにバルトが連れてきたのは、母でした。

　それだけ関係性の深かった母を亡くして、その後3年を待たず、バルト自身も80年に突然亡くなってしまいます。結果的に遺作となった79年発表の『明るい部屋』は、1枚の母の写真をめぐる思索の記録でした。

　その1枚の写真とは、バルトの母の少女時代の写真です。自分が生まれる前、5歳の少女だったころの写真に、彼女の死後に出会って、撃ち抜かれるように決定的な衝撃を受ける。

（135）。」
小田部胤久『象徴の美学』（東京大学出版会、1995）285ページ。

＊10　ヘーゲルも音が振動であるとは書いているが、「振動という観念的な運動のなかで、いわば、物体の単純な主体性――魂――が鳴りひびき、（中略）物の内面と人間の内面がふれあうのです」と言う（ヘーゲル、前掲書、219ページ）。

＊11　全世界でマイケル・ジャクソンのレコードを聴いた人のうち、ライヴを観られた人の割合はどれほどだろうか。という程度の意味だが、レコードやCDを買えないから自分たちで音楽を作ったヒップホップなどの文化を無視するつもりではない。鼻歌は全人類の味方だ。

＊12　全部だとも解釈できる。

＊13　ロザリンド・クラウス『アヴァンギャルドのオリジナリティ』（谷川渥・小西信之訳、

バルトは写真の本質をこう言います。

「それは＝かつて＝あった　Ça-a-été」[*15]

これは同書の訳者である花輪光による翻訳です。写真にはつねに、「それは・かつて・あった」性がつきまとっている。バルトが本質であるとして見抜いたその性質は、パースの記号分類を使って一言で言い換えるならばインデックス性です。写真が、根源的にはイコンではなくインデックスであるから、そこにある「物質化した過去」に撃ち抜かれるのだ。

過去はふつう、表象の論理を経由して、表象として存在するが、過去の現前に触れるのだ。それはファンタジーにすぎないとドライに言うことも、（またしても）可能です。しかし声についてと同じく、そこに物質性を見出し、それを触覚的に感じとるバルトの感受性はたぐいまれでありながら、ぼくらの経験の普遍的な部分に触れてくるものがあります。

「瞬間」の発見と、時間の死

ここで一枚の写真を見てみましょう。

これは写真家アンリ・カルティエ＝ブレッソン[*16]の『決定的瞬間』[*17]という写真集に収録された1枚で、「サン＝ラザール駅裏」と題されています。

みなさんも聞いたことがあるかもしれない。先ほど臭化銀は感光すると変質して……と言いましたが、写真技術の初期には、その感光反応には時間がかかったので、カメラの前で一

FICUSEL「思慮するゾンビ」（2010）
作詞、作曲、動画：FICUSEL　絵：Dhaniya　歌：初音ミク

寸断された“うた”。「前の母音＋次の子音」を欠いて、各音は（樹木の断面でも、腸でもある）本来見えない肉体の切片を晒すかのようだ。縫い合わせるのを途中で飽きられてしまったミク＝フレッシュ・ゴーレムは横たわる――緻密な刺繍《ししゅう》のように完璧に縫い合わされた全体の中の、コックピットに。この楽曲の生命力は、ゾンビに操縦されている。

定のポーズのまま静止していなければならなかった。その後感光剤の改良が進み、同時にフィルムやカメラ本体の小型化と軽量化も進み、それら進歩の結晶として1910年代にライカというカメラが誕生します。軽量だからどこにでも持ち歩くことができるし、それ以前よりもずっと短い露光時間で撮影することが可能になった。

このライカを用いて報道写真家として活躍したのがカルティエ＝ブレッソンです。『決定的瞬間』はブレッソンが52年に発表した写真集です。先ほど「過去の物質化」と言いましたが、さらには「瞬間の物質化」が可能になった。

再度繰り返しますが、ある時代の哲学は、同時代の科学と技術のありように規定される。21世紀を生きるみなさんはこの写真を見て、見たこともないイメージが写っている！とは思わないでしょう。「おじさんが宙に浮いている！　この世には重力を免れる人間が実在するのだ！」と驚いたりもしない。おじさんはぴょんとジャンプしているだけで、この写真が生け捕った瞬間の次には、おじさんは画面右に着地する。そんなことは、現代人のみなさんには容易にわかる。

しかし考えてみてほしいんですが、19世紀までは、「瞬間」という時間を表象するものは言語以外にほとんど存在しなかったはずです。テクノロジーによって、それ以前には見られなかった視覚経験が初めて成立した。それは同時に、初めての時間経験だったでしょう。

生起しつづける連続的な時間から、その断面を切り出すようなこの視覚イメージは、いわば微分的です。線的に持続するこの現在は、無限の点＝瞬間の連なりなのだ――たとえばそのように、時間という概念の捉え方自体をアップデートするものだったでしょう。

月曜社、2021年）所収。298〜332ページ。アメリカ70年代の美術を、インデックスという概念によって批評的に串刺してみせる有名な論文。絵画などの中に、写真的な現前性の導入を見出していく。

＊14　ロラン・バルト『明るい部屋』（花輪光訳、みすず書房、1985年）本書のちょうど真ん中ほどの「前言取り消し」という断章で、それまでの理論的議論を手放し、母の写真の話が始まる。

＊15　バルト、前掲書、94ページ。

＊16　アンリ・カルティエ＝ブレッソン　Henri Cartier-Bresson（1908〜2004）フランスの写真家。47年、戦場写真家のロバート・キャパらと4人で国際的な写真家集団マグナム・フォトを結成した。

＊17　「サン＝ラザール駅裏」はネット検索ですぐに出るので、

また、ここには示唆的な逆説があります。

初期の写真は、長い露光時間が必要だった。だから初期写真はいわば積分的な、幅を持った時間を表象しているはずです。けれども、被写体ががんばって静止していたからであっても、そこには時間の幅があるはずなのに視覚的なイメージは非常にスタティックです。

それに対して『決定的瞬間』のほうはどうでしょうか。初期写真に比して、ダイナミックだと直感する人は多いでしょう。それはよく考えると、ずいぶんと逆説的な事態です。ダイナミック＝動的だというからには、運動は有時間的なものですから、動的なものの表象には時間の幅が要求されてもおかしくない。たとえば映像は、有時間的な運動を有時間的に表象します。

なにが起こっているでしょうか。瞬間のイメージは、時間を凍らせたように、物体の運動はときに不自然なフォルムで凍りついている。けれども、むしろそのことが、過去ずっとこのままであったわけでも、未来にずっとこのままでありつづけるわけでもないことを想起させます。つまりこのイメージは、瞬間的であることによって、その前後の時間を表象している（まさに微分的です）。瞬間のイメージのほうが、表象する時間の幅が長いという逆説が成り立っているわけです。

動的であるということを、生命的であると言い換えてみましょう。凍りついた時間が、むしろ生命力を感じさせるということ。もっと言えば、「時間の死」の生命力です。[*18]

ほかのものでアナロジーするとこうです。たとえば樹木。以前すごく強い台風が東京を直撃したとき、駒場キャンパスの樹木が何本か根元から折れてしまったんですね。台風が過ぎてからキャンパスに行くと、あたり中がかぐわしい樹木の香りでいっぱい。樹木は、折れる

Guiano「死んでしまったのだろうか」（2018）
作詞、作曲、映像：Guiano　歌：flower

息をしながら、自分は「死んでしまったのだろうか」と自問すること。言葉を反復するのは詩歌の中でもとくに歌詞に許された特権だが（16章）、本曲で繰り返される言葉は「心」。素直に聴けば、特別な時間をそうと思わずに過ごすことを「生きる」と言っているかのようだが、作家もあなたも知っている。自分はいま、生きている。

と断面を露出させます。断面は外皮とは違ってみずみずしくて、かぐわしくて、植物も生きているのだと、まさに生命力を感じさせてくれる。しかし我々がその断面を見てしまっているということは、樹木は死んでいるのです。死こそが発揮する生命力。そのような、ある条件下で生と死が交錯する、あるいは反転するという事態が世界にはしばしば存在する。

もうひとつ例をあげますが、グロテスクな刺激があるので苦手な方は飛ばしてください。三島由紀夫の『憂国』[*19]という短編小説があります。短編小説としては三島の最たる代表作であるとも評される一作です。二・二六事件を知った青年将校が、こうあっては自分は生きてはいられない、切腹して責任をとらなければいけない——そう言って実際に将校が割腹自殺するシーンこそをダイナミックに、そしてセンシュアルに描いている作品です。切腹という自死を、まさにいきいきと描写している。次のような一節があります。

腸は主の苦痛も知らぬげに、健康な、いやらしいほどいきいきとした姿で、嬉々として辷《すべ》り出して股間にあふれた。[*20]

主がこれから死のうというときに、内臓がいきいきとした姿を露出させる。それが見えているということが、いま始まった死の証拠であるというのに。

生と死、そして反転。実はこれは来週のキーワードです。なのでこの時点ではこのくらいにして、次の話題へと時間を進めましょう。

申し訳ないがそちらを参照されたい。

＊18　本文の議論とは別に、写真についてよく言われるのはこうである。「すべての写真は遺影である」。ここではプログでも引用したスーザン・ソンタグの弁を紹介しておく。「写真を撮ることは他人の（あるいは物の）死の運命、はかなさや無常に参入するということである」スーザン・ソンタグ『写真論』（近藤耕人訳、晶文社、1979年）23ページ。

＊19　三島由紀夫『花ざかりの森・憂国』（新潮文庫、1992年）所収。

＊20　三島、前掲書、252ページ。

＊21　ジョナサン・スターン『聞こえくる過去』（中川克志、金子智太郎、谷口文和訳、インスクリプト、2015年）

＊22　イヤー・フォノトグラフ

レコードと死体温存技術　ジョナサン・スターン

我々は「過去の時間」に取り囲まれている。音楽を考えるにあたって、「過去の音を聴く」録音という技術があることを前提とした——すなわち２０２０年代のぼくらと前提を共有した音楽論として、参照するに足る重要な研究をご紹介します。

ジョナサン・スターンの『聞こえくる過去』[*21]。原題は「The Audible Past」、逐語訳すると「聴取可能な過去」となるので、いい邦題です。原書は２００３年に発表されました。「音響再生産技術　sound reproduction technology」は我々の「聴くこと」をどのように書き換えたのか。総合的で壮大な研究ですが、同書の見事な点をかいつまんでご紹介します。

アレクサンダー・グラハム・ベル——ベル研究所のベルですね——が１８７６年に電話の特許を取得する少し前、１８７４年に、ベルはクレアランス・ブレイクとともにイヤー・フォノトグラフ[*22]という音声記録装置の原型を開発していました。音を録音し、再生産する装置としては、１８７７年のトーマス・エジソンによるフォノグラフ[*23]が最初です。

数年の間隔で現代に繋がる重要な発明が連続していて興奮さえ覚えますが、スターンは19世期に実現したこの音響再生産技術に、同じく19世期に発明された「缶詰技術」と「死体温存技術」との同型性を見出します。

人が生命活動を終えると、身体の新陳代謝が止まって、即物的な言い方ですが、腐敗してしまう。それを止めるための死体防腐処理の技術が19世期に発展しました。具体的には、内臓を摘出して、代わりにその場所に防腐剤を注入する。それによって同時に腐敗臭を防いで

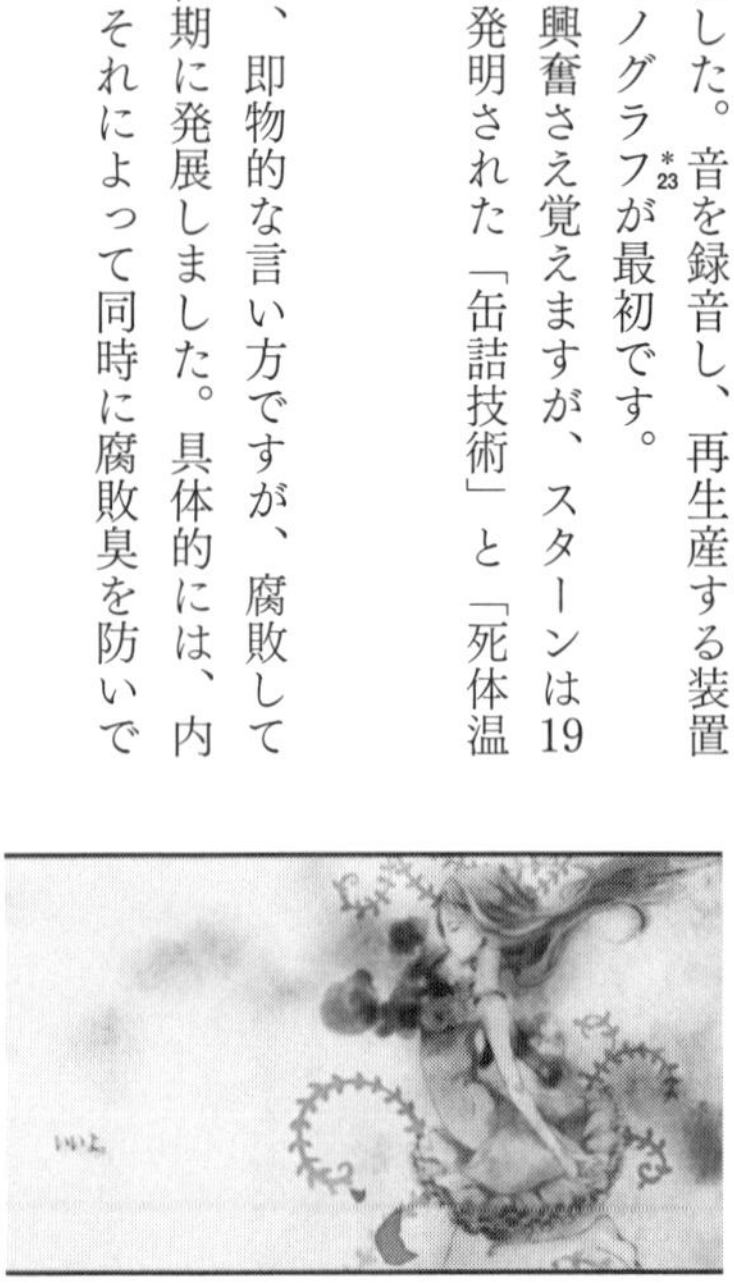

やみくろ「完全性コンプレックス」（2011）
作詞、作曲：やみくろ　絵：今朝春　動画：yonoP　歌：巡音ルカ

そのどちらともが等価値だという声が聴こえる。なのにもし、あなたが生を選ぶことを躊躇するなら——という場面を想定して書かれたかのような曲。「許し」の歌とも言えるし、あなたは本当は「世界が嫌い」なだけで、生が嫌いなわけじゃないことを見抜く歌（9章）。そう言葉を足すのは野暮で、必要な言葉はひとつだけ。「いいよ」。

もいました。これは表面を優先した処理だと言えます。外から、つまり他者が見たときに生前と同じように見えるように、内側に処理を施してもいい。そういう考え方に則っていた。

死体温存技術は、19世期のアメリカにとって必要な技術でした。何度も戦争が起こって、たくさんの犠牲者が出た。戦死した者の亡骸《なきがら》をせめて故郷の遺族のもとに返したい。いまより移動手段も未発達だった時代に、数日間が経っても遺体を損傷させない技術が求められました。死体温存技術が実施された最初期の有名人は、エイブラハム・リンカーン[*24]大統領だったと言います。南北戦争終結直後、凶弾に倒れたリンカーンの遺体は、一目最後に会いたいと望む国民のためにアメリカ国土を何日間もかけて巡回したそうです。

死体温存技術のこのような発展と、録音技術の確立はアナロジカルな関係を描きながら同時代を併走していた。録音とは、音――ここでは狭く声としましょう、声を音源から引き離すことだった。思い出してください。これはプラトンが言った「声は魂の真正な表出である」という考え方を、決定的に逆撫でするることだったわけです。

こんな画像を見たことはありますか？[*A] 日本ではビクターのロゴ、アメリカではRCAのロゴになっていたりと、音楽を象徴する図像としてよく使われていますが、お見せしているのはそれらのもとになった絵画です。タイトルは「His Master's Voice」。一時は世界展開していたCD小売店のHMVという名前は、このタイトルのイニシャルです。

描かれている犬はニッパーといって、日本で言えば忠犬ハチ公です。いなくなってしまった飼い主の声（His Master's Voice）が聴こえてくる蓄音機に、飼い主を恋しがるようにずっと耳を傾けている。健気ですね。実際にあったというそんなシチュエーションが描かれて

＊A　フランシス・バロウド〈His Master's Voice〉

ear phonautograph　献体された遺体から耳だけを切り取り、それを木製の台座にネジで固定したもの。まさにフレッシュ・ゴーレムである。外耳の全体を取りつけていたが、本質は鼓膜の振動をススの跡へと変換（represent）したこと。

＊23　フォノグラフ　phonograph　与えた音に共振する振動膜（人工鼓膜）が針と連動していて、針が回転する蠟管《ろうかん》に振動を刻みつけていく。これが録音。そうして蠟管に刻まれた溝に、再生用の針を付け替えてセットし、蠟管を回せば、針を介して振動膜（人工声帯）が音を再生する。

います。また、絵画の画面の中では明らかにされませんが、このニッパーと蓄音機が乗っている台は、当のその飼い主の棺だという設定です。そんな絵画が、その後も長らく音楽や録音物のシンボルとして使われつづけているのです。

録音技術は、その起源から死の問題に接していました。蓄音機が市販されるようになった最初期の広告はこのようなものだったそうです。「いつかこの世を去るであろう人々の、生き生きとした息づかいと話し言葉を、自然な質感で再生できる唯一の永続的な手段です[*25]」。

英語圏の研究者のスターンはしなかった指摘をしましょう。録音物をかけることを、英語ではプレイと言いますが、日本語ではなんと言ったでしょうか。そう、「再生」と言いますよね。これは録音という営為の本質を撃ち抜くような言葉です。「あ、その動画再生して」とか、この言葉を当たり前の現代日本語として使うようになって長く経ちますが、改めて考えると、とんでもない言葉を日常的に使っていると思いませんか？

「再生」を英語訳するならリインカーネイション[*26]でしょう。一度死んだ者にふたたび生を与えることです。かつて現在だったけれども、すでに失われた時間。それが過去です。一度死んだ時間を現在に蘇らせる。我々は一度死んだ時間に取り囲まれていて、それを蘇生するという儀式を、あまりにカジュアルに、日常的に執り行っているわけです。

時間のフレッシュ・ゴーレム

録音された声のことを、プラトンの言い方を借用して強引に言うならば、「魂なき声」と

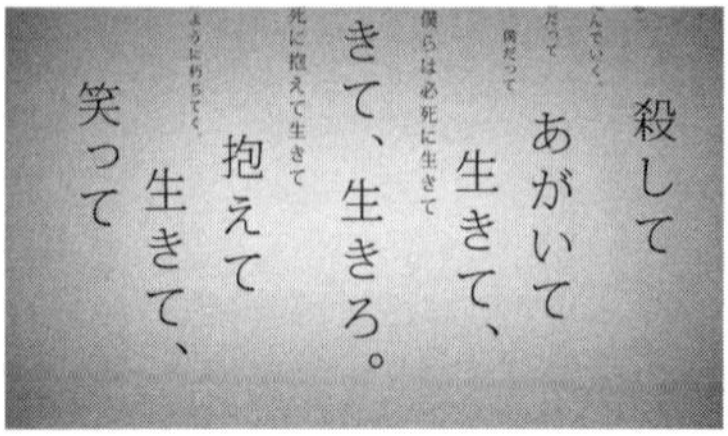

カンザキイオリ「命に嫌われている。」(2017)
作詞、作曲、動画：カンザキイオリ　歌：初音ミク

命に好かれていたとしても、「周りが死」ぬことはやはり悲しいと思っただろう。2番Aメロでだけ登場する（「スロウダウナー」と同じく）5度のハーモニーは、主旋律との音程が一定ゆえに全体の協和を攪乱するし、前段のテーゼも同時に攪乱する。命に好かれようとも嫌われようとも、周りが死ぬことは悲しいし、あなたの生き様は無駄ではない。

いったところでしょうか。それは当時の人々の直感にとっても「ありえてはいけない声」だった。だから録音物が市民の前に登場した当初は、多くの反発があったそうです。一般人衆以上に、教養のある文化人から反発された。彼らは録音された音楽のことを「そんなものは生鮮音楽ではなく、缶詰音楽だ」と言って非難したそうです。

20世紀初頭の人によっては「缶詰音楽」と揶揄された録音音楽。それが現代においてはどのように作られているかを考えてみましょう。

現代というか、20世紀中盤にはとっくに確立されていたやり方ですが、多くの音楽は多重録音でできています。〈14−1〉

レコーディング・スタジオに入る。じゃあまずリズムから録りましょうかと言って、ドラムを録音する。いい感じに録れましたね、では次はそのドラムを聴きながら、ベース録音しましょう。次はギター、次はキーボードと重ねていって、バックの伴奏が完成したら、最後にボーカルを録るというのが定番の順番です。なんとなく想像はつくでしょう。

そうやってできるものはどのようなものでしょうか。先ほど「過去の時間に取り囲まれている」と言いましたが、録音音楽は、単に「過去」と一言で言う以上の時間的複雑さを持つ構成物です。多重録音とは、別々の過去をひとつの過去に貼り合わせる操作です。旧時代の人からすれば非常に奇妙な操作を経て完成するそれを、我々は単に音楽と呼んで、好んで聴いている。

デヴィッド・シルヴィアン[*27]というアーティストはかつてこう言っていました。おおよそこうです。「一度死んでしまった時間（過去）を貼り合わせてひとつのものを作るという奇妙

技術の起源において、文字通りの意味で、声帯と鼓膜は一致していた。

＊24　エイブラハム・リンカーン　Abraham Lincoln（1809〜1865）第16代アメリカ大統領。「人民の人民による人民のための政治」で知られる通り、奴隷制廃止の実現などによって、歴代大統領の中でも評価が高い。4年にわたる南北戦争が収束した1週間に暗殺された。

＊25　スターン、前掲書、381ページ。「これから亡くなろうとする人と、その家族」が購買層として想定されたということである。AI美空ひばりへの賛否が思い起こされる。エジソンは音響再生産技術のこのような用法は想定していたが、むしろ音楽に用いられていくことのほうに否定的だったという。

＊26　reincarnation　incarnationは「肉体を与える

〈14-1〉

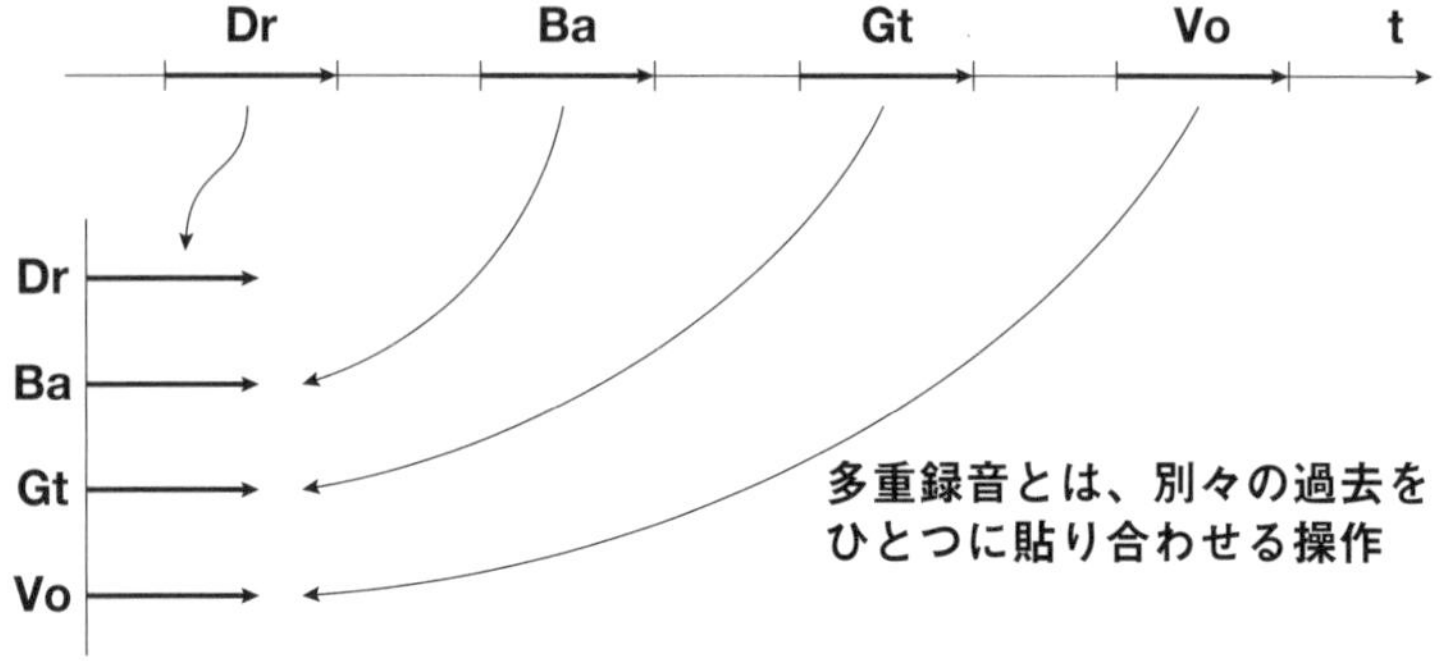

な行為を、自分たちは音楽制作だと言って行っている。自分はなんて気持ち悪いことをしているんだと思うことがある」[*28]と。

ここで考えたことをぼくの言葉で表現するなら、録音音楽は、時間のフレッシュ・ゴーレムである。ゴーレムとは人造人間のことですが、人を作ろうとするなら、かつて人だった肉体を使えば早い。かくして遺体を縫い合わせて作られる人造人間がフレッシュ・ゴーレムです。

多重録音以前は、ひとつのマイクを各楽器が囲んで、同時に演奏したものを録音していました。クラシックの録音はそのようなものがいまでも多いですよね。そうやって録音された音楽は「それは＝かつて＝あった」音楽でしょう。けれども、多重録音で作られた音楽は、そのままのかたちで過去に存在したことはありません。存在しなかった時間を仮構するということが多重録音です。いま人工的に生命を得たかのように見えるそのゴーレムは、復活した死者ではない。かつてその姿で生者だった者はいない。

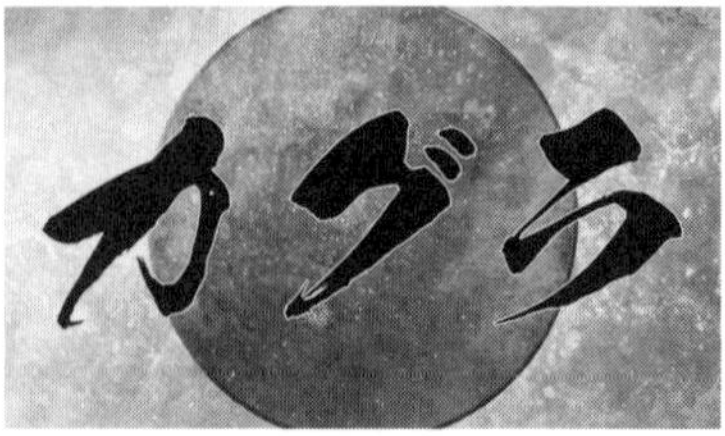

ATOLS「カグラ」（2021）
作詞、作曲、動画：ATOLS　歌：IA

ボーカルは「IA［CeVIO AI］」。音声合成は自然さに向かって着実に進化していて、本曲の和的意匠とCeVIOとの相性のよさに触れると説得されそうになるが、「自然な細部」とはやはり身体のインデックスである。結局それがほしいということでいいのか？と問わんばかりに、動画は赤というより肉色に染め上げられる。正直それ以上に音がいいので好き。

折口信夫『言語情調論』とボーカロイド

我々はどんな時間を聴いているのか。場所は変わり、次は日本の議論を参照します。

第3回以来の登場の、国学者の折口信夫の『言語情調論』[*29]という論文の一部を紹介します。難しいことは難しいんですが、臆する必要はありません。なぜなら、これは折口がみなさんとそう変わらない歳のころに書き上げ、國學院大學に提出した卒業論文です。ソシュールらの議論を先取りするように言語記号を整理する側面もありますが、詩的想像力によって「情調」の論理を捕まえようとする——まさに「感覚を思考の俎上に載せる」スリリングな研究です。

その中で折口は、「斜聴」という少し奇妙な概念を提案しています。視覚に関する斜視という概念とはなんの関係もない、折口の独自概念です。[*B]

図は折口によるものです。人が「やまたかし（山高し）」という5音を聴くときには、図のように次の音を少し先取って聴いている。「や」の音の中には次の「ま」が少し先取られている。「ま」の音の中には次の「た」が少し先取られている。折口はそのように考えました。それぞれの音は緩やかににじみ合っていて、次に来る音をすでに聴いてしまっているのだと論じます。時間の観点で言えば、そこで未来が先取られている。「時間のにじみ」を指摘しているわけです。時間は一方向的に進みはするが、重なり合いつづけているのだと。

折口がまわりの学生5人にこの話をしたところ、5人ともが「たしかにそういうこともあるかもしれない」と言ったのでこれは正しいのである、と『言語情調論』の中では論証されたことになります。それで論文と言っていいのか、いい時代だなと思いますねｗ　ぼくもそ

こと」。キリスト教においてはイエス・キリストの受肉を「the Incarnation」と言う。だから reincarnation は、（一度肉体を失った者に）ふたたび肉体を与えることである。「転生」の意味でもよく使われる。

＊27　デヴィッド・シルヴィアン David Sylvian（１９５８〜）

イギリス出身の音楽家。「ジャパン」というバンドを結成。初期は中性的な化粧男子としてアイドル的に売り出されたが、その後は坂本龍一らと交友を深め、思弁的な音楽に傾倒していった。

＊28　『nobody』24号（ＮＯＢＯＤＹ編集部、２００６年）所収「［対談］大竹伸朗×デヴィッド・シルヴィアン　時と表現の弁証法」より。だがさらにシルヴィアンは作家的想像力によってこう続ける。「けれどもそこに生がもう一度宿ったと思えるときがあって、それが音楽が生まれるときなんだ」。

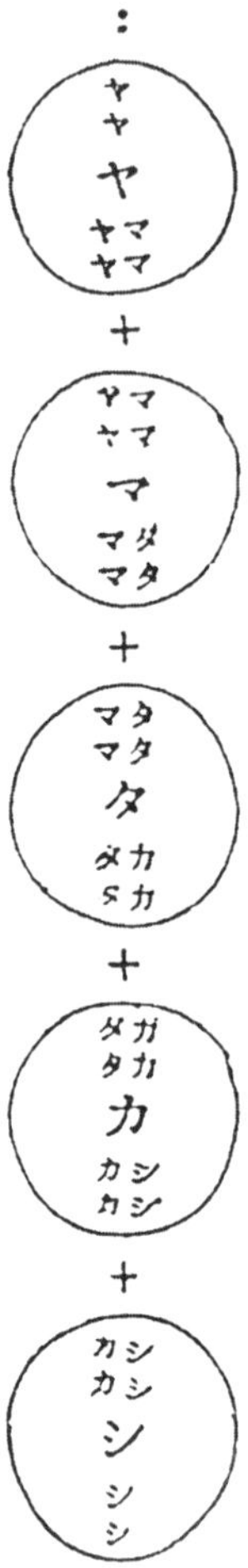

＊B　折口による斜聴の図示。
折口博士記念古代研究所編『折口信夫全集』第29巻（中央公論社、1968年）、595ページより引用。

の時代に生まれていたら面白い論文をたくさん書けたかもしれないｗ　……まあそんな軽口はともかく、「言葉を聴くこと」の本質を真摯《しんし》に捉えようとした折口の想像力は、斜聴という仮説を発見しました。

　ところで、ボーカロイドが技術的にどのようなものであるか、みなさんご存じでしょうか。たとえば「せんぼんざくら（千本桜）」という7音を歌わせるときになにが起こっているか。まず、録音（サンプリング）された50音の素材から当該の音を並べます。〈14−2〉

　1音の素材を録音して、その再生速度をコントロールすることで任意の望む音程を得る[＊30]というのは、すでにコモディティ化した技術です。また、そうやってサンプリングされた音を並べるだけでは、なんとなく想像がつくと思うんですが、各音が分離してしまっていて不自然なんですね。

　ボーカロイドというのは、特許技術としては「音と音のあいだをスムージングする演算技術」のことです。図14-2の3段目のカッコの部分、「前の母音＋次の子音」も素材としてサンプリングされていて、だから2音の連なりの再現のために最低3素材が使われているとい

黒うさ「千本桜」（2011）
作詞、作曲：黒うさ　絵：一斗まる　動画：三重の人　歌：初音ミク

最高級の「出島」である。ピアノ版がテレビCMに、小林幸子歌唱版が紅白歌合戦に。非ボカロ歌唱版に変幻することで外部とのあわいを10年代中担いつづけた。だがいま思えば、（タイアップなしで）これほどボカロキャラを描いた感性において、00年代シーンの最大のしんがりでもあった。この曲が生きた数奇な両義性に、最大のリスペクトを贈る。

うことになります。それらを自然に一続きに聴こえるように調整する演算エンジン。それが技術としてのボーカロイド[*31]です。いまや初音ミクはその技術を卒業[*32]してしまったわけですが。

「せんぼんざくら」の「せ」の音は、次に「ん」が来るような「せ」の音である。つまり、ボーカロイド技術が演算しているのは次の音の先取りであり、折口が論じた通り、たしかに音はにじみ合っているということです。図らずも、折口の5人の同級生以上に斜聴の存在を証明したのは、ボーカロイドでした。

〈14-2〉

せ — ん — ぼ — ん — ざ — く — ら

⇩

se　n　bo　n　za　ku　ra

(en)　(nb)　(on)　(nz)　(ak)　(ur)

先ほど、録音音楽は時間的に複雑な構成物であり、実在しなかった過去を仮構するものであると言いました。それを踏まえて考えてみてください。ボーカロイドの歌声というのは、それ以上に時間的起源が錯綜《さくそう》しています。「せんぼんざくら」と歌うミクの歌声は存在する。けれども、「せんぼんざくら」と藤田咲[*33]さんの喉が物理的に運動したという過去は存在しない。ボーカロイドの歌声は、「存在しなかった過去への小径」になっている。あるいは、記号論的に言えば「シニフィエに到達しないインデックス」です。

録音技術は、本日冒頭で考えた写真と同様に、物理性に則った記録技術であり、物質化した過去というインデックスです。ボーカロイドの歌声は、決定的に録音技術に依存しなが

＊29　折口信夫『言語情調論』（中公文庫、2004年）本論で紹介する斜聴は、意味から音を予測する作用としてではなく、折口はあくまで音の問題として論じている。

＊30　サンプリングされた440Hzの素材を2倍で再生すれば、880Hzの、すなわち原素材の1オクターヴ上の音が得られる。同様の操作であらゆる音高の音を得られる。

＊31　「歌唱合成装置、歌唱合成方法及び歌唱合成用プログラム」という名称で02年にヤマハ株式会社より特許出願されている。技術の内容は剣持秀紀、藤本健『ボーカロイド技術論』（ヤマハミュージックメディア、2014年）に詳しい。

＊32　2020年6月に公開された「初音ミクNT」（NTはNew Type の略）は、クリプトンが独自開発した音声合成エンジンを採用している。

ら、時間的起源が混乱しています。[34]

homo audiens（temporis）（時間を）聴く人

さて、改めて、ぱてゼミ最後の大テーマは「時間」です。覚えているでしょうか。前半のまとめとして、第6回の最後にぼくはこう問いました。「時間は悲しい」のか。前半から引き継いだこの問いにさらに肉薄するためにも、ここから、時間とはなにかについてごく入門的なレベルから考えていきます。

アンリ・ベルクソン[35]という哲学者はこう言いました。「時間とは、発明である」。それはもともと存在していたのではなく、人間によって発明された概念なのだと。

——直観に反しますよね、それは自明に存在するんじゃないの？　あるいは、我々に先立って存在するんじゃないの？　そう思った人も少なくないでしょう。

では考えてみましょう。「時間が経つ」ということを、なぜあなたはわかるのでしょうか？

「わかるのでしょうか？」と言っているあいだにも、時間は経過している。なぜならその音は宙に消えて、いまはなくなっているから。もう少し微視的に言うなら、「わかる」と発音するあいだに、「わ」だった音が「か」に変わり「る」に変わっている。変化があるから、変化前のものは過去になり、時間が経っていることがわかる。

つまりこのとき、時間とは表象です。変化によって、時間の経過が表象されている。

坂本龍一「Response」（1999）
作曲：坂本龍一

CD『RAW LIFE TOKYO』所収。同作冒頭の「Overture」と同じくドレミファソラシドが登場するが、後半になるにつれかたちが変形していく。ほかの歌唱に “response＝応答” するゆえか、即興らしきコブシが登場したり、調性からの脱出が試みられる。西洋がもがいている。西洋音楽は世界を抑圧したが、西洋は西洋をこそもっとも抑圧しているのだ。

もっとシンプルに、アナログ時計を考えてみるとわかりやすいかもしれません。なぜ5分経ったとわかるのか。分針が30度進んだからだ。そりゃそうだ。このとき、「時計の針の動き」という現前が「時間の経過」を表象しているという状態ですよね。針の動きがシニフィアンで、時間の経過はシニフィエです。つまり、時間とは意味です。

ここで話は音楽に戻ります。現代音楽家の近藤譲[*36]はその著書『線の音楽』[*37]の中で、要約すると次のように書いています。人が音楽を聴くというとき、実際に聴いているのは、音の変位、時間的差異である。それは意味＝表象である。すなわち人が「音楽を聴いている」というとき、音それ自体は聴かれていないのだ[*38]。

第12回に確認した通り、我々は音楽を構成する楽音から、インデックスとして表象する意味を受け取っているわけではない。その一方で、音の変化を聴いているのであって、そのとき、時間が表象であるのと同様に音楽は表象である。そこに現前する音は聴かれていない。

たしかに、第6回で考えたコーダル・ミュージックはまさに「変化こそが聴かれている」音楽であることがわかりやすいでしょう。ある和音は、単体でどのように響くかよりも、その直前にどのような和音から変位してきたかで聴こえ方が変わります。「ドミソ」という単純な三和音も、その前が「ソシレ（G）」だったか、その前が「レファ#ラ（D）」だったかで聴こえ方がまったく変わってくる。それは、我々が変化のほうを聴いているからなのだ、というのが近藤の主張と言えます（かなり噛み砕いていますが）。

＊33　藤田咲（1984〜）声優。初音ミクに声を提供した。ネギは得意ではないらしい。

＊34　ここでの議論は、2010年代までを席巻したボーカロイド技術を前提にしたものだが、22年時点ですでに、技術の群雄割拠は始まっている。可不や結月ゆかりが採用するCeVIOは、音素接続ではなく、統計的パラメトリック音声合成を行っている。ディープラーニングなどの技術を用いて、いわば「実在しなかった喉」をバーチャルに仮構している。技術の進歩によって一次録音素材と創出される合成音声の間接度は上がったと言えるが、両端がそれらであることは変わらないので、録音技術に依存しながら時間的起源が混乱するという本書の主張は揺るがない。

＊35　アンリ・ベルクソン　Henri-Louis Bergson（1859〜1941）フランスの哲学者。「持続」という独自概念から出発すること

同じ第6回でこうも言いました。現代日本で聴かれるほとんどの大衆音楽はコーダル・ミュージックだと。もっと言えば、モーダル・ミュージックまでを含めて、ほとんどの音楽は「調性音楽」です。

システムの中で、音楽は必ず終わる

初回講義でも言及した調性[*39]というものは、西洋音楽の最大の発明品です。西洋音楽は、地球上に存在する音楽のひとつの形式でしかありません。けれども、調性はその類いまれな吸収力によって、世界各地のローカルな音楽の多くをそのシステムの内部に（近似的に翻訳しながら）置き換えていき、そのことによって調性は世界中に伝播しました。それが20世紀に起こったことでした。21世紀に、Googleが世界の多くの地域でインターネットの情報インフラになったのと同じように、と言ってもいいかもしれません。

作曲家の坂本龍一は1999年に、20世紀文明のすべてを総括しようとする野心的なオペラ『LIFE』[*40]を発表しました。幾多の戦争、多くの生物種の絶滅、テクノロジーの進化と増長、たくさんのテーマが総括され、併せてそこでは20世紀の音楽も総括されます。オペラという伝統的な西洋の音楽形式の中で、西洋音楽＝調性音楽の進展[*41]が総覧されていく。けれどもそのストーリーとは別に、カメラを引いて、世界中に存在する多様な音楽のあり方のあくまで一形態として西洋音楽を登場させるパートがあります。ぼくらが拘泥しているところの、声。それのみによって構成された曲です。聴いてみましょう。

で、すでに既知のものとして扱われている「時間」なる概念を解体する。主著のひとつであり博士論文の『意識に直接与えられたものについての試論』は、瞬間の総和としての時間の連続を批判するところから始まる。

＊36　近藤譲（１９４７〜）作曲家、音楽評論家。昭和音楽大学教授。「線の音楽」というアイディアに基づき、多くの作品を発表している。ほかの著作に『耳の思考』『聴く人（homo audiens）』など。

＊37　近藤譲『線の音楽』（アルテスパブリッシング、２０１４年）自分の作曲法に関する音楽論だと著者は言うが、同時代の状況との高い緊張感のもとに書かれた普遍的音楽論である。

＊38　近藤、前掲書、１９５ページより。「調性音楽での音は、音として体験されるのではなく、体験されるのはその機能である、と極言してしまってもよいかも

♪坂本龍一「Response」

複数のヴォーカリストがそれぞれ勝手に自分のスタイルで歌っているかのようです。即興だったのかもしれません。ヴォーカリストの出身は、西アフリカのマリ、モンゴル、スウェーデン、日本（沖縄）、アメリカ、カナダなどです。

ひとつの支配的な主題によってではなく、複数の声部がバラバラに動いているのに全体が調和的である「ポリフォニー　polyphony」という形式は、西洋音楽の形式としては、それでも強固にリズムと調性を共有しそれに支配されている。その支配さえも解体した、真の音楽的ポリフォニーを目指したかのような曲です。

けれども一番注目したいのは、歌唱スタイルも多様なヴォーカリストたちの中で、右寄りの位置にいる、西洋音楽を象徴するのだろうヴォーカリストです。彼はなにを歌っているか。「ドレミファソラシド」と歌っているんですね。世界中の多様な音楽を見渡した上で、西洋音楽を一言で言うなら、調性である。その要約の大胆さに批評性があって面白いと思います。

その坂本が東京藝術大学に在籍していたころに、同大学教授だった小泉文夫[＊42]という民族音楽研究者がいました。小泉は世界中の音楽をフィールドワークして、こういう結論を得ます。「世界中の音楽に、共通して存在した音程[＊43]はただひとつしかなかった」。ちょっと音楽の知識がいるけど、誰かわかりますか？

学生「完全5度ですか？」

しれない。ここでは、音の現存はその機能へと摩り替えられる」。

＊39　調性　tonality
1章にも脚注があるが、改めて。ひとつの中心音に対して、ほかの音を音程関係によって整序したシステム。狭義には長調、短調を指すが、一定のルールで12音平均律の中で運用される音楽はすべて調性的とも言える。つまり広義には、調性は12音平均律とほぼ同義となる。

＊40　LIFE a ryuichi sakamoto opera 1999
テーマは「共生」。世紀末と千年紀末にほど近い1999年に日本武道館で上演された。当時の情報技術への牧歌的な高揚を総括してもいる。

＊41　逆説的だが、20世紀西洋音楽の進展のひとつのコアは、調性の解体だった。何度も試みられ失敗する「無調」への拘泥の歴史は、そのまま調性への拘泥の歴史である。また12音の外

ブッブー。正解は、完全8度でした。基音に対して周波数がちょうど2倍の、1オクターヴ上という音程。これだけが唯一世界中に存在していた。ちょっと引っかけに聞こえた？ｗ ただ、まさにきみが指摘してくれた5度という音程[*44]が普遍的ではなかった、という点がこのエピソードのポイントです。5度は3倍音という小さい整数による関係に基づくものですが、それさえも、別に世界中で普遍的な音程ではなかった。5度こそは、調性を成立させる根幹の音程です。つまり調性も12音平均律も、決して普遍的なものではなかったはずなのです。

そうやって構成された、調性というものの本質はなんであるか。この問いにも多くの音楽家や音楽理論家は普遍的な回答を与えようと格闘してきましたが、前述の近藤を含む複数の論者は次のように言います。調性とは「その中での音の運動が、最終的に必ず長3度[*45]に収束するシステム」であると。[*46] それは、終わりが規定されているシステムだということです。さらに一般化して言うならこうでしょう。そのシステムの中の運動は、終わることが規定されている。音楽は、必ず終わる。

まとめましょう。音楽は、時間が過ぎていくことを表現してしまうし、必ず終わる表現である。今日参照した議論を前提にするならそう言えるわけですが、そんな音楽という表現形式を用いながら、その中で「時間よ経たないで、終わらないで」と訴えている「アスノヨゾラ哨戒班」のアンビヴァレンスが光ります。それが音楽だからこそ、あの曲は、「時間を止めることなんて本当はできないこと」を知っている誰かの切実な叫びのように聴こえるのかもしれない。

部への逸脱はあまり試みられない。柿沼敏江『〈無調〉の誕生』（音楽之友社、2020年）に詳しい。

＊42 小泉文夫（1927〜1983）
民族音楽学者。最晩年まで東京藝術大学教授を務める。日本の音楽の探究にも尽力し、日本の音階が、オクターヴよりも狭い完全4度の枠組「テトラコルド」の複合によって説明可能であることを論じた。著書に『音楽の根源にあるもの』『日本の音』『歌謡曲の構造』など。

＊43 音程 interval
ふたつの音高の間隔を表現するもの。ドとミの音程は「長3度」で、ファとラの音程も「長3度」。どちらも2音間の距離が4半音で等しい。

＊44 完全5度 perfect 5th
ドとソの音程。ピュタゴラス以来西洋音階の決定には複数の方法があるが、どれにおいても根幹となる音程である。ソに対し

ぱてゼミも終わりに向かっていく

今日はこれで終わりです。いよいよ、ぱてゼミも残すところ2回のみとなりました。これまでたくさんのボカロPを取り上げてきましたが、ぱてゼミ最後の主役となるボカロPは、椎名もたことぽわぽわPです。

シラバスにぼくはこう書きました。「この講義には、必ず弔わなければいけない作家がいます」。そのひとりはｗｏｗａｋａさんであり、もうひとりがこのぽわぽわPです。詳しくは来週話しますが、ぽわちゃんは１９９５年生まれ。Orangestar さんと同様、みなさんと近い世代ですね。そして、２０１５年に20歳の若さで亡くなりました。

ぽわちゃんは、この講義で語るに足る類いまれな個性を持った作家であり、そしてまた、ぼくがいまこうしてボカロPをやっていることの最大の恩人でもあります。ぼくがボカロシーンに参加しようとした最初期に水先案内をしてくれたのがぽわちゃんでした。

この講義で最後に扱う作家はぽわちゃんだと、最初から決めていたんですね。それを最初に決めていて、そこから逆算するようにぱてゼミの全体を構成していました。

なので、これまでにしてきた14回分の議論すべてが、残りの2回に収斂していくことになります。音楽は終わるし、ぱてゼミも終わる。その最後の終結点が美しい響きとなるように、あと2回全力で臨みたいと思いますので、最後までお付き合いください。それではまた来週お会いしましょう。お疲れ様でした。

て5度をとればレ。レの5度はラ……とこの操作を12回繰り返すとファの5度として元のドが得られる。と西洋人は言いたかっただろうが、こうして得られるドは元のドと完全一致しない。1オクターヴを均等に12分割することを優先して、隣り合う半音を「元の周波数×２の１／12乗」で辻褄を合わせたのが12音平均律である。

＊45　長3度　major 3rd
ドとミの音程で、2音の間隔は4半音。短調の場合でも、主和音（トニック）の「ラドミ」の中に長3度がある。

＊46　近藤の場合は「すべての進行がトニックという最終的な到着目標（＝目的）をもっている」と言う。さらに、調性音楽における音楽的時間には「目的的性格と、一方向的性格」のふたつの性質があると指摘している。（近藤、前掲書、２００ページ）

第15章 ポケットが虹でいっぱい ～ぽわぽわP論・前編～

作品と作家を切り離して「私小説」を読むこと

いよいよラスト2回になりましたね。遠い道のりの果てにここに辿り着いたように感じる人も多いと思いますが、ぼくだけは最初の時点から、最後がこの話になることを知っていました。最後に必ずこの作家の話をする。それは、最初に決めたことだったからです。

今日と来週、ぱてゼミ最後の主役になるのは、ぽわぽわPこと椎名もた[*1]です。本人とも交流があったので、親愛を込めてぽわちゃんと呼ばせてもらいます。まわりのみんなもそう呼ぶ人がほとんどでした。

今日のオープニングはぽわぽわPの「おはよう。」。現在ニコニコ動画に残っている作品の中では最古のものです。このとき14歳。本人がいたら「初期でまだ荒削りだからかけないで」と言われてしまいそうですが、必ずしもそんなことはなくて、その後のぽわちゃんの活動全体に通底する作家性がすでに現れているような名曲です。

ぽわぽわＰ「おはよう。」(2009)
作詞：kusamaru　作曲：ぽわぽわＰ　絵：路地子　歌：初音ミク

第１作にその作家のすべてがあるかはわからない。だが、鋭角的ではない音だけで全体を構築するセンスはすでに確立されていて、投稿者コメントにある通り、「ぽわぽわ、超ぽわぽわ」。同箇所では実は最終章の主題のひとつも先取りされている。10年の再制作版のタイトルは「Good morning* Good bye」。さよならも先取りされていた。

これまで、作品と作家を切り離すのだと宣言して考えてきました。作品に共通して見出される感性を「作家性」と呼び、それはあくまでも作家の実人生や実存とは一線を画するものとしてきました。作品は、作家のプライヴェートを、そこから手を入れてまさぐる[*2]ための入り口ではない。基本的にはこの態度を堅持しますが、ではその態度によっては、私小説[*3]というジャンルをどのように扱うのが望ましいでしょうか。

ぽわちゃんは、「私小説的」と言いうるような作品も多く発表しています。ただし、私小説はフィクションの一形態であり、現実や実際に存在したプライヴェートの正確な写像であるわけではありませんし、そうなっている必要もありません。とはいっても、自ら宣言した「作品と作家を切り離す」というルールを、最後にしてもっともその禁を破る回になるかもしれません。それはもっぱら、ぽわちゃんの実存を尊重すべき場面でなされることになるでしょう。

ぽわちゃんについて語るのは、何度話しても、緊張がなくなることがありません。もちろん誰についてもつねに緊張感とともに語ってきましたが、やはり、もういない人について話すことは一層です。反論できない人について話すときに、人はもっとも緊張感を持つべきだからです。

それでは、今日の本編1曲目を聴きましょう。覚えているでしょうか、第1回に「この曲には必ずもう一度言及する」と言った曲があります。それが「砂の惑星」であり、その「もう一度」が今日です。今日は第1回とは別のアングルから考えてみたいと思います。とくに、

＊1 ぽわぽわP／椎名もた（2011年5月4日、筆者撮影）

＊2 こんな曲を書いているということは、こんな恋愛をしたことがあるに違いないとか、たぶんこの曲を出したタイミングで恋人と別れたんだな、と推論するとか。

＊3 私小説 作者が、自身をインターフェイスにして世界に触れた経験を重要視して描く小説。日本の近代以降において、自然主義文学は私小説とともに進化した。客観幻想を排することによってこそリアリズムを実現しようとする。作者の実際の経験があったのだろうと窺えたとしても、その作品がノンフィクションであると

間奏以降の映像に注目してください。

♪ハチ「砂の惑星」

何度でも聴きたくなる名曲ですが、進みましょう。間奏最後の転調するサビの直前、ミクを先頭とする隊列から、ふたりが足を止め、離れていきます。

「砂の惑星」は２０１７年に発表されました。２０１５年に、ボカロシーンはともに歩んだ仲間をふたり失いました。７月にぽわぽわＰが、９月には「ルカルカ★ナイトフィーバー」で知られるsamfree[*4]さんが亡くなりました。ふたりともが、若くしての急逝でした。隊列から離れていくふたりは、２０１５年にシーンが失ったボカロＰふたりを示しているのではないか。ネット上ではそのような解釈がいくつも見られました。そこに作家の鎮魂の念が込められているのではないかと。

ぼくもこの解釈に頷くひとりであり、さらに「作者と作品を切り離す」立場から解釈を加えるなら、２０１７年までにハチさんが知りえていたことだけを前提にする必要はありません。いまこの曲を聴くぼくらは、ぽわぽわＰとｗｏｗａｋａさんを示していると解釈することもできる。作品は、作家と切り離されることで時空からも切り離され、さらに別の可能性に開かれることができる。

ふたりが誰であるかを同定するのはこの講義の意図ではありませんので、当該箇所から動画末尾にかけて描かれるものを、次のように抽象化しておきます。

ぽわぽわＰ「Q」（2013）
作詞、作曲：ぽわぽわＰ　絵：さいた　歌：鏡音リン

いまいる世界から、高みに向かって突き抜けるサビ第１音の跳躍（魔法の秘密は半音下への転調）。力強く決然とした曲だが、そうして受け入れようとするのは、Q――答えがわからなかった問いと、それが遠のいていくこと（淘汰）。受け入れるとは忘れることではない。前進するのだ、それを抱きしめながら。22年５月時点、最多再生数を誇る作品。

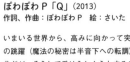

ふたりが離れていって、ふたりが合流して、向かう先で、ふたりが待っている。

「砂の惑星」のふたり／ふたつの「ブラウン」

米津玄師さんのオフィシャルサイトに、「ブラウン」と題された文章があります。2015年7月28日付。ぽわちゃんのお通夜があった日です。多くのボカロシーンの仲間——それはもちろんファンを含みます——が駆けつけていて、その中には米津さんはいなかったけど、代わりにというべきか、その日のうちにアップされていた文章です。「知人が亡くなったらしい」。ずいぶんとよそよそしい書き出しですが、そのくせ人一倍真摯で、人一倍美しい文章です。いま読むと、「勝手にどうぞ」と斜に構えながらパッションフルな「砂の惑星」の態度を連想します。ぜひネットで全文を読んでみてほしいと思いますが、一部を引用します。

知人が亡くなったらしい。
知人と呼ぶのも躊躇われるほど、特に見知っているわけでもないし、ネットでのやりとりを除けば一度しか会って話したことはないんだけど、昔から何かと気になる人だった。ネットで初めて彼を知ったとき、彼は中学生で、そのくせとにかくいい曲を作ってたのでとても驚いたのを憶えている。曲を作りながら絵も描いているところは共感したし、不安や不満の暮らせ方、その発散のしかたなどが自分ととてもよく似ていたので、決して他人ではないと思いながら、そしていつか当たり前のようにどんどんすごい人になっていくんだろうなあと思っていた。

はかぎらない。受け手がそう感じるように高度に構成されているだけかもしれない。日本固有の概念なので英語の定訳はない。

＊4 samfree（1984〜2015）ボカロP。「ルカルカ★ナイトフィーバー」以降、新ボカロが発売されるたびにそのボカロをテーマにした新曲を発表しSAMナイトシリーズとして親しまれていたが、同シリーズは結月ゆかりの「ユカユカ☆ヘヴンリーナイト」が最後となった。職業作家としてあいみょんへの楽曲提供のほかアニメ、ゲームの音楽も手がけた。

＊5 REISSUE RECORDS「ブラウン」（2015年7月28日）

＊6 むしろこの文章で、ぽわちゃんが初対面のときに嬉しそうに話していた「ハチくんと会ったときのこと」は、彼らにとって最初で最後の機会だったのだと知った。「マトリョシカ」

（中略）

そんなことを考えていると、ふと昔のことを思い出した。高校生のころ、僕は自転車で通学していたんだけど、たまに気まぐれでバスを使うことがあった。あまりまじめな学生ではなかったので、授業を抜け出して正午ごろに帰ることもよくあり、平日の真っ昼間で人もまばらな、がらんとしたバス停でバスを待っていたときのこと。少ないながらも待合所で一緒にバスを待ってた人たちが、それぞれの目的地に向かうバスへ乗り込んで行く。だいたいがおじいちゃんやおばあちゃんだったのだけど、その背中を見つめながら、この人とはもう二度と会うこともないかもなあとぼんやり感じていたこと。からっと晴れた昼間に、閑静なバス停でバスを待ってるおじいちゃんやおばあちゃんは、やはりどこか死の匂いがして、だからこそそういうことを感じたのかもしれない。[*5]

関係性について[*6]は遠慮がちに書いているけれども、作家同士の共鳴力によって「他人ではない」ぽわちゃんのことを真摯に捉えている。最初中学生で「そのくせとにかくいい曲を作ってたのでとても驚いた」というのは、当時ぽわちゃんを知った人のほぼ総意だと思います。そして、それぞれの目的地へ向かうバスに、生死の問題がアナロジカルに交差して見えたという中段のエピソード。これについてはまたあとで触れたいと思います。

ぽわちゃんの訃報が一般に発表されたのは7月27日でした。所属事務所の計らいで、ぽわちゃんの最期に一目でも会いたいというたくさんのファンのために、お通夜はファンにも公開されました。歳のころはいまのみなさんと同じか下くらい。喪服を持たない中高生たちが、学生服で参列する姿がたくさんあったのを覚えています。訃報発表の翌日でしたが、優に

samfree「ルカルカ★ナイトフィーバー」(2009)
作詞、作曲：samfree　歌：巡音ルカ

「私はここに居るから」。samfreeがいたこと、ニコニコ動画があったことの証明。「カモーン！」などサンプリングボイス、ニコニコにフォーカスした歌詞と、精度の高いメロディとトラックのコントラストはいまも目覚ましい。サービス精神しかない。名バラード「桜のような恋でした」など他曲も含め、ずっと歌われ、踊られつづけますように。

500人は集まっていました。

多くのファンのみんなと同じくぼくも、あまりに突然のことで心ここに有らずという状態で会場に着いて、呆《ほう》けてファンといっしょに並んでいたんですが、事務所の方がぼくを見つけてくれて、「近くで列席してあげてください」と前のほうへ案内してくれました。そのときたまたま目に入ったのが、同じく呆けて突っ立っていたｗｏｗａｋａさんでした。咄嗟《とっさ》に「をーさんこっち！」と彼の手を引いたのを覚えています。

あとになって本人にも懺悔《ざんげ》、というか申し開きをしたんですが、このときぼくはｗｏｗａｋａさんを見て、顔がほころんでしまったんですね。不謹慎に思われておかしくない。けれども、ぽわちゃんがよく慕っていたをーさんがお別れに駆けつけられてよかった、そう思って安心して顔が緩んでしまったんです。ぽわちゃんは亡くなる前週に、ヒトリエのライヴ*7に行っていたようです。

式にはとなりで参列しました。をーさんはずっとぼろぼろに泣いていました。前週に会って、20歳になったぽわちゃんと初めてお酒を酌み交わして、ということをやった相手がそうして急に亡くなるなんて想像もしていなかったでしょう。その後お焼香をして、横たわっているぽわちゃんに会いました。穏やかなきれいな顔で目を閉じているから、眠っているようにしか見えませんでした。その姿からは死を理解できなかった。けれども、自分は寝顔を見る関係性ではなくて、こうしてたくさんの人たちが悲しそうに集まっている、だからこの姿は眠りではなく死を意味しているのだ。そんなふうに遅れて理解がやってきて、そのとき号泣しました。

他者の死は表象としてしか経験できない。遠い。いま横たわるぽわちゃんと自分を隔てる

の話をたくさんした。

＊7　「ぽわ君とお別れしてきた。ついこの間初めて一緒にお酒を飲んだ。やっと20歳になったからね。不器用だけど人懐っこい奴だ。17日のヒトリエのワンマンに来てくれてたんだ。楽しそうに跳んでたと、一緒に来てた女の子から今日聞いた。嬉しかった。おつかれさま。ありがとう。」ｗｏｗａｋａ、２０１５年７月28日のツイートより。

＊8　「二息歩行」について（4章）、取り返しのつかない未来について（5章）。

＊9　くれぐれも、ほかの作家の曲は途中で切っても大丈夫という意味ではない。

＊10　震災発生後しばらく、民間企業がテレビＣＭ放送を自粛

その距離の遠さも悲しかったのだと思います。その最中にこんなふうに言語化できたわけじゃないですけどね。

　ではここで聴きましょう。ぽわぽわPの初期作品のひとつ、「ブラウン」です。

♪ぽわぽわP「ブラウン」

　お聴きいただいたのは2010年の再制作版です。イラストはとくちなさん。ぽわちゃんのいまのツイッターのアイコンも手がけられている方ですね。動画はせむさん。ぼくの「SPL」も制作してくれた動画師です。

「僕はもうすぐ消えるかもしれないから」。そう言って、自分がいなくなったあと、「終わりのあと」の時間に想いを馳せている。最初のバージョンは09年、ぽわちゃんが14歳のときなので、この曲はぽわぽわP最初期の作品です。けれどもいま聴くと、まるで最初に登場したときから、自分がいなくなることを知っていたかのように感じられてしまいます。終わりのあと、残される人たちのために曲を書いているかのようというか。

「メルティランドナイトメア」のメルティちゃんは「自分がいなくなることを知っている」。またDECO*27さんやみきとP[*8]については「ライフタイムを、その外から全体を見渡すかのような感性」を指摘しました。それらの指摘がぽわぽわPの作品にもそのまま当てはまります。

　歌詞の最後では、「僕は謳う／君は歌わず　旅の話」と、歌と旅が対置されます。歌は、

乙P「chord liner」(2013)
作詞：海兎　作曲：乙P　絵、動画：真理歪　歌：IA

ツバサを得て、飛び立つ歌。キャッチーでクリアなメロディを誇る本曲投稿の数日後に、乙Pは25歳の若さで急逝した。IAを得て、見事な調声力と持ち前のトランスJポップのセンスを噴出力にして、乙Pはさらなる音楽の世界に飛び立つはずだった。シーンの十数年の中で失った仲間を全員言葉にできないかぎり、ふたりの影が誰のものか同定する必要はない。

今日歌っても、明日歌っても同じ歌詞とメロディであって、反復的なものです。歌うとは、反復することです。それに対して旅は、同じ道すじを繰り返すものではなく、そして移動するものです。変わっていくことのメタファーでしょう。歌と旅の対比で、止まることと変わっていくことの対比が美しくアナロジーされています。

これまで、時間の都合で曲を途中で切ってしまうことが何度かありましたけど、ぽわぽわPの曲は、とくにカットができません。*9 先ほど「終わりのあと」と言いましたが、歌が終わったあとのアウトロに「自分ほどこだわりを持っている作家はいない」とぽわちゃん本人が強調していたんですね。果たしてその通り、「ブラウン」であれば、アウトロでひとつずつ楽器が退場していって、音像に隙間が空いていく。第13回で残響について考えましたが、音の隙間が空くことで、だんだんとより残響が聴こえるようになっていく。

音数が詰まったボカロック！という音像だと、どうしても残響が感じにくいですが、それに比してぽわぽわPの音像は、ひとつひとつの音や、それらの残響が丁寧に届いてくるものでした。シーンの中で、その点でも独自の立ち位置を持っていたと思います。

2011年
1月20日　ぽわぽわP、引退
3月11日　東日本大震災
3月22日　ぽわぽわP、復活
5月4日　鮎川ぱて、ボカロPデビュー
5月20日　『CDジャーナル』6月号発売
8月5日　『ポップ・ザ・初音ミク☆』発売

2011年のこと

この講義も残すところ2回ですが、最後の最後に、多少の自分語り

したため、民放各局で大量放送されたACジャパン（旧公共広告機構）のあいさつ励行CM。正式な広告作品名は「あいさつの魔法。」。ニコニコではMADなどの二次創作が大量発生した。当時の記憶と結びついていて同作を見るのが辛い人もいるという。然り。

＊11　インタヴューの全文をオンラインで公開している。筆者のツイッターを検索されたい。

＊12　鮎川ぱて編『ポップ・ザ・初音ミク☆』（宝島社、2011年）

CD付きムック。ぽわぽわPは、既発曲の「ストロボラスト」、12章で触れた相対性理論「スマトラ警備隊」のボカロカヴァーでCD参加。本章冒頭の写真は

を許してもらいたいと思います。……これまでも隙あらば自分語りしてた？　まあそうですねｗ　ともかく少しお付き合いください。

　ぼくは２０１０年にボカロシーンに出会いました。だからぼくにとっての10年代の記憶は、ほとんどそのままボカロの記憶なんですね。初回講義にも２０１０年という年について言及しました。百花繚乱《ひゃっかりょうらん》の名曲がリアルタイムで生まれていて、魅力的なボカロPたちの名前を次々に覚えていきました。その中で知ったひとりがぽわぽわPです。さっきの米津さんの文章そのままです。「こんなに若くてすごい作家がいるんだ！」と驚きました。

　けれどもぼくが最初に存在を知ったとき、ぽわぽわPはすでにいませんでした。11年1月20日に、ぽわぽわPは音楽活動をこれで終わりにすると言って、引退宣言していた。ぼくが知ったのはそのあとのことでした。せっかくすばらしい作家を知ったのに、この人の新しい作品を聴くことはできないんだ。そう残念に思ったのを覚えています。

　初回講義と同じ言い方をしますが、２０１１年は、日本現代史の中では、東日本大震災の年です。震災の記憶は、それを経験した年齢やそのとき住んでいた地域によってさまざまだと思いますが、ぼくは東京にいたので、いまのところ人生でもっとも大きな揺れを経験したのがそのときの震度5というものです。突然で、経験もしたことのない揺れだったから、想像力が追いつかなかった。自宅の古いマンションにいたので、マンションが横にビッターン！と倒れるのを想像しましたね。自分はここで死ぬのだ、自分の人生はこうやって終わるんだ、と。

　結果、マンションが倒壊して圧死ということはなかったけれども、津波で多くの人が亡くなって、福島の原発が炉心溶融を起こしてしまった。これは喉元を過ぎたと言って忘れては

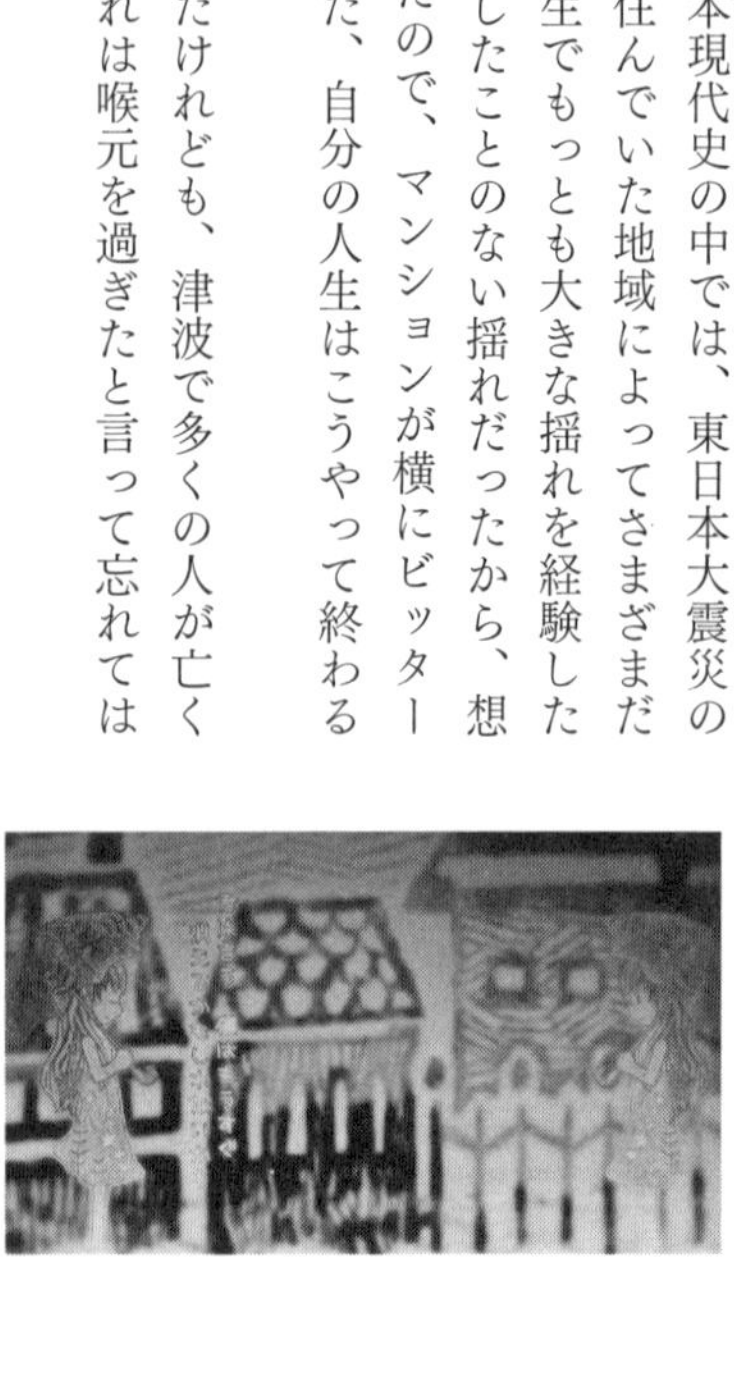

ぽわぽわＰ「ブラウン」（2010）
作詞、作曲：ぽわぽわＰ　絵：とくちな　動画：せむ　歌：巡音ルカ

正確にはPico名義で発表したもの。09年の初出版は初音ミクだったが、10年版はボーカルが巡音ルカに。トラックに抑制があって、息の漏れるハスキーさまでが聴こえる。フェイドインするアンチ・アタックな音をリズム化するセンスはぽわぽわ印。「僕」の過去にも旅があったようだが、歌声ははじけて消えて、今度はひとり、歌わない「君」だけが旅立つ。

いけないことだと思います。予想もしなかった突然の出来事で、自分の世界がすべて塗り変わってしまう。あの大震災がそのような経験になった人がたくさんいます。残念ながらそのようなことがこの世ではありえてしまう。この20年代冒頭のコロナ禍もそうです。どちらも、誰もが予想していなかったことでした。

震災直後の余震が続く中、死の覚悟は変わりませんでした。原発が爆発して、関東あるいは日本は崩壊してしまうかもしれない。いろんな可能性を語る声やデマが飛び交いました。そんな中、震災の翌日の12日にぼくは、日本がもう終わってしまうなら、最後にせめて家族に会おうと、実家のある富山にほとんどなにも持たず疎開します。

このときの経験が、鮎川ぱてというディビジュアルの成立にそのまま繋がっています。世の中には、予想できないかたちで、ときに不可抗力によって、突然に自分のライフタイムが終わるということがありえてしまう。もっと一般化して言えば、人はいつか、死ぬのだ。そのことを、理性的にはわかっていたつもりでも、自分もリスクを感じることで初めて実感したのが震災の経験でした。

その当時のぼくは、ふつうに仕事をして、ふつうに人付き合いをしていたけど、まあ生きた時間の分だけ、そのうちのいくらかはしがらみになっている状態でした。生きるという行為自体が、言わば経年劣化しはじめていたかもしれない。

あるとき急にライフタイムが終わりになってしまうかもしれないのに、かぎられた時間を、しがらみなんかのために浪費していていいのか？　実家にある、高校時代まで過ごしていた部屋の中でそう考えました。ここにいたころ、なにをしたかったのか。２０１０年から触れ

同誌に初出。なおムック(mook)とは、「magazineとbookのあいだ」という意味。

＊13　「あの時ぽわちゃんの熱意に動かされなかったらこの仕事断ってたなぁ」ライブP、２０１５年7月29日のツイートより。

＊14　対して、当時「ボカロシーン全体のお兄ちゃん」だったのはキャプテンミライ氏。ハチの最初のライヴ出演時にバンドマスターを務めたことでも知られるボカロPである。

＊15　正確には、P名の候補をタグやコメントでリスナーが挙げていって、本人がそれをタグロックするなどして了承したら決定というものだった。そのカルチャーに憧れて、しゅわしゅわPはコメントでP名を募集した（その中から自分で選ばせてもらった）。

＊16　途中までは別人格であることを主張していたが、途中か

ながらも、自分はもう社会人でボカロカルチャーはもっと時間のある学生たちのもので……と自分で勝手に線引きしていたけど、見て楽しんでいるだけでいいのか、自分も本当は作りたいんじゃないのか？　自分の中からそう呼びかけてきたのが、のちに「鮎川ぱて」と呼ばれ主人格になるディビジュアルです。

その再生は、ぼくには始まりだった

そんなことを考えつつも、実家に帰ったとたん、地方の日常は拍子抜けするほどいつも通りで、田舎だからやることもない。でも突然東の空が真っ赤になって首都圏が壊滅するかもしれない。現実と非現実が交錯するかのような時間でした。その中で、実際にやっていたことと言えば、ニコニコ動画をだらだら見ること。「ぽぽぽぽーん」[*10]の派生を何度見たことかわかりません。

当時、日本全体の物理的／精神的危機のために、なにか役に立とうとしたクリエイターたちのことはずっと忘れません。ハチさんは「みんな不安だろうから、いっしょに話そう」と言ってニコニコ生放送をしていたし、EasyPop さんの「ハッピーシンセサイザ」は不安に苛まれる日本中の若者を勇気づけようとした曲としてぼくの記憶に残りつづけるでしょう。

3月末、突然ある急報が目に入ります。ぽわぽわPの再生です。「lifeworks」という新曲の投稿をもって、ひとたびいなくなってしまったはずのぽわぽわPが活動再開を宣言しました。

EasyPop「ハッピーシンセサイザ」(2010)
作詞、作曲：EasyPop　絵：キキ　歌：巡音ルカ、GUMI

サビ１小節目に込められた音符の躍動が、どれほどたくさんの人をワクワクさせ、そして慰めてきたか。「ルカルカ」に並び、10年代を通じてもっとも「踊ってみ」られた永遠の名曲。歌詞はひとつの物語で一貫するが、断片的に描かれる場面それぞれが普遍的なメッセージを持ち、どれかが必ずあなたに刺さる。だからこそ複雑な時代を見事に貫いた。

ひとたび失ったものも取り返せる。そのようにも解釈できる力強い言葉とサウンドを持った新曲とともに、ぽわちゃんは帰ってきました。ほかのファンにとっては再生だったかもしれないけど、ぼくにとっては誕生だったかもしれない。

復活したらすぐさま、ぽわぽわPはわりと頻繁にニコ生をやりはじめます。2020年度のぱてゼミ受講生のみなさんと同じ。ぼくらがいま使っているこのニコ生で、ぼくは初めてぽわちゃんと接点を持つことになります。

雑談放送を聴いていたら、石川県在住だと言っている。隣県ではないか。これは特別な巡り合わせのはずだ、不可抗力で自分が富山にいるときに、隣県にあのぽわぽわPがいる。そこからは早かったです。付き合いのある音楽雑誌の編集長に「取材したい作家がいるからページを作ってくれ」と直談判しました。この講義がラストから逆算で設計されているのと同じです。取材したい、それにはページが必要だ、ついては連載させてくれ。そんな説得に成功して『CDジャーナル』にて「ボカロのじかん」という連載がスタート*11しました。これがぽわぽわPの初メディア露出になります。

実家の親の車を飛ばして、ぽわぽわPの家までインタヴューしに向かいました。それがこの小年譜にある5月4日のことです。ボカロPというボカロシーンで実際に活躍する人物と会う。ただの外野の傍観者としてではなく、急ごしらえで末席であろうとも自分もシーンの当事者として会いたい。それでこの日に間に合わせるために大急ぎでボカロ曲を作りました。完成したのは当日の朝。ぽわちゃんに初めて会うほぼ直前に、鮎川ぱては滑り込みでボカロPになったんです。締切がないとものを完成させられないのは、学生も大人も作家も同じですw

らは同一人物であることを示しはじめたのでこの紹介の中に含める。「はいからさん」と読む。

＊17 稲垣足穂（1900〜1977）小説家、天体嗜好家。ミュージシャンズ・ミュージシャンならぬ、オーサーズ・オーサー。「近代的なるもの」の野暮な側面をすべてやりすごしながら、そのメカニカルな触感だけを非近代の側から撫でまわし愛玩するような作家。脚注でしれっと言うなら、本文で論じる生と死の対比は、近代と非近代でもある。近代とは思い出なのだ。著書に『一千一秒物語』『少年愛の美学』『A感覚とV感覚』『弥勒』など。戒名は釈虚空。

＊18 足穂は20世紀の始まりとともに、三島は昭和とともに歩んだという点もきれいな対比を描く。三島は足穂を「昭和文学のもっとも微妙な花の一つである」と評した。

＊19 この日は、三島が大蔵省

5月4日は、鮎川ぱてボカロPデビューの日であり、ぽわぽわPと初めて対面した日であり、いまのツイッター垢を開設した日でもあります。ボカロPと言えばツイッターですから。だから、いまのメイン垢のフォロー／フォロワーを遡ると、どちらもひとり目はぽわぽわPだったりします。

この日のぽわぽわPの写真は、ふたつのメディアで見られます。ひとつは『CDジャーナル』、もうひとつは『ポップ・ザ・初音ミク☆[*12]』。ぼくがこの年の8月に編集、発刊することになるムックです。石川までは何度も来られないから、雰囲気を変えて何パターンも写真を撮っていたんですね。それを3ヶ月をおいて掲載しました。

後者のほうでは、インタヴューに加え、付録CDで特別に2曲参加してもらうなど、ぽわぽわPを大々的にフィーチャーしました。やっぱりすごく喜んでくれて、実はこのムックの陰のディレクターはぽわぽわPだというくらい、たくさん協力してくれました。前回最後に「最大の恩人のひとり」「鮎川ぱて最初期に水先案内をしてくれた」と言いましたが、この制作にあたってたくさんのボカロPを紹介してくれたんですね。中にはこんなケースもありました。ぼくが「この人に興味があるけどまだ決めきれなくてうーん」と迷っていると、「もう連絡しておきましたから！」と。そうやってなし崩し的に仕事することになったのが、駒場にも何度も遊びに来てくれているあの仲良しのライブPです[*13]。いまでは思い出の笑い話ですねw　思えば、wowakaさんのことを「をーさん」と呼ぶ言い方も、ぽわちゃんに教えてもらったものでした。

スカイプなどを使って、一番頻繁に連絡をとっていたのがこの時期でした。それが「怪盗・窪園チヨコは絶対ミスらない」「Equation＋**」「アストロノーツ」などの名曲をぼん

ぽわぽわP「怪盗・窪園チヨコは絶対ミスらない」(2011)
作詞、作曲、絵：ぽわぽわP　歌：鏡音リン

発音されない（株）（それはそう）。最良の意味でラノベ的なタイトルの本曲で登場したチヨコは、その後入閣したりメカチヨコと対峙したりと頻出する。サイコキネシスという選語や韻の扱いには、作家が好きだと公言していた相対性理論との関係線も見出しうるが、なによりバンド、電子音、弦を出し入れし全体を統合する手さばきが神がかり的。

ぼん投稿していた時期に重なっていました。そのつど本人に感想を言ったりしていたし、そんなこともあってこの時期の曲は個人的にも思い入れが深いですね。

ふたつの媒体で、たった3ヶ月を置いて2度インタヴューしたことになります。同じ質問をしています。「10年後どうしてると思う？」と。それが、3ヶ月のあいだにすごく前向きなものに変わって、ひとりの作家が良い方向へ変わっていく姿を近くで見られたことは、いまでも代え難い経験だったと思います。

10年期の折り返し方　2010年代の場合

ぽわちゃんは、直接の親交がどれくらいあるかにかかわらず、「ボカロシーン全体の弟*24」みたいに可愛がられていました。だから、その後何人ものボカロPが「ぽわちゃんがお世話になったみたいで」と言って、好意的にしてくれました。いまぼくはボカロPの友達にも恵まれていますが、その繋がりのいくらかも、最初期にぽわぽわPが仲良くしてくれたことが影響していると思います。

ぽわぽわPは、15年の7月に亡くなりました。第4回に言った通り、15年はボカロに少し勢いが失われたように感じるタイミングでもありました。恩人もいなくなってしまったし、これは、鮎川ぱてにとっても潮時なのかもしれない。ぽわちゃんの死後、しばらくそんなことを考えて、なんだかずっとぼーっとしていました。そんなころ、ぽわちゃんの四十九日も明けない8月に舞い込んできたのが、東京大学教養学部で講義をしないかという話です。なるほど、とすぐに納得しました。これはぽわちゃんが「ぼくの話、するよね？」と空から言

を辞して専業作家となった第一作『仮面の告白』を書きはじめたその日付だった。なにかが始まる日に、なにかが終わる。

＊20　その後「え、知らんし」という態度をとられたことは、さすがに三島が気の毒である。

＊21　稲垣足穂『一千一秒物語』　足穂の第一作品集。初版はイナガキタルホ名義で、1923年に刊行。序文は当時足穂が師事した作家、佐藤春夫が執筆した。本文の通り、何度もの改稿を経ているため現在も複数のバージョンが入手可能。

＊22　ショートショート　short short story　掌編小説よりもずっと短い、数ページからなる小説。この形式に注力した作家として星新一が有名。ルーツはイギリスの作家サマセット・モーム。

＊23　東浩紀がある種の「私小説」として発表した『クォンタ

っているのだと。了解。ぼくはまだボカロPでいなければいけない。ぼくにできるやり方で、きみのことを言葉にして残す。それがぱてゼミであり、この本です。そうしてぱてゼミは16年にスタートしました。

改めてぽわぽわPの来歴を見ていきましょう。「ぽわぽわ。超ぽわぽわ」。「おはよう。」の投稿コメントにこうあったことから、ぽわぽわPというP名が生まれました。当時はP名は自分から進んで名乗るものではなく、リスナーが勝手につけてくれるもの[*15]でした。

椎名もた／ぽわぽわP／仁王立ち／Pico／古河のろ／high-color_sunz[*16]。これらはすべて、同一人物のぽわぽわPが使っていた（と実質上公言している）名義です。先ほどかけた「ブラウン」は正確にはPico名義で発表された曲ですね。ほかにも名義はありますが、公言していないものを紹介するのはアウティングになるので、

椎名もた／ぽわぽわ P／仁王立ち／Pico／古河のろ／highcolor_sunz
1995 年 3 月 9 日〜2015 年 7 月 23 日

2009 年 6 月 29 日　「now_ReMix」ニコニコ動画初投稿。
2010 年 11 月 14 日　『セピアレコード』リリース。
2011 年 1 月 20 日　「ストロボラスト」を投稿後、活動休止を宣言。
2011 年 3 月 22 日　「lifeworks」で復帰。
2011 年 9 月 4 日　『AWARD STROBE HELLO』リリース。
2012 年 3 月 7 日　メジャー 1st『夢のまにまに』リリース。
2013 年 3 月 6 日　1st EP『コケガネのうた』リリース。
2013 年 10 月 9 日　メジャー 2nd『アルターワー・セツナポップ』リリース。
2015 年 3 月 4 日　メジャー 3rd『生きる』リリース。
2015 年 4 月 25 日　『ポンコツ・オデッセイ』リリース。
2015 年 7 月 23 日　「赤ペンおねがいします」投稿。同日急逝。

ストロボシリーズ
2010 年 7 月 29 日　「さよならリメンバーさん」
2010 年 8 月 15 日　「ストロボハロー」
2010 年 11 月 10 日　「ハローストロボ」
2011 年 1 月 20 日　「ストロボラスト」
2011 年 9 月 3 日　「ストロボライト」

ぽわぽわ P「Equation＋」（2011）**
作詞、作曲：ぽわぽわ P　絵：meisa　歌：鏡音リン

一番好きな（アンチではない）ラブソングと問われたなら、これを挙げるかもしれない。恋愛の方程式（＝Equation）は他作品でも見られる表現だが、本曲のそれは「さよならの可能性」に向けられる。対比的に、アクション・ペインティングのようにばら撒かれた音は偶然性を象徴するかのよう。ラスト、エモすぎる反復の美学の果てに生まれるもの。

ぼくから言えるのはここまでです。言いたいのは、ディビジュアリズムを地で行っていたということです。

誕生日は3月9日。あまりに覚えやすい。ほかでもないミクの日です。をーさんと17年のミクの日に最初で最後のふたり飲みをしたと話しましたが、それはぽわちゃんの誕生日でもあったわけです。その日偶然に引き合わせてくれたのは、ミクだったのか、ぽわちゃんだったのか。だからその日、をーさんとはもちろん、ぽわちゃんの話もしました。逆に、ぽわちゃんがをーさんについて昔熱心に話してくれたこともありました。どちらの内容もよく覚えています。

2020年時点で確認できる最古の動画は「おはよう。」ですが、記録としては、「now_ReMix」の投稿が動画サイトへの初登場です。ここに掲載している年譜はかなり圧縮したもので、その後、同人としては『AWARD STROBE HELLO』、メジャー盤としては『夢のまにまに』をはじめ、たくさんのCDを発表していきました。20歳になる直前、メジャーとしてはラストアルバムとなる『生きる』を15年に発表し、その後同年7月23日に、「赤ペンおねがいします」をニコニコ動画に投稿。そのあとに急逝していたことを我々は数日後に知ることになります。

たくさんの作品を残してくれましたが、その中でもぽてゼミが注目したいのが、「ストロボシリーズ」という作品群です。これらは、一度「さよならリメンバーさん」として発表した楽曲を、何度も作り直してアップデートしていったもので、メインメロディはほぼ同一です。自分が作ったひとつの作品と向き合いつづけるということを、彼はずっと続けていた。

ム・ファミリーズ』（新潮社、2009年）の中で、村上春樹「プールサイド」の描写についてこう書く。これからできる「かもしれない」ことと、あのときできた「かもしれなかった」ことの総量が、35歳で逆転するのだ。同作は過去、現在、未来がお互いに拘束し合うさまを解体しようと試みている。

＊24　筆者は専門を尋ねられると「ボーカロイドです」「ユースカルチャーです」と答えているが、もう少し聞いてくれそうなときには「若者を侮らない業」ですと答えている。

＊25　その後ROCKETに合流する動機の一部はぽわぽわPの影響である。

＊26　2015年6月17日のツイート。

＊27　鮎川、前掲書、42ページ。

＊28　「モザイクロール」『ベルリン・天使の詩』（4章）。

「地上とは思い出ならずや」

改めて、ぱてゼミ最後の大テーマは「時間」です。今回は時間について、あるアングルから考えてみたいと思います。

２０１０年7月29日に「さよならリメンバーさん」が公開される。その日から、リスナーは初めてその曲と出会うことができるようになる。だからリスナーにとっては、その日がその曲の始まりです。

しかしそれは、作家にとってはどうでしょうか。完成するまで、ああでもないこうでもないと、言葉やメロディやアレンジを推敲して、作品のかたちが変わりつづけていて動的な状態だったものを、ひとつのかたちに固定することが完成であり、公開することでしょう。完成するということは、その動的な時間が終わることでもあるはずです。強い言い方をするなら、完成するということは、創造の時間に死を与えることです。そして、それがリスナーにとっては始まりになる。

ある人にとっての終わりが、ある人にとっての始まりになる。そういうことが創作をめぐって起こっている。ちょうど同じことを、ぽわぽわPは「stoy.」という楽曲に対するニコ動のリストのコメントで言っています。この始まりと終わりの逆説は、生と死の逆説とオーバーラップするでしょう。

けれども、ぽわぽわPはストロボシリーズを再制作しつづけた。それは、作品の動的な時間——生の時間と言っていいでしょう——を終わらせなかったということではないでしょうか。実は、メジャーのラストアルバム『生きる』の中でも同曲のメロディが印象的なパート

キャプテンミライ「ハローノストラ」(2009)
作詞、作曲、絵、動画：キャプテンミライ　歌：鏡音リン

「大人になるのは自由を失うことじゃない」と身をもって、飄々と体現してくれるキャプミラに勇気づけられた後続は多い。だからこそ彼は今日も次の場所へ。けれども音楽を奏でると必ず——パンクロックを標榜するこの曲にも、80's ニューウェイヴ的調性逸脱がある。変わるし変わらない兄者。本曲は正確にはバンド「リン＆フューチャーナウ」名義。

で引用されます。彼の生の時間に、ストロボシリーズの動的な時間は、ほとんど最後まで並走していた。

ここで外部参照をして、ある作家をご紹介したいと思います。稲垣足穂。[*17] ちょうど1900年生まれ、フロイトの『夢判断』が発表されたのと同じ年ですね。足穂を紹介するために三島由紀夫を対置するなら、三島は秀才、足穂は天才。三島の隙のない構築とは違って、ときに飛躍的であったとしても、想像力豊かな独自の文学世界を作り上げたのが足穂でした。三島自身がそのように敬意[*18]を表明していました。

前回紹介した「憂国」で割腹自殺を官能的に描いた三島は、1970年11月25日[*19]、市ヶ谷駐屯地に突入し、憂国の念を語ったのちに彼自身が割腹自決して亡くなります。その直前、ある座談会で三島はこう語っていました。自分は未来において、まわりには理解されないとんでもない行動をとるかもしれない、でもそのときに、その意味を真に理解してくれるのは足穂だけである。[*20]

足穂を知らない人も多いと思うので、彼の感性を象徴するような1フレーズをここで紹介します。

地上とは思い出ならずや。

ふつうの想像力にとっては、ちょっとねじれたことを言っています。地上とは、この地球上での現世、ライフタイムのことでしょう。それは「思い出」なのだと。思い出とは、一般

＊29　石黒正数（1977〜）マンガ家。00年デビュー。05年から16年まで連載した代表作『それでも町は廻っている』は10年にアニメ化された。カジュアルな笑いと語りの構築性の高さが自然と融和する稀有な作風。ほかの作品に『ネムルバカ』『天国大魔境』など。

＊30　石黒正数『外天楼』（講談社、2011年）1巻完結。各話が独立した短編集かと思って読み進めると、後半でそれらがひとつに収斂していく。見事な構造と、センチメント。

＊31　交響詩篇エウレカセブン（2005〜2006）地上波で放送されたSFロボットアニメ。メディアミックスプロジェクト「Project EUREKA」として、ゲーム、マンガ、小説、映画と多メディア展開がなされ、続編も制作されている。劇場版映画『交響詩篇エウレカセブン ポケットが虹でいっぱ

的には、すでに過ぎ去った過去の記憶であり、少なくとも過去の時制に依存したものです。それが、現世である。「過去—現在—未来」という時間軸の想像力を超えたものを感じさせるフレーズです。

そんな足穂の代表作は、『一千一秒物語』[*21]という作品です。ショートショート[*22]にも満たない、ショートショートとでも言うべき数行で成る掌編が集められている作品集です。これを23歳のときに一度出版したのち、足穂はこの作品を一生かけて改稿しつづけました。これが代表作であるというのは、足穂自身が強調したことでした。「ほかのすべての作品は、『一千一秒物語』の注釈でしかない」。ほかに例のない大胆な態度だと思いますが、まさに足穂の創作はこの作品だけに賭けられていて、それはこの作品に終わりを与えないということと同義だった。晩年に至るまで、一生涯にわたって改稿を止めなかった。

ぽわぽわPにとってのストロボシリーズは、足穂における『一千一秒物語』と近い意味を持っていたのでしょうか、違ったのでしょうか。

私たちが選べなかったものたち　生得差／生得性

これまでぱてゼミはどんなことを考えてきたのか。ここで、みなさんと振り返ってみたいと思います。

一言で言うと、これまでぼくたちはずっと、「生得的なもの」に拘泥してきました。自分が望んだわけでも、選んだわけでもないけれど、自分にそのように与えられているもの。そんな「生得的なもの」を、改めて「生得差」と「生得性」というふたつの概念で分けてみま

highcolor_sunz「オカワリヲドーゾ」(2012)
作詞、作曲：highcolor_sunz　絵：千助　歌：初音ミク

思えば「椎名もた」も最初そうだった。そののち本体に合流するとしても、ひとたびは自分の外へ吐き出されたディビジュアル。私は噴き出しては帰っていくプロミネンスでこそできている。吐き出す言葉（アブジェクション）がどこかのびのびとしているのは、それが強さになって回帰するとも期待しないから。「中学生にすら嫉妬《しっと》する」潔さ。

しょう。

第2部ではジェンダー／セクシュアリティについて時間をかけて考えました。ほとんどの人は、自分で積極的に選んだわけではないわけとして、ジェンダーを得る。どのような対象に、どれくらい欲望するかも人によって違う。ジェンダー論に紐付けて、ほかの属人的な能力差や、発達障害的傾向についても考えました。

生まれ持って、人によって違う部分。これらを、生得差としてカテゴリ分けします。

生得差の最たるもののひとつは、年齢です。どの人も、その時代に生まれ落ちようと自分で選んだわけではないでしょう。ぼくがこちら側（教壇）に立っていて、みんなはそちら側で聴いている。この非対称性の最大の理由は、年齢です。ぼくらのあいだには偶然の生得差しかない。ぼくはずっとそう考えてみなさんと接しているつもりです。同級生だったなら、ノート貸してどこ教えてって頼りまくってたと思いますよw　ボカロシーンを見ていると、この時代をもっと若い年齢で経験したかったといつも思います。

次に、生得差と対比させるかたちで、生得性という概念を置いてみましょう。生得差とは別に、より普遍的に我々を拘束するもの。これまで全称命題的なものを強く警戒してきましたが、そんなぱてゼミであっても、かなりの一般性を認めざるをえないもの。

たとえば、自分たちが物理的実体、つまり身体を持ってしまっていることです。透明人間でもないから、誰かから見られるし、だから「存在させられる」という経験もかなり一般に起こりえてしまう。残念ながら、我々は概念ではない。

い』は09年に公開。「タルホ」という名前のキャラも登場する。

＊32　エルヴィス・プレスリー Elvis Aron Presley（1935〜1977）アメリカのシンガー、映画俳優。「キング・オブ・ロックンロール」と称される。「Love Me Tender」は究極のラブソングだと湯川れい子は評している。白人と黒人の音楽を融合させた成果は、一方で「黒人音楽を盗んだ」とたとえばマイケル・ジャクソンによって批判されてもいる。晩年はドーナツの食べすぎで肥満状態だった。

＊33　通称「再生ＹＭＯ」。この再生についてはなぜかその後公式プロフィールでもしばしば省略される。

＊34　9章で言及。

＊35　ＹＭＯ「ポケットが虹でいっぱい」より。

＊36　Elvis Presley "Pocketful

ほとんどその延長ですが、だから我々は重力を被ってしまう。新陳代謝してしまう。成長してしまうし、未来は訪れてしまう。老齢で生まれて、それから若返っていくということもフィジカルにはできない。まずは子どもとして人生を始めなければいけないこと。これも生得性です。そして、いつかは死んでしまうこと。

これらを一言で言うと、時間的存在であるということです。それは、人間であることのごく基礎的な条件です。

いま自分を拘束する生得差や生得性が、もっと違っていたらどうだったろうか。表現はそのような想像力の味方をずっとしてきたし、そのためにぼくらが持っている言葉が「もしも」です。

この言葉から始まるぽわぽわPの1曲を聴きましょう。

♪ぽわぽわP「アストロノーツ」

「もしもぼくが今晩のカレーを　残さずに食べたなら良かったのかな」。作品と作者を切り離すというルールを侵して言うと、実際にこんなことがあったのだと、その後お母様に教えてもらいました。このような箇所もあります。「何も無い日々から　罅《ひび》が入ってそっから／たくさんの「もしも」が漏れ出して行くんだ。」。なにもないところから、「もしも」――つまり、ありえたかもしれない別の可能性を失っていくことが[*23]、時間が進んでいくということなのかもしれない。砂時計の砂が落ちていくように、生きていくことは可能性の砂を指のあ

ぽわぽわP「アストロノーツ」（2011）
作詞、作曲：ぽわぽわP　絵：okan69　歌：初音ミク

「もしも」は何度も繰り返される。目を開けば、隣り合う選ば（べ）なかった世界線が視界を埋める。だから「目をつむ」り、「耳をふさ」ぐ。それは生きようとする行為だ。音像を埋めるギターの轟音こそは、生きる意志の表象ではないか。私小説性の高い歌詞はたくさんの解釈を惹起するが、一番「私」を感じるのは「嫌なもんだけさ」からの4行だ。

いだからこぼれ落としていくことなのかもしれない。

「ふつう」を軽蔑し、「ふつう」に憧れていた

覚えていますか、第8回でぼくはこう問いました。

「優れていることによって、疎外された経験はありますか？」

とくに地方出身の東大生が大きく頷くというのは毎学期繰り返されてきたことだったんですが、これは、とりもなおさずぽわちゃんの話でもありました。「アストロノーツ」を書いたのは16歳のとき。16歳とは思えないほど、と多くの人が形容したくなるほど、感性豊かで、そして聡明でした。お見せしたインタヴュー記事の中では人懐っこい口調を残しましたが、直接話したことがある人の多くは同じように感じたでしょう、明らかに頭の回転が速かった。ぽわちゃんと話すときは、年少者に目線を合わせるためにレベルを落として話すということはいっさいしなかったし、する必要がなかった。

……というのは少し美化が入っているかもしれません。ぼくには自覚がなくても、ぼくの言葉の中に「小さき者」に向かって話す響きを少しでも察知すると、敏感に反応していましたね。「生得差」にすぎない年齢しか違わないのに、というところでしょう。然り。そんなぽわちゃんとのコミュニケーションから、若者と話すときのマインドセット[*24]を学びました。いまみなさんと良好な関係を持てているとしたら、それはぽわちゃんからの影響なのだ、と

of Rainbows" より。

も言えるかもしれませんね。

なんの気なしに、雑談で「学校の同級生と話していて、つまんないなって思うことある?」と訊いたことがありました。身を乗り出して「めっちゃあります!」と答えていましたね。さもありなんと思いながら続く愚痴を聞きました。ネットではたくさんの人が評価してくれて、をーさんをはじめ優れた作家が対等に接してくれる。それと学校空間との落差がすごいと。

これは、お母様の許可をいただいた上で、少しだけ言及させてもらいますが、体はあまり丈夫ではなかった。よくある公立中学校では、運動ができるとか体が大きいとか、そういうことで男子コミュニティの序列ができてしまっていたりする。くだらない。けれども自分は子どもだから学校[*25]に行かなければいけない。人間はまず子どもから人生を始めなければいけないようだから。

また、インターネットは功罪ある技術です。そこは広大な嫉妬の海でもあります。自分を支持してくれて対等に話せる仲間がいるけれどもそれがすべてではなくて、残念ながら、ぽわぽわPのことを勝手に決めつけて、心ないことを言う人たちもいた。14歳でこんなに優れた曲を作れるわけがない、だから年齢詐称しているに違いない、とか。あるいは、たしかに14歳なのかもしれないけど、14歳なのにこんなに作曲できるということは、高い機材を買い与えられた大金持ちの家の子どもに違いない、だから気に食わない、だとか。どちらも完全な間違いで、単に、ぽわぽわPが優れていただけです。けれども、たしかに珍しくはあった。だから目立ってしまって、ふつうの中学生なら触れなくてもいい匿名の悪意に触れることに

ぽわぽわP「普通に歳をとるコトすら」(2013)
作詞、作曲、絵:ぽわぽわP　歌:初音ミク

私小説を書くことをめぐるメタ視線の葛藤を書いている点が、本曲の私小説性を高くする。「言の葉」は紡いだとたん、その根拠だった心を「有りもしない」ものにする——言葉はそれを吐く人を醜くする(9章 or「7から8へ」)。だが、作家に2度も「許す」という選語をさせた世界に抗して言う、「ボク」は詩人だ。非反復的な千澄のピアノが沁みる。

なった。

第8回には「マイナーであること」自体を一般化して考えましたが、ぽわぽわPは、自身をマイノリティなのだと認識していたようです。これは亡くなるひと月ほど前のツイートです。

ただマイノリティを進む自身を庇《かば》いながら、受け止めながら、逃げながら、そうしながら吸収したモノを自分の力で絞って、しずくにして、それをたぷたぷと溜めたモノ。そういう印象があります。（生きるについて）*26

優れていると、「ふつう」が自分に向かって牙を剝いてくること。そんな「ふつう」に敵意と軽蔑を示しながらも、一方で「ふつうだったらもっと楽だったのか」という「もしも」を少し思っていることも、正直に、隠さず漏らしている。そんな非凡で真摯な表現をしている1曲をお聴きください。

♪ぽわぽわP「普通に歳をとるコトすら」

サード・アルバム『生きる』にも収録された、18歳のころの曲です。非凡なワーディングのセンスが印象的です。「ふつう」なるものに苛まれることを歌っているけれど、「慢心」ともある。自分は特別なんだ、と思うことで自分を守ろうとする自分。そういうディビジュアルへの釘刺しをするかのようでもあります。直截だけど複雑で、ぽわぽわPにしか書けない曲だと思います。

色を得て、もう一度無彩色に戻る

また復習です。ぱてゼミは第1部で、アンチ・セクシュアルがキーワードだと言い、ディビジュアリズムを考えました。

ぽわぽわPの中にも、分裂して存在するディビジュアルがあったのだと思います。11年、『ポップ・ザ・初音ミク☆』のインタヴューではこう言っています。「早く大人になりたいとも思うし、大人になりたくないとも思う」[*27]。先ほどの通り、子ども扱いすると敏感に反応するぽわちゃんもいれば、まだ子どもでいたいと思うぽわちゃんもいた。

そして、セクシュアルな感性とアンチ・セクシュアルな感性は、ひとりの中で逆ベクトルに分裂したディビジュアルともなります。ぽわぽわPの作品の中にも、性愛的なモチーフが登場する曲は少なくありません。それらの一部には、ぼくらが拘泥してきたアンチ・セクシュアルな感性を見出しうるものもありました。

ぽわぽわPにおけるアンチ・セクシュアルには独特なトーンがあります。セックスを憎み、軽蔑するようでもあるけれど、単に他人事のように突き放すのではない。我が事として、痛みとして引き受けるかのようです。そうして軋み、引き裂かれる。「パレットには君がいっぱい」は、そうやって性の悲しみを引き受けるような1曲です。

♪ぽわぽわP「パレットには君がいっぱい」

ぽわぽわP「パレットには君がいっぱい」(2012)
作詞、作曲：ぽわぽわP　絵：さいた　歌：初音ミク

コクトー『大胯びらき』で、少年は先輩に憧れるあまり先輩と同じことをして性病にかかる。「君」が色づくことを真に知りたかった。だから自分は色づいたのだ——人類がやってきたのはそういうことだろう？　「そして誰もがここに集うんだ！」からの歌声は、歌詞の通り何人もの声が重なって禍々しい。それでも願いはひとつ、「ここにいてよ」。

この曲の歌詞世界を一言でまとめると、「色を得て、もう一度無彩色に戻る」歌です。かつて「砂の惑星」のことを、複数の色が混ざり切らずにマーブル状になっていると表現しました。でもそのまま混ぜていったら、元がどんなカラフルな色であっても、グレーなどの無彩色に収斂していきますよね。さいたさんのイラストはそれを象徴的にビジュアライズしています。見ざる、言わざる、聞かざるのジェスチャーをするセーラー服の3人はそれぞれ青、黄、赤色だけれども、3人の影が重なる中央でうずくまるひとりは無彩色。

歌詞にはこうあります。「何色かも解らずに居るんだ」「そんな僕もどこか色づいて」。わからないままひとたび色[*28]を得たのでしょう。しかし最後には「毒毒々しい色に混じって／口説きながらワルツを踊ろうよ」と歌われる。色は混ざり合ってしまったのでしょう。みきとPについて「受動形のアンチ・セクシュアル」と指摘しましたが、ここにある引き受けの姿勢はどこかもっと積極的です。そして痛ましい。

ぽわぽわPは、メジャーセカンドアルバム『アルターワー・セツナポップ』の中で、自身の声を素材にした合成音声UTAUをボーカルに使用しています。そのUTAUの名前は「アリオ」。

その名前はおそらく、ぽわぽわPが敬愛していたマンガ家の石黒正数[*29]さんの『外天楼[*30]』という作品の登場人物からとられています。少しネタバレすると、同作のストーリーはこうです（性的にきつい言及をするので気をつけてください）。

あるマッド・サイエンティストが、セックスに特化したアンドロイド「セクサロイド」を作ります。人間の性欲を満たすことに特化しているから、タンパク質の人肌を持っていて人間に似ているけれども、セックスをしても妊娠しないようにできている。それを、このマッド・サイエンティストは自分の娘の似姿として作ります。完成したそのセクサロイドを、彼はレイプしてしまう。すでに話がきついですが、さらには、セクサロイドは妊娠しない仕様だったはずなのに、妊娠します。

そうしてできた子どもがアリオです。そんなキャラクターの名前を、自分の声を用いた、自分の分身《ディビジュアル》とも言えるUTAUの名前にする。あまりに非凡です。セクシュアルなものの痛ましい交錯を、自分から引き受けにいく——我々は、ディビジュアリズムの引き裂かれを時間をかけてたくさん見てきましたが、その中でもぽわぽわPのディビジュアリズムはやはり特異です。引き裂かれを、傷だらけになってでも引き受けようとすること。

もし、そこにはなにもないのだとしても

本人に聞いたわけではないんですが、「パレットには君がいっぱい」というタイトルはおそらく、『交響詩篇エウレカセブン』[*31]の劇場版映画の副題だった「ポケットが虹でいっぱい」に範をとったのだろうと思います。そうだとすればこれは言わば孫引きで、「ポケットが虹でいっぱい」というのは、1950年代に世界的に人気を博したロックスター、エルヴィス・プレスリー[*32]の曲名です。原題は「Pocketful of Rainbows」。

プレスリーは、黒人が作り上げたロックのスタイルを取り込んで、そしてメディアを味方につけることでアメリカから世界の人気シンガーとして躍進していきました。ポイントは、

なべやまひでき「ガール、寝室でダンス」（2011）
作詞、作曲、絵：なべやまひでき　歌：GUMI

優れた作家は往々にして優れた聴き手だ。なのでぽわＰの公開マイリス「精鋭」から（おそらくは筆者のRTをきっかけにマイリスしてくれた）。シンセの音色が明らかに80'sYMOマナーだけど、それ以上に対旋律の出し入れが的確かつ切ない。人を食ったような止め絵のカツオGUMIも、「ワールズエンド〜」へのオマージュも、照れ隠しの加減が絶妙すぎ。

性的だったことです。腰を艶めかしく動かす姿は、「あんなものを公共の電波に乗せてはならない！」とたくさん批判されたそうです。そのプレスリーの熱心なファンだったのが、あの湯川れい子さんであり、その湯川さんの手になる翻訳が、この「ポケットが虹でいっぱい」というタイトルなのです。

１９８３年に一度散開したYellow Magic Orchestraは、10年後の93年、期間限定で復活[*33]し、1枚だけ『TECHNODON』というアルバムを発表します。そのアルバムの最後を締め括るのが、自分たちのオリジナル曲ではなくて、「Pocketful of Rainbows」のカヴァーでした。このときの訳詞を、湯川さんが担当しました。

ここで、東京ドームで行われた再生ＹＭＯのライヴ映像を見てみたいと思います。３人が来ているステージ衣装のデザインは、山本耀司[*34]です。

♪ Yellow Magic Orchestra「ポケットが虹でいっぱい」

日本発のアーティストの中で、世界的な成功を収めたと言えるのはＹＭＯだけではないか。それほどまでに言われるユニットでした。だからこそ、ＹＭＯは83年に散開してもう存在しないはずなのに、その幻想にしがみついているファンも少なくなかった。彼らに、その死を伝えなければならない。93年の再結集の理由のひとつはそのようなものだったとされます。

だからこのライヴは、東京ドームという巨大な空間に5万人が参列した、壮大なひとつの喪の儀式だった。その場所で歌われるこの曲は、ＹＭＯとエルヴィス・プレスリーの両方を弔っているかのように聴こえます。

「黒の衝撃」の山本耀司が手がけた衣装も、ステージセットも無彩色。それとコントラストを成すように、間奏で虹色の照明が放たれます。生命が最後の瞬間に生命力を解き放つという、前回指摘した逆説が連想されます。

当時セックス・シンボルだったプレスリーとはほど遠い、高橋幸宏の渋い声で歌われると、肉感的ではなく、どこか達観とともにある感情を歌っているように聴こえます。そして湯川さんの訳詞には、我々が前半で「得体の知れないもの」として扱ったあの概念が登場します。「感じていたいよ　愛　愛　愛　愛」[*35]。この部分、原曲ではどう歌っていると思いますか？「Love Love Love Love」とでも言っているのかな？　そう推測するのは順当です。

正解は、原曲ではこの箇所に歌詞はありません。「ナイヤイヤイヤイヤイ（Night, aye, aye, aye)」[*36]とスキャットで歌っているだけ。愛が、なにもないところに見出されているんですね。

生や性がその役目を終えようとするとき、対応物を持たない表象のように、陽炎《かげろう》のように見出されるのが愛なのでしょうか。少し過剰解釈ではありますが、「パレットには君がいっぱい」「ポケットが虹でいっぱい」という遠い関係線で結ばれた2曲はともに、生と死、色彩と無彩色が交錯する空間で、やはり愛に拘泥しています。

偶然に乗り合わせたバスを降りて行くとき

今日のぽわぽわP論前編ももう少しで終わりです。本日最後に取り上げるのは、今日冒頭で保留にした「lifeworks」です。これは力強い再生の宣言の歌である。ひとたびそう説明し

YMO「ポケットが虹でいっぱい」（1993）
作詞、作曲：Fred Wise, Ben Weisman　訳詞：湯川れい子　歌：YMO

劇場版『エウレカ〜』がキャラを同じくしながら別の平行世界を描いたように、曲の要素は同一でありながら、原曲とは別の世界が広がる。原詞ではなく「SUKIYAKI」と呼応する1行目。前世の思い出のように、サビで一部、原詞のコーラスが顔を覗かせるのがいい。プレスリー、アメリカ、YMOとの訣別。ポケットに虹とキスと君をつめて、さよなら。

ましたが、これからこの曲を視聴するにあたって、改めていくつかの補助線を引いておきます。

冒頭で、ハチさんの「ブラウン」という追悼文を紹介しました。たまたま同じバスに乗り合わせただけの人たちが、それぞれの目的地を持っていて、それに生死の問題が交差して見えた。そんな箇所がありました。「lifeworks」の歌詞のモチーフは、まさしくバスです。

バスは生の時間を象徴している。どこから乗ったか、どこで降りるかはバラバラだけど、同乗している時間だけその人たちは同じ世界を生きることになる――そのような描き方しまったく順当だったでしょう。しかし「lifeworks」においては、結論を先取りしてしまうなら、それは真逆です。

それでは聴きましょう。本日最後の曲です。

♪ぽわぽわP「lifeworks」

私はただ焦りながら
真っ白な教科書を開く
ふらり、バスにゆられながら
酔い止めの眠気と戦う

「ところでこのバスは、その、何処へ行くの？」
乗客の一人が聞く
「まあまあ、慌てなさるな　これからまだ長い旅が続くのさ」

（中略）
僕らはみな生きてたから
愛しあい　殺し合い
笑いあえるんだよ、と
涙を拭うフリをして
歩き出す　少しづつ
世界の何処かで
今

アウトロにこだわっていると自称していたぽわぽわＰがこの曲のラストに置いたのは、赤ん坊の泣き声でした。新しい生が始まったのでしょう。「涙にまみれ」ながら。そのように、最後に明確に答え合わせがなされる、という構造になっている。

バスを降りることは、生を離れることではなくて、生に向かって旅立つこと。バスの中こそが「生の外」の時間で――それはシンプルに死の時間と言い換えてもいいものかもしれない。この曲の主人公が「往く人」も「留まる人」もいるなと眺めながら、自分もいまのところとどまっているのは、死の時間です。ぼくらは、涙を拭ってでも、死の外へと、すなわち生へと踏み出さなければいけない。

動画の最後に、楽曲タイトルはどのように示されましたか。この曲のためにより抜かれ、費やされた言葉がすべて同時に表示され、その言葉の堆積は黒地を成している。その背景に

ぽわぽわＰ「lifeworks」（2011）
作詞、作曲、絵：ぽわぽわＰ　歌：初音ミク

腕を「前足」と呼ぶのはこの場合異化ではない。「新しい旅立ち」を始めたなら、その腕は実際しばらく前足だから――画面右下、人物の足に透過している赤ちゃんは四足歩行をしながらそう示唆する。生に踏み出すことには大気圏突破ほどの力が要るのだろう、BPM、音色、転調、展開、すべてがエネルギーに満ちている。鍵ハがエモすぎてずるいよ。

よって輪郭を際立たせるかたちで、白抜きのタイトルが浮かび上がります。(レビューのサムネイル参照)死の時間があるからこそ、生の時間が輪郭を持つことができる。「ドーナツの穴」は、ドーナツがあるから穴として存在できる。私は、私の非在に支えられている。「音楽は必ず終わる」。前回最後にそう言いましたが、そのとき、別のなにかが始まっているのかもしれない。

いよいよ来週、ぼくらの旅もついにひとつの終わりを迎えます。ボーカロイドとはなにか、歌とはなにか、音楽とはなにか。ぽわぽわP論後編を通して、ぼくらはこれらの謎を解いていくことになるでしょう。あとほんの少しの乗車を、最後まで楽しんでいってください。お疲れ様でした。

最終章

Human ～ぽわぽわP論・後編＆ボーカロイド音楽論～

I chronicle you.

ついに本日が最終回です。ぽわぽわP論後編にして、ボーカロイド音楽論総集編です。思えばたくさんの議論をして、たくさんのことをいっしょに考えてきました。けれども日付を見てみると、実はみなさんと最初に会ってからまだ3ヶ月ちょっとしか経ってないんですよね。なんだかもっと長い時間お互いを知っている気がします。不思議な気持ちです。長かったようでも、短かったようでもある。それはぼくらが、ひとつの特別な時間の中にいたということなのかもしれません。

これまで、たくさんの「アンチ・なんたら」を考えてきました。序盤のキーワード「アンチ・セクシュアル」に始まり、それに紐づけて「アンチ・ラブソング」「アンチ・セクシズム」「アンチ・ヘテロセクシズム」「アンチ・フィジカル」を考えました。音楽性の議論の中

ぽわぽわＰ「夢のまにまに」（2012）
作詞、作曲：ぽわぽわＰ　動画：84yen　歌：初音ミク

作家によると、モチーフは「胡蝶の夢」。ふたつの世界があって、その世界同士は交わることはない。「僕」と「君」がふたつの世界なのだとしたら、「夢」だけがふたりの往来を可能にするのか。この曲でラブは敵視されるのではなく、高度に抽象化され夢となる。喪失することへの誘惑を反復する84yenの映像美はおそらく、夢の論理に忠実だ。

で「アンチ・メロディ」「アンチ・プログレッション」とも言いました。

今日は、最後の「アンチ・なんたら」を考えます。それは「アンチ・クロノス anti Kronos」です。英語では、「chronicle」は年代記という意味や、他動詞として「記録する」という意味を持ちます。この言葉のルーツは、ギリシア神話の中で「時間の神」であるクロノスです。それがどのようなものであるかはこれから説明していきますが、ふつうに想像される意味での「時間」なるものに、相対する感性、抗う感性。そんなアンチ・クロノスの感性を最後に取り上げ、みなさんと考えたいと思います。それが、ぼくらがぽわぽわPについて、ボーカロイドについて、音楽について考える最後のキーになります。始めましょう。

２０１５年　時間を旅する人

前回、２０１１年の話をしました。ぼくがぽわぽわPと「もういない作家」として出会い、東日本大震災があり、そののちぽわぽわPの復活に立ち会い、自分もボカロPとしてボカロシーンに入った年。ざっとこういう話をしましたが、その２０１１年と対置するかたちで、２０１５年という年について話したいと思います。


２０１５年。２０１０年代というディケイドの真ん中にあたる年ですが、それは、ぽわぽわPがいなくなる年となりました。ぽわちゃんはこの年の7月23日に、東京で急逝しました。

その1ヶ月前の6月、ぼくは思い立って実家の富山に帰省しようとしていました。いまコロナ禍によりリモートワークが推し進められていますが、ぼくはずっと以前からかなりの割

＊1　そのときに関わっている案件の質にも左右されるので、ちょうど完全リモート化できるチャンスだったというのが実情。ぱてゼミを始めてからは、学期中は長く東京を離れることはできていない。

＊2　ほかにも驚くしかない偶然の照応があったけれども、ここまでにしておく。

＊3　カルロ・ロヴェッリ『時間は存在しない』（冨永星訳、NHK出版、２０１９年）ロヴェッリはイタリアの理論物理学者。（著者の立場の）現代物理学にとっては、過去と未来の違いは存在しない。多くの人が直観的に感じる「時間が流れる」という経験はあくまで人間的な世界認識——つまり表象の次元にしか存在しないと論じる。私たちは私たちによって、時間的存在なのであると。

＊4　見田宗介（１９３７〜２０２２）社会学者。東京大学名誉教授。

合の仕事をリモート化[*1]していたんですね。だから、しばらく田舎で仕事をしようかなと思い立って帰省しようとした。

このとき人生で初めてのことが起こりました。羽田—富山間は国内でも有数の短距離路線で、いつもなら羽田を離陸すると30分ほどで着くんですが、気流が乱れていると言って、飛行機は大揺れするし、滑走路が視認できるほど着陸寸前まで行ったのに、やっぱり無理でしたと言って急上昇する。リトライしてもダメ。そうやって着陸できなかったときどうするか知っていますか？ 出発地に戻るか、比較的近い別の空港に着陸するかの2択だそうです。そうしてぼくは、期せずして隣県の石川県の小松空港に降り立つことになります。

石川県小松市とぼくとの接点はひとつだけ。そこがぽわぽわPの出身地だから、4年前に取材に行ったこと。だからそれは4年ぶりの小松訪問でした。空港から駅までの連絡バスに揺られながら、ほかにすることもないから、思い出すのは4年前のことです。4年間のあいだにもいろんなことがあった。数々のボカロPがメジャーデビューして、そのうちのひとりはぽわぽわPです。15年にはぽわちゃんはもう東京に拠点を移していました。

その後、富山でひと月ほどリモートワークをしていましたが、田舎はまあ退屈です。なのである日、思い立って1泊で石川県金沢市に遊びに行くことにしました。理由もなしに。それが7月22日のこと。結果、ぽわぽわPが東京で亡くなった7月23日は、ぼくはぽわちゃんの出身地の石川県にいたことになります。

ぽわぽわPの所属していた事務所のマネージャー氏にこの話をしたら、「ああ、それはどう考えても、ぽわちゃんが呼んでたんですね」と言われました。もちろんこれは非科学的な想像力の話にすぎません。亡くなるひと月前にたまたま小松に降り立ったこと、亡くなる日

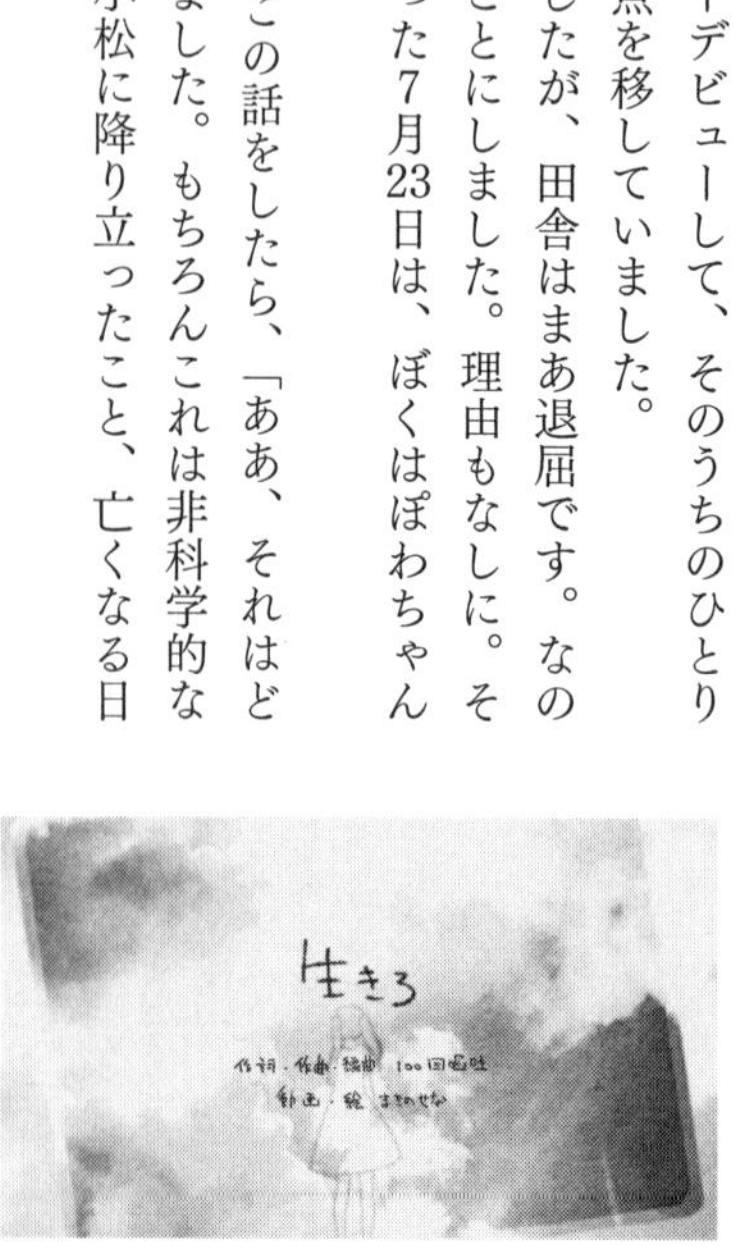

100回嘔吐「生きろ」（2015）
作詞、作曲：100回嘔吐　絵、動画：まきのせな　歌：GUMI

「精鋭」より2。ずとまよへの編曲参加でも知られる100回嘔吐は、名前の通りずっと吐くことの味方だった。なにを？弱音を。弱音はアブジェクションだ。それを自分から100回でも切り離して、ぼくらはやっと生きていく。苦しむことの辛さを知っているから、同氏の和声と弦楽が心を打つのだ。最期の日に笑ってくれていたらと思う。いっけぇぇ！！

にたまたま金沢にいたこと。それらはただの偶然でしかない。けれども、外部観測的にはただの偶然であることが、ある人や、関係する人にとっては別の意味を持つということはありうることです。あるいは、あとになってからそうなるということも。*2

　ぼくらはいま、突然のコロナ禍により、かつて以上にオンラインメディアを活用してコミュニケーションしていますが、それは他者が、より表象として現れるということです。表象である度合いを強めている。ツイッターのタイムライン上に現れる友達、とか。表象を介して交流するということが常態化しています。コロナ禍以前から、ボカロシーンもぱてゼミもオンライン依存度は高かったですけどね。だからぽわちゃんとの交流もツイッターがほとんど。みなさんと同じです。クソリプしたり、お誕生日におめでとうと言い合ったり。
　第11回に、すべては表象であるという考え方を紹介しました。そして前回話した通り、他者の死さえ、表象になってしまう。
　お通夜の翌日、7月29日は、告別式でした。仏教では亡くなった人を火葬することを「荼《だ》毘《び》に付す」と言います。そうしてお骨になった故人の「骨を拾う」ということを、ぼくは人生でほぼ初めて行いました。その渦中には気持ちが忙しくてなにも考えられませんでしたが、それは、ぽわちゃんのための儀式であると同時に、残された人たちのための儀式でもあったのだと思います。まーた垢転生でもしてツイッタランドのどこかで生きてるんじゃないかと、生の表象《イメージ》をぼくらが持ちつづけてしまわないように。表象論理がもたらす期待に決着をつけるために。ぽわちゃんは、もう本当にいなくなったのだと、ひとりではなく近しい人たちみんなでいっしょに思い知る必要があった。

真木悠介は同氏のペンネーム。98年まで東大教養学部で教鞭をとり、見田ゼミは江原由美子、大澤真幸、宮台真司、小熊英二など多くの社会学者を輩出した。著書に『現代日本の精神構造』『時間の比較社会学』『自我の起原』など。

＊5　真木悠介『時間の比較社会学』（岩波書店、1981年）真木は社会学者だが、本書では文学、民俗学などを縦横無尽に参照しながらある種の感性論を展開する。そして音楽論も登場する。単純な合唱ではない複雑な交響楽は、近代による徹底的な時間管理によってこそ可能になった。大規模工場労働がそうだったのと完全に同じように。

＊6　クロノス　Χρόνος　時間を神格化したもので、紀元前6世紀の思想家、シュロスのペレキュデースが『ペンテミュコス』の中で、ゼウス、クトニオスとともに3神として論じた。筆者はギリシア哲学には明るくないので馬脚を露す前にやめて

よく考えてみると、生前のぽわちゃんと最後に直接会ったのは２０１３年でした。２年ぶりに、久しぶりに会ったと思ったら、ぽわちゃんは寝ている。身体を温存する技術によって、顔色も悪くは見えません。さらには、なんだかあどけなく見えたんですね。直接会ってないにせよ成長していくぽわちゃんの近影をネット経由で見ていたけど、なんだか、初めて会ったころ、16歳のころを思い出させる顔だった。それも相まって、複数の意味で「久しぶり」という感じでした。即物的には、表情筋の緊張が完全に解けていたからとか、理由は説明できるかもしれないけど、ぼくにはそのように見えた。

いまにして思えば、ぽわちゃんは最初から最後までずっと、時間の旅人だった。

クロノス時間と去勢

では、最後の理論編を始めましょう。ぼくらの最後の大テーマ「時間」については、古くからたくさんの哲学者が論じているし、現代物理学の知見からもさまざまな議論や更新が行われています。「時間は存在しない」[*3]とする立場もある。それでも確実に言えるのは、多くの人に時間は経験されているということです。実感の領域に差し掛かる時間の存在は、どんな物理学も否定できない。だから同時に、意味を考える人文科学のアプローチが無効化されることもない領域として残存しつづけている。

ここで、時間を考えるためのシンプルな道具を共有します。これまでいくつもの概念3点セットをご紹介してきましたが、これがぱてゼミ最後の「概念3点セット」です。

こめだわら「never」（2018）
作詞、作曲：こめだわら　絵：みふる　歌：音街ウナ

きみがどうしても（never）諦めきれないのは、いつか笑えることを知っているから。だから決死の覚悟で跳躍する。確信しているから、ちょうど「諦め切れない」の箇所でオクターヴ跳躍する。Bm→Dという進行はかつては禁忌だったが、むしろ禁忌を撥ね除ける逆進行だからこそこの曲に相応しい。世界の片隅（周縁）も世界だ。譲ってやるものか。

①クロノス／②カイロス／③アイオーン

順番に行きましょう。ここからの3概念の説明は、真木悠介[*4]の『時間の比較社会学[*5]』に多くを負っています。

まず、クロノス[*6]。ギリシャ語で時間という意味で、同名の神がいますが、「クロノス時間」というときには、近代人にとってもっとも想像しやすい「ふつう」の意味での時間のことを指します。それは過去から現在、現在から未来へと一方向的に直線に進み、定量的です。定量的というのは、1秒はぼくにとってもあなたにとっても、誰にとっても同じだけの時間幅しか持たないということです。

当たり前のことを言っていると思うでしょう。しかしクロノス時間の直線性とは、真木によればヘブライズム的、あるいはキリスト教的[*7]なものである。時間は、イエスの復活という「来るべき時」に向かって一方向的に進行する。イエスの復活という「反復不能な一回性の出来事」を時間の最終目標地点と仮定している点において、目的論的でもあると。

『時間の比較社会学』では、時間の発見は貨幣の発見になぞらえられます。時間を発見し、それを「交換可能なもの」として均質化した。難しい話ではありません。1000円のお金はあらゆる1000円のものと交換できる。時間も、バイトだと想像しやすいですね、1時間の労働は2時間の労働の2倍だと価値化される。「時給1500円」という表現は貨幣と時間の均質化の極みです。近代はそうやって、時間と資本の循環を効率化していきました。真木は次のように指摘します。均質化した時間を生きる近現代人は「人生の意味を、つねに「時間」のかなたに向って疎外してゆく[*8]」。

おくが、「クロノス時間」と言うときには本文の説明でたいていの論者の用法と大きくずれることはない。

＊7　真木、前掲書、148ページ。新約聖書学者オスカー・クルマンの議論を主に参照しながら論じているものを、本文ではさらに要約している。ヘブライズムとは、ユダヤ教やキリスト教的なるものを広く指し、ヘレニズム（古代ギリシア文化的なるもの）と対比される。このふたつがヨーロッパ的なるものの主要素とされる。真木は、定量的側面はヘレニズムに、直線的側面はヘブライズムに由来し、それが合流したものが近代社会の時間であると論じるが、この「近代社会の時間」を本書ではクロノス時間としている。

＊8　真木、前掲書、290ページ。

＊9　カイロス　Καιρός　もとは「刻む、切断する」という意味のギリシア語に因んでい

ふたつ目はカイロス[*9]。これも同じくギリシャ語で時間という意味で、同名の神がいます。偶然に生起する時間、すなわちチャンスを意味するとされますが、クロノス時間と対比してカイロス時間と言うときには、本人にとっての主観的な時間のことを指します。

ぱてゼミの3時間はあっという間に過ぎるけど、興味のない数学の講義の90分のほうが長く感じるとか……言いすぎでしょうかw　体感的な時間の長さが伸縮するというのは、わりと経験あるのではないかと思います。歳をとるごとに同じ1年の主観的長さは短くなっていくというのを定式化した「ジャネの法則[*10]」という説もあります。その説を正しいとするなら、「人生のカイロス時間の総量」はもう6歳で折り返していることになるんですけどねw

3つ目、アイオーン[*11]。これもギリシャ語で時間を指し、同名の神がいます。全部じゃんという話ですねw　アイオーンは一言で言うと、永遠のことです。しかし永遠とはなんでしょうか？　それはあとで考えることにして、ここではいったん保留にします。

①クロノス時間は、ぼくらがこれまで重ねてきた議論を援用して言うなら、象徴的な時間です。1秒の長さは、外部的な第3項が規定している。「りんご」が「らへむ」と呼ばれないように[*12]、「この長さは自分にとっては2時間なんだ」と主張しようとも、時計で定量的に計られた1時間は1時間でしかない。私と時間の関係は直接的ではなく、第3項があいだを仲介していて、つまり三者関係が成り立っている状態です。象徴記号、たとえば言語がそうして成り立っているのと同様です。

ぽわぽわP「nee」（2014）
作詞、作曲、絵：ぽわぽわP　歌：初音ミク

身体が／言葉が熱を持ってしまう。愛を知ったらしい。「熱」も「歌」も、アンチ・セクシュアルな感性によっては敵と言うほかない。それらがあることで「ボク」は「キミ」を特別だと思ってしまうのだから。そして接触に絶望を見て、「隔てられ」ることを知る。目まぐるしい曲展開は翻弄される「ボク」そのものの姿だ。形式と内容の緊密さ。

それに比すると、②カイロス時間は私と時間との二者関係なのだと言えるでしょう。世間がそれを「りんご」と呼ぼうとも、私にとっては「らへむ」なのだ。私にとっては2時間なのだ。その二者関係に割り込んでくる第三者はいません。

ということは、③アイオーンは一項関係的な時間ということになるのか。アイオーンの定義自体を保留にしているのでまだなんとも言えませんが、考えたいのは次のことです。

①即自／②対他／③対自。[*13] ①イコン／②インデックス／③シンボル。[*14] それらがクリアに「ワン、ツー、スリー」の関係だったのに対して、[*15] 3項が関わるクロノス時間が、我々の直観にもっとも説明しやすいものとしてある。なぜなら、我々の思考のベースにこの象徴的な時間があるから。ラカンの精神分析理論によっては分節体系としての象徴界を受け入れることを去勢[*16]と言うのだと話しましたが、つまり私たちは、時間をめぐってすでに去勢されている。私たちは、言語によって世界把握を規定されているように、クロノス時間によって世界の把握を規定されている。

「明日よ来ないでよ」[*17]と言っても、あと7時間後には明日が必ずやってきてしまう。そのことを我々は理解できてしまう。

クロノス時間は、一方向的で直線的だと言いました。ぼくも何度も、一次元的な直線で時間を図示してきました。自明であるかのように、左から「過去」「現在」「未来」と書いてきました。

この想像力のもとで、現在を定義するならどのように言えるでしょうか。現在それ自体に

るという。前髪はあるが後ろは髪がないという美少年として描かれる。そのイメージが「チャンスの神には前髪しかない」（前からしか捕まえられない）という慣用表現のルーツになっている。本文のカイロス時間の説明はオーソドックスなものだが、クロノスよりも論者によって用法が変わるので注意。

＊10　ジャネの法則
19世紀の哲学者ポール・ジャネが考案し、その甥の心理学者ピエール・ジャネが紹介した。ある年齢における1年の主観的長さは、その年齢の逆数に比例するという説。1歳の1年に対し、2歳の1年は1／2、20歳の1年は1／20の長さとして体感される。実測からの理論なわけがない仮説だが、直観に訴えるものがある。

＊11　アイオーン　αἰών
古代ギリシア語では一定以上の大きさをもった時間（時代、世紀、人生など）の意味。プラトンはこの言葉を永遠という意味

〈16-1〉

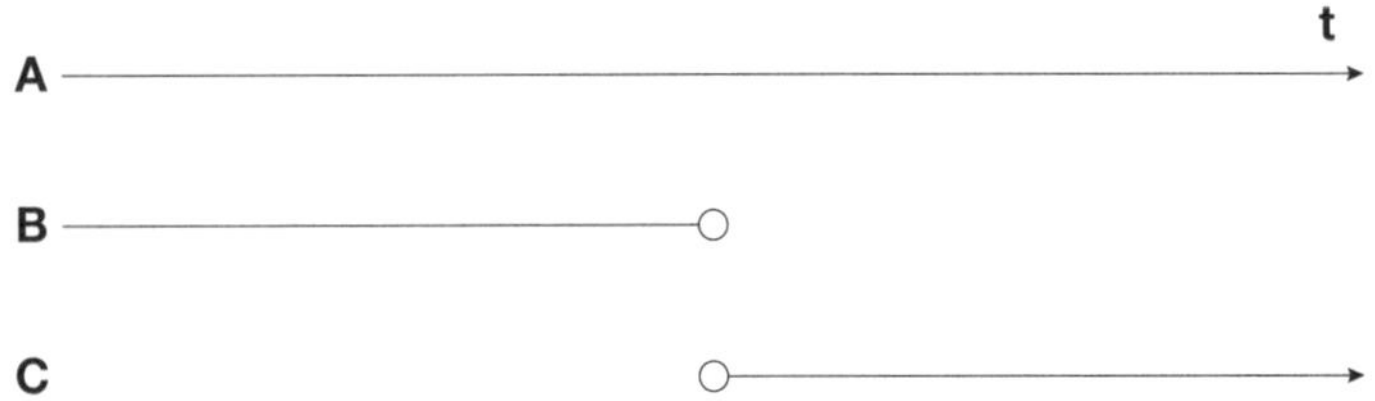

現在＝A（時間の全体）−B（過去）−C（未来）？

時間幅を想定するのは、それが瞬間であると言っても極限論[*18]で揚げ足をとられかねないので、次のように言うのがもっとも隙がないでしょう。すなわち、現在とは「時間の全体から、過去と未来を引いたもの」である。現在を逆算的に考える想像力です。〈16-1〉

現在とは、なんの説明も要さず、そのままに生きられる即自的な時間であるはずです。現在のことを英語ではpresentと言いますね。けれども、クロノス時間をベースに世界把握してしまっているせいで、現在を逆算的に把握してしまう。現在が改めて与えられるものになってしまう。re-presentなものとして表象化＝間接化してしまうということです。

この考え方をカジュアルに説明するならこうです。いま本書を楽しく読んでいる。けれども、明日午前には語学のテストがあること、昨日友達とチャットで気まずい感じになってしまったこと、つまり未来や過去がどこか頭の隅にはつねに存在していて、本人にも実感できないレベルだったとしても、真に現在だけを生きることを妨げてしまっている。現在が、過去と未来に拘束[*19]された現在になってしまっている。

また一方で、クロノス時間は直線的なものだから、過去のある時点はずっと一方向的に遠ざかっていきます。その距離

ぽわぽわＰ「それは、真昼の彗星」（2013）
作詞、作曲、映像：ぽわぽわＰ　歌：初音ミク

その景色がたしかにあったことを映像は証明する（本棚には『おやすみプンプン』がある）。それを見る視線があったことも。真昼の彗星は映ってないかもしれない。けれども、奇跡と軌跡は同義なんじゃないか。言葉を断念したあとと、アウトロで繰り返される「ららら」にそう説得される。投稿者コメントには「一番大切な曲です」とある。

が縮まることはなく、距離は単調増加する。

日付は（あなたにだけ）語る　ジャック・デリダ『シボレート』

ジャック・デリダによる議論をひとつ紹介します。脱構築のデリダ[*20]ですね。デリダはパウル・ツェラン[*21]という詩人をテーマに『シボレート』[*22]という著作を残しました。ツェランの詩の分析において、デリダは初回講義で披露したテーマ批評のようなことをやります。

デリダは、ツェランの詩作に刻印される日付に注目します。さまざまな詩の冒頭か末尾に記される日付という細部を通して、ツェランの作家性全体を読み解いていく。その批評を通して、時間の問題、そして記憶の問題を脱構築していきます。

タイトルにある「シボレート　Schibboleth」[*23]というのは、もとはヘブライ語ですが、その後西洋語文化圏においては「合言葉」という意味で使用され定着していきます。いやらしい例になってしまいますが、たとえば「これが聖書の引用であるとわかるかどうかが、教養人であるかどうかのシボレートだ」というような用法で現在も使われる。ある属性集団とそれ以外を峻別するしるしであると。

その意味の起源は、聖書にある「シボレートと発音できるかどうかで、エフライム人は峻別された」というエピソードです。エフライム人はシボレートと発音できなかった。スィボレートとしか発音できなかった。なぜなら、エフライム人は「シ」と「スィ」を聴き分けられなかったから。そうして見分けられたエフライム人は、川を渡ることが許されず、そこで殺されてしまった。[*24]峻別できないことによって、峻別される。それが生死を分けるほどの意

で使ったという。独自発展を遂げたグノーシス主義においては、両性具有の＝真の神であると信奉された。

＊12　8章。

＊13　3章。

＊14　12章。

＊15　性の三層構造の3概念は「ワン、ツー、スリー」の関係ではない。くれぐれも。9章でセックスを第一に置くことをあれだけ批判した通りである。

＊16　8章。

＊17　13章。

＊18　プランク時間とか言わない。

＊19　6章。

＊20　9章。

＊21　パウル・ツェラン　Paul

味を持ってしまった。

　昔の日本では、キリシタンを見つけるために踏み絵[*25]ということをやりました。行為を通した内面の検閲であり現代にはありえてはいけないことです。けれどもこの「シボレート」がもっとひどいのは、隠すことすら許されていない。日本語圏に育つと「L」と「R」の区別には鈍感になります。どのような言語文化圏に育ったかは身体に刻印され、その身体性によって峻別される。このとき「シ」と発音できないことは身体と民族性のインデックスです。喉に刻まれた刻印《インデックス》と言ってもいいでしょう。音／声／身体をめぐる疎外と暴力です。

　そしてそれは「indifference」をめぐって行われた。「違う　different」の対義語の「indifferent」は無関心と訳されます。エフライム人にとっては「シ」と「スィ」はindifferentだった。エフライム人はその違いに無関心だった。

ツェランは、ナチスによる大量虐殺[*26]を生き延びたユダヤ人でした。デリダは、ツェランが書きつける日付はシボレートなのだと論じます。

　日付とは、誰かにとっては特別で、関係ない人にとっては繰り返される毎日と交換可能な(indefferent な) 1日だからです。

3月9日。ぽわぽわPの誕生日であり、ミクの日です。

7月23日。ぽわぽわPの命日です。

8月31日。ミクの発売日です。

3月1日。鮎川ぱての誕生日ですw　ぽわちゃんと近かったんですね。それでおめでとうと言い合うのが恒例になっていました、数年だけ。

ぽわぽわP「おやすみの中おやすみ」(2011)
作詞：サ骨　作曲：ぽわぽわP　絵：千助　歌：初音ミク

ノーイントロで始まる冒頭がオクターヴ跳躍。サビ直前の跳躍は記録更新の1オクターヴと3音半。しかしそんなことより、本曲のメロディはとめはねはらいが完璧で、簡潔なものが美しいことは揺るぎようがない。イントロと真逆に例によってたっぷりのアウトロを聴き逃さないでほしい。heimlich のように、「おやすみ」の奥底に潜む「××××」。

5月4日。鮎川ぱてのボカロＰデビュー日であり、ぽわちゃんと初めて会った日です。
3月10日。ハチこと米津玄師さんの誕生日です。ぽわちゃんと1日違いですね。うお座にはいいボカロＰが多いのだとｗ
ただいま言ったこれらも、関係ない人にとってはなんの変哲もない毎日の1日でしかない。逆に、自分にとってはなんでもない毎日も、誰かにとっては特別な誕生日だったりする。366日すべてがそうです。

日付は周回します。必ず1年に1回やってくる。先ほどクロノス時間の中では過去は一方向的に離れていくと言いましたが、日付の周期性は、そんなクロノス時間に穿たれた抵抗です。日付もそうだし、曜日も、時刻もそう。みなさんは、17時50分[*27]という時刻をすでに7000回近く経験しているはずです。

時間は一方向的に流れていくけれども、この現在に符合する未来は必ずやってくる。一度過ぎていった時間には二度と触れられない。けれども、その過去への距離は周期的に小さくなる。図示するとこんな感じでしょう。一方向的かもしれないけど、日付などの反復を使って直線性をねじ曲げることで、我々はクロノス時間から身を守っているのかもしれない。反復は、アンチ・クロノスの技法ではないか。

そもそも第14回で言った通り、時間とは発明であって、決まったかたちで自明に存在しているものではありません。『時間の比較社会学』の中では、アメリカ先住民の民族、ホピ族[*28]の時間意識が一例として紹介されます。

Celan（1920〜1970）現ウクライナ出身のドイツ系ユダヤ人の詩人。ナチスによる強制収容によって両親や仲間を失い、自身も強制労働を強いられる。アウシュヴィッツ、そして音楽について書かれた代表作「死のフーガ」は戦後最重要の詩とも言われる。のち48年にフランスに亡命。70年にパリのセーヌ川で自殺を遂げる。傷（しるしでもある）は詩作の生涯のテーマだった。

＊22　ジャック・デリダ『シボレート』（飯吉光夫・小林康夫・守中高明訳、岩波書店、1990年）84年に行われたパウル・ツェラン国際シンポジウムにおける講演をもとにしたもの。「シアトル、1984年10月14日」という日付が刻印されたテクストである。

＊23　シボレート　アルファベットによる表記はあくまで音写であり、日本語への音写も「シボレス」「シボレテ」

〈16-2〉

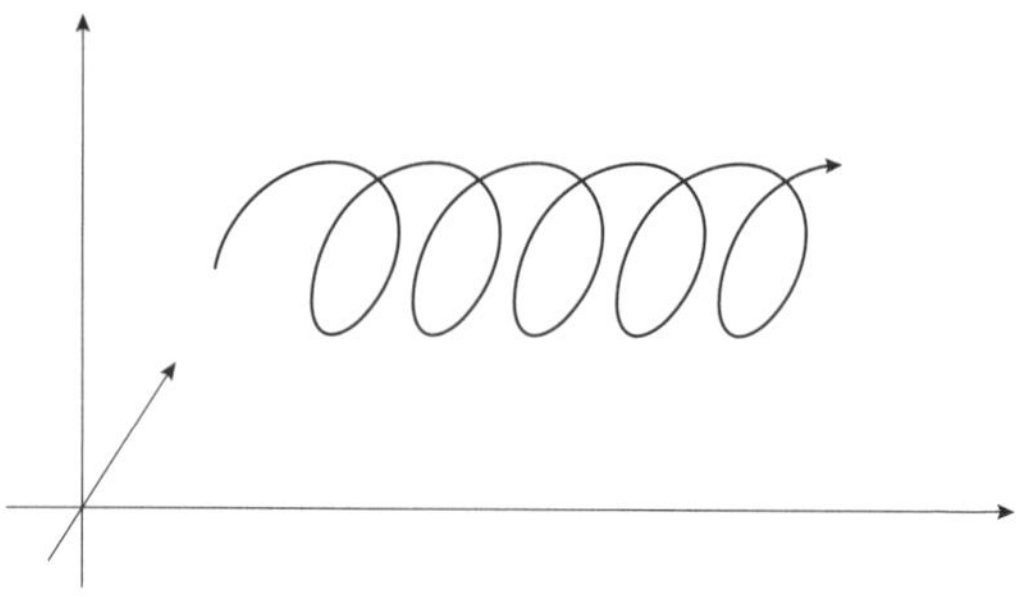

一方向的だが直線ではなく周回する時間

ホビ族は、時間を円環的なものとしてイメージしていました。[*29] 太陽が昇って太陽が沈み、次の日の朝には同じ太陽が昇る。同じ時間が反復される。だから、その時間認識の端的な表れとして、10日間を英語なら「10 days」と言いますが、ホビ族は「10 day」と言うそうです。1日というものは同じもので、それと10回出会っているにすぎない。最近、高橋くんに3回会ったからといって、「最近3回高橋くんたちに会った」と高橋くんを複数形にはしないですよね。同じ相手に会っているのだからそれを複数形にする必要はないと。円環的に反復される時間イメージのほうが原初的ではないか、というのは複数の論者によって指摘されているところです。[*30]

消えては生まれ、呼吸する生命《おと》

理論編はいったんこのくらいにして、実際の音楽を聴いていきましょう。

前回、ぽわぽわPは残響への意識が高い作家だと紹介しました。「自分ほどアウトロにこだわっていた人はいない」と本人自身が言っていた。それはそのまま、なにかが「消えてい

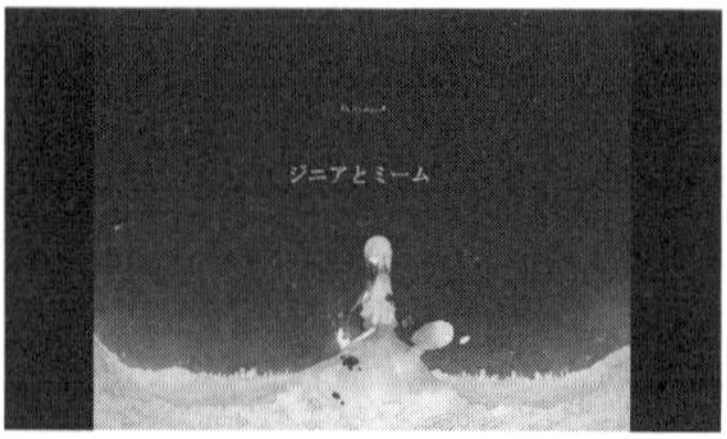

ぽわぽわP「ジニアとミーム」（2010）
作詞、作曲：ぽわぽわP　絵：麺類子　歌：巡音ルカ

時計のネジを巻くというのは不思議な行為だ。針を順向きに進めるためにこそ、その分だけネジをぎゅっと逆回しする。圧縮された過去と交換に約束された、しばらくのクロノス時間。――さよならを告げるこの曲のアウトロに置かれるのはそんな音だ。決意の音に聴こえる。作家は、イラストの上に一言だけ手書きでこう書いた。「Remember」。

〈16-3〉

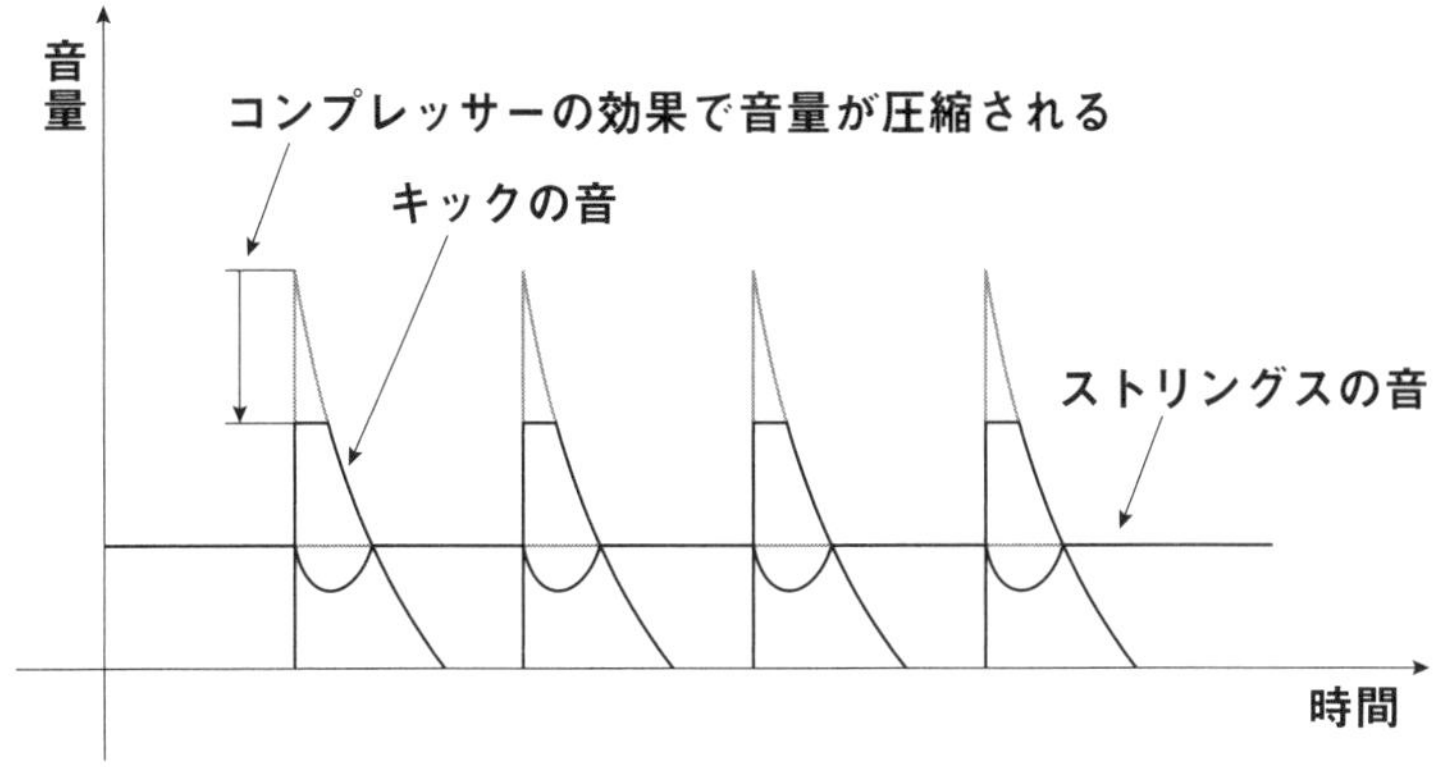

本来一定音量のストリングスが、キックのたびに小さくなる

くこと」への感受性だったと思います。

これまで、みなさんの直観に頼るかたちで「過入力」という表現を何度かしてきました。音量が過入力されたときにそれを適正レベルに圧縮するコンプレッサーというエフェクターがあります。ぽわぽわPはこれの独自の使い手でもあった。このコンプレッサーが効果的に使われている「おやすみの中おやすみ」という曲をこれから紹介しますが、曲をかける前に図示します。横軸が時間、縦軸が音量とします。〈16-3〉

ぽわぽわPもよく使う4分音符でキックが反復される音楽スタイルを仮定しましょう。コンプレッサーの効果により、キックが鳴っている時はほかの音が相対的に小さくなり、キックが鳴り止むとほかの音が迫《せ》り上がってくる。だからストリングスのような定常的な楽器が鳴っているなら、その音は本来一定の音量で持続しているはずですが、まるで「呼吸するように」はふはふと音量を上下させる。

など揺らぎがある。ヘブライ語における原義は、川などの「流れ」。

ツェランの「シボレート」は『閾から閾へ』(飯吉光夫訳、思潮社、1990年)所収。

＊24 『旧約聖書』の「士師記」に登場するエピソード。ギレアド人との抗争に負けたエフライム人は、ヨルダン川を渡って逃げようとしたが、ギレアド人は渡し場を押さえていた。そこで問われたとされるのがこの「シボレート」である。

＊25 こちらのほうがいいということでは当然ない。どちらも悪い。踏み絵による峻別を逃れるためには、踏み絵を踏まねばならず、それは内的罪悪感を強いるものだっただろう。つまりクリスチャンとして発見され迫害されるか、信仰心に嘘をついたという罪悪感を持つかのどちらかの選択を強いたということである。同性愛当事者に「自分は同性愛者じゃないよ」と答えさせる質問はするべきではない。

本来スタティックなものが、呼吸するように、明滅するように運動する。

いま話したことを意識して、とくにサビで鳴っている弦楽器を意識して聴いてください。

♪ぽわぽわP「おやすみの中おやすみ」

後ろの音がはふはふしている感じ、わかったでしょうか？　この曲は11年発表ですが、その後隆盛するEDMというジャンルでは、このバッキングの音量の上下を「ダッキング」[*31]と呼び、効果的に活用していくことになります。それ以前には、ダッキングは音楽のミックスにおいて避けられるべきもので、コンプレッサーはダッキングが生じてしまわない程度にかけるべきだとされていました。

「おやすみの中おやすみ」を収録する『AWARD STROBE HELLO』の時期は、音像全体を調整するマスタリングという最終工程もぽわぽわP本人が手がけています。その後のEDMブームを先取っていたとも言えるし、そんな大局的な音楽の時流との関係をさておいても、この音像処理はぽわぽわPの表現に相応しいものとしてあったと考えます。

なぜなら、ある音が鳴ったあとに、そのあとの時間が（音量的に迫り上がってくることで）ハイライトされる。それは残響がハイライトされるということだからです。

4分音符で鳴るキックの音は、反復的に用いられるから、その音が鳴ったあとに同じ音がまた鳴ることは予想がつく。けれどもそのあいだに前の音の残響は明滅するようにふっと大きくなって、そして消える。

生まれた音が、次の音を呼んで、そして自分自身は残像を残しながらも、それも含めて最

ぽわぽわP「Halo」（2011）
作詞、作曲、絵、映像：ぽわぽわP　歌：初音ミク

マイリストのコメントには「ミームの旅の終わり、全ての終わり」とある。途中までの変拍子は、厳かな足取りのよう。晴れがましく鳴り響くトランペットのファンファーレ。それらはともに「終わりへの敬意」だ。辿り着いた先で迎える言葉は弥勒のそれだ。初めて会った日、実写パートに映った場所を案内してくれた。引退直前、11年の元日投稿。

後には消える。音のひとつひとつすべてが、生きることのメタファーだったかのようです。そのひとつひとつそれぞれの音の生命を、その消息をないがしろにするのではなく、コンプレッサーという技術的操作を加えて「なかったことにしない」のがぽわちゃんの音への向き合い方だったのではないか。

「解き放たれた真の現在」

前回の冒頭で、「ブラウン」という曲を紹介しました。この曲は「ジニアとミーム」という物語の中の1曲だったんですね。同名の曲もあって、その中には「ブラウン」と対応するこのようなフレーズがあります。「ぼくはもうすぐ消えてしまうから」。「かもしれない」ではなく、それが断定に変わっている。

ここではこのシリーズのタイトルに注目しましょう。「ジニア」と「ミーム」が対置されています。

「ジニア　Zinnia」とはヒャクニチソウという花のことです。久しぶりに花言葉おじさんの登場です。ヒャクニチソウの花言葉は、「不在の友を思う」（西洋では「thoughts of absent friends」）。これはジニアの花期が長いことにちなむそうです。

では一方のミームは。これは花の名前ではありません。生物学者リチャード・ドーキンスが『利己的な遺伝子[*32]』の最後に補論として収めた議論の中で提示された概念です。遺伝子は生物学的情報を子孫へとコピーしていくけれど、文化においても同様に人から人へとコピーされていく情報がある。そのように、遺伝子とのアナロジーで作られた概念がミームです。

＊26　これを「ホロコースト」と呼称する例はいまも多いが、同語はユダヤ教の神聖な儀式を本来指すものであり、まるで大量虐殺を肯定するかのようなので不適であるとも言われる。代わりに「ショア」（ヘブライ語で惨事の意）という語が使われることもある。ナチスは、ユダヤ人のほか、精神／身体障害者や同性愛者も虐殺の対象とした。そして、虐殺の場には音楽があった（死のフーガ）。いまユダヤ人が殺される場のために、将来殺されるユダヤ人が、強制労働として音楽演奏をさせられた。収容施設の門にはこの言葉が掲げられていた。「労働は自由にする　Arbeit macht frei」。

＊27　この話をする時刻がこれくらいだった。365日×19年という意味で言っている。

＊28　ホピ族　Hopi　アメリカ大陸先住民族のひとつ。アリゾナ州北部の保留地に主に居住する。独自の言語、宗教、

ミームと対置されることで、ここで日本語話者は、ジニアは本来zの音だけれども、カタカナ語として「gene」＝遺伝子という言葉を連想できてしまう。

ポイントは、このふたつがどちらも、個体を超えて残りつづける論理であることです。世代を超えて、あとの時間にパスを送っていく。第5回では『千年の愉楽』を紹介しながら「生殖のチェイン」という表現をしましたが、狭義の生物学的生殖によらずとも、人はチェインの中に置かれることができる。あるいは、すでに置かれている。同じことを否定的に言い換えるならば、ふたつはともに、我々を世界の連続性の中に縛りつける強い力と言ってもいいかもしれない。世界の連続性とは、つまり時間のことです。

「ジニアとミーム」シリーズの1曲、「Halo」の投稿コメントには「ミームの旅の終わり、全ての終わり」とあります。ミームのチェインが途切れたとき、本当の終わりがやってくるのでしょうか。一方、動画中の文章には「どこまでも、どこにも辿り着かないで。」ともある。終わりを待つ気持ちと終わらないでと望む気持ちがともに示されている。前回「life-works」について生と死の反転を指摘しましたが、この曲の描く世界、そして終わりも、生と死の両義性を描いているかのようです。

第6回では「拝啓ドッペルゲンガー」と「メルティランドナイトメア」を取り上げながら、生殖のチェインの、人を拘束するものとしての側面について考えました。死というのは、そのチェインの拘束から解き放たれることであり、その連なりの外に立つことなのでしょう。

それは時間の外に立つことでもあるでしょうし、そう考えるなら、時間自体が生殖のチェインと同じ構造をしていることに気がつきます。現在は過去と未来の連続線の中につねに拘

ぽわぽわＰ「Human」（2010）
作詞、作曲：ぽわぽわＰ　絵：胡蝶蘭　歌：初音ミク

あえてこう形容しよう。完璧な曲だ。本論での議論は「攻めた読み」だが、もう少し素直に読めば、「宇宙人」はボカロのメタファーである。嘯《うそぶ》いているのだというけど、誰かにとっては実際「いのちのおんじん」なのだから。ボカロは人体模型たち――人間たちにとって「何なのさ」。本書はこの曲に応答しようとしている。だから人間論なのだ。

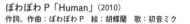

束されなければいけないのか。死はむしろ、「解き放たれた真の現在」のひとつの可能性なのでしょうか。

——もちろんその世界に踏み入れることを勧めるものではありませんし、いったん拙速に判断するのは保留にしておきましょう。もうぼくらに残された時間はかぎられてますけどね。進みましょう。

人体模型のきみへ

では、次の曲を紹介します。この最終回の講義タイトルにした「Human」という曲です。実は、初回講義のオープニングにかけていたのがこの曲でした。

こちらも何度か再制作されていて何バージョンかあるんですが、今日は『AWARD STROBE HELLO』に収録された音源で聴いてもらいたいと思います。

♪ぽわぽわP「Human」

この曲も、途中で切れないことはわかってもらえたと思います。アウトロのたっぷりのリフレインが印象的ですよね。「行かなくちゃ」と言いながら、去りがたそうで。「すきです／らぶらぶ／あいうぉんちゅー／どれがホントかな？／わかるかな？」[*33]。神フレーズです。最上級の「ポップなアンチ・セクシュアル」。ポップで詩的な懐疑です。

ぱてゼミは、これまでどんなことを考えてきたでしょうか。ある意味でずっと人間論を考

文化を維持しているが、一部のホピ族はキリスト教への改宗など強い介入を被ることとなった。預言文化を持つことも有名。

＊29　真木、前掲書、15ページ。言語的相対論のサピア＝ウォーフ仮説で知られるベンジャミン・ウォーフ（ホピ語の専門家であった）を参照して論じている。なおその後、ヘレニズムにおいても時間は円環的だったと論じられる。

＊30　さらなる原初段階がある。たとえば日本古代においては、昼と夜というふたつの時空の行ったり来たりで、サイクルではなかった。『日本書紀』によると、時間を合理的に統べる「ひじり＝日・領り」になったのが全知全能……天智天皇である（真木、前掲書、120ページ）。

＊31　ダッキング　ducking　アヒルが水面に頭を潜らせるように屈んで、相手のパンチをかわす、というボクシング用語がおそらくルーツ。ぽわぽわPの

えてきたとも言えます。この曲はまさに、それそのままのタイトルです。
けれども、語り手はというと宇宙人。人ではなくて、人に疎外されたなにかである。そして「君」は人体模型。一見、この曲には人は登場しないかのようです。

人体模型とはなんのことでしょうか。文字通りには、学校の理科室[34]に置いてある人体を模して作られているアレのことですよね。けれども、もう一歩踏み込んで考えるなら、我々こそはそうではないか。遺伝子という設計図のコピーから、先行する人体に模して作られているではないか。

人間は、人体模型である。そう考えるなら、「連れ出してみせようか」というのは、遺伝のチェインの外に連れ出すという意味になる。「宇宙人」だと自称する主人公は、有限性に囚われる人間に対して「その外があるんだよ」と言っているのかもしれない。

けれども最後には、その主人公は「さよなら　もう行かなくちゃ」と繰り返すことになる。どこに「行かなくちゃ」いけないのか。主人公は人の世界の外——無限の側からささやいていそうなのに。これも「lifeworks」と同じ図式ではないでしょうか。いまいるところから、有限な生のほうへ「行かなくちゃ[35]」いけないのではないか。

前回紹介した稲垣足穂は、こんな名フレーズを残しています。「私は世界の果《はて》からネクタイを取替えにやってきた」。「果」、すなわちマージナルな場所——ほとんど外と言っていいと思いますが、そこから現世に「ネクタイを取替えに」来ているだけ。この生が、あくまで「それを部分とする全体」の有限な一部でしかない、という想像力が共通して窺われます。

ぽわぽわP「ストロボライト」（2011）
作詞、作曲：ぽわぽわP　動画：森井ケンシロウ　歌：初音ミク

ストロボシリーズの、投コメによると「外伝」である。「君が見てたのは／あの日の自分と向きあう君自身さ」——対自的な自分を対自的に見る、という自省の構造＝再制作することの本質を種明かしする本曲はやはり外伝なのだろう。ぼくはどうして書いた？　どう生きた？　それを紐解くから今日を生きられるし、シリーズはいったん決着を見せる。

世界中のすべての一秒のために

ここで、ぽわぽわP本人が愛好していた青山景[＊36]というマンガ家を紹介します。同氏の代表作のひとつは『ストロボライト』[＊37]。オビ文にはこうあります。「交錯する過去と現在・夜行列車が向かうのは、どんな未来か」。過去が現在に影響する、拘束する。第5章でそう議論しましたが、本書の登場人物は「逆もありうるのではないか」と問うていきます。すなわち、未来が過去に影響するということもありうるのではないか。

この作品には、映画が重要な参照先として登場します。各章の分かれ目には、必ず真っ黒な1ページが挿入される。みなさん映画がどのような原理でできているかご存じでしょうか。瞬間を捉えた写真が、1秒間に24枚、パラパラ漫画のように映写されるから、それがひとつづきの動的な映像に見える。ここまでは知っているかと思いますが、コマが切り替わるたびに毎回画面が真っ黒になることがポイントです。それがあることによって、直前のコマの残像が残る。その残像の効果によって、本当はバラバラの24枚の写真が映像としてひとつの連続した時間になる。『ストロボライト』はその映画の構造を黒いページを挟むことで模しているんですね。映画の時間は、断絶することによって連続している。

前回、ぽわぽわPが何度も再制作を重ねつづけた「ストロボシリーズ」に言及しました。本人が好きなマンガだと言っていたくらいだから、おそらく影響もあるでしょう。同シリーズの楽曲すべてで、改変されず繰り返されるサビの歌詞はこちらです。

場合はトータルに対するマスタリングの過程でこの効果が生じているが、サイドチェインなど、効果的にダッキングさせるための手法も多く確立されている。詳しくは検索。

＊32　2章。

＊33　ぽわぽわP「Equation×＊＊」にも同様の表現がある。

＊34　『Compilation Album 理科室』という同人企画コンピレーションCDのために書き下ろされた曲だった。

＊35　学生がうまく言葉を重ねてくれた。これは「生かなくちゃ」なのではないかと。

＊36　青山景（1979～2011）マンガ家。03年、「茶番劇」が『月刊IKKI』新人賞を受賞し、デビュー。翌年、同誌にて舞城王太郎の小説『ピコーン！』をマンガ化。10年より、宗教をテーマにした『よいこの

本当に美しいフレーズです。過去のインタヴューで、ぼくもこのフレーズについて質問したんですが、ぽわちゃんはこう答えました。11年当時、メロディを先に作ることが多かったけど、このフレーズだけは例外的に、言葉が先に生まれた。だから、自分が書いた言葉だけれども、その意味と向き合うために、何度も再制作しつづけたのだと。[*38]

第13章「残響論」で考えた通り、音は、遅れつづけている。私がその音を聴くタイミングはその音が鳴りはじめたタイミングより必ず遅い。その事実は、私たちのあいだに距離があることと同義であって、音について厳密に考えれば考えるほど、ぼくらはそこにある隔たりを知ることになる。

それと同時に、同じことをこうも言い換えられるかもしれない。我々を隔てているのは、むしろ時間ではないか。鳴りはじめる瞬間と、あなたがそれを聴き取る瞬間を、時間が隔てている。いま同じ18時30分を生きていると言っても、おそらくぼくらはバラバラの時間を生きている。私の生とあなたの生を、時間が隔てている。だから、時間とは、それ自体が悲しみなのだ。けれどもそのすべての時間を「言葉にできたならば」。

言葉にするということは、なにかを捨象するということです。言葉として表象化されることで、現前していたなにかはこぼれ落ちていってしまう。前回と今回、ぽわぽわPがいた過去のことをぼくは言葉にしていますが、もし言葉を経由しなかったとしても、過去は表象化します。記憶や記録というかたちで、要約されていってしまう。ぽわちゃんが生きた20年を

ぽわぽわＰ「LIVEWELL」(2013)
作詞、作曲：ぽわぽわＰ　歌：初音ミク

放った言葉は遅れて戻ってきて、他者の相貌でぼくを追いかける（本曲の平歌は輪唱のような反復でできている）。それは自分の分身にすぎなくて、きみではない。きみとぼくは「ぼくら」になれなかった。生きることは現実に侵蝕されてしまったから、傷つけば血が流れ、きみはもういない。ぽわＰトリビュート盤の kamome sano リミックスも必聴。

そのまま再生しようとしたら、本来20年かかるはずです。ぽわちゃんのために2回の講義を費やしているといっても、それは言葉と記憶によって要約《色づけ》してしまっていて、何重もの意味で、どこまでも表象にすぎない。

「一秒」。それは一面にはクロノス時間的な単位ではあるけれど、ここでは、要約を経由しない「現前する時間」の最小単位[*39]という意味を持つでしょう。20年を3時間で、とかではない。言葉の要約性に抗って、すべてのバラバラの1秒を慈しむように、言葉を紡げたならば。ぼくはそう解釈したいと思います。このフレーズにある感性は、言葉と時間の表象化に抗っている。それはもしかしたら、過去を含むすべての存在した時間を「現在のように」言葉にできたならば、ということでもあるのかもしれない。[*40]

ここで、とある短い文章を引用しましょう。

言葉とミクトロニカに愛された16歳が描く、呼吸する光のキロク《ストロボ・シリーズ》。
この音楽がかかるすべての部屋で、世界が瞬きますように。

手前味噌なんですが、これは実は、ぼくが書いたものです。『AWARD STROBE HELLO』[*41]のオビ文を書いてほしいと、ぽわちゃんがぼくに依頼してくれたんですね。そのときにうんうん苦心しながら、締切に遅刻しながら書き上げた、渾身の2行です。

呼吸、瞬き。明滅するストロボのイメージに焦点を当てて書きました。ストロボの光は、映画の画面のように、本当は単位時間でバラバラに断絶している。けれどもそのことによってこそ、静的ではなく動的に見える。呼吸をしているように、つまり、生きているように見

黙示録』の連載が続く中、11年の急死により同作は未完となった。

＊37　青山景『ストロボライト』（太田出版、2009年）

＊38　『CDジャーナル』（音楽出版社、2011年6月号）11ページ。「思ったことを初めてちゃんと書い」たとも言っていた。

＊39　それ以上分けられない——indivisible な時間。物理学なら「プランク時間」と言うかもしれないけれど、とにかく私たちにとっての最小単位。

＊40　さらには、存在しなかったすべての1秒をも、ということかもしれない。映画監督のジャン＝リュック・ゴダールは、

える。

「繰り返してくれなさ」を生きること

メジャーのセカンド・アルバム『アルターワー・セッツナポップ』に収録された「LIVE-WELL」という曲に、こんなフレーズがあります。「僕ら間違って／生きる事　現実で塗り固めたのさ」。

「現実を生きる」というほとんど定型的な表現がありますが、このフレーズはその外の可能性を示唆しています。生きるということは、現実を生きることばかりではない。けれども、間違ってそれを「現実で塗り固め」てしまっている。この「僕ら」という人称は誰を待つ代入項でしょうか。痛ましくも強いフレーズです。

ここまでの議論では、まるで人間として生きることが仮の姿であるかのような、生を儚く生きる感性のほうを多くハイライトしてきましたが、ぽわぽわPの作家性はそのかぎりではありません。生きることに苛まれるのもぽわぽわPの感性だった。前回紹介した「普通に歳をとるコトすら」もそうだし、「パレットには君がいっぱい」は性に苛まれることを歌っていたとも言える。

実人生に紐づけることには慎重でなければいけませんが、私小説的に表出されたぽわぽわPという作家像を追っていくと、一面には、メジャー・ラスト・アルバム『生きる』のほうに向かって、人間的な時間を生きる姿へと収斂していったようにも思えます。少しおぼろげだった生の輪郭線が濃度を増していくような。けれども、同アルバム発表の4ヶ月後に、ぽ

ぽわぽわＰ「6畳半の隙間から」（2015）
作詞、作曲、絵：ぽわぽわＰ　歌：初音ミク

ぽわちゃんも知っていたのだ。いま自分が特別な時間＝モラトリアムの中にいることを。でもそんな時間の見渡しはさておき、日々を暮らす着実さ＝生活に救われようとするけど、今日と明日の連続こそが疑わしかった。にもかかわらず、アルバムを通して管やブルーノートの扱いを実験しつつ上達していく姿は着実で、瑞々しさと未来を幻視してしまう。

わぽわPはいなくなってしまった。いまとなっては、死に迫る最期にもっとも生命力を発揮するというあの逆説を連想してしまうところでもあります。おぼろげでいいから、ずっと生きていてほしかったですけどね。

『生きる』の各曲は、自分のライフタイムの中の段階にそれぞれ振り分けられています。ほぼ明確に、過去／現在／未来という線的な時間が想定されていますが、今日の議論を経た上だと、過去と未来に挟まれた「今」だけが、「まだ」として一番最後に保留されていることも、なんだか示唆的です。そしてアルバムのラストトラックである「さよーならみなさん」は、ライフタイム全体に対応している。

『生きる』各曲の割り当て（投稿コメントより）
葛藤→ドラッグ・スコア
孤独→普通に歳をとるコトすら
変化→少女A
今→（まだ）
明日→6畳半の隙間から
人生→さよーならみなさん

　このアルバムで注目したいのは、「繰り返し」に忍び込んだ「繰り返してくれなさ」の表現です。クロノス時間は一方向的に流れていってしまうものの、とはいえ毎日、日が昇って日が沈む。日常は一面には円環的です。今日そうだったように明日もそうだろう。明日突然世界が変貌してしまうことを、日常的にはそんなに想像しないでしょう。けれども、ぽわぽわPはそんな日常の中に「繰り返してくれなさ」を見出していく。「6畳半の隙間から」にはこうあります。

ちがうもんな　ちがうもんな　昨日思う今日は
さようなら　さようなら　今日を想う昨日よ

同じものを繰り返しているかのようでいて、実はずれながら、繰り

映画史は「撮られなかった映画」までをも含むすべての映画を鎮魂するべきと言った。このフレーズを歌うのが「存在しなかった過去」と紐づくボカロであることの意味は大きい。

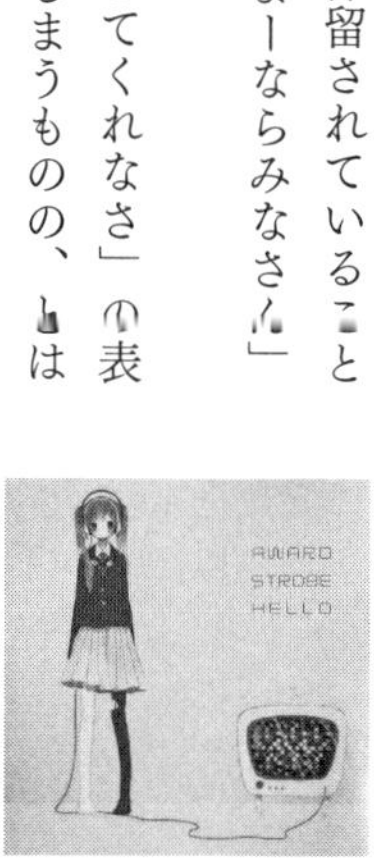

＊41　ぽわぽわP『AWARD STROBE HELLO』(2011年)

＊42　ジャズのリード奏者エリック・ドルフィはこう言った。「When you hear music, after it's over, it's gone in the air. You can never capture it again.」『Last Date』（1965年）の最後で言われる有名なフレーズだが、レコードに録音されているのでこれを何度でも聴くことができる。

＊43　4つ打ち
4分音符でキック（バスドラム

返していてはくれなかったもの。まさに先ほどの「螺旋の時間モデル」のような話です。そういうものへの気づきが随所に窺われます。

ここで、アルバムを締めくくるラストトラックを聴いてみましょう。

♪ぽわぽわP「さよーならみなさん」

最後のサビのリフレインの歌詞には「さあ、ずんずんずんずん背が伸びて／君を抜かしたあの日　そう、幸せだったろう。」とある。身長を抜かすというとき、考えやすいのは、自分は成長の途上だけれども、一方はもう成長が止まっているという状態です。成長しきった大人にとっては、身体スケールは昨日も今日も「繰り返し」同じかもしれない。自分のほうも、日常の中では昨日との違いには気づかない。ほとんど同じだから。けれどもそれは、自分にとっては少しずつずれながら、繰り返してはいないものだった。

この曲は、成長すること、大人になることが明示的なテーマです。しかしそれは、「僕はいつ大人に「なった」のだろう」と歌っている通り、こちらがなにもしていないのに「トントントントン進む」プロセスとして描かれている。

本当に、いずれ死んでいくのはなぜなんでしょうね。

音楽とは、反復の別名である

「さよーならみなさん」によく表れている通り、ぽわぽわPの歌詞表現の特徴のひとつは

ぽわぽわP「少女A」(2013)
作詞、作曲、絵：ぽわぽわP　歌：鏡音リン

ぼくの世界にはきみしかいないのに、きみの世界にいるのはぼくだけではないようなのだ。距離がある。その遠さに傷つけられる。そしてぼくは言う、「近づかないで」。直情的に捲《まく》し立てる言葉がアンチ・セクシュアルな拒絶なのは10年先を行っていた。やっと20年代、TikTokや世界はこの曲を再発見した。アンチ・ラブソングなラブソング。

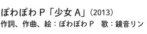

「反復」です。「いずれ死んでいくのは何故?」というフレーズも2回繰り返されますし、「ポンポン」「トントン」「ずんずん」など、それ自体で反復的な擬音語が、さらに反復されて用いられています。

反復は、詩歌の中でも歌詞表現でとくに多用されるものです。1番、2番のあとにもう一度サビを繰り返すときに、1番と同じ歌詞を繰り返すとか。歌詞表現の中で、対句同様に頻出するものです。けれども、ぽわぽわPは、ほかのボカロP平均に比しても明らかに反復表現が多い。「Human」のアウトロの反復は、ほかに類を見ない度合いだったでしょう。

ここまでの議論を踏まえ、ぱてゼミ独自の「反復論」を考えてみたいと思います。時間は一面には、クロノス時間として一方向的に流れ過ぎ去ってしまう。だから、ひとたび出会い損ねてしまったらもう一度出会い直すことはできない。[*42] 音楽は時間芸術であるために、つねに一回性を持ってしまう。

反復とは、この一回性に抗う技法です。もし一度出会い損ねてしまっても、同じ1曲の中でまた出会い直せる。ひとつの楽曲の中で、過去がもう一度現在として再生する。そうやって、時間の中で時間がめぐるようにするアンチ・クロノスな技法が反復ではないでしょうか。そこで時間は、少なくとも直線的ではない。

だから反復は、時間の旅人だったぽわぽわPに似つかわしい表現技法だった。さらに言えば、ぽわぽわPが繰り返し採用した「4つ打ち」[*43] というダンス・ミュージックのスタイルも、反復が明示的に根幹をなす点で、ぽわぽわPに相応しいものだったのだと思います。

の非持続的な低音）が反復的に鳴りつづけるリズム形式。1小節に4つだから「4つ打ち」。70年代以来すっかり定番のひとつになった。

＊44　音型反復　ostinato　イタリア語で「頑固な」という意味で、狭義のオスティナートは執拗反復とも訳され、バロック音楽の通奏低音が典型的に該当する。広義には、符割りの維持や、「3音目まで同じで4音目で上昇する」など音型が反復されることを広く指し、本文では後者の用法で言及している。

＊45　発展問題。本書の語りはどのように反復、リフレインを用いているか。筆者は音楽に学んだ手法を多く流用している。

＊46　ジル・ドゥルーズ（dividual を論じた哲学者）に、そのもの『差異と反復』という著作がある。

＊47　坂本龍一、小沼純一、分藤大翼『commmons: schola 講

そう言った上で、さらに一般化して考えましょう。反復はそもそも、音楽の本質です。ほとんどの音楽は反復の構造体です。同じ長さの音符を反復する「拍子」というルールが根幹にあって、「小節」という単位が反復される。メロディなどの五線譜的内容についても、たとえばオスティナート[*44]というのは音楽の基礎的な技法のひとつです。先ほど話したように、日本の大衆歌では1番、2番、そしてサビのリフレインなど、反復的な全体構成が王道になっています。ロンド（輪舞曲）など、「どのように反復するか」で規定されている音楽形式もある。詩歌におけるソネットがそうだったように[*45]。

もちろん、これをもって「音楽はクロノス時間を脱することができるのだ」というほど話は単純ではありません。一度目のAと二度目のAがあるなら、後者のAには「二度目であること」がついて回るし、反復にこそ差異が宿るのだ、差異と反復はお互いを支え合う概念なのだ、と論じた哲学者[*46]もいます。難しい議論には立ち入りませんが、今日の前段の言い方を繰り返すなら、「繰り返し」には「繰り返してくれなさ」が忍び込む。音楽はだから、反復を擬態する一回性をこそ警戒しなければいけないのかもしれない。しかしともかく、音楽は反復の構造体であることによって、直線的な時間イメージには正しく抗っていると言っていいでしょう。

最後のストロボ／ストロボは続く

議論は続きますが、ぽわぽわＰの楽曲を聴きましょう。これが、ぱてゼミでかける最後の楽曲です。ここまでの議論を頭の隅に置きながら、でも楽曲自体の表現を噛み締めながら、

ぽわぽわＰ「赤ペンおねがいします」（2015）
作詞、作曲、絵：ぽわぽわＰ　動画：ユウマ　歌：初音ミク

本人による最後の投稿作品。他者が私に入ってくるのではなく、あなたが私の中からいなくなっていく。初期からずっとあった遠さへの感受性、離れていくことへの感受性。それらは残響の操作にも現れるし、落ちサビでは文字通り「君の声が遠い」。遠さを語る作品にこそ救われる誰かはいる。本書は紙幅を割いてきみは100優上だと書いている。

じっくり聴いてください。この緊張感の中で聴けるのは一回きりですからね。
前回話した通り、ぽわぽわPは2011年1月20日に音楽をやめると宣言しました。その最後の日に「これが最後のストロボ」だとして発表したのがこちらです。
それでは、「ストロボ・シリーズ」の中から、「ストロボラスト」。

♪ぽわぽわP「ストロボラスト」

誰かが生きてく一秒ずつ
言葉にできたならば
僕は生きてく気がするのさ。
言葉をばらまくように

僕が旅立ち、居なくなるとき
言葉にできなくとも
あなたが笑っていられるように
僕らのこの歌《こたえ》がある

最後のストロボ。と同時に、みなさんは「last」が「続く」という意味の自動詞でもあることを知っているでしょう。作家の意図を超えて、このタイトルはいつまでも「ストロボは明滅を続けていくのだ」という意味にも解釈可能です。もし「僕が旅立ち、いなくな」っても。

座』「vol. 11「アフリカの伝統音楽」について（後編）」（2013年10月7日公開）

＊48　現代の一般的なイメージはこの通りだろうが、神道においては、生きている者の魂も対象である。天皇は新嘗祭に臨む前日に、みたましずめ（鎮魂）とみたまふり（魂振）の両方を行う鎮魂祭に参加する。

＊49　cosMo@暴走P「初音ミクの消失」より。

＊50　プロミネンス　prominence
「突出」という意味で、太陽の下層大気の一部が上層大気中に吹き出したもの。炎のように見える。太陽が無限ではなく寿命はあと50億年程度だということも、知って書いている。

＊51　稲垣足穂『弥勒』（河出文庫、1987年）
1940年に雑誌『新潮』に発表されたものが初出。モダンな物質的モチーフと「宇宙的郷

そして、明確にアンチ・クロノスな感性が発揮されていましたね。この曲は、どうしてもニコニコ動画に投稿された動画で視聴する必要がありました。「うた」が終わったあと、アウトロに入るとコメントが逆方向に、左から右へと流れ出す。そして、アウトロの音量が小さくなっていって、一方向的に遠ざかっていく……のかと思いきや、もう一度ドアが開く音がして、もう一度アウトロが戻ってくる。サビでは「自分がいなくなったあと」の時間に明確に想いを馳せているけれど、あまりに、去りがたそうで、終わりたくなさそうです。

サビの最後、動画内に表示される歌詞では「この歌」に「(こたえ)」とルビが振られ、音声でもそう歌われます。「この歌＝答え」なのだと。

ぼくはこの曲を、ぽわちゃん本人と出会う前から、そしてぽわちゃんがいなくなったあとにも、ぽわちゃんと直接の交流があった5年間の前後にわたってずっと、何度も繰り返し聴いています。ニコニコ動画にアクセスすれば、何度でもこの歌を再生することができる。

録音技術が生まれてから、音楽を聴く経験は根本的にその質を変えた。同じ時間を寸分違わぬかたちで再生できるようになった。そう言いましたが、録音という技術によらずとも、すなわちそれ以前から、音楽という営為は、それを演奏することによって同じ時間を何度も現出させる技法だったのではないか。

坂本龍一はこう言いました。「音楽の根源的な役割は、鎮魂なのではないか」[47]。鎮魂とは、一般的には、死者の魂を慰めることです[48]。死という一回的な出来事によって、そこで生が終わってしまった者のために行われる。けれどもぽてゼミとしては、それはあらゆる一回性、あらゆる過ぎていってしまったものへの鎮魂なのではないかと考えたいと思います。プラト

小林オニキス「さよならアストロノーツ」(2008)
作詞、作曲、絵、動画：小林オニキス　歌：初音ミク

「精鋭」より4。若者たちの10年後を描いた“大人の歌”。この曲、そして「大人になるのも意外と悪くないですよ」という投コメはぽわPを勇気づけるものだった（その後同曲をカヴァーしてもいる)。未来は明るいとかの呑気な歌詞ではまったくなく、時間を切なく思うことや、何歳になっても弱音を吐いていいことこそを描く。大人の歌だと思う。

ンによっては、声は魂の現前だった。魂は、魂ではなくなったもののために存在しているのかもしれない。

音楽のそのような本質をまさに捉えているのが「ストロボラスト」です。思い出してください。ぽわぽわP論の最初で言及した「ブラウン」という曲で、この作家は歌と旅を対比していました。歌を、とどまること、反復することの象徴として登場させていました。

そして、録音物であっても、生演奏であっても、音楽を再生すること自体が鎮魂なのだと思います。過去の時間を再生するとき、それは必ず現在においてです。再生することは、それを現在にすることです。

アイオーン・マザーグース

さて、ぼくらの旅も終着点が近づいてきました。けれどもぼくらには、まだ残された問いがあります。すなわち、「ボーカロイドとはなにか」。

第14回で、ボーカロイドの歌声は「存在しない過去への小径」なのだと言いました。録音物は過去の時間の痕跡《インデックス》だけれども、ボカロの歌声は「シニフィエに到達しないインデックス」なのだと。これを今日の文脈で言い換えるなら、過去から解放された痕跡と言えるかもしれない。ボーカロイドは、クロノス時間の外に立っているのではないか。ひとつにはそう言えるでしょう。

しかし、ことはもっと複雑です。「せんぼんざくら」など一連のフレーズとして発声された過去は存在しないけれども、バラバラの音素は、実際に録音された素材です。その一つの

愁」が交錯する夢想的な広義の私小説。

＊52　この最終章は、ぽわぽわPを語ったのか、ぽわぽわPによって語ったのか。誰が語ったのか。筆者ひとりでも、ぽわぽわPひとりでも、ｗｏｗａｋａひとりでもない。その誰でもある。ぱてゼミにおける批評は、作者と作品を切り離すのである。初回以来何度も繰り返したが、そんなことは可能だったのか？　すべては私小説ではないのか？　日本固有の例外的形式かのように言われた私小説こそ、私と対象、フィクションとノンフィクション、作り手と受け手——さまざまな対立を未分化な状態へと退行させる、表現にとって本来的な姿だったのではないか。そのとき、私小説と批評には違いはあるのか。少なくとも、本書は批評であり私小説である。その姿を無防備に顕した本章の読後、この本はディビジュアルとしてのもうひとつの顔を見せるだろう。1章に続く。

素材から、「深海少女」の「し」と「信じたものは」[*49]の「し」もできている。両者は同じ「し」です。録音音楽は「時間のフレッシュ・ゴーレム」だと表現しましたが、その貼り合わせがもっと細かい単位によってなされているのがボーカロイドの歌声です。しかも、複数の――すべての歌声が、一定の同じ素材から生まれている。

個別の具体的な複数の歌声が、同じ「時間のプール（貯水池）」から生まれている。生まれくるフレーズにはそれぞれ始まりと終わりがあって、有限なものです。我々の生がそうであるように。しかしその時間のプールからは、あらゆる可能な組み合わせによる歌が噴出しつづける。それぞれの歌が有限であっても、それをかぎりなく生み出すそのプールは、無限と呼ばれるべきものではないか。アナロジーで言えば、無限に燃えつづける太陽から、有限なかたちを得て、噴き出しては帰っていくプロミネンス[*50]が、それぞれの歌声ではないか。

ボーカロイドの歌声をそのように考えることもできるし、今日の講義の通り、思えば我々の生も、同じようなものかもしれない。ぼくらが個別に持つ始まりと終わりのある有限な時間が、同じ時間から噴き出しては帰っていくのだとしたら、その時間の母体は、無限であり、永遠であり、アイオーンと呼ばれる時間なのかもしれません。すでにぼくらは、「有限な生に向かって出発する」という想像力をいくつも見てきました。

今日のキーワードは「アンチ・クロノス」でした。すでにもう、直線的で一方向的な時間イメージはかなり相対化できたでしょう。旅の途中で、ふたりが別れて、ふたりが加わって、行く先でふたりが待っている。「砂の惑星」の映像中ではそのような前後関係で描かれてい

ぽわぽわＰ「さよーならみなさん」（2015）
作詞、作曲：ぽわぽわＰ　絵：ゆの　動画：YumaSaito　歌：GUMI

「繰り返し」を生きているだけなのに、まわりが変わっていく。本当は螺旋だったなら早く言ってくれればよかったのに。成長してしまったじゃないか。けれども覚えている。お母さんの身長を超えた日、幸せだった。冒頭に、時間を刻む“たしかに存在した声”を置いたこと、アリオのコーラスがあること。それはきっと、この世界を引き受ける覚悟だ。

ましたが、時間的な順番は、さしたる問題ではないのかもしれない。ふたりが別れること、加わること、待っていること。それらにどれほどの違いがあるというのでしょうか。

稲垣足穂の小説に『弥勒』[*51]という作品があります。仏教においては、弥勒菩薩は「時間の終わり」で待っている菩薩だとされます。「まだかなー、遅いなー」と肘をつきながら。未来は、一般的な想像力によれば、未だ来らぬなにが起こるかわからない時間ですが、弥勒はすでにその時間の中にいて、待ちぼうけしているのだと。「待つ」という、同じ現在でなされていそうな行為が、まるで別の場所のことを語るかのようにそう言われる。時間と空間が合流しているかのようだし、このとき未来は（前後ではなく）現在の横に隣り合った場所かのようです。明確にアンチ・クロノスな想像力です。「砂の惑星」のふたりは、そんな隣り合った未来から自由に往来してきているように感じられてきませんか？

「砂の惑星」に始まるぱてゼミ第1回は「ハチ＝米津玄師論」。「砂の惑星」の話から始まりましたが、その時点ですでに、wowakaさんの「アンノウン・マザーグース」は、タイトルが語義矛盾的なのだと指摘しました。リニアな時間の想像力によっては、過去によってオーソライズされるものが古典であり、マザーグースです。しかしそのマザーグースは、誰も知らない時間に属するマザーグースであるという。

自分だけの時間を、ほかの人には「知られていない」時間と表現することもあるでしょう（そのほうが一般的かもしれません）。しかしぼくたちは、ここで言う「アンノウン」を、そのかぎりで終わらせない力をいまや持っています。「アンノウン」という言葉は、クロノス的想像力の手が届かない時間を名指そうとする表現だったのではないでしょうか。

今日の冒頭、アイオーンを「即自的な時間」と表現することはいったん保留にしました。けれども、ほかのなにかとの関係に規定されない「アンノウンな時間」というのは、まさに即自的な時間と呼びうるものです。そしてそれは、無限でも永遠でもある時間のことではないか。「アンノウン＝アイオーン」なのではないか。

実はぱてゼミは、このようなテーマに最初から接近していました。初回で紹介したアブジェクションという概念は、未分化な状態から対象を切り離すことだと言いましたが、それは主客の境界画定をすることであり、自分を有限化することです。ということは、その手前の未分化な状態とは、無限的なものなのかもしれない。しかしその実は「誰も知らない」ものです。

ｗｏｗａｋａ論の中でこうも言いました。「他動詞を自動詞化する目的語としてのミク」。とりわけ「アンノウン・マザーグース」という曲は、「主体が対象に相対する」という主客の図式から後退しようとしている。それは、をーさん固有の作家性によるものでもあったけれども、ボカロ自体が本質的に、即自的な時間を呼び起こそうとする性質を持っていたからではないか。

ボーカロイドは、無限そのものではない。けれども、そのような特別な時間に接している。だからその触感が、アンチ・クロノス的、あるいはポスト・クロノス的である。テクノロジーによって寸断されることによってこそ、逆説的に、声は時間の拘束から解き放たれ、真の現在＝無限に接近する。しかしその指向性は、恐るべきことに、音楽という大きな営為が長らく目指してきたことと、寸分違わず同じだったかもしれない。魂を鎮めること、時間を鎮

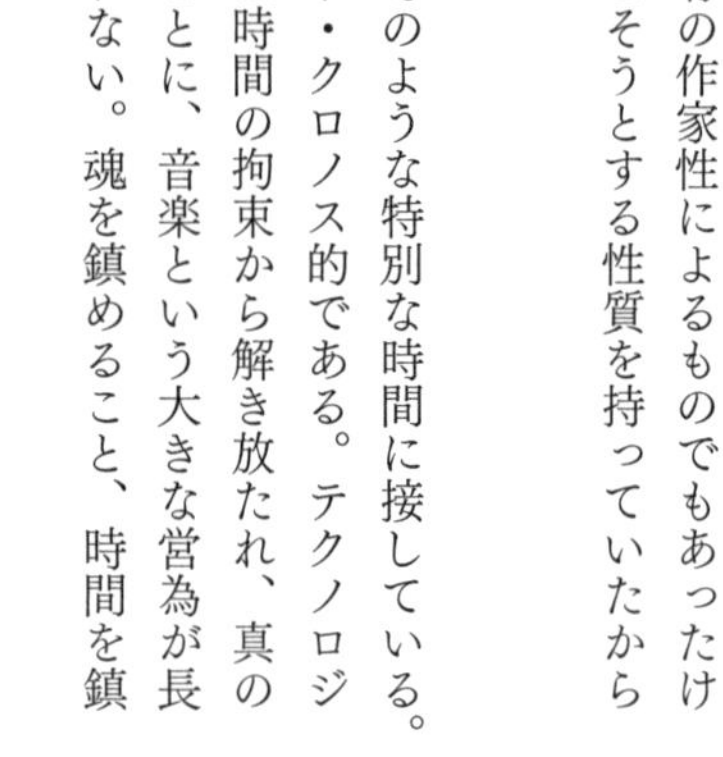

ぽわぽわＰ「うたをうたうひと」(2012)
作詞、作曲、絵：ぽわぽわＰ　歌：初音ミク

言葉は宙に霧散せず世界にとどまり、誰かのもとへと届く。歌もきっと同じだ。とどまるし、「誰かの歌で僕は」動かされる（be forced to move＝be moved)。つまり時間と空間を超える。タイトルのフレーズは、変拍子をやめて疾走するアウトロで一度だけ歌われ、歌詞表示はそこだけゆっくりと消える＝とどまろうとする。人は歌を歌う。

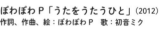

めること。あまりに愚直なほどに、ボーカロイド音楽は、真に音楽なのです。
これが、長きにわたるぱてゼミの終着点です。

もう一度巡り会うための「さよなら」

最後の言葉に代えて、もう1回、かつてぼくが書いた文章を引用します。

さよならに、終わりの意味しか知らなかった昨日に、さよなら。[*52]

これも、『AWARD STROBE HELLO』のオビのために書いた文章です。先ほど紹介したのはサブ文章で、こちらがメインの1行でした。これは、これまでにぼくが書いた文章の中でもっとも美しいもののひとつであると自負しています。自己分析するなら、文章量に対する論理とレトリックの量が多すぎず、抑制が効いていて、いい佇まいだなと。そんなコントロールが適正にできた理由はひとつです。当時の16歳のぽわちゃんにまず伝えたい言葉だったから。締切を過ぎて待たせたあげく、やっとこれをチャットで送ったときに、すごく喜んでくれたのを覚えています。「くそかっこいい!」と言ってw

これは、一度引退を宣言したけど復活してくれた、そのときのぽわちゃんを寿《ことほ》いだ言葉でもありました。もちろんそのときには、その4年後にぽわちゃんがいなくなるなんて想像もしていませんでした。けれどもいまこの言葉は、それを書いたときの自分を離れて(作者と切り離されて)、いまの自分を励ましに舞い戻ってきているかのようです。ぼくらは、はわ

*A

ちゃんとも、をーさんともさよならしてしまった。けれどもそれは、終わりではない。

ぱてゼミが展開してきたのは、16回をかけた壮大な仮説であり、批評です。実際に触れてもらうことを優先して、批評とはなにか、どうあるべきかということを理念的に話す機会はついにありませんでした。けれどもこの最後の最後に、批評とはなにかを一言で言うなら、それは「書かされた言葉」です。

第9回では「be forced to～」というのを、ひとたびはネガティヴな文脈で用いましたが、今回はそうではありません。作品の力、作家の力によって自分が自然と「書かされる be forced to write」こと。それが批評の本質です。だから、オビに寄せたこの文章も広義の批評です。

「be empowered to write」と言ったほうがいいかもしれない。ぼくはぽわちゃんという作家に出会うことで、この文章を書かされた。[*52] ボカロシーンに出会って、本書を書かされた。もっと言えば、ボカロ曲も「書かされた」のかもしれない。

前回こう言いました。どの時代のどの場所に生まれるかは自分で選んだものではない、生得差にすぎない。第2部でこうも言いました。「この時代の日本で若者であることは、マイノリティであるということだ」。けれどもそんな偶然与えられた生得差によって、この時代を生きているからこそ、みなさんはボーカロイド・カルチャーに出会うことができた。そしてそのほとんどは、みなさんと遠からぬ若者たちが作ってきたものです。シラバスにはこう書きました。ボカロは老若男女、誰もを受け入れるカルチャーだけど、その上でもやはり、「ボカロは、あなたたちのカルチャーだ」。

ぽわぽわＰ「ストロボラスト」（2011）
作詞、作曲：ぽわぽわＰ　絵：さいた　歌：初音ミク

「砂の惑星」のミクが虹色に囲まれるシーンは、「メルト」とも、この曲とも繋がっている（本書表紙とも）。扉を開ければ、音楽は生彩を取り戻す＝再生する。それを確認できたから、きみは安心して扉を閉める＝さよならをする。いつでもまた扉を開ければいいのだから。音楽は終わらない。すべての“いま”で流れている。また会おうね、いつでも。

時間と紙幅をかけてたくさんのことを考えてきましたが、あらゆる文章は、あらゆる文字数に要約可能です。ぼくはお受験のときも現代文は得意科目だったので、ものの見事に本書の40万字を5文字で要約してみせましょう。

ボカロ最高。

だから、自分たちの世代のカルチャーに自信を持ってください。それがたとえマイナーなものであったとしても、自分の感性に自信を持ってください。ジェンダー、セクシュアリティについてももちろんそうです。ひた隠しにしてもいいから、守り抜いてください。あなたはあなたの味方でいてあげてください。

そして、できれば……ずっと時間が経ってあなたが大人になったとき、今日の日をいつか思い出して、その時代の若者とマイノリティの声に、耳をそばだてようとしてください。

それでは、ぱてゼミこと「ボーカロイド音楽論」はこれにて終了です。ということは、新しい時間の始まりです。これからも続いていくボカロカルチャーと、ボカロにempowerされたあなたがこれからの時代をどう生きていくかを、邪気眼で見守っていきたいと思います。誰もいない場所で視線を感じることがあったら、それはぼくの邪気眼です。「今度はあなたの人生を知りたいな」[*53]。

また会いましょう。ありがとうございました。

＊53 ぽわぽわPのアルバム『生きる』クロスフェード動画の最後で、主人公――ぽわぽわPが画面のこちらを見て言うフレーズ。同動画5分01秒の映像より。

エピローグ

「大丈夫だよ、ぱてさんも不器用な人だってわかってるから」

居酒屋を出たあと、さっき気分悪くさせちゃってごめんねと、もう仲直りしたあとなのに改めて不格好に言葉を足すぼくに、彼はそう言って、タクシーに乗って帰っていった。終電もとっくになくなった時間だったから。日付は変わって、２０１７年3月10日だった。

これがＩさんの声を、スピーカーも録音も経由せずに聴いた最後の機会になった。

けれども、そのあともヒトリエのライヴでスピーカー越しの歌声を何度も聴いたし、ぼくら全員は、録音物として残った彼の声と何度でも出会うことができる。彼は再生する。本書の議論の通り、それは空気だけを経由して聴くことになんら劣ったことではない。誰も、なにも、劣っていない。

忘れているかもしれないけど､ぼくはボカロＰだ。だから本書は､ぼくが人生で初めて書き上げた交響曲《シンフォニー》だ。交響曲はひとつの全体でありながら、たくさんの楽章で構成されている。読んでいただいた通り、この交響曲の重要な位置には、いくつもの鎮魂曲《レクイエム》を置くことになった。

ぼくは、ボカロシーンの後衛であると自認している。新しい表現で前線を切り開いていく作家たちが前衛であるとしたら、対する後衛の仕事は、自分の表現をすることだけではない。後衛は衛生兵を兼ねているから。負傷者が出れば救護処置をするし、死者が出れば、その仲間を弔うのも後衛の役割だ。だから、ぼくが初めて書く交響曲がこのようなかたちになることは、必然だった。

それでも、隊列は進む。ぼくらが進軍を止めることはない。みんな知っているのだ。ここで歩みを止めないこと、進軍しつづけることこそが、弔いなのだと。毅然とした表情で歩みを進める「砂の惑星」の隊列を見ながら、ぼくがずっと考えていたのはこんなことだった。ぼくらの行く先で、時間が、声が待っている。

ここで言う隊列は、シーンの全員、すなわちあなたたちを含んだものだ。この交響曲を聴いてくれたのだから、あなたはもう仲間だ。ただし、客席で黙って座っている観客ではない。あなたはいま、指揮台の上に立っている。あなたは指揮者だ。

この交響曲をどう響き渡らせるかは、あなたのタクト次第。緩急をコントロールしてもいい。あなたがとくに好きな楽章で、ゆっくりとタクトを振って時間をかけて演奏していいし、なんなら特定の楽章を自由に反復してもいい。二次創作上等。「読む」というのは、そうやって仲間になる行為のことだ。

そして、あなたが感じ、考えたことを自由に表現してほしい。とくに、若いあなたの音楽／言葉を聴かせてほしい。不器用でも大丈夫。この世界には不器用な人に優しい素敵な人がたくさんいるから。

ぼくは、あなたが次の行動へと進むことを確信している。ボカロ曲を書くきみ、批評を書くきみ。生きるきみ。きみたちの登場を確信しながら、半跏思惟《はんかしい》のポーズで、きみのすぐとなりで待っていようと思う。

本書の成立に協力してくれたたくさんの方に感謝を。

下読みには、みっきー（榊原御清）、小林青空（植山絢太）、言稿、Ｔｈａｎａｔｏｓ、川原理樹、久保明日香、アルキの各氏にご協力いただいた。音楽理論に関する記述のチェックを音楽家の松村拓海氏に、外国語チェックをｔａｋａ（大西貴也）氏にご協力いただいた。長年の友人である松村氏以外は全員ぱてゼミ受講生である。彼らにとどまらず、本書の議論は7年にわたるたくさんの東大生との対話の中で洗練されこの完成度に至った。1200名以上に及ぶこれまでの受講生全員に感謝する。

本書は、難産だった。薗部真一氏、山下覚氏、吉地真氏という文藝春秋の3人もの優秀な編集者氏のお手を煩わせて、数年をかけてやっと世に出ることができた。「音楽の本を担当するのは久世光彦さん以来だ」という吉地氏に励まされて、本書はついに完成した（ご縁と言うほかない。演出家の故・久世光彦氏は、ぼくと中高大の出身校がすべて同じという ほぼ唯一の著名人なのである）。

本書の本質を最高のかたちでビジュアル化してくれたアボガド6氏、膨大な要素を的確にデザインしてくれた文藝春秋の中川真吾氏。天才とは手が早いのだと、遅筆のぼくは感動しながら思い知った。

そして、本書で直接言及した作家はもちろんのこと、すべてのボカロP、絵師、動画師、リスナー、それぞれのかたちでボカロシーンに関係するすべての人へ。

ありがとう。あなたと同じシーンにいられることを、誇りに思います。この本は、あなたの本です。

この本に込められたたくさんの声と時間が、何度も幾層にもめぐり、あなたのものになることを願って。いま、筆を置きます。

きみよ、羽ばたけ。

2022年5月　ディスプレイの前にて　鮎川ぱて

参考文献

東浩紀『存在論的、郵便的』(新潮社、1998年)
東浩紀『クォンタム・ファミリーズ』(新潮社、2009年)
阿部公彦『スローモーション考』(南雲堂、2005年)
鮎川ぱて編『ポップ・ザ・初音ミク☆』(宝島社、2011年)
イーグルトン、テリー『文学とは何か(上)(下)』(大橋洋一訳、岩波文庫、2014年)
池田晶子『14歳からの哲学』(トランスビュー、2003年)
池田渓『東大なんか入らなきゃよかった』(飛鳥新社、2020年)
石岡良治『視覚文化「超」講義』(フィルムアート社、2014年)
石田英敬『記号論講義』(ちくま学芸文庫、2020年)
石田英敬、東浩紀『新記号論』(ゲンロン叢書、2019年)
石田仁『はじめて学ぶLGBT』(ナツメ社、2019年)
井手上漠『normal?』(講談社、2021年)
伊藤計劃『ハーモニー』(ハヤカワ文庫、2014年)
伊藤俊治『陶酔映像論』(青土社、2020年)
稲垣足穂『一千一秒物語』(新潮文庫、1969年)
稲垣足穂『弥勒』(河出文庫、1987年)
稲見昌彦『スーパーヒューマン誕生!』(NHK出版新書、2016年)
稲見昌彦ほか『自在化身体論』(NTS、2021年)
今村仁司『ベンヤミン「歴史哲学テーゼ」精読』(岩波現代文庫、2000年)
岩本憲児ほか編『「新」映画理論集成1　歴史／人種／ジェンダー』(フィルムアート社、1998年)
インゴルド、ティム『ラインズ　線の文化史』(工藤晋訳、左右社、2014年)
ウィーナー、ノーバート『サイバネティックス』(池原止戈夫訳、岩波文庫、2011年)
植島啓司、伊藤俊治『共感のレッスン』(集英社、2017年)
円城塔『文字渦』(新潮社、2018年)
大江健三郎『万延元年のフットボール』(講談社文芸文庫、1988年)
大江健三郎『あいまいな日本の私』(岩波新書、1995年)
大塚英志『キャラクター小説の作り方』(講談社現代新書、2003年)
大塚英志『感情天皇論』(ちくま新書、2019年)
大和田俊之『アメリカ音楽史』(講談社選書メチエ、2011年)
隠岐さや香『文系と理系はなぜ分かれたのか』(星海社新書、2018年)
小田部胤久『象徴の美学』(東京大学出版会、1995年)
折口信夫『死者の書・身毒丸』(中公文庫、1999年)
折口信夫『言語情調論』(中公文庫、2004年)
柿沼敏江『無調の誕生』(音楽之友社、2020年)
風間孝ほか『教養のためのセクシュアリティ・スタディーズ』(法律文化社、2018年)
カトラー、クリス『ファイル・アンダー・ポピュラー』(小林善美訳、水声社、1996年)
カリフィア、パトリック『セックス・チェンジズ』(石倉由ほか訳、作品社、2005年)
カルーセル麻紀『女は一日にしてならず』(幻冬舎、2005年)
川端康成『美しい日本の私』(講談社現代新書、1969年)
川端康成『雪国』(新潮文庫、1987年)
キイ、ウィルソン・ブライアン『メディア・セックス』(植島啓司訳、リブロポート、1989年)
北村紗衣『批評の教室』(ちくま新書、2021年)
キニャール、パスカル『音楽の憎しみ』(博多かおる訳、水声社、2019年)
キュセ、フランソワ『フレンチ・セオリー』(桑田光平ほか訳、NTT出版、2010年)
ギンズブルグ、カルロ『歴史・レトリック・立証』(上村忠男訳、みすず書房、2001年)
クシュナー、トニー『エンジェルス・イン・アメリカ』(吉田美枝訳、文藝春秋、1994年)
クラウス、ロザリンド『アヴァンギャルドのオリジナリティ』(谷川渥ほか訳、月曜社、2021年)
グラブス、デイヴィッド『レコードは風景をだいなしにする』(若尾裕ほか訳、フィルムアート社、2015年)
クリステヴァ、ジュリア『恐怖の権力』(枝川昌雄訳、法政大学出版局、1984年)
クリステヴァ、ジュリア『女の時間』(棚沢直子ほか編訳、勁草書房、1991年)
ゲイ、ロクサーヌ『バッド・フェミニスト』(野中モモ訳、亜紀書房、2017年)
ケージ、ジョン『サイレンス』(柿沼敏江訳、水声社、1996年)
剣持秀紀、藤本健『ボーカロイド技術論』(ヤマハミュージックメディア、2014年)
小泉文夫『日本の音』(平凡社ライブラリー、1994年)
小泉文夫『歌謡曲の構造』(平凡社ライブラリー、1996年)
コクトー、ジャン『大胯びらき』(澁澤龍彦訳、河出文庫、2003年)
ゴナール、アンリ『調性音楽を読む本』(藤田茂訳、音楽之友社、2015年)
近藤譲『線の音楽』(アルテスパブリッシング、2014年)
椎名亮輔『音楽的時間の変容』(現代思潮新社、2005年)
椎名亮輔編『音楽を考える人のための基本文献34』(アルテスパブリッシング、2017年)
シェイピン、スティーヴン・シャッファー、サイモン『リヴァイアサンと空気ポンプ』(吉本秀之訳、名古屋大学出版会、2016年)
ジジェク、スラヴォイ監修『ヒッチコックによるラカン』(露崎俊和ほか訳、トレヴィル、1994年)
清水晶子『フェミニズムってなんですか?』(文春新書、2022年)
シャノン、クロード，ウィーバー、ワレン『コミュニケーションの数学的理論』(長谷川淳・井上光洋訳、明治図書出版、1969年)
ジュネット、ジェラール『物語のディスクール　方法論の試み』(花輪光・和泉涼一訳、水声社、1985年)
白洲正子『世阿弥』(講談社文芸文庫、1996年)
慎改康之『ミシェル・フーコー』(岩波新書、2019年)
スターン、ジョナサン『聞こえくる過去』(中川克志ほか訳、インスクリプト、2015年)
スタジオ・ハードデラックス編『ボーカロイド現象』(PHP研究所、2011年)
セジウィック、イヴ『男同士の絆』(上原早苗ほか訳、名古屋大学出版会、2001年)
ソンタグ、スーザン『写真論』(近藤耕人訳、晶文社、1979年)
ソンタグ、スーザン『反解釈』(高橋康也ほか訳、ちくま学芸文庫、1996年)
ダールハウス、カール『音楽史の基礎概念』(角倉一朗訳、白水社、2004年)
竹倉史人『輪廻転生』(講談社現代新書、2015年)
武満徹『音、沈黙と測りあえるほどに』(新潮社、1971年)

チャン、テッド『あなたの人生の物語』（浅倉久志ほか訳、早川書房、2003年）
ツェラン、パウル『閾から閾へ』（飯吉光夫訳、思潮社、1990年）
鶴見俊輔『限界芸術論』（ちくま学芸文庫、1999年）
D[di:]『キぐるみ――（で、醜さを隠そうとした少年のはなし）』（文春文庫、2009年）
デカルト、ルネ『方法序説』（谷川多佳子訳、岩波文庫、1997年）
デリダ、ジャック『グラマトロジーについて（上）（下）』（足立和浩訳、現代思潮社、1972年）
デリダ、ジャック『シボレート』（飯吉光夫ほか訳、岩波書店、1990年）
デリダ、ジャック『声と現象』（林好雄訳、ちくま学芸文庫、2005年）
ドーキンス、リチャード『利己的な遺伝子』（日高敏隆ほか訳、紀伊國屋書店、1991年）
中上健次『千年の愉楽』（河出書房新社、1982年）
中島敦『文字禍・牛人』（角川文庫、2020年）
中邑賢龍『育てにくい子は、挑発して伸ばす』（文藝春秋、2017年）
梨屋アリエ『きみの存在を意識する』（ポプラ社、2019年）
ナティエ、ジャン＝ジャック『音楽記号学』（足立美比古訳、春秋社、1996年）
西川直子『クリステヴァ：ポリロゴス』（講談社、1999年）
西谷真理子編『相対性コム デ ギャルソン論』（フィルムアート社、2012年）
ネス、ジョナサン・ヴァン『どんなわたしも愛してる』（安達眞弓訳、集英社、2020年）
バージャー、ジョン『イメージ』（伊藤俊治訳、ちくま学芸文庫、2013年）
萩原朔太郎『青猫』（新潮社、1923年）
蓮實重彥『表層批評宣言』（筑摩書房、1979年）
蓮實重彥『大江健三郎論』（青土社、1980年）
バトラー、ジュディス『ジェンダー・トラブル』（竹村和子訳、青土社、1999年）
バトラー、ジュディス『欲望の主体』（大河内泰樹ほか訳、堀之内出版、2019年）
バトラー、ジュディス『問題＝物質となる身体』（佐藤嘉幸監訳、以文社、2021年）
濱野智史『アーキテクチャの生態系』（NTT出版、2008年）
バルト、ロラン『第三の意味』（沢崎浩平訳、みすず書房、1984年）
バルト、ロラン『明るい部屋』（花輪光訳、みすず書房、1985年）
バロウズ、ウィリアム『おかま』（山形浩生ほか訳、ペヨトル工房、1988年）
平野啓一郎『私とは何か』（講談社現代新書、2012年）
フーコー、ミシェル『言葉と物』（渡辺一民ほか訳、新潮社、1974年）
フーコー、ミシェル『性の歴史Ⅰ　知への意志』（渡辺守章訳、新潮社、1986年）
フーコー、ミシェル『性の歴史Ⅱ　快楽の活用』（田村俶訳、新潮社、1986年）
フーコー、ミシェル『性の歴史Ⅲ　自己への配慮』（田村俶訳、新潮社、1987年）
フーコー、ミシェル『性の歴史Ⅳ　肉の告白』（フレデリック・グロ編、慎改康之訳、新潮社、2020年）
フーコー、ミシェル『知の考古学』（慎改康之訳、河出文庫、2012年）
フーコー、ミシェル『監獄の誕生（新装版）』（田村俶訳、新潮社、2020年）
フォスター、ハル編『視覚論』（榑沼範久訳、平凡社、2000年）
福岡伸一『生物と無生物のあいだ』（講談社現代新書、2007年）
フロイト、ジークムント『夢判断（上）（下）』（高橋義孝訳、新潮文庫、1969年）
フロイト、ジークムント『精神分析入門（上）（下）』（高橋義孝ほか訳、新潮文庫、1977年）
ベイリー、デレク『インプロヴィゼーション』（竹田賢一ほか訳、工作舎、1981年）
ヘーゲル、ゲオルク・ヴィルヘルム・フリードリヒ『ヘーゲル美学講義〈上〉』（長谷川宏訳、作品社、1995年）
ヘーゲル、ゲオルク・ヴィルヘルム・フリードリヒ『精神現象学（上）（下）』（熊野純彦訳、ちくま学芸文庫、2018年）
ベルクソン、アンリ『意識に直接与えられたものについての試論』（合田正人ほか訳、ちくま学芸文庫、2002年）
ベルクソン、アンリ『時間観念の歴史』（藤田尚志ほか訳、書肆心水、2019年）
ペルニオーラ、マリオ『無機質なもののセックス・アピール』（岡田温司ほか訳、平凡社、2012年）
細川周平『音楽の記号論』（朝日出版社、1981年）
堀江有里『レズビアン・アイデンティティーズ』（洛北出版、2015年）
ホワイト、ヘイドン『メタヒストリー』（岩崎稔監訳、作品社、2017年）
真木悠介『時間の比較社会学』（岩波書店、1981年）
松浦寿輝『折口信夫論』（太田出版、1995年）
松浦寿輝『表象と倒錯』（筑摩書房、2001年）
三島由紀夫『花ざかりの森・憂国』（新潮文庫、1968年）
三島由紀夫『音楽』（新潮文庫、1970年）
三島由紀夫『小説家の休暇』（新潮文庫、1982年）
三島由紀夫『仮面の告白』（新潮文庫、1950年）
宮沢賢治『春と修羅』（関根書店、1924年）
宮沢賢治『新編　銀河鉄道の夜』（新潮文庫、1989年）
森山至貴『LGBTを読みとく』（ちくま新書、2017年）
山口昌男『天皇制の文化人類学』（岩波現代文庫、2000年）
山崎ナオコーラ『人のセックスを笑うな』（河出書房新社、2004年）
湯川れい子『湯川れい子のロック50年』（シンコーミュージック・エンターテイメント、2006年）
ラカン、ジャック『精神分析の四基本概念』（ジャック＝アラン・ミレール編、小出浩之ほか訳、岩波書店、2000年）
ルソー、ジャン＝ジャック『言語起源論』（増田真訳、岩波文庫、2016年）
ルベイ、サイモン『クィア・サイエンス』（伏見憲明監訳、勁草書房、2002年）
レイコフ、ジョージ・ジョンソン、マーク『レトリックと人生』（渡部昇一ほか訳、大修館書店、1986年）
ロヴェッリ、カルロ『時間は存在しない』（冨永星訳、NHK出版、2019年）
ワディウェル、ディネシュ・J.『現代思想からの動物論』（井上太一訳、人文書院、2019年）

―― 人 名 索 引 ――

鮎川ぱて AYUKAWA PATTY　ボカロP、音楽評論家。2011年より活動を開始し、16年より東京大学教養学部非常勤講師として「ボーカロイド音楽論」を開講。17年より東京大学先端科学技術研究センター協力研究員（身体情報学分野・稲見研究室）。東京大学教養学部卒業、東京藝術大学大学院美術研究科修了（芸術修士）。イキらないアライ。東京大学音ゲーサークル「B4UT」顧問（ウニ銀レ）。本質的な本業は「若者をあなどらない業」で、ボカロを中心にユースカルチャーとジェンダー意識の行く末を追っている。過去には『ポップ・ザ・初音ミク☆』（宝島社）の編著、『CDジャーナル』初音ミク特集（シーディージャーナル）の責任編集・監修、3DSゲーム『Project mirai』とアーケードゲーム『Project DIVA Future Tone』（ともにセガ）のBGMディレクションなどを務めた。本書は初の単著となる。

東京大学《とうきょうだいがく》「ボーカロイド音楽論《おんがくろん》」講義《こうぎ》

2022年7月15日　第1刷発行
2024年8月30日　第5刷発行

著　者　鮎川《あゆかわ》ぱて

発行者　大松芳男

発行所　株式会社　文藝春秋
〒102-8008
東京都千代田区紀尾井町3-23
電話　03-3265-1211(代)

印刷所　理想社

付物印刷所　萩原印刷

製本所　加藤製本

　ISBN978-4-16-391362-9　Printed in Japan